21世纪高等院校国际经济与贸易专业规划教材

国家级一流本科课程配套教材

广西壮族自治区高等学校优秀教材

广西壮族自治区第十五次社会科学优秀成果

东南亚经济与贸易（第二版）

ECONOMY AND TRADE OF SOUTH-EAST ASIA

邹忠全 谢 涛 宋 文 编著
肖 扬 李玫宇 马慧琼

东北财经大学出版社
Dongbei University of Finance & Economics Press
大连

图书在版编目（CIP）数据

东南亚经济与贸易 / 邹忠全等编著．—2版．—大连：东北财经大学出版社，2024.3

（21世纪高等院校国际经济与贸易专业规划教材）

ISBN 978-7-5654-5161-4

Ⅰ.东…　Ⅱ.邹…　Ⅲ.①经济-东南亚-高等学校-教材 ②进出口贸易-东南亚-高等学校-教材　Ⅳ.①F133 ②F753.306

中国国家版本馆CIP数据核字（2024）第048980号

东北财经大学出版社出版

（大连市黑石礁尖山街217号　邮政编码　116025）

网　　址：http://www.dufep.cn

读者信箱：dufep@dufe.edu.cn

大连日升彩色印刷有限公司印刷　东北财经大学出版社发行

幅面尺寸：185mm×260mm　字数：554千字　印张：23

2024年3月第2版　2024年3月第1次印刷

责任编辑：孙　平　吴　奂　章北蓓　责任校对：一　心

张晓鹏　郭海雷　王　丽

刘东威　龚小晖

封面设计：原　皓　版式设计：原　皓

定价：59.00元

教学支持　售后服务　联系电话：（0411）84710309

如有印装质量问题，请联系营销部：（0411）84710711

第二版前言

党的二十大报告指出，我国成为一百四十多个国家和地区的主要贸易伙伴，货物贸易总额居世界第一，吸引外资和对外投资居世界前列，形成更大范围、更宽领域、更深层次对外开放格局。东南亚地区与我国有着庞大的经济互补优势，受地缘位置优势、文化背景相近以及经济贸易往来频繁等多种因素影响，东南亚地区已经是我国最重要的贸易伙伴、重要的经济贸易及投资地区。尤其自“一带一路”倡议提出以来，中国与东南亚地区通过克服金融危机，保持了互利共赢、活跃的发展状态。

《东南亚经济与贸易》介绍了在经济全球化加速发展的背景下，东南亚国家经济与贸易的基本概况，分析了参与经济全球化所带来的发展机遇、贸易与投资自由化、金融国际化和生产一体化进程以及该地区的区域经济一体化取得的新进展。《东南亚经济与贸易》的正式出版“填补了我国高等教育教材领域的一项空白”，教材被国内多所高校选用和推崇，并荣获广西壮族自治区高等学校优秀教材奖和广西第十五次社会科学优秀成果二等奖。

目前，中国-东盟双边经贸合作成果显著，双方互相成就、命运与共。自2009年开始中国保持每年为东盟第一大贸易伙伴，自2020年开始东盟每年为中国第一大贸易伙伴。2022年，双方贸易、投资逆势增长，中国对东盟贸易占比上升，中国与东盟贸易、投资、基础设施建设等领域合作全面展开。中国-东盟自贸区建设成果的取得，得益于中国与东盟及其成员国不断巩固和发展全面战略伙伴关系，政和商通；得益于双方不时地为合作注入新的活力，尤其是共建“一带一路”为自贸区发展带来了勃勃生机；得益于双方积极推动互联互通以及开展了各领域的合作，双方次区域经济合作创新务实，双方地方经贸合作日益活跃，产业合作不断深入；得益于双方企业合作开发自贸区经贸互补性强而带来商机多的积极行动。

中国-东盟自贸区3.0版已经正式进入磋商阶段，将包括数字经济、绿色经济、供应链连接、竞争力、保护消费者、中小微型企业等共同关心领域的合作，将推进中国与东盟相互贸易、投资和服务贸易新发展，为双方经济发展提供新的助力，将加快建设更为紧密的中国-东盟命运共同体；促进亚太经济一体化进程，与《区域全面经济伙伴关系协定》（RCEP）实施相互补充、促进，相得益彰，为RCEP区域开放合作带来创新激励作用，助力RCEP建设。

为了更全面地了解东南亚国家的最新发展态势，我们迫切需要能够反映新形势、新进展的有关东南亚经济与贸易的新教材，于是对教材进行了修订。修订版教材系统阐释了东南亚经济与贸易发展理论基础、东南亚经贸发展进程和特征、东南亚的贸易与投资、不同类型东南亚国家对外贸易政策、中国与东南亚国家经贸关系和东南亚与区域外主要国家或地区经贸关系等内容，为充分了解东盟近况、企业拓展东盟经济贸易合作空间提供了详细、精准的数据参考与完整依据。

本教材由广西财经学院邹忠全教授负责总纂并统筹教材编写，谢涛副教授负责统稿工作，具体分工如下：邹忠全，第一章、第二章；马慧琼，第三章；谢涛，第四章、第五章；李玫宇，第六章、第七章；宋文，第八章、第九章；肖扬，第十章、第十一章。

在本教材的修订过程中，我们参考了国内外学者的大量研究成果，另外，欧阳华老师为我们提供了大量数据，在此一并表示感谢。

编著者

2024年1月

目　录

第一章　绪论

本章要点

经济全球化，是指世界经济活动超越国界，通过对外贸易、资本流动、技术转移、提供服务，相互依存、相互联系，从而使得世界各国经济在生产、分配、交换和消费环节形成全球趋同化趋势，最终导致世界经济日益成为一个全球范围的有机经济整体。当前社会，经济全球化对世界各国经济发展的影响越来越明显，它给发展中国家带来了机遇，同时又给发展中国家带来了挑战。伴随经济全球化的纵深发展，世界各国与地区发展过程中彼此间的联系越来越密切，区域经济向一体化方向发展，形成了北北型（欧盟）、南北型（北美自由贸易区）和南南型（东盟自由贸易区）这三种区域经济一体化发展模式。

❖ **案例引导**

1970年12月，为了打破美国垄断世界航空制造业的市场格局，欧洲四国联合创建了空中客车公司（Airbus）。2003年空中客车在全球的交付量首次超过竞争对手，跃居成为世界头号民机制造商。

法国航宇公司生产含驾驶舱的机头段、中机身下半部分和发动机挂架，并负责最后总装；英国航宇公司生产机翼主体；德国空中客车工业公司生产机身其余部分和垂尾；荷兰福克公司生产机翼前后缘和各活动翼面；西班牙航空公司生产客舱门、起落架舱门和平尾。

空中客车A380部件运输滚装船被命名为“波尔多城”号，由中国金陵造船厂制造。这艘船为空中客车A380提供大型部件的运输服务，把空中客车公司分布于英国、德国、西班牙和法国等地工厂制造的A380飞机部件运送至法国波尔多港。其后，这些部件将通过驳船和卡车等运输工具，运往法国图卢兹总装厂进行总装。

第一节　经济全球化及其广泛影响

当前社会，经济全球化对世界各国经济发展的影响越来越明显，尽管对这种影响的认识并未趋于一致，但在新科技革命到来之时，中国应把握这一契机，参与全球化进程，充分利用国际规则求得自我发展，在世界经济新格局中占有一席之地。全球化存在的客观性、发展的必然性，是由历史唯物主义所揭示的生产关系一定要适应生产力发展和上层建筑一定要适应经济基础的发展的客观规律所决定的。

随着经济全球化的进一步发展，它对各国经济的影响越来越大，人们对它的认识也在不断深化。透过金融危机事件，人们看到了经济全球化的复杂性和应对不当可能产生的破坏性。经济全球化是在特定的历史条件下产生和发展的一种潮流和趋势，经济全球化是一把“双刃剑”，既给发展中国家带来了机遇，同时又给发展中国家带来了挑战。我们应该趋利避害、把握机遇、规避风险，以更加积极的姿态融入经济全球化的大潮。党的二十大报告指出，中国要坚持对外开放的基本国策，坚定奉行互利共赢的开放战略，坚持经济全球化正确方向，共同营造有利于发展的国际环境，共同培育全球发展新动能。

一、经济全球化

（一）经济全球化的含义

经济全球化（Economic Globalization），是指商品、劳务、资金、技术等生产要素在全球范围内流动和配置，使各国经济日益相互依赖、相互联系的趋势。经济全球化意味着世界经济活动超越国界，通过对外贸易、资本流动、技术转移、提供服务，相互依存、相互联系，从而使得世界各国经济在生产、分配、交换和消费环节形成全球趋同化趋势，最终导致世界经济日益成为一个全球范围的有机经济整体。

“经济全球化”这个词，最早是由T.莱维于1985年提出的，至今没有一个公认的定义。国际货币基金组织（IMF）认为：“经济全球化是指跨国商品与服务贸易及资本流动规模和形式的增加，以及技术的广泛迅速传播使世界各国经济的相互依赖性增强。”经济合作与发展组织（OECD）认为：“经济全球化可以被看作一种过程，在这个过程中，经济、市场、技术与通信形式都越来越具有全球特征，民族性和地方性在减少。”为此，可从三方面理解经济全球化：一是世界各国经济联系的加强和相互依赖程度日益提高；二是各国国内经济规则不断趋于一致；三是国际经济协调机制强化，即各种多边或区域组织对世界经济的协调和约束作用越来越强。总的来讲，经济全球化是指以市场经济为基础，以先进科技和生产力为手段，以发达国家为主导，以最大利润和经济效益为目标，通过分工、贸易、投资、跨国公司和要素流动等，实现各国市场分工与协作、相互融合的过程。

经济全球化是当代世界经济的重要特征之一，也是世界经济发展的重要趋势。经济全球化是指贸易、投资、金融、生产等活动的全球化，即生产要素在全球范围内的最佳配置。从根源上说，是生产力和国际分工的高度发展，要求进一步跨越民族和国家疆界的产物。另一种说法是，生产要素在全球范围内广泛流动，生产过程和服务所涉及的地域不断向全世界扩展，从而使世界各国经济相互依赖性增强的过程。

经济全球化，有利于资源和生产要素在全球的合理配置，有利于资本和产品的全球性流动，有利于科技在全球的扩张，有利于促进不发达地区经济的发展，是人类发展进步的表现，是世界经济发展的必然结果。它推动了全球生产力大发展，加速了世界经济增长，为少数发展中国家追赶发达国家提供了一个难得的历史机遇。与此同时，也加剧了国际竞争，催生了国际投机，增加了国际风险，并对国家主权和发展中国家的民族工业造成了严重冲击。更为严重的是，在经济全球化中，由于实力不同，发达国家和跨国公司得利最多，而发展中国家所得甚少。因此，发展中国家与发达国家的差距将进一步拉大，一些最不发达国家将被排除在经济全球化之外，越来越被“边缘化”，甚至成为发达国家和跨国公司的“新技术殖民地”。

（二）经济全球化的动因

1.世界各国经济体制的趋同消除了经济全球化发展的制度障碍

世纪之交，世界各国的经济体制出现了非常明显的趋同现象，这种现象的发生大致与以下一些因素有关：计划经济国家的体制转型；发展中国家的对外开放；发达国家经济体制的进一步自由化。

计划经济国家的体制转型源于20世纪50年代的苏东改革，由于苏东当时的经济改革是在对外封闭的条件下进行的，从而导致了改革的失败。与此形成鲜明对照的是中国自20世纪70年代末开始的经济体制改革。在以邓小平同志为核心的党的第二代中央领导集体领导下，中国走上了开放型的市场经济发展道路，从而取得了巨大的成功。其结果是，存在于东西方之间的、阻碍商品与要素自由流动的体制障碍日趋缩小，经济全球化获得了空前的发展。

从理论来看，20世纪70年代，主流经济学的两缺口模型与发展经济学的贫困性增长模型就已分别从不同的角度对发展中国家经济贫困的原因作了解释。而且，有趣的是，它们所提出的政策“药方”几乎是不谋而合的，那就是通过经济的对外开放来获取外部市场与外部资源，借以打破因资本积累不足与内需不足所造成的增长瓶颈。自那以后，采取外向型经济发展战略的东亚与采取内向型经济发展战略的拉美，在经济发展上所产生的不同结果清楚地表明，发展开放型的市场经济是实现本国经济与世界经济对接以谋求国内经济繁荣和发展的必由之路。

由20世纪70年代的石油危机所造成的经济滞胀和布雷顿森林体系崩溃所造成的国际货币体系危机，对发达国家提出了经济自由化的要求。因为在存在政府严格管制的经济体制中，无论是克服石油危机的技术创新，还是克服国际货币体系危机的金融创新，都是难以发生的。于是，从20世纪80年代起，西方发达国家纷纷放松管制，由此掀起的金融与经济的自由化浪潮，进一步扫清了资本、要素与商品在世界范围内自由流动的障碍，在范围与程度上超过以往任何时代，经济全球化突飞猛进。

2.微观经济主体的趋利动机直接导致了经济全球化的发展

商品与要素的价格在世界的不同地区是不可能完全相同的，这种地区性差价的存在被人们称为“区位优势”。区位优势为企业提供了进行全球性套利的空间，于是便有了对外投资、技术转让以及企业生产过程的分解与全球配置。在这种微观主体世界范围内的套利活动中，跨国公司逐渐成为主角。这是因为跨国公司本身具有“所有权优势”和“内部化优势”。

所有权优势使得跨国公司凭借其独有的知识产权、技术诀窍、管理战略以及资金实力，既可以利用发展中国家低成本的生产要素将产品销售到价格更高的市场上进行商品套利，又可以将巨额剩余资本转向资本稀缺、投资回报率高的发展中国家进行资本套利。而内部化优势又使得跨国公司能够将生产和销售活动按照最有利的区位分布配置于世界各地，并将每一个分支机构及其所联系的企业在职能专门化的情况下组成一个一体化的网络，通过在世界各地的生产、销售以及研发等活动而服务于母公司的发展战略。

这样做的结果是，国际范围的分工与协作实际上就变成了跨国公司内部的分工与协作，借助于这样的分工与协作机制，跨国公司不仅省去了利用市场的交易费用，而且也消除了市场壁垒对套利过程的干扰。当跨国公司利用其“企业优势”和“内部化优势”而大举进行全球性套利活动的时候，其客观的效应便是推动了经济的全球化发展。

3. 日新月异的信息技术提供了经济全球化得以形成和发展的技术支持

信息技术进步降低了企业远距离控制与交易的成本。企业的活动半径是与其所有权控制的成本负相关的。远距离控制成本低，企业的活动半径就大，从而经济全球化的程度就高；反之，则相反。远距离控制的成本主要是信息成本（和交通成本）。然而在信息经济时代的今天，多媒体技术的发展与互联网的诞生，使得成本大幅度下降，以至于从理论上讲，对于任何一家有能力进行全球扩张的企业来说，它的活动范围都可以达到世界的任何地方。信息技术在降低企业远距离控制成本的同时，也为信息、商品与要素的全球快速流动提供了技术上的支持。由于信息技术能够有效地提高商品和信息超长距离传送的效率，显著地降低远程贸易和投资的成本和不确定性，从而极大地推动了产品生命周期的深化和扩展。正是从这样的意义上，可以说，信息技术的发展为经济全球化提供了最为坚实的物质基础和技术支持。

从以上各种推动经济全球化发展的机制来看，经济全球化并不是人们可以创造出来的一种制度安排，而是一种不以人们主观意志为转移的客观规律。因此，面对经济全球化的浪潮，我们不能选择要还是不要，而是应当学会如何适应和最大限度地利用全球化来增加我们的利得。

（三）经济全球化的发展因素

首先，科学技术的进步和生产力的发展。科学技术的进步和生产力的发展，为经济全球化提供了坚实的基础，特别是20世纪70年代以来的信息技术革命，不仅加快了信息传递的速度，也大大降低了信息传送的成本，打破了种种地域乃至国家的限制，把整个世界空前地联系在一起，推动了经济全球化的迅速发展。

其次，跨国公司的发展。跨国公司为经济全球化提供了适宜的企业组织形式。跨国公司在全球范围内利用各地的优势组织生产，大大促进了各种生产要素在全球的流动和国际分工，并由此极大地推动了经济全球化进程。

最后，各国经济体制的变革。20世纪90年代以来，传统的计划经济国家纷纷放弃计划经济体制，转而向市场经济过渡。发达资本主义国家为了摆脱经济滞胀而减弱了国家对经济的控制，加强了市场机制的自发调节作用。在国际范围内，随着世界贸易组织的成立，其成员对本国或本地区市场的控制大大放松，贸易自由化和投资自由化的进程不断加快。所有这些都为国际资本的流动、国际贸易的扩大、国际生产的大规模进行提供了适宜的体制环境和政策条件，促进了经济全球化的发展。

（四）经济全球化的表现

1. 生产全球化

生产力作为人类社会发展的根本动力，极大地推动了世界市场的扩大。以互联网为标志的科技革命，从时间和空间上缩短了各国之间的距离，促使世界贸易结构发生巨大变化，促使生产要素跨国流动，它不仅对生产超越国界提出了内在要求，也为全球化生产准备了条件，是推动经济全球化的根本动力。

2.贸易全球化

随着全球货物贸易、服务贸易、技术贸易的加速发展，经济全球化促进了世界多边贸易体制的形成，从而加快了国际贸易的增长速度，促进了全球贸易自由化的发展，也使得加入世界贸易组织（WTO）的成员以统一的国际准则来规范自己的行为。贸易全球化主要体现在：第一，国际贸易增长率高于世界生产总值增长率；第二，国际贸易规模庞大，世界贸易依赖度高。

3.金融全球化

金融全球化是指一国的金融活动跨越国界日益与国际金融活动融合在一起，即资金的筹集、分配和运用，超越国家疆界，在全球范围内进行。金融全球化表现在以下两个方面：一是水平的相互依赖关系，即国际资本流动的规模和状况；二是垂直的相互依赖关系，即利率和汇率的国际联动和影响。世界性的金融机构网络，使大量的金融业务跨国界进行，跨国贷款、跨国证券发行和跨国并购体系已经形成。世界各主要金融市场在时间上相互接续、价格上相互联动，几秒钟内就能实现上千万亿美元的交易，尤其是外汇市场，其已经成为世界上最具流动性的全天候市场。

4.科技全球化

它是指各国科技资源在全球范围内的优化配置，这是经济全球化最新拓展和进展迅速的领域，表现为先进技术和研发能力的大规模跨国界转移、跨国界联合研发的广泛存在。以信息技术产业为典型代表，各国的技术标准越来越趋向一致，跨国公司通过垄断技术标准的使用，控制了其所处行业的发展，获取了大量的超额利润。

（五）经济全球化的意义

经济全球化是当今世界经济和科技发展的产物，在一定程度上适应了生产力进一步发展的要求，促进了各国经济的较快发展。但同时，也使世界经济的发展蕴藏着巨大的风险。综合来看，经济全球化具有以下意义：

1.优化配置和合理利用资源

一国经济运行的效率无论多高，总要受本国资源和市场的限制，只有全球资源和市场一体化，才能使一国经济在目前条件下最大限度地摆脱资源和市场的束缚。经济全球化，可以实现以最有利的条件来进行生产，以最有利的市场来进行销售，达到世界经济发展的最优状态，提高经济效率，使商品更符合消费者的需要。

2.促进国际分工

经济全球化促进了世界市场的不断扩大和区域统一，使国际分工更加深化，各国可以充分发挥自身优势，从事能获得最大限度的比较优势的产品的生产，扩大生产规模，实现规模效益。经济全球化可以促进产业的转移和资本、技术等生产要素的加速流动；可以弥补各国资本、技术等生产要素的不足，使其积极参与国际市场竞争，迅速实现产业演进和制度创新，改进管理，提高劳动生产率，积极开发新产品，提高自身的国际竞争力。

3.促进经济结构合理优化

经济全球化促进了经济结构的合理优化和生产力的较大提高，实现了在全球化范围内的科技研究和开发，并使现代科学技术在全球范围内得到迅速传播。现代科技创新是世界性的，任何国家的科学技术活动，都必须也只能以世界上现有的科技成果为前进的基础。经济全球化带来科学技术的世界性流动，使各国特别是发展中国家可以“进口”世界上自己需要的先进科学技术，借助“后发优势”，促进科技进步、经济结构的优化和经济发展。

4.促进经济多极化发展

经济全球化使国际经济关系更加复杂，它使以往的国别关系、地区关系发展成为多极关系和全球关系，推动了处理这些关系的国际协调和合作机制的发展，并必然会导致一系列全球性经济规则的产生，使参与经济全球化进程的国家出让或放弃部分主权，遵守这些经济规则。因此，从这个意义上说，经济全球化是一个制度变迁的过程，是一个既相互竞争又相互融合、渗透的过程。

5.促进发展模式创新

全球化促进生产、资源、人员、贸易、投资和金融等生产要素全球优化配置，降低成本和提高效率。跨国公司已发展到在全球布设研发、生产、销售链条的全球公司阶段。经验显示，一国经济开放度提高与其人均国内生产总值（GDP）增长之间成正比。无论一个国家的发展模式如何调整变化，若不考虑全球化因素，不利用全球化机遇，就不可能探索出先进的发展模式。

6.促进国际利益融合

利益融合既表现在经济领域，又表现在其他领域；既表现在双边领域，又表现在多边领域。国家间经济相互依赖逐步深化，俱荣俱损局面开始形成。全球经济链条越拧越紧，一国经济发展对全球经济发展的依赖增强。除国家利益外，共同地区利益和全球利益明显增多。利益融合有利于国家关系改善，国家间协调合作增多，出于不同利益而形成的不同“志愿者联盟”不断出现。谋霸权、搞对抗，坚持集团政治和冷战思维，越来越不得人心。

7.促进安全内涵扩展

安全已从传统安全领域扩展到非传统安全领域。恐怖主义、经济安全、环境恶化、气候变暖、疫病蔓延、移民浪潮和跨国犯罪等非传统安全问题威胁增大，涉及经济、民生、社会和自然等广泛领域。非传统安全主要由人类的不科学发展、社会和自然的不协调引起，其实质是发展问题。非传统安全问题模糊了安全与发展的界限，增大了国际安全合作的紧迫性，挑战着传统安全的主导地位，缓和了国家间的军事对抗关系。如恐怖主义和气候变化不是任何单一国家能够解决得了的，美国在反恐中不得不多方借助国际社会。又如，美俄在导弹防御问题上矛盾尖锐，但在非传统安全领域总的来说合作顺利。

8.促进国家主权转移

全球化促进了国际组织的发展。仅1990年至1998年，国际组织就从26 656个增至48 350个，其中政府间国际组织250多个。在全球化背景下，一个不争的事实就是国家主权在越来越多地向政府间国际组织转移。比如，向联合国、地区组织转移政治、外交和军事权力，向WTO、国际货币基金组织、世界银行和全球公司转移经济权力，向各种各样的其他非政府国际组织转移社会权力。全球化还促使一国的国内规则尽可能与国际规则协调一致。

9.推进国际体系转型

现行国际体系的主要特征是：由西方国家特别是美国主导，国家间名义上平等而事实上不平等，国际组织作用有限，霸权主义和“问题国家”得不到有效制约。现行国际体系在应对日益增多的全球性问题方面日渐乏力，其调整、完善和转型乃大势所趋。今后几十年内新的国际体系有可能基本形成，其主要特征是：世界格局多极化，西方与非西方国家共同主导，国际组织作用增强，国际治理多样化，和平渐进性。

10.推进人类文明进步

人类有可能在全球化、全球性问题、全球利益和全球治理基础上，形成新的共同价值观念和新的人类文明，打破西方国家在人类文明中的主导地位，实现对西方文明的总体超越。

经济全球化使得世界各国的经济联系在一起，这在促进各国经济合作的同时，也使得一个国家的经济波动可能殃及他国，甚至影响全世界，加剧全球经济的不稳定性，尤其对发展中国家的经济安全构成极大的威胁。

二、经济全球化对世界经济的影响

经济全球化对任何国家来说都是一把双刃剑，其影响可以分为正面和负面两个方面。

（一）经济全球化的正面影响

由于世界各国在自然资源、生产力和科技水平、政治经济制度和民族文化等方面存在着巨大的差异，以及资本主义经济政治发展不平衡规律的作用，经济全球化对不同的国家会产生不同的影响。

1.经济全球化的收益

第一，经济全球化的静态收益。从静态角度看，经济全球化可以带来新的分工和贸易机会，这意味着整个世界会有净产出的增加。如果各国能够按照比较优势进行分工和贸易，还可以提高各自的劳动生产率，从而使得世界的总产量和总福利增加。这就是说，建立在比较利益基础上的专业化分工，不仅可以使给定要素、资源数量和质量情况下的生产数量达到最大，而且还可以使得各国通过国际分工和贸易的所得超出由它们的资源存量所决定的生产可能性边界。

第二，经济全球化的动态收益。经济全球化的动态收益可以从先进国家和后进国家两个不同的角度加以讨论。从先进国家的角度看，随着经济全球化的发展，会有越来越多的外围和半外围的后进国家进入全球分工与贸易体系，从而使得先进国家可以通过技术转移和新的投资来完成产业升级与经济结构的调整，以便重新取得比较优势或者竞争优势。再从新进入世界分工体系的后进国家来看，它们可以通过参与国际分工和贸易，接受国际产业的转移，并通过“干中学”来实现经济增长。存在于先进国家和后进国家之间的这种阶梯式增长，就是我们在当代世界经济增长过程中所看到的经济全球化的动态效应。

2.经济全球化对发达国家的影响

西方发达国家是经济全球化的主导，能够在经济全球化过程中占有更多的优势，获得更多的利益。

第一，发达国家掌握了世界上最先进的生产力和高新科学技术，在全球分工体系中处于优势地位。发达国家掌握了经济全球化赖以发展的信息技术的基础，世界研究与开发的投资、科技力量和科技成果也主要集中在发达国家。发达国家正是利用其雄厚的资金、技术、信息和人才优势，集中精力发展高技术含量、高信息含量的高新技术产业，而将传统工业和一般技术成熟的产业向发展中国家转移。

第二，发达国家的跨国公司是经济全球化的重要推动器，是实现全球生产要素流动和资源优化配置的主要载体。主宰全球经济局面的仍然是世界上最大的跨国公司，全球最大的100家跨国公司九成以上来自发达国家。发达国家通过跨国公司全球性的联合、兼并和扩张，进一步发展其高度发达和高度集约型的经济，使其产品竞争力始终高居世界领先地位。

3.经济全球化对发展中国家的影响

第一，促进了发展中国家的经济发展。经济全球化为发展中国家提供了更多吸引外资的条件和机会。吸引外资规模的扩大无疑有助于解决发展中国家的资金短缺问题。2010年，全球外资流动的一大亮点是流入发展中国家的资金首次超过发达国家，占比达53%。大量资金的流入将对发展中国家的经济发展起到极大的推动作用。

第二，扩大了对外直接投资规模。经济全球化为发展中国家的资本外投创造了有利的外部环境和条件，使其对外直接投资规模不断扩大，增长迅速。

第三，促进了发展中国家跨国公司的发展，使其在世界市场的竞争力逐渐增强。跨国公司是经济全球化的载体，在经济全球化的过程中，发展中国家的跨国公司员工有更多的机会了解发达国家，能够学习发达国家跨国公司的先进模式，从而促进自身发展；同时，在这纷繁复杂的不断交易和竞争的过程中，跨国公司也在不断成长，日趋成熟。

第四，现代通信技术以及复杂的计算机程序有助于人们消除不同资本市场的时间差。在跨国的生产网络方面，时间的全球化正在形成。“时间竞争”使人们可以通过卫星通信即时了解全世界正在发生的事件，从互联网上也可以获取大量信息和宝贵的知识，因此，商品、服务、资金、思想和信息的流动将比过去更加自由、快捷，这就给各国人民带来很大益处。

（二）经济全球化的负面作用

尽管全球化意味着竞争，但并不是所有国家都能从中受益。事实上，一些国家可能因为竞争而陷入困境，特别是那些发展中国家或者贫困国家。全球化可能导致贫富差距扩大、环境破坏、资源枯竭，以及劳工权益被剥夺等问题。此外，竞争也可能导致社会不平等加剧，对弱势群体造成更大的伤害。

1.加大世界贫富差距

在民族国家内部和民族国家之间存在社会经济不平衡，以及世界广大地区间亦存在两极分化。大量资料已揭示：发达国家与发展中国家之间人均国内生产总值的差距，1980年约为39倍；世界最富有国家和最贫穷国家的人均收入比例，1997年约为727∶1。世界最富有的3个家族的财富总和比最贫困的6亿人口的年收入还要多。现在世界上的485个亿万富翁控制着世界约一半的财富。占世界人口总数20%的发达国家，拥有世界财富的

80%～90%；而占世界人口总数80%的发展中国家，则只拥有世界财富的10%～20%。①

2.使全球生态系统遭到破坏

经济全球化使全球生态系统遭到破坏，如日益蔓延的荒漠化、对土地的侵蚀、动植物物种的灭绝、海洋与河流的污染等。其中，发达国家的跨国公司把污染产业生产活动和污染技术利用转移到发展中国家，以便压低工资并迫使劳动者在恶劣的条件下工作，这些都是明摆着的事实。

3.削弱了国家经济主权

权力集中在几乎不受任何监督控制的少数几个经济单位的手里，如跨国以及跨地区的公司、全球通信网络等。前联合国人权事务高级专员玛丽·鲁滨逊曾说，500家跨国公司操纵着全球1/3的国内生产总值，占有全世界90%的外国直接投资和3/4的全球贸易。因此，她担心，权力正从政治家手中转向董事会。而且，国家权力受到全球和地区机构及其规则的限制。跨国经济网络突破了国界、市场，强大的跨国公司以及代表各种信仰和利益的国际和地区非政府组织都在“入侵”本来应属一个国家的领地。国家的权力被迫缩小，对于发展中的弱小国家尤其如此。

4.工会权利将受到全球化的损害

2000年5月，国际劳工组织负责人胡安·索马维亚在一份报告中指出：“全球化和在激烈竞争的世界市场的生存原则，将对工会和结社自由以及集体谈判的权利产生消极影响。”全球化正在造成紧张局势和减少劳工的某些权利。在经济全球化过程中，资本流动的高度可能性和生产的国际化，大大减少了集体谈判的内容和影响。

（三）经济全球化带来的风险

1.边缘化的风险

经济全球化的最大风险就是被边缘化，即被排除在国际分工体系之外而产生的经济增长的风险。这种风险将使一个国家完全失去发展的机会而变成“侧畔的沉舟”。

这种情况发生在拉丁美洲的许多国家，受激进的结构主义经济学家的影响，拉丁美洲的许多国家在20世纪获得民族解放独立之后错误地选择了进口替代的发展战略，从而自动脱离世界经济体系而失去了经济增长的机会。时至今日，拉丁美洲国家的经济每况愈下，而高度对外开放、主动参与国际分工与贸易的东亚国家早已超过了拉丁美洲国家，成为继北美、欧洲与大洋洲之后一个比较富裕的地区。随着印度经济的开放和增长，南亚地区也已超过非洲并摘掉了世界最贫困地区的帽子。

2.错误选择国际分工的风险

一个国家在参与经济全球化的过程中，选择恰当的分工与贸易模式就可从中获得巨大的收益，否则就会遭受经济全球化所带来的巨大风险。一个国家能够在国际分工中做什么，并不取决于人们的主观愿望，而是取决于该国的资源禀赋所决定的比较优势，或者是由该国的技术创新能力所决定的竞争优势。

拉丁美洲的很多国家，在要素禀赋并没有发生明显变化的情况下，放弃了基于比较优势的国际分工与贸易模式，在20世纪70年代转而选择了进口替代的发展战略，结果导致

① 联合国《2005年世界社会状况报告：不平等的困境》。

了金融危机与经济增长的衰退。更为重要的是，由美国经济转型而创造的国际分工重组的机会大都被东亚国家和地区所获得，而拉丁美洲国家几乎一无所获。

时至今日，按照结构主义经济学家的观点，走“进口替代发展”道路的拉丁美洲国家（除了积极参与北美自由贸易区的墨西哥）不仅没有最终完成工业化的发展，反而出现了可怕的逆工业化发展的趋势。以阿根廷和巴西为例，它们在20世纪50年代至70年代都保持了经济的高速增长。但是，自20世纪70年代开始推行进口替代的发展战略之后，其经济增长每况愈下，原因就在于进口替代导致大规模的对外负债，而为了偿债又不得不通过大规模出口初级产品来平衡国际收支，这又倒过来进一步影响了国内经济结构的调整，从而导致国民经济的逆工业化发展。

不仅如此，伴随着世界经济产业结构调整而来的初级产品贸易条件的持续恶化，使得这些国家的国际收支根本无法得到平衡，最后，只得以金融危机的爆发为代价结束了长期的经济增长。由此可见，今天拉丁美洲国家被逐出世界分工与贸易体系，完全是因为在竞争优势根本就不存在的情况下，其过早地放弃了比较优势。

3.不能及时地进行国际分工动态调整的风险

经济全球化的再一个风险，就是当现有的比较优势即将趋于消失时，一国不能主动而又及时地调整自己在国际分工与贸易中的地位与作用而产生的风险。在这方面，日本可以说是一个非常典型的例子。在20世纪80年代以后，伴随着日本国内充分就业而来的工资水平的显著上升（实际汇率升值），以及于1985年开始的日元对美元的汇率升值（名义汇率升值），日本在传统制造业中的比较优势逐渐消失。在这种情况下，日本原本应当主动地通过国际贸易模式与竞争方式的调整，在国际分工与贸易中重新找到属于自己的位置。但是，事实情况是，日本并未做出这样的努力，而是简单地采取了对外投资的方法来替代以上所说的这种结构性的调整，并任凭国内因本币升值而过剩的货币不受限制地进入房地产与证券市场。由此产生的后果，首先是国内资产泡沫的迅速生成和海外资产的急剧膨胀，但是紧接着而来的便是经济衰退，这种衰退在很大程度上就是由大量对外投资所造成的产业空心化和与之伴随而来的资产泡沫的破灭促成的。与此不同，美国则在1974年石油危机的冲击之下，主动地进行结构调整，通过制度与技术创新，借助于新经济革命而获得国际分工与贸易中的竞争优势，从而实现了20世纪整个90年代的高速增长。

至此，我们可以得到的重要结论是，一个国家在参与经济全球化的过程中，必须准确地把握自己在国际分工和贸易中的机会，既不能像拉丁美洲国家那样过早地放弃比较优势去参与所谓的高科技竞争，也不能像日本那样，过于迟缓地对日渐消失的比较优势做出反应。审时度势地对本国在国际分工与贸易中的竞争力做出准确的判断，乃是问题的关键所在，因为只有这样才能规避由经济全球化所带来的风险。

（四）经济全球化的发展趋势

在进入21世纪的今天，始于20世纪80年代的经济全球化进程不断加速，从而迫使每一个国家必须对其做出反应。对于经济全球化发展的最近趋势，我们大致可以从金融面、基本面和政策面三个角度来加以讨论，这种讨论的必要性就在于为中国制定更加有效的开放战略提供事实根据和理论解释。

1.金融全球化的发展趋势

金融全球化自20世纪90年代以来明显加速，其主要特点是许多国家的国外资产和负债都迅速地同步增加，这种现象在工业化国家尤为明显。1900—2003年，与其实际产出相比，平均资产和负债约增加了两倍。

金融全球化的不断加速，大致与以下三个因素有关：第一是开始于20世纪70年代末的金融自由化浪潮，它为资本在国际市场上的自由流动提供了制度上的便利。第二是由IT产业革命带来的信息处理和交易成本的降低，以及全球金融市场的一体化发展。第三是世界经济持续较快增长所造成的金融资产特别是流动性的增加。这种流动性的增加会从两个方面促进金融全球化的发展：一方面，它会通过在世界范围内寻找有利可图的投资机会而导致金融资产的全球流动；另一方面，它又会因为基于分散风险的国际组合投资而促进金融资产的全球流动。

金融全球化给世界经济带来的最大的挑战是使各国外部经济出现不平衡。这种不平衡表现为，当今世界对外开放的各个经济体日益分化成为经常项目的赤字国家和盈余国家两种类型。之所以会产生这样的现象，就是因为巨大规模的国际资本流动为经常项目逆差的国家提供了国际借贷和融资的可能，以致使得经济基本面较好的国家可以长期维持经常项目的逆差。为什么说这又是一种挑战呢？因为金融全球化所带来的不仅是国际融资的便利，其也会带来各种各样的冲击，比如，由过多的国际资本流入所带来的金融泡沫，由外国投资者突然撤资造成的金融危机。此外，在今天这种管理纸币本位下，由于不存在金本位下的“价格-铸币”自动调节机制，因此，金融全球化还会对各国的宏观经济政策特别是汇率与货币政策带来巨大的冲击。

2.实际经济全球化的发展趋势

除了金融市场之外，全球化还深深地影响着商品和服务市场，在当今经济全球化的发展进程中，发生了一系列的结构性变化：第一，产业内贸易取代了以前极为盛行的产业间贸易而成为今天世界经济中占据主导地位的贸易方式；第二，伴随着广义的交易成本下降而来的是制成品生产的日益分散化，在制成品生产分散化的过程中，跨国公司为了进行要素套利而在全球范围内创造的全球性网络化生产体系中起到了极为重要的作用；第三，各国生产中本国投入品的比重日趋下降，中间品贸易因此得到迅速发展，伴随着中间品贸易而来的是各国贸易依存度的普遍提高，但是对一国净出口的影响并不大，这意味着中间品贸易的发展带来的主要是贸易的溢出效应，而不是收入效应；第四，由于中间品生产包含更多的技术诀窍，从而具有不可替代的性质，结果就造成了当今国际分工与贸易中中间品贸易的价格刚性；第五，交易费用的降低与互联网所提供的便利，使得几乎所有开放经济的国家都出现了贸易品对非贸易品比重不断上升的趋势，这种现象的发生可以进一步解释为什么当今世界的贸易依存度在总体上是倾向于提高的。

3.金融全球化与实际经济全球化的不平衡发展

在经济全球化发展进程中，尽管国际资本流动与国际贸易的发展速度都非常惊人，并且还经常是互为因果的，但是，金融全球化与实际经济（也就是贸易）全球化在结构上是很不对称的。

在历史上，自从工业革命以来，国际资本流动的基本方向都是从工业化核心国家流向落后外围国家。但是，近年来的金融全球化则完全改变了这种状况，大量的资本流动发生在各个工业化发达国家之间，这意味着当今世界国内“储蓄-投资”的不平衡主要出现在工业化发达国家。其中德国与日本是世界上最大的净资本流出国家，而美国则是世界上最大的净资本流入国家。与国际资本流动不同的是，贸易的地理格局却刚好出现了相反的变化。首先是新兴市场经济体在世界贸易中的地位变得越来越重要，特别是经济呈现高速增长的中国等国家和地区；其次是主要工业化国家在世界贸易中所占的比重有明显下降的趋势。

发生在国际金融与国际贸易中的这种不对称的全球化趋势，不仅导致了国际收支赤字与盈余的国家的分野，而且也出现了国际分工中专事实际生产与金融运作的国家的分野。这种现象的产生究竟是国际分工深化的表现，还是世界经济失衡的信号？目前还不得而知。金融与实际经济间的这种不对称发展，给世界经济带来了不稳定的因素。但是，它带来的挑战还不止于此，作为世界经济体系中的低收入发展中国家，假如它们不能通过参与国际分工和贸易融入世界经济体系，那么就根本不能指望其通过国际资本的流入来获得经济增长。

三、经济全球化与东南亚地区经济发展

对经济发展水平与发达国家不在同一条起跑线上的大部分东南亚国家而言，经济全球化的效应是双重性的：在带来发展机遇的同时，也对其经济安全造成了严重的威胁。在经济全球化的背景下，东南亚国家在20世纪80年代中期之后取得了经济的快速增长。国际货币基金组织和世界银行曾将东南亚的经济业绩归功于新自由主义理论和新宏观经济理论在东南亚的成功实践，亦归因于东南亚各国政府顺应经济全球化要求，在经济领域实行自由化、非制度化和私有化的改革，值得其他发展中国家效法。但是，1997年突发的在东南亚经济史上前所未有、破坏性极强的金融危机，使东南亚各国从经济奇迹坠入危机的深渊，引起了人们对经济全球化的利益能否得到公平分享的质疑，促使东南亚各国政府重新认识、辩证地看待主要由发达国家推动的经济全球化，从而制定更加符合本国国情和本民族根本利益的经济发展战略与政策。

（一）经济全球化与东南亚经济奇迹

20世纪80年代之后，世界经济进入了一个新的发展阶段——经济全球化时期，凸显出两股相对独立但密切交融的经济发展趋势，即生产和贸易的全球化、金融和资本流动的全球化。

20世纪80年代中后期，东南亚地区开始接受外国直接投资，以日本、韩国等的资本为主的外国直接投资蜂拥而至。20世纪90年代之后，该地区又掀起了以欧美为主的外国间接投资的浪潮。尤为值得关注的是，大量自由度相当高的短期信贷、追逐货币利差的热钱也竞相涌入东南亚市场。1989年之后至1997年东南亚金融危机爆发之前，东南亚国家成了两种外资形式——国际私人直接资本和间接资本——竞相注入的热土。其中，马来西亚的私人资本净流入占GDP的比重从1983—1988年的年均3.1%增加到1989—1995年的年均8.8%，同期，泰国从3.1%增加到12%，菲律宾从-2%增至2.7%，印度尼西亚从1.5%增至4.2%。

在大量的外国直接投资、间接投资以及东南亚本国投资与廉价劳动投入的支持下，东南亚国家的经济在1997年东南亚金融危机爆发之前的年份里获得了前所未有的快速增长。IMF的统计数据表明，东南亚国家在1986—1996年这10年期间的经济年均增长率，与前一个10年（1975—1985年）的年均增长率相比，要大得多。其中，新加坡从7.2%增至8.4%，马来西亚从6.3%增至7.8%，泰国从6.6%增至9.1%，菲律宾从2.9%增至3.7%，印度尼西亚从5.7%增至7.4%。

东南亚地区较为稳定的政局、丰裕的自然资源、廉价而质量较高的劳动力、潜在的国内市场以及20世纪70年代之后便呈现的高于其他地区的经济增长率等因素，固然是吸引外国直接投资的重要原因，然而，东南亚各国政府为吸引外部资金而采取的极其优惠的税收政策、宽松的外汇管制和开放的资本市场则是各种类型的外资（尤其是证券和金融资本）趋之若鹜的根本原因。

虽然劳动投入和资本投入仍然是东南亚国家经济重要的增长源，但是，全要素生产率（Total Factor Productivity，TFP）在东南亚经济快速增长的过程中发挥了日益重要的作用。根据巴里·博斯沃思和苏珊·科利恩斯的研究，在1960—1984年和1984—1994年这两个时段，东南亚国家的TFP对经济增长的年均贡献除菲律宾之外都有所提高，其中新加坡从0.95%增至2.3%，马来西亚从0.7%增至1.15%，泰国从1.25%增至2.55%，印度尼西亚从0.8%增至0.85%。在1986年之后，新加坡的TFP主要源于技术创新、面向出口的工业化政策、金融深化和资本对外投资所带来的收益。马来西亚、泰国和菲律宾的TFP则主要源于外国直接投资所带来的贸易出口与技术进步的效应以及在实行金融自由化改革与深化之后蜂拥而至的证券投资和热钱。印度尼西亚则主要得益于引进外资所进行的石油制成品的开发与出口。

世界银行曾将东南亚主要国家在20世纪80年代中期之后经济快速增长的业绩归功于新自由主义理论和新宏观经济理论在东南亚的成功实践。1993年世界银行出版的《东亚奇迹：经济增长与公共政策》赞誉印度尼西亚、马来西亚和泰国"为比其低一层次的发展中经济体树立了促进出口战略的样板"。政府在采纳吸引外资、为出口创造有利环境的政策时，并未像"亚洲四小龙"那样同时采取金融压抑和"坏"的工业政策：为促进特定部门的发展而采取涵盖贸易、金融、技术和人力资源等方面有选择的政策干预。它们的成功经验证明，其他发展中国家无须采取工业政策，同样可以取得经济的快速增长、工业化和经济结构的变化。

（二）经济全球化与东南亚金融危机

1997年夏，在东亚、东南亚地区爆发的影响全球货币、金融市场的金融危机向世人表明，在经济全球化和私有化的条件下，一国如果仅仅关注宏观经济的稳定，不仅不能避免危机的爆发，而且还会掩盖其经济发展的真相。东南亚重灾国的宏观经济状况在1997年金融危机爆发前夕依然貌似十分稳健，便是一个生动的例证。

肇始于泰国的东南亚金融危机之所以未能被国际经济组织以及大多数经济学家所洞悉，主要是因为隐蔽的大量到期的私人短期外债尚未暴露，经济濒临崩溃的真相被虚假的股市繁荣和膨胀的房地产投资所掩盖了。金融部门的对外开放，一方面使国际收支处于貌似良性的状态；另一方面带来了建筑业和证券业的膨胀，创造了泡沫经济的虚假繁荣，掩盖了实体经济部门原本脆弱的真相。由于马来西亚、泰国和印度尼西亚允许私人大企业和金融公司在没有中央银行担保的前提下向外借贷巨额短期贷款，然后借给经营房地产建筑业的厂商，或投资于受到保护、利率丰厚但周转期限长的石油化学工业、重型钢铁业，又由于个人的借贷行为具有极强的隐蔽性，因此，直至危机爆发前夕，国内私人信贷扩张与私人巨额外债的真实面目方才惊现。

据国际清算银行的统计，截至1997年6月底，印度尼西亚的对外负债总额约为587亿美元，马来西亚约为288亿美元，泰国约为694亿美元。其中，私人非银行债务的比重分别高达67.6%、57.3%和59.5%。菲律宾经济自20世纪80年代中期债务危机爆发之后一直处于IMF的监管之下，直到1995年才允许私人有限度向外借款，因此国家对外负债不甚严重，为14亿美元。其中，私人非银行债务约占48.2%。东南亚重灾国私人负债的实际情况要比国际清算银行的统计严重得多。

究竟是外部世界，即全球化的力量，还是内部原因促使危机的生成并最终导致东南亚（包括东亚）经济的崩溃？各种不同和对立的经济学流派的论争持续至今。主流经济学正统派和激进派认为，引发这场前所未有、破坏性极强的金融危机的主要责任承担者不是经济全球化，而是该地区的泡沫经济、金融危机运行的客观规律、东南亚各国政府的政策失误、国家发展与国家垄断、政府管理质量和人民道德水准低下所导致的“裙带资本主义”（Crony Capitalism）和“道德败坏”（Moral Hazard）。然而，非主流经济学流派的观点正好相反。其认为，危机的爆发主要缘于外部世界对东南亚受灾国的国内金融制度改革和对外开放资本市场所施加的压力，而资本市场的对外开放则是危机爆发的根源，是全球金融资本的无序流动破坏了东亚、东南亚“国家主义”发展战略中的国家、金融机构、公司之间的健康协作。一些国家在IMF自由经济思想的影响与施压下，在采取资本项目自由化和金融自由化的同时，没有对全球资本的自由流入采取应有的管理措施，并缺乏经验。

从20世纪80年代中期开始，日本的资本与“亚洲四小龙”的过剩资本向东南亚地区进行战略性转移。这些过剩资本最初被投入该地区的实际生产部门——制造业部门，之后又垄断了电子工业、汽车零部件等所谓制造业的新兴部门，一度创造了东南亚地区经济快速增长的“奇迹”，带动金融利率的高企，因此吸引了全球的金融组合资本，尤其是以追逐高额利率和货币利差为主的证券资本和热钱的涌入，带动了经济的虚假繁荣，埋下了该地区经济衰退的种子。

导致东南亚国家金融崩溃的一个重要内因是盯住的货币汇率政策与高估的东南亚货币，外因则是发达国家推动的经济全球化和金融自由化的浪潮。盯住的货币汇率政策与高估的东南亚货币在国际货币投机者的狙击下最终导致货币升值、出口疲软、经济增长率下降。经济全球化和自由化则便利了国际资本的流入，尤其是灵活性很强的证券投资、追逐高额利息的“热钱”的流入以及私人短期外债的激增，由此掩盖了经常项目乃至国际收支平衡表中的逆差和赤字，杜撰了虚假的宏观经济基础指标的良好，并虚拟了经济繁荣的氛围，使得证券资产价格螺旋性膨胀。国内外因素的互动为国际货币投机者的狙击提供了机会，最终导致金融体系的崩溃。

由于全球外国短期资本和货币市场的交易是变幻无穷的，在东南亚国家缺乏健全的金融监管体制的前提下，对金融部门和资本市场实行双重对外开放，必然给国家的金融业带来巨大的风险。东南亚一些国家沦为1997年金融危机重灾国的这一严酷事实，一方面表明了IMF和世界银行所主张的只要把握好宏观经济的“基础面”，政府干预越少，经济发展越快的新自由主义理论的论点是站不住脚的；另一方面也表明了在经济全球化和自由化背景下，以欧美投机基金为主的巨额国际资本无序地流出和流入而造成区域性乃至全面的金融危机，这是传统的危机干预方法所无法解救的，也是个别国家的力量所无力抗衡的。

（三）经济全球化与东南亚经济重振

东南亚金融危机的深刻教训，促使东南亚各国政府重新认识、辩证地看待经济全球化。在反经济全球化和抨击IMF贷款条件加深东亚、东南亚金融危机的思潮以及国际舆论的支持下，不论是接受IMF经济援助的重灾国——泰国、印度尼西亚和菲律宾，还是拒绝接受IMF经济援助的马来西亚，它们在治理金融危机的过程中都在实际行动上或多或少、或明或暗地对IMF和世界银行所推动的经济全球化、自由化采取了灵活的应对举措。

新加坡政府制定的《产业21世纪经济发展战略》，提出了三大策略性措施：将新加坡发展经济的腹地扩大到7小时飞行范围之内的国家与地区；将新加坡的经济触角伸向世界各地；将新加坡建设成为贸易、科技、投资、人才、通信和物流的世界枢纽。马来西亚政府颁布的《第三个经济展望纲领》，提出把马来西亚发展成为世界级资讯技术和通信中心、区域空运与海运中心以及区域教育中心。泰国政府制订的《九五经济计划》，清晰地表明了危机之后泰国的经济发展战略、经济重组计划和政策的转变。菲律宾制订的《新六年经济发展计划》，提出了五项策略：减少公共部门的赤字，加强金融体制改革，稳定宏观经济，促进经济增长；发展具有全球竞争性的农业、工业和服务业以提供就业机会；改善社会设施的供应，保护并赋予弱势群体权力；扩散发展；提高管理质量，促进民族和谐。

在这些政策的引领下，经过20多年的发展，东南亚的经济迅速恢复并继续飞速发展。

第二节 区域经济一体化及其发展趋势

随着世界各国与地区发展过程中彼此间联系的日益密切，以及伴随着经济全球化纵深发展所带来的资源全球配置和世界统一大市场的逐步形成，20世纪80年代中期以来，世界各国均尽可能地在紧紧抓住经济全球化和一体化机遇的同时，又不得不采取各种措施来应对其所带来的问题或者说是挑战。事实上，也正是有鉴于此，20世纪80年代中期以来，不仅欧洲一体化的进程加快了，而且其他国际区域经济一体化组织也应运而生进而日益在世界经济与政治舞台上发挥着自己的作用和彰显自身日趋强大的影响力。作为一个发展中的大国，如何在后WTO时代紧随世界政治经济发展之趋势而积极应对全球经济一体化进程进而构建起属于自己的国际区域经济一体化组织，也就无形中成了摆在我国面前的一项十分紧迫而重要的战略任务。尽管2010年1月1日中国-东盟自由贸易区已正式建成，然而如何积极应对其中的机遇与挑战，不仅对中国-东盟自由贸易区作用的充分发挥和获得可持续的发展能力意义重大，而且也对我国经济与社会的可持续发展以及国际竞争能力的提升具有重要影响。

一、区域经济一体化的内涵

（一）区域

“区域”又被称为地区（Region），在地理学中其一般被理解为：区别于邻近地区或其他地区的、在自然条件方面具有某些同质性因素的地理范围或行政单位。与地理学概念不同的是，世界经济学中的“区域”概念则常常包含了两个或两个以上的经济体，这样的两个或两个以上的经济体或地区，因某些共同的经济特征或政治方面的共同利益而联合在一起；而且这样的一种区域经济体并不一定有彼此间的陆地接壤处，它们也完全有可能跨越洲际和国家间的社会性质而形成。与上述地理学和世界经济学中的相关“区域”的概念相比较，本书中所探讨的国际区域经济一体化中的“区域”主要是指，全球经济发展过程中不同的国家和地区为了实现各自的利益而形成的相互间能制定共同政策和采取共同行动计划的一种合作形式。

（二）一体化

与“区域”的概念相比较，“一体化”（Integration）一词来自拉丁文Integratio，其原本的含义是“更新”“修复”，后被用来泛指把各个部分结合为一个整体的一种态势，并进而在目前的自然科学和社会科学领域中得到了广泛应用。在经济学领域里，“一体化”首先出现于对企业经营活动的研究中。自20世纪50年代初起，“一体化”又被广泛应用于国际经济活动的研究中，主要用来形容多个国家独立的经济活动融合为紧密相联的一个整体的经济活动过程。实践中，按照厂商之间是竞争关系，还是互补关系，“一体化”一般可分为“水平一体化”（Horizontal Integration）和“垂直一体化”（Vertical Integration）两种形式。

（三）经济一体化

经济一体化的概念，最早是由荷兰经济学家丁伯根在1954年提出的，丁伯根认为：“经济一体化就是将有关阻碍经济最有效运行的人为因素加以消除，通过相互协调与统一，创造最适宜的国际经济结构。”尽管丁伯根的解释已对“经济一体化”的概念进行了比较清晰的说明，然而迄今为止，关于经济一体化的定义仍是众说纷纭。众多解释中，应该说最具代表性的定义还是美国经济学家贝拉·巴拉萨（Bela Balassa）1961年在其名著《经济一体化理论》（The Theory of Economic Integration）一书所提出的：“我们建议把经济一体化定义为既是一个过程，又是一种状态。就过程而言，它包括旨在消除各国经济单位之间差别待遇的种种举措；就状态而言，则表现为各国间各种形式的差别待遇的消失。”尽管各位学者的看法各有侧重，然而对“经济一体化”在实践中重要地位的认识几乎基本相同。

（四）区域经济一体化

由于“经济一体化”问题在实践中不能抛开“区域”问题而单独进行探讨，因而从严格的意义上讲，对“经济一体化”问题的探讨也就必须结合“区域”问题而一同进行。有学者认为，区域经济一体化是数个国家在货物、资本、劳务等生产要素方面的联合过程，其目的在于通过一体化过程使成员之间实行政策协调并取得相互依赖和合作的好处。也有学者认为，所谓“区域经济一体化”其实是指由若干国家联合而成的一个更大的经济体，并在经济体内的成员间保持某种特殊关系。由于“区域经济一体化”之概念涉及了国际经济一体化、经济一体化、世界经济一体化、空间一体化、经济集团化、区域集团化、区域一体化及经济全球化等几方面说法，因而现阶段综观众多区域经济一体化的研究，不仅内涵方面的争论较多，而且概念上的运用也不完全一致。

与国外的相关研究相比较，我国学术界关于区域经济一体化的研究可以分为两个层次：一是区域经济一体化理论概念的借鉴与演绎，主要是比较全面地总结了国外关于一体化的理论概念及其对我国经济发展的具体影响；二是运用相关的经济学、政治经济学的理论，分析区域经济一体化的影响因素、发展过程、制度演变以及社会经济效应等，较全面地分析了影响区域经济一体化进程的社会、政治、经济、民族等各方面的因素。

综合上述众家之说，我们这里可以把“区域经济一体化”的定义概括为：两个或两个以上的国家或地区，通过协商并缔结经济条约或协议以及实施统一的经济政策和措施来消除商品、要素、金融等市场的人为分割和限制，以国际分工为基础来提高经济效率和获得更大经济效果，进而把相关各国或各地区的经济融合起来形成一个区域性经济联合体的过程。

二、区域经济一体化组织的发展模式

作为地域相邻的两个或两个以上的国家或地区，在国际分工不断深化、经济联系日益密切的基础上，通过政府间谈判和签订协议的形式，相互采取比区域外更为开放自由的贸易投资政策，并在体制框架和调节机制协调的基础上结合形成经济合作组织和国家经济集团。区域经济一体化组织自形成始，不仅有着自身独具特色的拓展路径，而且也形成了自身的发展模式。

按照组成成员的性质，对区域经济一体化模式进行划分，包括北北型（欧盟）、南北型（北美自由贸易区）和南南型（东盟自由贸易区）这三种区域经济一体化发展模式。因为发达国家或地区大多位于北半球，发展中国家或地区大多位于南半球，所以，习惯上往往把发达国家或地区之间的区域经济一体化组织称为北北（NN）型，发达国家或地区和发展中国家或地区之间的称为南北（SN）型或北南（NS）型，发展中国家或地区之间的称为南南（SS）型。当前，这三种组织模式中，南南型和北北型较多，南北型较少。

（一）欧盟——北北型区域经济一体化发展模式

北北型区域经济合作是世界上出现最早的区域经济合作形式。据世界贸易组织统计，在世贸组织成员通报的214项区域贸易协定中，有22个是北北型的，其中比较著名的有欧盟、美加自由贸易区、欧洲自由贸易联盟、澳新自由贸易区等。国际上公认，北北型区域经济合作一般都比较成功，其中欧盟是最典型的例子。

欧盟是迄今为止世界上发展最快和一体化程度最高的区域经济一体化组织。欧盟的成立，可追溯至1958年成立的欧洲共同体，其后便先后经历了自由贸易区、关税同盟、共同市场、经济货币联盟、签署宪法条约等几个经济一体化的关键阶段。伴随着一体化目标的步步深入，欧盟现已成为一个拥有27个成员国、面积达430多万平方千米、人口约5亿、GDP总额超15万亿欧元、出口贸易占世界贸易的比重超过40%的世界上首屈一指的经济实体和独一无二的政治体以及国际区域经济一体化的领军者。

在欧盟一体化运作的一个较长时期内，成立关税同盟、制定和实施统一的农业政策、建立统一的大市场和经济货币联盟等举措，对欧盟的有序运作和相关成果的取得起到了极为重要的促进作用，因而在探讨欧盟一体化运作的成功经验时，我们也拟从这几个方面展开。

1.关税同盟及其效应

就关税同盟及其效应而言，在建立关税同盟的过程中，尽管各种矛盾与问题不断，但各成员国还是提前完成了自己的建立关税同盟的各项任务，并最终于1968年7月1日，比计划提前了一年半的时间建成了真正意义上的关税同盟。关税同盟之所以能克服重重困难建立并进而又能在实践中得以持续有效地推进，应该说与关税同盟本身所具有的经济效应有着十分密切的关系。

第一，尽管关税同盟建成时并没有完全克服欧共体成员在贸易方面的所有障碍，然而作为欧共体的重要支柱之一，工业品关税同盟对促进各成员国经济贸易的发展以及密切其经济贸易关系还是起到了极大的正面作用的。据统计，1958—1979年，共同体内部的贸易量便增加了8倍，而同一时期共同体与区外的贸易量则仅仅增长了2倍。

第二，形成了一定的消费效应。进口关税的取消，使共同体内的消费者更多地购买与消费区内其他成员国的产品成了现实，当然，在此过程中其福利水平也必将相应地得到提高。此外，产业内贸易导致的产品多样化程度的提高，在使消费者的效用函数得到更大程度满足的基础上，产生了更多的正的福利效应。

第三，除了在投资创造和投资转移方面取得了一定的效应外，规模经济方面的效应更明显。以获得了显著动态效应的欧共体的冰箱行业与汽车行业为例，在欧共体成立之前，德国、意大利、法国等欧洲主要冰箱生产国均拥有数家冰箱制造商，只是每一家的年产量均不足10万台。然而欧共体关税同盟建立后，市场的开放与扩大，无形中为冰箱行业自动装配线、现场焊接等规模生产方法的应用铺平了道路。到了20世纪60年代末，意大利冰箱厂的年产量一般已达到85万台，超过了年产80万台的冰箱最低有效生产规模；德国与法国也分别达到了年产57万台和29万台。同时，成本较以前也有了大幅度的下降。不仅如此，关税同盟建立后，欧共体每年可以生产约1 000万辆汽车，其中90%的产品是在共同体的内部销售的。

第四，竞争促进效应得到了提高。原因在于：关税同盟建立后，由于企业面对着激烈的市场竞争，必须进行重组，从而导致了日益加深的企业专业化分工、对研究和开发费用的不断追加、跨国兼并与收购等方面的活动，而这些活动反过来又促进了企业的效益增长和技术革新并进而对欧共体内部的产业重组、生产专业化以及区域分工产生了十分明显的促进作用。

第五，专业化分工效应得到了强化。随着关税同盟的建立，欧共体成员国之间的产业内贸易水平也得到了普遍的提高，而这一点恰恰又是其制造业内部的专业化分工效应不断提高的直接结果。在此基础上构建起的国际区域一体化组织不易破裂，因为一旦破裂必将会使成员国蒙受巨大的负面经济损失。

第六，经济增长效应得到了相应的提升。由于关税同盟对内取消关税、对外则筑起了统一的贸易壁垒，因而客观上便在排斥了非成员国（当时主要是美国）有竞争力的产品进入和提供市场保护的同时，也在欧共体内部加强了成员国之间工业品生产的竞争，促进了其工业部门劳动生产率的大幅度提高，并从而促进了经济的增长。

2.农业政策及其效应

就共同农业政策及其效应而言，起步于20世纪50年代末的欧共体共同农业政策的形成，对欧共体的巩固与发展起到了相当大的作用：

第一，稳定物价的宏观经济效应。事实上伴随着共同农业政策以及绿色货币、货币补偿金的实施，1968—1974年，欧共体市场上的小麦价格的月波动率仅为3%，而同一时期美国的这一指标反而达到了11%~13%。考虑到农产品价格又是制成品和服务品的价格基础，因此，农产品价格的稳定对欧共体成员国低通胀经济目标的实现无疑就有了十分重要的现实意义。

第二，生产效应明显。可以说共同农业政策在推动欧共体成员国的农业技术进步以及提高农业劳动生产率的基础上，最终推进了欧共体各国的农业发展。据统计，在1961—1968年、1968—1973年、1973—1978年、1978—1983年这四个阶段中，欧共体农业劳动生产率的年平均增长率分别达到了7.1%、8.3%、4.3%和4.35%；而同一时期欧共体整个国民经济的劳动生产率的年平均增长率才分别为4.4%、4.1%、2.3%和1.4%。

第三，提高了资源配置效应。欧洲一体化致力于打造一个生产要素自由流通的大市场，在欧洲统一市场之下，各国之间的关税壁垒不复存在，商品、服务、人员和资本实现自由流动，大大降低了欧洲各国的交易成本，提高了资源配置效应，创建了一个极富活力的欧洲大市场。

3.统一大市场及其效应

为进一步增强成员国的凝聚力、继续推进一体化进程、提高地区总体经济实力以及增强应对美国等国家挑战的实力，1985年6月，米兰欧共体首脑会议发表了题为“完成内部市场”的《白皮书》，其后经过各成员国的共同努力，目前已基本实现了区内以实施单一市场为目标的统一大市场的建设计划。

统一大市场的建立，对欧盟的社会进步与经济发展起到了相当大的促进作用。具体来说，欧盟统一大市场建立后所形成的经济效应，主要体现在以下几个方面：

第一，贸易创造与贸易转移效应。在贸易创造方面，成员国之间边界、技术与财政税务方面障碍的不断消除，不仅扩大了成员国相互之间的绝对贸易量，而且也使其内部出口额占欧共体出口总额的比重进一步上升。在贸易转移方面，尽管效应不太突出，但毕竟还是在一定程度上促进了区域内的进出口贸易的发展。

第二，消费福利效应。据统计，在统一大市场形成后的10年时间里，它使欧盟的消费者在激烈的市场竞争中获得了从电话到食品等各种商品普遍降价的好处；同时还创造了250万个工作岗位，新增财富总计9 000亿欧元，平均每个家庭新增财富5 700欧元。

第三，竞争与规模经济效应。随着统一大市场建设的不断推进，欧盟内部企业间的竞争也愈演愈烈。为增加产量、降低成本、提高经济规模、获取更多的经济利益并进而在竞争中占据主动地位，欧盟内部企业间的并购不仅在数量上呈现出了快速增长的态势，而且在形式上也更趋多样化。此外，随着兼并行动的不断推进，企业的规模经济效应也必将越来越明显。

第四，投资效应。这一点不仅表现在欧盟的投资增长的加速度要远远高于贸易发展的加速度上，而且欧盟接纳全球外国直接投资的比例也由1985年的28%上升到20世纪90年代中期的44%左右；另据联合国《世界投资报告》披露，自统一大市场建立以来，欧盟在美国对外直接投资东道国中的地位不断上升，其中，1998年美国对外直接投资的54%便流向了欧盟。由此可见，统一大市场的形成还是为欧盟的成员国带来了十分显著的投资创造效应的。

第五，经济增长促进效应。据1996年欧洲委员会对1985—1995年间单一市场计划实施情况的调查，仅1994年这一年欧盟的GDP便因实施单一市场计划而额外地增长了1.1%～1.5%，并同时新增了60万个就业机会；此外，调查还显示，与发达的成员国相比，西班牙、希腊、爱尔兰、葡萄牙等欧盟中相对落后国家的收益要更多一些。

第六，逐步实现了对欧盟中落后国家的产业重组和经济结构优化。以爱尔兰和葡萄牙为例，统一大市场建立以后，这两国产值下降幅度最大的部门便是附加值较低与需求弹性较小的食品、烟草、饮料等生活必需品行业，而像化工、汽车制造、电子器械、出版印刷等资本密集型加工业的升幅都比较大。这一点其实也从另一个角度说明了统一大市场的建立对产业重组以及经济结构优化的重要影响。

第七，有利于实现区域内的凝聚效应。凝聚效应不仅较好地体现了欧洲经济一体化实践的特色，而且还在帮助区内经济暂时处于弱势的国家迎接欧盟统一大市场挑战的同时，大大减少了经济一体化道路上的障碍。

4.经济货币联盟及其效应

就经济货币联盟及其效应而言，尽管早在1957年的《罗马条约》中即达成了“在欧共体内实施共同金融政策是必需的”共识，但一直到1970年，欧共体理事会才最终同意在货币一体化的最终阶段建立统一货币的政策建议；后来由于德国坚持在实现货币联盟的同时必须协调各国的经济政策，因而这一计划便改称为经济货币联盟。1998年7月1日，负责发行新货币的机构——欧洲中央银行在德国的法兰克福成立；1999年1月1日，欧盟15个成员国中的11个通过了《马斯特里赫特条约》中所规定的经济趋同标准，进而成为欧洲经济货币联盟的创始成员国。至此，经济货币联盟便如期顺利启动。2002年1月1日，单一新货币——欧元正式进入流通领域，此举也标志着欧盟终于实现了它在成立之初即定下的单一货币梦想。欧洲经济货币联盟形成的经济效应也十分明显：

第一，货币统一以后，由于消除了汇率风险、减少了交易费用、降低了企业的经营成本、提高了产品的价格竞争力，因而又在相当程度上促进了区域内贸易的进一步发展。根据经济学家埃默森等人的推算，欧洲经济货币联盟的这类利益总计可达欧盟GDP的0.2%～0.4%；另据欧洲委员会的估计，欧洲经济货币联盟成立后所节省的交易成本大约相当于欧盟GDP的0.4%。

第二，消费效应。事实上实行单一货币既可大大便利各成员国的经济生活，同时也有助于推动成员国之间居民的流动与交往。此外，统一货币还意味着欧元区国家的商品将以同一种货币标价，这又为消费者实实在在地比较区内各国产品与服务的价格创造了便利条件。

第三，欧元区各国之间汇率风险的消除，不仅成了有助于欧洲宏观经济发展的一个重要稳定因素，而且还产生了比较显著的投资创造效应。另外，单一货币的建立，还彻底消除了区内的汇率风险，增强了产业界在货币区内长期投资的信心，这样也有利于推动资本在欧元区内的流动，实现欧元资源的最佳配置以及提高货币区内经济的整体效率。

第四，竞争刺激效应。由于单一货币消除了一国惯用的通过贬值货币来增加出口的可能性，因而实践中人们便不再把提高欧元区国家出口产品竞争力和降低高失业率的希望寄托于变更汇率水平、增加政府支出或其他宏观政策的组合上，而是将焦点集中在劳动力市场的运作、市场内部的竞争、公司治理体制和企业的创新能力等微观经济领域。

第五，加速了欧洲金融市场的产业重组，有助于建立统一的欧洲金融市场。欧元的实施促进了欧洲金融市场的一体化，尤其是银行及其他金融机构之间的兼并与联合力度明显加大。此外，欧元问世以后，欧洲证券市场通过市场联通、共建交易平台和市场合并，也加快了向证券市场一体化方向迈进的步伐，从而又为融资证券化和资产证券化提供了市场条件。

5.欧盟经济一体化成功的经验

作为世界上最成功的区域经济一体化组织之一，欧盟在其几十年的一体化历程中取得了丰硕的成果。从总体上分析，作为区域经济一体化组织，欧盟之所以能取得如此丰硕的合作成果，应该说关键原因在于：与其他形式的一体化组织相比，欧盟一体化运作的基础与条件要显得更为深厚与扎实。

第一，完善与有效的合作机制的形成及实施，为欧盟的成功运作提供了组织与制度上的强大保障。据统计，在欧盟范围内，法规一体化的覆盖率目前已达到60%以上；而在经济一体化方面，成员国的主权转让共享也已超过85%。没有完善而有效的合作机制作基础，也就不可能形成像今天欧盟这样成功的区域经济一体化组织。

第二，成员国强烈的政治合作意愿和“共同精神”、成员国之间良好的地缘优势与便利的交通设施、成员国之间宗教与文化的相似性，均在相当程度上夯实了欧盟一体化运作的基础与条件。欧盟的成员国之间大部分地域相邻，再加之又大多属于对外贸易依存度较高的外向型经济国家，因而彼此之间既有着比较强烈的加强合作的条件，而且也有着强烈的合作愿望。相似的宗教信仰与文化传统不仅孕育了欧洲人强烈的“认同感”，而且也为欧洲的一体化奠定了坚实而有力的基础。

第三，能产生饱满经济效应的经济学初始条件的具备，也为欧盟的建立及成功运作奠定了坚实的基础。区域经济一体化组织要想成功地运作下去，没有良好的经济效应作支撑，几乎就是不可想象的事情；而恰恰在此方面，欧盟的条件十分优越。欧盟各成员国之间大体相同的人均收入水平、消费偏好与消费结构，决定了其在需求结构、投资水平、技术水平以及生产能力方面也有诸多的相似之处，而所有这些在成员国之间不仅易于形成水平型产业内贸易，同时也更易于实现规模经济、提高产业内贸易水平以及降低因一体化而带来的产业调整成本。

第四，在区域经济一体化的进程中，既有着像“法德轴心”这样的领导力量的推动与牵引，同时，“兼顾公平与效率”的政策取向也使得欧盟的一体化进程充满了活力与凝聚力。欧盟一直以来把实现内部区域间的“协调和平衡发展”以及“经济与社会凝聚”作为自身的优先目标，结果就使得欧盟的一体化进程充满了活力与凝聚力。

（二）北美自由贸易区——南北型区域经济一体化发展模式

按照传统的理论，发达国家主导的世界经济体系是发达国家剥削发展中国家的工具，发展中国家不可能与发达国家发展经济一体化，但自20世纪90年代以来，这种理论开始被打破，以1994年墨西哥加入北美自由贸易区为开端，越来越多的南北型区域经济一体化组织建立了起来。据世界贸易组织的统计，世贸组织成员向其通报的214个区域贸易协定中，有83个是南北型的。

从目前情况看，南北型区域经济合作效果普遍良好。以北美自由贸易区为例，其区内贸易的比重由成立之初的45.8%上升到2004年的55.8%，增加整整10个百分点。从未来趋势看，南北型区域经济合作将成为今后世界各国发展区域经济合作的主要形式。尤其是对于发展中国家来说，发达国家是其最主要的出口市场、资本和先进技术来源，参与南北型区域经济合作，对于发展中国家的贸易和经济发展具有至关重要的意义。

考虑到北美自由贸易区在南北型区域经济合作中具有重要意义，因此，在分析南北型的区域经济一体化运作时，我们以对北美自由贸易区的分析为主。尽管早在20世纪80年代初，美国即有建立美、加、墨自由贸易区的设想，然而，由于种种原因，设想一直未能变成现实。不过，20世纪90年代初起，鉴于乌拉圭回合多边贸易谈判进展缓慢和欧盟统一大市场的冲击，美、加、墨三国加快了它们的一体化进程。

1992年8月，美、加、墨三国签订了自由贸易协定；1994年1月1日，该协定开始生效实施[①]；此后，全球第一个由北南国家共同组成的区域经济一体化组织——北美自由贸易区（North American Free Trade Area，NAFTA）便诞生了。北美自由贸易区建立后，美、加、墨三国协议消除相互间的关税障碍。由于墨西哥经济实力弱，美、加对其实行普遍优惠制；三国还就消除相互间的某些非关税障碍，特别是在取消农牧业和纺织业非关税限制方面，达成了协议；此外，三国还就环保、劳工标准进行了磋商并就环保问题达成协议。

就贸易情况而言，北美自由贸易区建立以后，随着美、加、墨三国间贸易壁垒的不断撤除和相关商业规则的不断规范，三国间的贸易量增长迅速且屡创新高。[②]截至2002年《北美自由贸易协定》生效9年时，不仅三国的三边贸易总额翻了一番多——由1993年的3 010亿美元猛增至2002年的6 220亿美元——而且三国间原来争议很多的农产品贸易在协定签订后也获得了迅速发展。[③]此外，北美自由贸易区的建立也加速了三国间的贸易集中度和彼此间市场的依赖程度，如今，美墨间贸易总量的2/3以上、美加间贸易总量的几乎全部已完全实现自由贸易。可以说，美、墨、加三国已形成了完整的三角自由贸易区。

就福利情况而言，北美自由贸易区建立后，美、墨、加三国间贸易、投资、生产的扩大也相应地给三国增加了不少的就业机会和收入。仅1994—2000年，墨西哥的就业机会就增加了28%，同时还创造出270万个新岗位；加拿大的就业机会增加了16%，同时还创造了210万个新的就业岗位；美国的就业机会增加了12%，同时也创造了1 500万个新的

---

① 协定的宗旨是：取消贸易壁垒；创造公平竞争的条件，增加投资机会；保护知识产权，建立执行协定和解决贸易争端的有效机制，促进三边和多边合作。此外，该协定还具体规定，在15年内分三个阶段取消进口关税及其他贸易壁垒，实现商品、劳务的自由流通。应该说，协定的实施，对促进三国经贸发展起到了重要作用。

② 从相对增幅上看，三国2000年相对于1994年的进出口增幅均在55个百分点以上。

③ 三国间的农产品贸易仅在协定实施的头两年就增长了35亿美元。

岗位。此外，就工资水平而言，美国国内凡与出口相关的职位，其工资水平要比该国的平均工资水平高13%～18%，而墨西哥国内以出口为导向的制造行业的工资水平也要比该行业的一般职位高出近40%。还值得一提的是，随着北美自由贸易区的建立以及低成本、低关税的影响，三国的居民和家庭消费不仅选择余地更大了，而且相应的支出也无形中下降了不少，这一点也恰似美国当年的贸易谈判代表罗伯特·佐立克在其《自由贸易的好处》一书中所说的那样："在美国，随着乌拉圭回合市场开放的深入和北美自由贸易协定的实施，平均为每个4口之家带来了1 300～2 000美元的收益。其中，最大的受益者是那些对价格昂贵的食品、服装或家用电器缺乏购买力的低收入家庭。"

就国家间的关系与地位而言，首先，通过与发达国家结成经济联盟，墨西哥提高了自己的国际地位，突出表现在：1994年4月，在美国的高度重视与大力支持下，墨西哥加入了有"富人俱乐部"之称的经合组织；2003年，墨西哥又与欧盟达成了《欧墨自由贸易协定》。其次，美国也进一步增强了对墨西哥国内事务的影响力，同时，加拿大也无形中获得了制定国际惯例的发言权；最后，北美自由贸易区的建立及发展也为美、加、墨三国间关系的稳定奠定了坚实的基础。随着一体化进程的加速，现在的美、加、墨三国甚至还出现了一种超越经济领域的政治、军事一体化趋势①。

就生产、投资和竞争方面的情况而言，首先，北美自由贸易区建立后，相关方面的生产要素的自由流动与重新配置即在相当程度上促进了成员国的经济增长②。其次，《北美自由贸易协定》在法律文本上不仅为美、加、墨三国构筑起一个稳定的能促进相互交叉投资和贸易的地区一体化框架，而且由于其为区域内企业的跨国经营提供了便利，因而又加速了区域内企业的资产重组和生产的一体化进程。再次，北美自由贸易区的建立还大大推动了三国间投资（尤其是私人投资）的进一步互动③。最后，北美自由贸易区的建立也进一步深化了美国与墨西哥间的熟练劳动与非熟练劳动间的产业链分工。

尽管如此，美、加、墨三国之间也存在着一些分歧，如美国要求墨西哥放松对其石油的管制，向美开放其石油市场，墨不同意；在关于原美、加汽车协定的修改问题上，也有分歧。北美自由贸易区成立后，也促进了内部贸易，但迄今经济和社会效益尚不明显。美、加、墨都抱怨自己失去了一些就业机会，并引发了1994年12月的墨西哥金融危机。此外，三国经济发展不平衡的问题，将是今后三国之间矛盾和摩擦的主要根源。还值得一提的是，对于美国而言，目前，其面临的问题不仅有是否继续深化《北美自由贸易协定》，还有如何将它扩大到美洲其他地区；而且美国最担忧来自墨西哥的移民。而对加拿大和墨西哥而言，最担心被美国所支配或是自己的资源被美国控制。因此，如何深化美、加、墨三国间的合作，无疑是一个复杂而困难的过程。

作为世界上第一个由最富有的发达国家和发展中国家组成的区域经济一体化组织，北美自由贸易区的建立不仅有利于促进美国与拉美国家的双边或多边贸易协定的谈判，以及为美国实现"所有拉美国家贸易自由化"和建立"美洲自由贸易区"的倡议计划创造极为有利的条件，而且由于《北美自由贸易协定》涉及的范围广、约束程度高，因而其建立可

---

① 事实上，成立于2002年10月的美国北方司令部便是以保护北美大陆、天空和500英里海洋范围内安全为己任的军事机构。

② 例如，在《北美自由贸易协定》生效后的7年（1994—2000年）间，三国的产出增长就均在30%以上，而在此前的7年（1987—1993年）里，三国的产出增长均不足20%。

③ 例如，仅在《北美自由贸易协定》生效后的5年内，加与美、墨间的投资就分别增长了73%和296%。

以说又为不同发展水平国家间国际区域经济一体化实践做出了积极而有效的尝试。

（三）东盟自由贸易区——南南型区域经济一体化发展模式

南南型区域经济合作出现的时间比北北型稍晚，但数量众多。根据世界贸易组织的统计，向该组织通报的南南型区域贸易协定超过100个，占总数的一半以上。比较著名的南南型区域经济合作组织有：拉丁美洲的中美洲共同市场、安第斯条约集团、加勒比共同体、拉丁美洲一体化联盟、南方共同市场；非洲的中非关税与经济同盟、西非经济共同体、西非国家经济共同体、大湖国家经济共同体、东南非洲共同市场、马格里布联盟；亚洲的阿拉伯共同市场、东南亚国家联盟、海湾合作委员会和经济合作组织等。

尽管发展中国家追求内部经济一体化的热情很高，南南型区域经济合作组织众多，但真正取得成功的极少。根据世界银行《2006年世界发展指标》提供的数据，绝大部分南南型区域经济合作组织的内部贸易占各成员对外贸易的比重都不超过15%，一般都在10%以下，只有经济发展水平较高的东南亚国家联盟、南方共同市场和中美洲四国集团的这一比重超过了20%，其中东盟最高，为22%。也就是说，南南型区域经济合作组织对成员贸易和经济的促进作用非常有限，大多数南南型组织内部贸易的比重在组织成立后上升幅度很小，有的甚至是下降的。

南南型区域经济合作之所以普遍不成功，其根本原因在于它不具备像北北型组织那样成功的条件。首先，大多数发展中国家的经济不发达，人均收入水平低，国内市场狭小，对其他成员的产品吸纳能力很低。其次，发展中国家经济结构单一并且雷同，生产链条也短，无法形成紧密的产业分工。再次，发展中国家财政普遍困难，根本无力建立共同基金来补偿受市场开放冲击的企业和农民。最后，关税收入是发展中国家很重要的财政收入来源，如果取消关税，政府财政收入将受到严重影响。因此，在南南型区域贸易协定中，大部分都没有得到真正的实施。

在国际区域经济一体化发展的进程中，南南型的区域经济合作组织尽管不少，然而，基于代表性和典型性的考虑，本书分析中仅以东盟自由贸易区的一体化运作为例。

1.东南亚国家联盟

东南亚国家联盟，简称东盟（Association of Southeast Asian Nations，ASEAN），其前身是由马来西亚、菲律宾和泰国3国于1961年7月31日在曼谷成立的东南亚联盟。1967年8月，印度尼西亚、泰国、新加坡、菲律宾4国外长和马来西亚副总理在曼谷举行会议，发表了《东南亚国家联盟成立宣言》，即《曼谷宣言》，正式宣告东盟成立。

东盟的宗旨是本着平等与合作精神，共同促进本地区的经济增长、社会进步和文化发展，为建立一个繁荣、和平的东南亚国家共同体奠定基础，以促进本地区的和平与稳定。20世纪80年代至90年代，文莱（1984年）、越南（1995年）、老挝（1997年）、缅甸（1997年）和柬埔寨（1999年）5国先后加入该组织，使东盟由最初成立时的5个成员国扩大到10个成员国。截至2021年，东盟10国总面积440多万平方千米，人口6.65亿，GDP达3万余亿美元，是一个具有相当影响力的区域性组织。2022年11月11日在柬埔寨首都金边举行的第40届和第41届东盟峰会上，东盟各国领导人就东帝汶申请加入东盟发表声明，原则上同意接纳东帝汶为成员国。

东盟主要机构有首脑会议、外长会议、常务委员会、经济部长会议、其他部长会议、秘书处、专门委员会以及民间和半官方机构。首脑会议是东盟最高决策机构，会议每年举行一次，已成为东盟国家商讨区域合作大计的最主要机制，主席由成员国轮流担任。外长会议是制定东盟基本政策的机构，每年轮流在成员国举行。常务委员会主要讨论东盟外交政策，并落实具体合作项目。东盟秘书处设在印度尼西亚首都雅加达。

2004年11月，东盟领导人签署《万象行动计划》，正式将制定《东盟宪章》列为东盟的一个目标，以加强东盟机制建设。2005年12月，东盟领导人签署《吉隆坡宣言》，并指定一个由10人组成的“名人小组”负责为宪章的制定提出建议。2007年1月，东盟领导人确认了“名人小组”提出的关于制定《东盟宪章》的具体建议，同时签署了关于制定《东盟宪章》的宣言，并指定一个由10人组成的“高级别特别小组”负责起草宪章文本。2007年7月，“高级别特别小组”向东盟外长会议提交宪章草案，同年11月20日，东盟领导人在新加坡签署《东盟宪章》。2008年12月15日，《东盟宪章》正式生效。《东盟宪章》是东盟成立40多年来第一份具有普遍法律意义的文件，它确立了东盟的目标、原则、地位和架构，同时赋予了东盟法人地位，对各成员国都具有约束力。

2.东盟自由贸易区

为早日实现东盟内部的经济一体化，2002年年初，东盟6个老成员国（新加坡、马来西亚、泰国、印度尼西亚、菲律宾、文莱）率先启动东盟自由贸易区。自由贸易区的目标是促进东盟成为一个具有竞争力的基地，以吸引外资；消除成员国之间关税与非关税障碍，促进本地区贸易自由化；扩大成员国之间互惠贸易的范围，促进区域内贸易；建立内部市场。2009年8月15日，中国和东盟签署了中国-东盟自由贸易区《投资协议》，这标志着中国-东盟自贸区的主要谈判已经完成，中国-东盟自贸区如期在2010年建成。中国-东盟自贸区是中国对外商谈的第一个自贸区，也是东盟作为整体对外商谈的第一个自贸区。

3.东盟共同体

2008年12月正式生效的《东盟宪章》明确规定，东盟共同体将由东盟经济共同体、东盟安全共同体和东盟社会文化共同体组成。建成后的东盟共同体将使东盟具有一个目标、一个身份和一个声音，共同应对未来的挑战。

2003年10月，第9届东盟首脑会议发表的《东盟第二协约宣言》宣布，将于2020年建成以安全共同体、经济共同体和社会文化共同体为三大支柱的东盟共同体。这标志着东盟将由较为松散的以经济合作为主体的地区联盟转变为关系更加密切的一体化区域组织。

为进一步推进东盟一体化建设，2004年11月，第10届东盟首脑会议通过了《东盟安全共同体行动纲领》和《东盟社会文化共同体行动纲领》，并正式将制定《东盟宪章》列为东盟的一个目标，为东盟共同体建设寻求法律保障。

2007年1月举行的第12届东盟首脑会议通过的《宿务宣言》决定，正式启动《东盟宪章》的起草工作。宣言还决定将东盟共同体建设提前至2015年完成。同年11月，第13届东盟首脑会议通过了《东盟宪章》，为建立东盟共同体提供了法律保障。另外，会议还通过了《东盟经济共同体蓝图》，重申在2015年之前建成东盟经济共同体。这是东盟经济一体化建设的总体规划，也是一份指导性文件。2015年如期建成东盟经济共同体。

4.东盟区域经济一体化形成的影响

第一，东盟不同层次的国家都意识到如果不促进和维持经济高速持久增长，东盟各国将处于落后的状态。目前，原东盟6国的经济增长速度已逐渐降低，急需新的经济动力来促进其经济的进一步增长，而东盟成功的经验已表明经济发达地区与发展中地区的结构关系不应是一种单一制成品与原材料的单一产业结构关系，而是一种动态的产业结构升级的“雁形模式”。

第二，东盟在社会经济发展、区域合作上表现出的东南亚特点和自主精神确立了其在国际社会中的地位。在区域合作方式上，东盟以其协商一致原则，表现出有别于欧盟制度化体系的亚洲特色，这意味着该组织只有在各成员国充分讨论、协调利益、达成共识、各得其所的情况下，才就有关问题形成决议。通过这种亚洲方式，东盟在地区内和地区间努力创造对话气氛，吸引了非东盟国家广泛参与，有利于国际局势的稳定。

第三，东盟自由贸易区的成立，不仅使得整个东盟成员国在国际政治舞台上的地位得到了极大的提高，而且为东盟成员国的经济发展注入了新的活力。从东盟内部的经济联系来看，东盟内部各国的贸易联系正在逐步加强，20多年来，东盟的商品进出口方向发生了较大变化。

第四，由于放宽限制，改善投资环境，东盟国家的外资引入也在不断增加。随着亚太地区投资自由化的进展，东盟引进外资的限制会继续放宽，投资环境会不断改善。对于经济较不发达的越、老、缅、柬来说，艰巨的挑战也意味着绝好的发展机会。

三、区域经济一体化的前景

（一）国际区域经济一体化

由于目前的“区域经济一体化”研究主要涉及国家与国家之间的经济联系与合作，因而，从严格意义上讲，对“区域经济一体化”问题的探讨其实也就离不开对“国际区域经济一体化”问题的关注。换句话说，“区域经济一体化”概念的内涵与“国际区域经济一体化”概念的内涵在许多情况下甚至可以互换。尽管如此，对“国际区域经济一体化”概念的内涵，我们仍需要进行相应的界定。

“国际区域经济一体化”是指：特定区域内的两个或两个以上的经济体通过达成经济合作的某种承诺或者组建一定形式的经济合作组织，谋求区域内商品流通或要素流动的自由化及生产分工最优化，并且在此基础上形成产品和要素市场、经济和社会政策或者体制等统一的过程，或者说是一种以政府的名义通过谈判协商来实现成员之间互惠互利及经济整合的制度性安排。国际区域经济一体化有一个由浅入深的过程，其切入点是区域合作。

进入21世纪以来，随着全球经济一体化进程的加速以及国家与地区间在贸易与资源等各个领域竞争性的加剧，国际区域经济一体化的进程不仅加快了，而且其自身也在实践中呈现出了一系列新的发展态势。

1.数量和质量发生了重大变化

数量方面，据世界银行统计，全球只有12个岛国和公国没有参与任何区域贸易协定，174个国家和地区至少参加了1个（最多达29个）区域贸易协定，平均每个国家或地区参加了5个，而有的成员（如墨西哥）甚至与40多个国家或集团签署了自由贸易协定。目前，全球生效的区域贸易协定已达300多个。可以说，目前的世界已真正进入了国际区域经济一体化时代。

质量方面，由于现阶段的国际区域经济一体化制度安排已不再仅限于传统的贸易领域，而是已日益扩大到资本与劳工流动、金融服务、共同的环境标准、知识产权、政府采购、人力资源开发、科技发展以及文化产品等方面，加之许多一体化组织及制度安排的贸易自由化程度已远超WTO的管辖范围，因而国际区域经济一体化制度安排的质量也较以前有了很大的提高。

2.组织形式与机制更显灵活多样

第一，大多数区域经济集团对成员资格采取开放式态度，以加速扩大自身的影响。目前，除一些明确由几方构成的区域经济体外，一般区域经济组织大都经历了成员由少到多的过程。比如，欧盟历经5次大规模扩大，现已发展至27个成员国；亚太经济合作组织14年来也经历了4次扩大，目前有21个成员。

第二，合作形式和层次由低级向高级发展。目前，许多国家开始放弃或基于原有贸易优惠安排而成立自由贸易区或关税同盟，有的从关税同盟发展成为共同市场。与此同时，20世纪90年代以来，随着区域经济合作的构成基础发生较大变化，大家又着手打破狭义的地域相邻概念并进而构建起了许多跨洲、跨洋的区域合作组织。不同区域经济集团之间也展开了连横合作：南锥体共同市场与其第二大贸易伙伴欧盟之间开始探讨建立自由贸易区；而东盟与欧盟外长会议就政治、经济领域内广泛的问题进行探讨业已制度化；北美自由贸易区也有意与南锥体共同市场合作，建立从阿拉斯加到阿根廷的整个美洲范围内的自由贸易区；突尼斯、摩洛哥等成员先后与欧盟谈判建立“欧盟与地中海自由贸易区”，并成为欧盟的伙伴国和联系国；南非则在与印度、澳大利亚、马来西亚等国积极筹建“印度洋经济圈”。

第三，区域经济贸易安排开始摒弃过去的封闭性和排他性，开放性的特色更加鲜明。事实也的确如此。近年来，在国际区域经济一体化的进程中，不仅“开放的地区主义新趋势”日益明显，而且国际区域经济一体化组织中的成员也越来越多地出现了交叉重叠的“管道网”现象。可以说，目前的国际区域经济一体化组织正在发挥着相互补充、相互支撑、共同推进世界经济一体化进程的积极催化而非消极对抗的作用。

第四，自由贸易协定已被赋予了某种“战略价值”，并进而日渐成为优化国家间关系的重要武器。由于在国际区域经济一体化组织发展的进程中，成员之间可以建立起广泛而密切的经济甚至是政治关系，因而这样的一种组织的建立与发展不仅有利于强化彼此的合作，而且有助于优化成员之间的关系。

3.反映了世界经济多极化发展的趋势

从发达国家来看，由于目前区域一体化以经济全球化为背景，一方面，全球化伴随着科技进步和生产力巨大发展的要求，生产体系和市场体系在全球范围不断扩张，而充当其中载体和推动力量的是跨国公司；另一方面，由于民族国家和利益的存在，全球竞争不断加剧，与此同时，在经济发展不平衡规律的作用下，美国经济在20世纪中叶的独霸局面已经不复存在。因此，发达国家期望通过建立区域经济组织来保证自己的生产体系和市场规模的扩大，以增强自身的竞争实力，确保在更多获利的过程中立于不败之地。

从发展中国家来看，随着经济全球化的深入，新兴工业化国家和包括中国、印度在内的发展中国家的经济，已经逐步在世界经济中占据一席之地。在这种态势下，作为世界经济中的“一极”，这些国家参与国际竞争和经济一体化的愿望更加强烈，要求同发达国家平等互利、实现共赢的呼声更加高涨。

显然，从某种意义上说，国际区域经济一体化不仅体现了国际经济与政治正朝着平等、民主方向发展的趋势，且也有利于推动建立公正合理的国际新秩序，有利于促进国际关系民主化。

4.面临着诸多新的挑战

自20世纪90年代至今，国际区域经济一体化进程与过去相比应该说取得了相当多的合作成绩，然而，与此同时，一体化组织在发展过程中也不约而同地面临着诸多挑战：东扩后的欧盟如何处理好大小成员国之间、新旧成员国之间以及穷富成员国之间的关系及利益平衡？“自助餐式”的美洲自由贸易区计划虽是各方妥协的产物，但无形中也给未来美洲自由贸易区的发展带来了诸多的不确定性因素；东盟尽管也提出了自己的“单一市场”计划，然而由于其在关键性的服务行业中存在着许多争执，因而现实中这种计划如何演化推进，照样不容乐观。显然，上述问题不解决，欧盟等国际区域经济一体化组织及其协议也就很难在实践中取得真正令人满意的成果。

（二）区域经济一体化与经济全球化

区域经济一体化与经济全球化是同时存在的两种世界经济发展趋势。两种趋势都是生产国际化、资本国际化发展到一定阶段的产物，不过经济全球化在范围上比区域经济一体化更广，而区域经济一体化在层次上则比经济全球化更高。经济全球化与区域经济一体化两种趋势不能相互取代。世界上所有的国家或地区都要参与全球范围的资源流动，以便在更广阔的国际空间中合理地配置自己的资源，从而更有效地发挥自己的比较优势，得到发展本国或本地区经济的条件和好处，这就是经济全球化得以发展的原动力；与此相适应，全球性的经济组织和协调机制，如世界贸易组织、国际货币基金组织、世界银行等，也逐步发展和完善起来。经济全球化由于其范围广泛，参与者众多且差异较大，利益协调比较困难，从而一体化程度、层次不易提高。在此情况下，地缘经济关系密切，相对经济差异不大，从而一体化程度较高的区域经济一体化以及相应的区域经济合作组织及其协调机制便迅速发展起来。由此可见，无论经济全球化怎么发展，也是不可能完全取代区域经济一体化的；恰恰相反，经济全球化的发展只能给区域经济一体化的进一步发展带来新的刺激和推动。这就是为什么在20世纪80年代末和90年代初经济全球化迅速发展的同时，区域经济一体化也再掀新浪潮的真正原因之所在。

当然，经济全球化与区域经济一体化两种趋势之间是对立统一的。其对立的根源在于，区域经济一体化组织经济利益的独享性和排他性，这两种倾向若不加限制，任其发展，就会给经济全球化的发展造成极为不利的影响。同时，区域经济一体化毕竟是经济全球化的组成部分，区域经济一体化组织内部的经济自由度的增强，意味着世界经济整体变得更为自由与开放；而且，区域经济一体化有着范围、广度上的局限性，它总是力图冲破区域的局限，向更广阔的全球空间开放与扩张。因此，只要设法减少区域经济一体化组织的排他性，增加其开放性，作为经济全球化组成部分的区域经济一体化就会促进前者的发展，同时区域经济一体化自身也会得到更好的发展。从这个意义上说，二者是完全可以并行不悖的。

第三节 东南亚经济与贸易的基本范畴和研究方法

一、基本范畴

本书分11章展开，主要内容涉及东南亚经济与贸易发展理论基础、东南亚国家经贸概况、东南亚经贸发展进程和特征、东南亚货物贸易、东南亚服务贸易、东南亚国际投资、不同类型东南亚国家贸易政策、东南亚区域经济一体化、中国与东南亚国家经贸关系、东南亚与区域外主要国家或地区经贸关系等内容。

第一章：绪论，主要介绍经济全球化及其广泛影响、区域经济一体化及其发展趋势、东南亚经济与贸易的基本范畴和研究方法。

第二章：东南亚经济与贸易发展理论基础，主要介绍国际分工理论、区域经济一体化理论、全球价值链理论。

第三章：东南亚经济与贸易发展概况，主要介绍东南亚国家概况、东南亚国家经济与贸易发展概况、东南亚国家经济与贸易发展环境。

第四章：东南亚经贸发展进程和特征，主要介绍东南亚经贸发展战略的演进、当前东南亚经贸发展的基本格局和特征、东南亚在世界经贸发展中的地位及发展趋势。

第五章：东南亚货物贸易，主要介绍东南亚国际货物贸易发展概述、东南亚国际货物贸易国别比较、东南亚国际货物贸易壁垒与贸易自由化。

第六章：东南亚服务贸易，主要介绍东南亚国际服务贸易发展概况、东南亚国际服务贸易国别比较、东南亚国际服务贸易壁垒与贸易自由化。

第七章：东南亚国际投资，主要介绍东南亚国际投资发展概况、东南亚国际投资国别比较、东南亚国际投资壁垒与投资便利化。

第八章：不同类型东南亚国家贸易政策，主要介绍新加坡与文莱贸易政策，马来西亚、泰国、菲律宾、印度尼西亚贸易政策以及其他东南亚国家贸易政策。

第九章：东南亚区域经济一体化，主要介绍东南亚国家双边或多边自由贸易协定、东盟自由贸易区形成与发展、东南亚次区域经济与贸易合作。

第十章：中国与东南亚国家经贸关系，主要介绍中国与东南亚经贸合作发展概况、中国-东盟自由贸易区发展历程与经济效应、中国“一带一路”与东盟“五通”建设。

第十一章：东南亚与其他主要国家或地区经贸关系，主要介绍东南亚与美国的经贸关系、东南亚与日本的经贸关系、东南亚与欧盟和俄罗斯的经贸关系、东南亚与澳大利亚的经贸关系。

二、研究方法

在本书的写作过程中，采用了多种研究方法，包括文献研究法、定性分析法、定量分析法、实证研究法、案例分析法、经验总结法、趋势分析法、比较分析法。

（一）文献研究法

文献研究法是根据一定的研究目的或课题，通过调查文献来获得资料，从而全面地、正确地了解掌握所要研究问题的一种方法。本书在对东南亚经济与贸易发展理论基础等问题进行分析时，采用了文献研究法，分析了国际分工理论、区域经济一体化理论、国际宏观经济政策协调与国际相互依赖理论。

（二）定性分析法

定性分析法就是对研究对象进行“质”的方面的分析，对获得的各种材料进行思维加工，去粗取精、去伪存真、由此及彼、由表及里，以认识事物本质、揭示内在规律。比如，对当前东南亚经贸发展的基本格局和特征、东南亚经贸发展的进程和特征、中国-东盟自由贸易区的发展历程等问题，就采用了定性分析法。

（三）定量分析法

在科学研究中，通过定量分析法可以使人们对研究对象的认识进一步精确化，以便更加科学地揭示规律，把握本质，厘清关系，预测事物的发展趋势。本书对中国-东盟自由贸易区的经济效应、中国的“一带一路”与东盟互联互通战略规划、东南亚货物和服务贸易等问题的分析，就采用了定量分析法。

（四）实证研究法

实证研究法是科学实践研究的一种特殊形式，本书在对东南亚国家经贸问题进行概述时，采用了这一研究方法，分析了东南亚国家概况、东南亚国家经贸发展概况、东南亚国家发展对外贸易的国际环境等问题。

（五）案例分析法

本书通篇采用案例分析的方法，从每章开头的案例引导，到每章结束的案例剖析，以及穿插在正文中的案例，无处不透着案例分析的影子。

（六）经验总结法

经验总结法是通过对实践活动中的具体情况进行归纳与分析，使之系统化、理论化，上升为经验的一种方法。总结推广先进经验，是人类历史上长期运用的较为行之有效的方法之一。本书在介绍经济全球化及其广泛影响时，采用了这一研究方法。

（七）趋势分析法

本书对区域经济一体化的发展趋势、东南亚经贸发展战略的演进、东南亚在世界经贸发展中的地位及发展趋势等问题的分析，采用了趋势分析法。

（八）比较分析法

本书对不同类型东南亚国家贸易政策进行了比较分析，比如：新加坡与文莱贸易政策分析；马来西亚、泰国、菲律宾、印度尼西亚贸易政策分析；其他东南亚国家贸易政策分析。

本书还对东南亚与区域外主要国家或地区经贸关系进行了对比分析，比如东南亚与美国的经贸关系、东南亚与日本的经贸关系、东南亚与欧盟和俄罗斯的经贸关系、东南亚与澳大利亚的经贸关系。

案例剖析

案例一：全球闻名的“耐克”牌球鞋年产9 000万双，每年都推出100多种新款式。但是，美国“耐克”公司7 800多名员工只负责设计、选厂、监制和销售，而生产却由分散在世界各地的40多家工厂来完成。

案例二：美国的棒球手套大部分从日本进口，日本用以制造手套的牛皮是在巴西加工的，而巴西又是从美国进口生牛皮。

案例三：英国装配的汽车：发动机——瑞典；控制设备——德国；底盘、弹簧——美国；车身——意大利。

案例四：贴上“日本制造”销售的SONY：芯片——美国；外壳——印度；部分零件——韩国；组装——马来西亚。

问题：这些案例反映了当今世界经济怎样的发展趋势？

提示：这些案例反映了经济全球化的一个主要表现：生产的全球化。

本章小结

1.经济全球化，是指商品、劳务、资金、技术等生产要素在全球范围内流动和配置，使各国经济日益相互依赖、相互联系的趋势。经济全球化意味着世界经济活动超越国界，通过对外贸易、资本流动、技术转移、提供服务，相互依存、相互联系，从而使得世界各国经济在生产、分配、交换和消费环节形成全球趋同，最终导致世界经济日益成为一个全球范围的有机经济整体。

2.经济全球化的动因包括：世界各国经济体制的趋同消除了经济全球化发展的制度障碍，微观经济主体的趋利动机直接导致了经济全球化的发展，日新月异的信息技术提供了经济全球化得以形成和发展的技术支持。

3.经济全球化是当今世界经济和科技发展的产物，在一定程度上适应了生产力进一步发展的要求，促进了各国经济的较快发展，但同时，也使世界经济的发展蕴藏着巨大的风险。综合来看，经济全球化具有以下意义：优化配置和合理利用资源，促进国际分工，促进经济结构合理优化，促进经济多极化发展，促进发展模式创新，促进国际利益融合，促进安全内涵扩展，促进国家主权转移，推进国际体系转型，推进人类文明进步。

4.东南亚国家在20世纪80年代中期之后取得了经济的快速增长。国际货币基金组织和世界银行曾将东南亚的经济业绩归功于新自由主义理论和新宏观经济理论在东南亚的成功实践，亦归因于东南亚各国政府顺应经济全球化要求，在经济领域实行自由化、非制度化和私有化的改革，值得其他发展中国家所效法。但是，1997年突发的在东南亚经济史上前所未有、破坏性极强的金融危机，引发了人们对经济全球化的利益能否公平分享的质疑，促使东南亚各国政府重新认识、辩证地看待主要由发达国家推动的经济全球化，从而制定更加符合本国国情和本民族根本利益的经济发展战略与政策。

5.区域经济一体化是指，两个或两个以上的国家或地区，通过协商并缔结经济条约或协议以及实施统一的经济政策和措施来消除商品、要素、金融等市场的人为分割和限制，以国际分工为基础来提高经济效率和获得更大经济效果，进而把相关各国或各地区的经济融合起来形成一个区域性经济联合体的过程。

6.区域经济一体化模式，按照组成国的性质来划分，可以分为三种。因为发达国家大多位于北半球，发展中国家位于南半球，所以，习惯上往往把发达国家之间的区域经济一体化组织称为北北（NN）型，发达国家和发展中国家之间的称为南北（SN）或北南（NS）型，发展中国家之间的称为南南（SS）型。当前，这三种组织模式中，以南南型和北北型较多，南北型较少。

7.区域经济一体化与经济全球化是同时并存的两种世界经济发展趋势。两种趋势都是生产国际化、资本国际化发展到一定阶段的产物，不过经济全球化在范围上比区域经济一体化更广，而区域经济一体化在层次上则比经济全球化更高。经济全球化与区域经济一体化两种趋势不能相互取代。

思考与练习

一、简答题

1.什么是经济全球化？

2.区域经济一体化组织的主要发展模式有哪些？有何影响？

二、分析题

1.唐朝时，玄奘西行取经往返于长安与天竺用了十几年，今天我们从北京坐飞机去印度只需几个小时，而如果利用电话或者是互联网，就可以和身在印度的朋友进行即时通话联系了。

根据以上材料，思考经济全球化迅速发展的原因。

2.随着后冷战时期的到来，在全球化日益迅猛发展的今天，在国际竞争中起决定作用的是文化软实力。因此，西方国家凭借其经济优势越来越重视以文化为核心的“软权力”对中国的无形影响和渗透，这严重影响着中国的国家文化安全，表现之一就是借助于西方节日向青少年传播西方意识形态，导致不少青少年的价值观严重错位。

资料来源：赵刚. 全球化时代的“软权力”与文化安全策略［J］. 理论参考，2005（7）：64-66.

根据以上材料，思考当经济全球化推动文化全球化时，面对文化全球化，青年人应如何自觉维护民族文化安全？

3.有人说：“全球化是发达国家用来打开发展中国家市场的‘敲门砖’，是新殖民主义的一种形式，因此发展中国家应该团结起来，抵制全球化。”

你怎么看待这个观点？以中国为例，在经济全球化浪潮中处于劣势的发展中国家应如何应对？

第二章　东南亚经济与贸易发展理论基础

本章要点

一个国家参与强手如林的国际经济贸易合作对它的经济发展是利大于弊还是弊大于利？在国际分工中它是否处于不可改变的被剥削、被控制的地位？这些问题必须从理论高度予以回答。本章着重从国际分工（国际贸易）理论、经济一体化理论和全球价值链理论对东南亚国家参与国际分工发展自身经济与贸易的动因和利益分配等进行分析解释。

❖ **案例引导**

钢铁产业是东亚地区的重要支柱产业。自1973年日本钢产量超过1亿吨，居世界第一位之后，全球钢铁工业的重心就从欧美转移到了东亚地区。如今，以中、日、韩三国为代表的东亚钢铁工业在世界上占有举足轻重的地位，2003年，中、日、韩三国的粗钢产量总和占全世界的39.9%，钢材表观消费量总和占全世界的40.8%。尤其是中国钢铁业的发展更是令世人瞩目：1996年钢产量突破1亿吨，经过短短7年后在2003年又成为第一个突破2亿吨的国家。中国钢铁业快速发展的根本原因是中国经济的高速增长，带动了中国乃至世界钢铁市场需求的大幅增长，而且未来仍有很大的成长空间，这为东亚地区钢铁行业的发展提供了良好的机遇，东亚成为全球钢铁业成长最快的地区之一。

东亚各国和地区的钢铁产业在以各自的特色发展的同时，相互之间也一直保持着密切的合作。

在钢铁贸易方面，中、日、韩等国之间的贸易依存度相对较高。例如，2003年中国从日本进口的钢材量是725.21万吨，约占中国总进口量的20%；中国从韩国进口了517.31万吨钢材，约占中国总进口量的14%；韩国从中国进口了149万吨钢材，约占韩国总进口量的9.5%；日本从中国进口了22.72万吨钢材，约占日本总进口量的4%。

在企业合作方面，东亚地区的主要钢铁企业纷纷在战略、技术、市场、新产品研发等各个方面积极寻求合作，以提高自己的竞争力。例如，浦项在中国成立了投资有限公司、不锈钢厂、涂镀厂、钢材剪切加工中心等；新日铁和JFE在中国分别与宝钢和广州钢铁公司建立了合资公司生产汽车板，为中国境内的汽车公司提供原料；一些日资企业如三井等还在中国合资建立钢铁配送中心；宝钢与中国台湾中钢长期保持着友好交流互访等。

东亚各国和地区尤其是中、日、韩三国钢铁产业合作的动因主要包括如下几点：

第一，东亚地区各国和地区经济发展结构梯次明显，既有发达国家，也有新兴工业化国家，还有发展中国家，钢铁产品的需求结构和钢铁产业的资源条件各具特点，互补性强，合作空间广阔。

第二，中、日、韩三国的汽车、机械、电子等行业都有各自的特点，钢铁业作为为这些产业提供基础材料的重要产业，如果提高国与国之间合作的深度和广度，其辐射效应将相当巨大。

第三，中、日、韩三国都属于资源相对匮乏型国家，尤其是对钢铁工业重要的原材料，如铁矿石、煤炭的进口依赖度很高，中国和日本目前是世界上铁矿石进口量最多的两个国家，因此，在相关法律法规许可范围内，区域内国家联合采购将更有利于获取原料，降低采购成本。

第四，环境保护问题已经成为阻碍经济及钢铁产业可持续发展的关键因素之一。由于污染物质在国家之间是可流动的，因此，仅凭一个国家的力量是很难完全解决环境污染问题的，必须由整个区域的国家联合起来，共同制定环境保护标准及管理程序，才能从根本上解决环境污染问题。

第五，随着钢铁行业的竞争日益激烈，国家间贸易摩擦也越来越多，区域内国家之间的合作将有利于相互之间的贸易流通，有利于共同应对区域外国家的贸易摩擦。

资料来源：根据中华人民共和国商务部网站资料整理。

第一节 国际分工理论

一、传统国际分工理论

传统国际分工理论可以说起源于对重商主义的批判。16—18世纪，重商主义的理论家为政府干预贸易的关税和非关税壁垒措施提供了一整套理论支持，其核心是，财富的代表是金银，要取得金银就应鼓励出口，限制进口，以取得对外贸易顺差。亚当·斯密秉承他的"看不见的手"的经济学观点，对重商主义贸易理论进行了有力的批判，提出了国际贸易的绝对成本学说，这可以说是传统贸易理论的开端。

亚当·斯密提出绝对成本学说后，经大卫·李嘉图发展，形成了比较成本理论，比较成本理论揭示了互利贸易的基础以及贸易利益的来源。继而赫克歇尔和俄林提出要素禀赋学说，指出比较成本差异的原因在于各国资源禀赋的差异和生产不同商品所使用的各种生产要素的密集度不同。雷布津斯基、萨缪尔森等人在此基础上进一步完善和补充，形成了传统国际贸易理论体系。

（一）绝对成本论（Theory of Absolute Costs）

亚当·斯密（Adam Smith，1723—1790年）是英国古典政治经济学的主要奠基人之一，也是国际分工-国际贸易理论的创始者，倡导自由贸易的带头人。

在亚当·斯密所处的时代，英国的产业革命逐渐展开，英国经济实力不断增强，新兴的产业资产阶级迫切要求在国民经济各个领域中迅速发展资本主义，但受到了中世纪遗留下来的封建行会制度和资本原始积累时期建立起来的重商主义政策体系的重重束缚。仍存在于乡间的封建行会制度严重限制了生产者和商人的正常活动，重商主义的极端保护主义则从根本上阻碍了对外贸易的扩大，使新兴资产阶级从海外获得生产所需的廉价原料并为其产品寻找更大的海外市场的愿望难以实现。亚当·斯密站在产业资产阶级的立场上，在《国民财富的性质和原因的研究》（简称《国富论》，1776）一书中提出了绝对成本论，用以解释国际分工产生的原因、方式及效用。

根据绝对成本论，两国之间进行贸易的动机建立在成本的差异之上，如果外国供应的产品比本国制造的还便宜，那么最好用本国擅长生产的产品与之进行交换，而不要自己生产。如果各国都生产自己具有绝对成本优势的产品，并在国与国之间进行交换，那么贸易双方都是可以获利的。为了阐明其理论，亚当·斯密还举例加以说明。假设有两个国家（英国和葡萄牙）、两种产品（毛呢和葡萄酒）和一种生产要素（劳动）。假定英国、葡萄牙两国都生产葡萄酒和毛呢两种产品，生产情况如表2-1（a）所示。在这种情况下可以进行国际分工、国际交换，对两国都有利，可以用表2-1（b）加以说明。

表2-1（a）　**亚当·斯密的举例（分工前的情况）**

国家	葡萄酒产量	所需劳动人数（人/年）	毛呢产量	所需劳动人数（人/年）
英国	1	120	1	70
葡萄牙	1	80	1	110

表2-1（b）　**亚当·斯密的举例（分工后的情况）**

国家	葡萄酒产量	所需劳动人数（人/年）	毛呢产量	所需劳动人数（人/年）
英国	0	0	2.7	190
葡萄牙	2.375	190	0	0

假定分工后，英国以1单位毛呢交换葡萄牙1单位葡萄酒，则两国拥有产品情况如表2-1（c）所示。

表2-1（c）　**毛呢与葡萄酒交换结果**

国家	葡萄酒产量	毛呢产量
英国	1	1.7
葡萄牙	1.375	1

从表2-1中可见，英、葡两国在分工的情况下，产量比分工前都提高了。通过国际贸易，两国人民的消费都增加了。

显然，如果一个国家在一种产品生产上占有绝对有利的生产条件，生产该产品的绝对成本低于其他国家，而在另一种产品生产上处于劣势，生产成本高于其他国家，则国际交换的基础就存在了，各国参加国际分工，进行国际贸易，可实现互利。

亚当·斯密的绝对成本论说明社会分工以及国际分工能使资源得到更有效的利用，国际贸易并不像重商主义者所说的那样只能使交易的某一方获得利益，而是贸易双方都能获得利益。贸易利益的普遍性原则为自由贸易的政策主张奠定了基础。但是，这种强调绝对优势的理论隐含着一个前提，即贸易双方分工和贸易状况是吻合的。比如北美和南美，由于温带与热带的自然条件约束、劳动力和技术上的差异，各自必须至少生产一种绝对低成本的产品，交换才成为可能，贸易各方才可以从这种贸易中获利。但是，现实的情况往往是国际贸易中大部分产品，特别是工业制成品并不受自然地理条件的限制。如果一国经济不发达、技术落后，生产两种产品都处于劣势，这时会不会发生国际贸易？如果发生国际贸易，那么处于劣势的国家是否能从国际贸易中获得利益呢？对于这个问题，大卫·李嘉图的比较成本论给出了回答。

（二）比较成本论（Theory of Comparative Costs）

大卫·李嘉图（David Ricardo，1772—1823年）是著名的英国经济学家，是资产阶级古典政治经济学的完成者。

大卫·李嘉图所处的时代是英国工业革命迅速发展、资本主义不断上升的时代。当时英国社会的主要矛盾是工业资产阶级同贵族阶级的矛盾，这一矛盾由于工业革命的进展而达到异常尖锐的程度。李嘉图在这场斗争中站在工业资产阶级一边，继承和发展了亚当·斯密的理论，提出比较成本论，倡导自由贸易，为工业资产阶级的斗争提供了有力的理论武器。

大卫·李嘉图的比较成本论是在亚当·斯密的绝对成本论的基础上发展起来的。亚当·斯密认为由于自然禀赋和后天形成的有利条件不同，各国均有一种产品生产成本低于他国而具有绝对优势，按绝对优势原则进行分工和交换，各国均可获益。大卫·李嘉图发展了亚当·斯密的观点，认为各国不一定要专门生产成本绝对低（即绝对有利）的产品，只需生产成本相对低的产品，并参加对外贸易，就能从中获益，实现社会劳动的节约。

大卫·李嘉图所阐述的比较成本论是以他的劳动价值论为基础的。根据劳动价值论，任何产品的价值都取决于它的劳动成本。在一国国内贸易中，劳动成本决定交换价值。根据大卫·李嘉图的观点，即使一国在两种产品的生产上都处于劣势地位，但两者的不利程度必定有所不同，相比之下总有一种产品的劣势要小一些，即具有相对优势。如果一国利用这种相对优势进行专业化生产，然后用其产品进行国际交换，进口劣势程度较大的产品，同样能从交换中获得利益。同理，两种产品的成本都处于绝对优势的国家，应专业化生产并出口优势程度较大的产品，进口优势程度较小的产品，从而可从交换中获利。这就是比较成本论，用中国的俗语说，即“两利相权取其重，两弊相权取其轻”。

为了说明这个理论，大卫·李嘉图沿用了亚当·斯密的英国和葡萄牙的例子加以解释，但对条件作了一些变化，如表2-2所示。

表2-2（a）　**大卫·李嘉图的举例（分工前的情况）**

分工前	毛呢	葡萄酒
英国	100人/年	120人/年
葡萄牙	90人/年	80人/年

表2-2（b）　　大卫·李嘉图的举例（分工后的情况）

分工后	毛呢	葡萄酒
英国	（100+120）÷100=2.2（单位）	
葡萄牙		（80+90）÷80=2.125（单位）

假定英国和葡萄牙两国同时生产葡萄酒和毛呢，表2-2中列出了分工前各自生产1单位葡萄酒和毛呢所需的劳动量及分工后各自所得的两种产品的量。从表中可以看出，葡萄牙生产葡萄酒和毛呢所需的劳动均少于英国，毛呢的成本为英国的0.9倍（90÷100），葡萄酒的成本为英国的0.67倍（80÷120），两相比较，葡萄酒的成本相对英国更低，因而优势更大；就英国来说，两种产品的生产成本都比葡萄牙高，毛呢的成本为葡萄牙的1.1倍（100÷90），葡萄酒的成本为葡萄牙的1.5倍（120÷80），但两相比较，毛呢的成本相对低一些，因而具有比较优势。按照“两优取其重，两劣取其轻”的分工原则，葡萄牙应分工生产葡萄酒，英国应分工生产毛呢，然后，双方进行交换。

分工的结果是，两国总的劳动量投入未增加，但两种产品的总产量增加了，其中葡萄酒增加了0.125单位，毛呢增加了0.2单位。两国进行交换，对双方均有好处，也就是说，双方都获得了比较利益。

需要说明的是，大卫·李嘉图的比较成本论把复杂的经济情况高度简化了，他的古典国际贸易理论实际上是以许多重要假设作为前提条件的，其中包括：

（1）世界上只有两个国家，它们只生产两种产品，只使用一种要素投入，因此这种分析方法也称为2×2×1模型。

（2）所有劳动都是同质的，没有熟练和非熟练的区别，产品成本（价格）以真实劳动成本（劳动时间）计量。

（3）生产是在成本不变的情况下进行的，其规模收益不变。

（4）不存在运输费用和交易成本。

（5）劳动力充分就业，并且在国内完全流动，而在国家间则完全不流动。

（6）生产要素市场和产品市场是完全竞争市场。

（7）国际贸易不影响一国居民的相对收入水平，即收入分配没有变化。

（8）贸易按易货贸易的方式进行。

（9）不存在技术进步和经济发展，国际经济是静态的。

正是这些假设条件，使得比较成本论与实际情况之间存在很大的距离。但大卫·李嘉图的比较成本论科学地揭示了一个规律——比较成本法则，它从实证经济学的角度证明，无论生产水平高还是生产水平低的国家，按照比较成本的思想参与国际分工和国际贸易都可以得到实际利益。

（三）要素禀赋论（Theory of Factor Endowment）

要素禀赋论又称要素比例学说，或赫克歇尔-俄林理论（赫-俄理论），是著名的瑞典经济学家赫克歇尔（Eli Heckscher，1879—1952年）和俄林（Bertil Ohlin，1899—1979

年）提出的关于国际贸易的理论。赫克歇尔于1919年发表了《对外贸易对收入分配的影响》的著名论文，提出了要素禀赋的论点。俄林继承了其导师赫克歇尔的论点，于1933年出版了《域际贸易和国际贸易》一书，创立了要素禀赋论。20世纪40年代，萨缪尔森（P. A. Samuelson）发展了赫-俄理论，因此又称赫-俄-萨（H-O-S）理论。

要素禀赋论简称H-O定理，该学说主要通过对相互依存的价格体系的分析，用生产要素的丰缺来解释国际贸易的产生和一国的进出口贸易类型。

根据H-O定理，同种产品在不同国家的相对价格差异是国际贸易的直接基础，产品价格差异则是由各国生产要素禀赋不同，从而要素相对价格不同决定的，所以要素禀赋差异是国际贸易产生的根本原因。

不同产品在生产中使用各种要素的比例是不同的，即要素的密集度是不同的。根据要素禀赋论，一国应出口的产品是它的比较优势产品，即在生产上密集使用该国丰裕而便宜的生产要素的产品，而进口的产品是它在生产上密集使用该国相对稀缺且昂贵的生产要素的产品。例如，劳动力丰富的国家应出口劳动密集型产品，而进口资本密集型产品；相反，资本丰裕的国家应出口资本密集型产品，进口劳动密集型产品。这种分工和贸易模式可使贸易双方共同获利。

可见，各国要素禀赋的差异和不同产品要素密集度的差异，以及二者的相互作用，决定了国际分工格局与贸易类型，这是要素禀赋论的核心与精髓。

（四）里昂惕夫之谜（The Leonief Paradox）

里昂惕夫（Wassily W. Leonief）是美国著名经济学家，投入产出经济学的创始人，诺贝尔经济学奖获得者。

根据赫克歇尔-俄林的要素禀赋论，一国出口的应是密集使用本国丰富要素生产的产品，进口的应是密集使用稀缺要素生产的产品。美国是个资本丰富而劳动力稀缺的国家，按照要素禀赋论，美国应出口资本密集型产品，进口劳动密集型产品。为了检验要素禀赋论，1953年，里昂惕夫采用投入产出分析法对1947年美国200个行业进行分析，把生产要素分为资本和劳动两种，然后选出具有代表性的一揽子出口品和一揽子进口替代品，计算出每百万美元的出口品和每百万美元进口替代品所需要的国内资本和劳动力及其比例，见表2-3。

表2-3 每百万美元的美国出口品和进口替代品对国内资本和劳动力的需求额及其比例（1947年）

项　目	出口品	进口替代品
资本K（美元）	2 550 780	3 091 339
劳动力L（人/年）	812 313	170 004
资本/劳动力（K/L）	13.911	18.185

里昂惕夫研究发现，美国进口替代品的资本密集程度反而高于出口品的资本密集程度（约高出30%），因而得出与要素禀赋论相反的结论：“美国参加国际分工是建立在劳动密

集型生产专业化的基础上，而不是建立在资本密集型生产专业化的基础上。换言之，这个国家是利用对外贸易来节约资本和安排剩余劳动力，而不是相反。”里昂惕夫的惊人发现引起了经济学界的极大关注，被称为“里昂惕夫之谜”。里昂惕夫于1956年又利用投入产出法对美国1951年的贸易结构进行了第二次检验，检验结果与第一次是一致的，谜仍然存在。里昂惕夫之谜激发了其他经济学家对其他国家的贸易格局的类似研究，以检验要素禀赋论，结果发现其他一些国家也存在这个谜。对于里昂惕夫之谜，西方经济学界提出了各种各样的解释，这在一定程度上带来了第二次世界大战后西方国际分工和国际贸易理论的发展。

二、新贸易理论

（一）新贸易理论的形成

第二次世界大战后，特别是20世纪60年代以来，国际贸易出现了一系列新的变化：工业发达国家之间的贸易大幅增加，产业内部贸易迅速增长，跨国公司的内部贸易和对外投资迅猛扩大，一些新兴工业化国家借助对外贸易取得了经济发展的成功等。封闭式的或近封闭式的国别经济系统已经不复存在，从而构成了一个全新的国际经济背景。面对这些新情况，传统的以比较优势为基础的贸易理论难以作出合理的解释，这就引发了对传统贸易理论的再思考。

传统国际贸易理论的前提是规模报酬不变和完全竞争的市场结构。这是一种完美的假设，正是由于这种假设，自由贸易理论才推导出逻辑严密、形式完善的结论。但是完美的假设并不意味着客观存在。通过对现实经济的观察，我们发现生产厂商的边际生产成本往往随产出的增加而下降，大多数的市场结构又都是不完全竞争的。可见，传统贸易理论的假设前提存在问题，导致了其对现实解释的乏力。

针对传统贸易理论的不足，新贸易理论应运而生。新贸易理论的主要代表人物包括迪克西特（A. Dixit）、埃西尔（W. Ethier）、克鲁格曼（P. Krugman）、赫尔普曼（E. Helpman）、格罗斯曼（G. Grossman）、斯宾塞（B. Spencer）、布兰德（J. Brander）等人。这些学者在理论研究中关注市场结构的重要作用，认为在现实经济中完全竞争状态并不是最优的，规模经济尽管对市场结构的竞争性有一定的损害，但仍是有益的。他们主张经济的有效竞争，认为要实现规模经济与市场竞争的有效结合，需要进行政府干预。

1977年，迪克西特和斯蒂格里兹（Stigliz）发表了名为《垄断竞争与最优产品多样化》的论文，建立了一个规模经济和多样化消费的两难选择的模型，首次突破完全竞争的假设，讨论规模经济与国际贸易的关系。

1981年，克鲁格曼发表了《产业内专业化分工与得自贸易的利益》这一著名论文，进一步对要素禀赋相似的国家之间的贸易、相似产品之间的贸易及贸易的收入分配效应等进行了考察，并建立了一个贸易模型。克鲁格曼通过考察得出结论：当国家间越来越相似，市场结构从完全竞争变为不完全竞争，达到规模报酬递增阶段的时候，规模经济就取代要素禀赋的差异，成为推动国际贸易的主要原因。这样，该模型从根本上打破了传统贸易理论中的完全竞争假定和规模收益不变假定，把新贸易理论提升到基础贸易理论的高度，使其适用性进一步增强。

1985年，赫尔普曼和克鲁格曼的《市场结构和对外贸易》一书出版。它被誉为国际贸易理论的“重大突破”（迪克西特、巴格瓦蒂语）。该书综合了各种新的贸易理论，提出了一个新的系统化的分析框架。在分析中广泛运用了产业组织理论来解释公司行为对国际贸易的影响，实现了新的贸易理论突破。该书的出版标志着新贸易理论的正式形成。

（二）新贸易理论的主要内容

1.技术差距论（Technology Gap Theory）

面对里昂惕夫之谜，赫克歇尔–俄林的要素禀赋论已经无法解释美国出口劳动密集型产品而进口资本密集型产品的现象。1961年，波斯纳（M. A. Posner）在《牛津经济论丛》上发表的《国际贸易和技术变化》一文，运用技术创新理论修正了赫克歇尔–俄林的要素禀赋论，提出了技术差距论，对里昂惕夫之谜进行了解释。

技术差距论又称创新与模仿理论，它把国家间的贸易与技术差距的存在联系起来，认为正是一国的技术优势使其在获得出口市场方面占优势。当一国创新的某种产品成功后，在外国掌握该项技术之前就产生了技术领先差距，可出口技术领先产品。但因新技术会随着专利权转让、技术合作、对外投资、国际贸易等途径流传至国外，当一国创新的技术为外国模仿时，外国即可自行生产而减少进口，创新国渐渐失去该产品的出口市场，因技术差距而产生的国际贸易逐渐缩小。随着时间的推移，新技术最终将被技术模仿国掌握，使技术差距消失，贸易持续到技术模仿国能够生产出满足其对该产品的全部需求为止。但在动态的经济社会，科技发达的国家是不断会有再创新、再出口出现的。由于各国对技术的投资和技术革新的进展不一致，因而存在一定的技术差距。这样就使得技术资源相对丰裕或者在技术发展中处于领先的国家，有可能享有生产和出口技术密集型产品的比较优势。

波斯纳把技术差距产生到技术差距引起的国际贸易终止之间的时间间隔称为模仿时滞，全期又分为反应时滞和掌握时滞两个阶段。反应时滞是指技术创新国家开始生产新产品到其他国家模仿其技术开始生产新产品的时间；掌握时滞是指其他国家开始生产新产品到其新产品进口为零的时间。反应时滞初期阶段又称为需求时滞，需求时滞是指技术创新国开始生产新产品到开始出口新产品之间的时间间隔。反应时滞的长短主要取决于企业家的创新、风险意识和规模利益、关税、运输成本、国外市场容量及居民收入水平高低等因素。如果技术创新国家在扩大新产品生产中能够获得较多的规模利益，运输成本较低，进口国关税税率较低，进出口国家的市场容量差距及居民收入水平差距较小，就有利于保持出口优势，延长反应时滞；否则，这种优势就容易失去，反应时滞将缩短。掌握时滞的长度主要取决于技术模仿过程的长短和吸收新技术能力的强弱，吸收新技术能力强，则掌握时滞较短。需求时滞的长度则主要取决于两国的收入水平差距和市场容量差距，差距越小，长度越短。

胡弗鲍尔（G. C. Hufbauer）用图形形象地描绘了波斯纳的学说，如图2–1所示。

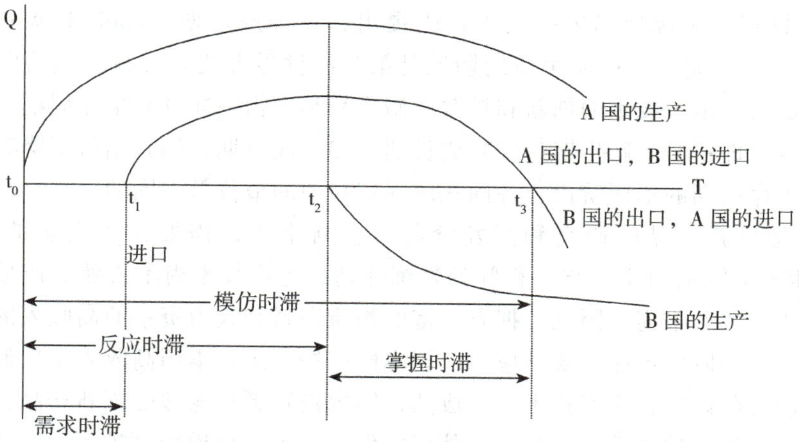

图2-1　技术差异与国际贸易

图2-1中横轴T表示时间，纵轴Q表示产品数量，上方表示技术创新国A的生产和出口（B国进口）数量，下方表示技术模仿国B的生产和出口（A国进口）数量。从t_0起，A国开始生产新产品，t_0～t_1为需求时滞阶段，B国对新产品没有需求，因而A国不能将新产品出口到B国。过了t_1，B国模仿A国消费，对新产品有了需求，A国出口、B国进口新产品，且随着时间的推移，需求量逐渐增加，A国的出口量、B国的进口量也逐渐扩大。由于新技术通过各种途径逐渐扩散到B国，到达t_2，B国掌握新技术开始模仿生产新产品，反应时滞阶段结束，掌握时滞阶段开始，此时A国的生产和出口（B国进口）量达到极大值。过了t_2，随着B国生产规模的扩大，产量增加，A国的生产量和出口量（B国的进口量）不断下降。达到t_3，B国生产规模进一步扩大，新产品成本进一步下降，其产品不但可以满足国内市场的全部需求，而且可以用于出口。至此，技术差距消失，掌握时滞和模仿时滞阶段结束。可见，A、B两国的贸易发生于t_1～t_3这段时间，即B国开始从A国进口到A国向B国出口为零这段时间。

为了论证这个理论，格鲁伯和弗农等人根据1962年美国19个产业的有关资料进行了统计分析，发现5个具有高度技术水平的产业（运输、电气、工具、化学、机器制造）的科研和发展经费占19个产业科研和发展经费总额的89.4%；5个产业的技术人员占19个产业技术人员总数的85.3%；5个产业的出口量占19个产业总出口量的72%。这种实证研究表明，美国在上述5个技术密集型产业的生产和出口方面确实处于比较优势。因此，可以认为，出口技术密集型产品的国家也就是资本要素相对丰裕的国家。根据上述统计分析，美国就是这种国家。

该理论表明：（1）技术领先国若能有效地反仿制，技术利益就能保持较长时间；（2）两国技术水平和市场范围差距越小，需求时滞的时间越短，贸易发生就越早，贸易发展的速度也就越快；（3）模仿时滞后，追随国的贸易利益取决于工资成本。

技术差距论的贡献在于：（1）它打破了传统国际贸易中比较优势的静态性与凝固性；（2）它指出了由技术革新引起的需求时滞和模仿时滞，能够导致比较优势从技术领先国向技术追随国的动态转移。这更切合国际贸易的实际，更能揭示国际贸易的特点。

2.产品生命周期说（Product Life Cycle Theory）

产品生命周期说由美国销售学家弗农于1966年在《经济学季刊》上发表的《生命周

期中的国际投资与国际贸易》一文中首先提出，后经威尔斯（Louis T. Wells）、赫希哲（Hirsch）等人不断完善。产品生命周期说是第二次世界大战后解释制成品贸易的著名理论。该理论认为，由于技术的创新和扩散，制成品和生物一样具有生命周期，先后经历五个不同的阶段，即：（1）新生期；（2）成长期；（3）成熟期；（4）销售下降期；（5）让与期。在产品生命周期的不同阶段，各国在国际贸易中的地位是不同的。

新生期是指新产品的研究和开发阶段。在新生期，需要投入大量的研究与开发（R&D）费用和大批的科学家与工程师的熟练劳动，生产技术尚不成熟，产量较低，没有规模经济利益，成本很高。因此，拥有丰富的物质资料和人力资本的高收入的发达国家具有比较优势。这一阶段产品主要供应生产国本国市场，满足本国高收入阶层的特殊需求。

经过一段时间以后，生产技术趋于成熟，国内消费者普遍接受创新产品，加之收入水平相近的国家开始模仿消费新产品，国外需求发展，生产规模随之扩大，新产品进入成长期。在成长期，由于新技术尚未扩散到国外，创新国仍然保持其比较优势，不但拥有国内市场，而且打开了国际市场。

国际市场打开之后，经过一段时间的发展，生产技术已成熟，批量生产达到适度规模，新产品进入成熟期。在成熟期，由于生产技术已扩散到国外，外国生产厂商模仿生产新产品，且生产者不断增加，竞争加剧；由于生产技术已趋成熟，研究与开发要素已不重要，产品由智能型（或R&D密集型）变成资本密集型，经营管理水平和销售技巧成为比较优势的重要条件。这一阶段，一般的发达工业国都有比较优势。

当国外的生产能力增强到能满足本国的需求（即从创新国进口新产品为零）时，新产品进入销售下降期。在这一时期，产品已高度标准化，国外生产者利用规模经济大批量生产，使其产品的生产成本降低，从而使创新国渐渐失去竞争优势，出口量不断下降。

当创新国完全丧失比较优势而变为净进口国时，新产品进入让与期，创新国让位给其他国家。在这个阶段，不但研究与开发要素不重要，甚至资本要素也不甚重要，低工资的非熟练劳动成为比较优势的重要条件。具备这个条件的是有一定工业化基础的发展中国家。威尔斯以美国为创新国为例将产品生命周期通过图示说明，如图2-2所示。

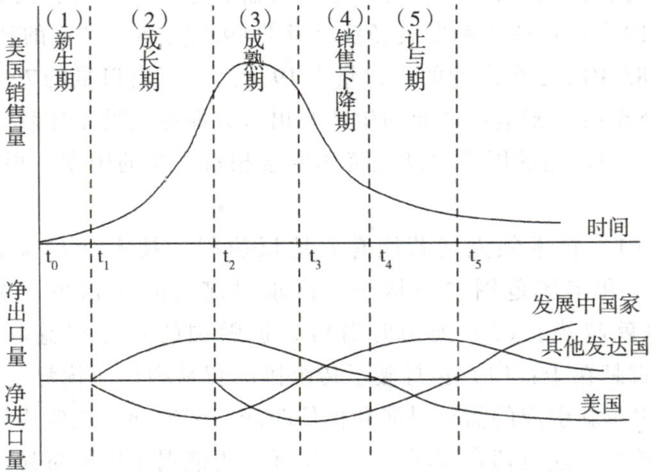

图2-2 产品生命周期

注：纵轴表示产品销售量，横轴表示时间。

在第一阶段，美国研制与开发新产品，于t_0开始投产，产量较低，产品主要在本国市场销售。在这个阶段，美国处于垄断地位。随着经营规模的扩大和国外需求的发展，美国于t_1开始向国外出口该产品，该产品进入第二阶段。于t_2处，国外生产者开始模仿生产新产品，与美国竞争，新产品进入第三阶段。随着国外生产者增多及生产能力增强，美国的出口量下降，其他一些发达国家于t_3变为净出口国，使该产品进入第四阶段。这时，产品已高度标准化，国外生产者利用规模经济大批量生产，降低生产成本，使美国开始失去竞争优势并于t_4变为净进口国，使该产品进入第五阶段，及至t_5，由于发展中国家的低工资率使它们具有该产品的比较优势，该产品由低收入的发展中国家出口到高收入的发达国家，即产品由发达国家完全让位给发展中国家。

从以上分析可见，由于技术的传递和扩散，不同国家在国际贸易中的地位不断变化，新技术和新产品创新在美国，而后传递和扩散到其他发达国家，再到发展中国家。当美国发明新产品大量向其他发达国家出口时，正是其他发达国家大量进口时期；当美国出口下降时，正是其他国家开始生产、进口下降时期；当美国由出口高峰大幅度下降时，正是其他发达国家大量出口时期；而其他发达国家出口下降时，正是发展中国家生产增加、进口减少时期；其他发达国家从出口高峰大幅度下降时期，正是发展中国家大量出口时期。新技术和新产品的转移和扩散像波浪一样，一浪接一浪向前传递和推进。近年来美国生产和出口计算机、宇航、生物和新材料等新型产品，其他发达国家接过汽车等产品，而纺织品和半导体则通过前两类国家在发展中国家落户。

产品生命周期用以解释工业制成品的动态变化具有一定现实意义，对解释国际贸易有重要的参考作用。它引导人们通过产品的生命周期，了解和掌握出口的动态变化，为正确制定对外贸易的产品战略、市场战略提供了理论依据。它揭示出比较优势是不断转移的，每个国家在进行产品创新、模仿引进或扩大生产时都要把握时机。跨国公司进行跨国经营，就可以利用不同阶段的有利条件，长久保持比较优势。它还反映出当代国际竞争的特点，即创新能力、模仿能力是获得企业生存能力和优越地位的重要因素。

3.偏好相似说（Theory of Preference Similarity）

偏好相似说又称需求偏好相似说，是由著名瑞典经济学家林德（S. B. Linder）于1961年在《贸易与变化》一书中提出的。他独树一帜将需求导入国际贸易理论，分析需求在国际贸易中的重要地位。林德认为，俄林的要素禀赋论只适用于初级产品的贸易，不适用于工业品的贸易，而工业品贸易已大大超过初级产品贸易，成为国际贸易的主导产品。正是在这种背景下，林德提出了解释工业品贸易的偏好相似说。

他指出，国家间工业品贸易的发生，往往是先在国内市场建立起生产规模和国际竞争能力，而后再拓展国外市场，因为厂商总是出于利润动机首先为他所熟悉的本国市场生产新产品，当发展到一定程度，国内市场有限时才开拓国外市场。因此，国内需求是出口贸易的基础。同时，林德还指出，两国经济发展程度愈相近，人均收入愈接近，需求结构、需求偏好愈相近，相互需求就愈大，贸易可能性也就愈大（如图2-3所示）。如果这些国家的需求结构和需求偏好完全一样，国内需求与外国的进口需求重叠，一国可能进口或出口的商品，也就是另一国可能出口或进口的商品，从而构成两国贸易的基础。

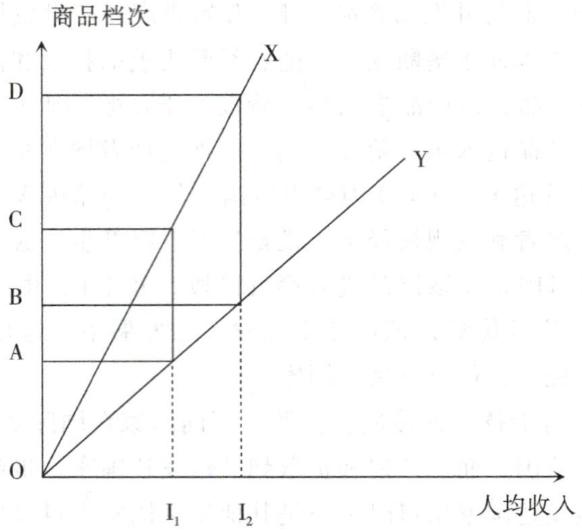

图2-3 收入水平与需求结构重合

图2-3中纵轴代表商品档次，横轴代表人均收入，OX、OY与原点所构成的锥形X-O-Y代表一国对其所需求商品的档次的变动范围。设甲国的人均收入为I_1，乙国的人均收入为I_2，与I_1、I_2相应的AC、BD分别代表甲国、乙国的需求商品档次范围，BC部分重合，表示两国会就BC范围内的商品进行贸易。两国对商品需求的档次变动范围重合部分愈大，表示需求结构愈相近，贸易可能性就愈大。

偏好相似说的意义在于它部分地解释了部门内贸易发展迅速及发达国家之间的贸易量远远超过发达国家与发展中国家之间贸易量的原因。传统比较利益理论认为，各国经济发展水平越接近，其开展国际贸易的可能性越小。偏好相似说则从需求角度论证，各国经济发展水平越接近，它们之间的贸易规模则越有扩大的可能性。这是对比较利益理论的补充，更贴近国际贸易的实际。林德从需求的角度，克鲁格曼从供给的角度，对第二次世界大战后迅速发展起来的部门之间的国际贸易现象作出了比较令人信服的解释，对国际贸易理论的发展起到了巨大的推动作用。

4.产业内贸易理论（Intra-industry Trade Theory）

产业内贸易理论又称差异化产品理论，是指同一产业部门内部的差异产品的交换及中间产品的交流，这是当前国际贸易理论中最热门的课题之一。该理论博采第二次世界大战后国际贸易新理论的研究成果，着重进行产业内贸易的探讨，即一国同时出口和进口同一产业的产品，国家间进行同产业的产品差异化竞争，并认为这是更符合现实情况的国际贸易形态。

产业内贸易理论的发展经历了20世纪70年代中期以前的经验性研究和70年代中期以后的理论性研究两个阶段。20世纪70年代中期以前，经济学家佛丹恩（Vordoorn）、迈凯利（Michaely）、巴拉萨和小岛清（Kojima）对产业内贸易作了大量的经验性研究。他们发现发达国家之间的贸易并不是按赫-俄模式进行的，即工业制成品和初级产品之间的贸易，而是产业内同类产品的相互交换。他们认为产业内贸易现象背后必然存在一种新的原理。20世纪70年代中期，格鲁贝尔和劳尔德对产业内贸易现象作了开创性、系统性的研究，使产业内贸易理论发展步入第二阶段——理论性研究阶段。格鲁贝尔和劳尔德在《产业内贸易》一书中指出，技术差距、研究与开发、产品的异质性和产品的生命周期的结合以及人力资本密集度的差异与收入分配差异（或偏好的差异）相结合均可能导致产业内贸易。他们认为规模经济是产业内贸易的基本原因，并认为各国的生产要素越相似，它们的产业结构的差异便越小，从而它们的贸易越具有产业内贸易特征。20世纪70年代中期以后，在对产业内贸易的理论性研究不断深化的同时，对产业内贸易的实证性研究也步步深入。

产业内贸易指的是贸易双方交换的产品属于同一产业部门，即贸易伙伴间既进口又出口属于同一部门的产品。传统的贸易理论所解释的是不同产业间的贸易，即要素禀赋不同的国家相互交换不同产业部门的产品。传统贸易理论显然是不能解释产业内贸易现象的。因为传统贸易理论有两个重要的假定：一是假定生产各种产品所需的要素密集度是不同的，各国所拥有的生产要素禀赋是不同的，因此贸易结构、流向和比较优势是由各国不同的要素禀赋决定的；二是假定市场竞争是完全的，在一个特定产业内的厂商，生产同样的产品，拥有相似的生产条件。而这些假定与现实相差甚远。

产业内贸易理论通过产品的差异性、规模经济或规模报酬递增以及偏好相似等概念解释产业内贸易形成的原因。

（1）产品的差异性。同一类产品可存在差异性，尤其是工业品的差异性更为显著。产品的差异性是产生产业内贸易的重要基础。同类的异质性产品可以满足不同消费心理、消费欲望和消费层次的消费需求，但各国由于财力、物力、人力约束和科学技术的差距，使它们不可能在具有比较利益的部门生产所有的差别化产品，而必须有所取舍，集中资源着重进行某些差别化产品的专业化生产，以获得规模经济利益，这就导致国家间进行产业内分工，从而导致国家间产业内贸易的发生与发展。

（2）规模经济或规模报酬递增。规模经济或规模报酬递增是产业内贸易的重要成因。同一产业部门内部，由于规模经济的作用，众多的生产同类产品的企业在竞争中优胜劣汰，形成一个国家内某种产品由一家或者少数几家厂商生产的局面，大型企业进而发展成为出口商。但是由于规模经济的要求，一个国家为数不多的大型企业只能生产出种类有限的同类商品，而不能满足消费者对同类差异化产品的多种需求。这样国家间产业内部的分工和贸易也就形成了。一国专业化生产同一产业的某些差异化产品，另一国专业化生产同一产业的另一些差异化产品，并彼此进行交换，这样，两国厂商都可享有规模经济利益，两国消费者都可得到产品多样化需求的满足。两国的要素禀赋愈相似，愈有可能生产同一产业的产品，因而两国的产业内贸易量也愈大。

（3）偏好相似。这是林德理论的应用。发达国家间产业结构相似，它们之间的分工大多是部门内产品分工。它们收入水平相近，消费结构大体相同，对对方的产品形成广泛的需求。因为重合需求大，所以发达国家间贸易量大。

产业内贸易理论虽然以发达国家的贸易为研究对象，但对已经初步实现工业化的发展中国家提升国际贸易竞争力具有深刻的启发作用。一方面，发展中国家要在国际贸易中提高地位，仅仅依靠资源丰裕（甚至是资金或技术这样的资源）是远远不够的，必须从规模经济方面考虑增强国际竞争力；另一方面，对于发展规模效益显著的幼稚产业，政府在产业政策、贸易政策方面的干预是十分必要的。

5.国家竞争优势论（Theory of Competitive Advantange of Nations）

20世纪80年代到90年代，美国哈佛大学商学院教授迈克尔·波特（Michael E.Porter）

出版的《竞争战略》《竞争优势》《国家竞争优势》三本著作引起了西方经济学界和企业界的高度重视。前两本著作主要针对产业如何在竞争中获得优势进行了深入研究，而《国家竞争优势》则在此基础上提出：一国兴衰的根本在于能否在国际竞争中赢得优势。三本著作的着眼点都在竞争优势上，并联系着国际市场。

国家竞争优势论的产生是以美国国际经济地位的变化为背景的。在第二次世界大战后的20年里，美国经济实力强盛，遥居世界领先地位。此后，由于其他西方国家经济的快速增长，美国各项经济指标在世界经济中的比重不断下降。20世纪70年代以来，西欧共同市场的形成和势力壮大，日本的崛起，都构成对美国在国际经贸中地位的严重挑战。美国在国际市场上的竞争优势被严重削弱，连新兴工业化国家都在夺取美国商品在世界市场上的份额。20世纪80年代，世界经济贸易领域的竞争进一步加剧，美国的对外贸易逆差和国际收支赤字有不断增大之势。美国正像一个弱者一样不断乞求于贸易保护主义。在这种情况下，怎样才能保持昔日的竞争优势，必然成为美国朝野都关注的问题，波特的理论正是适应这一客观要求应运而生的。

一个国家的竞争优势是由什么决定的？这是过去的国际贸易理论一直未能很好解答的问题。

传统的贸易理论认为，一国产业或企业的竞争优势来自在生产要素（价格和生产率）方面的比较优势；新贸易理论认为一国产业或企业的竞争优势来自其在技术、规模等方面的优势。而波特认为，这些理论对现有国际贸易现象的解释力均值得怀疑。

以各国劳动生产率差异和要素禀赋差异为国家竞争优势源泉的比较利益论虽然解释了许多产业的贸易模式，但仍存在许多不完善的地方，例如，它不足以解释要素禀赋日益相似的工业化国家彼此之间的产业内贸易。随着高科技的迅猛发展，要素成本的重要性日益下降，比较利益论将逐步退位。

规模经济理论是对传统比较利益论的一大突破。它既解释了即使不存在要素禀赋差异贸易也能发生的原因，又解释了行业内贸易之谜：规模经济使然。它指出规模经济是企业竞争优势的重要源泉，但没有解释什么国家的厂商会获得这些优势，以及哪些产业的厂商可获得这些优势。

技术差距论也试图超越比较利益论。按技术差距论，一个国家是否出口某种产品取决于该国是否获得了在该类产品方面的技术领先地位。技术领先的国家出口其领先产品，但随着技术的扩散和技术差距的缩小，其出口会逐渐减少。技术差距对竞争优势无疑十分重要，但该理论未能解释技术差距为什么会出现，什么国家会获得技术领先的优势。

产品生命周期理论也是超越比较利益论的一个重要尝试。产品生命周期理论认为，美国的许多产品处于世界领先地位，主要是美国国内对先进产品的需求比其他国家领先，这使美国企业能率先开发新产品，并在产业发展早期阶段出口该新产品，然后随着国外需求的增加，生产向海外转移，最后随着技术的扩散及外国低成本企业的进入，美国从该新产品的出口国变成进口国。产品生命周期理论从动态角度成功地解释了国内市场对创新的影响，但它仍留下许多问题未能解答：为什么一些国家的某种产品在国内市场很小或发展缓慢的情况下仍能成为世界领先者？为什么许多国家的产业并没有像该理论预测的那样失去竞争优势？鉴于此，波特提出，一国兴衰的根本在于赢得国际竞争优势，而国际竞争优势的取得的关键在于国家是否具有适宜的创新机制和充分的创新能力。创新机制可分三个层面来分析：(1) 微观竞争机制。国家竞争优势的基础是企业内部活力，企业缺少活力、不思进取，国家就难以树立整体优势。(2) 中观竞争机制。企业的创新不仅取决于企业内部要素，还涉及产业与区域。企业经营过程的升级有赖于企业的前向、后向和旁侧关联企业的辅助与支持。(3) 宏观竞争机制。个别企业、产业的竞争优势并不必然导致国家竞争优势。因此，一国的宏观竞争机制对其是否能取得国家竞争优势有重要的决定性作用。

因此，波特又提出了解释宏观竞争机制的决定因素的钻石模型 (Diamonds Framework)。钻石模型由四种基本决定因素和两种辅助因素组成。四种基本决定因素是：生产要素、需求条件、相关产业和支持产业的表现，以及企业的战略、结构和竞争对手。这四种因素的每一种都可单独发生作用，但又同时对其他因素产生影响。四种因素结合成一个体系，共同作用决定国家竞争优势（如图2-4所示）。

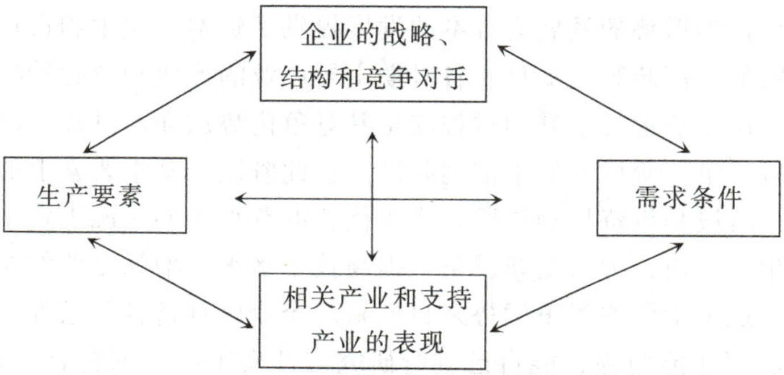

图2-4 国家竞争优势的决定因素

钻石模型中的“生产要素”是指一个国家在特定产业竞争中有关生产方面的表现，包括劳动力、可耕地、自然资源、资本和基础设施等。

“需求条件”是指本国市场对该项产业提供产品或服务的需求情况。国内需求对竞争优势最重要的影响是通过国内买主的结构和买主的性质体现的。不同的国内需求使厂商对买方需求产生不同的看法和理解，并作出不同的反应。在某国的国内需求给当地厂商及早提供需求信号或给当地厂商施加压力要求它们比国外竞争者更快创新，提供更先进的产品的产业，该国最有可能在该产业获得竞争优势。

“相关产业和支持产业的表现”是指相关产业和上游产业是否具有国际竞争力。一个国家的产业要想获得持久的竞争优势，就必须在国内具有在国际上有竞争力的供应商和相关产业。支持产业以下列几种方式为下游产业创造竞争优势：以最有效的方式及早地、迅速地为国内厂商提供最低成本的投入品；不断地与下游产业合作，促进下游产业的创新。相关产业是指因共用某些技术、共享同样的营销渠道或服务而联系在一起的产业或具有互补性的产业。一个国家如果有许多相互联系的有竞争力的产业，该国便很容易产生新的有竞争力的产业。因此，有竞争力的几种相关产业往往同时在一国产生。

“企业的战略、结构和竞争对手”是指企业在一个国家的基础、组织、管理形态，以及国内市场竞争的表现，包括公司建立、组织和管理的环境以及国内竞争的性质。不同国家的公司在目标、战略和组织方式上都大不相同。国家竞争优势来自对它们的选择和搭配。国家竞争优势的获得还取决于国内的竞争程度，激烈的国内竞争是创造和保持竞争优势最有力的刺激因素。

上述四种因素是国家竞争优势的决定因素，它们的情况如何直接导致国家竞争地位的变化。

除了上述四种因素以外，还有两个重要变量对国家竞争优势产生影响，这就是一国所面临的机遇和政府的作用。机遇包括重要的新发明、重大技术变化、投入成本的剧变（如石油危机时）、外汇汇率的重要变化、突然出现的世界或地区需求、战争等。机遇的重要性在于它可能打断事物的发展进程，使原来处于领先地位的公司的竞争优势丧失，落后国家的公司如果能顺应局势的变化，利用机遇便可能获得竞争优势。政府对国家竞争优势的作用主要在于对四种决定因素的影响。政府可以通过补贴、对资本市场加以干预、制定教育政策等影响要素条件，通过确定地方产品标准、制定规则等影响买方需求（政府本身也是某些产品或服务的大买主）。政府也能以各种方式决定相关产业和支持产业的环境，影响企业的竞争战略、结构、竞争状况等，因此政府的作用十分重要。一国所面临的机遇以第二次世界大战后世界形势的发展为日本的发展提供了资本、技术和市场支持为例，政府的作用以日本政府的经济政策推动日本各时期主导产业的形成和及时转换为例。

波特认为，一国经济地位上升的过程就是其竞争优势加强的过程。国家竞争优势的发展可分为四个阶段：第一阶段为要素推动阶段。在此阶段，基本要素上的优势是竞争优势的主要源泉。第二阶段是投资推动阶段。竞争优势的获得主要来源于资本要素。持续的资本投入可以扩大生产规模，大量更新设备，提高技术水平，增强企业的竞争性。第三阶段是创新推进阶段。这个阶段的竞争优势来自创新。企业已具备各种条件，人员培训效果显著，引进技术吸收消化能力强，能自己进行研究与开发工作，创新意识和创新能力较强。于是，依靠将高科技成果转化为商品的努力，增强经济适应能力，就能赢得持续的竞争优势。第四阶段是财富推动阶段。处于这个阶段的国家主要靠过去长期积累的物质精神财富而维持经济的运行，产生了“吃老本”的机制，创新的意愿及能力均下降，面临丧失竞争优势的危险。

波特分析了国家竞争优势的发展阶段后，通过德国、美国、意大利和日本等国经济发展状况从实证角度对其理论予以说明。他认为，当时日本经济正处于创新阶段，经济发展后劲较强；而美国经济则处于财富推动阶段，美国许多工业正在衰退，竞争处于寡占状况，经济缺乏推动力。

波特的国家竞争优势理论弥补了其他国际贸易理论的不足，较圆满地回答了理论界长期未能解答的一些问题。波特认为，一国在生产要素方面的比较优势有利于它建立国际竞争优势，而一国只有建立了国际竞争优势才能获得持久的比较利益。这种国际竞争优势应该是国际贸易理论的核心。国际竞争优势理论不仅对当今世界经济和贸易格局进行了理论上的归纳总结，而且对国家未来贸易地位的变化可提供具有一定前瞻性的预测。

6.战略贸易理论（Strategic Trade Theory）

战略贸易理论是保罗·克鲁格曼等提出来的。

1984年，克鲁格曼在《美国经济评论》上发表了一篇题为“工业国家间贸易新理论”的论文。在该论文里，克鲁格曼认为，传统的国际贸易理论都是建立在完全竞争市场结构的分析框架基础上的，因而不能解释全部的国际贸易现象，尤其难以解释工业制成品贸易，从而提出应对国际贸易理论的分析框架进行更新的主张。1985年，克鲁格曼又在其与赫尔普曼合著的《市场结构与对外贸易》一书中运用垄断竞争理论对产业内贸易问题进行了系统的分析和阐释，并建立了以规模经济和产品差别化为基础的不完全竞争贸易理论模型，被国际经济学界称为新贸易理论，即战略贸易理论。

战略贸易理论认为，在不完全竞争的现实社会中，在规模收益递增的情况下，要提高产业或企业在国际市场上的竞争能力，首先必须扩大生产规模，取得规模效益。而要扩大生产规模，仅靠企业自身的积累一般非常困难，对于经济落后的国家来说更是如此。对此，最有效的办法就是政府应选择发展前途且外部效应大的产业加以保护和扶持，使其迅速扩大生产规模、降低生产成本、凸显贸易优势、提高竞争能力。战略贸易理论为国家干预贸易活动提供了理论依据。

实际上，最早体现战略贸易思想的是布兰德和斯宾塞（1983）的补贴促进出口的论点。他们认为，传统的贸易理论是建立在完全竞争的市场结构上的，因而主张自由贸易应是最佳的政策选择。但现实中，不完全竞争和规模经济普遍存在，市场结构是以寡头垄断为特征的。在这种情况下，政府补贴政策对一国产业和贸易的发展具有重要的战略性意义。在寡头垄断的市场结构下，产品的初始价格往往会高于边际成本。如果政府能对本国厂商生产和出口该产品给予补贴，就可使本国厂商实现规模经济，降低产品的边际成本，从而使本国产品在国内外竞争中获取较大的市场份额和垄断利润份额。同时，未来规模经济的实现也可以给消费者带来利益。

克鲁格曼主要是以进口保护促进出口的论点，进一步丰富和发展了战略贸易思想。克鲁格曼认为，在寡头垄断市场和规模收益递增的条件下，对国内市场的保护可以促进本国的出口。因为进口保护措施可以为本国厂商提供超过其国外竞争对手的规模经济优势，这种规模经济优势可以转化为更低的边际成本，从而增强本国厂商在国内外市场的竞争能力，最终达到促进出口的目的。这就是说，在不完全竞争的条件下，只要规模利益是递增的，那么一个受保护的厂商就可以充分利用国内封闭起来的市场扩大生产规模，不断降低产品生产的边际成本。同时，通过销售经验的积累也会使销售成本沿着学习曲线不断下降，从而降低产品的总成本。本国厂商一旦在边际成本的竞争中具有优势，就可对国外市场成功地进行扩张，从而也就达到了促进出口的目的。

克鲁格曼还认为，对外部性强的产业提供战略支持，不仅能促进该产业的发展，使其在国内外市场扩张成功，而且该国还能获取该产业作为战略支持产业得到迅速发展而产生的外部经济效应。所谓外部经济效应，在这里是指某一产业的经济活动对其他产业乃至整个经济发展产生的有利影响。一般来讲，新兴的高科技产业往往都具有较强的外部经济效应。这些产业所创造的知识和所开发的新技术、新产品，将对全社会的技术进步和经济增长产生积极的推动作用。虽然这些产业的企业可以获得它们对生产知识进行投资所带来的收益，但不是全部收益，因为知识外溢往往具有无偿性。因此，为了保护企业创造知识的热情，刺激企业的知识开发活动，扩大知识外溢所产生的经济效应，政府补贴和扶持就变得十分必要。

不难看出，战略贸易理论的核心是强调政府通过干预对外贸易而扶持战略性产业的发展，是一国在不完全竞争和规模经济条件下获得资源优化配置的最佳选择。

上述战略贸易理论与李斯特的幼稚工业保护理论在一定意义上具有异曲同工之妙，但两者又有本质的区别。一个是基于寡头垄断条件下的贸易保护主张；另一个则是基于自由竞争条件下的贸易保护主张。战略贸易理论所给予保护的是具有规模收益递增特点的战略性产业，这些产业是与幼稚工业有很大区别的。

第二节 经济一体化理论

一、区域经济一体化概述

经济一体化的含义一般可以从广义和狭义来理解。

世界经济领域中出现的区域集团化，就其内容实质来说，国际经济学界一般认为属于“区域经济一体化”理论范畴。区域经济一体化（Regional Economic Integration）的核心是“一体化”。后来随着形势的发展，人们逐渐更多地使用“国际经济一体化”这一概念，它主要表示将各个分立的国民经济结合成更大范围的经济区，也就是指各个国家在经济上结合起来形成一个经济联合体的事态或过程。当今，从经济一体化的发展来看，人们通常所说的区域经济一体化，是指各参与国相互间消除贸易障碍，进行某种程度的合作与协作，以促进相互间贸易和经济合作的发展。

世界范围的区域经济一体化的发展进程，可以追溯到第二次世界大战结束后的20世纪40年代末50年代初，由于世界政治经济发展的不平衡、经济全球化的出现以及发展中国家陆续登上世界舞台，一些地区经济合作组织开始出现。最早成立的一体化组织是1949年1月成立的苏联和东欧国家的“经济互助委员会”。后来蒙古国、古巴和越南先后加入，形成跨地区的经济组织。随着苏联的解体和东欧的剧变，该组织已经瓦解。区域经济一体化的发展经历了20世纪50至60年代的发展时期、70年代中期至80年代中期的停滞时期和80年代中期以来的高涨时期等几个阶段。到目前为止，世界上的区域经济一体化协议已达360多个，现在世界上几乎所有的主要国家和地区均参与到了不同形式、不同内容和不同层次的区域经济合作组织中来，区域经济一体化已同经济全球化一起成为主宰当代世界经济活动的两大相互联系又相互矛盾的潮流。

二、区域经济一体化的组织形式

（一）按照组织性质与经济贸易壁垒消除的程度划分

1.优惠贸易安排（Preferential Trade Arrangements）

这是一种较低级和松散的区域经济一体化形式，在实行优惠贸易安排成员间，通过协议或其他形式对全部货物或部分货物规定特别的关税优惠或非关税方面的优惠。如1932年英国与其以前的殖民地建立的英联邦特惠税制（Commonwealth Preference System）。

2.自由贸易区（Free Trade Area）

自由贸易区通常指签订有自由贸易协定的国家所组成的经济贸易集团，在成员国之间彼此取消货物贸易或服务贸易关税和非关税的贸易限制，但对非成员国仍维持各自的贸易政策。如1960年成立的欧洲自由贸易联盟（European Free Trade Association，EFTA）等属此种类型的区域经济合作。

3.关税同盟（Custom Union）

关税同盟是由两个或两个以上的国家所组成的区域经济一体化组织，完全取消关税和其他壁垒，并对非同盟国家实行统一的关税税率。其目的在于使参加国的商品在统一关税的市场上处于有利的竞争地位，排除非同盟国家商品的竞争。如第二次世界大战后的比荷卢经济联盟、欧洲经济共同体的关税同盟等。它是比自由贸易区更高层次的经济一体化组织，其特点是在自由贸易区的基础上，建立起对非同盟成员国统一的关税税率。

4.共同市场（Common Market）

共同市场是指两个或两个以上的国家完全取消关税与数量限制，建立对非成员国的统一关税，在实现商品自由流动的同时，还实现生产要素（劳动力、资本）的自由流动。如欧洲共同市场在1970年就接近此阶段。

5.经济同盟（Economic Union）

经济同盟是指实行经济同盟的国家不仅实现商品、生产要素的自由流动，建立共同对外的关税，并且制定和执行统一对外的某些共同的经济政策和社会政策，逐步消除政策方面的差异，使一体化的程度从商品交换扩展到生产、分配乃至整个国民经济，形成一个有机的经济实体。如欧洲联盟和解体前的经互会就属这一类。

6.完全经济一体化（Complete Economic Integration）

这是经济一体化的最高阶段。在这一阶段，区域内各国在经济、金融、财政等政策方面均完全统一，在成员国之间完全取消商品、资本、劳动力、服务等自由流动的人为障碍。欧洲联盟的最终目标就是实现这一计划。

上述各种经济一体化形式的特征可用表2-4进行归纳。

表2-4 **经济一体化的基本形式及其特征**

特征 形式	相互给予的贸易优惠	成员之间的自由贸易	共同的对外关税	生产要素的自由流动	经济政策的协调	统一的经济政策
优惠贸易安排	☆					
自由贸易区	☆	☆				
关税同盟	☆	☆	☆			
共同市场	☆	☆	☆	☆		
经济同盟	☆	☆	☆	☆	☆	
完全经济一体化	☆	☆	☆	☆	☆	☆

（二）按实现经济一体化的范围划分

1.部门经济一体化（Sectoral Economic Integration）

这是指区域内各成员国间的一个或几个部门（或货物）纳入一体化的范畴之内，实现局部经济部门的协调一致，如欧洲煤钢共同体、欧洲原子能共同体、美加汽车贸易协议等。

2.全盘经济一体化（Overall Economic Integration）

这是指区域内成员国间的所有经济部门均纳入一体化的范畴之内，如欧洲联盟内的区域经济合作涉及几乎所有经济部门。

（三）按参加经济一体化组织的国家或地区的经济发展水平划分

1.水平经济一体化（Horizontal Economic Integration）

这种经济一体化是由经济发展水平大致相同或接近的国家或地区共同组成的，如拉美自由贸易协会、欧洲自由贸易联盟、欧洲联盟等。

2.垂直经济一体化（Vertical Economic Integration）

这是指经济发展水平、发展阶段差异较大的国家或地区间所组成的经济一体化，如北美自由贸易区中的美国、加拿大、墨西哥，其经济发展水平、实力、阶段均存在一定的差异。

三、区域经济一体化的形成与发展的原因

区域经济一体化的形成与发展，有着深刻的历史原因和社会经济基础。20世纪90年代以来，区域经济一体化的迅猛发展，既反映了参与国经济发展的要求，同时也是世界经济发展规律及其他因素综合作用的结果。

（一）各国经济的相互依存关系日趋紧密

20世纪90年代以来，以原子技术、电子技术等为标志的技术革命有了突飞猛进的发展，尤其是信息技术的产业化及在现代日常生活中的日益广泛的应用，降低了国家间的交易费用和远距离控制的成本，便利了商品、资金和技术的国际流动，使得经济国际化达到前所未有的水平，从而极大地加深了各个国家和地区的相互依赖程度。但是，由于民族国家的存在，有些国家为了本国的利益设置了各种障碍，而这种障碍短期内还难以消除。另外，20世纪90年代初世界经济一度不景气，导致世界市场萎缩，国际贸易增长缓慢。各国为了摆脱经济发展的困难，努力扩大国外市场，国家间由于争夺市场往往出现贸易摩擦，贸易保护主义有所抬头。因此，在经济发展的客观要求下，一些国家开始组建区域经济一体化组织，希望通过区域合作，促进各国之间的经济协调与合作，以扩大市场，抵消贸易保护主义的不利影响，缓和各国间的经济矛盾，使商品有保障地进入伙伴国市场。同时，也可增强成员国一致对外的实力，增强各成员国在更大范围内争夺市场的能力。

（二）提高本国在国际事务中的地位，加强对外谈判的力量

冷战结束后，世界经济和政治格局经历了重大的震荡、调整和改组。为了增强本国的经济实力和竞争力，提高自己在国际舞台上的地位，许多国家尤其是势单力薄的发展中国家，纷纷联合起来组成区域经济一体化组织或加入已有的区域经济一体化组织，通过借助区域集团的力量来争取更大的发言权，协调有关的国际事务和对外关系，维护自己的合法权益。

实力强大的西方工业大国，除了扩大市场和促进本国经济发展外，还注重争夺对世界格局与国际经济秩序的主导作用，使越来越多的国家依附于自己，形成以自己为核心的势

力范围。它们也积极地将区域经济一体化组织向其他地区扩张，比如欧盟的东扩计划和美洲自由贸易区计划。

（三）区域经济一体化的“多米诺”效应

瑞士日内瓦国际研究院的理查德·鲍德温（Baldwin）于1993年提出了“地区主义的多米诺理论”（Domino Theory of Regionalism），认为区域经济一体化的快速发展是由已有的区域经济一体化组织的多重影响而导致的。

区域经济一体化组织对来自成员国和非成员国的产品采取区别对待政策，对区外国家产生“贸易转移”效应，使之深受日益不利的外部环境的影响。另外，部分先期成立的区域经济一体化组织取得明显成效，如1993年欧共体统一大市场的形成。面对这种压迫效应和示范效应，许多非区域经济一体化组织成员的国家也纷纷仿效，谋求加入业已存在的区域经济一体化组织或寻求建立新的区域经济一体化组织，致使20世纪90年代以来区域经济一体化组织如多米诺骨牌一发而不可收，遍及全球。

（四）美国对区域经济一体化的态度的改变

在20世纪80年代之前，美国一直反对实行歧视性的贸易政策，坚持多边协商制度，因此始终游离于区域经济一体化潮流之外。1983年11月，美国决定接受以色列早先有关美国与以色列自由贸易区的建议，次年10月，两国签订协议，决定于1995年之前取消两国之间的关税和非关税壁垒。接着，美国又与加拿大进行协商与谈判，并于1988年1月2日正式签署了《美加自由贸易协定》，该协定于1989年1月1日生效。当时漫长而艰巨的乌拉圭回合的多边贸易谈判似乎遥遥无期，许多国家对能否达成协议表示怀疑，而美国对区域经济一体化的态度的根本性转变无疑在某种程度上促使许多国家转向了区域经济合作。

（五）参加区域经济一体化有助于巩固国内改革成果

从20世纪80年代开始，许多发展中国家先后改变其内向型的发展战略，进行经济改革与对外开放，采取一系列的贸易与投资自由化的措施。这些改革必定会触动国内的一些既得利益集团，而作为区域经济一体化组织的成员有义务将其所作的贸易与投资自由化的承诺付诸实施，因此，参与区域经济一体化组织对发展中国家来说，也是一种锁定国内的改革政策、防止出现倒退的重要手段。

四、区域经济一体化对国际贸易的影响

区域经济一体化的形成和发展对成员国和非成员国均有很大的影响，既有正面效应，也有负面影响。

（一）区域经济一体化对成员国内部经济贸易的影响

区域经济一体化对成员国自身的经济影响主要是积极的，但也有一定消极作用。

1.促进了集团内部贸易的增长

区域经济一体化组织成立后，通过消除关税和非关税壁垒，形成区域性的统一市场，加强了区域内商品、劳务、技术和资本等生产要素的自由流动，从而加深了成员国在经济上的相互依赖程度，同时集团内的国际分工使销售渠道稳定，这就推动了成员国内部贸易的发展，集团内部贸易在成员国对外贸易总额中所占比重显著提高。

在全球自由贸易难以实行的情况下，区域经济一体化无疑为小范围内资源的合理利用和配置提供了可能。由于成员国之间生产要素能更大程度地自由流动，这就为区域内部厂商实现规模经济提供了条件。厂商规模经济的取得和提高，使得国民收入水平提高，从而直接增加了市场容量。这一结果带动区域经济一体化成员国贸易规模的扩大。据有关专家统计，欧洲经济共同体（现欧盟）成员国因取消彼此贸易障碍而使相关的成本降低20%～30%。

2.改变了国际贸易的地区分布

区域经济一体化改变了国际贸易的地区分布，使贸易更多地趋向于区域内部，在区域内部贸易迅速增加的同时，成员国减少了与区外非成员国的贸易。如欧共体对美国的贸易占其贸易总额的比重1985年为11.4%，1987年降至8.6%；欧共体对发展中国家的贸易占其贸易总额的比重则由1985年的30.3%下降到1987年的20.4%。

3.有利于区域经济一体化国家整体贸易地位的提高

区域经济一体化使得原来一些单个经济力量比较薄弱的国家以整个集团出现在世界经济舞台上，其经济地位显著提高。地位的上升和竞争能力的增强，加重了这些国家在国际贸易谈判桌上的分量，在一定程度上维护了本身的贸易利益。以欧洲经济共同体（现欧盟）为例，1958年创建时，其经济实力同当时的美国这个经济大国相比，存在着极大的差距，6个成员国的国内生产总值之和仅相当于美国的40%，出口贸易和美国相近，黄金外汇储备只有美国的55%。但到了欧共体发挥作用之后，大部分成员国的经济增长率超过美国，到1979年，欧共体9国的国内生产总值达23 800亿美元，超过美国的23 480亿美元，出口贸易额是美国的2倍以上，黄金外汇储备则是美国的5倍多。欧共体的内部贸易在世界贸易中的比重也从1975年的18.5%上升到1990年的24.2%。至1999年，欧盟15国的国内生产总值已超过80 000亿美元，与接近90 000亿美元的美国国内生产总值相差不大。欧盟作为一个整体已成为世界经济格局中强有力的一极，无论是对其成员国还是对周边邻国都产生了巨大的凝聚力和向心力。

4.成员国经贸政策的自主权相应受到约束

在区域经济一体化之前，各成员国的贸易政策基本具有自主性，但在区域经济一体化集团内，区域性国际协调必然渗透到各成员国经贸政策的制定过程之中，从而在一定程度上缩减了自己的经济主权。例如，成员国的进出口管理体制、外汇体制、产业政策及相关的经济体制和政策的制定，都要遵守区域性安排中的法则和规范，承担相应的义务，并不断协调彼此间的实施步伐和利益分配。随着经济一体化的不断深化，成员国的经济自主权将日趋缩减。

（二）区域经济一体化对外部非成员国经济贸易的影响

区域经济一体化对区外非成员国的经贸活动也有一定的积极影响，具体表现为：区域性集团实现内部经济一体化后，其成员国自身会增强经济活力，促进经济加速发展，扩大对外需求，从而在一定程度上促进了世界贸易总量的增长。这就为各国经济发展提供了更多的机遇，即产生“收入溢出效应”。此外，区域经济一体化在技术开发领域创造的新成果也会向外扩散，使得区外国家也可受益。科技合作政策促进了区内各国科技精英的汇集，推动了新技术产品的联合开发，这些成果也会随出口的增长转移到其他国家，提高了世界的科技开发水平。

然而，区域性经济集团内外有别的各项政策对非成员国来说更多的是不利影响。

1.区域经济一体化以加强对区内国家的保护为特征之一

扩大内部贸易是以牺牲与集团外国家的部分贸易额为代价的，使得区外国家本可以进入区内的商品和劳务受到严厉的保护主义的打击，这反映了其固有的排他性和歧视性。随着一体化的深化和扩大，世界范围的贸易保护主义将随之加强。这就恶化了国际贸易环境，尤其是使区外发展中国家的贸易环境雪上加霜，特别是出口商品结构还比较落后的发展中国家向西欧和北美出口较以前更为困难。

2.区域经济一体化还改变了国际直接投资的地区流向

由于受贸易转移影响，原来以出口方式进入市场的外国跨国公司，因受到歧视而改为以直接投资取代出口，在一体化区域内部直接生产。这样可以绕过进口国关税与非关税壁垒，以保护从前通过出口所占领的市场。这是因为，虽然区域经济一体化并没有提高非成员国商品的关税税率，但成员国之间取消关税，就会使非成员国的跨国公司与区域经济一体化成员国的跨国公司相比处于竞争劣势。只有投资于区域集团内部以享有国民待遇，才能使非成员国跨国公司的劣势得以消除，进而保护其传统市场。显然，流入的外部直接投资是从世界其他地区潜在的投资转移来的，所以，经济一体化区域内外国直接投资的增加，意味着经济一体化区外的投资相应下降。例如，美国在欧共体的投资存量占其对外直接投资总额的比重，由1957年的6.7%增加到1991年的41.9%，而同期，其对发展中国家的直接投资的份额则从40.6%下降到24.7%。

3.区域经济一体化在一定程度上困扰着多边贸易体系的正常运行和进一步发展，从而影响全球贸易环境

世界经济区域化、集团化趋势，将使若干个实力相当或相近的区域性经济集团出现在世界经济大舞台上。可以预计，在它们之间合作与竞争并行不悖。这样，现在的国与国之间的协调，将转化为区域与区域之间的国际经济协调。相比之下，由于经济集团具有错综复杂的利益格局，而任何一种国际协调都不可能完全符合各国的经济利益，因此，不可避免地会出现反对国，国际协调将受到重重阻力，不能完全或顺利地贯彻。

总之，区域经济一体化具有双重性质，它以“对内自由贸易、对外保护贸易”为基本特征。对内，由于取消关税和非关税壁垒，促进了内部贸易的自由化，使区域内各国间的生产专业化和国际分工更为精细，从而使内部贸易迅速增长。从这个意义上说，它是走向世界经济一体化的一个阶梯，使世界各国的经济变得更加难以分割。对外，由于贸易保护的加强，区域内部同外部国家间的贸易相对减弱，从而使本来很紧密的世界经济分成若干相对立的区域，不利于世界经济一体化的发展。因此，世界各国应达成共识，以全球贸易自由化为目标制定贸易政策，并通过世界贸易组织采取有效措施，规避区域经济一体化的消极影响，充分发挥其积极作用，努力将区域经济一体化汇入全球贸易自由化的潮流之中。

五、区域经济一体化理论

第二次世界大战后，区域经济一体化的蓬勃发展，引起了人们的关注，与此同时，也相应产生了一系列的经济理论。其中影响较大的有范纳和李普西的“关税同盟理论”、西陶斯基和德纽的“大市场理论”、小岛清的“协议性国际分工原理”和鲍里斯·富泽尔基的“综合发展战略理论”等。“一体化”一词最初来源于企业的组合。20世纪50年代，当国家之间的经济联合开始出现时，这一词语被赋予新的含义。在1990年以前，我国学术界大部分学者所说的一体化主要是指区域经济一体化，随着冷战结束和世界经济逐步呈现高度国际化倾向，一体化又被用来描述世界经济的相互融合现象。

（一）关税同盟理论

1.关税同盟的静态效应

（1）贸易创造效应（Trade Creating Effect）。

贸易创造是指在关税同盟内实行自由贸易后，产品从成本较高的国内生产转往成本较低的成员国生产，从成员国的进口增加，新的贸易得以“创造”。贸易创造效应由生产利得和消费利得构成。关税同盟成立后，在比较优势的基础上实行专业化分工。这样就会使资源的使用效率提高，并且生产效率得到提高，生产成本也会随之降低，最终扩大了生产所带来的利益；同时，通过专业化分工，本国该项产品的消费支出减少，扩大了社会需求，结果使贸易量增加。贸易创造的结果是关税同盟国的社会福利水平提高。

让我们举例说明（见图2-5）。假设在固定汇率下，X商品的价格在三国已折换成同一种货币，在A国用货币表示的价格为35元，在B国为26元，在C国为20元。设A、B两国形成关税同盟后互相取消关税。从图2-5可看出，在缔结关税同盟前，A国自己生产X商品，并凭借征收很高的保护性关税有效地阻止来自C国的X商品进口，B国也同样如此。如果A、B两国建立关税同盟，互相取消关税后，A国便会停止生产X商品，并从B国进口，把生产X商品的资源用于生产其他商品，这样就扩大和充分利用了自然资源。对B国而言，由于A国市场消费的X商品均由B国生产，则其生产规模扩大，生产成本降低，B国可获得生产规模扩大的好处。也就是说，缔结关税同盟以前，因为A、B两国设有保护性关税，A、B、C三国都生产X商品，三国之间的贸易被关税隔断了。而在缔结关税同盟之后，创造出了从B国向A国出口的新的贸易和国际分工（专业化），这就是所谓的贸易创造效应。这时，A国可以用较低的价格买到X商品，从而提高了福利。从A、B两国整体情况来看，由于生产从高成本转向了低成本，节省了资源，因而能提高福利。对C国而言，由于它原来就不与A、B两国发生贸易关系，所以仍和新的贸易开始一样，没有什么不利；如果把关税同盟国增加收入、增加其他商品的进口的动态效应计算进去，C国也会有利可图。由此可见，建立关税同盟后对整个世界都是有利的。换句话说，建立关税同盟后，关税同盟与外部关系未变，但在同盟内部实现了生产的专业化和贸易自由化，从而推动了贸易自由化的发展。

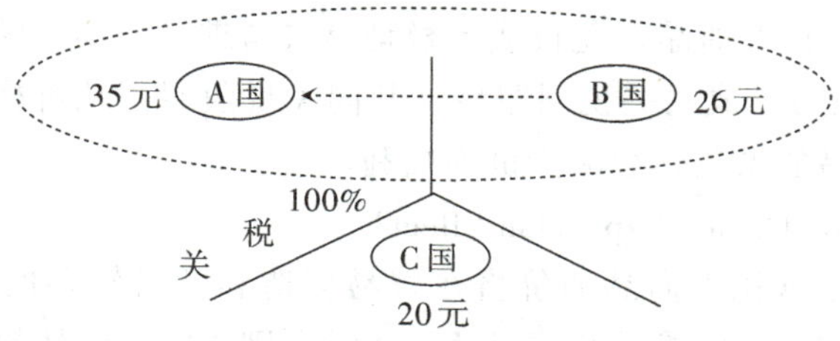

图2-5 贸易创造效应

（2）贸易转移效应（Trade Diverting Effect）。

贸易转移是指关税同盟对外实行保护贸易，导致从外部非成员国较低成本的进口，转向从成员国较高成本的进口。假定缔结关税同盟前关税同盟国不生产某种商品而采取自由贸易的立场，无税（或关税很低）地从世界上生产效率最高、成本最低的国家进口产品；关税同盟成立后，同盟成员国该产品改从同盟内生产效率最高的国家进口。如果同盟内生产效率最高的国家不是世界上生产效率最高的国家，则进口成本较同盟成立前增加，消费支出扩大，使同盟国的社会福利水平下降。

如图2-6所示，缔结关税同盟前，设A国不生产X商品，而自由地从B、C两国进口，自然就会从成本和价格最低的C国进口。A国和B国缔结关税同盟后，假定A、B两国的关税同盟按C国20元与B国26元的差距，制定30%以上的统一关税。于是，A国把X商品的进口从关税同盟以外的C国转移到同盟内的B国，从成本低的供给来源向成本高的供给来源转移。这就意味着在关税同盟中保护了落后工业，出现了贸易转移效应。在A国和C国受到损失的同时，整个世界因不能有效地分配资源而使福利降低。即使A国在缔结同盟前有关税保护，并且在C国20元与B国26元之差即30%的范围以内，设为20%，结果也同样如此。这是因为，A国的进口还是从结盟前的较低供给来源转移到现在较高的供给来源，因此，贸易转移效应必然表现为贸易保护的加强。

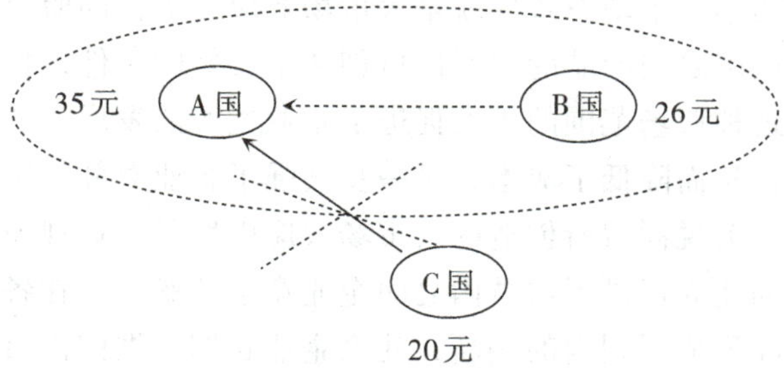

图2-6 贸易转移效应

可见，关税同盟以两种截然相反的方式影响贸易和福利。如果说贸易创造代表利益，贸易转移所增加的成本便是代价。贸易创造与贸易转移的根本差别在于缔结关税同盟前的状况不相同。在贸易创造情况下，由于A、B两国有保护关税，A、B、C三国全都生产X商品，生产率和成本必有高低之分，资源不是被有效地分配。如果当时生产的不是一种而是两种以上的商品，那么关税所保护的商品范围也是互相重叠的，各国所有商品都是典型的不完全专业化生产。所以，当关税同盟缔结之后就发生了变化，在同盟内实现专业化生产、自由贸易和贸易扩大，而与同盟外的关系则暂时没有发生变化。如果极端地说，以前在A、B、C三国之间没有贸易关系，而在结成同盟后，至少在同盟内部范围内创造和扩大了贸易，从这个意义上说，把关税同盟作为局部的自由化方向，这是对的。在贸易转移情况下，A国完全不生产X商品，免税或低税地从C国进口，即A国对X商品实行完全专业化（不生产这种商品）。成立关税同盟后，共同关税阻碍了从价格最低的供给者C国进口，这是一种保护贸易的做法，会减少世界福利。

（3）贸易扩大效应（Trade Expansion Effect）。

缔结关税同盟后，A国X商品的价格在贸易创造和贸易转移的情况下都要比成立前低。这样，当A国X商品的需求价格弹性大于1时，则A国X商品的需求会增加，并使其进口数量增加，这就是贸易扩大效应。贸易创造效应和贸易转移效应是从生产方面考察关税同盟的贸易影响的，而贸易扩大效应则是从需求方面进行分析的。关税同盟无论是在贸易创造还是在贸易转移情况下，由于都存在使需求扩大的效应，从而都能产生贸易扩大效应，因而，从这个意义上讲，关税同盟可以促进贸易的扩大，增加经济福利。

（4）关税同盟建立后，可减少行政支出。

建立关税同盟后，同盟内各国之间废除关税，可以减少征收关税的行政支出。

（5）关税同盟建立后，可减少走私。

由于关税同盟的建立，商品可在同盟国间自由流动，在同盟内消除了产生走私的来源，这样，不仅可以减少查禁走私的费用支出，还有助于提高全社会的道德水平。

（6）关税同盟建立后，可以增强集团谈判力量。

关税同盟建立后，集团整体经济实力大大增强，统一对外进行关税减让谈判，有利于同盟成员国地位的提高和贸易条件的改善。

关税同盟建立后，其静态效应的大小主要取决于贸易创造与贸易转移两者的大小和贸易扩大的多寡。

2.关税同盟产生的动态效应

区域经济一体化组织不仅给参加国带来静态影响，也带来某些动态影响。

首先，关税同盟的第一个动态效应就是大市场效应。关税同盟建立以后，在排斥第三国产品的同时，为成员国之间产品的相互出口创造了良好的条件，特别是将所有成员国市场变成统一的市场。这种市场范围的扩大促进了企业生产的发展，使有竞争优势的企业达到规模经济生产水平，从而降低了成本，进一步增强了企业对外特别是对非成员国同类企业的竞争能力。因此，关税同盟所创造的大市场效应引发了企业规模经济的实现。

其次，关税同盟的建立促进了成员国之间企业竞争的激化。在各成员国组成关税同盟以前，在许多部门已经形成了国内的垄断，几家企业长期占据国内市场，获取超额垄断利润，因而不利于各国技术的进步。参加关税同盟以后，由于各国的市场相互开放，各国企业面临着来自其他成员国同类企业的竞争，谁在竞争中取胜，谁就可以享受大市场带来的规模经济的利益，否则就被淘汰。各企业为在竞争中取得有利地位，会纷纷采用新技术，以降低生产成本。在这种竞争中，必然有一些企业被淘汰，或被兼并，或相互合并，从而形成在关税同盟内部的垄断企业。这种大规模的垄断企业的组建，有助于抵御外部企业的竞争，甚至有助于关税同盟的企业在第三国市场上与别国企业竞争。

最后，关税同盟的建立有助于吸引来自第三国的直接投资。关税同盟的建立意味着对来自第三国产品的相对排斥，第三国企业为了抵消这种不利影响，纷纷将资本投向关税同盟内部，以便绕过统一的关税和非关税壁垒，客观上增加了来自关税同盟以外的直接投资。

当然，关税同盟的建立还会产生某些负面影响。首先，关税同盟的建立促成了新的垄断的形成，如果关税同盟对外排他性很大，那么这种保护所形成的新垄断又会成为技术进步的严重阻碍。除非关税同盟不断有新的成员国加入，从而不断有新的刺激，否则由此产生的技术落后就是不可避免的。其次，关税同盟的建立可能会拉大成员国不同地区之间经济发展水平的差距。关税同盟建立以后，资本逐步向投资环境比较好的地区流动，如果没有促进地区平衡发展的政策，落后国家中的落后地区与先进地区的差别将逐步拉大。

（二）大市场理论

该理论的提出者认为：以前各国之间推行狭隘的只顾本国利益的贸易保护政策，把市场分割得狭小而又缺乏适度的弹性，这样只能为本国生产厂商提供狭窄的市场，无法实现规模经济和大批量生产的利益。只有大市场才能为研究与开发、降低生产成本和促进消费创造良好的环境。

大市场理论的核心是：目的是通过扩大市场才有可能获得规模经济，从而实现技术利益；依靠因市场扩大而使竞争激烈化的经济条件来达到上述目的。两者的关系是目的与达到目的的手段。

（三）协议性国际分工原理

协议性国际分工原理是由日本小岛清教授提出的。

协议性国际分工是指一国根据两国签订的协议放弃某种商品的生产并把国内市场提供给另一国，而另一国同样也放弃另外一种商品的生产并把国内市场提供给对方，即两国达成互相提供市场的协议，实行协议性分工。协议性分工不可能通过价格机制来自动地实现，而必须通过当事国的某种协议来加以实现。

小岛清认为，以前的国际经济学所讲的只是在成本递增下通过比较优势形成的国际分工和平衡，而对成本递减或成本不变的情况却没有提及。但世界经济的客观现实证明，成本递减是一种普遍现象，经济一体化的目的也在于通过市场扩大化而实现规模经济，这实际上也是成本长期递减问题。协议性国际分工原理实际上就是建立在成本长期递减理论的基础上的。下面介绍成本递减下进行协议性国际分工的必要性和方法。

图2-7所示是Ⅰ、Ⅱ两国X、Y两种商品的成本递减曲线，纵轴表示两国分别生产两种商品时的成本。现在假定Ⅰ国和Ⅱ国达成互相提供市场的协议。如果X商品全由Ⅰ国生产，即把Ⅱ国的X_2数量的市场提供给Ⅰ国，同时Y商品全由Ⅱ国生产，即将Ⅰ国Y_1数量的市场提供给Ⅱ国。两国进行集中和专业化生产，如图中虚线所示，两种商品的生产成本都大幅度下降。这仅仅是每种商品的产量与专业化前两国产量之和相同时的情况。如果考虑到由于成本降低，价格下降而使两国需求增加，则实际效应必然更大。此外，Ⅰ国把Y商品的市场、Ⅱ国将X商品的市场分别让给对方，必须达成互相提供市场的协议，即实行协议性国际分工。由上面的分析可以看到，为了互相获得规模经济的好处，实行协议性国际分工是非常有利的。达成协议的条件主要有：

（1）签订协议的国家的生产要素和资本劳动禀赋比例差异不大，工业化水平和经济发展水平大致相当，协议性分工的对象产品在每一个国家或地区都能生产。

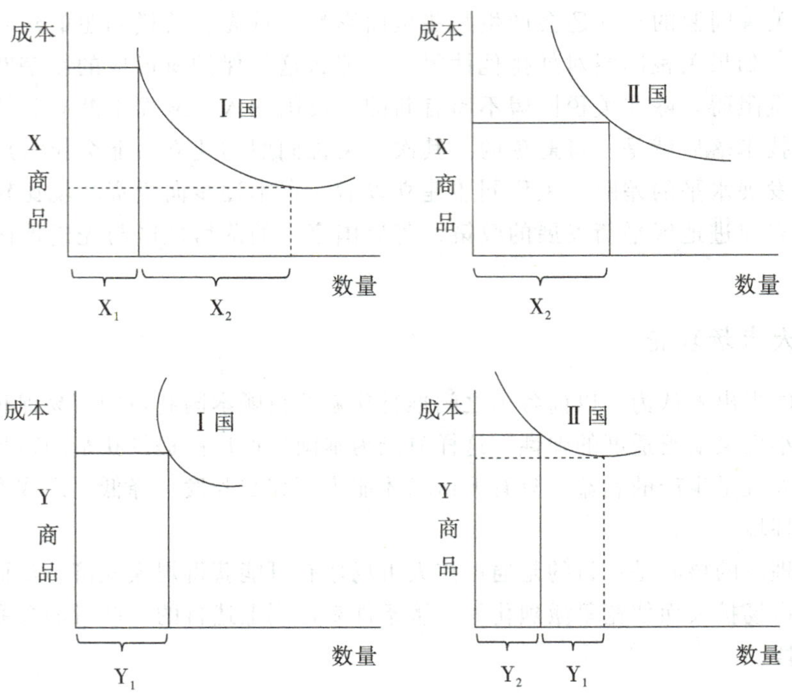

图 2-7 协议性国际分工

（2）作为协议性分工的商品，应该是能获得规模经济效益的商品，一般是重工业、化学工业的商品。

（3）每个国家或地区生产X、Y商品的利益差别不大。

第三节 全球价值链理论

东南亚是当今世界经济发展最有活力和潜力的地区之一，在未来新的世界政治、经济格局中，东南亚在政治、经济上的作用和战略地位将更加重要。东南亚国家除新加坡外都为发展中国家，近年来均面临经济转型升级难题。本节将从全球价值链角度重新认识国际分工，立足东南亚国家优秀企业丰富的转型升级实践与创新进行理论探讨。

全球价值链理论是融合微观、中观、宏观视角，全面审视经济全球化下区域经济合作和发展的一种新兴理论。

一、全球价值链概念的演化

迈克尔·波特教授于1985年在其所著的《竞争优势》一书中首次提出了“价值链”概念，认为企业创造价值的过程可以分解为一系列互不相同但又相互关联的“增值活动”，每一项增值活动就是价值链上的一个环节，其总和即构成企业的“价值链”。早期的价值链理论偏重从单个企业的角度分析企业的价值活动与竞争优势，价值链研究的重心在企业内部。从20世纪90年代开始，波特把价值链研究的重心从企业内部转向企业外部，价值链的范围开始从单个企业层面向产业层面扩展，并开始研究价值链的空间分布。寇伽特在分析国际战略优势中使用了价值增值链，认为价值增值链是由技术与原料和劳动力的融合而形成的各种投入环节，结合起来形成最终商品，并通过市场交易、消费等最终完成价值循环的过程。寇伽特认为，一个国家的比较优势或一家企业的竞争能力，不可能体现在商品生产的每一个环节上，国家或地区之间资源禀赋差异最终决定了国家比较优势所在的价值环节。与波特相比，寇伽特将价值链的概念从企业层次扩展到了区域和国家，更加强调了价值链的垂直分离和全球空间再配置之间的关系。

全球价值链概念是在早期的价值链、价值体系、全球商品链的基础上提出的。20世纪90年代，格雷菲和其他研究者将价值链概念与产业的全球组织联系起来，提出了全球商品链概念，即围绕某种商品的生产所形成的一种跨国生产组织体系，把分布在世界各地不同规模的企业、机构组织成一体化的生产网络，形成全球商品链。由于商品在西方语境中经常代表着服装、食品等最终消费品，而将服务、机器设备等排除在外，因此格雷菲等人后来逐渐用全球价值链代替了最初的全球商品链概念。

无论是早期的企业价值链理论，还是后来的全球价值链理论，其核心观点是一个最终产品的生产过程，可以划分成多个增值环节，真正创造价值、决定企业经营成功和效益的活动，只是价值链上的某些特定环节，这些环节被称为“战略环节”，可以是产品开发、工艺设计，也可以是市场营销、信息技术，或者物流管理等。

二、全球价值链理论解释

（一）全球价值链与分工理论

古典国际分工的边界是产业，当代国际分工的边界则在于价值链。自18世纪60年代国际分工形成以来．国际分工已经历产业间国际分工到产业内国际分工．再到产品内国际分工不断深化的历程。发达国家的跨国公司作为主导国际分工的主体，永恒追求以总成本最小化的原则在全球范围内配置资源、安排产品生产的不同环节和工序。这种由发达国家及跨国企业主导分工的结果往往使得发达国家集聚了增值较高的设计研发、管理服务及营销和品牌管理等环节，通过全球外包、OEM等非股权投资方式，把低增值的加工制造环节转移给具有成本优势的发展中国家的企业。

（二）全球产业链与经济理论

在经济学上，“经济租”（Economic Rent）是生产要素所有者凭借垄断地位所获收入中．超过要素机会成本的剩余。经济租是要素收入（或价格）的一个部分，该部分并非为获得该要素于当前使用中所必须，它代表着要素收入中超过其在其他场所所可能得到的收入部分。简言之，经济租等于要素收入与其机会成本之差。在知识经济时代．全球价值链上经济租的产生源泉正由有形活动转变为无形活动。这是因为无形活动越来越建立在知识和技能基础上，并且根植于组织体系中。一些无形活动，如物流控制、广告、产品设计、品牌推广等，在全球价值链上发挥着越来越重要的作用。因此，不难理解为什么大多数处于全球价值链生产环节上的发展中国家．其地位远不如发达国家的原因了。

三、全球价值链研究的主要内容

20世纪80年代以来，国际分工中出现了一个令人瞩目的新现象，即产品生产过程中的不同工序和环节被分散到不同国家进行，从而形成了以工序、环节为对象的产品内国际分工。全球外包、海外外包、转包等产品内分工的不同形态陆续出现并得到飞速发展，无疑对传统的国际贸易和分工理论提出了新挑战。

为了解释和研究这种新的国际分工现象，格雷菲等人提出了全球价值链理论，并吸引了众多研究者，出现了大量研究文献。纵观全球价值链的有关文献，现有的全球价值链研究主要集中于三个方面：

（一）全球价值链的控制结构

研究发现，跨国公司在全球价值链中处于核心控制地位，是形成全球价值链的重要推动力量。Gereffi等人认为，可以将全球价值链中处于核心地位的跨国公司划分为从事生产制造的跨国公司和不从事生产制造而专门从事品牌营销的跨国公司，并将由这两类跨国公司控制的价值链分为生产者驱动和购买者驱动价值链。Gereffi等人认为生产者驱动型价值链主要由跨国公司在海外的直接投资所形成，这些跨国公司大多自己掌握核心技术，并在全球进行直接投资，只有一些非核心制造环节外包，最终形成生产者主导的全球生产网络体系。购买者驱动价值链由拥有强大品牌优势和国内销售渠道的发达国家企业所控制，这些跨国公司通过全球采购和外包的方式，在全球寻找最合理的供应商。

上述二元论的划分不可能是绝对的，格雷菲本人后来也承认购买者驱动和生产者驱动的二分法并不能很好地与实际经济情况相吻合。二元动力论之所以与现实不符，原因在于这种划分主要基于最终产品的差异，如果能从价值增值序列过程中具体环节的进入门槛差异来划分，而不是按照部门划分，就可以理解同一产业中为什么会存在不同类型驱动的价值链。在同一价值链中，关键零部件制造及品牌营销很可能都属于该产业的战略环节，那么两种类型的企业都可以成为全球价值链中的核心驱动力，从而形成两种不同类型的全球价值链。基于同一产业存在两种不同类型价值链的事实，张辉提出了混合型全球价值链的观点，对上述二元论划分进行了修正。

（二）全球价值链的治理模式

全球价值链中的企业分散在世界各地，承担不同的环节，要保证整个价值链的有效运转，自然产生了治理的问题。所谓全球价值链治理，就是在价值链内部各企业之间建立相关制度安排，以保障价值链内部不同经济活动和不同环节间的协调运转。Humphrey与Schmitz根据处于核心地位的跨国公司对价值链控制的程度，将全球价值链的治理模式分成四种类型。

（1）网络型，即具有互补能力的企业之间对价值链的环节进行分工，各方共同定义产品。在此种类型的治理模式中，企业之间是一种平等合作关系，分享各自的核心能力。

（2）准等级型，即核心企业对其他企业实施高度控制，对产品的各种特征以及要遵循的流程都有严格的规定。

（3）等级型，即核心企业对全球价值链上的某些运行环节采取直接的股权控制，跨国公司及其分支机构之间的关系就属于这一类。

（4）市场型关系，处于价值链上的企业不存在任何的隶属、控制等关系，纯粹是一种贸易关系。

Gereffi等人按照市场交易的复杂程度、交易转换程度及供应商的能力，将全球价值链的治理模式进一步细分为五种，即市场型、模块型、关系型、领导型和等级型。五种治理模式中，市场型的行为主体之间的控制和协调能力最低，而等级型则正好相反。市场是组织经济活动最为简单的模式，其运行的核心机制是价格机制；等级型则以垂直一体化为典型，其运行的核心是管理控制。模块型、关系型、领导型同属于网络治理模式，是网络模式的进一步细分。在模块型治理模式中，核心企业只需提供可编码化的概念或标准，供应商有足够的能力完成模块设计和制造，因此双方的地位比较对等。在关系型治理模式中，供应商与核心企业之间存在大量而频繁的隐性信息交流，这些信息很难通过编码化手段传递，要保证交易的正常运转，只能依靠频繁的沟通与交流，在这种治理关系中，二者的地位也相对比较对等。在领导型治理模式中，核心企业向专业供应商转移大量的隐性知识或经验，专业供应商的能力也可在此过程中得到提升，核心企业及专业供应商都很难寻找到替代者，虽然二者存在相互依存的关系，但是，与专业供应商相比，核心企业在资金和技术等方面一般更具实力，因此专业供应商在一定程度上依附于核心企业。从等级到网络再到市场，显性协调和权力不对称的程度逐渐减弱。

Gereffi等人指出全球价值链治理模式并不是静态的，而是处于不断的变动之中。在不同的时间或不同的地点，全球价值链可能会由一种模式转变成另外一种模式。原有的治理模式之所以发生变化，主要是因为：原有生产商的供应能力可能提升，或者出现新的供应商；核心企业调整发展战略，直接投资对创建和维持严格的等级型治理模式代价巨大；出现新的技术等。

（三）全球价值链中的学习与升级机会

发展中国家的企业加入全球价值链，能否获得学习机会，提升技术能力和管理能力，逐步进入高附加值环节，最终实现产业升级，是国内外全球价值链研究文献关注的焦点。Humphrey和Schmitz在对发展中国家在全球价值链中升级的案例研究基础上，总结了四种升级方式：工艺流程升级、产品升级、功能升级和链条升级。有关全球价值链中升级的研究文献中，不同的研究者经常采用不同的尺度。考察某个特定产品的全球价值链时，升级所考察的对象是发展中国家的供应商或制造企业；对于区域研究者或集群研究者，升级所考察的对象是集群或地方网络；对于国家层面的产业研究者，升级所考察的对象是整个产业层面。

格雷菲等人对发展中国家的企业或区域在全球价值链中的升级前景持乐观态度，认为发展中国家的企业或地方产业集群在加入全球价值链之后，通过与价值链中的领先公司互动，可以接受领先公司的技术、资金、知识和信息的扩散；同时，领先公司为了保证产品差异性、实现及时供货、确保集群内企业的产品和服务满足国际市场的要求，会监督和协助发展中国家集群内企业不断地投资于人力资源培养、技术改进、组织结构调整和先进设备引进。因此，格雷菲等人认为领先公司对价值链的治理，能帮助发展中国家的企业或区域顺利地在价值链中实现阶梯式的升级。在研究中国台湾、中国香港特别行政区等地区产业升级的基础上，格雷菲等人总结出了升级的一般轨迹，从接单产品组装开始，到接单加工生产，然后到设计生产加工，最后转向自有品牌生产加工。伴随着这种阶梯式的升级过程，发展中国家的企业或区域所创造和留住的价值量逐渐增多。

JohnA、Mathews和Dong-SungCho还归纳了两种不同的升级轨迹，两种途径的起点和终点是一样的，都是从OEM开始最终实现自主品牌制造，但实现的路径并不相同。由于OBM需要更强大的市场开拓能力和技术能力，因此对于市场开拓能力较强的发展中国家和地区而言，可能会开始于贴牌加工，再发展到全球物流契约模式，从而将自己的生产纳入全球物流体系，以实现市场扩张，最后发展到自有品牌生产。对于技术能力相对较强的发展中国家和地区而言，可能会沿着另一种轨迹发展：首先从发展技术能力开始，从贴牌加工逐渐发展到自行设计制造，等自行设计制造能力达到一定水平以后再提高市场开拓能力，最终实现自主品牌制造。

Humphrey和Schmitz等人对巴西鞋业集群研究后发现，发展中国家在全球价值链中的升级并不是那么顺利，发展中国家加入全球价值链，虽然能够成功地实现“产品升级”“过程升级”，但是“功能升级”“链的升级”很难发生。文娃等人以中国上海的IC业为对象，对发展中国家的企业升级进行了案例研究，研究发现，上海的IC企业虽然从全球价值链中的主导企业获得了一些学习机会，在某些方面成功实现了过程升级和产品升级，但是，另外一些“过程升级”却被压制。他们在结论中指出价值链治理者——全球的领先公司，对地方企业升级的推动或阻挡，决定于地方企业的升级行为是否侵犯了其核心竞争力，而不是决定于升级的“类型”。领先公司为了自身的利益，会推动地方产业或企业实现不侵犯其核心权益的非关键性升级。而一旦地方企业或产业升级行为侵犯领先公司核心权益，不管是“产品升级”“过程升级”“功能升级”，还是“链的升级”，都会被领先公司所阻挡和压制。

四、理论探索与实践

当今世界的生产体系已经进入一个以价值环节分工为基础的全球化生产阶段，发展中国家的企业或区域都不同程度地加入到这种新的分工体系之中。全球价值链研究为分析全球化中的区域发展和地方产业升级提供了一种新的方法，赋予了产业竞争力和改善之路新的内涵。

在基于价值环节分工的现实条件下，一国或者一个区域的竞争优势已经不再体现为某个特定产业或者特定产品，而是体现在全球价值链中所占据的环节或工序。全球价值链理论发现，在同一行业或者产品的整个价值链中，每个环节的进入门槛和市场结构都不一样，那些进入门槛最高的环节通常都集中于“非制造环节”，这些环节是整个价值链的核心环节或者战略环节，占据这些环节获得的附加值自然最高；相反，那些进入门槛最低、竞争者最多的环节，通常是一些劳动密集型环节，获得的附加值自然最低，处于这些环节的企业或区域也最容易被更低成本的企业或区域所替代。

另外，全球价值链的分析表明，传统的所谓低技术、高技术行业的划分对地方产业发展其实没有什么现实意义。即使是所谓的传统劳动密集型产业，也存在高附加值环节，而所谓的技术密集型的高科技产业，也有它的劳动密集型环节。全球价值链的分析再次印证了波特教授的观点——没有低技术的行业，只有低技术的企业。

在生产全球化的背景下，发达国家的跨国公司必然会专注于技术密集型的环节和工序，或者长期积累起来的品牌营销等战略环节，而将劳动密集型环节转移至发展中国家，从而为发展中国家进入高新技术产业提供机会和条件。进入高新技术产业劳动密集型环节的企业，可以利用这个机会，通过“干中学”逐渐提高自身的技术水平，逐渐进入高端环节，实现产业升级。但是，正如上述一些研究文献所示，发展中国家的企业或区域加入全球价值链，并不能一定保证这些企业或区域不断实现升级，进入战略环节会危及核心企业的利益，核心企业会设置种种障碍，阻扰发展中国家的企业或产业升级。随着后发达区域不断进入全球价值链的低附加值环节，发达国家的企业现有的地位会受到威胁。因此，发展中国家的企业进入全球价值链后就必须依靠主动的努力，加强技术学习，不断提高自身的能力，才能使自己不断地在全球价值链中攀升，否则只能遭受被价值链中的主导企业所抛弃的命运。

与传统的国际贸易理论相比，全球价值链理论为我们考察当今的国际分工提供了更加有效的分析工具，有关治理模式与升级的研究结论，使发展中国家的区域政策决策者对全球价值链中的升级前景有更加清醒的认识。

案例剖析

“中国制造”和“中国创造”有何区别？它们与经济全球化有何联系？

案例1：中国真正成了世界工厂。当大量商品涌入他国时，引来了贸易保护的争议，所以就有了温州鞋在西班牙遭焚烧等极端事件的出现。事实上，中国制造也是世界分享利益的过程，在这个过程中，代工的中国工人获利微乎其微。以苹果手机为例，每卖出一台iPhone，苹果公司独占58.5%的利润，中国工人获得的利润只有1.8%。

案例2：海尔率“中国创造”领跑未来。欧睿国际（Euromonitor）对全球家电市场的调查结果显示，海尔同时拥有“全球大型家用电器第一品牌、全球冰箱第一品牌、全球冰箱第一制造商、全球洗衣机第一品牌、全球酒柜第一品牌、全球酒柜第一制造商、全球冷柜第一品牌、全球冷柜第一制造商”共8项殊荣，充分显示了海尔的强大竞争力。海尔洗衣机蝉联全球第一，是其销量、技术、规模、品质和品牌等多方面的综合竞争力的体现。海尔洗衣机代表了一类以品质为全球用户缔造价值的成功典范，宛如一张中国家电的“品质名片”，向世界展示了中国品牌的全球化视野，同时，也给整个发展中国家全球化品牌的发展带来了启示。

分析：“中国制造”对于中国来说，获利少，消耗大。比如，苹果手机的生产。“中国创造”有利于中国企业在全球竞争中占据有利地位。比如，海尔集团正是靠技术创新在国际贸易中站稳脚跟。

点评：“中国制造”意味着中国处于全球产业链的低端，耗能高，收益低。“中国创造”意味着中国拥有了知识产权，掌握了核心技术，在全球化中处于有利位置。实现“中国制造”向“中国创造”的转变，不仅是中国经济发展的需要，而且是经济全球化的客观要求，因为创新是一个民族的灵魂。

本章小结

1.斯密在对重商主义进行批评的基础上，提出了绝对优势理论：各国都应生产自己具有绝对优势的产品，并通过国际贸易，同另一国具有绝对优势的产品交换。这样，各国的土地、劳动和资本等资源都能在世界范围内得到最充分有效的利用，从而使社会物质财富增加。斯密的绝对优势理论揭示了国际贸易产生和贸易所得的原因。

2.为了论证自由贸易的优越性，李嘉图发展了斯密的国际分工论，提出了比较优势理论。他解释了处于绝对优势与绝对劣势的国家之间的贸易现象，这是斯密的绝对优势理论所解释不了的问题。他认为尽管一国在两种产品的生产上都处于绝对劣势，但它可以选择两种产品中劣势较小的产品（具有“比较优势”的产品）进行专业化生产并出口，这同样能够获得贸易利益。李嘉图的比较优势理论被后来的西方经济学家推崇为支配国际贸易的永恒“规律”。

3.赫克歇尔、俄林提出了要素禀赋论，认为生产要素禀赋的差异也是各国比较优势乃至国际贸易产生的重要原因，他们引入要素密集度和要素丰裕度的概念来进行说明。他们的主要观点是：商品价格的绝对差异是产生国际贸易的直接原因；一国应生产和出口相对密集地使用其相对丰裕而便宜的要素的商品，而进口相对密集地使用其相对稀缺而昂贵的要素的商品，这样会提高一国的资源利用效率，对贸易双方都有利（即H-O定理）；国际贸易可以逐渐消除不同国家之间商品价格差异，从而使两国生产要素价格趋于均等化。要素禀赋论是国际贸易理论从古典向新古典发展的标志。

4.里昂惕夫等经济学家对H-O模型进行了检验，所得结论与H-O结论相反，被称为“里昂惕夫之谜”。对此有很多解释，较有代表性的有里昂惕夫本人的劳动力相对丰富说、自然资源稀缺说、贸易壁垒说、生产要素异质说、人力资本说、消费者偏好说、要素密集度逆转说等。这些学说都只能从某一方面解释这种现象，并不能完全令人信服，于是导致了新贸易理论的诞生。

5.现在世界上几乎所有的主要国家和地区均参与到了不同形式、不同内容和不同层次的区域经济合作组织中来，区域经济一体化已同经济全球化一起成为主宰当代世界经济活动的两大相互联系又相互矛盾的潮流。

6.古典国际分工的边界是产业，当代国际分工的边界则在于价值链。全球价值链理论是融合微观、中观、宏观视角，全面审视经济全球化下区域经济合作和发展的一种新兴理论。与传统的国际贸易理论相比，全球价值链理论为我们考察当今的国际分工提供了更加有效的分析工具，有关治理模式与升级的研究结论，使发展中国家的区域政策决策者对全球价值链中的升级前景有更加清醒的认识。

7.在知识经济时代．全球价值链上经济租的产生源泉正由有形活动转变为无形活动。

8.全球价值链研究主要集中于全球价值链的控制结构、全球价值链的治理模式、全球价值链中的学习与升级机会等三个方面。

9.当今世界的生产体系已经进入一个以价值环节分工为基础的全球化生产阶段，发展中国家的企业或区域都不同程度地加入到这种新的分工体系之中。全球价值链研究为分析全球化中的区域发展和地方产业升级提供了一种新的方法，赋予了产业竞争力和改善之路新的内涵。

10.在生产全球化的背景下，发达国家的跨国公司必然会专注于技术密集型的环节和工序，或者长期积累起来的品牌营销等战略环节，而将劳动密集型环节转移至发展中国家，从而为发展中国家进入高新技术产业提供机会和条件。但发展中国家的企业或区域加入全球价值链，并不能一定保证这些企业或区域不断实现升级，进入战略环节会危及核心企业的利益，核心企业会设置种种障碍，阻扰发展中国家的企业或产业升级。因此，发展中国家的企业进入全球价值链后就必须依靠主动的努力，加强技术学习，不断提高自身的能力，才能使自己不断地在全球价值链中攀升，否则只能遭受被价值链中的主导企业所抛弃的命运。

思考与练习

一、选择题

1.要素禀赋论假定生产过程中投入（　　）种生产要素。

A.一　　B.二　　C.三　　D.四

2.要素禀赋论是以（　　）来说明国际贸易产生的原因的。

A.劳动生产率的绝对差异　　B.劳动生产率的相对差异

C.要素丰裕度差异　　D.需求差异

3.从需求方面说明国际贸易的原因的理论有（　　）。

A.绝对成本差异论　　B.比较成本差异论

C.要素禀赋论　　D.需求重叠论

4.国家竞争优势论的代表人物是（　　）。

A.波纳斯　　B.弗农　　C.林德　　D.波特

5.由两个或两个以上的国家所组成的区域经济一体化组织，完全取消关税和其他壁垒，并对非同盟国家实行统一的关税税率，这种经济一体化形式是（　　）。

A.自由贸易区　　B.关税同盟　　C.共同市场　　D.经济同盟

6.具有互补能力的企业之间对价值链的环节进行分工，各方共同定义产品的全球价值链治理模式类型是（　　）。

A.网络型　　B.准等级型　　C.等级型　　D.市场型

二、简答题

1.运用比较成本理论来解释我国发展对外贸易的动因。

2.运用重叠需求理论来解释中韩之间的汽车贸易。

3.分析区域经济一体化对国际贸易的影响。

4.简述全球价值链理论在东南亚国家中的实践。

第三章　东南亚经济与贸易发展概况

本章要点

东南亚共有11个国家，民族多，社会文化丰富；除新加坡外，大部分国家自然资源丰富，但各国经济发展不平衡，受国内国际因素影响，经贸发展层次不一，各有特点。影响东南亚国家经贸发展的国际环境主要是社会环境。

❖ **案例引导**

淡马锡看世界

淡马锡控股公司是新加坡政府的一家投资公司，由新加坡财政部全资拥有，是一家成功的国有企业。2013年，中国共产党第十八届中央委员会第三次全体会议将“发展混合所有制”和“国有资本投资公司”定位为国企改革的重头戏。对于发展混合所有制，新加坡的淡马锡模式可借鉴和学习。

淡马锡模式就是淡马锡控股公司的经营方式。这种经营方式以客户为导向，批量处理中小企业贷款担保申请、审批、放贷及风险控制，即建立“信贷工厂”，提供中小企业融资。淡马锡控股公司有着良好的治理模式，拥有淡马锡全部所有权的新加坡财政部在公司内部起的作用很小，真正起到关键作用的是公司特殊的董事会构成、分层递进的控制方式和有效的约束机制。

淡马锡控股公司于2013年成立了企业发展部，专注于发掘有潜能的起步公司，以长期投资者的角色协助它们充分发挥潜力，从而成为在未来可独当一面的企业。

淡马锡控股公司之所以成立企业发展部，主要是因为这方面的投资决策者必须具备察觉商机的敏锐眼光，同时要将商机发展成可行的方案并付诸实施。

淡马锡控股公司的投资组合以亚洲与其他新兴市场为主，同时也为欧美的经济发展变化局势做好了准备。

对于发展环境，淡马锡控股公司认为，中国的经济宏观环境日趋稳定。中国政府强调以消费带动增长，而非以往注重投资的增长模式，在投资方面也更加注重品质；尽管推动这些政策转变的过程将会出现不少波折，但中国政府正在尝试推行结构性变革，无论国有企业还是民营企业，从长期来看变革都会为它们带来许多好处。对淡马锡控股公司而言，这些变革也会带来投资机会。

在新加坡周边区域，大量国际资金近期从新兴市场回流到美国，导致过去几年表现亮眼的东盟诸国，包括印度尼西亚、泰国、马来西亚和菲律宾都面临着资金大量撤出的困境，一些投资者甚至担忧这些区域市场的增长可能会出现泡沫化。不过，淡马锡控股公司认为，支持这些经济体在过去几年表现不俗的基本面仍然不会变，其中包括这些国家的人口结构和丰富的天然资源等。当然，这些国家目前都难免会受到全球资金流动和市场情绪变化的冲击。

从2002年起，淡马锡控股公司积极踏出新加坡，公司的定位是全球性投资者，投资目标放眼全球。因此，淡马锡控股公司的目标是聘请最好的人才，在各地设立办事处时都会考虑雇用当地人。淡马锡控股公司的决策促进了公司在全球范围内的成功发展。

第一节 东南亚国家概况

东南亚地处亚洲东南部，古称“南洋”，因位于我国的南面且远隔重洋而得名。东南亚是亚洲与大洋洲、太平洋与印度洋的交接处，拥有被誉为“海上生命线”之一的马六甲海峡，太平洋西岸国家与南亚、西亚、非洲东岸、欧洲等国家之间的航线大多从这一海峡经过。

一、东南亚概览

东南亚包括11个国家：新加坡、文莱、马来西亚、泰国、印度尼西亚（以下简称“印尼”）、菲律宾、越南、柬埔寨、老挝、缅甸、东帝汶。其中，东帝汶是21世纪初经全民公决从印尼独立出来的，是东南亚最年轻的国家。除老挝是唯一的内陆国外，东南亚大部分国家均有海岸线，便于海洋运输；越南、老挝、缅甸与中国陆上接壤。

据表3-1数据统计，东南亚总面积约450.353万平方千米，人口约6.8114亿，大部分为黄种人，包括属于汉藏语系、印地语系、南亚语系、南岛语系的多个民族。其中，人口较多的有爪哇族、京族（越族）、傣族、缅族等。华侨华人人口总数在2 000万以上，是世界上华侨华人最集中、人数最多的地区之一。新加坡的华人占比最大，达70%以上，其次是马来西亚，约占30%。东南亚的人口分布不均匀，主要集中在沿海平原、大河两岸平原、河口三角洲，山区和岛屿的雨林地带人口稀少。面积最大、人口最多的国家是印尼，国土面积为191.1万平方千米，人口约2.755亿，是东南亚名副其实的大国。印尼的人口居世界第四位，仅次于印度、中国和美国。面积最小的国家是新加坡，一个国家就是一座城市；文莱则是东南亚人口最少的国家。

东南亚地区自然资源丰富，是世界上橡胶、油棕、椰子和蕉麻等热带经济作物的最大产区，主要矿产资源是石油和锡，拥有世界最大的锡矿带。该地区的主要粮食作物是水稻，种植历史悠久，是世界最重要的稻米产区。

表3-1　　东南亚各国国土面积及人口情况

基本情况 国家	人口（百万人，2022年）	国土面积（千平方千米）
新加坡	5.98	1.53
文莱	6	0.45
马来西亚	33.94	331
泰国	71.70	513
印尼	275.50	1 911
菲律宾	115.56	300
越南	98.19	331
柬埔寨	16.77	181
老挝	7.53	237
缅甸	54.18	677
东帝汶	1.34	15

数据来源：联合国数据库。

民族众多的东南亚各国，由于长期受印度文化、阿拉伯文化、中国文化、西方文化等外来文化的强劲影响，因此其文化非常丰富。从宗教和文化传统的角度来看，主要有佛教文化、伊斯兰教文化、天主教文化和东方的儒家文化。位于东南亚大陆北部的缅甸、老挝、泰国、柬埔寨，均是以信仰佛教为主的国家；位于印度尼西亚群岛和马来半岛的印尼、马来西亚和文莱三国的居民则以信仰伊斯兰教为主，其中，印尼是世界上信仰伊斯兰教人口最多的国家；菲律宾和东帝汶两国则是以信仰天主教为主的国家；新加坡三分之二以上的居民为华人，越南与中国山水相连，历史上也曾与中国长期交往，因此，新加坡、越南两国文化均以传统的儒家文化为主。

东南亚各国的官方语言以当地语言为主，如越南的官方语言是越南语；文莱的官方语言是马来语；菲律宾的官方语言为英语，英语还是泰国、新加坡、柬埔寨、东帝汶的官方语言之一。

二、东南亚各国简况

东南亚各国简况

第二节　东南亚国家经济与贸易发展概况

东南亚11国经济发展水平不一，国民收入差距较大，世界银行2021年数据显示，东南亚国家中，新加坡和文莱属于高等收入国家，马来西亚和泰国为中高等收入国家，印尼、菲律宾、越南、柬埔寨、老挝、缅甸、东帝汶均为中低等收入国家，各国经贸发展各具特色。

一、新加坡

新加坡经济发展水平不仅居于东南亚国家的首位，在亚洲也位列前茅，在世界也是处于前十的位置，其经济成效离不开政府的正确决策、政策的落实到位。

（一）经济发展概况

新加坡的传统经济以商业为主，包括转口贸易、加工出口、航运等。独立后，新加坡坚持自由经济政策，加紧发展资本密集型、高增值的新兴工业。

在东南亚国家中，就自然资源来说，最贫乏的是新加坡，除空气之外，新加坡什么东西都要从国外进口。其国土面积也小，国内市场有限。但是由于新加坡地处马来半岛南端、马六甲海峡南口，地理位置优越，因此从英属殖民地时代起，新加坡就充分利用其处在国际航道上的优越地理条件，逐渐发展成为一个自由商港和东南亚地区的贸易中心。

独立之初的新加坡面临两个方面的经济压力：一是邻近国家独立，实行对外直接贸易，新加坡的转口贸易衰落；二是国内工业落后，失业率高达15%。为了摆脱经济困境，新加坡开始推行一系列针对本国现状的经济发展战略，鼓励发展工业，实行全方位开放，努力把本国经济融入世界经济之中，同时积极参加国际分工，充分利用外国的资源、市场、技术和资金以发展本国经济。政府将发达国家的法律体系与东方的优秀传统结合起来，开发唯一的资源，即人力资源。到20世纪80年代初，以石油提炼、电子电器、船舶修造为主体的新兴工业发展起来，产业结构优化明显，新加坡成为世界著名的航运中心、炼油中心，以及亚洲的金融中心，出色地解决了居民住房和就业问题；至90年代，尤为重视信息产业，兴建了“新加坡综合网”。经过30多年的不懈努力，新加坡逐步走上了建立多元经济结构的道路，从发展中国家中脱颖而出，成为东南亚人均收入最高的国家。

21世纪初，新加坡政府提出“打造新的新加坡”，进行从传统经济向知识经济发展的战略规划，以服务业为发展中心，加速经济国际化、自由化、高科技化，大力弘扬创业文化，积极与日、美等国签订双边自由贸易协定，签署了中国-东盟自由贸易区、RCEP等协定，大力推行“区域化经济策略”，加大向海外投资的力度，积极开展在国外的经济活动。

在稳步发展过程中，2019年，受国际上主要经济体贸易争端持续、世界经济增长疲软等因素影响，新加坡经济增速下跌，为2008年金融危机后的新低。2020年受新冠疫情影响，经济发展速度下滑。在新加坡政府积极的政策引导下，新加坡迅速走出困境（如图3-1所示），联合国数据库数据显示，2021年新加坡国内生产总值为3 969.92亿美元[①]。

经过多年发展，新加坡经济当前排前十的产业分别是电子工业、石化工业、精密工程业、生物医药业、海事工程业、金融保险业、商业服务业、批发零售业、运输仓储业、资讯通信业、旅游业。其中电子工业作为传统产业之一，对国民经济贡献最大，主要产品包括半导体、计算机设备、数据存储设备、电信及消费电子产品等；生物医药业是近年重点培育的战略性新兴产业。

---

① 东南亚各国2021年国内生产总值（GDP）及2022年对外贸易数据均来源于联合国数据库（https: //unctadstat.unctad.org/wds/TableViewer/tableView.aspx? ReportId=96）。

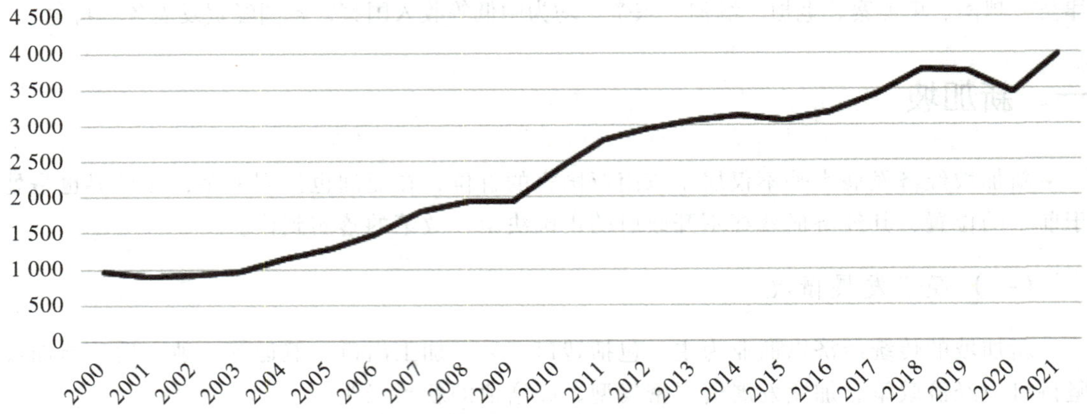

图3-1 新加坡2000—2021年国内生产总值（单位：亿美元）

数据来源：联合国数据库。

（二）经济发展特点

新加坡的经济发展体现了三个主要特点，具体表现如下：

1.利用地理位置发展经济

新加坡虽然地狭人稠、资源贫乏，但依靠其得天独厚的地理位置，新加坡已经发展成为东南亚的经济中心，这主要表现在以下四个方面：

第一，国际航运、航空和贸易中心。新加坡港地理位置优越，气候和水文条件十分理想，港口货物年吞吐量达1亿吨以上，居世界前列；在国际航空客运周转量大的基础上，新加坡大量进口各类初级产品，汇总、分级、包装后再出口，形成了以转口贸易和航运业为主体的独特经济类型。

第二，工业和技术服务中心。新加坡四面环海，以炼油和造船为核心的工业部门具有世界意义。新加坡成品油出口额位居世界前列，是世界第三大炼油中心和石油贸易枢纽之一，也是亚洲石油产品定价中心；造船业为传统的优势部门，新加坡不仅能修造各类船舶，还是世界上海洋石油钻井平台的主要生产基地之一。20世纪70年代后期，新加坡的工业从以制造业为中心转向技术密集型部门，大力发展电子工业，电视传真设备、光纤光缆、电脑化列车控制系统等产品均进入世界先进行列。之后，新加坡的发展重点又转向了新科技园地的建设方面，大力培养科技人才，发展尖端技术，以适应改革工业结构的需求。

第三，投资和金融中心。新加坡具有地理位置优越、通信方便快捷、政局稳定、国民素质较高等特点，这使得外国资本大量投入，从而推动了新加坡经济的腾飞；同时，各国银行云集新加坡。目前新加坡是全球第二大财富管理中心（2019年年底资产管理规模4万亿新元，约合2.91万亿美元）、亚洲美元市场中心，也是全球第三大离岸人民币中心。

第四，国际旅游和会议中心。就自然和历史文化条件而言，新加坡并不具备发展旅游业的突出优势，但其凭借自身优越的地理位置，同时大力发展基础设施建设，美化城市环境，提供优质服务，简化出入境手续，开展各种旅游“外交”活动，成功吸引了大量外国游客来新加坡旅游及大批国际会议在新加坡召开。目前，旅游业已成为新加坡外汇的重要来源之一。

新加坡利用本国特殊的地理条件，扬长避短，引进和运用外国资金、技术和管理经验，使生产力水平得到了迅速提高，走出了一条独特的经济发展道路。这条经济发展道路不仅为类似新加坡这样的岛国提供了发展模式上的借鉴，而且为世界各国经济的发展提供了宝贵经验。

2.形成总部经济

新加坡已成为东南亚乃至全球最著名的总部聚集地之一，在全球贸易和国际金融业务中发挥着举足轻重的作用，几乎所有外域跨国公司都选择将新加坡作为进军东南亚的起点，越来越多的跨国公司在新加坡设立地区总部来实施其海外扩张战略。在新加坡投资的企业大都选择制造、电子、化学、技术、后勤、信息科技、广告、旅游、高级餐馆、酒店、银行、保险及建筑等行业。

在20世纪的大部分时间里，新加坡的经济与美国市场是紧密相连的。1966年，正当新加坡需要发展机会的时候，一波新的浪潮在世界经济中迅速掀起：为了生产低劳动力附加值的产品出口西方，跨国公司四处寻找低成本的加工或组装地进行投资。从一开始，跨国公司在新加坡生产的产品就大部分是向美国出口的电子产品。

在新加坡的跨国公司在组织国际贸易方面扮演了重要角色，全面接受了跨国公司的资本、技术、企业家精神和管理模式，从根本上营造了新加坡总部经济形成和发展的总部环境和文化。在新加坡制造业获得快速发展，形成东南亚重要的制造业基地之后，两方面重要的原因促进了新加坡制造业基地向总部基地转变：一是新加坡现代服务业的发展优化了总部基地发展的环境，加速了跨国公司地区总部向该国集聚；二是新加坡生产制造成本的抬高推动了制造业基地的外迁，为总部基地的形成和发展提供了更为广阔的空间。

3.外贸依存度大

新加坡的经济发展主要依靠海外贸易，其对外贸易对世界市场具有很大的依赖性。新加坡在许多方面对外国资本依赖较深，容易受到外部因素的影响，因此也必然受到主要贸易国本身经济及相互间关系的影响，经济发展存在着一定的脆弱性和不稳定性。

据新加坡贸易和工业部消息，新加坡2022年全年GDP同比增长3.8%，超过政府预期的3.5%。①

（三）数字经济概况

随着数字经济的发展和新兴技术如人工智能、区块链、物联网和生物技术等的加速应用，在21世纪，对于任何国家来说，培育一个赋能数字化创业的生态系统都是至关重要的战略，为此，拥有亚洲先进的宽频互联网体系和通信网络的新加坡不断摸索、建立和发展其数字生态系统，致力于成为亚洲领先的数字经济体，此外还积极拓展与各国在数字经济领域的伙伴关系，参与数字经济国际规则构建。

（四）对外贸易发展概况

新加坡国内市场规模小，经济外向程度高。因此，新加坡政府一直积极参与并推动全球贸易自由化进程。新加坡在1973年加入GATT，是1995年1月1日世界贸易组织（WTO）创建时的正式成员；1993年，新加坡加入东盟自由贸易区（ASEAN FTA）；2018

① 新浪财经．看图：新加坡2022年GDP同比增长3.8%，高于政府预期［EB/OL］．［2023-01-03］．https://finance.sina.com.cn/stock/usstock/c/2023-01-03/doc-imxywncr9198056.shtml.

年12月30日，《全面和进步跨太平洋伙伴协定》（CPTPP）在新加坡正式生效；2021年4月，新加坡完成《区域全面经济伙伴关系协定》（RCEP）官方核准程序。此外，新加坡签订的其他自贸协定涵盖了21个国家和地区，涉及32个贸易伙伴，包括秘鲁、中国、美国、英国、日本、韩国、澳大利亚、东盟各国、印度等。

新加坡国土面积不大，却是东南亚经济发展最好的国家，对外贸易是其国民经济的重要支柱，长期为顺差状态。新加坡货物贸易伙伴主要集中在邻近的东南亚地区以及中、日、韩和美国；服务贸易伙伴主要为美国、欧盟、日本、中国、东盟其他成员国等。2009年受世界金融危机影响，对外贸易暂时回落；2015年因马航事件引发的后续影响，对外贸易总量有所回落，并在2016年探底回升①。

近几年，受疫情、国际经济环境等因素的影响，新加坡对外贸易增长率有所降低，但整体依然呈正向发展态势，顺差逐年增加（如图3-2所示）。联合国数据显示，2022年，新加坡对外贸易总量为15 724.35亿美元，其中进口约为7 016.29亿美元，出口约为8 708.06亿美元，全年贸易顺差约为1 691.76亿美元。

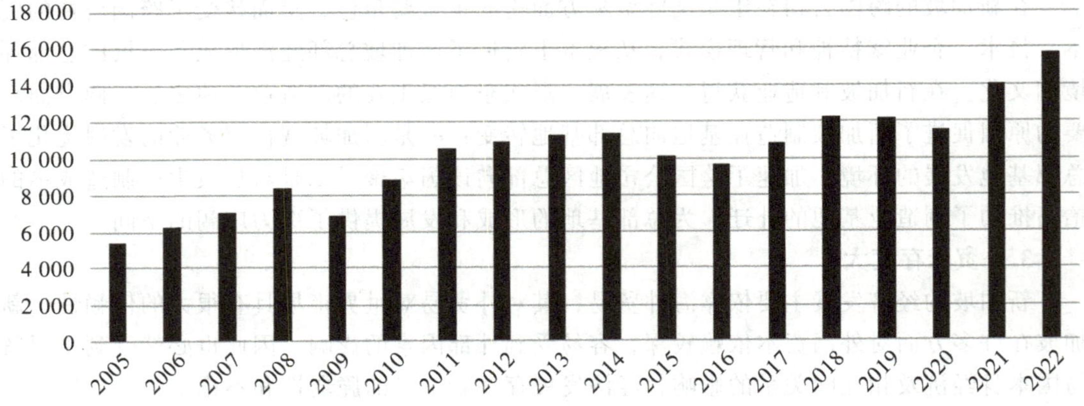

图3-2 新加坡2005—2022年对外贸易总量（单位：亿美元）

数据来源：联合国数据库。

成立于2015年的新加坡Shopee，是泛东南亚市场最大外贸电商平台，目前覆盖7个国家或地区，包括印度尼西亚、新加坡、越南、泰国、菲律宾、马来西亚和中国台湾，同时在中国深圳、上海和香港设有办公室。

二、文莱

东南亚另一个富裕的中高等收入国家是文莱，该国在东南亚人均拥有的石油、天然气资源最多。

（一）经济发展概况

历史上的文莱曾是东南亚一个贫穷落后的农业小国，自20世纪60年代发现石油和天然气之后，文莱在一夜之间脱贫致富，成了富甲一方的石油王国，文莱的经济结构也发生了根本性的变化，石油和天然气开采业成了文莱的支柱产业。石油、天然气的生产和销售

① 因联合国数据库服务贸易统计方法2005年起有变，东南亚各国对外贸易数据分析均取值自2005年起。

为文莱政府带来了丰厚的外汇收入，加之国家人口少，文莱国民经济迅速发展，人民生活水平大幅度提高。文莱目前是东南亚第三大石油生产国、世界第四大天然气生产国，曾日产石油20万桶，属于典型的石油经济国家。石油收入曾占到文莱出口总收入的95%，文莱因此又被称为“东方科威特”。

石油给文莱带来了经济的繁荣和人民生活的富足，20世纪80年代，文莱的人均GDP一度超过2万美元；国民能够享受政府提供的高福利待遇，免缴个人所得税，享受免费教育和免费医疗等；政府在澳大利亚购置了一块比本土面积还要大的牧场，专门饲养供国内食用的牛羊。

在很长一段时间里，文莱的经济多依赖油气资源，油气产业带来的收入在财政收入中占比曾达90%以上，国际油价严重影响文莱的财政收入。随着石油工业的发展，文莱经济结构过于单一的弊端日趋显露，石油、天然气属于不可再生资源，总有一天会开采殆尽。为了改变经济过分依赖石油、天然气开采的单一格局，从20世纪80年代中期文莱政府开始大力倡导发展多元化经济，力求逐步增加非石油产业在国民经济中的比重。

文莱政府采取了多项措施刺激经济发展，努力将土地资源经济转型至人力资本经济，根据自身特点选择了具有优势的领域进行重点开发，发展特色产业，包括渔业、清真产业和金融业等。

虽然没有转口贸易，但文莱有丰富的石油和天然气、稳定的政治环境、和谐的种族关系、丰富的外汇储备，并且没有外债；没有个人所得税、销售税、外汇管制等；有完善的英国普通法系统，以及国际金融中心应该具备的国际法规；有良好的基础设施、优越的地理位置、便利的交通和宜人的环境。因此，文莱有条件成为国际金融中心。2000年，文莱成立国际金融中心，以期将文莱建设成为区域金融服务中心。因政策优惠，一些国际知名银行纷纷在中心注册，发展离岸金融业务。

文莱经济发展的特点主要有两点：一是石油、天然气的生产和出口长期占据重要地位；二是经济多元化在持续发展，但成效不够显著。如在2020年，油气产业占其国内生产总值的47.4%、财政收入的57%、外贸出口的51.4%，与2019年相比均有较大幅度下降，其中，原油和液化天然气出口占比由2019年的85.2%下降至51.35%[①]，但其根本原因在于受到国际市场对油气需求变化的影响，并不是文莱经济多元化发展的结果。图3-3数据显示，文莱经济波动较大，从另一方面也说明了其经济多元化不足。

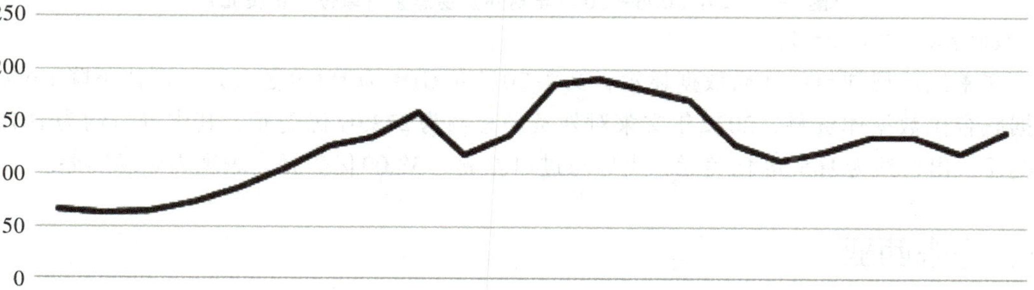

图3-3 文莱2000—2021年国内生产总值（单位：亿美元）

数据来源：联合国数据库。

---

① 数据来源于中华人民共和国商务部网站（http://www.mofcom.gov.cn/dl/gbdqzn/upload/wenlai.pdf）。

（二）数字经济概况

为进一步促进经济多元化发展，寻求经济新增长点，文莱为数字经济的发展打下了良好的基础。截至2021年，文莱已基本完成对全国固定电话网络的改造，全面使用由中国华为公司提供的“下一代网络”（NGN）服务，可与160多个国家和地区直通电话和数据交换服务；互联网普及率在东南亚地区位居前列。此外，文莱政府还大力推动电子政务建设，推动信息技术在教育、培训领域的普及。

（三）对外贸易发展概况

为寻求多种经济发展的有效途径，拓宽对外经贸合作领域，文莱于1984年1月7日加入东盟；于1993年12月9日加入关贸总协定，1995年1月1日成为WTO成员；2005年4月，文莱以创始国成员身份加入跨太平洋战略经济伙伴协定（TPP）；文莱还积极参与2022年1月1日生效实施的《区域全面经济伙伴关系协定》建设；作为东盟的成员国，文莱可享受东盟-中国、东盟-日本、东盟-韩国、东盟-印度、东盟-澳新自贸区以及文莱-日本经济合作伙伴等自由贸易协定的优惠待遇。

2009年受世界金融危机影响，文莱对外贸易总量有所回落；2014年受马航事件等因素影响，对外贸易总量下滑至2016年后回升；因疫情等因素影响，对外贸易在2020年略有下降后迅速上升（如图3-4所示）。

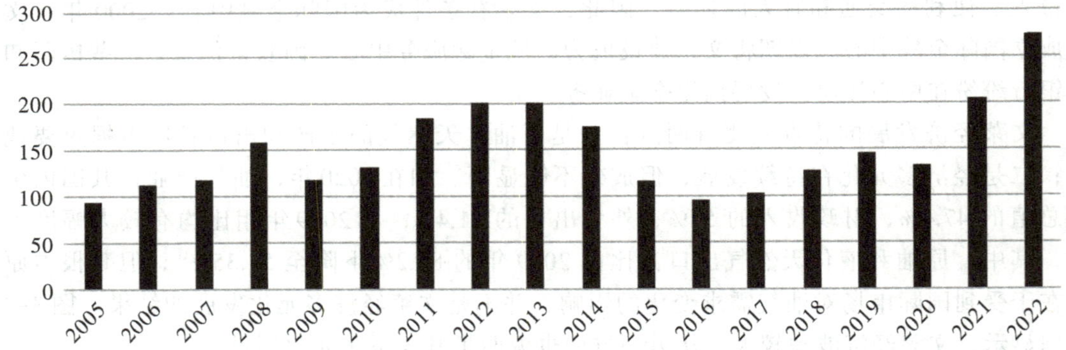

图3-4 文莱2005—2022年对外贸易总量（单位：亿美元）

数据来源：联合国数据库。

文莱经济规划与统计局数据显示，文莱2022年GDP为186.9亿文元，同比下降1.6%[①]；另据联合国数据库资料，2022年文莱对外贸易总额为273.07亿美元，其中进口约为107.49亿美元，出口约为165.58亿美元，出口与进口差额为58.09亿美元，表现为贸易顺差。

三、马来西亚

当今的马来西亚是一个相对开放的新兴工业化国家，总体来看，进入21世纪以来，其经济发展稳步增长。

① 数据来源于中华人民共和国商务部网站（http：//www.mofcom.gov.cn/article/zwjg/zwdy/zwdyyz/202205/20220503313677.shtml）。

（一）经济发展概况

马来西亚有丰富的矿产资源、热带作物资源。20世纪70年代，马来西亚政府不断调整产业结构，大力推进出口导向型经济的发展，实施“新经济政策”，该政策的基本指导思想是全面扶植马来人的经济势力，建立以马来人为中心的社会经济结构。在施行“新经济政策”的同时，马来西亚政府还推行了“新兴工业”政策，以3~4年内豁免所得税的优惠吸引外国企业和本国企业发展“新兴工业”。整个20世纪70年代，马来西亚由于较好地利用了外资和国内私人资本，工业发展很快，经济迅速增长。

进入20世纪80年代，政府推行的带有种族歧视的“新经济政策”导致国家经济增长开始减速，到1985年，马来西亚经济全面陷入困境。为了扭转经济困难局面，政府在总结经验教训的基础上，采取了一系列政策措施促使经济得以恢复。1987年起，马来西亚经济连续10年保持8%以上的增长速度。

1997年7月，亚洲金融危机爆发，马来西亚经济遭到严重打击，1998年，马来西亚经济出现了13年来首次负增长，失业率和通货膨胀率上升。面对日益恶化的经济形势，政府果断采取相应的政策措施，成功遏制了马来西亚经济继续恶化的势头。

进入21世纪，马来西亚经济稳步发展，对外贸易保持顺差。2015年，马来西亚政府公布第十一个马来西亚计划，主题是“以人为本的成长”，拟通过提高生产力、创新领域、扩大中产阶级人口、发展技能教育培训、发展绿色科技、投资有竞争力的城市等六大策略，增加国民收入，提升人民生活水平和培养具备先进国思维的国民。2019年，马来西亚政府提出“2030共享繁荣”新愿景，通过重组和加强国家商业及工业生态系统、拓展新领域、改善就业市场及劳工薪资、巩固社会和谐、创造兼容国家、提升社会的思维、改革人力资源等方面努力，以提高各种族、阶级、地区国民的收入。

农业在马来西亚国民经济中占有特别重要的地位。虽然20世纪80年代由于矿产与石油开采业的发展，农业在国内生产总值中的比重在不断下降，但是农产品每年为国家创汇的数量仍然很可观。

目前，农业、采矿业、制造业、建筑业和服务业是马来西亚的重点产业，其中，农产品以经济作物为主，主要有棕榈油、橡胶、可可、稻米、胡椒、烟草、菠萝、茶叶等；采矿业以开采石油、天然气为主；制造业是马来西亚国民经济发展的主要动力之一，主要产业部门包括电子、石油、机械、钢铁、化工及汽车制造等行业；旅游业占据重要地位的服务业是马来西亚经济中最大的产业部门，吸收就业人数占马来西亚雇用员工总数超过六成。

近年来，马来西亚经贸发展总体持续向好。据马来西亚统计部门数据，2022年马来西亚GDP较2021年增长8.7%，为2000年以来最高（如图3-5所示）[①]。

（二）数字经济概况

随着移动通信技术以及互联网行业不断发展，互联网对现实社会影响越来越深刻。马来西亚虽然人口数量较少，但是国民经济较为发达，在经济推动下，其国内基础通信设施相对完善，网络覆盖率较高，在一定程度上弥补了数字经济发展中人口数量少的劣势。

---

① 陈悦，魏源．马来西亚去年GDP增长创2000年以来最佳纪录［EB/OL］．［2023-02-11］．http：//news.china.com.cn/2023-02/11/content_85100748.htm.

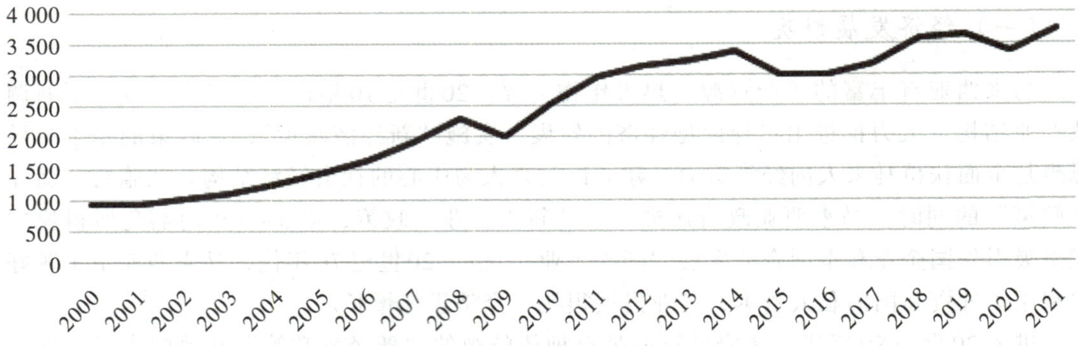

图3-5 马来西亚2000—2021年国内生产总值（单位：亿美元）

数据来源：联合国数据库。

数字经济已成为马来西亚经济的重要驱动力，政府高度重视并对数字经济发展持续提供政策支持，如在2021年制订并实施了《马来西亚数字计划（My Digital）》，推出了全国电子商务策略路线图2.0，加强政策实施和监管，改善电子商务生态，通过为中小企业提供培训、建立一站式业务门户网站等，推动电子商务增长，助力数字经济发展。

（三）对外贸易发展概况

为营造良好的对外贸易环境，马来西亚为自己构建了一个广泛的自由贸易协定网络，涵盖了其主要贸易伙伴。截至2022年6月，马来西亚共签署了17个自由贸易协定。其中，有15个自由贸易协定已正式生效并实施，包括与澳大利亚、智利、印度、日本、新西兰、巴基斯坦、土耳其等7个国家签署的双边自由贸易协定，以及作为东盟成员，与中国、韩国、日本、澳大利亚、新西兰、印度、中国香港特别行政区签署了区域自由贸易协定。

马来西亚对外贸易发展比较稳定，虽然受外界因素影响一些年份总量有所减少（如图3-6所示），但幅度不大，如2008年爆发的国际金融危机、2004年的马航事件以及新近的新冠疫情等，这些外界因素均对东南亚国家产生了不同程度的影响，为应对这些不利因素，马来西亚政府采取了积极措施，并很快破除困局继续发展。

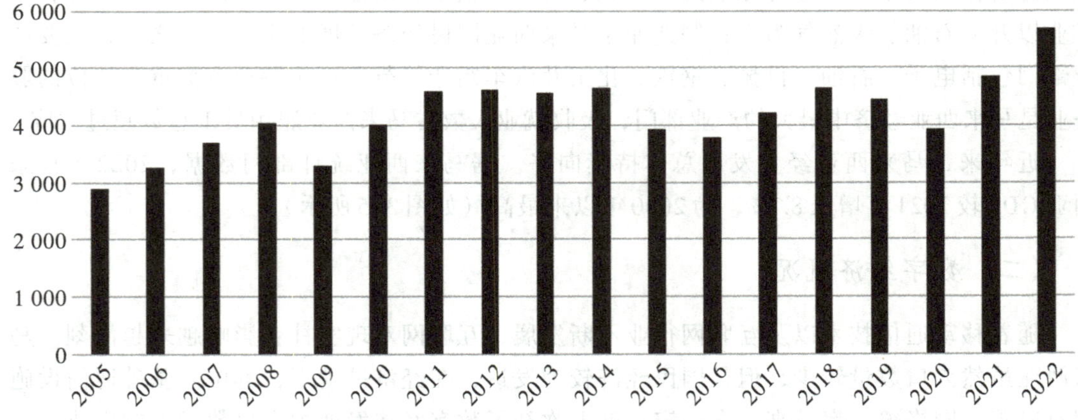

图3-6 马来西亚2005—2022年对外贸易总量（单位：亿美元）

数据来源：联合国数据库。

联合国数据显示，2022年马来西亚对外贸易创下历史新高，总量约为5 689.17亿美元，其中进口约为2 707.89亿美元，出口约为2 981.28亿美元，出口与进口差额约为273.39亿美元，表现为贸易顺差。至此，马来西亚对外贸易已经连续25年实现贸易顺差。

四、泰国

泰国自1961年开始实行开放的市场经济政策，并采取一系列优惠政策鼓励外商赴泰国投资。20世纪90年代，泰国经济发展较快，跻身成为“亚洲四小虎”之一，是世界新兴工业国家和世界新兴市场经济体之一。

（一）经济发展概况

泰国的经济发展道路很值得发展中国家关注，因为泰国原是一个农业国，矿产资源不是很丰富，农业是泰国传统的经济部门。为了尽快跻身工业化国家的行列，泰国政府从1961年以来制定了一系列的方针政策，并且依照本国国情特点及不同时期的经济发展状况制订了6个经济和社会发展五年计划，作为各阶段的经济发展战略和指导原则，分阶段实施鼓励工业发展的“进口替代”和“出口导向”战略。

在经济发展的初期，泰国充分利用丰富的热带作物等农业资源，加工农产品，走农业工业化的道路。20世纪70年代以后，泰国轻纺工业和食品加工业已能自给有余，工业发展战略向出口导向型工业转变。20世纪80年代，泰国政府进一步调整工业结构，大力引进技术密集型和附加值高的中轻型工业，寻求适合泰国的工业发展模式，并取得了成效，经济稳步增长。例如，采用国外的原材料生产家用电器等高价值的生活必需品，如电视机、冰箱、洗衣机、空调等，成为日本、韩国、中国台湾等国家或地区重要的海外家电生产基地之一。通过对产业和产品结构的调整，泰国工业加快了发展步伐，工业门类增多，结构日趋多样化，出现了一些资本密集型产业和技术密集型产业，如纺织服装业、汽车和摩托车装配及零配件工业、电子电气工业、软件工业、石化工业、食品加工业、轮胎工业、建筑材料与建筑机械工业，以及鞋类、珠宝、玩具、皮革制造业等，制造业在GDP中所占比重不断上升。随着制造业和服务业的发展，尤其是旅游业的崛起，泰国的经济结构已发生重大变化，由过去以农产品出口为主的农业国逐步向新兴工业国转化，工业制成品成为泰国的主要出口商品。

进入20世纪90年代，泰国政府采取措施全面发展国内经济，加强了对农业基础设施的投入，并积极促进制造业和服务业的发展，充分发挥自身的旅游资源优势，大力发展旅游业，旅游业成为服务业的支柱产业。多方举措使泰国经济得到迅速发展，人民生活水平迅速提高。1990—1996年，泰国经济增长平稳，进入中等收入国家行列。1997年爆发的金融危机，使泰国经济受到严重打击。1997年，泰国GDP出现了负增长，1998年经济进一步滑坡，直至1999年以后，泰国经济逐步走上复苏的道路。

进入21世纪，泰国经济发展总体呈现向上发展态势（如图3-7所示）。

目前，泰国经济以制造业、农业和旅游业为主，是亚洲唯一的粮食净出口国，也是世界五大农产品出口国之一。农业是泰国的传统产业，在国民经济中占有重要地位，农产品

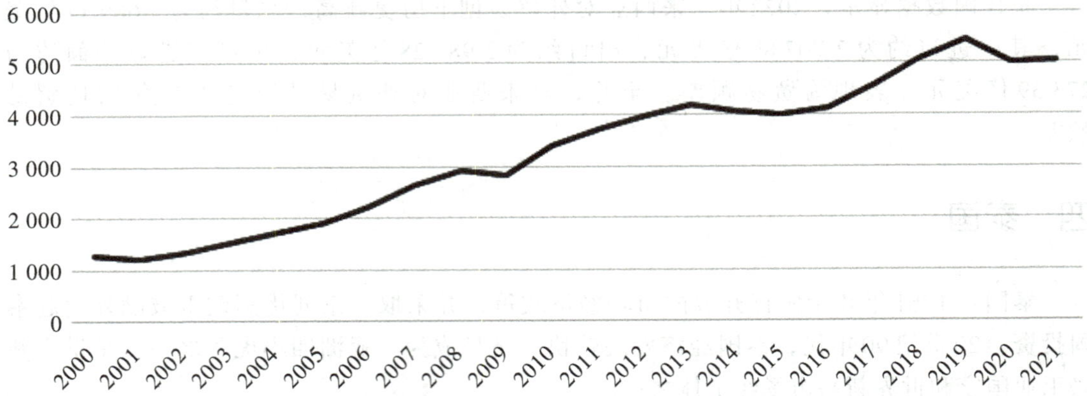

图3-7 泰国2000—2021年国内生产总值（单位：亿美元）

数据来源：联合国数据库。

是泰国的重要出口商品之一，主要农产品包括稻米、天然橡胶、木薯、玉米、甘蔗、热带水果；泰国工业属出口导向型工业，电子工业等制造业发展迅速，产业结构变化明显；汽车生产条件优越，产业链齐全，是东南亚汽车制造中心和东盟最大的汽车市场，汽车业已成为该国的支柱产业之一；旅游业是重点产业之一，是泰国服务业的支柱产业。

受新冠疫情影响，2020年泰国经济发展减缓，2021年有所回升。2022年，泰国GDP同比增长2.6%，低于早前预估的3.2%（中国新闻网，2023年2月17日）。

（二）数字经济概况

为实现经济转型升级，泰国政府提出了“数字泰国”计划，着力于构建创新驱动的经济发展模式，发展数字经济。近年来，泰国政府提出“泰国4.0”国家战略，把数字经济列为优先发展领域，国家加大了对数字经济基础设施的投入。至2021年，4G网络已覆盖3万多个村庄，有1万多个免费无线网络点，设立数字社区600多个。为加速进入“泰国4.0”时代，政府拟在泰国东部经济走廊地区打造数字园区，建立数字化智慧城市、大数据中心、物联网中心。

（三）对外贸易发展概况

对外贸易在泰国经济的发展中有着举足轻重的地位，对泰国工业结构的多元化起到了积极的促进作用，扩大出口一直是泰国经济政策的重要趋向，泰国商业部在发展初期积极推动的“一区一产品”出口，有力推动了泰国商品大举进军国际市场。

泰国积极参与国际经贸合作，是东南亚国家联盟成员国之一，也是亚太经济合作组织和世界贸易组织的成员。继与中国、印度两个世界人口大国签订自由贸易协定以后，泰国还推动了与美国、日本、澳大利亚等多国的自由贸易进程，有力地扩大了出口。截至2021年，泰国共对外商签了13项多、双边自贸协定，包括东盟自由贸易协定、《区域全面经济伙伴关系协定》，与澳大利亚、新西兰、日本、印度、秘鲁、智利的双边自贸协定，作为东盟成员国与中国、韩国、日本、印度、澳大利亚、新西兰、中国香港特别行政区等国家或地区签署的自贸协定。中国、日本、东盟、美国、欧盟等是泰国近年来重要的贸易伙伴。

如图3-8所示，2009年主要受世界金融危机影响，泰国对外贸易总量回落，但很快走出了困境并快速发展；2014年的马航事件及2019年的新冠疫情等因素虽然影响了泰国对外贸易的增速，但很快扭转颓势，继续向好发展。

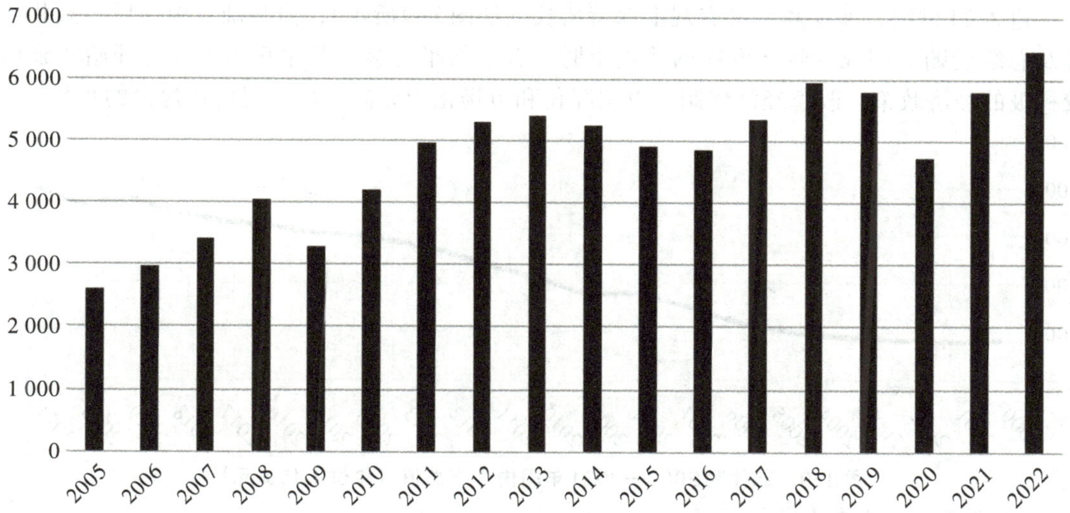

图3-8　泰国2005—2022年对外贸易总量（单位：亿美元）

数据来源：联合国数据库。

据泰国国家经济和社会发展委员会（NESDC）公布的数据，2022年泰国GDP约为4 952.1亿美元，同比增长2.6%（央视网，2023年2月17日）；另据联合国数据，2022年泰国对外贸易总量约为6 448.57亿美元，其中进口约为3 260.48亿美元，出口约为3 188.09亿美元，出口与进口差额约为-72.39亿美元，表现为贸易逆差。

五、菲律宾

菲律宾在20世纪五六十年代是亚洲国家中发达程度仅次于日本的国家，但之后的相当长一段时间里因国内政局迭变多次，加之国际环境变化和自然灾害（主要是台风）的影响，经济发展较为缓慢，21世纪以来加快了发展步伐。

（一）经济发展概况

20世纪50年代，菲律宾曾有过持续7%以上的经济增长率，人均国内生产总值在亚洲仅次于日本。这一时期，菲律宾经济稳定，国富民安。菲律宾制造业的比重在这一时期占国民经济的20%以上，这在当时的发展中国家中是绝无仅有的。

20世纪60—70年代后，由于政府的政策缺乏连续性并且存在严重失误，加之两次世界性石油价格飞涨的冲击，菲律宾发展经济的国内环境和国际环境全面恶化，经济增长率大幅下滑，仅在1.3%至6.7%之间波动。

20世纪80年代中期，新一届政府采取了一系列调整与改革经济的措施，减少了政府对经济的干预和控制，打破了原政府在重要经济部门形成的官僚垄断，增强了市场竞争机制的作用，刺激了个人消费，促进了国内外投资，增加了商品及劳务出口。

20世纪90年代，拉莫斯总统执政后，菲律宾经济得到了恢复和发展。1997年的亚洲金融危机再次给菲律宾经济蒙上了阴影，加上受厄尔尼诺和拉尼娜气候现象的影响，1999年，菲律宾经济才开始有所好转，GDP恢复增长。

进入21世纪，菲律宾经济宏观上保持增长（如图3-9所示），但基础设施落后、武装叛乱及总统受贿丑闻成为经济发展的严重掣肘。有了前车之鉴，菲律宾当前政府开始实施比较积极的经济政策，改革经济体制，以国际化和市场化为导向，加快现代化建设的步伐。

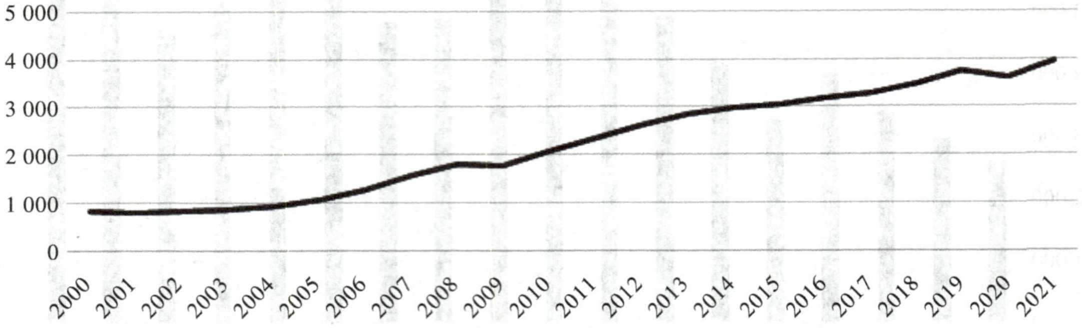

图3-9 菲律宾2000—2021年国内生产总值（单位：亿美元）

数据来源：联合国数据库。

现阶段的菲律宾经济为出口导向型经济，第三产业在国民经济中的地位突出，农业和制造业也占相当比重，其经济发展有一个明显特色，就是劳务输出量很大，每年劳务输出能够获得大量的外汇收入。服务业作为菲律宾的重点产业之一，对国内经济的贡献率较大，近年来服务业增加值均占GDP增加值过半的比重。

菲律宾国家统计局发布的经济数据显示，该国2022年国内生产总值同比增长7.6%，超过预期水平。①

（二）数字经济概况

菲律宾互联网基础设施较为落后，但近年来在第三家电信运营商的带动下，网速提升、费用下降、延迟改善。目前，菲律宾的数字经济主要包括数字化赋能基础设施、电子商务和数字媒体。

在政府采取一系列的积极政策措施推动下，菲律宾数字经济发展较快，2021年数字经济规模达170亿美元，预计到2025年增长至250亿美元，2030年增长至920亿美元（占GDP的12%）②。

数字经济的发展带来了新的就业机会，2022年，菲律宾数字经济领域就业人数约为605万人，同比增长8.2%③。

（三）对外贸易发展概况

菲律宾是世界贸易组织、亚太经合组织和东盟成员。截至2022年，菲律宾已先后同近40个国家和地区签订了各类双边经贸协定；同36个国家签署了税务条约。作为东盟成员国，菲律宾除享受东盟国家间贸易优惠安排外，还享有其他国家和地区与东盟签订的有

① 数据来源于新浪财经（https://finance.sina.cn/2023-01-26/detail-imycppah3993412.d.html）。
② 数据来源于中华人民共和国商务部网站（http://www.mofcom.gov.cn/dl/gbdqzn/upload/feilvbin.pdf）。
③ 数据来源于中国新闻网（https://www.chinanews.com.cn/cj/2023/04-25/9996852.shtml）。

关经贸协定的各项优惠（因为东盟作为一个组织，与多个国家签有贸易协定），如《中国-东盟自由贸易协定》《区域全面经济伙伴关系协定》等。

此外，菲律宾还与其他国家和地区签署了自由贸易协定，其中与东盟其他成员国于2010年启动东盟货物贸易协定，这是东盟协调内部货物贸易活动的全面协定；与欧洲自由贸易联盟成员于2016年签署的自由贸易协定涵盖了货物贸易、服务贸易、投资、竞争、知识产权保护、政府采购及贸易和可持续发展等内容。截至2022年，菲律宾与150个国家和地区有贸易关系。

如图3-10所示，近年来菲律宾对外贸易发展从总量上看，趋势稳定向上，2008年主要受国际金融危机和2019年主要受新冠疫情的影响，对外贸易总量只在次年减少，之后均呈增长上升态势。据联合国数据库数据，菲律宾2022年对外贸易总量为2 496.67亿美元，其中进口为1 522.21亿美元，出口为974.46亿美元，出口与进口差额为-547.75亿美元，表现为贸易逆差。

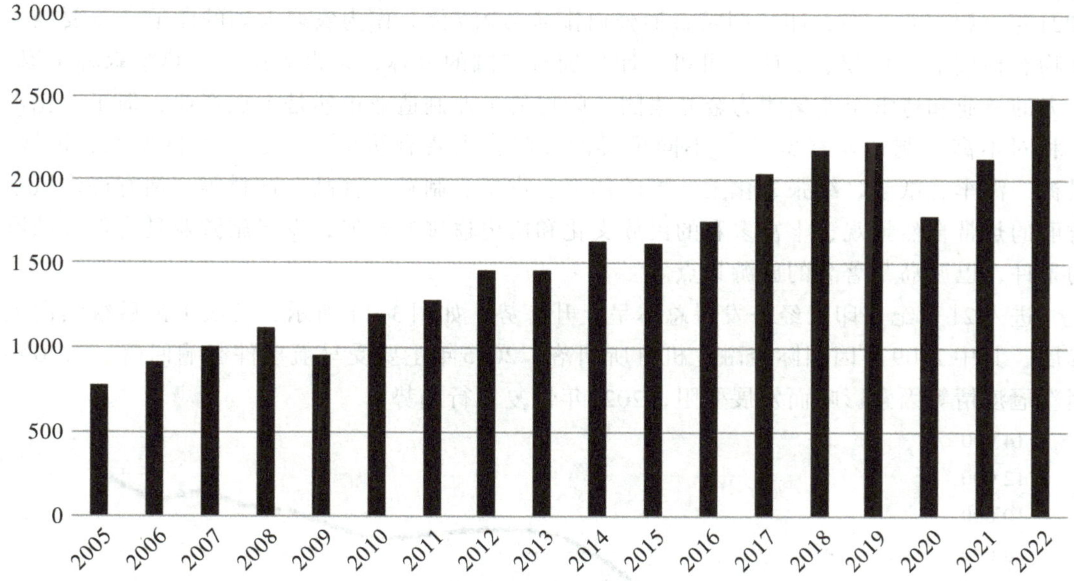

图3-10 菲律宾2005—2022年对外贸易总量（单位：亿美元）

资料来源：联合国数据库。

六、印度尼西亚

印度尼西亚是东南亚人口最多的国家，也是东南亚最大的经济体。

（一）经济发展概况

印尼曾长期为荷兰殖民地，经济十分落后，主要以热带种植业为主，工业主要是采矿业和一些简单的原料加工业，如制烟、制糖、碾米、编织等。

1969年，印尼开始实施第一个25年长期发展计划，80年代初到90年代中期是其自独立以来经济发生重大变化和转折的时期。在这一时期，由于实行了全面的经济改革，印尼的经济发展模式由内向型变为外向型，所有制关系由国营经济占支配地位变为私营经济占主导地位。由此实现的一系列转变，使印尼整体经济得以持续、快速增长，由一个贫穷落后的国家转变为具有一定经济实力的中等收入国家。到20世纪90年代，印尼被称为“亚洲四小虎”之一。

1994年4月，印尼进入第二个25年长期发展计划即经济起飞阶段。印尼政府采取了进一步简化进出口手续、降低关税、放宽投资政策等措施，把大力扶持中小企业、发展旅游、增加出口作为经济建设中的主要任务，使得印尼经济继续保持了强劲的增长势头，之后在1995年5月，印尼政府颁布了放宽经济限制的一揽子计划，逐步开放投资领域，减少对产业部门经营和发展的限制，鼓励私营企业投资新兴工业和第三产业，促进农业生产，社会经济呈现繁荣之势。

1997年，亚洲金融危机爆发，印尼是遭受打击最严重的国家之一。

经过长期发展，印尼形成了自己的重点（特色）产业，包括石油天然气的开采、农业渔业、采矿业、工业制造业和旅游业等。其中，国家石油公司为印尼最大的石油企业。据2021年《财富》公布，印尼国家石油公司排名第287位。作为农业大国的印尼，主要经济作物有棕榈油、橡胶、咖啡、可可。印尼拥有广阔的森林，是世界第三大热带森林国家，最大的林业和造纸企业集团为金光集团。印尼的工业制造业虽然是重点产业，但工业化水平相对不高，制造业有30多个不同种类的部门，主要有纺织、电子、木材加工、钢铁、机械、汽车、纸浆、纸张、化工、橡胶加工、皮革、制鞋、食品、饮料等。拥有许多风景秀丽的热带自然景观、丰富多彩的民族文化和历史遗迹的印尼，发展旅游业具有得天独厚的条件，巴厘岛是著名的旅游景点。

进入21世纪，印尼经济发展总体呈上升态势，如图3-11所示，几次下滑后继续向上发展。其中2009年因国际金融危机有所回落，2015年主要受马航事件影响回落，2020年因新冠疫情等因素影响而发展受阻，2021年恢复上行趋势。

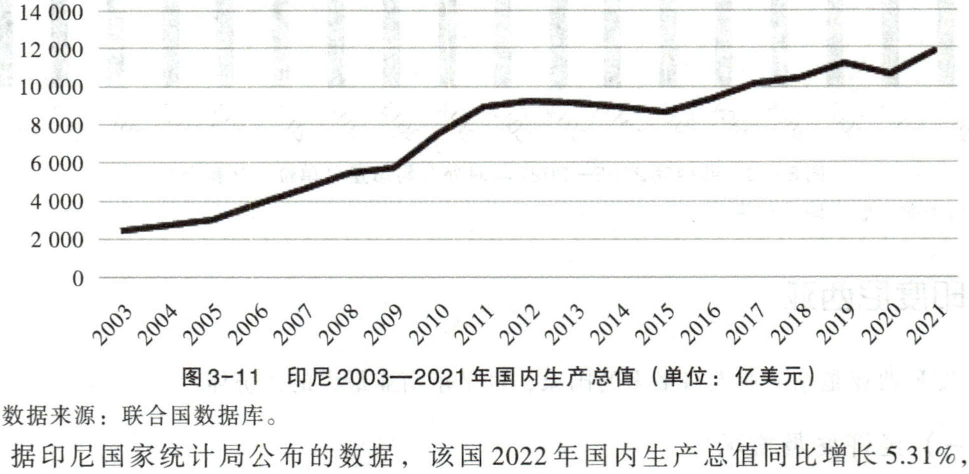

图3-11 印尼2003—2021年国内生产总值（单位：亿美元）

数据来源：联合国数据库。

据印尼国家统计局公布的数据，该国2022年国内生产总值同比增长5.31%，创下2013年以来的最高增速[①]。

（二）数字经济概况

印尼的经济发展集中在城市，城乡发展极不平衡。尽管自2010年起，4G在印尼就开

① 数据来源于人民网（http：//yn.people.com.cn/BIG5/n2/2023/0207/c372459-40291627.html）。

始商用，至2022年尚未完全覆盖印尼农村。目前，印尼政府仍专注于扩大4G覆盖面。2020年数字经济占印尼国内生产总值的4%。印尼数字经济发展聚集在城市，人口是东南亚之最，因此数字经济体量大。

为抓住发展机会，印尼总统于2020年8月3日发布命令，要求加快国内数字化转型，政府推出了2021—2024年数字印尼总路线，在数字基建、数字政务、数字经济和数字社会四个领域发力。为推动数字经济的发展，印尼政府多方举措，继续扩大4G领域、发展5G、发射SATRIA多功能卫星及建立国家数据中心。2021年，印尼拥有1.75亿互联网用户，全球数字竞争力排名为56位①。

（三）对外贸易发展概况

1950年2月24日，印尼加入GATT，1995年成为WTO的正式成员。

目前印尼已签署的FTA或FTA性质的贸易协定，包括多边和单边协定，其中多边贸易协定包括：东盟货物贸易协定，东盟与中国、韩国、印度、澳大利亚-新西兰分别建立的自由贸易区，东盟-日本全面经济伙伴关系，区域全面经济伙伴关系协定；双边贸易协定包括：印尼-巴基斯坦优惠贸易协定，印尼-日本经济伙伴关系协定，印尼-澳大利亚全面经济伙伴关系协定，印尼-智利全面经济伙伴关系协定，印尼-欧洲自由贸易联盟全面经济伙伴关系协定，印尼-韩国全面经济伙伴关系协定。

作为发展中国家，印尼是欧盟提供关税优惠的受惠国。根据2012年11月欧盟委员会公布的新的普惠制（GSP）方案，印尼被列为普惠制第二类国家。自2014年1月1日至2023年12月31日，欧盟对印尼等40个低收入和中低收入国家的进口产品在最惠国税率基础上减少了3.5%的税。

如图3-12所示，印尼对外贸易发展趋势与其国内生产总值趋势基本一致，2022年对外贸易发展迅猛。联合国数据库资料显示，2022年印尼对外贸易总量约为5 888.82亿美元，其中进口约为2 732.58亿美元，出口约为3 156.24亿美元，出口与进口差额为423.66亿美元，表现为贸易顺差。

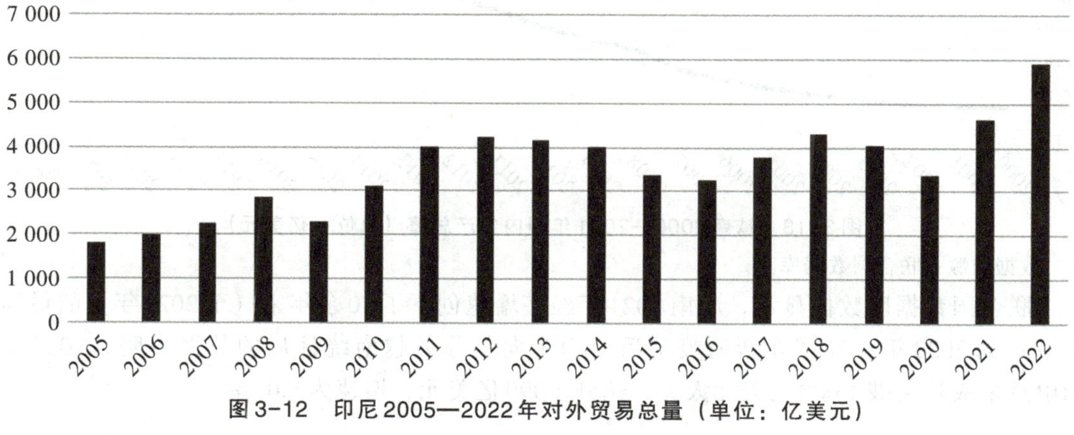

图3-12　印尼2005—2022年对外贸易总量（单位：亿美元）

数据来源：联合国数据库。

① 数据来源于中华人民共和国商务部网站（http://www.mofcom.gov.cn/dl/gbdqzn/upload/yindunixiya.pdf）。

七、越南

越南作为一个社会主义国家，其经济发展模式与其他东盟国家差异较大，与中国则更近似一些。

（一）经济发展概况

尽管越南资源丰富，发展经济的条件较好，但由于长期的内外战争、过“左”的经济政策，因此越南的经济基础很薄弱，甚至曾在较长时间陷于经济社会的严重危机之中。1986年，越南开始实行革新开放，推行以市场经济为导向的经济改革和对外开放政策，逐渐从危机中走了出来。1996年，越南共产党第八次全国代表大会提出要大力推进国家工业化、现代化。20世纪90年代，越南经济年均增长率达到7.1%。1997年的金融危机对越南的影响和打击比较小。

2001年，越南共产党第九次全国代表大会确定建立社会主义定向的市场经济体制，并确定了三大经济战略重点，即以工业化和现代化为中心，发展多种经济成分，发挥国有经济的主导地位，建立与市场经济配套的管理体制。

经过多年的革新发展，越南经济保持较快增长，经济总量不断扩大（如图3-13所示），三产结构趋向协调，对外开放水平不断提高，形成了以国有经济为主导、多种经济成分共同发展的格局。

由于越南不断改善投资环境，越来越多的外资涌入越南，国内生产总值保持较好增长态势。近几年来，越南经济发展保持了较高的增速。

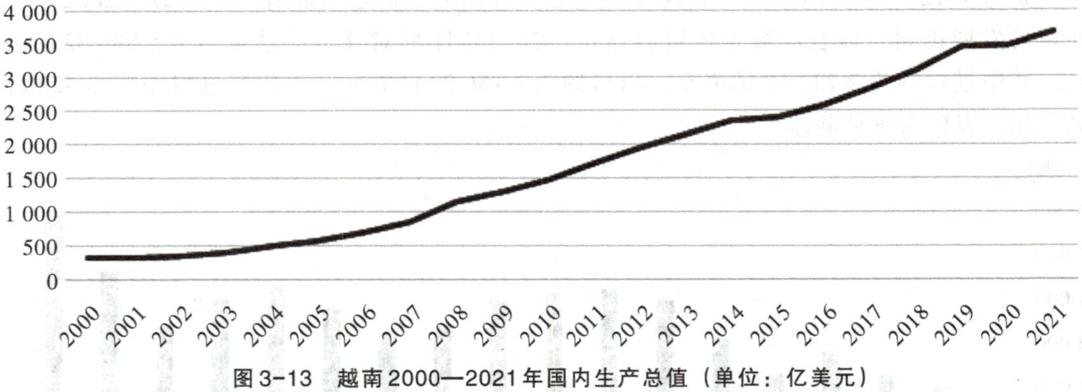

图3-13 越南2000—2021年国内生产总值（单位：亿美元）

数据来源：联合国数据库。

联合国数据库数据显示，越南2021年经济增速创下了10余年来（至2021年）的最高水平；到2022年，经济在新冠疫情后全面走向复苏。越南统计局的数据表明，2022年GDP总量成功突破4 000亿美元大关，达到4 090亿美元，增速为8.02%。[①]

（二）数字经济概况

越南政府重视信息技术和数字经济发展，早在2006年6月29日就颁布了《信息技术

① 数据来源于搜狐网（https：//www.sohu.com/a/627564533_120422841）。

法》，对信息技术领域制定了总体法律框架。2020年6月3日，越南政府总理颁布第749号决定，批准到2025年面向2030年国家数字转型计划。越南政府提出要实现双重目标，即既发展数字政府、数字经济和数字社会，又要建立具有全球竞争力的数字技术企业。

谷歌、淡马锡和贝恩咨询公司联合出品的东南亚数字经济研究报告自2016年首次发布以来，一直被认为是洞察东南亚整体经济走势的重要研究报告。该报告显示，2019年越南电子商务收入达50亿美元，比2015年（4亿美元）增长12.5倍。2019年越南数字经济超过120亿美元（其中电子商务约50亿美元，在线旅游约40亿美元，网络媒体约30亿美元，在线打车约10亿美元）。2020年，受新冠疫情影响，东南亚国家使用在线服务的新用户数量增加了三分之一，其中越南的新用户率最高，电子商务收入达118亿美元，占越南销售服务零售总额的5.5%。2020年，越南信息和通信技术（ICT）产业高速发展。ICT产业总营收达1 200亿美元，其中，硬件和电子产业产值1 070亿美元（出口额超过930亿美元）；软件产业产值50亿美元，同比增长14.7%，是GDP增长率（2.91%）的5倍。这些数据表明数字经济已成为越南经济发展的重要推手。

（三）对外贸易发展概况

越南积极参与多、双边和区域贸易机制。越南是东南亚国家联盟和亚太经济合作组织成员，是亚欧会议的创始成员，2007年加入了世界贸易组织；在2020年11月召开的东盟峰会上，越南与各成员国成功签署了《区域全面经济伙伴关系协定》。至2022年，越南已分别与日本、智利、韩国、欧亚经济联盟、欧盟、英国签署多、双边自贸协定，并作为东盟成员国与中国、韩国、日本、印度、澳大利亚–新西兰、中国香港特别行政区签署了自贸协定；多边自贸协定包括：《全面与进步跨太平洋伙伴关系协定》《区域全面经济伙伴关系协定》。

越南通过签署自贸协定与大多数重要合作伙伴建立起自由贸易关系，为进一步促进双边贸易和投资以及促进该地区和全球经济一体化做出了贡献。在经贸协定的框架下，越南辐射东南亚甚至全球市场，融入全球产业链价值链。目前，越南和世界上150多个国家和地区有贸易往来，促进了越南对外贸易的发展。近年来，越南对外贸易保持高速增长，这对拉动越南经济发展起到了重要作用。

如图3–14所示，越南对外贸易总量除2009年受国际金融危机影响略有减少外，其走势基本向上，且增长势头迅猛。

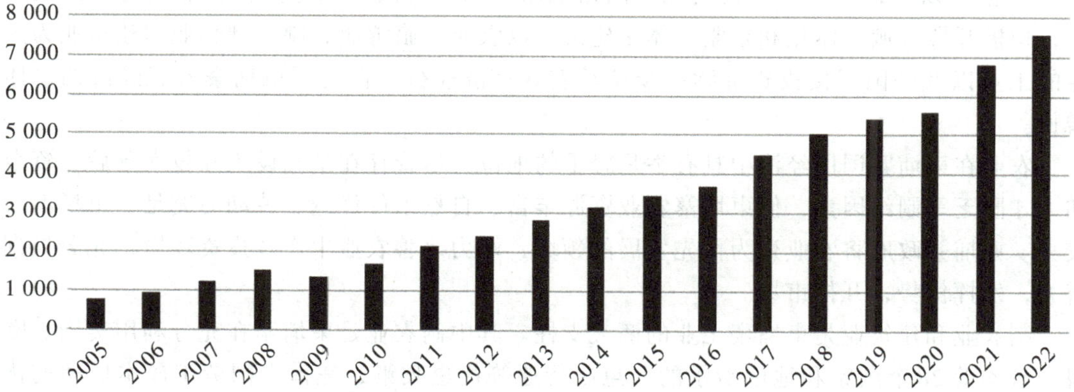

图3–14 越南2005—2022年对外贸易总量（单位：亿美元）

数据来源：联合国数据库。

联合国数据库数据显示，2022年越南对外贸易总量约为7 533.29亿美元，其中进口约为3 704.24亿美元，出口约为3 829.05亿美元，出口与进口差额约为124.81亿美元，表现为贸易顺差。

八、经济相对发展落后的柬埔寨、老挝、缅甸

柬埔寨、老挝、缅甸是东盟各国经济发展程度最低的三个国家。在这三个国家中，柬埔寨的发展条件较好，不仅资源丰富，国际上对它也比较关注，外援比较多，外资投入也在增加。

（一）柬埔寨

柬埔寨属于世界上最不发达国家之一，工业基础薄弱，森林和淡水鱼资源丰富，是东南亚典型的农业国。

1993年王国政府成立后，柬埔寨实行自由市场经济，推行经济私有化和贸易自由化，经济获得了一定的发展，人民生活有所改善。柬埔寨进行的改革包括宏观经济政策改革、经济结构改革，以及将柬埔寨经济融入区域和世界经济的各项工作。这些改革都取得了良好的效果，尤其是落实经济稳定和自由化改革方面，使得柬埔寨的经济在20世纪90年代迅速发展，通货膨胀率维持在较低水平。

1998年新一届政府成立后，柬埔寨把发展经济、消除贫困作为首要任务，把农业、基础设施建设及人才培训作为优先发展目标，出台了多项改革措施，改善投资环境，吸引外资，裁减军政官员，减少行政开支，集中财力进行经济建设，并且取得了一定成效，带动经济快速增长的主要行业是服装出口和旅游业。

柬埔寨目前实行对外开放和自由市场经济政策。随着政局的日趋稳定，柬埔寨已逐渐成为各国企业家眼中的投资乐园，外商投资兴建起了较大型的纺织服装业、木材加工业及建材生产业，柬埔寨的工业有了一定的发展。

作为经济落后的发展中国家，柬埔寨积极争取国际社会援助，用于恢复和发展经济。

21世纪以来，柬埔寨深化实施“四角战略”第三阶段的既定方针，加大对外交往力度，积极开展区域一体化和东盟一体化建设。以农业、旅游业、制衣制鞋业和建筑业为主导的工业以及外国直接投资继续稳步拉动宏观经济前行，保持了柬埔寨宏观经济的总体增长。

农业在柬埔寨国民经济中具有举足轻重的地位。尽管存在基础设施和技术落后、资金和人才匮乏等制约因素，但柬埔寨农业资源丰富、自然条件优越、劳动力充足、市场潜力较大。柬埔寨政府将农业列为优先发展的领域，竭力改善农业生产及投资环境，充分挖掘潜力，发挥优势，开拓市场。

制衣业和建筑业是柬埔寨工业的两大支柱。其中制衣业是柬埔寨在充分利用美国、欧盟、日本等28个国家和地区给予的普惠制待遇等优惠政策，凭借本国劳工成本低廉的优势，积极吸引外资投入的，并带动了制鞋（衣饰）业的发展，使衣、鞋产品成为对外贸易的主要产品。如图3-15所示，2010年后，柬埔寨对外贸易发展较快。

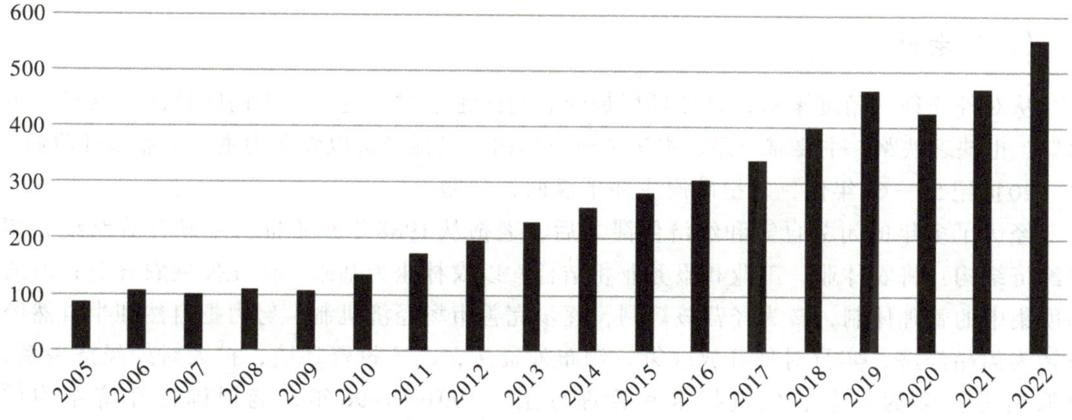

图 3-15　柬埔寨 2005—2022 年对外贸易总量（单位：亿美元）

数据来源：联合国数据库。

吸引外资的制衣制鞋业及传统农业的发展成为柬埔寨经济发展的强大拉力。2021年柬埔寨国内生产总值较2020年有所上升，这主要得益于制衣制鞋业、农产品出口的完全恢复。

工业不发达的柬埔寨自然景观资源丰裕，人文景观历史悠久，这些丰富的旅游资源使旅游业成为柬埔寨经济发展的支柱之一。

为促进经济发展，柬埔寨逐步开始了数字经济建设。互联网服务于1997年被引入柬埔寨，在外资与本土投资建设下，现今柬埔寨主要城市的带宽足够支持电子商务活动。因电信服务价格实惠，流量和电话套餐费用均低于全球平均水平，柬埔寨流行“移动优先”，民众习惯通过移动设备上网而不是电脑，这也为电子商务的发展提供了有利条件。

当今世界，各国的经贸发展都离不开国际社会。近十多年来，在众多发达国家给予普惠制和配额优惠的条件下，柬埔寨努力扩大对外贸易，并成为东盟、世界贸易组织成员，还签署了中国-东盟自贸区协议、区域全面经济伙伴关系协定等。

联合国数据库数据显示，2021年柬埔寨国内生产总值为266.69亿美元（如图3-16所示）；2022年对外贸易总量为557.81亿美元，其中进口约为302.84亿美元，出口约为254.97亿美元，出口与进口差额约为-47.87亿美元，表现为贸易逆差。

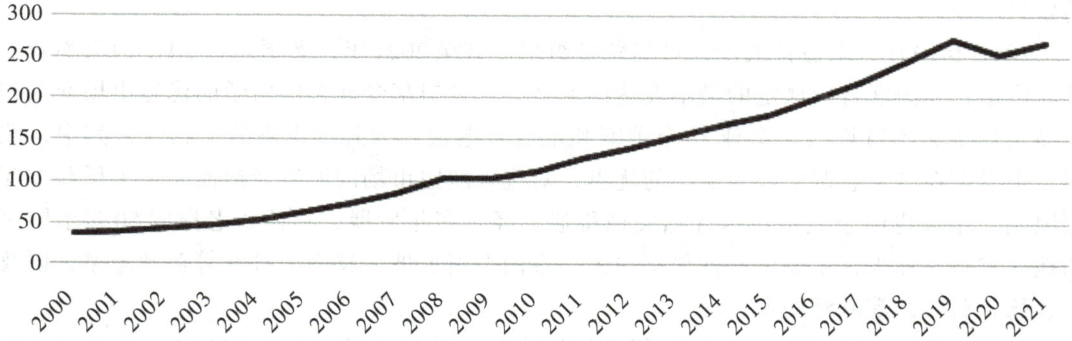

图 3-16　柬埔寨 2000—2021 年国内生产总值（单位：亿美元）

数据来源：联合国数据库。

（二）老挝

从对外交往的角度来看，自然环境最受制约的是老挝。老挝处于内陆地区，既没有出海口，也缺乏铁路，主要靠公路、水运和航空运输。老挝经济以农业为主，工业基础薄弱。

20世纪50—60年代，老挝政府主要依靠西方援助。

经历了多年的闭关自守和经济停滞之后，老挝从1988年开始推行革新开放路线，调整经济结构：将农林业、工业和服务业相结合，以农林业为基础，优先发展农林业；取消高度集中的管理体制，转为经营核算制，逐步完善市场经济机制，努力把自然和半自然经济转为商品经济；实行对外开放政策，颁布外资法，改善投资环境；扩大对外经济关系，争取引进更多的资金、先进技术和管理方法。1991—1996年，老挝国民经济年均增长7%。

1997年老挝受到亚洲金融危机严重冲击，通过政府采取的有效措施，经济得以复苏，发展基本保持稳定向上（如图3-17所示）。

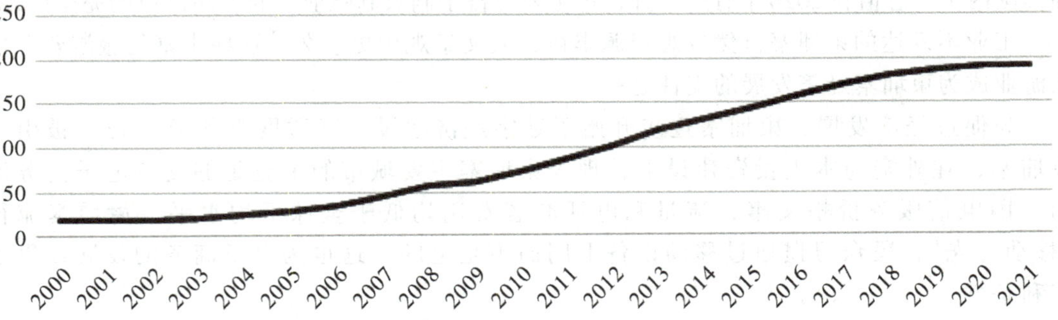

图3-17　老挝2000—2021年国内生产总值（单位：亿美元）

数据来源：联合国数据库。

老挝自然资源丰富，为电力行业和旅游业的发展提供了有利条件。老挝的电力除供给国内之外，主要是外送泰国和越南。

老挝琅勃拉邦市、巴色瓦普寺已被列入世界文化遗产名录，著名景点还有万象塔銮、玉佛寺，占巴塞孔埠瀑布、琅勃拉邦光西瀑布等。革新开放后，旅游业成为老挝经济发展的新兴产业。

2012年10月，老挝正式加入世界贸易组织。截至2021年，老挝与约20个国家签署了贸易协定；作为联合国认定的最不发达国家之一，老挝享受联合国给予的优惠市场准入和商品贸易优惠等特许权。全球38个国家和地区将老挝列为其普惠制的受惠国，其中，欧盟给予老挝在其普惠制中最高层次的优惠，对进入欧盟市场的所有老挝商品免关税和无配额限制。中国也给予老挝特殊优惠关税待遇。经过多年发展，目前，老挝同50多个国家和地区有贸易往来，主要贸易伙伴有中国、泰国、新加坡、越南、日本等亚洲国家，以及法、德、荷、意等欧洲国家。

联合国数据库数据显示，2020年老挝国内生产总值下跌，约为105.87亿美元（2019年为111.91亿美元），2021年回升至118.61亿美元；2022年对外贸易总量约为168.66亿美元（如图3-18所示），其中进口约为85.60亿美元，出口约为83.06亿美元，出口与进口差额约为-2.54亿美元，表现为贸易逆差。

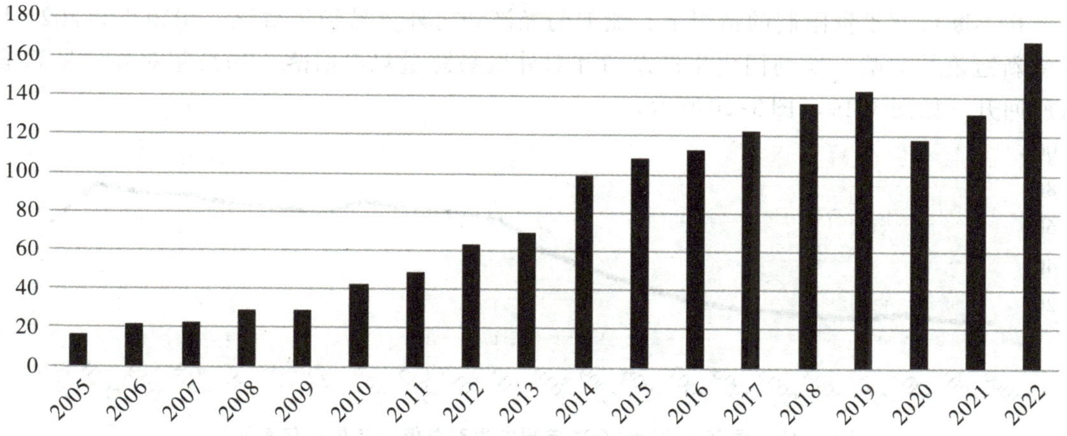

图3-18　老挝2005—2022年对外贸易总量（单位：亿美元）

数据来源：联合国数据库。

（三）缅甸

缅甸的自然条件比较好，石油、宝石等矿产资源丰富，有漫长的海岸线和广阔的平原，人口密度小，人均占有资源多，但由于曾多年实行军事管制、闭关锁国，因此缅甸的经济曾在较长的一段时期内发展缓慢。

1962—1988年，缅甸推行国有化，限制私人企业发展，经济低速发展。从1973年起，缅甸政府逐步调整其经济政策，对内放宽对私人工商业的限制，对被国有化的私人企业予以赔偿，提高农产品价格，给各省邦以更大的自主权，使合作社和私人企业能够发挥更大的作用。

1988年，缅甸开始实行对外开放政策，吸引外国直接投资。在此情况下，美国、法国和加拿大的企业先后到缅甸参与饭店等旅游设施的投资，日本和新加坡在缅甸积极筹建工业园，其他东盟国家的企业也纷纷挤进缅甸市场。但在同年9月17日，缅甸发生军事政变，军人政权接替了原来的政府，以美国为首的西方国家由此开始了对缅甸的经济制裁。制裁策略包括：在经济上不给予援助，在一些领域里限制与缅甸的贸易，在外交等方面孤立缅甸政府。由于受到西方的经济制裁，缅甸的基础设施建设落后，缅甸经济发展严重受制，经济年均增长率较低。

1989年3月31日，缅甸政府颁布《国营企业法》，实行市场经济，并逐步对外开放，允许外国资本赴缅甸投资，允许农民自由经营农产品，私人可经营进出口贸易。

进入21世纪，缅甸政府制订了四年经济发展计划，确定了经济年均增长率为10%的目标，继续加强基础设施建设，努力降低通货膨胀率。由于缅甸本身经济结构的封闭性和脆弱性，加之西方国家长期制裁，缅甸经济未能很快走出困境。

随着政府一系列措施的不断落实到位，私营领域投资活动得以推动，企业投资信心逐渐提高，商品出口不断增加，天然气开采的增加促使产量逐步攀升，旅游业开始繁荣兴旺等一系列的变化表明缅甸经济开始逐步增长，国内生产总值逐渐提升。

2016年5月，美国财政部宣布调整对缅甸的政策，放松一部分制裁措施，以促进两国的投资和贸易往来。

在不断放宽投资限制的情况下，缅甸的经济和对外贸易稳步增长。2020年和2021年因受新冠疫情影响，缅甸国内生产总值和对外贸易总量双双回落，2022年对外贸易总量有所回升（如图3-19和图3-20所示）。

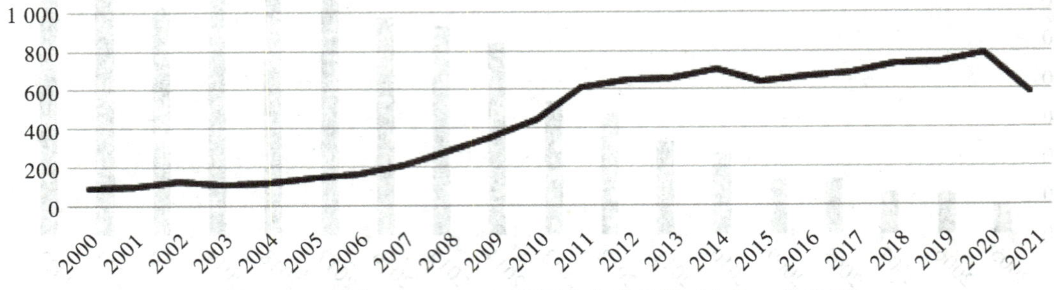

图3-19 缅甸2000—2021年国内生产总值（单位：亿美元）

数据来源：联合国数据库。

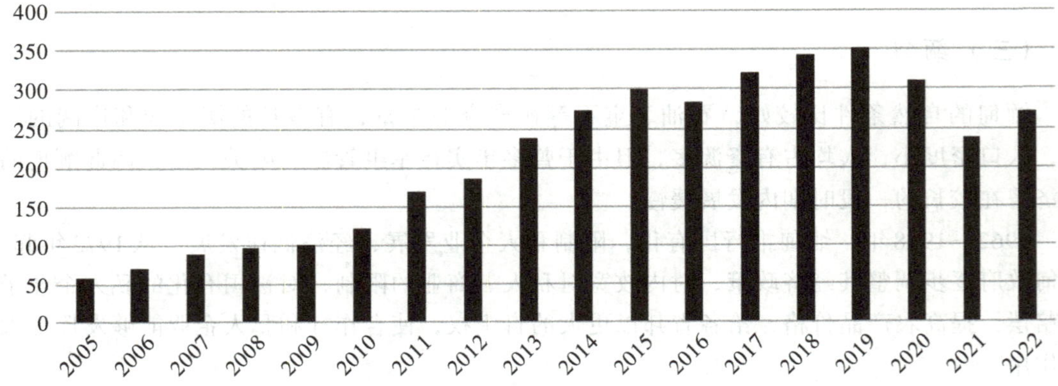

图3-20 缅甸2005—2022年对外贸易总量（单位：亿美元）

数据来源：联合国数据库。

联合国数据库数据显示，2021年缅甸国内生产总值为585.82亿美元；2022年缅甸对外贸易总量为270.47亿美元，其中进口约为147.84亿美元，出口约为122.63亿美元，出口与进口差额为-25.21亿美元，表现为贸易逆差。

九、东南亚最年轻的国家——东帝汶

2000年才从印尼独立出来的东帝汶，是世界上最落后的国家之一。

独立后的东帝汶的经济以农业为主，基础设施落后，至2022年，工业体系尚未建立，人民生活较为贫困。外国援助是东帝汶经济发展的强力支撑，而东帝汶的石油、天然气资源非常丰富。

东帝汶国民经济以农业为主，全国有一半以上的家庭从事农业活动，主要财政来源为油气收入，经济严重依赖石油收入的单一结构短期内难有改观，经济多元化发展任重道远，民众缺乏谋生手段的状况现今依然存在，高失业率、高文盲率和高物价的“三高”问题严重阻碍了东帝汶经济的可持续发展。

为推进建设，东帝汶政府将经济发展的重点放在基础设施重建和改善农业生产条件、开发油气资源方面，并加大在这些方面的投入，致力于推动经济多元可持续发展。2010

年，东帝汶政府颁布国家2011—2030年中长期战略发展规划，将基础设施建设列入国家重点规划。至2021年，部分道路得以修建，蒂坝港集装箱码头建设正在推进（至2021年），但油气产业仍未能起步，包括农业在内的大部分基础设施仍然处于落后状态，关系民生的粮食安全问题还未能解决，农业产业化水平低、发展缓慢；对外贸易规模不大，主要出口产品为咖啡和石油，逆差难以减少；旅游资源相比其他东南亚国家不足，接待能力较弱，难以吸引境外游客，服务业发展能力不足。

在国际援助及自身努力下，东帝汶经济缓慢向上发展，如图3-21所示。

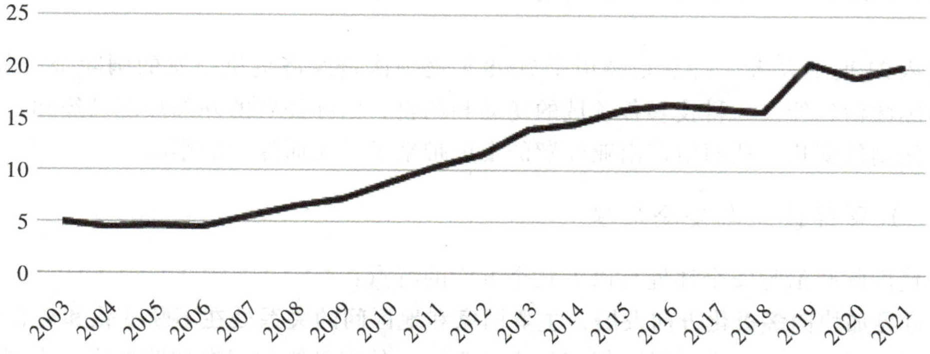

图3-21　东帝汶2003—2021年国内生产总值（单位：亿美元）

数据来源：联合国数据库。

东帝汶虽落后，但也在向外发展国际经贸关系。目前，东帝汶是非洲、加勒比和太平洋地区国家集团，国际金融公司，美国促进海外投资组织，多边投资担保机构，葡语国家共同体，太平洋共同体，南太平洋旅游组织等的成员，由此获得了发展国际经贸的各种优惠政策。就对外贸易而言，其绝大部分产品的出口得到了中国、澳大利亚、日本、新西兰、欧盟等的免关税或配额待遇。

联合国数据库数据显示，东帝汶2020年国内生产总值为19.02亿美元，2021年为20.04亿美元；2021年因国际能源价格上涨，对外贸易大为增长（如图3-22所示），2022年对外贸易总量约为34.69亿美元，其中进口约为15.88亿美元，出口约为18.81亿美元，出口与进口差额约为2.93亿美元，表现为贸易顺差。

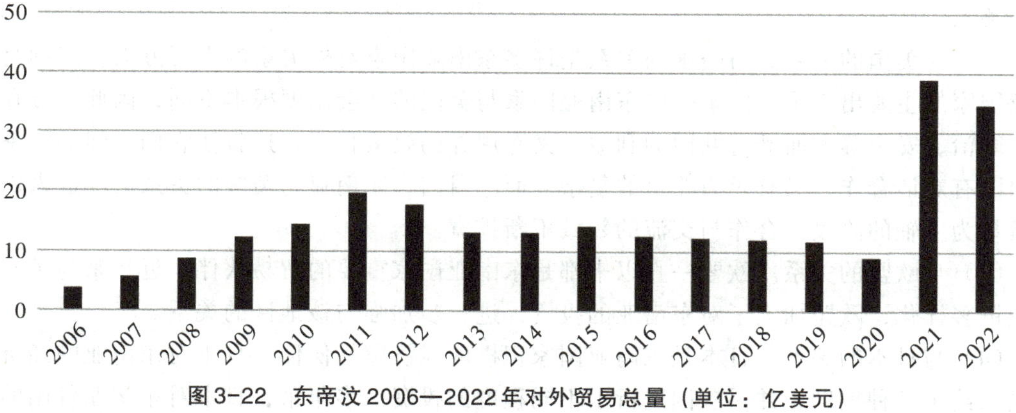

图3-22　东帝汶2006—2022年对外贸易总量（单位：亿美元）

数据来源：联合国数据库。

第三节 东南亚国家经济与贸易发展环境

发展环境在本书中指的是一国在发展经贸的过程中所处的国际境况，是经贸发展赖以存在并影响和制约一国经贸发展和变化的多种国际社会因素。

一、东南亚经济发展环境

进入21世纪以来，特别是经历了2008年美国次贷经济危机引发的国际金融危机后，随着国际政治、经济、科技等各领域的变动和调整，国际经贸的外部环境已经和正在发生一系列深刻的变化，从而给东南亚经贸的发展带来了重大而深远的影响。

（一）国际政治与安全环境

当代国际政治与安全环境有以下几个方面的特点：

1.世界加快向多极化方向发展，主要国家和地区间的关系处在不断变化和整合中

目前，以美、中、欧、日、俄五种力量为中心的多极结构正在加速形成。中国作为当今最大的社会主义国家和联合国安理会五大常任理事国之一，其国际影响力正在不断扩大。随着改革开放的深入和经济实力的提高，中国在国际舞台上扮演的角色日趋重要。

东南亚国家倡导以东盟为基石积极开展对外合作，尤其要发展与大国的良好关系。如今，在东南亚的对外关系中，与中国、美国、日本、欧盟的关系是其主要方面。这四种双边关系的发展状况直接影响着东南亚国家的经贸发展环境。

（1）与中国的关系。中国是东盟之外首批加入《东南亚友好合作条约》的国家之一，中国-东盟自由贸易区自2004年启动以来实现了良好的发展，中国与东南亚国家的经贸交往日益密切。中国与东盟共建“一带一路”扩大了双方共同利益，惠及了各自的根本发展利益。2018年是中国-东盟创新年，双方在智慧城市、数字经济、人工智能、“互联网+”等领域开展合作，2021年11月22日，中国与东盟由“战略伙伴关系”升级为“全面战略伙伴关系”。

（2）与美国的关系。与美国的关系是许多东南亚国家对外关系的主要方面。美国是东南亚国家的主要出口国，由于一些东南亚国家与美国的社会制度根本不同，因此双方在经济、政治、安全等方面既有共同的利益，又有迥异的政策目标，这就使它们之间的关系呈现出既有对话合作，又有矛盾斗争的复杂局面。目前，东南亚与美国的关系已经进入以经济贸易为主轴的阶段，合作与交流的领域不断扩宽。

（3）与欧盟的关系。欧盟一直以来都是东南亚国家重要的贸易伙伴。近年来为了实现供应链多样化，欧盟加大了对东南亚的投资，进一步加强与该地区的关系。

（4）与日本的关系。日本是东南亚国家积极的经济贸易伙伴。日本对东南亚的经济落后国家给予各种援助，并对各国进行了不同程度的投资。多年来，日本对东南亚各国的投资不断增加，从而推动了东南亚工业化的发展。

2.时代的基本特征已不再是战争与革命，而是和平与发展

如今，各国都在通过发展经济增强国力，通过增加对外投资来提高本国的国际影响力。例如，日本一直在积极寻求与东南亚国家的合作，通过双边协议促进与东南亚国家的经贸关系。

3.经济安全成为新的焦点

所谓经济安全，是指保障国家经济（包括科技）发展战略诸要素的安全，在参与国际竞争和经济合作中维护国家利益和争取优势地位，特别是保护本国市场和开拓国际市场。经济安全不仅包括竞争力和独立性，而且包括持续性和公平性。如果经济发展以环境上的非持续方式来实现，如耗尽不可再生的资源或破坏生态环境，那么经济安全是不可能得到长期保证的。

考虑到这些因素，经济安全的定义应该是：一个国家在保持对外部经济压力的独立性的同时，以公平的、可持续的方式提高全体人民生活水平的能力。当今世界，经济实力是决定各国国际地位的主要因素。少数西方大国的保护主义、歧视政策和霸道行径是当前国际经济安全的主要威胁。东南亚一些欠发达国家的经济发展缓慢，这与其对经济安全的顾虑不无关系。

在经济安全领域，除了矛盾与斗争，也有协调与合作的一面，而且协调与合作往往处于比较主要的地位。至少在两个理论问题上，全世界达成了共识：一是市场经济是人类社会发展的必经阶段；二是相互依赖、一体化和国际化已成为世界经济发展的主要动力。因此，国际化和全球化飞速发展，各国之间的相互依存日益紧密，都为经济安全领域的协调与合作开辟了广阔的空间。中国在发展与东南亚各国的经贸关系中一再强调：中国将致力于东南亚国家的经济繁荣，以促进地区的共同发展。因此，在中国-东盟自由贸易区的建设中，中国采取了许多积极有效的措施，如为柬埔寨、老挝提供经济援助，帮助这些国家进行基础设施建设等。

（二）国际经济环境

当代国际经济环境同样发生了深刻变化，在这些变化中，有的源自国际政治格局的突然变迁，但更多的还是源自国际经济自身的运动变化规律。其变化特点有以下几个方面：

1.世界经济多中心格局的发展进入新阶段

中国等发展中国家的崛起正在并已经改变美、日、欧“三足鼎立”的世界经济格局，世界经济正在向新的多中心格局演变。世界经济格局已经从多年形成的“三个中心”（美国、日本、西欧）逐步转化成七国集团+金砖国家。

2.世界经济相互依赖的关系进一步增强

随着新科技革命的兴起和不断向深度和广度进军，国际分工和生产专业化的高度发展，以及生产和资本的日益国际化，整个世界经济相互依赖的关系日趋增强。如今，世界经济无论是从地缘上看还是从运行机制上看，其各个组成部分已日益形成一个相互依赖、相互依存并难以分割的整体。这种相互依赖关系的增强突出表现在以下方面：

（1）一个包括不同社会制度、不同发展程度、不同民族文化的统一的全球大市场渐趋形成。

（2）为使资源配置最优化、取得最佳效益而兴起的跨国公司已经进入绝大多数的国家和地区的各个行业和各个部门，并以不断扩张的规模进行跨国直接投资，“无国界”经济正在快速兴起。

（3）全球经济区域化、集团化格局已初步形成，并正在向深度和广度全面推进。目前已经形成了欧洲经济区、北美自由贸易区、亚太经济合作组织三足鼎立，不同层次、不同形式及不同内容的区域、次区域和小区域等众多经济集团并存的局面。东盟国家的“10+1”和“10+3”经济合作模式正是适应这种环境而产生的。

（4）随着经济区域化、集团化和国际化的加强，经济的区域协调、全球协调正在兴起和不断增强，这种协调存在于不同发展程度、不同社会经济体制的国家和地区之间，协调的内容既包括宏观经济政策的协调，也包括全球经济行为的协调，甚至包括与经济贸易相联系的对外政治与外交的更广泛领域的全面协调。如在2021年11月，10天3场包括二十国集团（G20）领导人第十七次峰会、亚太经合组织（APEC）领导人非正式会议在内的国际会议在东南亚召开，这些会议为东南亚各国在各方面的对外友好合作提供了一个平台。

3.世界经济发展更趋向于注重质量和效益

近年来，发达国家非常重视科技进步的作用和产业结构的调整，并因此带动世界经济进一步向科技型、知识型、效益型和集约型的方向发展；同时，经济发展与环境保护之间的联系也越来越紧密。由于追求经济效益，跨国公司在世界范围内积极寻求发展基地，以促成世界产业链的形成，这给劳动力资源和自然资源丰富的东南亚国家带来了极大的发展机会。近年来，中国、韩国、日本等国家的企业在东南亚国家投资设厂的增加使东南亚国家的制造业迅速发展就是一个明证。

（三）科学技术环境

当代国际竞争的核心和焦点是科学技术的竞争。国际经贸的竞争也越来越显示出科学技术的决定性意义。当代国际经贸的发展所处的科学技术环境的新变化主要表现为：

1.当代科学技术发展进入了新阶段

信息技术革命推进了“信息时代”的发展，全球信息和资源交流变得更为迅速，大多数国家和地区被卷入到全球化进程之中，促使世界经济从工业化阶段进入信息化阶段，从而使生产、投资、成本、销售、市场乃至家庭生活等方面发生巨大变化，数字经济逐渐成为当代经济的发展特征。

2.“科技立国”成为越来越多国家经济发展的基本战略

科技进步日益服从于经济增长的需要。近年来，科技成果向生产力转化的周期大为缩短，经济的产业化趋势迅速增强。

科学技术环境因素是影响东南亚各国制定经济发展战略的重要因素。例如，新加坡在其新的发展战略中计划通过发展科技产品形成与中国贸易的产品竞争优势；马来西亚、泰国等也在积极引进外资，发展电子信息化产品，促进经济转型。

二、东南亚对外贸易发展环境

影响东南亚国家对外贸易发展的环境因素主要包括区域贸易合作、国际贸易体制和国际贸易政策等。

(一) 区域贸易合作

1.区域贸易合作化组织

(1) 以欧盟为中心的欧洲贸易集团正在形成。

(2) 以美国为中心的美洲贸易集团前景乐观。

(3) 亚太地区经贸合作步伐加快。从合作形式来看，亚太国家由于在社会制度、经济运行机制、经济发展水平及文化历史背景等方面存在较大差别，因此其合作方式具有多样化和渐进化的特点。从发展趋势来看，PECC（太平洋经济合作理事会）等全区域性的合作机制将得到发展，但次区域的合作（如中国-东盟自由贸易区、区域全面经济伙伴关系）会具有更大的吸引力，并可望通过次区域的合作带动亚太地区总体经贸合作的发展。

(4) 众多弱小贸易集团并存。在世界贸易集团化浪潮的推动和刺激下，众多势力相对弱小的贸易集团纷纷建立。东盟自由贸易区、南方共同市场、安第斯关税同盟、加勒比共同市场、中美洲自由贸易区、西非国家经济共同体、南非经济共同体等的建立，加快了世界贸易向区域化、集团化新格局前进的步伐。

可见，不管经济发展水平如何，为了获得更好的贸易环境、得到更多的经济效益，各国都在纷纷加入适合本国发展条件的不同层次的贸易集团。从东盟自由贸易区到中国-东盟自由贸易区，再到区域全面经济伙伴关系，东南亚国家的经贸也在不断得以发展。

2.贸易集团化的影响

(1) 国际分工格局将发生新的变化。世界贸易集团化新格局的形成将从根本上改变现有的以发达国家与发展中国家之间垂直分工为主体的国际分工格局。新的国际分工格局不仅能够促进世界贸易的发展，而且将推动贸易一体化的进程。

(2) 贸易集团化新格局对不同类型的国家将产生不同的影响。贸易集团化新格局对集团内的发展中国家来说有利也有弊，但利大于弊。一方面，集团内的发展中国家可以通过参与集团内分工，调整和优化国内产业结构和经济结构，充分利用集团内发达国家的资金、技术和设备，提高自己的经济实力，并利用贸易自由化的有利条件，通过对外贸易的发展促进和带动整个国民经济的发展；另一方面，集团内的发展中国家也有可能面临新的困境，如处于集团内分工的最底层必然会受制于发达国家，以及有可能导致单一分工现象的再现等。东南亚国家结成东盟，正是要在各自国家的比较优势的基础上，通过技术、资金等扶持、培养落后国家的优势产业，利用自由贸易区带动各国经济的全面发展，最终形成强大的对外竞争力。

(二) 国际贸易体制

当前的国际贸易体制基本上是一种以开放与自由为基础的体制，但是这种体制并不坚固，也很不成熟。一方面，国际贸易体制正在受到区域性贸易集团的冲击和相关国家贸易体制和行为的侵蚀；另一方面，国际贸易体制还在逐步形成之中。总体来看，当代国际贸易体制一方面维护了GATT形成的多边贸易体制，另一方面加强和健全了这种多边贸易体制。

取代GATT的世界贸易组织是当代最重要的国际经济组织之一，但还存在若干缺点和有待继续改进之处，其中最重要的一点就是世界贸易组织在规划其新的职能范围和机制规则时忽视了发展中国家的利益。例如，把环境与贸易问题列入世界贸易组织的议事日程，明显削弱了发展中国家的竞争优势；允许进行跨领域的交叉报复和制裁的贸易争端解决机制仍然对发达国家无能为力，对发展中国家却构成了很大威胁；世界贸易组织仍然和GATT一样，由少数发达国家所操纵。对于已经加入和正在要求加入世界贸易组织的东南亚国家来说，这方面问题需要引起特别注意。

（三）国际贸易政策

当代国际贸易政策出现了一些新变化，具体包括：

（1）保护主义政策与有限制的可调节的自由贸易政策并存，在经济发展不景气的时候，保护主义政策盛行。

（2）非关税壁垒不断出台，间接的贸易限制措施逐渐取代了直接的贸易限制措施，出现了更多新型的、更灵活和更隐蔽的贸易限制措施。

（3）区域内的共同贸易政策受到了相关国家和地区的欢迎。共同贸易政策往往意味着区域内的共同开放和区域外的共同保护，使区域内成员在获得共同保护承诺的条件下最大限度地获取自由贸易利益的基本政策保障，在实际运行中促进了区域内成员的共同发展，如中国-东盟自由贸易区。

（4）当前国际上，发达国家之间的贸易壁垒普遍很低，削减的余地小，贸易壁垒的建立矛头转向了发展中国家。西方各经济大国遭遇严重的财政赤字时，唯恐引起通货膨胀，不愿采取有效的政策措施来扩大总需求，便通过贸易壁垒限制自发展中国家的进口，从而破坏了发展中国家出口的良好国际环境。

上述（1）、（3）环境因素对东南亚国家发展对外贸易是有利因素，但（2）、（4）因素明显会制约东南亚国家对外贸易的发展。因此，东南亚国家发展经贸在一贯坚持以东盟为基石的基础上，逐渐向外拓展，看好中国市场和中国友好的合作态度，积极发展与中国的经贸关系，积极参与“一带一路”建设。

（四）部分发展中国家的贸易地位已有明显改善

贸易地位的改善有利于获得更多的发展机会。发展中国家的发展机会主要表现在以下几个方面：

（1）在世界经济多极化格局的演变中，西方大国将重新划分势力范围，这必然会加剧它们内部之间的矛盾和斗争，从而给发展中国家提供了新的机遇。

（2）发达国家在组建和扩展贸易集团的过程中，出于竞争和增加自身利益的需要，它们可能会吸收相关地区的一些发展中国家和地区参加贸易组织，从而使这些国家和地区获得一些发展机会。

（3）科技革命的发展推动了发达国家产业结构的大调整、大转换，发展中国家如能抓住时机，迅速调整和改组国内产业结构，就能获得较快的发展。

东南亚国家大部分为发展中国家，同样能利用上述机会。东南亚国家目前的产业分工既有垂直分工，也有水平分工，随着东盟自由贸易区的发展，这种合作模式的优势日益明显，利用这些合作经验可以参与更大范围、更高层次的经贸合作，促进东南亚经济不断向前发展。其中的泰国、马来西亚、越南等国通过制定各种政策吸引外资，通过外资调整国内产业结构，成效显著，产业结构已经或正逐步从劳动密集型产业向资本和技术密集型产业转化。

案例剖析

东南亚数字经济规模10年内破1万亿美元

据泰国中华日报2021年11月17日报道，东南亚正式迈入数字时代，该地区数字经济增长速度也超预期，预计10年内整个东南亚国家数字经济规模将高达1万亿美元，而泰国将是该地区第二大电商市场。

谷歌和淡马锡发布的东南亚电商行业报告对东盟国家中的印尼、马来西亚、新加坡、泰国和越南等国家进行了深度研究后，预计到2021年年末整个东南亚电商市场规模将达到1 780亿美元，并在2025年增加到3 600亿美元。东南亚电商市场的高速发展也吸引了资本市场的大量关注并加大了对该地区电商市场的投资。从结构上看，东南亚电商市场之所以吸引资本关注的主要因素之一就是消费人数，该地区上网人数超过4.4亿人，其中超过3.5亿人都是电商平台消费群体。在新冠疫情大暴发后，电商消费群体和交易量更是出现了跳跃性增长。就泰国数字经济市场规模而言，它是东南亚国家中继印尼之后第二大市场，预计到2025年，泰国数字经济市场规模将增至570亿美元，年化涨幅17%。报告指出，电商市场对泰国数字经济快速发展起到了重要的推动作用。泰国电商市场规模会在2025年提高到350亿美元的规模。除电商外，流媒体服务市场也表现强劲。东南亚在线游戏市场同样会有突出表现，外卖配送服务市场则继续保持快速增长。从消费行为习惯看，泰国上网用户通过平台购买外卖的次数也明显增长，疫情期间购买外卖的比例高达76%。

资料来源：泰国中华日报．东南亚数字经济规模10年内破1万亿美元［EB/OL］．［2021-11-18］．http：//th.mofcom.gov.cn/article/ztdy/202111/20211103218796.shtml.

剖析：案例体现了国际环境对东南亚经济发展的影响，表明数字经济已成为东南亚地区经济发展的新增长点，当今的东南亚地区经济发展充满了活力。

第三次信息革命方兴未艾，还在全球扩散和传播。5G、数字化、机器人、人工智能、先进制造业等正在引领全球经济向更高的水平发展。国际经贸发展环境中的科技环境对东南亚国家经济的发展影响极大，数字经济正在引领东南亚地区经济的发展。

东南亚地区具备发展数字经济的良好基础，以电子商务为代表的数字经济发展快，成为地区经济发展的新增长点；吸引了众多的资本投入，数字经济正在成为资本投资新领域。

除电子商务外，流媒体、游戏、平台外卖配送等市场方面需求旺盛，是现阶段东南亚地区可拓展的数字经济空间。

数字经济带动增长的关键在于提高资源配置效率，目前来看，东南亚地区的数字经济虽然暂时主要服务于消费升级，但未来有望促进产业升级，数字经济存在巨大的发展空间。

本章小结

1.东南亚共有11个国家：文莱、柬埔寨、印度尼西亚、老挝、马来西亚、缅甸、菲律宾、新加坡、泰国、越南、东帝汶。其中，人口最多的国家是印度尼西亚，最少的国家是文莱；面积最大的国家是印度尼西亚，最小的国家是新加坡。

2.东南亚大部分国家自然资源丰富，经济发展不平衡，经贸发展各有特点，数字经济的发展正成为各国关注的重点之一。

3.影响东南亚经济和贸易发展的国际环境因素主要有国际政治与安全环境、国际经济环境、科学技术环境、区域经贸合作、国际贸易体制、国际贸易政策等。

思考与练习

一、单项选择题

1.在东南亚国家中，经贸发展最好的国家是（　　）。

A.新加坡　　B.泰国　　C.马来西亚　　D.文莱

2.在下列东南亚国家中，经济结构单一化最明显的国家是（　　）。

A.新加坡　　B.泰国　　C.马来西亚　　D.文莱

3.东南亚汽车制造中心位于（　　）。

A.新加坡　　B.泰国　　C.马来西亚　　D.菲律宾

二、多项选择题

1.东南亚国家中的社会主义国家包括（　　）。

A.越南　　B.柬埔寨　　C.老挝　　D.缅甸

2.石油资源丰富的东南亚国家有（　　）。

A.印尼　　B.柬埔寨　　C.老挝　　D.文莱

3.经济发展上较为依赖国际援助的东南亚国家有（　　）。

A.印尼　　B.柬埔寨　　C.老挝　　D.东帝汶

4.影响东南亚经贸发展的国际外部环境包括（　　）。

A.国际政治与安全环境　　B.国际贸易政策

C.国际经济环境　　D.科学技术环境

5.下列国家中，属于中高收入的东南亚国家有（　　）。

A.新加坡　　B.泰国　　C.马来西亚　　D.文莱

三、简答题

1.新加坡经济发展的特点是什么？

2.查找相关资料，谈谈你对东南亚其中一个国家数字经济发展的看法。

3.经济安全环境对东南亚国家的经济发展有何影响？

第四章 东南亚经贸发展进程和特征

本章要点

本章系统地介绍了东南亚从殖民地时期至今的经贸发展战略的演进过程，概括了当前东南亚经贸发展的基本格局和特征，指出目前东南亚在不断推进区域经济一体化进程加速发展的过程中，已经成为世界经济重要的增长极和国际生产网络的重要节点，但是经济转型和结构调整仍面临困难，最后总结了东南亚国家GDP、对外贸易、吸引外国直接投资及国际竞争力等在世界经贸发展中的地位及发展趋势。

❖ 案例引导

新加坡经济发展历程

作为一个城市岛国，新加坡国土狭小，自然资源匮乏。1965年独立之初，新加坡政府面临一系列的内忧外患。对此，新加坡政府审时度势，采取了走“工业化道路”的经济发展路线。新加坡经济的工业化共经历了五次成功的经济转型，即20世纪60年代的劳动密集型产业、20世纪70年代的经济密集型产业、20世纪80年代的资本密集型产业、20世纪90年代的科技密集型产业、21世纪的知识密集型产业。具体来说，就是由独立初期的劳动密集型工业，逐步过渡到具有高附加价值的资本、技术密集型工业和高科技产业，进而发展到目前的信息产业等知识密集型经济。从20世纪70年代开始，新加坡逐步摆脱了仅仅依靠转口贸易维持生计的局面；从20世纪80年代开始，新加坡加速发展资本密集、高增值的新兴工业，大力投资基础设施建设，力求以最优越的商业环境吸引外来投资，以制造业和服务业作为经济增长的双引擎，不断提升产业结构；20世纪90年代，新加坡非常重视信息产业，并投资在全岛兴建“新加坡综合网”。2015年，新加坡进一步加强对创新密集型产品的研发，创新逐渐成为新加坡经济发展的一个重要趋势。经过半个多世纪的快速发展，新加坡人均GDP与当初相比增长近百倍，新加坡已经迈入了发达国家的行列，在亚洲居第一位。新加坡政府在2010年更是提出了进一步推动研发活动的要求，目标是在5年内使研发经费开支占到国内生产总值的3.5%。为了进一步推动经济增长，新加坡大力推行“区域化经济发展战略”，加速向海外投资，积极开展在国外的经济活动。新加坡政府重视制造业发展，2021年提出“制造业2030愿景”，计划到2030年实现制造业产值增长50%，将该国打造成全球先进制造业的业务、创新与人才中心。具体措施包括提高本土制造业企业竞争力、加速本土人才培养、吸引更多年轻人从事先进制造业、加大知识产权投入力度和推动制造业转型等。同年，东南亚制造联盟在新加坡成立，对促进包括新加坡在内的东盟国家制造业发展具有重要意义，也为新加坡“制造业2030愿景”提供了强有力的支持。

2022年新加坡贸工部发布的初步预估数据显示，2021年GDP增长7.2%，创下了自2010年以来的GDP最快年度增长纪录，这一表现可谓亮眼。2021年新加坡经济实现强劲反弹，主要得益于政府采取的积极防控疫情与经济复苏二者并举政策，整体外部营商环境逐步改善，包括加速疫苗接种速度，继续延长和扩大对受疫情影响行业、企业和个人的扶持，适时调整国内疫情管制措施和重启与扩大经济活动，积极修复产业链和保证供应链畅通等举措。

新加坡致力于与各国建立伙伴关系，并持续推动自由贸易和区域经济一体化；继续推动产业转型，在巩固现有优势的前提下，协助企业重组，以及让员工提升技能；着重拓展数字经济和绿色经济等新增长领域，进一步落实“智慧国”计划和2030年新加坡绿色发展蓝图。

经历上述几个阶段之后，新加坡日益走向富裕，逐渐发展成为新兴的发达国家，并因此被誉为“亚洲四小龙”之一。

第一节　东南亚经贸发展战略的演进

一、殖民地时期

在西方殖民者入侵东南亚地区之前，东南亚国家基本上都处于封建社会阶段。从16世纪初起，由于葡萄牙、荷兰、英国、法国、西班牙、美国等西方殖民者和第二次世界大战中日本的入侵、统治和掠夺，东南亚国家传统的生产方式遭到严重破坏，自给自足的自然经济受到冲击，社会经济结构逐渐走向殖民地化或半殖民地化。在殖民地时期，东南亚国家没有自主的经济贸易发展战略，西方殖民者把东南亚作为其商品销售市场、原料供应地和投资场所，并在当地推行“单一种植制”。例如，印尼种植香料，菲律宾种植热带经济作物，缅甸、越南种植稻米，马来西亚出产锡和橡胶，新加坡从事转口贸易等。由此，东南亚国家被迫卷入资本主义国际分工体系和世界市场，并逐渐形成了由西方垄断资本经营的面向世界市场的生产部门和由当地原住民从事自给性粮食作物生产的传统部门。西方殖民者长达数百年之久的统治，使得各国的经济部门单一且畸形发展，民族工业薄弱，少数沿海地区和中心城市与广大内地和农村之间的经济差距日益扩大，各国在经济上严重依附于原宗主国，畸形和单一的殖民地经济结构是造成东南亚地区经济长期落后的根本原因。

二、第二次世界大战以后

第二次世界大战以后，东南亚国家相继取得了政治独立，民族经济的发展奠定了环境和基础，由此，东南亚的经济发展拉开了由殖民地经济向新兴工业化经济演进的序幕。从整体上，东南亚国家的工业化大致经历了进口替代、面向出口、第二次进口替代和第二次面向出口的四个发展阶段。

在工业化初期，东南亚五国推行进口替代的工业化战略。东南亚五国实施这一战略的时间分别是：菲律宾（1949—1970年）、新加坡（1959—1967年）、马来西亚（1952—1967年）、泰国（1954—1970年）、印尼（1967—1976年）。这些国家主要建立和发展本国的日用消费品制造工业，以本国生产的工业品替代进口的消费品。在此过程中，各国普遍配合实施不同程度的贸易保护政策，尤其是对以轻纺工业为主的劳动密集型产业，政府普遍实施高关税保护、进口限制和高汇率等政策，以保护国内的幼小工业；同时，政府还制定相应的优惠措施，促进进口替代型企业的投资。在这个时期，东南亚国家资本积累的来源主要是依靠政府政策促使本国的农业和商业领域的资本向工业领域流入，如泰国通过大米征收政策，促使本国农业剩余转入工业领域。这一时期的进口替代的工业化战略，为东南亚国家打破殖民地时期造成的单一落后的经济结构、促进经济结构向多元化方向发展起到了相当大的作用。但是，许多问题也显露了出来。例如，进口替代虽然减少了非耐用消费品的进口，但从国外进口的机器设备、中间产品和原材料急剧增加，导致国际收支状况恶化，对内销工业的保护性政策实际上保护了落后，造成企业生产效率低下，进口替代工业生产日益受到国内市场饱和的限制。又如，进口替代工业享有的优惠政策使得这些企业过快地向资本密集型产业过渡，不利于增加国内就业。

从20世纪60年代末开始，东南亚五国开始推行面向出口的工业化战略。东南亚五国实施这一战略的时间分别是：新加坡（1968—1979年）、马来西亚（1968—1979年）、菲律宾（1970—1981年）、泰国（1971—1980年）、印尼（1976—1984年）。这些国家主要以世界市场为导向，建立和发展本国面向出口的工业，带动国内经济发展。这个时期工业化战略的特点是：以加工、装配和其他中间产品的生产为起点，建立劳动密集型的出口工业部门，利用比较优势，以低廉的劳动成本，提高产品出口竞争能力。各国政府普遍采取辅助性的自由贸易政策，如降低关税保护、调整汇率政策、提供出口奖励、鼓励外国投资、设立出口加工区等。这一时期，东南亚国家的经济实现了较快发展，其中新加坡经济的发展最为迅速，新加坡率先完成了新兴工业化的过程，成为世界上重要的制造业生产和出口基地、国际贸易中心、国际航运中心、国际金融中心和区域旅游中心，并跻身亚洲新兴工业化国家的行列，被称为“亚洲四小龙”之首，其他东南亚国家也基本上摆脱了落后状况，不少产品已在国际市场上占有一席地位。但是到了20世纪70年代末，这些国家（尤其是新加坡）的经济遇到了双重难题：一是劳动力短缺，工资成本上升，直接影响产品出口竞争能力；二是西方国家贸易保护主义盛行，对面向出口工业的发展造成了较大的冲击。在这一背景下，东南亚国家不得不进行工业化战略的调整和转型。

从20世纪70年代末开始，东南亚五国相继转向推行第二次进口替代的工业化战略。东南亚五国实施这一战略的时间分别是：1979年，新加坡率先提出实施经济重组，进行“第二次工业革命”，促使工业技术升级；1980年，马来西亚设立国有重工业公司，发展部分重化工业；1981年，泰国在发展面向出口工业的同时，更加重视发展重化工业；1983年，菲律宾提出在继续发展面向出口工业的基础上，重点实施重工业建设项目；1984年，印尼提出将基础工业、金属工业和机械工业列为优先发展的产业部门。与以消费品工业为主的第一次进口替代工业化战略不同，第二次进口替代工业化战略主要面向国内市场，重点发展耐用消费品工业、基础工业、重化工业，工业结构以资本密集型产业为主；同时，政府对这些新兴工业实施保护和鼓励的政策。由于东南亚国家本身缺乏发展基础工业、重化工业的资本和技术条件，加上遇到80年代初不利的国际经济形势，到80年代中期，各国普遍陷入严重的经济衰退之中，不得不放弃或推迟重化工业项目。

从20世纪80年代中期开始，东南亚五国相继转向推行第二次面向出口工业化战略。该战略实施的背景是：随着日元和“亚洲四小龙”货币的大幅度升值，日本、“亚洲四小龙”将部分资本密集型工业、技术密集型工业转移到区域内，这使得东南亚国家进一步发展面向出口工业获得了新的机遇。东南亚各国第二次面向出口工业化战略是第一次面向出口工业化战略的延伸和提高，第一次面向出口以发展劳动密集型的加工装配业为主，第二次面向出口则提高了出口产品的附加值和技术含量。这一次工业化转型，大多数国家的经济保持了高速增长，产业结构的技术升级有所加快，出口竞争力得以增强，新加坡、文莱进入高收入国家的行列，印尼、马来西亚、菲律宾、泰国的人均国内生产总值超过1 000美元（其中，马来西亚超过3 000美元、泰国超过2 000美元），工业产值超过农业产值（其中，马来西亚、泰国、菲律宾的制造业产值超过农业产值），农业劳动力比重下降，工业制成品出口比重超过初级产品出口比重。人们习惯上将这一时期保持经济高速发展的泰国、马来西亚、菲律宾和印尼四个国家称为“亚洲四小虎”。

在此发展环境和东南亚五国经济发展的带动下，越南、老挝、缅甸、柬埔寨等后起国家也先后实施经济开放与改革政策，开始了工业化进程。长期以来，这些国家推行闭关锁国政策，加上持续不断的战乱，国内经济长时间处于贫困、落后和无序的状态，成为世界上最不发达的国家。1986年年底，越南共产党第六次全国代表大会确立了经济开放与革新的方针，制定和实施了农业承包制、国有企业自主经营和自负盈亏、国内价格改革、金融体制改革、吸引外国投资等一系列经济革新的重大措施，推进计划经济逐步向市场经济过渡。1986年，老挝人民革命党第四次全国代表大会以后，老挝积极实施革新开放路线，调整经济结构，推行农业承包责任制和国有企业重组，实行多种所有制形式并存，扩大对外开放，促进自然和半自然经济向市场经济过渡，建立国家管理的市场经济机制。1988年，缅甸军政府上台以后，实行以建立市场经济为目标的经济体制改革，鼓励发展私人企业，积极引进外资，调整农业政策，建立多元化的金融系统。1993年，柬埔寨新政府成立以后，开始实施市场经济体制，新政府把发展经济、消除贫困、提高人民生活水平作为对内政策的重点，将农业、基础设施建设及人才培养作为优先发展的领域，扩大对外开放，吸引外资和外援。

三、1997年金融危机之后

1997年7月，东南亚国家爆发金融危机。1997年7月2日，泰国宣布放弃实行13年的固定汇率制，泰铢因此大幅度贬值，进而导致东南亚其他国家的货币也迅速贬值，引发了东南亚金融危机。东南亚金融危机以货币、银行、债务以及信用等危机交织并发为特征，并且引发了某些国家的政局波动和社会动荡。

1997年金融危机爆发后，各国政府积极采取措施，大力实施国内经济重组与调整的战略政策，这些政策大致可分为短期性经济重组和中长期战略调整。前者主要是在近期推行扩张性宏观政策，重组银行金融体系，寻求国际金融援助，继续进行产业结构和出口市场的重组，以期早日控制通货膨胀，降低国际收支逆差，稳定宏观经济局势；后者着重于中长期经济的发展，实行经济发展战略与结构的调整，实施传统产业的技术升级，大力发展新兴产业，并启动了一些大型基础设施建设项目，以适应经济全球化和信息化的潮流。

2002年以后，东南亚经济逐渐呈现复苏的态势，泰国、印尼提前还清了国际货币基金组织的贷款，各国经济基本上走出了金融危机的阴影。2005年4月，马来西亚取消了已实施6年半的资本管制措施；2005年7月，马来西亚又宣布将放弃固定汇率制。为加快国内产业结构的调整，各国纷纷实施传统产业的技术升级，大力发展新兴产业。例如，新加坡努力将生物医药培育为第四大产业部门，马来西亚积极发展信息技术和生物医药产业，泰国加速了区域汽车生产基地的建设。

四、2008年金融危机之后

自2008年起，在国际金融危机的冲击下，东南亚经济普遍出现衰退或减速。全球金融市场的持续波动，使得东南亚的汇市和股市急剧下挫，外国资本大量撤离。随着国际金融危机向实体经济蔓延，金融危机对于高度外向型的东南亚经济的影响逐渐显现，各国的出口贸易急剧下降，企业生产订单减少，银行信贷大幅紧缩，房地产市场陷入低迷，失业人数开始增加。2009年，文莱、柬埔寨、马来西亚、新加坡和泰国经济均出现负增长。为了应对国际金融危机，东南亚国家实施了扩大内需和刺激经济的政策，以稳定国内经济。2010年，各国经济相继从衰退中复苏，经济增长加速，出口贸易回升，外资大量流入。在此次国际金融危机中，印尼是东南亚国家中受危机冲击较小的国家之一。2010年，菲律宾的经济增长率创下24年来的新高。但是，国内经济快速增长和大量热钱流入，导致一些国家物价上升，货币升值，股票价格上涨，房地产销售迅速回升，资产泡沫逐渐形成。2011年，东南亚国家仍保持了经济持续复苏的态势，但随着下半年全球经济形势的动荡，欧元区主权债务危机的蔓延，世界经济增长趋于放缓，东南亚主要国家的经济增长又呈现出减缓的迹象。

五、2018年中美贸易纠纷之后

美国为应对主要大国尤其是中国对现有国际体系的所谓挑战，特朗普上任后在2018年突然对中国商品大幅提高关税，与此同时战略东移，推出了所谓的“印太战略”，引起了国际社会的强烈反应。

“印太战略”与东盟

东盟领导着东南亚地区一体化进程，使之成为构成东亚合作的一个重要部分，并为东亚合作提供了重要的经验和基础积累。借此，东盟采用“大国平衡”的方式，推动东亚地区经贸合作。东盟积极在中日两国之间周旋，利用中日之间无法构筑起法德式东亚领导核心的契机，相继建立起“10+1”“10+3”“10+6”和东亚峰会（EAS）机制，让自身处于东亚经济合作的中心位置。在这一时期，东盟在与大国的互动中并不甘心自己处于“弱者”地位，而是充分运用自身的组织优势，谋求有利的国际地位，以独特的方式塑造地区秩序。

自新冠疫情以来，东盟在成功实施东盟全面复苏框架（ACRF）的基础上，坚定地致力于对复苏的承诺。尽管全球面临多方面的挑战，东盟在2022年保持了增长势头。由于有弹性的国内消费和繁荣的贸易活动，该地区在2022年实现了5.7%的惊人经济增长。这一成就凸显了该地区强劲的基本面。2022年，东盟的主要制造业也经历了大幅扩张。商品贸易以14.9%的速度显著增长，贸易额达到3.8万亿美元。此外，东盟内部的贸易比率从2021年的21.3%上升到22.3%，反映出东盟内部日益增长的区域一体化。此外，2022年外国直接投资流入增长了5.5%，达到2 242亿美元。东盟内部的外国直接投资流入比率也呈正增长，2022年达到12.3%，而2021年为12.1%。在这些坚实的基础上，东盟预计将维持其增长轨迹，预计2023年的增长率为4.7%，下一年为5%。①

这种积极的前景表明了东盟在应对不确定性和抓住机会方面的韧性。尽管金融不稳定、地缘政治紧张局势、高通胀和可能对长期目标构成威胁的内部政策等风险挥之不去，但东盟的弹性、人口结构和积极的增长轨迹激发了乐观情绪。

展望未来，随着该区域面临新出现的多维挑战，从实施ACRF倡议中获得的宝贵经验教训将成为通过跨支柱合作努力加强该区域的长期复原力的基础。东盟经济共同体（AEC）在其区域一体化议程上取得了重大进展，其中成功执行了蓝图中概述的几项关键倡议，其重点是巩固东盟作为经济增长中心的地位。

近几十年来，东南亚国家经历了第二次世界大战后初期的经济恢复、20世纪60—70年代的工业化发展、80年代中期至90年代中期的经济高速增长、90年代后期的金融危机及经济重组等几个重要时期。在不同的时期，各国的整体经贸发展战略也呈现出不同的特征。当前，东南亚经济已成为世界经济增长的热点地区，新加坡率先成为新兴工业化国家，马来西亚、泰国等已处于工业化的中期阶段，后起国家仍处于工业化的初期阶段。

---

① 数据来源：《2022—2023年年度报告——东盟事务：增长的中心》，东盟秘书处官网（https://www.asean.org）。

第二节　当前东南亚经贸发展的基本格局和特征

在经济全球化和区域化的浪潮中，东南亚经济迅速崛起，各国的经济实力增强，区域产业分工深化，生产要素流动扩大，区域经济整合加快，经济与贸易呈现出一系列格局性的变化。当前，东南亚已成为亚太经济重要的增长极和国际生产网络的重要节点，经济转型和结构调整面临困难，区域经济一体化进程加速发展。

一、东南亚GDP总和在世界经济中的地位及发展趋势

1970年以来，随着东南亚经济体的迅速崛起和区域经济一体化的加速发展，东南亚在世界经济中的地位不断提升，东南亚国家的经济实力不断增强，政治上的合作日益频繁，东盟组织日益扩大并逐渐向更高层次的区域经济合作组织迈进。2015年12月31日，东盟宣布东盟共同体正式成立，东南亚成为世界和区域经济发展的重要力量，目前，东南亚国家经济总量在世界经济中也逐渐占据了重要地位。东南亚11国拥有443.6万平方千米国土、62 000万人口，GDP总和近2.5万亿美元，进出口贸易额约2.5万亿美元，是世界上人口第三大的国家和地区（仅次于中国、印度），是世界第六大经济体（仅次于欧盟、美国、中国、日本、巴西）、发展中国家第三大经济体（仅次于中国和巴西）和亚洲第三大经济体（仅次于中国和日本），是世界第四大进出口贸易地区（仅次于美国、中国和德国），是发展中国家吸收外国直接投资存量最多的地区之一。东南亚的GDP保持稳定增长，从1970年的378亿美元增长到2021年的33 423亿美元，经过半个多世纪的发展，GDP增长了88.5倍，年均增长168%。1970—2021年东南亚及其他主要地区和国家GDP发展情况见表4-1。

表4-1　　1970—2021年东南亚及其他主要地区和国家GDP发展情况　　单位：亿美元

年份	1970	1980	1990	2000	2010	2011	2012	2013	2014	2015	2016	2017	2018	2019	2020	2021
世界	34 210	123 658	230 281	337 549	665 780	740 452	756 074	777 410	796 707	752 838	765 135	814 071	866 016	877 287	853 110	966 980
东南亚	378	2 076	3 749	6 280	20 246	23 500	24 919	25 742	26 007	25 280	26 569	28 653	30 732	32 508	30 862	33 423
欧盟	7 663	33 346	64 622	72 558	145 510	157 542	146 486	152 973	156 389	135 541	138 874	147 713	159 880	157 009	153 763	171 864
美国	10 784	28 719	59 942	103 135	151 474	157 001	163 555	169 456	176 531	183 094	187 994	195 808	206 340	214 861	211 635	234 216
中国	926	3 062	3 946	12 113	60 872	75 515	85 322	95 705	104 756	110 616	112 333	123 105	138 949	142 800	146 877	177 341
日本	2 126	11 054	31 328	49 684	57 591	62 331	62 724	52 123	48 970	44 449	50 037	49 308	50 378	51 233	50 401	49 409

数据来源：UNCTAD数据库。

1970—2021年东南亚及其他主要地区和国家GDP占世界GDP比重的变化趋势如图4-1所示。

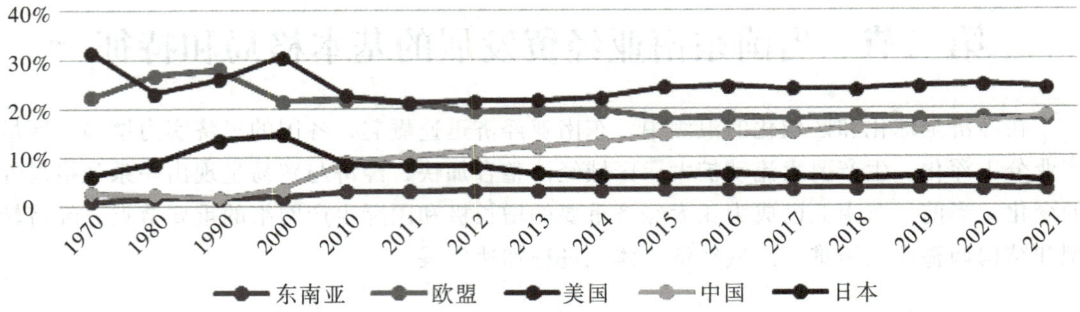

图4-1 1970—2021年东南亚及其他主要地区和国家GDP占世界GDP比重的变化趋势

从图4-1中可以看出，1970年以来，东南亚GDP总和占世界GDP比重与其他主要地区和国家相比虽然最低，但其比重是从1970年的1.08%不断提升至2021年的3.5%，增长过程最为平稳。相反，日本从2000年的14.7%降至2021年的5.1%，美国从1970年的31.5%降至2021年的22.4%，欧盟从1970年的24.2%降至2021年的17.8%。可以预测，伴随着东盟经济共同体的成立，东盟国家将逐渐实现商品、劳务、资本和人员的相对自由流动，东盟的区域经济一体化也将逐渐迈向更高层次，在世界经济中的地位会得到进一步的提高。国际咨询公司麦肯锡的一项研究显示，如果东盟形成一个经济共同体，那么整个区域的GDP将增加约10%，商业运作成本将减少20%，也就是说，东盟国家整体的GDP每年将增加500亿美元左右。

从图4-1中可以看出，1970年以来，东南亚GDP总和占世界GDP比重与其他主要地区和国家相比虽然最低，但其比重是从1970年的1.08%不断提升至2021年的3.5%，增长过程最为平稳。相反，日本从2000年的14.7%降至2021年的5.1%，美国从1970年的31.5%降至2021年的22.4%，欧盟从1970年的24.2%降至2021年的17.8%。可以预测，伴随着东盟经济共同体的成立，东盟国家将逐渐实现商品、劳务、资本和人员的相对自由流动，东盟的区域经济一体化也将逐渐迈向更高层次，在世界经济中的地位会得到进一步的提高。国际咨询公司麦肯锡的一项研究显示，如果东盟形成一个经济共同体，那么整个区域的GDP将增加约10%，商业运作成本将减少20%，也就是说，东盟国家整体的GDP每年将增加500亿美元左右。

二、东南亚对外贸易在世界贸易中的地位及发展趋势

1970年以来，东南亚进出口贸易在世界贸易中的比重不断提升，其外贸依存度的提升速度明显高于世界平均水平。东南亚对外贸易的快速发展受益于WTO倡导的全球贸易自由化和东盟区域经济一体化的不断推进。第二次世界大战结束后，从肯尼迪回合、东京回合到乌拉圭回合，围绕降低关税水平的8轮谈判在推动世界贸易发展的同时，也极大地推动了以东盟为代表的东南亚国家的贸易自由化进程。20世纪70年代以后，随着欧洲一体化运动的不断深入，东盟开始效仿欧盟不断推进自身的区域一体化进程；90年代以后，东盟的发展无论从组织结构还是功能形态方面，都进入了快速发展的轨道，其在对外贸易和吸收FDI方面取得了巨大成就，构成了东盟国家经济增长的强大动力。2000年东南亚进出口总额为8 108亿美元，2022年的统计数据为38 410亿美元。1970—2022年东南亚及其他主要地区和国家进出口贸易发展情况见表4-2。①

① 注：东南亚进出口贸易数据中，1970年不包括东帝汶和越南，1980年、1990年、2000年数据不包括东帝汶。

表 4-2　1970—2022年东南亚及其他主要地区和国家进出口贸易发展情况　单位：亿美元

年份		1970	1980	1990	2000	2010	2011	2012	2013	2014	2015	2016	2017	2018	2019	2020	2021	2022
世界	出口	3 182	20 501	34 957	64 526	152 972	183 350	185 042	189 425	189 997	165 543	160 359	177 409	195 493	190 143	176 484	223 439	249 046
	进口	3 304	20 910	36 093	66 547	154 253	184 455	186 646	189 723	190 659	167 371	162 065	179 768	198 188	193 389	178 815	226 203	256 212
日本	出口	193	1 304	2 876	4 793	7 698	8 232	7 986	7 146	6 902	6 249	6 451	6 983	7 381	7 056	6 413	7 560	7 469
	进口	189	1 413	2 354	3 795	6 941	8 554	8 858	8 323	8 122	6 481	6 077	6 721	7 485	7 210	6 355	7 690	8 972
美国	出口	432	2 256	3 936	7 819	12 785	14 825	15 457	15 796	16 205	15 026	14 510	15 463	16 640	16 432	14 249	17 543	20 648
	进口	424	2 570	5 170	12 593	19 692	22 660	23 365	23 291	24 125	23 153	22 502	24 085	26 142	25 674	24 069	29 353	33 762
中国	出口	23	181	621	2 492	15 778	18 984	20 487	22 090	23 423	22 735	20 976	22 633	24 867	24 995	25 900	33 582	35 936
	进口	23	199	533	2 250	13 962	17 435	18 184	19 500	19 592	16 796	15 879	18 438	21 357	20 784	20 660	26 867	27 160
东南亚	出口	64	719	1 441	4 302	10 501	12 395	12 537	12 700	12 969	11 671	11 440	13 164	14 460	14 233	13 861	17 247	19 619
	进口	82	656	1 623	3 806	9 534	11 550	12 244	12 429	12 451	10 984	10 793	12 594	14 252	13 889	12 703	16 221	18 791
欧盟	出口	1 295	7 400	13 786	21 687	47 679	55 856	53 358	55 357	56 530	49 291	49 697	54 667	59 930	58 254	54 751	66 471	71 478
	进口	1 382	8 357	14 008	21 682	47 341	55 586	51 687	52 603	53 488	46 093	46 219	51 611	57 520	55 444	51 560	65 083	74 626

数据来源：UNCTAD数据库。

1970—2022年东南亚及其他主要地区和国家进出口额占世界贸易比重的变化趋势如图4-2所示。

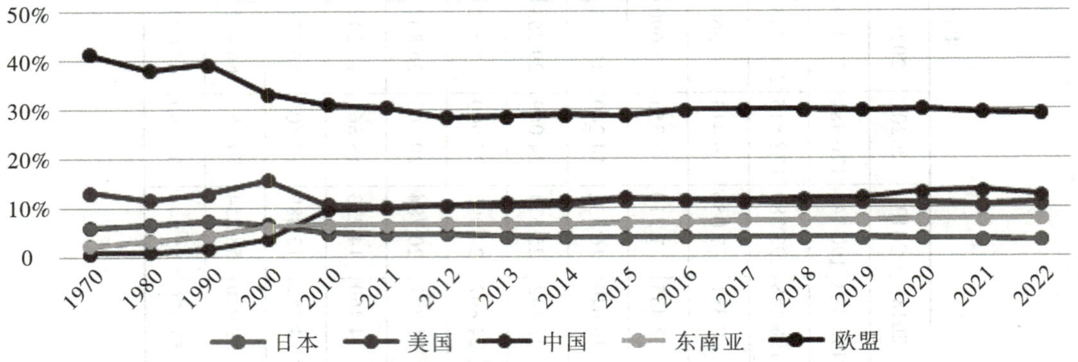

图4-2　东南亚及其他主要地区和国家进出口额占世界贸易比重的变化趋势

从图4-2中可以看出，1970年以来，东南亚进出口额占世界贸易比重与其他主要地区和国家相比虽然最低，但其比重是从1970年的2.17%不断提升至2022年的7.60%，增长过程最为平稳。尤其从2000年开始，进出口总额增速有明显的提升。

出口贸易方面，与1997年东南亚金融危机爆发之前相比，目前东南亚出口贸易总额在世界出口贸易总额中的比重上升明显，发展速度明显提高；进口贸易与出口贸易类似，从2000年开始有大幅提高。2022年出口额占比为7.88%，进口额占比为7.33%（如图4-3所示）。

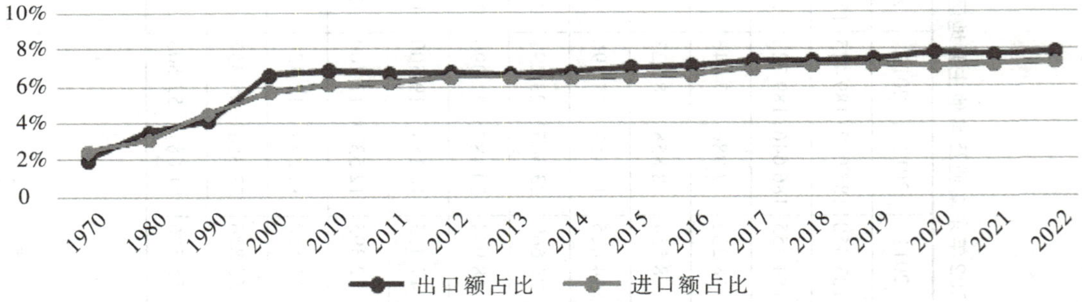

图4-3　东南亚进口额/出口额占世界贸易比重的变化趋势

三、东南亚吸引外国直接投资在世界外国直接投资中的地位及发展趋势

第二次世界大战以后，东南亚国家先后取得独立，最初经济发展所需资金主要来自西方国家援助的外汇资金。直到1960年10月第一次美元危机爆发，西方国家先后减少或停止了此类经济援助，东南亚国家便转向依靠从国外借款，又于20世纪60年代中期以后相继采取引进外国直接投资的政策，以缓和外汇短缺和外债的压力。80年代上半期，马来西亚、泰国、新加坡、印尼和菲律宾五国吸引的外国直接投资占东盟十国的95%以上，主要原因是五国在这段时间为促进本国工业化发展而采取的出口工业化政策对吸引外资的流入发挥了重要作用。

20世纪80年代以来，东盟国家在经过20世纪80年代中期的经济衰退后，依靠大量FDI的流入迅速进入经济高增长时期。80年代后期（1986—1990年），泰国、新加坡、印尼、菲律宾四国的外国投资增长幅度最大，与80年代前期（1981—1985年）相比，增长率分别为326%、141%、154%、683%（世界投资报告，1994）。1989年，泰国出现基础设施瓶颈，外资开始向马来西亚、印尼和菲律宾等国家辐射。

1997年7月，由泰国肇始的金融危机很快波及整个东南亚地区，从而形成了一场破坏力极强的亚洲金融风暴，此次金融危机对东盟整体引进外资造成了巨大的影响。金融危机后，东盟FDI流入量持续下滑，尽管1997年依然保持6.3%的增长速度，但自1998年开始又大幅度回落，东盟十国FDI流入量降低了29.9%，1999年基本保持平稳，2000年又出现急剧下滑，2001年开始回升。

1970—2021年东南亚及其他主要地区和国家吸引FDI情况见表4-3。

表4-3　**东南亚及其他主要地区和国家吸引FDI情况**　单位：亿美元

年份	1970	1980	1990	2000	2010	2011	2012	2013	2014	2015	2016	2017	2018	2019	2020	2021
全世界	132.6	544.0	2 048.9	13 566.9	13 909.4	16 104.0	14 687.5	14 590.4	14 025.2	20 636.4	20 454.2	16 326.4	14 482.8	14 806.3	9 631.4	15 823.1
北美自贸区	34.0	248.3	586.4	3 990.5	2 536.4	2 951.1	2 638.9	3 190.1	2 912.6	5 469.8	5 266.5	3 658.5	2 749.9	3 096.7	2 019.4	4 586.7
东亚	2.7	12.6	109.5	1 201.1	2 005.5	2 320.2	2 140.6	2 236.4	2 695.3	3 205.8	2 901.3	2 806.6	2 764.8	2 557.3	3 041.9	3 703.9
东南亚	4.6	26.4	128.2	217.5	1 128.8	870.3	1 169.8	1 203.5	1 301.7	1 190.5	1 133.2	1 544.5	1 487.8	1 749.8	1 221.1	1 753.1
欧盟	36.7	115.6	651.1	5 649.9	3 358.8	4 465.1	3 192.7	3 233.0	2 885.6	6 236.5	3 426.2	2 749.0	3 663.5	4 016.8	2 095.1	1 375.4
中国	—	0.6	34.9	407.2	1 147.3	1 239.9	1 210.7	1 239.1	1 285.0	1 355.8	1 337.1	1 363.2	1 383.1	1 412.3	1 493.4	1 809.6
美国	12.6	169.2	484.2	3 140.1	1 980.5	2 298.6	1 990.3	2 013.9	2 017.3	4 676.3	4 594.2	3 089.6	2 032.3	2 251.1	1 508.3	3 673.8
日本	0.9	2.8	18.1	83.2	−12.5	−17.6	17.3	23.0	120.3	29.8	193.6	93.6	99.6	137.6	107.0	246.5

从图4-4中可以看出，1970年以来，东南亚国家在吸引FDI的过程中也经历了较大幅度的变化，但是从2001年后逐渐平稳提升，尤其是近些年，其增速较快，并于2014年以1 329亿美元的总量超过中国，逼近北美自由贸易区，取得了令人瞩目的成绩。吸引的FDI（流量）占比从1970年的3.5%增长到2021年的11.1%，仅次于美国，且与中国吸收的FDI份额基本一致。

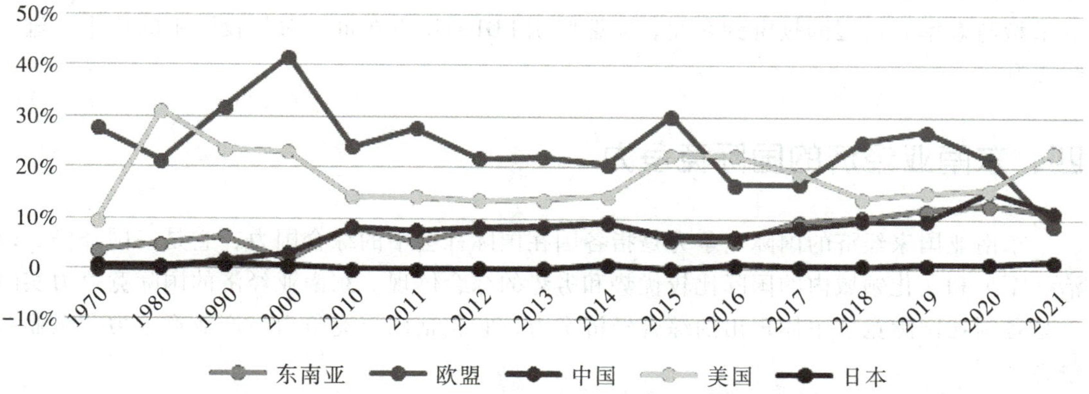

图4-4　1970—2021年东南亚及其他主要地区和国家吸引FDI（流量）占世界吸引FDI比重的变化趋势

从2010年开始的数据显示：东盟国家吸引FDI的总体流量呈现持续增长的趋势。2010—2022年，东盟国家的总外资流入增长了2倍多，从1 084.21亿美元增至2 242.02亿美元（见表4-4）。东盟成员国中，新加坡是东盟地区吸引外资最多的国家。自2010年起，新加坡一直是东盟国家中最大的外资目的地，2022年达到1 411.9亿美元。印度尼西亚、泰国和马来西亚也是吸引大量外资的国家。尽管在某些年份，这些国家的流入量有所波动，但它们仍然是东盟地区外资流入的主要受益国。

表4-4　**东盟吸引FDI（流量）情况（2010—2022年）**　单位：亿美元

年份	2010	2011	2012	2013	2014	2015	2016	2017	2018	2019	2020	2021	2022
文莱	6.25	12.08	8.65	7.26	5.68	1.71	-1.50	4.60	5.17	3.75	5.77	2.05	-2.84
柬埔寨	7.83	8.92	15.57	12.75	17.27	17.01	24.76	27.88	32.13	36.63	36.25	34.84	35.79
印尼	137.70	192.42	191.38	184.44	218.10	166.42	39.21	205.79	205.64	238.83	185.91	211.31	219.68
老挝	3.33	4.67	2.94	4.27	9.13	10.79	10.76	16.95	13.58	7.56	9.68	10.72	6.36
马来西亚	91.56	120.01	94.00	121.07	108.75	101.80	112.90	92.96	76.11	78.60	31.85	121.44	170.96
缅甸	22.49	20.58	13.54	26.21	9.46	28.25	29.90	40.02	16.10	17.30	22.06	10.05	29.81
菲律宾	12.98	18.16	27.97	38.60	58.15	56.39	82.80	102.56	99.49	86.71	68.22	119.83	92.00
新加坡	574.61	398.87	601.02	566.71	732.85	597.02	675.05	853.83	735.47	974.80	729.32	1 311.01	1 411.87
泰国	147.47	24.74	128.99	159.36	49.76	89.28	34.86	82.85	137.52	55.19	-49.51	146.41	99.40
老挝	80.00	75.19	83.68	89.00	92.00	118.00	126.00	141.00	155.00	161.20	158.00	156.60	179.00
东盟	1 084.21	875.63	1 167.74	1 209.66	1 301.15	1 186.67	1 134.72	1 568.46	1 476.20	1 660.57	1 197.54	2 124.26	2 242.02

数据来源：东盟数据库（ASEANStats Data）。

可以预见，随着东盟共同体的建立，东盟作为统一市场和生产性原料与人力资源、资本等各种生产要素的自由流动更为便捷的区域，对其投资将更为自由化、便利化和低成本化，面向东盟投资将继续保持生产成本低、投资回报率高这一优势，这将激励更多的市场寻求型与效率寻求型的投资到东盟，东盟吸引FDI的比重在世界对外投资中的比重将进一步提升。

四、东南亚经济的国际竞争力

东南亚国家经济的国际竞争力是指各国在国际社会中的综合国力，它是一国经济、政治、军事和文化领域内的国际比较优势和劣势的综合体现。东南亚经济的国际竞争力实际上是各国在国际竞争中体现出的综合经济实力，它包括国家竞争力、产业竞争力和企业竞争力。

近二十多年，在著名的国际竞争力评价权威机构公布的国际竞争力世界排名中，新加坡一直名列前茅，马来西亚、泰国曾有较好的表现，菲律宾、印尼、越南和柬埔寨的国际竞争力相对落后，老挝和缅甸还未进入国际竞争力的世界评价体系中。在瑞士洛桑国际管理发展学院（IMD）的国际竞争力排名中，新加坡自1994年起连续8年居世界第2位，仅次于美国（IMD，2012）。2002年，新加坡的国际竞争力排名曾滑落到第8位。2003年以后，新加坡的国际竞争力排名趋于上升，2007—2008年又居世界第2位，2009年居第3位，2010年跃居第1位，2011年和2012年分别下滑到第3位和第4位。在世界经济论坛（WEF）的全球竞争力排名中，新加坡在1996—1999年一直名列首位，2000—2002年分别跌至第2位、第4位和第7位，2003年升至第6位，2004年退居第7位，2005年和2006年分别升至第6位和第5位，2007年退至第7位，2008年升至第5位，2009—2010年升至第3位，2011—2012年跃居第2位（WEF，2011）。东南亚金融危机前，马来西亚、泰国的国际竞争力表现较佳，马来西亚的国际竞争力排名曾连续数年超越韩国，但金融危机后，两国的国际竞争力出现了较大的波动，而其他国家的国际竞争力水平相对较低。1992—2012年，在世界59个国家和地区IMD的国际竞争力世界排名中，马来西亚的国际竞争力世界排名保持在第14位，泰国从第26位降至第30位，印尼从第37位降至第42位，菲律宾从第33位降至第43位；2011—2012年，在世界139个国家和地区WEF的全球竞争力世界排名中，马来西亚名列第21位，文莱名列第28位，泰国名列第39位，印尼名列第46位，越南名列第65位，菲律宾名列第75位，柬埔寨名列第97位。

世界经济发展论坛《2019年全球竞争力报告》显示，在141个经济体中，新加坡位列全球第1，同一时期越南、文莱、柬埔寨三国的排名进步比较明显，尤其是越南相较2018年进步了10位，但是菲律宾和印度尼西亚的排名在2019年有明显的滑落（见表4-5）。

表4-5 **东南亚国家全球竞争力排名情况（2019年）**

国家	排名	分值	排名变化	分值变化
新加坡	1	84.8	+1	+1.3
马来西亚	27	74.6	−2	+0.2
泰国	40	68.1	−2	+0.6
印度尼西亚	50	64.6	−5	−0.3
文莱	56	62.8	+6	+1.3
菲律宾	64	61.9	−8	−0.3
越南	67	61.5	+10	+3.5
柬埔寨	106	52.1	+4	+1.9
老挝	113	50.1	−1	+0.8

注：由于数据采集原因，该报告没有包括缅甸、东帝汶两国。

数据来源：世界经济论坛《2019年全球竞争力报告》。

博鳌亚洲论坛发布的《亚洲竞争力2019年度报告》显示，新加坡在2013年挤下中国香港特别行政区后一直是亚洲最具竞争力的经济体，但是报告显示2018年韩国超越新加坡成为第1，新加坡位居第3。柬埔寨则在37个被评估的对象[①]中连续多年位居末席。其余东南亚国家中菲律宾呈现下降趋势，由2013年的第28位降到第31位，泰国、马来西亚、印度尼西亚、东帝汶均有所上升，越南的竞争力排名稳定在第22/23位（见表4-6）。

表4-6　　亚洲经济体竞争力排名情况（2013—2018年）

亚洲经济体	2018		2017		2016		2015		2014		2013	
	排名	变化	排名	变化	排名	变化	排名	变化	排名	变化	排名	变化
韩国	1	+2	3	0	3	0	3	0	3	−1	2	+2
中国台湾	2	+2	4	0	4	0	4	0	4	0	4	−1
新加坡	3	−2	1	0	1	0	1	0	1	0	1	+1
中国香港特别行政区	4	−2	2	0	2	0	2	0	2	+1	3	−2
日本	5	+2	7	1	8	−1	7	0	7	0	7	+2
以色列	6	0	6	1	7	+1	8	0	8	0	8	+3
澳大利亚	7	−2	5	0	5	0	5	0	5	+1	6	−1
新西兰	8	0	8	−2	6	0	6	0	6	−1	5	+3
中国内地	9	0	9	0	9	0	9	0	9	0	9	+1
阿联酋	10	+2	12	+2	14	+2	16	0	16	−1	15	−9
马来西亚	11	+2	13	0	13	+2	15	−4	11	0	11	+5
格鲁吉亚	12	+3	15	+2	17	+1	18	−1	17	+1	18	+2
哈萨克斯坦	13	+1	14	−2	12	0	12	0	12	0	12	+3
巴林	14	−4	10	+1	11	−1	10	0	10	0	10	−3
科威特	15	+1	16	0	16	−3	13	0	13	0	13	0
沙特阿拉伯	16	+1	17	−2	15	−1	14	+1	15	+1	16	−2
泰国	17	+2	19	+2	21	−2	19	0	19	0	19	0
卡塔尔	18	−7	11	−1	10	+1	11	+3	14	0	14	−2
阿曼	19	−1	18	0	18	−1	17	+1	18	−1	17	0
阿塞拜疆	20	+3	23	−3	20	+1	21	0	21	0	21	+1

① 从地理区划上讲，亚洲共有48个国家，加上中国台湾、中国香港特别行政区和中国澳门特别行政区3个地区，共有51个经济体。由于其中16个经济体诸如中国澳门特别行政区、阿富汗、朝鲜、文莱、缅甸、马尔代夫、黎巴嫩、巴勒斯坦、老挝、伊拉克、不丹、也门、塞浦路斯、叙利亚、土库曼斯坦和乌兹别克斯坦，规模较小或者历史数据难以获得，暂时没有包含在现有评价体系之中。2018年度仍然沿用与以往年度一致的评估对象，包括亚太地区的37个经济体。

续表

亚洲经济体	2018		2017		2016		2015		2014		2013	
	排名	变化	排名	变化	排名	变化	排名	变化	排名	变化	排名	变化
亚美尼亚	21	0	21	+3	24	−1	23	0	23	+1	24	+1
土耳其	22	−2	20	−1	19	+1	20	0	20	0	20	−2
越南	23	−1	22	1	23	−1	22	0	22	0	22	+1
吉尔吉斯斯坦	24	+2	26	−1	25	+3	28	−3	25	+1	26	+5
伊朗	25	0	25	+3	28	+2	30	0	30	−3	27	+1
蒙古国	26	+5	31	−2	29	−4	25	+2	27	+2	29	−2
约旦	27	−3	24	−2	22	+2	24	0	24	−1	23	−2
印度尼西亚	28	+1	29	+2	31	0	31	−2	29	+1	30	−6
斯里兰卡	29	−2	27	−1	26	+3	29	−3	26	−1	25	+4
塔吉克斯坦	30	+4	34	0	34	+2	36	−3	33	−1	32	+3
菲律宾	31	−3	28	−1	27	0	27	+1	28	0	28	−2
东帝汶	32	+4	36	0	36	−2	34	+1	35	−1	34	+2
印度	33	−3	30	0	30	−4	26	+6	32	+1	33	−3
尼泊尔	34	−1	33	0	33	0	33	+1	34	+1	35	−3
孟加拉国	35	−3	32	0	32	0	32	−1	31	0	31	+2
巴基斯坦	36	−1	35	0	35	0	35	+1	36	0	36	−2
柬埔寨	37	0	37	0	37	0	37	0	37	0	37	0

数据来源：博鳌亚洲论坛《亚洲竞争力2019年度报告》。

无论是亚洲竞争力报告，还是环球竞争力报告，东盟各国都可以说是令人瞩目的对象，引人注目的地方，就在于东盟成员国之间出现的深层差异。这种差异不仅来自国土面积、人口比例、教育程度等，更来自经济发展、国家竞争力、政治体系等层面。这种强烈的对比，都可在两份竞争力报告中看出一斑。

根据博鳌亚洲论坛与世界经济论坛的两份竞争力报告，可以看出东盟成员国之间的竞争力已出现显著的差异与分化。新加坡持续高居世界级地位，而柬埔寨、老挝与缅甸则长期位居下游位置；中游位置上，马来西亚处在更高的水平，泰国、印尼、菲律宾与越南则在力争上游中面临不小的阻力。

当今世界，国际竞争力是各国参与经济全球化的前提条件和核心内容。一国国际竞争力的强弱，决定了该国在经济全球化中所处的地位和获得的利益。东南亚是发展中国家中参与全球化程度较高的区域，各国的国际竞争力水平各异，因此各国参与经济全球化所带来的利弊也不尽相同。东南亚经济的国际竞争力主要来源于后发优势，各国在自然资源、人力资源和制度安排等方面的比较优势以及外国资本与技术的支持是各国形成国际竞争力的必要条件，但这些国家的经济还存在着结构性和制度性的障碍，从而制约了其国际竞争力的提升。因此，在经济全球化加速发展的进程中，东南亚国家如何利用后发优势实现制度创新，进一步提升国际竞争力，是各国参与经济全球化过程中所面临的重要问题。

第三节　东南亚在世界经贸发展中的地位及发展趋势

一、东南亚成为世界经济重要的增长极

第二次世界大战以后，东南亚一直是世界经济增长的热点地区。从20世纪60年代开始，东南亚经济取得了较其他地区更快的增长率。尽管70年代中期受到世界经济危机的冲击，但东南亚经济的增长率在这一时期仍高于世界其他地区。80年代上半期，由于受到全球经济衰退的影响，东南亚经济增长率急剧下降，但80年代中期以后，东南亚经济出现了快速复苏和持续增长的态势。直到1997年东南亚金融危机爆发之前，东南亚经济仍保持了高速增长。自20世纪70年代以来，东南亚整体经济平均增长速度只有在1998年和2020年是负增长，其余年份均保持在5%左右，近几十年的平均增长率为5.4%（如图4-5所示）。

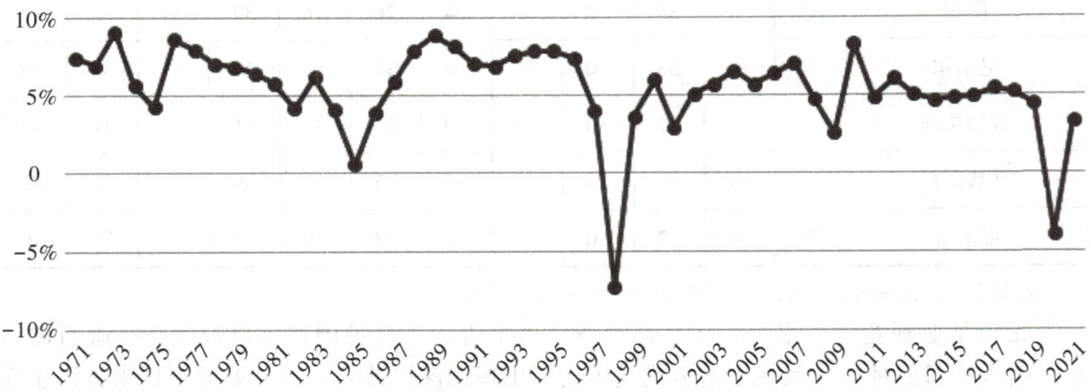

图4-5　1971—2021年东南亚GDP增长率

数据来源：UNCTAD数据库。

自20世纪70年代以来，东南亚经济平均增长率一直高于全球和发达经济体经济平均增长率。从表4-7可以看出，受到1997年东南亚金融危机的影响，东南亚1995—2000年经济的平均增长率是所观测年度中最低的，只有1.64%，说明这一时期经济出现了较为明显的波动，此外，某些时期和年份的经济平均增长率低于发展中经济体。2002年以后，东南亚经济逐渐复苏，走出了金融危机的困境。受2008年国际金融危机的冲击，2009年东南亚经济普遍出现衰退或减速，但2010年又相继摆脱金融危机的阴影，步入经济快速稳定增长的道路。受新冠疫情影响，2020年东南亚经济大幅下滑，2015—2021年增长率

为3.17%，低于东亚和发展中经济体。其余时间段与东亚区域经济增长率基本一致。目前，东南亚已经成为世界经济重要的增长极。

表4-7　　1992—2021年东南亚经济平均增长率（%）

时期	1992—1995	1995—2000	2000—2005	2005—2010	2010—2015	2015—2021
全球	2.77	3.56	3.21	2.52	2.97	2.14
东亚	4.75	3.64	5.04	5.75	5.28	4.08
东南亚	7.73	1.64	5.34	5.48	5.13	3.17
发展中经济体	5.12	4.42	5.75	6.57	5.37	3.46
发达经济体	2.08	3.28	2.31	0.77	1.64	1.28

数据来源：UNCTAD数据库。

二、东南亚国家成为国际生产网络的重要节点

随着国际产业的分工和生产网络格局的变迁，国际投资和跨国公司大量涌入，东南亚国家的生产跨国化得以不断发展，并日益成为国际产业分工和国际生产网络的重要节点。20世纪90年代末期以来，亚洲区域产业分工格局出现了一系列新的变化，从传统的垂直型分工向混合型分工转变，以“产品内分工”为主的生产网络迅速形成。在新的区域产业分工和生产网络条件下，东南亚国家成为发展中国家吸收外国直接投资的主要地区之一。

亚洲金融危机之后，东南亚国家吸收的外国直接投资不断下降。近些年，流入东南亚国家的外资持续扩大。据统计，2000年，东南亚国家吸收的外国直接投资流量为226.96亿美元，2005年为640.38亿美元，2007年为856.03亿美元，2010年为927.6亿美元。2011年，东南亚国家吸收的外国直接投资流量首次突破千亿美元大关，达到1 165.59亿美元。1990—2011年，东南亚国家吸收的外国直接投资流量从128.21亿美元增至1 165.39亿美元，增长了8.1倍；外国直接投资存量从643.03亿美元增至10 772.84亿美元，增长了15.8倍（UNCTAD，2012）。跨国公司根据自己的全球经营战略在东南亚国家的电子信息、石油化工、纺织等行业投资设厂，并将其纳入全球和区域生产网络体系中。由于东盟区域生产网络的形成与发展，东南亚各国在世界进出口贸易中的地位上升，成为世界上最大的集成电路和电子元件、第三大办公自动化设备和通信器材，以及化工、医药、纺织等行业的重要出口基地。

三、东南亚国家经济转型和结构调整面临困难

长期以来，东南亚主要国家以外向型经济为主导，国内经济增长高度依赖于投资和出口的拉动。近些年，受全球金融危机的冲击，国际市场需求萎缩，东南亚国家的出口贸易陷入困境。同时，各国政府积极实施刺激内需的政策，加大基础设施的投资，国内需求逐渐成为一些国家经济增长的重要动力。例如，印尼经济的增长主要由国内消费和投资拉动，其中国内消费逐渐成为经济增长的主要推动力。2007—2009年，印尼国内消费对经

济增长的贡献率由50.8%上升到89.1%。自2005年以来，马来西亚的净出口对经济增长一直呈现副作用，经济增长主要由国内消费拉动。2007—2009年，马来西亚个人和政府消费对经济增长的贡献率由42.5%上升到95.7%，2010年私人消费拉动经济增长3.6个百分点。泰国尽管2011年的贸易额和出口额首次分别超过4 000亿美元和2 000亿美元关口，但由于国际市场需求持续萎缩和油价上涨，因此泰国的贸易顺差大幅缩减，进而导致净出口对国内经济增长的拉动作用显著下降。

近年来，东南亚国家积极调整中长期经济发展战略，各国相继推出经济转型和产业升级的政策措施，加快经济重组和结构调整的步伐。2010年2月，新加坡公布了未来10年新加坡的七大经济战略，确定了通过技能和创新来巩固和促进经济增长的发展方向。新加坡加强了对创新密集型产品的研发，政府提出要进一步推动研发活动，并在5年内使研发经费开支占到国内生产总值的3.5%，使创新逐渐成为经济发展的一个重要支柱。2010年10月，马来西亚政府推出了经济转型计划（ETP），该计划包括12个国家关键经济领域的131项计划，总投资额预计为4 440亿美元。2011年5月，印尼政府提出了《2011—2025年印尼经济发展总体规划》。根据该规划，印尼政府将重点发展“六大经济走廊”，着力推动交通、通信、能源等大型基础设施项目的建设，形成各具产业特色的工业中心，力争实现在2025年跻身世界十大经济强国的远景目标。2012年3月，泰国政府提出将在未来5年投资约720亿美元，发展基础设施建设等项目，以增强泰国的长期竞争力和提升人民的生活质量。

四、东南亚区域经济一体化进程加速发展

自20世纪90年代起，东南亚国家加快了区域经济一体化的进程。为了应对全球性区域一体化的迅速兴起，东南亚国家根据自身的政治经济利益，积极调整区域经济一体化战略，试图构建以东盟为中心的区域经济一体化框架。

当前，东南亚区域经济一体化主要从三个层次展开：

（一）东盟自身的区域经济一体化

东盟自身的区域经济一体化经历了从特惠贸易安排到自由贸易区，再向经济共同体迈进的发展过程。自1978年起，东盟特惠贸易安排实施了15年的时间。1993年，东盟自由贸易区的进程正式启动，随后，自由贸易区的成员国由6个增加到10个，从贸易扩展至服务、投资以及其他经济合作领域。2010年1月1日，东盟自由贸易区如期正式成立。2003年10月，各国同意建立东盟经济共同体。2007年1月，东盟将实现经济共同体的时间表从2020年提前至2015年，并于2015年12月的最后一天宣布共同体成立。

（二）东盟与区外国家和地区的自由贸易区

由于全球性区域贸易自由化的迅速兴起和中国加入世界贸易组织的周边影响，加上东盟与周边国家的经济关系日益密切，因此东盟与区外国家和地区的自由贸易区不断涌现。目前，东盟与中国、日本、印度、韩国、澳大利亚和新西兰的“10+1”自由贸易区均取得了不同程度的进展。2002年11月，中国-东盟自由贸易区进程率先启动；2005年7月，双方货物贸易降税计划开始实施。2007年6月，韩国-东盟自由贸易区《货物贸易

协议》生效。2008年12月，《东盟-日本全面经济伙伴关系协定》生效。2010年1月，中国-东盟自由贸易区全面建成，印度-东盟自由贸易区《货物贸易协议》生效。2012年由东盟发起，包括中国、日本、韩国、澳大利亚、新西兰和东盟十国共15方成员制定的RCEP进入磋商。2020年11月15日，第四次区域全面经济伙伴关系协定领导人会议以视频方式举行，会后东盟10国和中国、日本、韩国、澳大利亚、新西兰共15个亚太国家正式签署了RCEP，标志着当前世界上人口最多、经贸规模最大、最具发展潜力的自由贸易区正式启航。该协定通过鼓励在该区域创造新的商业和就业机会，为东盟经济危机后的经济复苏提供了急需的推动。面对前所未有的全球危机，东盟重申其坚定承诺建立开放、包容和基于规则的贸易体系，作为促进贸易和投资的关键手段，同时巩固东盟作为区域供应链中心的地位。

此外，截至2022年年底，东盟对外经济合作在自贸区合作领域取得较好成效，继续优化区域经济结构，加强其对多边主义的承诺，促进经济一体化。一是达成以文本为基础的升级版《东盟-澳大利亚-新西兰自由贸易协定》的谈判一致意见，并于2023年签署正式协议[①]；二是东盟与中国自由贸易协定升级谈判[②]的启动；三是开始审查东盟与印度贸易协定中的货物贸易条款。此外，东盟还在与加拿大谈判自由贸易协定，并探索加强现有自由贸易协定的可能性，包括东盟-韩国自由贸易协定和东盟-日本全面经济伙伴关系(AJCEP)。[③]这些努力旨在确保东盟的自由贸易协定对企业友好、全面、公平、前瞻、高质量、包容、现代化和促进贸易。

（三）东盟成员国与区外国家和地区的双边或多边自由贸易协定

从20世纪90年代末开始，东盟部分国家就与区域外的国家和地区展开了双边自由贸易协定的谈判。2000年11月，新加坡与新西兰正式签订了第一个双边自由贸易协定，即《新新紧密经济伙伴关系协定》。目前，新加坡已与8个国家和地区正式签订了双边自由贸易协定，泰国已与3个国家正式签署了双边自由贸易协定。马来西亚已与印度、智利等国签署了自贸区协议，与日本、美国正在进行双边自由贸易协定谈判，菲律宾也与日本展开了双边自由贸易谈判。在东南亚对外区域合作成效方面进步最为明显的是越南，截至2022年，越南参与并生效或即将生效的区域贸易协定共16项，另有3项正在谈判，这些协定对越南吸引外资、发展外贸起到极大的促进作用。

在东盟区域经济一体化进程中，东盟国家加速双边贸易自由化尤其引人关注。与以往区域贸易自由化形式不同，新兴的双边贸易自由化形式的目标和内容更加广泛而多样，除商品贸易自由化外，服务贸易和投资自由化也成为重要方面，其突破了地区和距离的限制、协定双方的非对称性，强调与WTO规则相一致，并在内容上超越WTO的范围。

在推进区域经济一体化的进程中，东南亚国家根据自身的政治、经济利益，积极制定和调整区域经济一体化战略。东盟倡导多边卷入、实现大国均衡的区域经济一体化战略；

---

① 2023年8月25日，东盟四国文莱、印度尼西亚、马来西亚和新加坡的经济部长与澳大利亚和新西兰的经济部长共同签署了《第二议定书》。其他东盟国家将在适当时候签署第二份议定书。

② 中国一般称为中国-东盟自贸区3.0版本。

③ 数据来源：《2022—2023年年度报告——东盟事务：增长的中心》，东盟秘书处官网（https：//www.asean.org）。

以自身区域化为核心，多层次推进区域经济一体化进程；强调区域经济一体化内容的多样性和开放度。面对亚洲区域经济一体化的浪潮，尤其是《跨太平洋伙伴关系协定》《中韩自由贸易协定》《中日韩自由贸易协定》等的签署，东盟已意识到必须加快区域经济整合的步伐。尤其是2020年签订的RCEP是全球最大的区域合作组织，它的目标是消除内部贸易壁垒，创造和完善自由的投资环境，扩大服务贸易范围，同时还涉及知识产权保护、竞争政策等领域，其自由化程度将高于目前的“10+1”自贸协定。

五、“东盟中心”得到进一步加强

东盟“中心性”是学术界讨论较多的一个话题，且在不同时期，相关议题会有不同的特点和价值。当前东盟“中心性”（ASEAN Centrality）在实践上表现为东盟倡导的多边合作机制，如“10+N”、东亚峰会（EAS）、东盟地区论坛（ARF）、区域全面经济伙伴关系（RCEP）等，这些多边合作机制构成了东南亚地区秩序所依赖的网络权力（Network Power）。这种网络权力在一定程度上弥补了东盟在主导东南亚地区安全时物质力量的不足。因此，东盟在区域对外经贸合作中将“东盟中心”放在首要地位。

首先，东盟在处理对外关系时，始终强调以东盟利益优先，其对外政策也都基于东盟利益而制定。为此，东盟努力塑造其在区域合作进程中的“中心”地位。冷战结束后，东盟通过推行“大国平衡”战略，在区域安全结构、区域秩序，以及在地区内存在利益诉求的外部势力之间的权力关系中都致力于发挥其关键性角色。因此，东盟在由其主导建构的区域合作机制（包括东盟地区论坛、东亚峰会、“东盟+1”和“东盟+3”等）都处于“中心”位置，并有效运用这些机制和平台为相关国家共同处理地区事务提供交流与合作的机会。因此，可以说，东盟在联合域外国家、合作组织及国际机构推动东南亚地区经济、政治和安全等领域合作上取得了显著成就，在扩展东盟利益、提升自身实力的同时，也为东亚地区合作提供了具有创新性的有益借鉴，得到相关各方的高度赞赏和普遍认可，从而进一步巩固了东盟在区域合作中的“中心”地位。

其次，东盟在处理对外关系时，也把以不干涉成员国内政和协商一致为主要内容的“东盟方式”作为其落实对外政策的基本原则。1967年，东盟发表《曼谷宣言》时就呼吁各成员国确保其稳定和安全不受任何形式的外部干涉，要根据东盟国家人民的理想和愿望维护其民族特性。1976年，东盟在《东南亚友好合作条约》中也呼吁签署方承诺互不干涉内政，放弃以武力相威胁或使用武力，以和平方式解决争端。《东南亚友好合作条约》不仅是处理东南亚各国关系的重要原则和行为准则，签署条约的其他国家也必须认可这些基本原则。可以说，东盟在发展过程中形成的独特规范（即“东盟方式”）不仅维系了其组织内部的团结，也成为由东盟主导构建的区域合作机制的指导原则。

最后，东盟奉行“大国平衡”战略。自1967年建立以来，东盟经历了不断变化和充满挑战的地区和国际战略环境。特别是冷战结束以后，对东南亚地区有广泛影响力的大国在该地区的竞争也日益加剧。在复杂的地缘政治环境中，东盟一直在与大国的关系中保持和发展灵活、平衡的政策，努力避免不断加剧的大国竞争对地区安全和经济发展环境造成的影响。与此同时，也正是由于任何大国都难以在该地区获得绝对的主导地位，才使东盟得以实行“大国平衡”战略，维持大国“均势”并使其得到有关各方的普遍认可。从冷战结束以来东亚地区比较成功地推进区域合作的历史经验来看，东盟不“选边站”的“大国平衡”战略是令其对外政策特别是推动与各相关国家和组织之间开展合作以维护地区稳定、促进经济发展的策略获得成功的重要因素。

案例剖析

新加坡经济发展历程

案例详见案例引导。

剖析：在工业化进程中，新加坡的经济发展经历了以下阶段：由独立初期的劳动密集型工业逐步过渡到具有高附加值的资本、技术密集型工业和高科技产业，进而成功发展到目前的信息产业等知识密集型经济。新加坡之所以在工业上能取得如此令人瞩目的成就，主要是因为政府在工业发展上扮演了十分重要的角色。

一是政府制定了清晰、实用的经济发展规划，还在不同的发展阶段制定了不同的产业发展政策，如在进口替代、出口导向、经济重整、经济多元化和知识经济各个时期，都实施不同的经济政策，政府始终用强有力的规划，掌控着新加坡工业发展的全局。

二是政府主导招商引资。早在1961年，新加坡就成立了经济发展局，该局将最大的精力用在招商引资上：①制定鼓励企业投资发展的政策，如实行“新兴工业地位”政策，凡是获得了“新兴工业地位”的企业，都可以享受相应的优惠政策。②提供优质服务。经济发展局早在20世纪60年代就首创了“一站式”服务，并为投资者提供方便、快捷的服务，尤其是在2000年以后，新加坡强力推行电子政务，有近2 000种服务可在网上完成。③政府主导营造投资环境。政府通过设立中央公积金来调节经济，在经济形势好、工资增长的同时，提高缴费率；在经济衰退、企业困难时，降低缴费率。政府还建立了技能发展基金，用于资助企业开展培训，以满足跨国公司对人才的需求；建立了一套具有新加坡特色的政府主导型的劳-资-政合作协调体制，构建了良好的劳资关系。新加坡是一个小岛国，无任何资源，但新加坡做到了无中生有，创造了能够吸引外国资本投入的资源。目前，新加坡是全球成功招商引资的典范。

三是政府研究国际产业动态，善于抓住机会。当时欧美发达国家和地区内受工资成本大幅提高和工人运动的压力，外受日本电子工业崛起的竞争之苦，新加坡抓住了这一时机，吸引了大批欧美企业包括通用电气、惠普、飞利浦等跨国企业到新加坡投资。

四是环境保护和工业发展相互促进。新加坡在工业化进程中，高度重视工业发展与环境保护，将工业发展积累的大量资金用于环境建设与环境保护，从而使拥有世界第三大炼油基地等一大批重化工项目的新加坡，成为举世公认的花园城市国家和世界重要的旅游目的地。

五是充分开放市场为竞争提供优势，健全法律制度为公平有序的竞争提供保障。

本章小结

1.东南亚国家经贸发展经历了第二次世界大战后初期的经济恢复、20世纪60—70年代工业化发展、80年代中期至90年代中期经济高速增长、后起国家的经济开放与改革、

90年代后期金融危机、2008年国际金融危机、2018年世界格局大变局等几个重要时期。

2.东南亚成为世界经济重要的增长极和国际生产网络的重要节点，正在进行经济转型和结构调整，区域经济一体化进程加速发展。

3.构建更为紧密的区域经济一体化组织，是东南亚未来经贸发展的方向。

思考与练习

简答题

1.东南亚经贸发展战略中最显著的特点是什么？

2."产品内分工"理论是怎样的？东南亚国家如何通过"产品内分工"成为国际生产网络的重要节点？

3.以新加坡为代表的东南亚国家经贸发展中的成功经验主要有哪些？

4.东南亚未来经贸发展的方向是怎样的？东盟经济共同体的构建对全球经济发展有何重要影响？

第五章　东南亚货物贸易

本章要点

货物贸易是东南亚对外贸易的主要构成部分，本章主要从东南亚货物贸易发展概述、东南亚货物贸易发展的特点、东南亚货物贸易竞争力的判断和东南亚国别货物贸易态势的比较等方面分析东南亚的货物贸易。从整体上看，东南亚的货物贸易表现出增长较快、波动较大、顺差居多，以及各国差异较大等特征，同时，东南亚货物贸易的整体竞争力也呈现出明显增强的趋势。

❖ 案例引导

2023年一季度越南对外商品贸易逆差预计超40亿美元①

根据越南国家统计局公布的数据，2023年3月越南货物进出口总额约为584.9亿美元，环比增长18.6%，同比下降13%。

2023年一季度数据显示，越南货物进出口总额约为1 542.7亿美元，同比下降13.3%：其中出口额约为791.7亿美元，同比下降11.9%；进口额约为751亿美元，同比下降14.7%。

此外，越南服务出口逆势增长。2023年一季度，服务贸易出口额约为54.4亿美元，同比增长238.3%。其中，旅游服务出口达27亿美元（占服务出口总额的49.6%），增长近28倍；运输服务出口总额达18.5亿美元（占服务出口总额的49.6%），增长164.3%。

对此，越南国家统计局分析评论称，主要原因在于：在世界经济复苏缓慢、多国收紧货币政策的背景下，越南主要贸易伙伴的商品和服务消费需求下降，最终拖累了外贸。

越南对主要贸易伙伴的进出口情况如下：

首先，一季度，越南最大出口国是美国。从具体数据来看，一季度，越南累计对美国出口206亿美元，累计从美国进口31亿美元；最终，一季度，越南和美国外贸总额237亿美元，对美国贸易顺差175亿美元，同比下降23.4%。

其次，一季度，越南主要进口国是中国，而且一季度累计对中国出口236亿美元。

最后，一季度，越南对欧盟的贸易顺差约为69亿美元。

对此，越南国家统计局分析评论称，这表明自由贸易协定（FTA）带来积极影响，欧盟仍是越南出口商品的潜力巨大的主要市场。

① 陈晨．一季度越南对外商品贸易逆差预计超40亿美元[N]．云南日报，2023-04-12(006).

此外，数据还显示，一季度受外贸影响，越南2023年第一季度GDP预计同比增长3.32%。其中，农林水产业增长2.52%，对经济增长贡献率为8.85%；工业和建筑业下降了0.4%，使经济总量下降4.76%；服务领域增长6.79%，贡献率达95.91%。

对此，你怎么看？你如何评价2023年一季度越南外贸情况？未来情况又会如何？

第一节　东南亚货物贸易发展概述

亚太地区向来被认为是全球经济最具活力的区域，东南亚是亚太除了中国、日本、韩国之外经济表现最为突出的一个区域。该区域的10个国家（除了东帝汶）当初是出于政治目的而组成东盟的，但随着世界经济和政治形势的变化，东南亚联盟带动整个区域经济对外贸易的蓬勃发展[①]。东南亚在整个世界对外贸易的发展中占有比较重要的地位，并对亚太区域的经济体产生了比较深远的影响。整个东南亚地区的对外货物贸易主要表现出以下几个特点：

一、东南亚货物贸易额增长迅速

东南亚[②]货物贸易总额从1980年的1 375.55亿美元增长到2022年的38 409.87亿美元，增长了27.9倍，其中出口额从719.15亿美元增长到19 619.03亿美元，增长了27.3倍，进口额从656.40亿美元增长到18 790.83亿美元，增长了28.6倍。1980—2022年东南亚货物贸易数据见表5-1。

表5-1　**1980—2022年东南亚货物贸易数据**　单位：亿美元

年份	出口	进口	总额	年份	出口	进口	总额
1980	719.15	656.4	1 375.55	2002	4 073.66	3 666.69	7 740.35
1981	726.19	734.69	1 460.88	2003	4 747.61	4 119.18	8 866.79
1982	718.06	771.93	1 489.99	2004	5 690.44	5 137.71	10 828.15
1983	727.7	788.86	1 516.56	2005	6 565.82	6 028.4	12 594.22
1984	793.6	763.84	1 557.44	2006	7 697.99	6 878.13	14 576.12
1985	725	665.67	1 390.67	2007	8 651.21	7 751.05	16 402.26
1986	676.24	649.18	1 325.42	2008	9 897.51	9 390.33	19 287.84
1987	842.45	820.42	1 662.87	2009	8 137.96	7 272.46	15 410.42
1988	1 058.3	1 067.02	2 125.32	2010	10 500.66	9 533.59	20 034.25
1989	1 238.62	1 294.58	2 533.2	2011	12 394.82	11 545.79	23 940.61

① 2022年11月11日，东南亚国家联盟（ASEAN）领导人第40届和第41届峰会原则上同意东帝汶加入东盟，目前东帝汶还是观察员身份。

② 这里的东南亚包括东南亚11个国家，即包括东帝汶的数据。

续表

年份	出口	进口	总额	年份	出口	进口	总额
1990	1 441.48	1 623.46	3 064.94	2012	12 537.14	12 238.94	24 776.08
1991	1 655.86	1 839.91	3 495.77	2013	12 725.76	12 460.65	25 186.41
1992	1 854.65	2 009.16	3 863.81	2014	12 951.81	12 364.59	25 316.4
1993	2 123.29	2 310.48	4 433.77	2015	11 626.52	10 916.93	22 543.45
1994	2 621.42	2 812.33	5 433.75	2016	11 440.36	10 792.86	22 233.22
1995	3 214.09	3 553.11	6 767.2	2017	13 163.72	12 594.48	25 758.2
1996	3 407.32	3 759.01	7 166.33	2018	14 460.18	14 251.95	28 712.13
1997	3 558.58	3 818.49	7 377.07	2019	14 233.33	13 889.34	28 122.66
1998	3 310.65	2 871.87	6 182.52	2020	13 861.44	12 703.2	26 564.64
1999	3 622.78	3 101.88	6 724.66	2021	17 246.7	16 221.19	33 467.89
2000	4 302.03	3 806.4	8 108.43	2022	19 619.03	18 790.83	38 409.87
2001	3 870.46	3 469.92	7 340.38				

数据来源：根据UNCTAD数据库整理。本章如无特别说明，所有贸易数据均来自UNCTAD数据库。

二、东南亚进出口增长速度比较快

以10年为基准，从1951年开始，东南亚经济的增长过程可以划分为七个阶段，在这72年（1951—2022年）的经济发展过程中，出口年均增长率达到5.04%，进口年均增长率达到5.69%。东南亚地区对外贸易增长速度最快的阶段是1971—1980年这10年，进口与出口表现出相同的趋势，其中出口的表现尤为出色，年均增长率9.38%。这一时期，世界正发生大规模产业转移，东南亚抓住了机遇，承接了大量美日欧产业，同时新加坡、马来西亚、泰国实施出口导向发展战略也推动进出口的大力发展。2001年以后，东南亚经济的发展速度又有所上升，尤其是在中国-东盟自由贸易区《货物贸易协议》签署之后。2010年以后，受全球经济的影响，无论是出口增长率还是进口增长率，均较上一阶段大幅度下滑（见表5-2）。

表5-2　　　　1951—2022年不同阶段东南亚进出口增长率（%）

时期	1951—1960	1961—1970	1971—1980	1981—1990	1991—2000	2001—2010	2011—2022
出口增长率	-13.48%	41.21%	937.77%	98.50%	159.81%	171.30%	58.28%
进口增长率	1.06%	60.23%	613.25%	120.97%	106.88%	174.75%	62.69%
进出口总额增长率	-6.81%	51.32%	752.65%	109.80%	131.95%	172.93%	60.41%

数据来源：根据UNCTAD数据库整理。

三、东南亚货物贸易以顺差居多

1980—2022年，东南亚货物贸易的逆差表现有12次，主要集中在1988—1997年这10年。自1997年发生严重金融危机之后，从1998年开始东南亚地区的对外贸易出现了明显转变，由1997年的逆差259.90亿美元逆转为1998年的顺差438.77亿美元，巨大逆转的主要缘由是金融危机导致东南亚国家货币大幅贬值，出口商品按美元计算的价格下降导致出口剧增，也与中国当时执行人民币坚持不贬值、外贸“以邻为友”的政策密切相关。此后，东南亚的对外贸易一直保持较大的顺差，并呈现扩大趋势。到2020年，东南亚区域的贸易顺差已经达到1 158.23亿美元。其中，东南亚贸易顺差在2008年和2018年有一个较大幅度的下滑，尤其是2018年顺差下滑到208.24亿美元，2008年下滑的主要原因是当年美国发生次贷危机进而引发欧洲债务危机，而2018年下滑的主因是美国发起的贸易摩擦，美国主要针对中国采取了一系列贸易限制手段，但是由于供应链的深化，也进一步影响到了东南亚的出口，尤其是美国对中国出口轮胎的限制，直接使泰国的橡胶出口量下滑了40%左右。同样受世界经济环境影响，2022年东南亚整体货物贸易顺差出现大幅下滑。1980—2022年东南亚货物贸易差额趋势如图5-1所示。

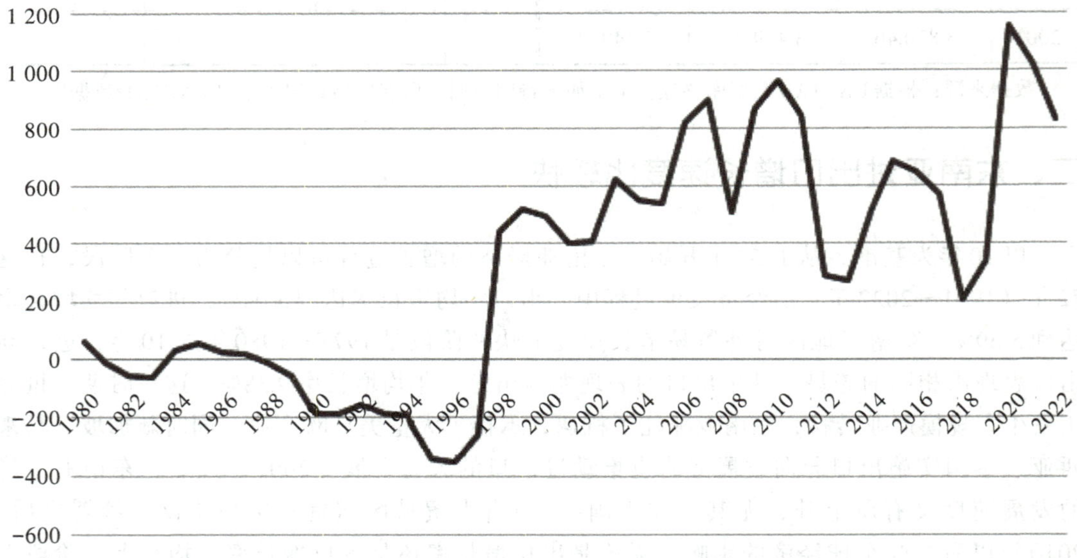

图5-1 1980—2022年东南亚货物贸易差额趋势（单位：亿美元）

数据来源：根据UNCTAD数据库整理。

四、东南亚各国对外贸易发展路径呈现较大差异

1980—2022年，虽然东南亚各国的货物贸易发展均较快，但是发展路径呈现较大差异。以2022年为例，东南亚11国按照进出口总额由大到小排序依次是新加坡、越南、马来西亚、泰国、印尼、菲律宾、柬埔寨、缅甸、文莱、老挝、东帝汶，排序大致与各国的经济发展水平相关（如图5-2所示）。

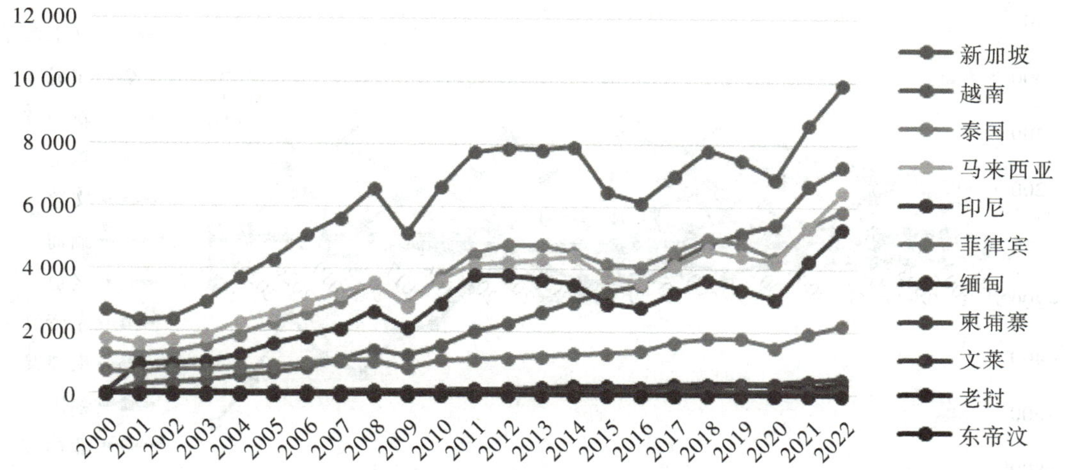

图5-2 2000—2022年东南亚各国货物贸易总额（亿美元）

数据来源：根据UNCTAD数据库整理。

其中，新加坡的对外贸易发展无论是增速还是总量都位居东南亚首位，而且与区域国家相比，新加坡的领先优势越来越明显。马来西亚的进出口总额在东南亚位居第2，仅次于新加坡，但是在2009年被泰国超越，此后稳居第3，然后在2017年被越南超越，排名第4。在东南亚表现最为突出的是越南，越南革新开放的时间比较晚，此前的进出口一直处于比较低的水平，但是增长速度比较迅猛，2007年超越菲律宾，出口排名第5。古小松（2007）曾判断越南经济发展将超过菲律宾，如果单从对外贸易发展的趋势来看，当年越南就已经超过菲律宾，此后菲律宾与越南的进出口总额的差额越来越大。越南在2019年成为仅次于新加坡的进出口大国，到2022年与排名第3和第4的泰国和马来西亚的差距进一步拉大。东帝汶于2002年5月20日正式独立，独立的时间比较晚，国家经济基础非常差，从2003年起才开始有自己的统计数据，对外贸易的总量也无法与周边国家相比。①

1980—2022年，虽然东南亚各国的货物贸易发展均较快，但各国的贸易差额呈现出另外一种景象。例如，2022年进出口表现为顺差的国家分别是马来西亚、印尼、新加坡、越南、文莱、缅甸、老挝，表现为逆差的国家分别是东帝汶、柬埔寨、泰国、菲律宾。

菲律宾的贸易收支从2014年开始急速恶化，逆差从66.03亿美元迅速增加到656.95亿美元，是东南亚11国中贸易逆差最大的国家，也是从2001年开始一直逆差的国家之一（一直逆差的国家还有柬埔寨和东帝汶）。

在贸易收支中表现较好且一直顺差的是马来西亚、新加坡和文莱，从2001年开始一直表现为顺差且在不断扩大，但是2022年3个国家的顺差额度均有所下滑。此外，印尼的表现不错，除2012—2013年、2018—2019年有逆差之外，其余年份一直为顺差，尤其从2020年开始顺差额度迅速扩大，2022年顺差排名第2，仅次于马来西亚（如图5-3所示）。

① 印尼进出口数据在2002年及以前包含东帝汶数据，2003年及之后的数据是指现状态的印尼数据，东帝汶的进出口数据也是从2003年才开始有的。

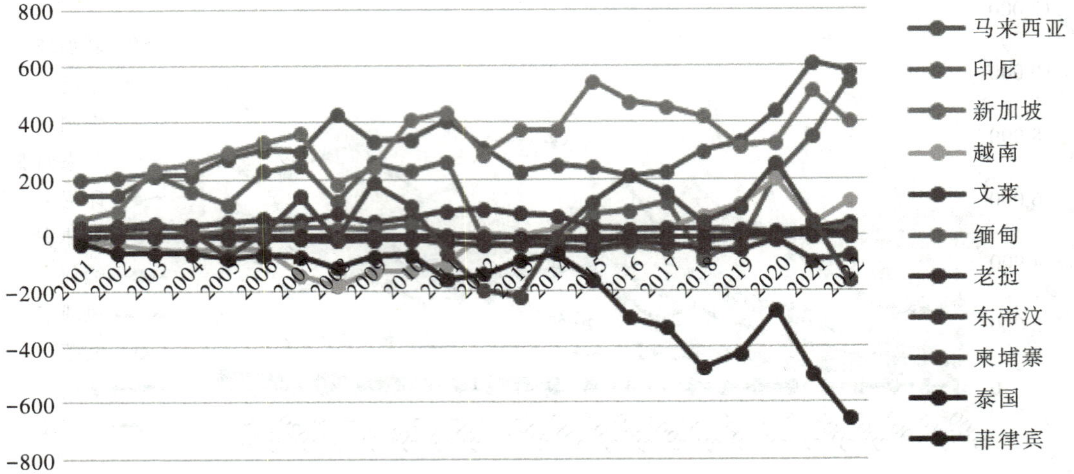

图5-3　2001—2022年东南亚各国货物贸易差额（单位：亿美元）

数据来源：根据UNCTAD数据库整理。

第二节　东南亚货物贸易国别比较

作为一个整体，东南亚的货物贸易呈现增长趋势，但是因为东南亚各国国情和经济发展水平差异较大，所以我们有必要对东南亚地区的国别货物贸易情况进行了解。本节将选择一些具有代表性的国家进行阐述。

一、新加坡

新加坡的传统经济以商业为主，包括转口贸易、加工出口、航运等。独立后，新加坡坚持自由经济政策，加紧发展资本密集、高附加值的新兴工业。新加坡既是世界著名旅游目的地、亚洲金融中心和亚洲美元市场中心之一，也是东南亚最大的海港、重要的商业城市和转口贸易中心，还是世界第三大石油提炼中心和重要的物资集散中心。

新加坡充分利用了自身的地理位置优势，经济得到快速发展。其经济属于外贸驱动型，对外贸易依存度高达400%左右。新加坡历来奉行自由贸易政策，大力推动多边和双边贸易，对外贸易高度发达。新加坡近10年来对外贸易额年均增长速度达到10%以上，是东南亚贸易增长速度最快和贸易额最大的国家。

（一）新加坡货物贸易情况

新加坡的出口和进口总额从2001年的2 377.51亿美元增长到2021年的8 635.83亿美元，增长了133.5%。其中，出口总额从2001年的1 217.51亿美元上升到2021年的4 573.57亿美元，增长了275.4%，而进口总额从2001年的1 160亿美元上升到2021年的4 062.26亿美元，增长了250.2%。同时，新加坡的贸易差额（顺差）从2001年的57.51亿美元扩大到2021年的511.31亿美元。除了2009年之外，新加坡的贸易总额和贸易顺差在20多年里一直增长。据新加坡国际企业发展局统计，2022年，新加坡货物贸易进一步增长，货物出口增长15.6%，货物进口增长

20.1%。在货物出口上，再出口占比53.6%，石油国内出口占18.4%，非石油国内出口占28.1%。2001—2021年新加坡对外贸易情况见表5-3。

表5-3 2001—2021年新加坡对外贸易情况 金额单位：亿美元

年份	出口	同比	进口	同比	总额	同比	差额	同比
2001	1 217.51	−0.12	1 160	−0.14	2 377.51	−0.13	57.51	0.76
2002	1 251.77	0.03	1 164.41	0	2 416.18	0.02	87.36	0.52
2003	1 599.02	0.28	1 362.18	0.17	2 961.2	0.23	236.84	1.71
2004	1 986.37	0.24	1 735.99	0.27	3 722.36	0.26	250.38	0.06
2005	2 296.49	0.16	2 000.47	0.15	4 296.96	0.15	296.02	0.18
2006	2 718.07	0.18	2 387.1	0.19	5 105.17	0.19	330.97	0.12
2007	2 993.08	0.1	2 631.55	0.1	5 624.63	0.1	361.53	0.09
2008	3 381.76	0.13	3 197.8	0.22	6 579.56	0.17	183.96	−0.49
2009	2 698.32	−0.2	2 457.85	−0.23	5 156.17	−0.22	240.47	0.31
2010	3 518.67	0.3	3 107.91	0.26	6 626.58	0.29	410.76	0.71
2011	4 095.03	0.16	3 657.7	0.18	7 752.73	0.17	437.33	0.06
2012	4 083.93	0	3 797.23	0.04	7 881.16	0.02	286.7	−0.34
2013	4 102.5	0	3 730.16	−0.02	7 832.66	−0.01	372.34	0.3
2014	4 153.78	0.01	3 779.14	0.01	7 932.93	0.01	374.64	0.01
2015	3 515.87	−0.15	2 970.87	−0.21	6 486.74	−0.18	545	0.45
2016	3 304.81	−0.06	2 833.39	−0.05	6 138.21	−0.05	471.42	−0.14
2017	3 734.46	0.13	3 279.23	0.16	7 013.69	0.14	455.22	−0.03
2018	4 129.55	0.11	3 708.81	0.13	7 838.35	0.12	420.74	−0.08
2019	3 907.63	−0.05	3 592.66	−0.03	7 500.29	−0.04	314.98	−0.25
2020	3 625.34	−0.07	3 298.3	−0.08	6 923.64	−0.08	327.04	0.04
2021	4 573.57	0.26	4 062.26	0.23	8 635.83	0.25	511.31	0.56

数据来源：根据UNCTAD数据库整理。

（二）新加坡的贸易伙伴

中国、马来西亚、美国是新加坡2022年的三大贸易伙伴。新加坡对中国的出口总额为639.69亿美元，对中国的进口总额为629.84亿美元。虽然中国仍是新加坡的最大贸易伙伴，但是，新加坡对华非石油出口增长呈现萎缩趋势，负增长13.1%。新加坡非石油产品出口对象增长最快的是美国，高达18.6%；其次为马来西亚，为11.7%；之后是欧盟、日本，都是双位数增长，中国台湾为6.3%。非石油国内出口是新加坡经济的晴雨表。非石油国内出口表现越好，新加坡经济增长预期就越好。

新加坡在2001—2022年期间的贸易伙伴呈现如下特征：

（1）中国是新加坡的最大贸易伙伴，与中国的贸易额逐年增长，从2015年的935.68亿美元增长到2022年的1 269.53亿美元，这表明中国对新加坡的贸易影响力不断增强。

（2）马来西亚是新加坡的贸易伙伴之一。从2015年到2022年，马来西亚一直是新加坡的前两大贸易伙伴之一。虽然贸易额不如中国，但稳定性非常高。在2022年的贸易中，与马来西亚的贸易额达到1 109.89亿美元。

（3）新加坡的贸易伙伴不断发生变化，但美国、日本、印度、印度尼西亚、泰国、韩国、澳大利亚等国家和地区持续保持在新加坡的贸易伙伴前10名之列（见表5-4）。这表明新加坡的贸易网络比较稳健。

（三）新加坡的贸易产品结构

2022年，新加坡的贸易产品结构主要以电子产品、化学品、石油产品、机械及运输设备为主要出口产品，占新加坡出口总额的比例约为85%。其中，电子产品是新加坡最大的出口产品，占比约为30%。这些产品包括半导体、计算机及电子配件等。此外，化学品、石油产品等也是新加坡的重要出口产品，占比分别约为23%和10%。进口结构方面，新加坡主要进口的产品包括机械设备、石油及石油制品、化学品等。机械设备是新加坡最大的进口产品，占比约为13%。此外，新加坡也进口大量的化学品和石油制品，这些产品主要用于国内的制造业和化工行业。

根据世界银行WDI数据库的数据，2001—2021年新加坡出口产品分类占比的情况显示：农业原材料出口占比渐趋稳定。2001年农业原材料的出口占比为0.43%，到2021年仅下降了不到0.1个百分点，为0.36%，这表明农业原材料出口占新加坡整体出口的比重相对稳定，没有出现大的波动。食品出口占比基本稳定。在该时间段内，食品的出口占比波动较小，2011年的19.45%为最高点，2021年的3.15%为最低点。燃料的出口占比有所下降，从2001年的7.57%下降到2021年的10.04%。其中，2015年出口占比下降的幅度较大，与原油价格下跌相关，但在之后的几年中有所回升。矿物和金属出口占比波动较大。2005年和2006年的出口占比较高，分别为12.15%和13.04%，但在之后几年出口占比有所下降，2018年达到最低点，仅为0.87%。制成品出口占比渐渐下降，从2001年的84.26%下降到2021年的76.50%，整体呈现出逐渐下降的趋势，但仍是新加坡出口的重要组成部分（见表5-5）。

表 5-4 2010—2022 年新加坡对外贸易前十大合作伙伴

排名	2010	2011	2012	2013	2014	2015	2016	2017	2018	2019	2020	2021	2022
1	马来西亚	马来西亚	马来西亚	马来西亚	马来西亚	马来西亚	马来西亚	马来西亚	马来西亚	马来西亚	马来西亚	中国	马来西亚
2	中国	中国	中国	中国	中国	中国	中国	中国	中国	中国	中国	马来西亚	中国
3	印度	印度	印度	印度	印度	印度	印度	印度	印度	印度	美国	美国	美国
4	印度尼西亚	印度尼西亚	印度尼西亚	印度尼西亚	印度尼西亚	印度尼西亚	印度尼西亚	印度尼西亚	印度尼西亚	印度尼西亚	中国香港特别行政区	中国香港特别行政区	中国香港特别行政区
5	中国香港特别行政区	中国香港特别行政区	中国香港特别行政区	中国香港特别行政区	中国香港特别行政区	中国香港特别行政区	中国香港特别行政区	中国香港特别行政区	中国香港特别行政区	中国香港特别行政区	印度	印度	印度
6	日本	日本	日本	日本	日本	日本	日本	日本	日本	美国	印度尼西亚	印度尼西亚	日本
7	美国	美国	美国	美国	美国	美国	美国	美国	美国	日本	日本	日本	泰国
8	泰国	泰国	泰国	泰国	泰国	泰国	泰国	泰国	泰国	泰国	泰国	泰国	澳大利亚
9	菲律宾	菲律宾	菲律宾	菲律宾	菲律宾	菲律宾	菲律宾	南非	南非	南非	南非	澳大利亚	印度尼西亚
10	澳大利亚	澳大利亚	南非	韩国	澳大利亚	澳大利亚	澳大利亚	澳大利亚	澳大利亚	韩国	韩国	韩国	韩国

数据来源：新加坡国家统计局。

表5-5　　2001—2021年新加坡主要贸易产品（分类）占总出口额度比重（%）

年份	出口					进口				
	农业原材料	食品	燃料	矿物和金属	制成品	农业原材料	食品	燃料	矿物和金属	制成品
2001	0.43	2.28	7.57	1.15	84.26	0.38	12.58	3.65	80.30	1.69
2002	0.40	2.28	7.78	1.08	84.39	0.41	13.06	3.60	79.83	1.56
2003	0.35	1.93	8.48	1.07	84.42	0.46	13.42	3.51	79.68	1.30
2004	0.35	1.82	10.00	1.17	83.22	0.41	14.87	3.06	78.78	1.55
2005	0.32	1.47	12.15	1.05	48.73	0.38	17.68	2.43	47.47	1.57
2006	0.31	1.42	13.04	1.35	45.96	0.37	18.67	2.24	46.21	2.31
2007	0.28	1.57	13.70	1.67	74.77	0.35	19.87	2.53	70.58	2.21
2008	0.28	1.70	18.32	1.35	68.83	0.31	27.04	2.51	63.05	2.06
2009	0.23	1.95	15.17	1.19	72.26	0.30	23.80	2.91	65.35	2.31
2010	0.29	1.95	16.06	1.17	71.34	0.34	25.92	3.13	64.40	1.51
2011	0.31	2.11	19.45	1.18	66.52	0.38	32.02	3.31	58.69	1.79
2012	0.25	2.12	18.18	1.04	67.75	0.36	32.10	3.25	58.77	1.52
2013	0.29	2.30	17.00	1.19	67.83	0.35	30.13	3.33	58.82	1.48
2014	0.32	2.54	16.53	1.16	68.90	0.34	30.03	3.53	59.44	1.73
2015	0.43	2.83	12.19	1.24	74.24	0.44	20.96	3.95	66.86	1.61
2016	0.54	2.88	11.07	1.10	76.41	0.46	17.49	4.06	70.02	1.63
2017	0.57	2.61	12.81	1.03	74.09	0.40	22.09	3.86	66.91	1.39
2018	0.58	3.25	13.12	0.87	72.94	0.40	23.72	3.62	66.41	1.07
2019	0.50	3.53	12.26	0.72	74.19	0.32	20.97	3.70	69.12	1.06
2020	0.43	3.43	8.09	0.72	77.45	0.32	14.94	4.11	73.06	1.23
2021	0.36	3.15	10.04	1.20	76.50	0.26	18.54	3.92	71.19	1.33

数据来源：根据世界银行WDI数据库整理。

其中制成品的贸易产品结构呈现如下特征：

（1）电子产品出口总额逐年增加，占比逐渐扩大。截至2022年，新加坡电子产品出口总额达到5 934.71亿美元，占新加坡出口总额的81%左右，其中半导体产品、显示器件和计算机配件等高科技产品是增长的主要推动力。

（2）机械及运输设备出口总额逐年增加，规模不断扩大。截至2022年，新加坡机械及运输设备出口总额为201.29亿美元，占出口总额的27%左右，这主要受益于全球制造业的增长和亚洲经济体量的扩大。其中船舶及配件、飞机配件和机械组件等产品出口规模增长较快。

(3) 化学品和石油产品出口总额波动较大。截至2022年，化学品和石油产品的出口规模为1 088.75亿美元，占到出口总额的15%左右。受到国际能源价格波动的影响，它们的出口规模和占比也存在明显的波动性。

(4) 新兴产业的出口总额逐步增加，开拓了新增长点。截至2022年，新加坡新兴产业出口增长迅速，例如生物科技出口总额达到10.95亿美元，占出口总额的1.5%左右，而且有望在未来继续提高。

(5) 高附加值和高科技方向的产业结构逐步清晰，数量和质量双双提高。截至2022年，高附加值和高科技领域的产业出口规模不断扩大，例如精密仪器出口总额达到43.62亿美元，占出口总额的6%左右，展现出这些产业正在成为新加坡的新增长点。

总体来说，新加坡的贸易依然以电子产品、化学品、石油产品和机械设备为主要商品。随着新加坡的工业化和经济发展，新兴的行业也逐渐发展起来，如航空业和生物科技等，这些产业的发展也将为新加坡的贸易增长带来新的动力。

综合近年的对外贸易情况，新加坡的贸易仍然会以一个较快的速度增长。对于新加坡货物贸易的商品结构，由于新加坡本身也是一个制造大国与货物中转中心，因此未来几年新加坡的贸易商品主要还是集中在机电产品、矿产品和化工产品等大额贸易与大宗商品。同时，新加坡的贸易合作伙伴主要集中在亚太地区，尤其是周边国家和地区，如马来西亚、印尼、中国、日本、韩国等，这也说明新加坡在21世纪初提出的7小时经济圈的经济腹地战略[①]产生了良好的经济效果。

(四) 新加坡贸易发展战略

1.2011年提出了新的发展战略[②]

(1) 提高技能与创新精神。保持每年2%～3%的生产力增长，成立全国生产力理事会，监督和提高生产力，加强对各个阶层的延续教育与培训，减少对外国劳工的依赖。

(2) 成为环球-亚洲枢纽。继续作为环球企业开拓亚洲商机及亚洲企业走向国际市场的重要基地。政府必须巩固新加坡作为环球-亚洲枢纽的地位，并协助新加坡的经济转型，衔接环球和亚洲企业。新加坡应维持一个具有全球竞争力的制造业，通过更复杂和更高增值的制造业，如医药器材零件和生物电子部件等，让制造业占整体经济的20%～25%。新加坡应发展和制造业相关的服务，继续加强风险管理、资产管理、私人银行等强项。新加坡也可以吸引和培养一批专注于市场营销、品牌打造、消费研究与市场情报等领域的企业，发展成为通晓消费者偏好的领先商业中心。此外，新加坡还可以制订一些具有前瞻性的城市方案，如再生能源管理，再将这些方案出口到亚洲乃至全世界。

(3) 建立有活力的多元企业生态。政府必须巩固新加坡作为跨国企业和中型环球企业在亚洲的首选基地的地位，培养更多具备环球竞争力的新加坡企业，吸引跨国企业及中小型环球企业根植新加坡，建立一个大型、小型、本地、亚洲和环球企业共处一地的多元企

① 2001年3月15日，新加坡副总理李显龙提出除了东南亚区域的市场外，新加坡还必须把发展经济的腹地扩大到7个小时飞行范围内的国家和地区，包括中国、印度、日本和澳大利亚，因为这些国家的资源丰富，而且拥有约28亿人口的庞大市场。

② 相关内容参见新加坡经济发展局网站（www.edb.gov.sg）。

业生态。拥有环球竞争力的新加坡企业的数量必须增加，理想数量是在2020年达到1 000家。政府可以成立一个专门的金融机构，为新加坡企业提供跨境融资方案，协助它们克服国际化的挑战。政府也可以拨出一些资金，与私人企业一起投资新加坡企业。此外，政府还可以提供一些优惠，促进跨国企业和新加坡中小企业之间的合作，培养一群熟悉亚洲的经理、专家和领袖，协助亚洲企业走向国际化。

（4）加强研发成果商品化。新加坡在研发方面的总开支应在2015年增加到占国内生产总值3.5%的水平。要达到这个目标，政府必须进一步强调创新和研发成果商品化，培养新加坡年轻人的创新思维。

（5）巧用能源。为了确保经济竞争力与成长不受能源所限，新加坡必须扩大能源来源，包括进口煤炭和电能、探讨核能发电的可能性等。政府在关键能源基础设施方面必须尽早投资，如把裕廊岛发展为低成本及低碳工业圈、建立智能能源系统等。

（6）提高土地效益。政府必须尽早探讨新加坡该如何有规划地向地下发展，扩大可使用的空间，建立土地库存，以供未来发展之用。政府也应制定地下土地权益评估框架，以方便公共部门和私人企业日后发展地下空间。

（7）打造独特的环球城市。政府必须继续将新加坡打造成思想与文化交流的环球城市，集聚亚洲和世界各地的顶尖企业人才。

每隔10年新加坡制定一份贸易战略，2001年制定了经济发展战略，2011年制定了新经济发展战略，2021年制定了2030年贸易策略。

2.2030年贸易策略

2021年新加坡制定了2030年贸易策略，该策略的目标是通过人力资源开发、数字化和创新等方面的措施，推动新加坡实现贸易增长和数字化经济的升级。在2020年至2030年间把出口总额从8 050亿新元增加到至少2.5万亿新元，并且扩大在新加坡本地进行的贸易活动。这包括吸引领先的全球贸易商到新加坡，提供平台协助新加坡企业打入海外市场，同时培养核心的新加坡贸易商，帮助他们国际化和推动创新。与此同时，新加坡希望争取更多再出口和转运货物流入新加坡，以更深入扎根于全球供应链，并且把岸外贸易总额扩大一倍至2万亿美元。岸外贸易泛指所有不进入新加坡，但利用新加坡贸易与金融体系进行的贸易。在推广贸易上，新加坡正积极通过东盟和其他平台加强区域经济一体化，同时在主要区域自由贸易协定的进程中扮演推手角色。

新加坡2030年贸易策略主要内容

为了实现目标，新加坡已采取三项关键策略，分别为促进创新与数字化、建立强大的公私伙伴关系，以及增加转口贸易。第一项策略，新加坡将继续与全球贸易公司密切合作以增强它们的能力，确保新加坡拥有一个充满活力的生态系统，以支持企业的创新之旅。这需要研究机构和高等学府的紧密合作，借助它们的研究能力和思想领袖人脉，进一步推动创新和增长。第二项策略，新加坡必须持续建立强大的公私伙伴关系，共同创造解决方案。第三项策略，新加坡将借助物流基础建设，以及海空互联互通的优势，争取让更多转出口流入新加坡。

新加坡的2030年贸易策略旨在通过加强内部资源和基础设施的建设，以及与其他国家和地区之间的合作，推动新加坡实现经济增长、可持续发展和数字化经济的升级。同时，政府还提出了加强数字和环保等领域的人力资源开发，并推出鼓励企业创新的政策措施，以促进经济可持续发展。

二、泰国

泰国是一个中等收入的发展中国家，实行自由经济政策，属于外向型经济。

历史上，泰国是一个农业国。19世纪中叶，西方国家打开泰国市场后，对大米、橡胶、锡和其他原料的需求刺激了泰国经济的发展，但其经济格局单一，经济基础落后。第二次世界大战前，除小规模和低技术水平的碾米、锯木和采矿业外，泰国几乎没有什么工业。第二次世界大战后，美国加大了对泰国的投资，泰国经济得到恢复和发展。20世纪50年代，政府开始大力发展工业，力图以工业化为中心带动整个国家经济的发展，并取得了成效。1959年，泰国设立国家经济发展委员会（1972年更名为国家经济和社会发展委员会，NESDB），开始制订全国经济发展计划。从20世纪80年代起，泰国积极调整工业结构，引进技术密集型和附加值高的中轻型工业，寻求适合泰国的工业发展模式，取得了良好的效果。泰国的电子工业等制造业发展迅速，经济持续增长，是“亚洲四小虎”之一。进入20世纪90年代，政府加强农业基础投入，促进了制造业和服务业的发展。1996年，泰国人均GDP达3 035美元，进入中等收入国家行列。

1997年从泰国开始爆发的亚洲金融危机使泰国经济受到沉重打击。1998年，泰国经济下降了10.8%。1999年，泰国经济开始复苏。进入21世纪，泰国政府将恢复和振兴经济作为首要任务，采取积极的财政政策和货币政策，扩大内需，刺激出口，全面实施“三年缓偿债务”“农村发展基金”“一乡一产品”“30铢治百病”等扶助农民计划，经济持续好转。2003年7月，泰国提前两年还清金融危机期间向国际货币基金组织举借的172亿美元贷款。2006年10月开始实施的泰国第10个社会经济发展五年计划以发展“绿色与幸福社会”为目标，以泰国国王倡导的“适度经济”为指导原则，通过在全国创建和谐及经济持续增长的环境，提高泰国抵御风险的能力。2008年国际金融危机对外向型的泰国经济影响颇深，加之国内政局动荡，泰国经济出现近些年来最大幅度衰退。2009年，泰国GDP下降2.3%。2010年，泰国经济全面复苏，尽管受到了政局问题和自然灾害等负面因素的影响，但仍实现了7.8%的高增长率。

泰国是一个出口导向型国家，实行自由贸易政策，对外贸易在国民经济中占有重要地位。外贸总额从20世纪90年代的700亿美元增长到2010年的4 560亿美元，年均增幅约10%。外贸依存度超过120%，出口依存度为62%。泰国政府重视出口促进工作并采取了若干鼓励政策，以拉动国民经济增长，创造更多就业机会。

（一）泰国货物贸易情况

泰国对外货物贸易总金额增长迅速，但是年度增长率并不稳定。

2001—2022年，泰国的出口总额从1 269.3亿美元增长到5 902.59亿美元，同比增长率回落最大的年份是2009年，增长率为-13.93%；同比增长率最高的一年是2021年，达到了23%。在同一期间，泰国的进口总额从619.62亿美元增长到3 031.91亿美元，同比增长率最高的一年是2017年，达到了14%；而同比增长率最低的一年是2020年，增长率为-13%。

泰国对外贸易差额也有一定的波动。2001—2022年，差额在负值和正值之间变化，顺差最高的一年是2020年，达到了254.78亿美元，而逆差最多的一年是2003年，达到了219.02亿美元。总的来说，泰国对外贸易的增长和波动性都很明显，但总体趋势是增长的。2001—2022年泰国对外贸易情况见表5-6。

表5-6　**2001—2022年泰国对外贸易情况**　金额单位：亿美元

年份	出口	同比	进口	同比	总额	同比	差额	同比
2001	649.68	−0.06	619.62	0	1 269.3	−0.03	30.06	−0.57
2002	681.08	0.05	646.45	0.04	1 327.53	0.05	34.63	0.15
2003	803.24	0.18	758.24	0.17	1 561.48	0.18	44.99	0.3
2004	962.48	0.2	944.1	0.25	1 906.58	0.22	18.38	−0.59
2005	1 109.36	0.15	1 181.78	0.25	2 291.14	0.2	−72.41	−4.94
2006	1 297.22	0.17	1 287.73	0.09	2 584.95	0.13	9.49	−1.13
2007	1 538.67	0.19	1 399.66	0.09	2 938.33	0.14	139.02	13.66
2008	1 777.78	0.16	1 792.25	0.28	3 570.02	0.21	−14.47	−1.1
2009	1 524.22	−0.14	1 337.09	−0.25	2 861.31	−0.2	187.14	−13.93
2010	1 933.06	0.27	1 829.21	0.37	3 762.27	0.31	103.85	−0.45
2011	2 225.76	0.15	2 287.87	0.25	4 513.62	0.2	−62.11	−1.6
2012	2 291.06	0.03	2 491.15	0.09	4 782.21	0.06	−200.09	2.22
2013	2 285.05	0	2 504.07	0.01	4 789.12	0	−219.02	0.09
2014	2 274.62	0	2 277.49	−0.09	4 552.11	−0.05	−2.87	−0.99
2015	2 143.1	−0.06	2 026.53	−0.11	4 169.63	−0.08	116.57	−41.67
2016	2 153.88	0.01	1 941.98	−0.04	4 095.86	−0.02	211.9	0.82
2017	2 366.35	0.1	2 215.19	0.14	4 581.53	0.12	151.16	−0.29
2018	2 529.57	0.07	2 482.01	0.12	5 011.58	0.09	47.56	−0.69
2019	2 462.69	−0.03	2 362.6	−0.05	4 825.29	−0.04	100.09	1.1
2020	2 316.34	−0.06	2 061.56	−0.13	4 377.9	−0.09	254.78	1.55
2021	2 720.06	0.17	2 668.82	0.29	5 388.88	0.23	51.24	−0.8
2022	2 870.68	0.06	3 031.91	0.14	5 902.59	0.1	−161.23	−4.15

数据来源：根据UNCTAD数据库整理。

（二）泰国的贸易伙伴

中国、美国、日本和马来西亚是泰国长期稳定的四大贸易伙伴（见表5-7）。2022年，泰国对四国分别出口343.90亿美元、475.27亿美元、246.69亿美元、126.87亿美元，其中对中国和日本的出口额分别下降了7.72%和1.3%，对美国的出口额增长了13.4%，四国合计占泰国出口总额的41.5%；泰国自上述四国分别进口710.14亿美元、180.26亿美元、345.84亿美元、145.09亿美元，其中自中国的进口额增长了6.7%，自美国和马来西亚的进口额分别增加了25.69%和20.79%，自日本进口降低了3%，四国合计占泰国进口总额的45.6%。美国是泰国最大的贸易顺差来源地，2022年顺差额为295.01亿美元，中国是泰国最大的逆差来源国，2022年逆差额为366.24亿美元。此外，泰国对马来西亚的逆差增幅越来越大，2022年逆差额度增加2 944.07%。

表5-7 **2022年泰国前十大贸易伙伴** 金额单位：亿美元

	贸易总额	出口额	进口额	差额	贸易总增长率（%）	出口增长率（%）	进口增长率（%）	差额增长率（%）
中国	1 054.04	343.90	710.14	−366.24	1.53	−7.72	6.70	25.05
美国	655.53	475.27	180.26	295.01	16.53	13.40	25.69	7.00
日本	592.53	246.69	345.84	−99.15	−2.30	−1.30	−3.00	−6.98
马来西亚	271.97	126.87	145.09	−18.22	12.91	5.06	20.79	−2 944.07
越南	211.94	132.35	79.59	52.76	8.73	5.54	14.47	−5.56
阿拉伯联合酋长国	208.24	34.20	174.04	−139.84	73.90	22.19	89.67	119.29
印度尼西亚	200.36	103.26	97.09	6.17	17.64	15.79	19.67	−23.33
新加坡	185.34	102.72	82.62	20.10	13.02	13.39	12.56	16.94
澳大利亚	183.89	111.54	72.35	39.19	6.69	1.77	15.29	−16.34
印度	177.03	105.25	71.78	33.47	18.06	22.54	12.05	53.32
前十国家	3 740.86	1 782.06	1 958.81	−176.75	9.40	5.38	13.34	−376.37
其他国家	2 161.72	1 088.62	1 073.10	15.52	9.76	5.80	14.09	−82.43
所有贸易伙伴	5 902.59	2 870.68	3 031.91	−161.23	9.53	5.54	13.60	−414.66

数据来源：泰国商务部。

中国：作为泰国最大的贸易合作伙伴，中国是泰国最主要的出口目的地。泰国主要向中国出口农产品、食品、化工产品和汽车零部件等产品。

日本：泰日两国具有悠久的历史关系和商业联系，日本是泰国的第二大贸易伙伴（2022年前）。泰国向日本出口天然橡胶、石油产品、食品和电子产品等。同时，日本向泰国出口机械、汽车和电子设备等产品。

美国：美国是泰国的第三大贸易伙伴（2022年前，2022年为第二大贸易伙伴）。泰国向美国出口电子产品、衣服和鞋子等产品，而美国向泰国出口飞机、机械和化学产品等。

马来西亚：泰国向马来西亚出口鞋子、天然橡胶和家电产品等，马来西亚向泰国出口机械、电子产品和石油等产品。

中国香港特别行政区：作为中国的一部分，中国香港是一个重要的贸易中心，以其良好的金融和贸易基础设施而闻名。泰国向中国香港出口电子产品、鞋子和衣服等，中国香港向泰国出口机械、电子产品等。

韩国：泰国向韩国出口电子产品、化学产品和纺织品等，韩国则向泰国出口机械、设备和化学品等。

越南：泰国向越南出口皮革、电子产品和塑料制品等，而越南向泰国出口机械和电子产品等。

印度：泰国向印度出口纺织品、化学产品和天然橡胶等，印度则向泰国出口化学品、钢铁和纺织品等。

澳大利亚：澳大利亚向泰国出口农产品、煤炭和矿产资源等，泰国则向澳大利亚出口农产品和汽车零部件等。

2015—2022泰国进出口前十大贸易合作伙伴见表5-8。

表5-8 2015—2022年泰国进出口前十大贸易合作伙伴

排名	2015	2016	2017	2018	2019	2020	2021	2022
1	中国	中国	中国	中国	中国	中国	中国	中国
2	日本	日本	日本	日本	日本	日本	日本	美国
3	美国	美国	美国	美国	美国	美国	美国	日本
4	马来西亚	马来西亚	马来西亚	马来西亚	马来西亚	马来西亚	马来西亚	马来西亚
5	新加坡	新加坡	越南	越南	越南	新加坡	越南	越南
6	印度尼西亚	印度尼西亚	新加坡	印度尼西亚	新加坡	越南	澳大利亚	阿拉伯联合酋长国
7	澳大利亚	越南	印度尼西亚	新加坡	印度尼西亚	印度尼西亚	印度尼西亚	印度尼西亚
8	中国香港特别行政区	澳大利亚	中国香港特别行政区	澳大利亚	中国香港特别行政区	中国香港特别行政区	新加坡	新加坡
9	越南	中国香港特别行政区	澳大利亚	中国香港特别行政区	澳大利亚	澳大利亚	韩国	澳大利亚
10	阿拉伯联合酋长国	韩国	韩国	韩国	韩国	中国台湾	中国台湾	印度

数据来源：泰国商务部。

（三）泰国的贸易产品结构

总体来看，制成品出口占比最高，其他种类产品的出口占比波动均不明显（见表5-9）。2001—2021年各类产品出口整体波动较小，其中农业原材料出口占比均值为4.28%，食品为13.18%，燃料为3.73%，矿物和金属为1.52%，制成品为73.29%。其中燃料出口占比逐渐变小，2020年和2021年占比最低，分别为2.67%和3.61%；矿物和金属出口占比整体波动较小，变化范围在1%以内，但是2021年有小幅增加，占比为2.57%；制成品出口占比整体波动较大，2021年占比较高，达到74.59%。泰国主要进口的产品是矿物和金属，年均占比67.14%，呈现逐年下降趋势；其次是食品16.01%，燃料5.43%，农业原材料的占比相对较低，为1.83%，制成品为4.59%。这说明泰国进出口大类产品差异性比较明显。

表5-9 2001—2021年泰国主要贸易产品（分类）占总出口额比重（%）

年份	各类产品出口占比					各类产品进口占比				
	农业原材料	食品	燃料	矿物和金属	制成品	农业原材料	食品	燃料	矿物和金属	制成品
2001	3.14	15.43	2.79	1.07	74.14	2.85	12.26	5.02	74.95	3.18
2002	3.69	14.59	2.67	1.12	74.56	2.76	11.74	5.04	75.76	3.11
2003	4.68	14.09	2.65	0.99	74.81	2.69	12.08	4.95	75.36	3.39
2004	4.80	12.93	3.55	1.15	75.80	2.37	14.15	4.48	72.97	4.30
2005	4.54	11.64	4.33	1.24	76.59	2.07	17.93	4.02	69.67	3.96
2006	5.26	11.25	4.98	1.50	75.31	1.87	20.15	3.89	66.97	5.09
2007	4.73	11.54	4.45	1.78	75.82	1.79	18.26	4.17	68.89	5.44
2008	4.76	13.24	6.42	1.30	72.33	1.80	21.09	4.77	63.70	5.18
2009	3.85	14.52	5.11	1.06	71.74	1.71	18.89	5.35	67.07	4.11
2010	5.19	12.80	4.94	1.27	72.46	1.88	17.58	4.75	66.74	4.70
2011	7.05	13.75	5.63	1.38	69.60	1.92	19.23	4.78	62.23	4.55
2012	4.93	13.38	6.51	1.32	70.95	1.71	19.50	5.13	65.60	3.67
2013	4.81	12.85	6.27	1.29	73.33	1.52	21.00	5.15	62.77	3.52
2014	3.91	13.57	5.27	1.32	74.70	1.62	21.31	5.56	64.87	3.71
2015	3.76	13.53	3.94	1.14	75.84	1.63	15.15	6.33	69.59	3.69
2016	3.86	13.47	2.90	1.20	75.16	1.64	12.55	6.83	72.17	3.73
2017	4.92	13.57	3.49	1.48	74.08	1.69	13.82	6.34	68.91	4.17
2018	4.04	13.48	4.23	1.61	74.86	1.55	17.11	6.00	66.53	4.19
2019	3.85	14.54	3.63	1.60	72.98	1.52	16.18	6.47	68.64	4.02
2020	3.63	14.42	2.67	1.86	71.60	1.35	13.83	7.62	70.74	4.05
2021	4.17	13.60	3.61	2.57	74.59	1.68	15.50	6.75	67.76	5.16

数据来源：根据世界银行WDI数据库整理。

具体到进出口商品类别，相关数据显示，2015—2020年，泰国主要的进出口商品包括电气机器和设备及其零件，矿物燃料、矿物油和其蒸馏产品、沥青质物质、矿物蜡，核反应堆、锅炉、机器和机械设备及其零部件，铁和钢以及天然、人造珍珠，贵重、半贵重石头，贵金属、贴有贵金属的金属及其制品，仿制珠宝和硬币。

三、马来西亚

20世纪70年代以前，马来西亚的经济以农业为主，依赖初级产品出口，70年代以来不断调整产业结构，大力发展出口导向型经济，电子业、制造业、建筑业和服务业发展迅速。同时，马来西亚实施“新经济政策”，旨在实现消除贫困、重组社会的目标。从1987年起，马来西亚的经济连续10年保持8%以上的高速增长。1991年，马来西亚提出“2020宏愿”的跨世纪发展战略，重视发展高科技，启动了“多媒体超级走廊”“生物谷”等项目。1998年，受亚洲金融危机的冲击，马来西亚的经济出现负增长，此后马来西亚采取稳定汇率、重组银行企业债务、扩大内需和出口等政策，经济逐步恢复并保持中速增长。2008年下半年以来，受国际金融危机影响，马来西亚经济增长放缓，出口下降，政府为应对危机相继推出70亿林吉特和600亿林吉特刺激经济措施。马来西亚经济逐步摆脱了金融危机的影响，企稳回升势头明显。2010年，马来西亚公布了以“经济繁荣与社会公平”为主题的第十个五年计划，并出台了“新经济模式”，继续推进经济转型。

马来西亚对外贸易在国民经济中占重要地位，自1995年以来，外贸依存度达150%以上。从1998年起，马来西亚连续保持贸易顺差。21世纪以来，马来西亚对外贸易增长较快，2001—2008年对外贸易增速在25%以上。2009年，马来西亚对外贸易受国际金融危机影响较大，外贸总额降幅达16.6%。2010年，马来西亚外贸恢复强劲，外贸总额为11 686亿马币，同比增长18.3%，接近危机前的水平。截至2022年，在全球经济总体不景气的背景下，马来西亚对外贸易仍取得较好的成绩。

（一）马来西亚货物贸易情况

马来西亚对外贸易总额逐年增长：2001年马来西亚对外贸易总额为1 617.14亿美元，到2022年达到6 469.31亿美元，逐年增长。其中出口总额从2021年的879.69亿美元增加到2022年的3 525.01亿美元；进口总额从2021年的2 382.4亿美元增加到2022年的2 944.3亿美元。

马来西亚对外贸易顺差总体稳定增长，其中2009年、2012年和2013年出现较大幅度的下滑，说明马来西亚对外贸易受国际市场形势和产业政策影响较大，尤其是2009年马来西亚出口和进口总额均下降（见表5-10）。

（二）马来西亚的贸易产品结构

总体来看，制成品出口占比最高，占比达到70%以上。2001—2022年各类产品出口占比整体波动较大，其中农业原材料和制成品出口占比有所下滑，与此相反，食品、燃料、矿物和金属出口占比均有所上升，分别从2021年的6.06%、9.72%、1.02%上升到2021年的10.79%、12.45%、4.72%（见表5-11）。

表 5-10　**2001—2022 年马来西亚对外贸易情况**　金额单位：亿美元

年份	出口	同比	进口	同比	总额	同比	差额	同比
2001	879.69	−0.1	737.44	−0.1	1 617.14	−0.1	142.25	−0.13
2002	940.61	0.07	797.61	0.08	1 738.21	0.07	143	0.01
2003	1 047.06	0.11	832.99	0.04	1 880.06	0.08	214.07	0.5
2004	1 266.46	0.21	1 051.66	0.26	2 318.12	0.23	214.79	0
2005	1 416.26	0.12	1 143.24	0.09	2 559.5	0.1	273.01	0.27
2006	1 607.49	0.14	1 304.41	0.14	2 911.9	0.14	303.07	0.11
2007	1 759.66	0.09	1 461.7	0.12	3 221.36	0.11	297.95	−0.02
2008	1 994.14	0.13	1 563.48	0.07	3 557.63	0.1	430.66	0.45
2009	1 572.44	−0.21	1 237.57	−0.21	2 810.01	−0.21	334.87	−0.22
2010	1 986.12	0.26	1 646.22	0.33	3 632.34	0.29	339.9	0.02
2011	2 280.86	0.15	1 874.73	0.14	4 155.59	0.14	406.13	0.19
2012	2 275.38	0	1 963.93	0.05	4 239.3	0.02	311.45	−0.23
2013	2 283.31	0	2 058.97	0.05	4 342.28	0.02	224.34	−0.28
2014	2 339.27	0.02	2 088.51	0.01	4 427.78	0.02	250.77	0.12
2015	1 999.52	−0.15	1 759.71	−0.16	3 759.22	−0.15	239.81	−0.04
2016	1 897.43	−0.05	1 686.84	−0.04	3 584.27	−0.05	210.59	−0.12
2017	2 181.3	0.15	1 954.17	0.16	4 135.46	0.15	227.13	0.08
2018	2 474.55	0.13	2 176.02	0.11	4 650.57	0.12	298.53	0.31
2019	2 381.95	−0.04	2 049.98	−0.06	4 431.94	−0.05	331.97	0.11
2020	2 347.66	−0.01	1 908.6	−0.07	4 256.26	−0.04	439.06	0.32
2021	2 994.25	0.28	2 382.4	0.25	5 376.64	0.26	611.85	0.39
2022	3 525.01	0.18	2 944.3	0.24	6 469.31	0.2	580.71	−0.05

数据来源：根据 UNCTAD 数据库整理。

表5-11　2001—2021年马来西亚主要贸易产品（分类）占总出口额度比重（%）

年份	出口					进口				
	农业原材料	食品	燃料	矿物和金属	制成品	农业原材料	食品	燃料	矿物和金属	制成品
2001	2.12	6.06	9.72	1.02	80.03	1.31	5.24	5.25	82.18	2.97
2002	2.25	7.54	8.39	0.93	78.27	1.12	5.62	5.73	79.90	2.67
2003	2.39	8.59	10.08	0.87	76.70	1.13	5.51	5.05	82.31	2.83
2004	2.45	7.95	11.60	1.11	75.52	1.19	6.33	5.51	80.35	3.64
2005	2.48	6.94	13.41	1.12	74.55	1.20	8.14	5.17	78.89	3.66
2006	2.74	6.96	13.73	1.33	73.39	1.27	8.96	5.22	77.05	4.49
2007	2.46	9.22	14.39	1.58	70.89	1.44	8.89	5.89	75.12	5.37
2008	2.35	11.65	18.35	1.79	54.15	1.53	10.94	7.04	65.34	5.19
2009	2.06	11.21	14.76	1.53	69.60	1.94	8.21	8.03	75.21	4.42
2010	2.65	11.88	15.85	1.95	67.00	1.99	9.97	7.77	73.30	5.18
2011	3.17	13.97	17.74	2.48	62.04	2.46	11.76	8.81	69.27	5.66
2012	2.40	12.51	20.41	2.32	61.55	2.50	14.19	8.42	67.85	5.02
2013	2.17	10.99	22.27	3.29	60.63	2.12	16.21	7.59	65.89	5.99
2014	1.76	11.11	22.09	2.88	61.57	1.74	16.84	7.92	65.81	5.65
2015	1.85	10.83	16.46	3.93	66.41	1.73	12.35	8.75	69.37	5.71
2016	1.94	11.55	14.00	3.85	68.02	1.72	10.31	8.69	72.53	4.96
2017	2.13	11.03	15.40	3.95	66.60	2.00	12.77	7.99	70.09	5.10
2018	1.68	9.09	15.67	4.27	68.42	1.76	14.38	7.45	69.09	5.47
2019	1.70	9.27	14.44	3.86	70.12	1.88	14.55	7.74	67.86	6.23
2020	1.56	10.07	11.39	3.50	73.13	2.09	11.89	8.90	68.83	6.43
2021	1.43	10.79	12.45	4.72	70.28	2.50	12.53	8.87	67.50	6.19

数据来源：根据世界银行WDI数据库整理。

进口方面，矿物和金属进口占比最大，达70%左右，从2001年开始出现逐年下滑趋势，由最初的82.18%逐渐下滑到2021年的67.50%，其余品类有大幅上升，尤其是食品从

2001年的5.24%增长到2021年的12.53%，说明这20多年，马来西亚的进出口产品结构发生了较大变化。马来西亚的主要出口商品有机电产品、矿物燃料、机械设备、植物油、塑料及其制品等。

四、印度尼西亚

印度尼西亚是东盟最大的经济体，其农业、工业、服务业均在国民经济中发挥着重要作用。20世纪60年代后期，印尼开始调整经济结构，经济逐渐提速。1997年，受亚洲金融危机重创，印尼经济严重衰退，货币大幅贬值，但随后政府采取了多项措施来促进经济复苏，1999年年底开始缓慢复苏。2003年年底，印尼按计划结束国际货币基金组织的经济监管。2004年以后，印尼积极采取措施吸引外资、发展基础设施建设、整顿金融体系、扶持中小企业发展，取得了积极成效。2008年以来，面对国际金融危机，印尼政府应对得当，印尼经济仍保持较快增长。近年来，印尼制造业的增长速度均超过经济增长速度。

印度尼西亚拥有丰富的资源，包括石油、天然气、煤炭、铁矿石、金属等。这些资源的开采、加工和出口一度是印度尼西亚经济的支柱。随着时间的推移，印度尼西亚开始逐渐转向制造业和服务业，其制造业发展迅速，已经成为印度尼西亚经济的重要部分。与此同时，服务业也是印度尼西亚经济的另一个重要组成部分。

随着经济实力的增长，印尼将会在G20、IMF、世界银行和联合国等国际经济和政治组织中拥有更多话语权，进一步促进其在能源资源、制造业和服务业等众多领域中的双边贸易，创造更多投资机会。预计到2025年，印尼的人均GDP将上升至8 700美元左右，成为世界上最大的新兴消费市场之一。尽管成就亮眼，但是印尼在发展中也面临着一些问题和挑战，应对措施有三个：一是改善投资环境；二是为每年大量新增的求职者创造就业机会；三是促进经济结构多样化，改变过度依赖产品出口的传统模式。

（一）印尼货物贸易情况

2001—2022年，印尼的对外贸易总额基本都是处于增长状态，从2001年的948.95亿美元增长到2022年的5 294.26亿美元，年均增长达到8.9%，其中2021年的增长速度最快，达到40.26%。出口方面，从2001年的573.61亿美元增长到2022年的2 919.79亿美元，年均增长8.17%，增长幅度最大的年份同在2021年，达到41.76%，下降最大的是2015年，达到-14.71%。进口方面，从2001年的375.34亿美元增长到2022年的2 374.47亿美元，年均增长9.96%，进口增幅最大的一年在2015年，增幅达到44.29%，下滑最快的是2009年，达到-26.46%。贸易差额只有在2012年、2013年、2014年、2018年、2019年出现逆差，其余年份一般表现为顺差，顺差最高年份出现在2022年，逆差最高年份出现在2018年，当年逆差85.84亿美元。

印尼政府预计2023年的出口保持正增长，出口额将增长14.9%，进口额将增长14.9%。相关数据显示，中国是在印尼出口市场份额中占比最高的国家，东盟成员国之间的内部贸易量也相当大。2001—2022年印尼对外贸易情况见表5-12。

表5-12　　2001—2022年印尼对外贸易情况　　金额单位：亿美元

年份	出口	同比（%）	进口	同比（%）	总额	同比（%）	差额	同比（%）
2001	573.61	-12.3	375.34	-13.9	948.95	-12.94	198.27	-9.08
2002	591.66	3.15	383.4	2.15	975.06	2.75	208.26	5.04
2003	641.08	8.35	421.96	10.06	1 063.04	9.02	219.12	5.21
2004	707.67	10.39	548.77	30.05	1 256.43	18.19	158.9	-27.48
2005	869.96	22.93	757.25	37.99	1 627.21	29.51	112.71	-29.07
2006	1 035.27	19	806.5	6.5	1 841.77	13.19	228.77	102.97
2007	1 180.13	13.99	931.01	15.44	2 111.14	14.63	249.12	8.9
2008	1 396.06	18.3	1 275.38	36.99	2 671.44	26.54	120.68	-51.56
2009	1 196.46	-14.3	937.86	-26.46	2 134.32	-20.11	258.6	114.29
2010	1 580.74	32.12	1 353.23	44.29	2 933.97	37.47	227.51	-12.02
2011	2 034.97	28.74	1 774.36	31.12	3 809.33	29.84	260.61	14.55
2012	1 900.32	-6.62	1 916.91	8.03	3 817.23	0.21	-16.59	-106.37
2013	1 825.52	-3.94	1 866.29	-2.64	3 691.81	-3.29	-40.77	-145.75
2014	1 762.93	-3.43	1 781.79	-4.53	3 544.72	-3.98	-18.86	53.74
2015	1 503.66	-14.71	1 426.95	-19.91	2 930.61	-17.32	76.71	506.73
2016	1 444.9	-3.91	1 356.53	-4.93	2 801.43	-4.41	88.37	15.19
2017	1 688.11	16.83	1 569.25	15.68	3 257.36	16.27	118.85	34.5
2018	1 801.24	6.7	1 887.08	20.25	3 688.32	13.23	-85.84	-172.22
2019	1 676.83	-6.91	1 712.76	-9.24	3 389.59	-8.1	-35.93	58.14
2020	1 633.06	-2.61	1 416.22	-17.31	3 049.29	-10.04	216.84	703.56
2021	2 315.06	41.76	1 961.9	38.53	4 276.96	40.26	353.16	62.86
2022	2 919.79	26.12	2 374.47	21.03	5 294.26	23.79	545.32	54.41

数据来源：根据UNCTAD数据库整理。

（二）印尼的贸易伙伴

印度尼西亚的贸易伙伴主要集中在中国、美国、日本、马来西亚、新加坡、韩国等国家和地区。

根据印度尼西亚中央统计局发布的数据，从对外贸易国别和地区来看，2021年印度尼西亚前十大出口对象[①]分别是：中国、美国、日本、马来西亚、新加坡、韩国、菲律宾、泰国、中国台湾、越南。中国、美国和日本3国一直为印度尼西亚的主要出口伙伴国，尤其是中国从2017年开始大幅领先，2021年出口额甚至达到排名第2的美国的2倍之多。

从2011年起印尼的出口伙伴基本保持稳定，除美国外，主要出口伙伴均为相邻国家或地区，呈现出明显的区域特点。其中澳大利亚从2016年、荷兰从2018年起跌出前十位，而菲律宾从2015年、越南从2018年起成为印尼重要的出口对象国，且增速迅猛（见表5-13）。

表5-13 **2016—2021年印度尼西亚出口排名前十的国家或地区** 单位：亿美元

2016		2017		2018		2019		2020		2021	
中国	167.91	中国	230.83	中国	271.32	中国	279.62	中国	317.82	中国	537.66
美国	161.41	日本	177.99	日本	194.66	美国	178.45	美国	186.23	美国	257.93
日本	160.99	美国	177.95	美国	184.40	日本	160.03	日本	136.65	日本	178.73
新加坡	118.61	新加坡	127.25	新加坡	129.15	新加坡	129.17	新加坡	106.62	马来西亚	119.71
马来西亚	70.70	马来西亚	84.41	韩国	95.40	马来西亚	88.02	马来西亚	80.99	新加坡	116.36
韩国	70.09	韩国	82.00	马来西亚	92.72	韩国	72.34	韩国	65.08	韩国	89.82
泰国	53.94	菲律宾	66.30	菲律宾	68.32	菲律宾	67.70	菲律宾	59.01	菲律宾	86.04
菲律宾	52.71	泰国	64.74	泰国	68.21	泰国	62.18	泰国	51.10	泰国	70.88
中国台湾	36.56	中国台湾	42.29	中国台湾	47.03	越南	51.53	越南	49.41	中国台湾	69.60
荷兰	32.55	荷兰	40.38	越南	45.82	中国台湾	40.35	中国台湾	40.97	越南	68.50
总出口	1 451.34	总出口	1 688.28	总出口	1 800.13	总出口	1 676.83	总出口	16 319.18	总出口	2 316.10

数据来源：印尼中央统计局。

前十大进口来源国或地区分别是：中国、新加坡、日本、美国、马来西亚、韩国、澳大利亚、泰国、越南、德国（见表5-14）。从2011年开始印尼的前十大进口来源国或地区一直未变，只是内部顺序有所变化。中国从2010年开始超越新加坡成为印尼最大的进口来源国，进口总额从2010年的204.24亿美元增长到2021年的562.27亿美元，呈现稳步增长趋势。从新加坡的进口额呈现波动下滑趋势，2010年的进口额为202.40亿美元，2021年只有154.51亿美元。2007年、2008年文莱还是印尼的十大进口来源国之一，但是从2009年开始进口量持续下跌，从2008年的24.16亿美元跌至2021年的1.62亿美元，其中个别年份例如2018年、2019年分别只有0.20亿美元和0.30亿美元级别。此外，法国在2009年和2010年也曾经是印尼十大进口来源国之一，此后一直稳定在15亿美元左右。

① 此处数据仅指具体国家或者地区，未将经济合作组织计算在内。

表5-14　　2016—2021年印度尼西亚进口来源排名前十的国家或地区　　单位：亿美元

2016		2017		2018		2019		2020		2021	
中国	308.01	中国	357.67	中国	455.38	中国	449.31	中国	396.35	中国	562.27
新加坡	145.48	新加坡	168.89	新加坡	214.40	新加坡	175.90	新加坡	123.41	新加坡	154.52
日本	129.85	日本	152.40	日本	179.77	日本	156.62	日本	106.72	日本	146.44
泰国	86.67	泰国	92.82	泰国	109.53	泰国	94.69	美国	85.80	美国	112.49
美国	72.98	马来西亚	88.58	美国	101.76	美国	92.62	马来西亚	69.33	马来西亚	94.51
马来西亚	72.01	韩国	81.22	韩国	90.89	韩国	84.21	韩国	68.49	韩国	94.27
韩国	66.75	美国	81.22	马来西亚	86.03	马来西亚	77.75	泰国	64.84	澳大利亚	94.25
澳大利亚	52.61	澳大利亚	60.09	澳大利亚	58.26	澳大利亚	55.15	澳大利亚	46.47	泰国	91.47
越南	32.28	德国	35.38	德国	39.73	越南	38.48	越南	31.31	越南	42.13
德国	31.60	越南	32.29	越南	37.95	德国	34.77	德国	30.24	德国	31.88
其他	358.30	其他	419.31	其他	513.43	其他	453.26	其他	392.73	其他	537.67
总计	1 356.53	总计	1 569.86	总计	1 887.11	总计	1 712.76	总计	1 415.69	总计	1 961.90

数据来源：印尼中央统计局。

（三）印尼的贸易产品结构

印尼的主要出口商品有矿物燃料、动植物油、机电产品、橡胶及其制品、贵金属及制品等。近些年在对外贸易方面，全球特别是主要经济体对棕榈油、煤炭、咖啡、可可、锡、镍和铝的需求回弹，带动大宗商品价格同比、环比均有所上升，印度尼西亚作为上述大宗商品的重要来源国，交出了亮眼的出口成绩单。2021年，印尼上述五大类商品的出口总额合计为733.2亿美元，占印尼出口贸易总额的48.7%；其他主要出口商品有矿砂、运输设备、纸张、纺织品、鞋类制品和木制品等。

从历年进出口商品构成类别分析，出口商品中制成品占50%左右，但是也呈现出逐年下滑的趋势；进口商品中矿物和金属占比在60%左右，近几年还呈现出比例增加的趋势（见表5-15）。其中矿物燃料、机械设备、机电产品、塑料制品、钢材是印尼的主要进口商品，这与印尼本国的经济产业结构密切相关。

表5-15　　印度尼西亚主要进出口商品构成（%）

年份	出口					进口				
	农业原材料	食品	燃料	矿物和金属	制成品	农业原材料	食品	燃料	矿物和金属	制成品
2001	3.59	8.88	25.34	5.45	55.97	7.47	17.99	9.93	60.88	3.70
2002	4.33	11.45	24.33	5.24	54.09	5.80	21.11	11.12	58.66	3.28

续表

年份	出口					进口				
	农业原材料	食品	燃料	矿物和金属	制成品	农业原材料	食品	燃料	矿物和金属	制成品
2003	4.95	11.33	25.73	5.70	51.78	5.31	23.77	11.50	56.28	3.12
2004	5.02	12.25	25.93	6.41	50.04	4.55	25.46	9.69	56.67	3.63
2005	5.06	11.66	27.69	8.45	46.90	3.45	30.50	8.08	54.64	3.32
2006	6.40	11.62	27.40	9.91	44.12	3.41	31.32	8.86	52.55	3.84
2007	6.24	14.62	25.60	10.65	42.28	3.51	29.53	10.55	52.58	3.81
2008	6.40	17.58	29.03	7.91	38.46	3.04	23.72	7.26	61.89	4.07
2009	4.52	17.16	28.28	9.09	40.15	2.80	19.70	8.92	65.38	3.19
2010	6.55	16.24	29.64	9.79	37.03	3.08	20.29	8.46	63.35	3.52
2011	7.51	16.15	33.86	7.76	33.62	3.20	23.03	9.43	59.73	3.55
2012	5.96	17.73	33.35	6.28	35.63	2.65	22.31	8.25	62.40	3.22
2013	5.86	17.50	31.44	7.03	37.18	2.74	24.41	8.78	60.06	3.23
2014	4.94	20.10	29.04	4.73	40.31	2.91	24.68	9.56	59.01	3.28
2015	5.0	21.5	23.0	5.5	44.1	2.90	17.55	9.97	65.43	3.41
2016	4.82	22.28	19.29	5.75	46.86	3.10	14.20	11.61	66.96	3.27
2017	5.99	23.19	21.85	5.95	41.88	3.16	16.24	10.99	64.88	3.71
2018	5.09	20.45	23.31	6.87	43.12	2.89	16.74	10.21	65.02	3.64
2019	5.45	20.30	20.34	5.45	46.29	2.74	13.72	10.62	68.03	3.56
2020	5.10	23.61	15.63	5.57	46.61	2.51	11.15	12.61	68.78	3.42
2021	4.63	23.49	19.48	6.77	44.92	2.65	14.70	11.57	65.41	4.06

数据来源：根据世界银行WDI数据库整理。

五、越南

越南自革新开放以来，对外贸易发展迅速。越南抓住国际资本和产业加速向发展中国家集聚的新机遇，大力发展外向型经济。2006年11月，越南正式加入世界贸易组织，其对外贸易进入了新的发展阶段，一年一个新台阶。对外贸易不仅为越南经济的发展注入了新的活力，成为越南经济发展的重要动力，而且大大提高了越南经济的整体运行质量、水平和效益。

（一）越南货物贸易发展总体情况

以发展外贸、吸引外资为主要形式的外向型经济发展战略的实施，充分发挥了越南的资源、劳动力优势，使越南在参与国际经济循环的过程中获得了比较利益。越南货物贸易的迅速发展对越南经济的持续、高速增长具有重要作用。

1990—2022年间，除2009年受国际金融危机影响有所回落外，越南进出口贸易总额逐年增加。数据显示，1990—1999年是越南货物贸易的起飞阶段，2000—2021年是越南货物贸易高速发展的阶段。尤其是2002—2022年，越南货物贸易的年度增长率除个别年份外，一直保持在两位数以上，其中，2021年进出口增速达到22.40%。

2022年，越南进出口贸易总额达到7 306.54亿美元，增长率为9.46%，其中出口贸易总额3 713.74亿美元，增长率为10.55%，进口贸易总额35 92.80亿美元，增长率为8.35%（见表5-16）。

表5-16　　2001—2022年越南进出口贸易额　　单位：亿美元

年份	出口	同比（%）	进口	同比（%）	总额	同比（%）	差额
2001	150.29	3.77	162.18	3.71	312.47	3.74	−11.89
2002	167.06	11.16	197.46	21.75	364.52	16.66	−30.4
2003	201.49	20.61	252.56	27.9	454.05	24.56	−51.07
2004	264.85	31.44	319.69	26.58	584.54	28.74	−54.84
2005	324.42	22.49	367.61	14.99	692.03	18.39	−43.19
2006	398.26	22.76	450.15	22.45	848.41	22.6	−51.88
2007	485.61	21.93	626.82	39.25	1 112.43	31.12	−141.21
2008	626.85	29.09	807.14	28.77	1 433.99	28.91	−180.29
2009	570.96	−8.92	699.49	−13.34	1 270.45	−11.4	−128.52
2010	722.37	26.52	848.39	21.29	1 570.75	23.64	−126.02
2011	969.06	34.15	1 067.5	25.83	2 036.56	29.65	−98.44
2012	1 145.29	18.19	1 137.8	6.59	2 283.1	12.11	7.49
2013	1 320.33	15.28	1 320.33	16.04	2 640.65	15.66	0
2014	1 502.17	13.77	1 478.49	11.98	2 980.66	12.88	23.68
2015	1 620.65	7.89	1 656.1	12.01	3 276.74	9.93	−35.45
2016	1 765.81	8.96	1 748.04	5.55	3 513.85	7.24	17.77
2017	2 150.14	21.77	2 129.19	21.8	4 279.33	21.78	20.94

续表

年份	出口	同比（%）	进口	同比（%）	总额	同比（%）	差额
2018	2 436.99	13.34	2 368.62	11.25	4 805.61	12.3	68.36
2019	2 642.68	8.44	2 533.93	6.98	5 176.61	7.72	108.74
2020	2 826.29	6.95	2 627.01	3.67	5 453.3	5.35	199.28
2021	3 359.29	18.86	3 315.82	26.22	6 675.11	22.4	43.48
2022	3 713.74	10.55	3 592.8	8.35	7 306.54	9.46	120.94

数据来源：根据UNCTAD数据库整理。

历年越南进出口贸易差额数据显示，越南长期处于贸易逆差，直到2012年才开始出现顺差。贸易逆差的长期存在，导致越南国内资源外流，对外债务增加，进而影响了国民经济的正常运行。从1993年开始，越南的贸易逆差经历了先增加再减少，然后增加的过程。1996年，贸易逆差一度达到38.89亿美元，1997年、1998年和1999年贸易逆差逐步缩小，此后又开始增加，2004年达到54.84亿美元，创历史最高；2005年贸易逆差有所下降，2008年尤为严重，高达180.29亿美元；2009年出口额与进口额均出现大幅下降，降幅分别为12.2%和9.5%，贸易逆差为128.53亿美元，同比下降29.4%，此后贸易逆差在一定程度上得到了控制，并呈现下降趋势。

2012年首次实现了贸易顺差，2014年贸易顺差甚至达到12.14亿美元，但是在2015年又变成了逆差39.96亿美元，越南的货物贸易波动明显。从2016年开始，越南贸易差额开始正向发展，贸易顺差逐年扩大，2020年达到历史新高，顺差199.28亿美元（如图5-4所示）。

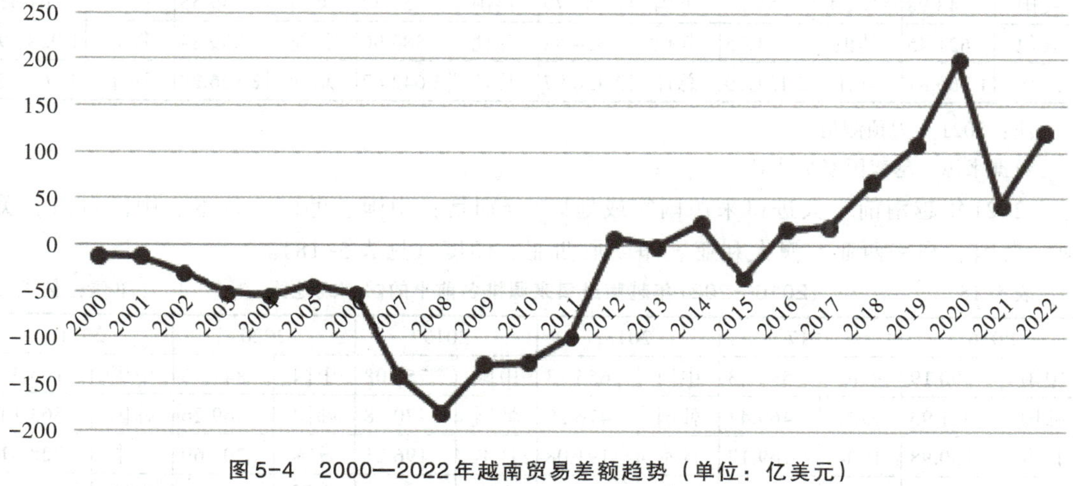

图5-4 2000—2022年越南贸易差额趋势（单位：亿美元）

数据来源：根据UNCTAD数据库整理。

（二）越南的贸易伙伴

越南的贸易伙伴主要集中在美国、中国、韩国、日本等国家或地区。

根据越南国家统计局发布的数据，从对外贸易国别或地区角度（不包含各类经济合作组织)，2021年越南前十大出口对象国或地区[①]分别是：美国、中国、韩国、日本、荷兰、德国、印度、泰国。

美国、中国、韩国、日本、中国香港特别行政区和荷兰近些年一直是越南的主要出口伙伴，尤其是美国一直都是越南最大的出口对象国，近几年对美国的出口额甚至是中国（排名第2）的2倍左右。从2010年起越南的出口伙伴基本保持稳定，且越来越集中，与其他东南亚国家相反，越南对周边国家和地区如马来西亚、澳大利亚和新加坡的出口额占比在不断下降，对欧美国家和地区的出口越来越多，例如，荷兰从2015年开始进入前十名，德国一直都位列前十名，英国只有在2021年未进入前十，说明越南的出口市场基本集中在美日欧以及中国。此外，表现突出的是印度市场，从2018年开始，向印度出口迅速增长，成为越南的主要出口市场之一，出口额由2010年的9.91亿美元增长到2021年的62.81亿美元（见表5-17）。

表5-17　**2016—2021年越南出口排名前十的国家或地区**　单位：亿美元

2016		2017		2018		2019		2020		2021	
美国	384.50	美国	415.31	美国	475.30	美国	613.32	美国	770.77	美国	962.70
中国	219.50	中国	353.94	中国	413.66	中国	414.63	中国	489.06	中国	559.26
日本	146.72	日本	167.92	日本	188.34	日本	203.34	日本	192.84	韩国	219.48
韩国	114.06	韩国	148.07	韩国	182.41	韩国	197.35	韩国	191.07	日本	201.30
中国香港特别行政区	60.88	中国香港特别行政区	75.74	中国香港特别行政区	79.58	中国香港特别行政区	71.54	中国香港特别行政区	104.37	中国香港特别行政区	119.95
荷兰	60.12	荷兰	70.99	荷兰	70.85	荷兰	68.79	荷兰	69.99	荷兰	76.85
德国	59.61	德国	63.54	德国	68.73	印度	66.73	德国	66.44	德国	72.88
阿联酋	50.00	英国	54.15	印度	65.44	德国	65.51	印度	52.35	印度	62.81
英国	48.98	阿联酋	50.27	英国	57.79	英国	57.57	英国	49.55	泰国	61.55
其他	621.45	其他	751.25	其他	834.88	其他	883.90	其他	839.84	其他	1 024.89
总计	1 765.81	总计	2 151.19	总计	2 436.97	总计	2 642.67	总计	2 826.29	总计	3 361.67

注：2021年为预测值。

数据来源：越南国家统计局。

2021年越南前十大进口来源国家或地区[②]分别是：中国、韩国、日本、中国台湾、美国、泰国、马来西亚、澳大利亚、印度尼西亚、印度（见表5-18）。

表5-18　**2016—2021年越南进口来源排名前十的国家或地区**　单位：亿美元

2016		2017		2018		2019		2020		2021	
中国	500.19	中国	585.33	中国	655.73	中国	755.08	中国	841.96	中国	1105.33
韩国	321.93	韩国	469.43	韩国	476.29	韩国	470.58	韩国	469.26	韩国	563.14
日本	150.98	日本	169.17	日本	191.08	日本	196.21	日本	203.69	日本	228.01
中国台湾	112.42	中国台湾	127.10	中国台湾	132.43	中国台湾	151.63	中国台湾	167.03	中国台湾	207.80
泰国	88.55	泰国	107.02	美国	127.48	美国	144.34	美国	137.12	美国	152.77
美国	87.02	美国	93.37	泰国	120.46	泰国	116.63	泰国	109.67	泰国	125.86

① 此处数据仅指具体国家或者地区，未将经济合作组织计算在内。
② 此处数据仅指具体国家或者地区，未将经济合作组织计算在内。

续表

2016		2017		2018		2019		2020		2021	
马来西亚	51.74	马来西亚	59.45	马来西亚	74.54	马来西亚	73.37	马来西亚	65.76	马来西亚	81.66
新加坡	47.69	新加坡	53.19	印尼	49.38	印尼	57.23	印尼	53.82	澳大利亚	79.68
印尼	29.93	印度	39.55	新加坡	45.77	印度	45.28	澳大利亚	46.86	印尼	76.03
德国	28.61	印尼	36.56	印度	41.50	澳大利亚	44.81	印度	44.37	印度	69.64
其他	330.73	其他	391.99	其他	457.75	其他	481.81	其他	488.38	其他	638.50
总计	1 749.78	总计	2 132.15	总计	2 372.42	总计	2 536.97	总计	2 627.91	总计	3 328.43

注：2021年为预测值。

数据来源：越南国家统计局。

与出口对象分布不同，越南的进口来源主要集中在亚太区域，尤其是与越南相邻的周边区域。中国、韩国、日本、中国台湾和美国等5个经济体近年来一直为越南的主要进口来源国或地区，且表现得越来越集中。尤其中国从2003年开始超越新加坡成为越南最大的进口来源国，从2003年的31.38亿美元增加到2021年的1 105.33亿美元。从韩国的进口一直位居第2，这与韩国重点投资越南相关电子产业密切关联。

值得关注的是，印度对越南的出口增长保持稳定，在越南进口来源国或地区排名中位居前十。反倒是新加坡2002年及之前一直都是越南进口最大来源国，从2003年开始进口总额排名一路下滑，从2019年始跌出了前十。

（三）越南的贸易产品结构

随着越南对外开放程度的扩大，其贸易产品结构也得到了不断优化（见表5-19）。

表5-19　　2001—2021年越南进出口产品结构占比（%）

年份	出口					进口				
	农业原材料	食品	燃料	矿物和金属	制成品	农业原材料	食品	燃料	矿物和金属	制成品
2001	1.95	26.77	22.90	0.65	45.29	3.36	12.15	6.26	74.39	2.66
2002	2.32	25.40	21.24	0.51	49.49	3.12	10.97	6.17	75.76	2.79
2003	2.42	22.89	20.60	0.52	52.72	3.18	10.75	6.22	76.16	2.56
2004	2.38	20.69	23.54	0.70	52.24	3.72	12.46	5.88	72.63	3.10
2005	3.12	20.24	25.76	0.57	49.87	3.68	14.60	6.29	69.84	2.99
2006	4.07	19.29	24.38	0.69	51.18	3.82	14.92	6.00	66.50	4.17
2007	3.82	19.51	20.72	0.77	54.44	3.09	13.93	6.26	70.03	4.23
2008	3.31	19.92	20.17	0.90	54.44	3.07	15.28	6.74	67.15	3.88
2009	2.77	20.71	14.90	0.72	58.81	2.97	10.72	7.86	73.58	3.96
2010	4.05	19.25	11.05	1.02	63.99	3.52	9.60	8.59	72.03	4.79

续表

年份	出口					进口				
	农业原材料	食品	燃料	矿物和金属	制成品	农业原材料	食品	燃料	矿物和金属	制成品
2011	4.36	18.58	11.36	0.83	64.22	3.88	11.74	8.47	69.39	4.25
2012	3.39	17.04	9.91	0.64	68.62	3.31	10.07	8.33	73.72	4.18
2013	3.20	14.44	7.34	0.71	73.85	3.29	7.66	8.26	76.49	3.72
2014	2.33	14.82	6.15	0.79	75.54	3.55	7.00	8.57	76.57	3.72
2015	2.12	12.96	3.08	0.80	80.65	3.19	4.73	8.42	79.54	3.58
2016	1.96	12.87	2.03	0.82	82.17	2.86	4.40	8.74	80.02	3.78
2017	1.94	12.11	2.25	1.01	82.54	3.11	5.16	8.02	79.59	3.92
2018	1.84	10.63	1.61	1.13	83.19	3.06	6.33	7.93	76.80	4.45
2019	1.90	9.42	1.38	1.09	84.52	2.73	6.13	7.53	78.24	3.88
2020	1.75	8.78	0.95	1.05	86.43	2.48	4.94	7.76	80.11	3.82
2021	1.88	8.15	0.98	1.16	86.36	2.92	4.95	8.33	77.71	4.66

数据来源：根据世界银行WDI数据库整理。

1.出口商品结构

20世纪80年代中期到90年代初期，越南的大宗出口商品主要有橡胶、鞋类、茶叶和咖啡、刺绣品、铬镁铁矿、煤等。出口的商品层次低下，基本上都为工业初级产品和农业初级产品，出口商品种类单一并且过于集中，产品附加值低，说明当时国内的产品加工和科技水平均处在比较低的阶段。20世纪90年代中后期，越南大宗出口商品为大米、水产品、原油、煤、鞋类、纺织品、咖啡、橡胶、腰果和木材，与80年代中期到90年代初期相比，服装类等劳动密集型轻工业产品在出口中的比重迅速增加。

从2000年起，工业制成品逐步在出口商品中占据越来越多的份额。2000年，越南出口总额为144.83亿美元，其中初级产品总额为80.79亿美元，占比高达55.78%，工业制成品总额为64.0亿美元，占比约为44.19%。2005年，越南出口总额为324.42亿美元，其中初级产品总额为161.01亿美元，占比约为49.6%，与2000年相比有所下降，但降幅较小，说明长期以来初级产品仍占据出口商品的主要地位，工业制成品总额为163.41亿美元，比重约为50.4%，与2000年相比有较大增长，但其增长速度依然小于初级产品。

2006年，越南正式加入WTO，货物贸易迅猛发展。2007年，越南出口贸易总额为485.61亿美元，比2006年增长了87.35亿美元，初级产品中的咖啡、胡椒、腰果等产品增幅较大，工业制成品中的纺织品、计算机零件、电线电缆、塑料制品、木制品有较大增幅，有9种商品的出口额达到10亿美元以上，包括原油、纺织品、鞋类、水产品、木制品、计算机零件、咖啡、大米和橡胶。2008年，越南出口贸易总额达626.85亿美元，有11种商品的出口额达到10亿美元以上，包括原油、纺织品、鞋类、水产品、大米、木制品、电子产品、咖啡、橡胶、煤炭、电缆，与2007年相比，出口商品在结构和广度上均有大幅提升。

2020年，越南主要出口产品包括：①手机及零部件，出口额509亿美元，占出口总值的18.1%（外资企业占97.8%），较上年下降1%；②电子、计算机及零配件，出口额447亿美元（外资企业占96.7%），增长24.4%；③纺织品服装，出口额295亿美元（外资企业占59.6%），下降10.2%；④机械设备、工具及零配件，出口额270亿美元（外资企业占86.6%），增长47.8%；⑤制鞋业，出口额166亿美元（外资企业占78.8%），下降9.6%；⑥木材及木制品，出口额123亿美元，增长15.7%。

从出口的企业性质角度看，越南出口的绝大部分是由外资企业贡献的，其中出口大件为电子产品，其中仅三星越南公司的出口额就占总额的25%左右，越南出口的手机三星一家就占了97%左右。目前，越来越多的企业正在转移到越南，尤其是在电子产品制造领域，比如谷歌最新的Pixel手机也将在越南生产，而微软自2022年开始从胡志明市发货Xbox游戏机。苹果供应商——富士康投资了3亿美元扩建其在越南北部的工厂。戴尔、惠普、任天堂和联想也计划在越南建厂。越南将迎来成为亚洲发达的工业中心的诸多机遇，尤其是在科技等领域。

此外，从WDI统计数据可知，越南制成品的出口占比从2001年的45.29%逐年增加到2021年的86.36%，几乎翻番增长，可以预计越南的出口制成品占比会进一步扩大。

由此可以看出，越南政府有意调整出口商品结构，注重品牌战略和以质取胜的战略，鼓励高科技和高附加值产品的出口，基本上实现了从工业初级产品和农业初级产品出口到有一定科技含量和高附加值工业制成品出口的转变，出口结构得到不断优化。

2.进口商品结构

20世纪80年代初，越南的进口商品主要集中在大米、玉米、奶类、蔗糖、棉布等生活必需品及工业制成品上，并且进口额稳步上升。近些年，初级产品在越南进口总额中的比重逐渐下降，尤其是食品类商品，从2001年的12.15%降低到2021年的4.95%，工业制成品的比重逐渐上升，技术和资本密集型产品成为进口的主导产品，表明入世后越南参与国际分工的程度不断加深，对国外先进技术和生产设备的需求越来越大。

此外，越南进口商品的结构也不断趋于合理，国民经济发展和结构调整所需的技术设备、资源类商品的进口大幅度增加，为促进越南经济结构和产业结构的调整和升级，保持国民经济持续、快速、健康发展做出了贡献。然而，在越南的进口产品中，按原料分类的矿物和金属占有相当大的比重，基本维持在75%的水平上，这反映了越南对原材料和中间产品的依赖性较强，越南国内一般加工业的国产化能力比较低下，也凸显越南两头在外的市场结构特征。

2020年，越南主要进口商品包括：①计算机、电子产品及零配件，进口额640亿美元（占进口总额的24.4%），比上年增长24.6%；②机械设备、工具及零配件，进口额374亿美元，增长1.7%；③手机及零配件，进口额166亿美元，增长13.3%；④纺织面料，进口额118亿美元，下降11.1%；⑤塑料，进口额83亿美元，下降7.7%；⑥钢铁，进口额81亿美元，下降15.2%；⑦塑料制品，进口额72亿美元，增长10.6%；⑧汽车，进口额63亿美元，下降14.3%。

从以上分析可以看出，自革新开放以来，越南的进出口贸易结构呈现逐步优化的趋势，出口商品的国际竞争力逐步提高，贸易结构的升级和优化促进了经济的专业化，推动了整体经济效率的提升，对经济产生了积极的推动作用。但不容忽视的是，越南的进出口贸易层次总体上较为低下，这说明越南参与国际化竞争的能力仍然不高，产品的附加值低，中低档次的制成品较多且加工程度不深，出口的电子产品和机械产品比重很低，独立研发和生产的能力较低，生产所需的机械和原材料在很大程度上依赖进口，不能带动周边相关产业的同步发展。

第三节 东南亚货物贸易壁垒与贸易自由化

一、贸易自由化

（一）东盟内部贸易自由化进程

东盟经济共同体的合作包括人力资源发展和能力建设、专业资格认证、宏观金融政策的密切协商、贸易金融措施、稳固的基础设施和通信连接、发展电子商务等内容，通过地区产业融合促进资源配置的当地化，促进私营部门在东盟经济共同体建设中的参与度，使东盟成为一个货物、服务、投资、劳务、资金流动自由的地区。

1967年成立之初，东盟国家GDP总和为200亿美元，占全球经济比重为3.3%。经过50多年的跨越式发展，东盟国家GDP总额2018年达3万亿美元，占世界经济比重翻了一番，达6.9%，成为世界第五大、亚洲第三大经济体。

东盟国家货物贸易总额已从成立之初的100亿美元增长到2018年的2.8万亿美元，其中东盟内部贸易比重提高至23%。截至2023年，中国已连续15年成为东盟最大商品出口国、连续14年成为东盟最大商品进口国。2019年，东盟超越美国，首次成为中国第二大货物贸易伙伴。2020年前五个月，东盟成为中国第一大货物贸易伙伴。东盟积极推动区域自贸区建设，除在内部建成东盟自贸区外，还于2010年与中国全面建成自贸区，于2019年实现中国-东盟自贸区协定升级版全面生效。此外，东盟与日本、韩国、澳大利亚、新西兰、印度和中国香港特别行政区分别签署了自贸协定，并与中、日、韩、澳、新西兰5国于2019年11月整体结束《区域全面经济伙伴关系协定》的谈判，于2020年正式签署。

1.东盟经济共同体

东盟经济共同体是实现该地区经济一体化的最终目标。它设想东盟是一个单一的市场和产品基地，一个竞争激烈的地区，经济公平发展，并完全融入全球经济。

东盟经济共同体的历史可以追溯到1992年，当时东盟领导人授权建立东盟自由贸易区（AFTA），此后，加大力度挖掘该地区的经济潜力。1997年，东盟领导人通过的《东盟愿景2020》进一步将东盟设想为一个具有高度竞争力的地区，商品、服务、投资自由流动，资本更自由流动，经济公平发展，贫困减少，社会经济差距缩小。1998年，东盟领导人通过了《河内行动计划》（HPA）。它提出了一系列经济一体化倡议，以实现《东盟愿景2020》。东盟领导人认识到建立一个一体化区域的必要性，于2003年发表了《东盟协调一致第二宣言》（亦称《第二巴厘宣言》），其中提出建立东盟经济共同体（最初目标是到2020年，但后来加速到2015年）。《东盟协调一致第二宣言》由包括东盟经济共同体在内的三大支柱组成。

《东盟经济共同体蓝图2015》于2007年获得通过，作为指导2015年建立东盟经济共同体的连贯总体规划。2015年，东盟经济共同体（ASEAN Economic Community，AEC）正式成立，覆盖6.2亿人口、GDP总额超过2.6万亿美元的庞大市场，成为东盟经济一体化道路上的里程碑。

紧接着，东盟制定了新的《东盟经济共同体蓝图2025》，为东盟下一阶段经济一体化议程确定了战略方向。《东盟经济共同体蓝图2025》设想进一步深化经济一体化，实现更加一体化的经济共同体，具有以下特点：①高度一体化和具有凝聚力的经济；②一个有竞争力、创新力和活力的东盟；③加强互联互通和部门合作；④一个有韧性、包容性，以人为本的东盟；⑤全球东盟，即融入全球经济。[①]

2.货物贸易便利化

货物贸易便利化是区域一体化的重要制度基础设施。货物贸易涵盖广泛的问题，包括关税自由化、非关税措施、原产地规则、卫生与植物卫生措施、技术性贸易壁垒等。

1992年，在东盟一体化计划的早期阶段，东盟自由贸易区（AFTA）共同有效优惠关税（CEPT）计划协议在新加坡签署。它为东盟迈向实现《东盟宪章》和《东盟宣言》所设想的将东盟建为商品、服务、投资、熟练劳动力和资本自由流动的单一市场和生产基地的目标奠定了基石。

2010年，东盟经济部长同意在泰国签署东盟货物贸易协议（ATIGA），为实现该地区货物自由流动提供法律框架。该协议继承了CEPT协定的核心原则，并尽可能融入了当时国际货物贸易事务的现代特征。ATIGA旨在进一步深化东盟成员国之间的承诺，为该地区更大程度的货物自由流动做出贡献。预计到2025年，东盟将成为真正的东盟经济共同体，在区域内实现有竞争力、高效和无缝的货物流动。

为支持东盟成员国实施ATIGA下的货物贸易，ATIGA实施协调委员会（CCA）在成立后取代了AFTA CEPT计划实施协调委员会（CCCA）。ATIGA于2010年生效，其目的之一是：监督和监测ATIGA的实施，特别是在关税自由化、原产地规则、非关税措施和贸易便利化领域；协调和监督ATIGA下设立的工作组、委员会或小组委员会的活动以及ATIGA涵盖的每个领域的实施进展；协调和监督与在东盟经济共同体内实现货物自由流动有关的其他活动；就ATIGA的可能改进提出建议，以确保实现目标，并跟上区域和国际贸易的当前趋势和发展。

为了开展工作，CCA得到了两个附属机构的支持：ATIGA原产地规则分委会，重点监督和审查原产地规则的实施情况；东盟卫生和植物检疫委员会，该机构成立的主要目的是确保卫生和植物检疫措施的有效实施。

截至2020年，东盟内部货物贸易几乎实现了零关税，ATIGA下98.6%的产品完全消除关税。根据《东盟经济共同体蓝图2025》的要求和ATIGA第95条的规定，CCA目前正在成员国对ATIGA文本进行修订之前进行ATIGA全面审查，目前正在推进之中。

自2016年以来，CCA还开发了东盟贸易信息库（ATR）。ATR提供对东盟成员国所有贸易相关信息的单一访问点。该信息链接到一系列可互操作的国家贸易存储库（NTR），

---

① 东盟秘书处官网（https://asean.org/our-communities/economic-community/）。

这些存储库提供并维护国家级贸易相关信息。CCA目前正在验证非关税措施（NTM）并将其列入ATR。

为了进一步支持该地区的私营部门，CCA制定并实施了东盟投资、服务和贸易解决方案（ASSIST）。ASSIST是一个非约束性的协商机制，旨在帮助解决东盟企业在执行东盟经济协议时遇到的问题。该机制旨在快速有效地解决有关投资、服务和贸易的问题，提供了一种可靠的解决争端的方式，以促进东盟成员国之间的经济合作。ASSIST的目标是加强东盟经济共同体的稳定和发展，通过促进投资、服务和贸易的便利化，从而推动东盟地区的经济一体化。

（二）东盟对外贸易自由化

东盟在一个日益相互联系和高度网络化的全球环境中运作，拥有相互依存的市场和全球化的产业。将东盟打造成一个充满活力的地区，企业能够在国际上竞争，这意味着要超越东盟经济共同体的边界。

通过自由贸易协定（FTA）和更紧密的经济伙伴关系（RCEP）以及加强对全球供应网络的参与，东盟正在融入全球经济，不断扩大朋友圈，并增强其内部市场对外国投资的吸引力。截至目前，东盟已经达成的自由贸易区或者协定共有13个，具体包括东盟-中国自贸区、东盟-韩国自贸区、东盟-日本经济伙伴关系、10+3经济合作、东盟-中国香港经济伙伴关系、东盟-澳大利亚-新西兰经济伙伴关系、东盟-印度经济伙伴关系、东盟-俄罗斯经济伙伴关系、东盟-美国经济伙伴关系、东盟-加拿大经济伙伴关系、东盟-欧盟经济伙伴关系、东盟-东亚峰会（EAS）经济合作、区域全面经济伙伴关系协定（RCEP）。[①]

其中尤其是RCEP，目前已经全面生效，该贸易协定成就了全球规模最大、最全面、最现代化的自由贸易区，必将为各成员的企业和消费者不断释放更多红利，也将给成员国带来多边贸易体系的各种机遇与红利。

越南对外贸易自由化进程

（三）东南亚国家对外贸易自由化，以越南为例

二、贸易壁垒

在东盟大力推行内部和外部贸易自由化的过程中，东盟内部各成员国之间关税壁垒在逐步消除，东盟内部各国之间关税水平大幅降低，东盟成员国也就消除国家与区域层面的非关税壁垒达成协议，并为《东盟货物贸易协议》有关原产地规则设计了一套新的产品标准。2000—2015年期间，东盟各成员国之间的平均关税已从8.9%下降到4.5%，关税壁垒明显削弱；与之形成鲜明对比的是，同时期东盟各成员国之间的非关税壁垒措施从1 634个增加到5 975个，与此对应的是东盟内部贸易占东盟成员国所有对外贸易总额的比重仅从2000年的23.0%增加到2014年的25.3%，远低于欧盟和北美自由贸易区内部贸易68%和48%的占比水平。两者之间存在明显的此消彼长关系，或者说两者之间出现了一种替代关系，这对于促进东盟内部各成员国之间的贸易增长具有明显不同的政策含义。

① 东盟秘书处官网（https：//asean.org/our-communities/economic-community/）。

《东盟货物贸易协议》特惠税率长期遭受低利用率的尴尬局面，除了原产地规则等因素外，各种形式的非关税壁垒可能是影响东盟成员国之间贸易的最主要原因。

非关税壁垒的主要表现形式为进口配额限制、进口许可证制度、技术壁垒、标准壁垒、行政壁垒以及文化语言壁垒等。这些非关税壁垒增加了进口商品的流通成本和难度。

（一）技术性贸易壁垒是最常采用的非关税壁垒

东盟各成员国更多地采用“技术性贸易壁垒”（Technical Barriers to Trade，TBT）。从东盟各国发布的TBT措施可以发现，各国几乎全部保持逐年上升的趋势。世贸组织秘书处共发布了407项技术性贸易措施。2015年，东盟各成员国共采用2 573个“技术性贸易壁垒”，占全部非关税壁垒的43.1%。其后是“卫生与植物检疫措施”（SPS）以及“出口相关限制”，分别占2015年东盟各成员国之间所有非关税壁垒的33.2%和12.8%。

2021年，有6个东盟成员国提交了TBT通报。提交的数据显示，按照数量高低依次排序，位列前三的分别是泰国、菲律宾、越南。通报数量最低的两个国家则是新加坡和马来西亚，都低于10件。此外，甚至有4个国家（文莱、柬埔寨、老挝、缅甸）的通报数为0。其中食品和医疗保健技术是其中的主要领域。通报中涉及相关技术的案件也超过全部案件的三分之一，接近100件。

在TBT措施方面，泰国主要以发布技术规范、标准为主；菲律宾主要以发布强制性产品认证技术法规为主；印度尼西亚则侧重于合格评定程序，尤其是清真认证的产品和消费品。

随着东盟自贸区关税的降低，新时代的环保理念逐渐被提倡，TBT/SPS通报数量不断增加。以2021年统计数据为例，在东盟国家中，泰国、菲律宾和越南参与度最高，全年发布通报数量位居前3位，总量占比超过70%；柬埔寨、老挝和文莱的参与度较低，全年均未发布相关通报。

2021年，菲律宾在强制性产品认证技术规定系列通报中，先后发布了关于汽车产品、电动车辆充电设备和充电站、液化石油气钢瓶及其辅助产品、烟火、含汞产品、电线电缆的强制性产品认证新技术规定，拟对上述产品实施强制性产品认证。一旦被正式纳入强制性认证产品清单，进口货物须经过菲律宾产品标准局（BPS）的评价后方可进入市场。上述技术法规的实施，可能会对相关产品出口造成一定影响。

2021年7月，越南发布规定进口货物适用的国家质量与食品安全检查的管理机制、方法、命令和程序之法令草案。该法令草案规定了有关国家质量检查（《产品和货物质量法》第2类货物）进口货物清单中所列货物国家质量检查的管理机制、方法、命令和程序。越南是中国食品出口的新兴市场，其进口食品查验方式改革，可能对输越相关商品和食品造成一定影响。受越南技术性贸易措施影响较大的工业品有机器/机械器具、电机/电气设备及其零件、纺织原料及纺织制品、服装鞋靴、化工产品等，特别是这些设备在技术类要求方面可能十分严苛，涵盖了多个方面，例如标准、认证、环保、特殊检验、包装等，尤其是总体来看，仍然会受到技术性贸易措施的约束。

在2021年东盟国家的TBT通报中，涉及食品技术和医疗卫生技术的案件超过了总数的三分之一，已经成为TBT通报的重点领域。

（二）东盟6个老成员国的非关税壁垒措施较多

从非关税壁垒的国别分布来看，东盟6个老成员国的非关税壁垒措施较多，其中，泰国的非关税壁垒措施最多，达到1 630个，占2015年东盟内部非关税壁垒总数的27.3%。其后依次为菲律宾、马来西亚、印度尼西亚、新加坡和文莱，占比分别为14.3%、11.9%、10.7%、8.9%和8.6%。柬埔寨、老挝、缅甸和越南等国非关税壁垒总量相对较少，4国非关税壁垒仅占2015年东盟内部非关税壁垒总数的18.3%。东盟各成员国在贸易壁垒选择上存在明显的替代效应，即相对发达的国家降低了内部之间的关税率，但更多地选择非关税壁垒作为替代；而欠发达国家的关税率相对较高，较少采用非关税壁垒。从非关税壁垒的类别构成来看，在菲律宾、新加坡、泰国和越南等国，非关税壁垒总量上升主要由SPS措施以及TBT驱动；相反，在柬埔寨、印度尼西亚、缅甸和老挝等国，“出口相关限制”以及与产品安全性无关的其他措施却处于不断上升之中。

（三）出口产品受多项非关税壁垒措施影响

从出口产品受非关税壁垒影响的程度看，仅受一项或两项非关税壁垒措施影响的产品组较少，多数产品组受3项或3项以上非关税壁垒措施的影响。以“动物及动物产品［HS编码（01—05）］”为例，受3项或3项以上非关税壁垒措施影响的产品占比达到7%，受1项或2项非关税壁垒措施影响的产品都为0。“机电及音像制品［HS编码（84—85）］”受非关税壁垒措施影响最大，分别有3%、6%和11%的产品受1项、2项和3项或以上非关税壁垒影响。

（四）卫生部和农业部是非关税壁垒颁布的主要部门

从东盟各国非关税壁垒颁布的部门来看，卫生部和农业部占据第一和第二的位置，分别颁布1 868项和1 865项非关税壁垒措施，占东盟内部非关税壁垒总数的31.3%和31.2%。与进出口贸易直接相关的商业部和工业部并不是非关税壁垒措施颁布的最主要机构，这一点与人们的直观印象存在一定差异。

案例剖析

案例详见案例引导。

剖析：

（1）2022年越南经济增速高达8.02%，主要是外部环境变化推高其进出口贸易的缘故。2022年国际地缘政治环境突变、疫情封控使中国的出口受阻，世界供应链出现了问题，导致国际市场对越南出口商品需求猛增。越南经济模式主要是进口原材料或半成品，加工制造后出口。越南进出口奇迹般的增长，推高了经济增速。

（2）越南出口模式以前在中国叫“三来一补，两头在外，大进大出”，该模式的一大特点是产品附加值低。而2023年一季度之所以是贸易逆差，是因为越南经济建设需要很多机器设备、工程车辆，流水线全部不能自产，需要进口，而且出口过于依赖外商直接投资企业，逆差主要来自对生产无任何促进作用的消费品等。越南2023年前5月进口商品结构表现为生产资料占93.9%，其中机械设备、工具及备件占比44.8%，下降0.3个百分点，原材料和燃料占比49.1%。数据说明了进出口结构失衡。

（3）越南的出口典型地体现出在产业链中快速升级的国家的特征，纺织品和服装的出口已经大大低于手机、电脑和机械设备。手机、电脑和机械设备等在国际机构产业统计中属于高技术行业，如果只是看越南官方公布的这些数据，那么会认为越南正在成为一个高技术产品的出口国，但事实上越南只是赚取了其中的加工费而已。

以上种种原因导致越南在2023年一季度出现贸易逆差，但是伴随着越南各种优势的发展，贸易状况有可能得到进一步的改善。

本章小结

1.东南亚国家货物贸易在数额上增长较快，顺差居多。

2.东南亚国家货物贸易在世界贸易中的份额越来越大，竞争力也明显增强。

3.东南亚货物贸易在国别之间有较大的差异，在东南亚国家，贸易自由化和贸易壁垒并存。

思考与练习

一、简答题

1.分析东南亚货物贸易近10年的发展特点。

2.分析东南亚地区对外贸易自由化对对外贸易的影响。

二、分析题

中国餐桌掀起“东盟水果热” 民众乐享“榴莲自由”

盛产于东南亚、被誉为“果中贵族”的榴莲大量上市，得益于《区域全面经济伙伴关系协定》生效实施和高效通关运输途径多样化，如今在中国的餐桌上掀起“东盟水果热”，产自泰国、越南、菲律宾的榴莲，价格亲民，助中国民众实现“榴莲自由”。

与东盟山水相连的广西，是中国-东盟水果进出口主要通道。记者走访广西南宁商超及农产品批发市场时看到，榴莲价格总体在每斤20元（人民币，下同）至30元范围内浮动，且不少店家把榴莲摆放在店铺门口或醒目的“C位”，吸引顾客前来购买。

“以前买个榴莲动辄两三百元，最近榴莲的价格很亲民，小的几十元，大的也就一百多元，品质也好，终于让我们盼到了‘榴莲自由’。”南宁市民陈女士说。

“榴莲自由”的背后，是更为开放的中国农产品市场。2022年7月，中国海关总署发布公告，允许符合相关要求的越南鲜食榴莲进口。2023年，菲律宾的榴莲通过南宁机场口岸首次进入中国。此外，马来西亚的红毛丹、印度尼西亚的火龙果、柬埔寨的龙眼等，也乘着贸易合作的东风，丰富了中国家庭的“水果篮子”。

“目前我们进口榴莲的业务量不断增加，一个月大概300多柜。公司已累计进口越南榴莲超1 000柜，货值超6亿元。”万成喜（广西）国际贸易有限公司经理李文志介绍，正是看中广西凭祥市友谊关口岸区位和RCEP相关政策等优势，该公司于2022年落地凭祥，主要从事越南榴莲进口。

据数据统计，2023年一季度，凭祥市口岸进口水果64.34万吨，同比增长246%。其中，友谊关海关已监管进口榴莲6.1万吨，同比增长633.6%，进口量占广西的96%，占中国的66.3%。

面对持续增长的运输潮，为保障水果抢“鲜”上市，在海关查验区，值班海关关员正马不停蹄开展入境榴莲查验工作。

友谊关海关物流监控科关员刘滨滨介绍，海关部门通过实行进境水果“绿色通道”“7×24小时”预约通关、实验室快速检测及附条件提离等措施，不断压缩水果在口岸停留的时间。同时完善进口榴莲专用通道建设，综合调配检查人力，动态延长通关时间，确保鲜活农产品即到即查即放，保障进口水果农产品安全、新鲜。

中国铁路南宁局集团有限公司自2022年8月在凭祥铁路口岸推出“8+1”无人值守冷藏车组运输，在保证水果品质的同时，进一步压缩通关时间，提升国际贸易供应链效率。每天常态化最多可发运水果30标箱。

资料来源：中国网．中国餐桌掀起“东盟水果热”民众实现“榴莲自由”[EB/OL]．[2023-05-10]．http：//henan.china.com.cn/m/2023-05/10/content_42363553.html.

问题：东南亚农产品能够大幅扩大出口的原因是什么？

第六章 东南亚服务贸易

本章要点

东南亚经济服务化特征十分明显，但各国服务贸易发展的特征既有共性又各有不同。本章将重点分析东南亚地区国际服务贸易发展过程中呈现的特点和态势，剖析东南亚各国服务贸易壁垒发展现状以及东南亚地区服务贸易自由化进程和在国际合作领域的相互承诺。

❖ 案例引导

商务部印发服务贸易发展“十四五”规划

2021年10月13日，商务部等24部门联合发布通知，公布《“十四五”服务贸易发展规划》（简称《规划》）。

《规划》提出了“十四五”时期服务贸易的四大目标，即：贸易规模进一步扩大；贸易结构进一步优化；竞争实力进一步增强；制度环境进一步改善。展望2035年，服务贸易高质量发展格局全面确立。服务贸易发展内生动力更加强劲，发展环境更加优化，管理制度更加健全，服务贸易在构建新发展格局和建设社会主义现代化强国中的贡献更加凸显。服务贸易国际竞争力位居全球前列，参与国际经济合作和竞争的新优势明显增强，“中国服务”在全球价值链中的地位显著提升。

围绕服务贸易高质量发展，《规划》提出了六项主要任务：

一是深化服务贸易改革开放，放宽服务领域市场准入，推进服务领域改革；提高跨境服务贸易开放水平，建立健全跨境服务贸易负面清单管理制度，促进服务要素跨境流动便利化；打造高水平改革开放平台，推进服务贸易创新发展试点开放平台建设，发挥对外开放平台引领作用，建设服务贸易重要展会平台。

二是加快服务贸易数字化进程。大力发展数字贸易；推进服务外包数字化高端化；促进传统服务贸易数字化转型；建立健全数字贸易治理体系。

三是优化服务贸易行业结构。推动传统服务贸易转型升级：提升旅游国际竞争力，增强国际运输服务能力，做优建筑服务贸易。加快发展新兴服务贸易：完善技术贸易管理促进体系，稳步发展金融服务贸易，支持专业服务贸易发展。培育特色服务贸易竞争新优势：推进文化贸易高质量发展，加快发展教育服务贸易，促进中医药服务贸易健康发展，扩大特色优势服务出口。扩大优质服务进口，发挥绿色转型促进作用。

四是扩大优质服务进口，发挥绿色转型促进作用，完善服务贸易区域布局。拓展和提升东部地区服务贸易，打造京津冀、长三角、粤港澳大湾区等服务贸易集聚区；培育和创新中西部与东北地区服务贸易，挖掘中部地区服务贸易发展潜力，提升西部地区服务贸易发展能级，推动东北地区服务贸易加速发展。

五是壮大服务贸易市场主体。培育服务贸易领军企业，增强中小服务贸易企业国际竞争力，发挥行业商协会作用。

六是深化服务贸易对外合作。拓展与共建“一带一路”国家合作，加大服务贸易重点领域合作，加强服务贸易政策对接。强化与主要服务贸易伙伴合作，深化与港澳台服务贸易合作，拓展与发达国家服务贸易合作。完善服务贸易国际合作与促进机制，优化服务贸易促进机制。积极参与国际服务贸易规则治理，推动完善服务贸易全球治理，增强区域服务贸易规则制定能力，积极参与重点领域国际规则制定。

《规划》还提出了强化统筹协调机制、完善法规政策体系、健全统计监测体系、加强风险评估防控、夯实人才智力支撑、推进规划组织实施等方面的保障措施。

资料来源：中国政府网．“十四五”服务贸易发展规划［EB/OL］.［2021-10-27］. https：//www.gov.cn/zhengce/zhengceku/2021-10/27/5645150/files/1c47b7f8f7ee42c7986b31aeb4c14d7e.pdf.

问题导入：请结合以上材料谈谈东南亚地区服务贸易自由化对我国服务贸易在东南亚地区竞争力提高的影响。

第一节　东南亚服务贸易发展概述

当前，全球经济衰退的深层次影响仍在继续，国际服务贸易发展机遇与挑战并存，东南亚国家及地区的服务贸易发展呈现出新的态势和特点。

一、服务贸易的概念

根据《服务贸易总协定》的定义，服务贸易是指“服务提供者从一国境内向他国境内，通过商业或自然人的商业现场向消费者提供服务并取得外汇报酬的一种交易行为”。这个定义已为各国普遍认同，该定义包含了以下四种服务贸易方式：

1.跨境交付（Cross Border Supply）

跨境交付是指服务提供者从一个成员的国境内向另一个成员的国境内提供服务的行为，这种服务不构成人员、物资或资金的流动，而是通过邮电或计算机网络实现服务，如视听服务等。

2.境外消费（Consumption Abroad）

境外消费是指一成员的服务提供者在其境内向来自任何其他成员的服务消费者提供服务，以获取报酬的行为。如为外国游客提供旅游服务、为外国病人提供医疗服务、接收外国留学生等。

3.商业存在（Commercial Presence）

商业存在是指通过一个成员提供的服务实体（法人）在另一个成员以商业存在的方式提供服务，是一国的企业或经济实体到另一国开业、提供服务，包括投资设立合资、合作和独资企业。

4.自然人流动（Movement of Personnel）

自然人流动是指由一个成员的自然人在另一个成员的国境内提供服务。如一国的医生、教授或艺术家到另一国从事个体服务。

同时，《服务贸易总协定》对服务贸易的判别有四个标准，即服务和交付的过境移动性、目的的具体性、交易的连续性、时间的有限性。通过这四个标准，我们可以有效鉴别与理解服务贸易。

二、服务贸易的内容和形式

《服务贸易总协定》以“服务部门清单”的形式将服务贸易分为十二大类，即商业性服务、销售服务、金融服务、娱乐服务、通信服务、教育服务、卫生服务、运输服务、建筑服务、环境服务、旅游服务和其他服务；进一步还可以划分为155个分部门。其划分的核心是行业，其本质涉及输出入业务的范畴和供需双方业务开展的程度。

此外，还有两种具有一定代表性的分类方法：

1.以“生产”为核心划分

按照这种分类方法，服务贸易包括：

（1）生产前服务，如开发研究、设计、市场可行性研究；

（2）生产中服务，如生产过程中的质量管理、软件和人力资源管理；

（3）生产后服务，如广告、营销、包装、运输等。

2.按生产要素的密集程度划分

按照这种分类方法，服务贸易包括：

（1）资本密集型服务贸易，如通信、航运等；

（2）技术、知识密集型服务贸易，如银行、金融信息服务等；

（3）劳动密集型服务贸易，如旅游等。

常见的服务贸易分类有国际运输服务贸易、国际通信服务贸易、国际保险服务贸易、银行服务贸易、国际金融服务贸易、旅游服务贸易、国际工程承包、国际技术服务贸易、信息服务贸易、咨询服务贸易、专业服务贸易。

三、第三产业、服务业、服务贸易的区别与联系

国家统计局在2013年1月发布的《三次产业划分规定》中明确第三产业即为服务业。联合国、经济合作与发展组织、世界银行对三大产业的划分如表6-1所示，使第三产业近似于服务业。

表6-1 联合国、经合组织和世界银行对三大产业的划分

产业划分	产业范围
第一产业	农业、畜牧业、林业、渔业、狩猎业
第二产业	制造业、建筑业、自来水、电力和煤气生产、采掘业和矿业
第三产业	商业、餐饮业、仓储业、运输业、交通业、邮政业、电信业、金融业、保险业、房地产业、租赁业、技术服务业、职业介绍、咨询业、广告业、会计事务、律师事务、旅游业、装修业、娱乐业、美容业、修理业、洗染业、家庭服务业、文化艺术、教育、科学研究、新闻传媒、出版业、体育、医疗卫生、环境卫生、环境保护、宗教、慈善事业、政府机构、军队、警察等

当某国或地区服务供给超过服务需求时，便存在寻求国际市场的动力，从而产生服务出口；当某国或地区服务供给不能满足服务需求时，便存在引进服务满足需求的需要，从而产生服务进口。由此可见服务业是服务贸易发展的产业基础，同时也是一国或地区服务贸易竞争优势形成的决定性因素。

四、东南亚国家服务贸易发展的特点

20世纪60年代以后，世界经济的重心转向服务业。东南亚各国凭借其在自然资源、劳动力资源方面的优势，先后在旅游、交通、劳务输出等服务行业领域都有不同程度的发展，服务业占东南亚各国国内生产总值的比重不断上升，在此基础上，东南亚地区的服务贸易得到持续发展。

（一）服务贸易增长速度高于同期世界服务贸易平均增长水平

东南亚地区服务贸易起步于20世纪60年代，至1980年，东南亚服务贸易总额为238亿美元。1980—2009年，尽管遭受了亚洲金融危机和国际金融危机以及世界经济下行等一系列外部环境的影响，东南亚服务贸易仍然增长了16倍，2009年达到3 656.7亿美元，其增长速度超过同期世界服务贸易平均增长水平。2010—2019年，东南亚地区服务贸易出口年均增长率达8.3%，是世界服务贸易出口增长率的2倍；进口年均增长率为5.7%，超过世界3.8%的年平均增长水平。东南亚服务贸易进出口整体呈持续上升趋势。2020年突然暴发的新冠疫情给东南亚地区服务贸易带来了巨大冲击，除金融服务，电信、计算机和信息服务两个部门实现微弱增长外，东南亚其他服务贸易领域进出口额双双受挫，出口额下降26.8%，进口额下降11.2%，为1997年亚洲金融危机以来的最大跌幅。

2021年之后，随着全球疫情防控措施的缓解，东南亚服务贸易进出口都有一定程度的增长，基本恢复到2019年顶峰水平。其中，服务出口增幅高于进口5个百分点，显示出东南亚地区发展服务贸易的巨大潜力（1980—2022年东南亚服务贸易规模见表6-2）。

表6-2 **1980—2022年世界及东南亚服务贸易发展概况** 金额单位：亿美元

地区	项目 \ 年份	1980	1999	2005	2010	2015	2016	2017	2018	2019	2020	2021	2022
世界	出口额	3 956.60	14 355.50	25 732.20	39 895.56	50 212.27	50 976.64	55 540.89	61 225.29	63 146.59	52 283.10	62 099.34	71 270.56
	年增长率（%）	—	3.3	11.8	8.9	−4.4	1.5	9.0	10.2	3.1	−17.2	18.8	14.8
	进口额	4 477.70	14 308.00	24 723.60	38 927.42	49 267.94	49 560.40	53 716.98	58 529.72	60 624.62	49 769.03	57 546.88	66 015.10
	年增长率（%）	—	5.6	10.9	9.1	−4.8	0.6	8.4	9.0	3.6	−17.9	15.6	14.7
	贸易差额	−521.10	47.50	1 008.60	968.14	944.33	1 416.24	1 823.91	2 695.57	2 521.98	2 514.07	4 552.46	5 255.46
东南亚	出口额	141.00	756.80	1 386.30	2 149.66	3 180.14	3 278.25	3 629.52	4 213.38	4 466.08	3 271.08	3 670.93	4 452.03
	年增长率（%）	—	8.8	12.0	22.1	0.6	3.1	10.7	16.1	6.0	−26.8	12.2	21.3
	进口额	96.90	646.00	1 190.80	2 272.51	3 226.56	3 213.20	3 544.02	3 930.47	4 040.46	3 589.54	4 112.33	4 670.46
	年增长率（%）	—	12.5	10.3	19.9	−3.6	−0.4	10.3	10.9	2.8	−11.2	14.6	13.6
	贸易差额	44.10	110.80	−258.31	−122.86	−46.43	65.06	85.50	282.92	425.62	−318.46	−441.40	−218.43

数据来源：根据联合国贸易和发展会议数据库（http：//unctadstat.unctad.org）数据整理。

（二）服务贸易逆差阶段性波动

从服务贸易国际收支平衡的角度看，东南亚各国服务贸易逆差呈阶段性波动的特点。从1980年起，东南亚除了个别国家、个别年份的出口额增长值基本与进口额增长值持平，有微小贸易顺差外，基本为逆差状态，1995年后贸易逆差规模有逐渐增大的趋势。尤其是印度尼西亚、泰国、越南等国家在2000年以后均出现了较大幅度的服务贸易逆差。造成这一时期逆差扩大的主要原因是这些国家在工业化的过程中，国内服务业供给满足不了本国极速增长的生产和生活服务的需求，必须依赖大量服务贸易进口，进口增长的势头持续加快。同时，受2008年国际金融危机的影响，东南亚服务贸易外部市场萎缩，出口大幅度下降。2009年，东南亚服务贸易逆差高达278.4亿美元，是自1997年亚洲金融危机以后服务贸易逆差最大的一年。

2010年后，东南亚逐步走出金融危机的影响，至2016年，东南亚实现了服务贸易的净出口，并呈逐年递增的趋势。2019年，东南亚服务贸易已实现顺差426亿美元，其中，泰国、菲律宾和越南服务贸易顺差居东南亚前三位，分别占东南亚服务贸易顺差总额的52%、29%和19%；印度尼西亚和马来西亚依然有贸易逆差。

2020年全球新冠疫情蔓延重挫了东南亚的服务贸易，在进出口额双双锐减的同时，服务贸易差额由长期顺差再次转为逆差，2021年高达441亿美元。2022年，东南亚服务贸易出口有所恢复，贸易逆差有所缓和（东南亚服务贸易逆差见表6-2）。

（三）传统服务贸易在服务贸易结构中居主要地位

服务贸易结构在一定程度上反映了一国的经济资源禀赋和经济发展水平的差异性。一般来说，运输服务，特别是航空运输与远洋运输属于资本密集型服务；旅游服务属于自然资源或人文历史资源密集型服务或两者相结合；建筑服务属于劳动密集型服务，通信服务、金融服务等是资本相对密集型服务，教育则是人力资本密集型服务。

在东南亚服务贸易中，旅游、运输和其他商业服务一直占据主导地位。其中出口以旅游服务为主，进口则以运输服务为主。金融服务和知识产权使用费排在东南亚服务贸易出口与进口的第4位，但是在贸易规模上要远小于排名前三位的服务部门。这显示东南亚地区服务贸易优势主要集中在劳动密集部门和资源禀赋优势部门（如图6-1所示）。

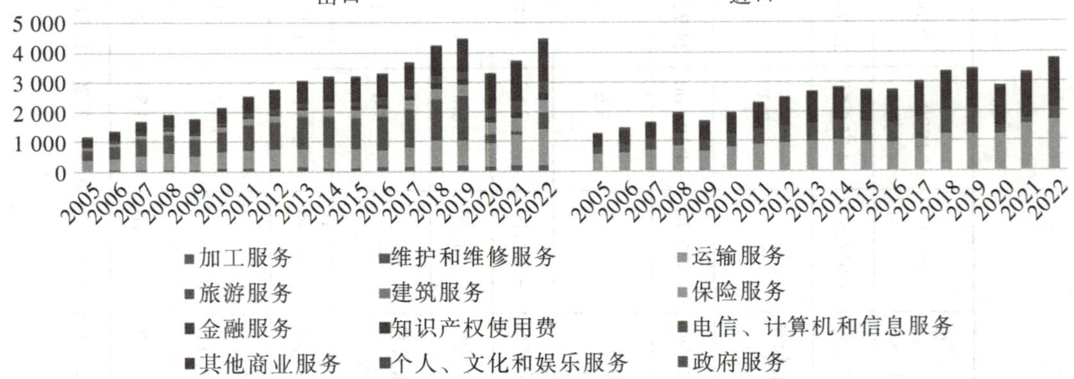

图6-1 2005—2022年东南亚服务贸易各部门地位（单位：亿美元）

数据来源：根据联合国贸易和发展会议数据库（https://unctadstat.unctad.org）数据整理。

以疫情前的2019年为例，旅游、商业服务和运输服务出口占东南亚服务贸易总出口的72%。其中，新加坡、菲律宾与马来西亚的商业性服务业出口比重最高，旅游业出口比重次之；泰国与印度尼西亚旅游业出口比重最大，其他商业性服务业出口比重次之。

2019年，运输服务进口占东南亚服务贸易总进口的31%，其次是旅游服务进口，占21%。其中，新加坡、印度尼西亚、马来西亚、菲律宾的商业性服务业比重最高，运输业次之，旅游业最低；泰国的运输业比重最高，商业性服务业次之，旅游业最低。东南亚各国进口服务贸易的构成差别相对较小，这种相似性反映了这些国家相互间的经济特征比较相近。

尽管东南亚各国的传统服务贸易仍然居主要地位，但包括金融、保险、电信、计算机和信息服务、知识产权、个人文化和娱乐、其他商业服务在内的知识密集型服务部门近年来均有较大发展，成为东南亚各国实现经济现代化的驱动力量。

（四）数字服务贸易成为东南亚服务贸易提质增效的强大动能

世界贸易组织在2022年发布的《全球贸易展望和统计》中对数字交付服务做了以下定义：数字交付服务是包括通过计算机网络跨境交易的服务，即通过互联网、应用程序、电子邮件、语音和视频通话，以及越来越多地通过在线游戏、音乐和视频流以及远程学习等数字中介平台进行交易。

2010年以后，东南亚数字技术的应用与发展迅速，数字服务贸易规模快速扩大，尤其是数字交付的服务出口持续上升。2010—2022年，东南亚数字交付服务出口额增长了近3倍，年平均增速约为10.5%，超过了同期东南亚商品和其他服务出口的年均增长水平；占服务贸易出口总额的百分比从32.97%上升到52.36%，对东南亚服务贸易出口增长的贡献不断扩大；同时，东南亚数字交付服务出口在世界数字交付服务贸易出口中的地位不断上升，从2010年的3.85%上升到2022年的5.91%，每5年增加1个百分点，成为推动东南亚及世界经济与贸易增长的强大动能。与此同时，东南亚数字交付服务进口也在波动中有一定发展，但其增长速度远低于世界同期进口增长水平（如图6-2所示）。

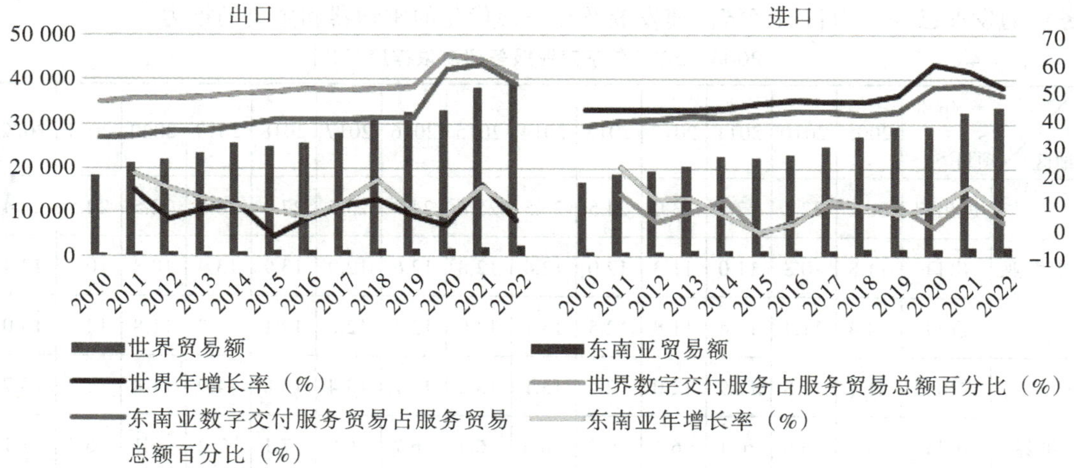

图6-2　2010—2022年东南亚数字交付服务贸易发展比较（单位：亿美元）

数据来源：根据世贸组织出版物《全球贸易展望和统计》（stats.wto.org）数据整理。

在东南亚各国中，新加坡与菲律宾的数字交付服务贸易发展处于领先地位，2010—2022年，两国数字交付服务出口分别增长了4.35和2.12倍，以年均13.21%和6.7%的增速分列2022年世界数字交付出口的第8位和第23位（见表6-3）。

表6-3　**东南亚数字交付服务贸易主要出口国**　金额单位：亿美元

国家或地区 \ 项目/年份	贸易额						年增长率（%）							2022年世界排名
	2010	2015	2019	2020	2021	2022	2010	2015	2019	2020	2021	2022	2022/2010	
新加坡	376.58	775.57	1 221.81	1 321.54	1 572.54	1 638.42	—	9.62	8.47	8.16	18.99	4.19	335.08	8
菲律宾	121.81	202.47	224.22	221.00	237.91	259.45	—	18.77	3.58	−1.43	7.65	9.05	112.99	23
泰国	71.55	98.07	130.05	131.76	146.81	166.29	—	−1.61	5.50	1.31	11.43	13.27	132.40	31
马来西亚	72.78	89.82	112.90	109.70	112.65	122.60	—	−13.54	5.85	−2.83	2.69	8.83	68.45	36
印度尼西亚	58.43	61.48	85.09	71.37	80.82	93.62	—	−16.24	−6.51	−16.12	13.23	15.85	60.24	39
世界	18 417.70	24 806.71	32 458.88	32 949.12	38 170.49	39 419.25	—	−2.89	4.82	1.51	15.85	3.27	114.03	—

数据来源：根据联合国贸易和发展会议数据库（https：//unctadstat.unctad.org）数据整理。

（五）服务贸易依存度提高

东南亚地区服务贸易依存度一直呈现上升趋势，而且不论是服务贸易总依存度，还是服务贸易进口依存度或出口依存度均大于同期世界服务贸易发展平均水平。1980年，东南亚服务贸易在国内生产总值中所占比重为11.78%，到2019年上升到26.6%（2005—2022年东南亚服务贸易依存度比较见表6-4），达到历年来最高水平。受全球疫情影响，东南亚传统服务贸易，如旅游、建筑服务等受到波及，2020年、2021年东南亚地区服务贸易依存度有所下降，但是2022年又恢复到25.4%，说明东南亚经济服务化特征明显，服务业的发展已经成为各国经济高速发展及经济现代化的驱动器和主要助推力。

表6-4　**2005—2022年东南亚服务贸易依存度（%）**

地区	项目 \ 年份	2005	2010	2011	2012	2013	2014	2015	2016	2017	2018	2019	2020	2021	2022
东南亚	进出口	26.2	22.2	22.4	23.0	24.5	25.5	25.8	24.9	25.5	27.0	26.6	22.5	22.5	25.4
	出口	11.8	10.8	11.0	11.3	12.0	12.4	12.8	12.6	12.9	13.9	13.9	10.8	10.2	12.4
	进口	14.4	11.4	11.4	11.8	12.5	13.1	13.0	12.3	12.6	13.1	12.7	11.8	12.3	13.0
世界	进出口	11.1	11.8	11.9	12.0	12.4	13.1	13.2	13.1	13.4	13.8	14.0	11.8	12.2	13.7
	出口	5.6	6.0	6.1	6.1	6.3	6.6	6.7	6.7	6.8	7.1	7.2	6.1	6.3	7.1
	进口	5.5	5.8	5.9	5.9	6.1	6.5	6.5	6.5	6.6	6.7	6.9	5.8	5.8	6.6

数据来源：根据联合国贸易和发展会议数据库（https：//unctadstat.unctad.org）数据整理。

（六）在世界服务贸易中的地位稳中有升

东南亚服务贸易在世界服务贸易中的地位稳中有升，主要体现在以下两个方面：

1.在世界服务贸易总额中的排名稳中有升

据世界贸易组织的排名统计，2010—2020年，在世界服务贸易前三十强中，新加坡位列第10位，泰国和马来西亚分别排第27位和第29位。此后，东南亚各国的排名虽然有所波动，但是新加坡、泰国、马来西亚基本保持在服务贸易前三十强内。

至2022年，除了新加坡、泰国、马来西亚之外，菲律宾、印度尼西亚、越南也分别进入世界服务贸易出口或进口的前三十强。其中，新加坡服务贸易进出口均上升至世界排名第6（见表6-5）。

表6-5　**2022年世界主要服务贸易进出口国家或地区**　单位：亿美元

排名	国家或地区	出口额	份额	增长率（%）	排名	国家或地区	进口额	份额	增长率（%）
1	欧盟	26 845.63	37.67	9.92	1	欧盟	243.82	24 382.45	36.93
2	美国	9 285.30	13.03	15.90	2	美国	6 967.07	10.55	24.59
3	英国	4 944.40	6.94	8.70	3	中国	4 650.53	7.04	5.38
4	中国	4 240.56	5.95	8.12	4	英国	3 170.66	4.80	21.62
5	印度	3 093.74	4.34	28.63	5	新加坡	2 586.15	3.92	6.50
6	新加坡	2 912.56	4.09	9.28	6	印度	2 495.22	3.78	27.34
19	菲律宾	410.70	0.58	22.34	16	泰国	627.10	0.95	8.36
22	泰国	405.78	0.57	59.52	22	马来西亚	445.90	0.68	20.25
24	马来西亚	316.83	0.44	49.13	23	印度尼西亚	433.92	0.66	51.99
27	印度尼西亚	230.86	0.32	65.47	27	越南	255.67	0.39	31.74

2.在世界服务贸易总额中的比重持续上升

东南亚服务贸易出口总额占世界服务贸易出口总额的比重从1980年的2.1%上升到2019年的7.1%，东南亚服务贸易进口总额占世界服务贸易进口总额的比重从1980年的2.7%上升到2019年的6.7%。2005—2022年，东南亚服务贸易出口与进口占世界服务贸易出口与进口总值的百分比保持在6%~7%的水平（如图6-3所示）。

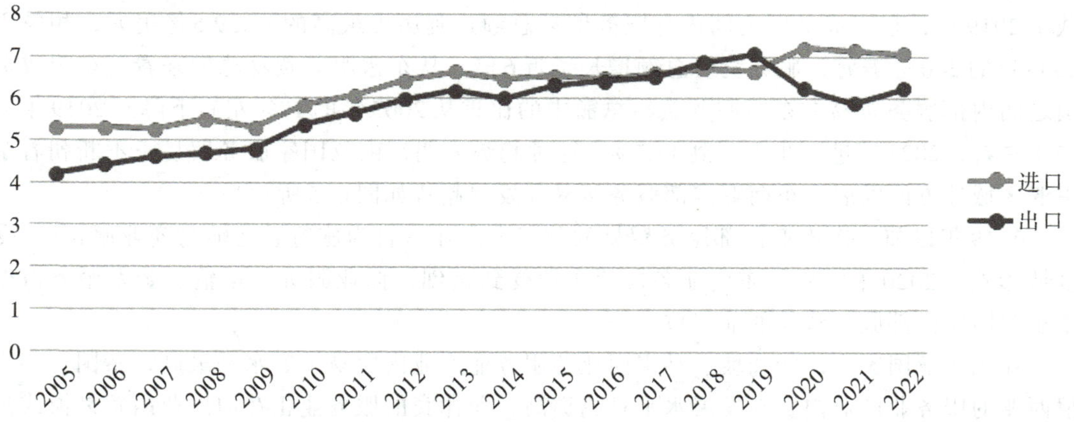

图6-3　2005—2022年东南亚服务贸易占世界服务贸易百分比（%）

数据来源：根据联合国贸易和发展会议数据库（https：//unctadstat.unctad.org）数据整理。

（七）服务业在外国直接投资中的地位总体趋于上升

20世纪80年代，流向东南亚地区服务业的国际投资主要集中在东南亚国家中的东盟老五国成员；90年代以后，除了原东盟五国（特别是印度尼西亚、马来西亚、泰国）服务业的投资需求增大，外资在东盟新成员国的服务业的投资比重也不断上升。受1997年亚洲金融危机影响，1998—2001年，外国直接投资存量在东南亚大幅下降，在服务业中的比重反复波动。直到2002年以后，服务业再次成为东南亚吸收外资的主要领域，除了个别年份外，约60%甚至更高比例的外国直接投资投入到了东南亚的服务业（2012—2022年东盟国家吸收外资行业分布如图6-4所示）。这说明东南亚经济服务化特征日益明显，服务产业成为全球资本投资东南亚地区的重点领域。

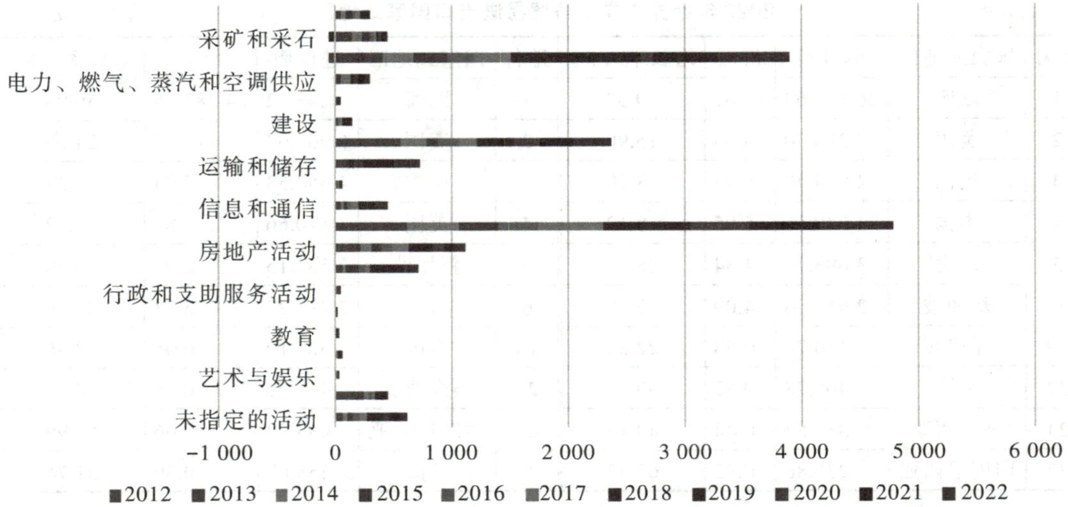

图6-4　2012—2022年东盟国家吸收外资行业分布（单位：亿美元）

数据来源：根据东盟秘书处数据库（ASEAN：https：//data.aseanstats.org）数据整理。

（八）东南亚内部服务贸易有所减弱

东南亚地区内部服务贸易基本是在东盟成员国之间进行的。据东盟秘书处统计数据，截至2019年，东盟成员国之间内部服务贸易总额达到历史最高的1 339.6亿美元，相较于2005年的240亿美元，服务贸易总额增长了近6倍。从东盟服务贸易总额来看，东盟成员国之间内部服务贸易在东盟服务贸易总额中的比重从2005年的19%左右下降到2019年的15%左右，2021年进一步下降到11.7%。这种趋势表明东南亚国家服务贸易正不断朝着东南亚区域外方向发展（东南亚内部服务贸易及发展趋势如图6-5所示）。

2019年以前，东南亚内部服务贸易的前三大产业一直为旅行、运输与商业服t务。受疫情影响，2020年以后，东南亚各国旅游业受到重创，商业服务、运输、金融服务占据了东盟国家内部服务贸易的前三位。

在东南亚国家中，新加坡、马来西亚的服务业产业内贸易发展水平最高，泰国、印度尼西亚的服务业产业内贸易发展水平日趋提高，菲律宾的服务业正在向产业内贸易模式过渡，而缅甸、老挝、柬埔寨等国家的服务贸易的发展尚处于产业间贸易阶段。

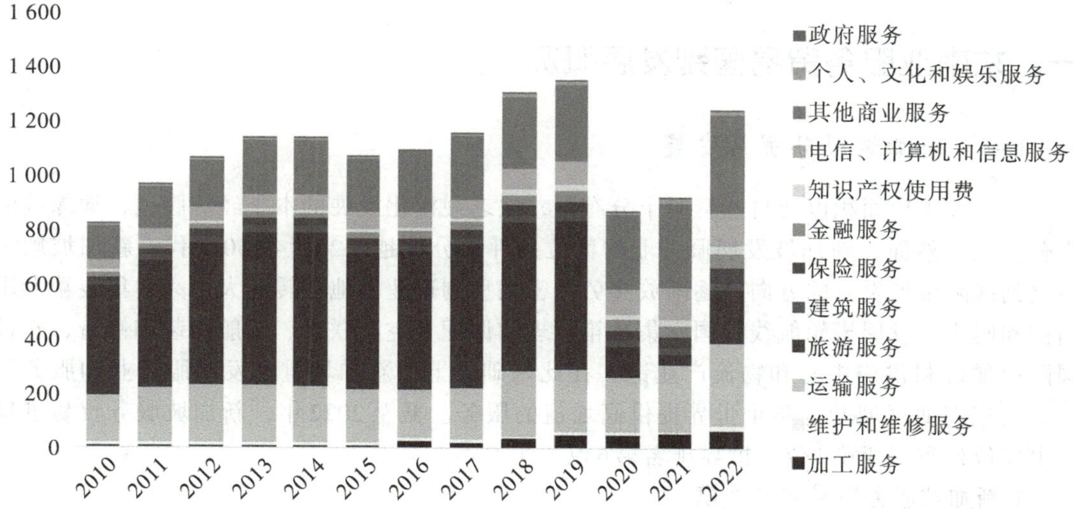

图6-5　东南亚内部服务贸易发展趋势（单位：亿美元）

数据来源：根据东盟秘书处数据库（ASEAN：https：//data.aseanstats.org）数据整理。

第二节　东南亚服务贸易国别比较

根据服务贸易发展规模及各国在东南亚地区服务贸易总额中所占百分比，东南亚地区服务贸易发展分为四个层次：第一层次为服务贸易规模最大的新加坡；第二层次为泰国、马来西亚；第三层次为印度尼西亚、菲律宾和越南；第四层次为文莱、缅甸、柬埔寨、东帝汶、老挝。在2016年以前，东南亚国家服务贸易进出口总额由大到小排序一直是新加坡、泰国、马来西亚、菲律宾、印度尼西亚、越南、缅甸、柬埔寨、文莱、东帝汶、老挝。2016年以后，菲律宾和缅甸分别超过印度尼西亚与柬埔寨，排到了第三、第四层次国家的最前列。2005—2022年东南亚各国服务贸易在东南亚服务贸易总额中的百分比如图6-6所示。

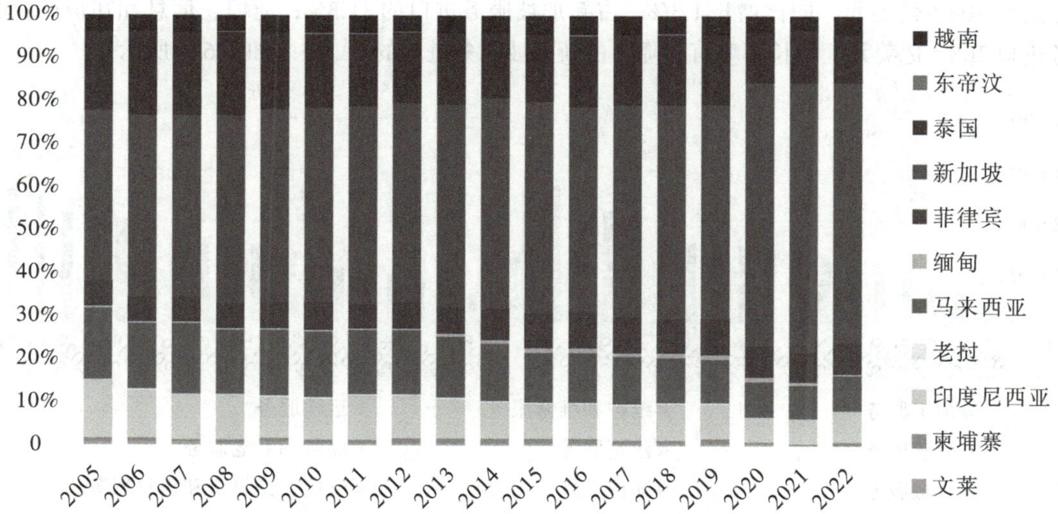

图6-6　2005—2022年东南亚各国服务贸易在东南亚服务贸易总额中的百分比

数据来源：根据联合国贸易和发展会议数据库（https：//unctadstat.unctad.org）数据整理。

一、东南亚服务贸易国别发展概况

（一）新加坡服务贸易发展

新加坡土地面积以及自然资源十分有限，缺乏规模化发展的本土经济腹地，地缘政治十分复杂。然而，新加坡发展服务业的区位条件十分优越。20世纪60年代，新加坡敏锐察觉到国际市场发展的方向，逐渐放弃劳动密集型制造业基地，转向大力兴建集装箱专用泊位和码头，发展班轮航线、国际集装箱管理和调配、空港联运、船舶换装和修造，建设国际船舶燃料供应中心和物流产业链。在此基础之上，新加坡重点发展服务业和服务贸易，为东南亚区域乃至整个世界提供高增值的服务。截至2022年，新加坡服务贸易进口与出口位列东南亚第1位，世界排名第6位。

1.新加坡服务贸易发展规模

新加坡服务贸易发展规模一直明显大于其他东南亚国家。2012—2019年，新加坡服务贸易以年均超过8%的增长速度快速发展。2019年，新加坡服务贸易进出口额高达5 498.7亿美元，出口2 912.6亿美元，进口2 586.1亿美元，分别占东南亚总额的60.3%、65.4%和55.4%。

2.新加坡服务贸易进出口结构

新加坡服务贸易以运输服务、其他商业服务、金融以及通信、计算机和信息服务等新兴服务领域为主，而金融服务是新加坡服务贸易顺差的主要来源。2022年，新加坡运输服务出口1 015.5亿美元，同比增长10%，占新加坡服务出口的35%；其他商业服务出口843.7亿美元，同比增长5.5%，占新加坡服务出口的28.7%；金融服务出口397.8亿美元，同比增长1.6%，占新加坡服务出口的13.7%。

新加坡主要服务进口为运输服务、其他商业服务和通信、信息和知识产权服务。2022年，新加坡运输服务进口921.3亿美元，同比增长4.4%，占新加坡服务进口的35.6%；其他商业服务进口808.6亿美元，同比增长1.3%，占新加坡服务进口的31.3%；通信、信息和知识产权服务进口268.5亿美元，增长率略有下降，占新加坡服务进口的10.4%（如图6-7所示）。

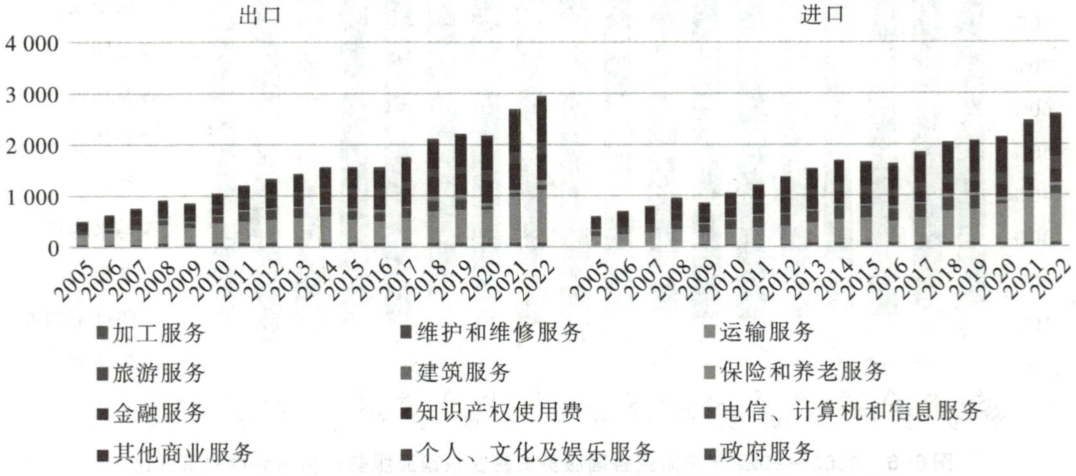

图6-7　2005—2022年新加坡服务贸易进出口结构（单位：亿美元）

数据来源：根据联合国贸易和发展会议数据库（https：//unctadstat.unctad.org）数据整理。

3.新加坡主要服务贸易伙伴

新加坡服务贸易伙伴主要为欧盟、美国、中国和日本。2021年，新加坡前五大出口市场依次为：欧盟、美国、日本、澳大利亚和中国；前五大进口来源地依次为：美国、欧盟、中国、中国香港特别行政区和日本。目前，中国是新加坡第五大服务贸易伙伴、第五大服务出口目的地和第三大服务进口来源地（见表6-6）。

表6-6　2021年新加坡前十大服务贸易伙伴　金额单位：亿美元

排名	出口			进口		
	国家或地区	金额	占出口总额百分比（%）	国家或地区	金额	占进口总额百分比（%）
	世界	2 665.32	100.0	世界	2 428.26	100.0
1	欧盟	365.60	13.7	美国	598.19	24.6
2	美国	333.69	12.5	欧盟	237.41	9.8
3	日本	275.68	10.3	中国	177.19	7.3
4	澳大利亚	232.79	8.7	中国香港特别行政区	155.39	6.4
5	中国	200.30	7.5	日本	123.36	5.1
6	中国香港特别行政区	121.72	4.6	英国	99.49	4.1
7	英国	108.32	4.1	印度	73.62	3.0
8	瑞士、列支敦士登	98.54	3.7	中国台湾	72.34	3.0
9	马来西亚	66.01	2.5	瑞士、列支敦士登	69.19	2.8
10	印度	55.98	2.1	韩国	53.03	2.2

数据来源：根据联合国贸易和发展会议数据库（https：//unctadstat.unctad.org）数据整理。

（二）泰国、马来西亚服务贸易发展

泰国和马来西亚同属东南亚服务贸易发展的第二层次，但两国服务贸易额都仅为新加坡的一半左右。

泰国和马来西亚在东南亚地区地理位置毗邻，都属于外向型的新兴工业化国家，在服务业与服务贸易发展中有着很大的相似性。20世纪70年代，泰国与马来西亚两国充分利用本国区位优势，抓住经济全球化和国际交流合作快速发展的机会，优化调整国内产业结构，并将发展服务业列为产业转型升级、促进经济增长的重点。至20世纪80年代后期，两国在转向工业化的同时，鼓励银行、保险和建筑等服务业的发展，服务业占GDP的比重逐渐增加，逐步成为两国经济中最大的产业部门。1997年亚洲金融危机后，两国服务业占GDP的比重仍然保持稳定上升的趋势，吸引了大量外国直接投资的进入，服务业的竞争力进一步提高，两国成为东南亚地区服务贸易比较发达的国家。

1.泰国服务贸易发展的特点

（1）服务贸易呈现快速增长的态势

近年来，泰国服务贸易额均呈两位数百分比增长，顺差额逐年扩大，是东南亚地区服务贸易出口大国。2019年，泰国服务贸易额达到1 380.3亿美元，占GDP比重达到25.4%。2020年因新冠疫情大流行，以旅游业为主的泰国服务贸易遭受重创，进出口总额785.1亿美元，同比下降43.1%，占GDP的比重下降到23.7%。其中出口同比下降61%，进口同比下降17.6%，泰国服务贸易至此结束了近10年的顺差，转为逆差151.54亿美元。2021年，泰国服务贸易进口首先得到恢复，实现了39.8%的增长；2022年泰国服务贸易出口复苏强劲，年增长率达59.5%，服务贸易总额达1 032.9亿美元，占GDP比重恢复到20.7%。

（2）旅游、运输与其他商业服务是泰国服务贸易的主要增长点

旅游、运输和其他商业服务在泰国服务贸易进出口中一直占据主导地位。金融服务与知识产权使用费在泰国服务贸易中也占有重要地位。

泰国旅游资源丰富，旅游及旅游带动的相关产业产值占泰国GDP的近五分之一。2019年泰国旅游服务贸易额721.65亿美元，其中，出口额598.1亿美元，占泰国服务贸易总出口的73.7%；进口额123.6亿美元，占泰国服务贸易总进口的21.7%。由于疫情发生后世界各国加强了人员流动的管控，泰国旅游业受到十分严重的影响。2020年泰国旅游出口额同比下降了76.3%，进口下降了76.8%；2021年旅游出口再次下降了66.1%，进口下降了5%。重振旅游业对泰国服务业乃至泰国经济的发展具有十分重大的意义。在泰国政府一系列刺激政策的作用下，2022年泰国旅游服务出口和进口分别实现了210.6%和94.5%的增长。

泰国运输服务贸易的进口远大于出口。一方面，泰国近年来经济的持续高速增长，催生了对国际运输服务，特别是运输进口服务的需求；另一方面，泰国把海上航运业作为投资的奖励对象，也促进了泰国运输服务贸易进口的进一步扩大。2019年，泰国运输服务进口188.91亿美元，是其出口的2.6倍。2020年的新冠疫情对泰国运输服务略有影响，但是2021年强势同比增长111.5%，进口贸易额达384.45亿美元，占服务贸易进口比重扩大到59%；而同年运输服务出口额仅为43.22亿美元，与进口相差了近9倍。2022年，泰国运输服务保持了较平稳的发展，成为泰国经济复苏的重要支持力量。

其他商业服务是泰国重要的服务贸易项目。2019年，泰国其他商业服务进出口额为267.3亿美元，年增长率为6.3%；其中出口额116.82亿美元，占泰国服务出口额的14.9%；进口额150.4亿美元，占泰国服务进口额的26.4%。2020年泰国其他商业服务仍然实现了2.6%的增长，取代了旅游服务第一的位置。2022年，随着泰国旅游与运输服务贸易的恢复，其他商业服务贸易进出口在服务贸易中的比例有所下降。

（3）服务贸易呈现国际化、多元化的发展趋势

近年来，泰国政府通过签署自由贸易协定和加入区域性贸易组织等多种方式，推动泰国服务贸易的发展，在金融、教育、医疗、建筑等多个领域都呈现出国际化、多元化的特点，不仅越来越多的服务对象跨越国界，而且跨境服务提供商和跨境服务投资方也越来越多。

2005—2022年泰国服务贸易各部门发展情况如图6-8所示。

2.马来西亚服务贸易发展的特点

马来西亚服务贸易发展最大的特点是以国家利益为导向，政府的宏观经济计划在指引服务贸易发展中起重要作用。

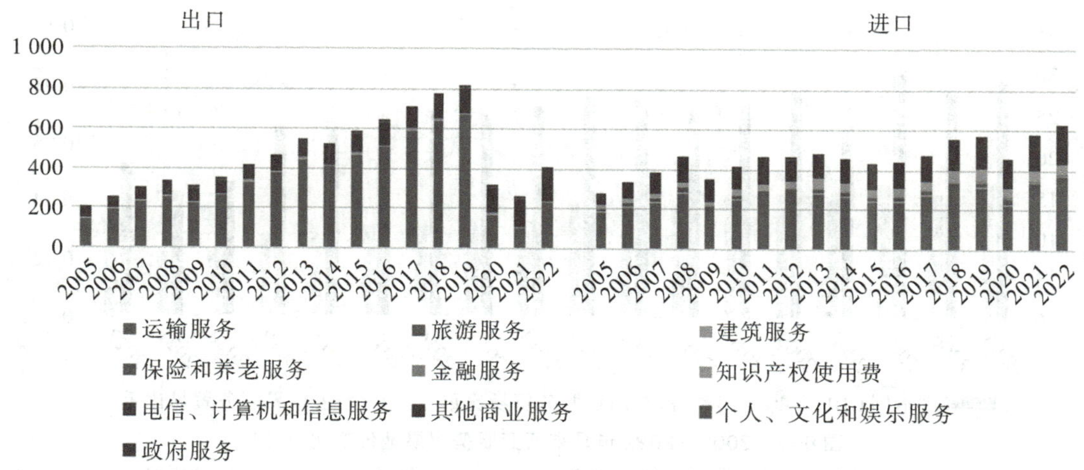

图6-8　2005—2022年泰国服务贸易各部门发展情况（单位：亿美元）

数据来源：根据联合国贸易和发展会议数据库（https：//unctadstat.unctad.org）数据整理。

（1）服务贸易发展增速放缓

马来西亚服务业发达，在GDP中所占比重多年来均在50%以上。从20世纪80年代马来西亚经济实现转型之后，马来西亚服务贸易的增长速度基本保持在8%以上；早在20世纪90年代初，马来西亚陆续开放了国内45个服务领域，并成立了马来西亚外贸促进中心作为促进服务贸易出口的重要平台。这一时期，马来西亚的服务业在国际市场，尤其是中东国家，获得了巨大成功，形成了一批具有优势的服务出口行业，如批发与零售、金融保险、教育旅游、房地产与商业服务、通信、运输与仓储、酒店餐饮业等。马来西亚服务贸易进出口前三位的主要是旅游、运输和商业服务，占到马来西亚服务贸易总额的80%以上。在通信服务、保险服务、金融服务、建筑服务等方面，发展比较滞后。

马来西亚的服务贸易20世纪90年代多数年份都保持着较高的顺差（受亚洲金融危机影响，1997年、1998年马来西亚的服务贸易是逆差）；2000—2010年是马来西亚服务贸易快速增长的时期，年平均增速达10.8%，远高于同期世界平均发展水平，也超过了东南亚绝大多数国家的水平。随着马来西亚对进口服务需求的激增，2000年以后，马来西亚服务贸易转向逆差，且有逐年递增的趋势。2011年之后，马来西亚服务贸易的发展速度连续放缓。2011—2019年，马来西亚服务贸易年均增长速度仅为2.88%，服务贸易逆差年均达44亿美元。2020年，马来西亚服务贸易骤降34.6%；2021年，增长率缓慢恢复到5%，但服务贸易逆差进一步扩大。

（2）服务贸易地位有所下降

2005年以后，马来西亚服务贸易地位有所下降，具体表现为：①在本国GDP中的比重持续下降，服务贸易依存度从2005年的29%下降到2021年的15.1%；②在东南亚服务贸易中的比重持续下降，从2005年 的16%下降到2021年的7.8%；③在世界服务贸易额中的比重持续下降，从2005年的0.78%下降到2021年的0.48%（如图6-9所示）。

旅游服务一直以来是马来西亚重要的经济支柱、第二大外汇来源。2014年马航客机失联事件严重打击了马来西亚旅游服务出口，2015年，马来西亚旅游服务出口下降了21%，此后缓慢恢复，至2019年，马来西亚的旅游服务出口额恢复到198.3亿美元，占马来西亚服务贸

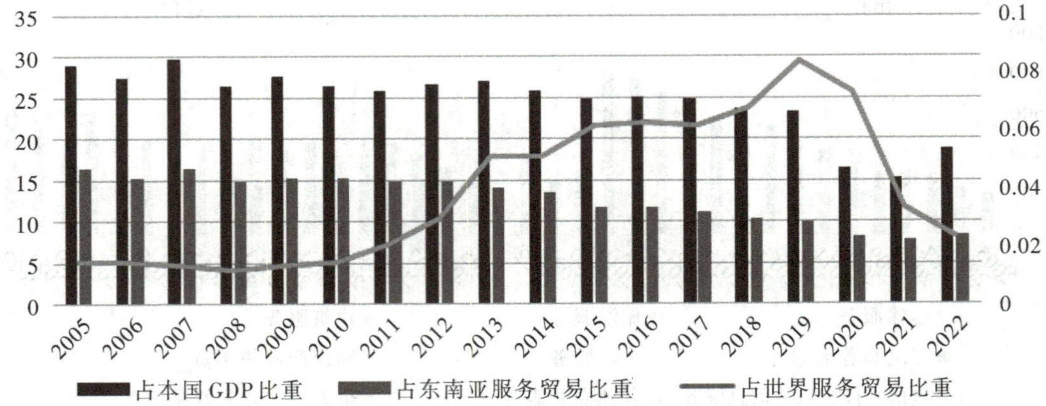

图6-9 2005—2022年马来西亚服务贸易地位变化（%）

数据来源：根据联合国贸易和发展会议数据库（http：//unctadstat.unctad.org）数据整理。

易出口总额的48%，占GDP的5.4%。2010—2019年，马来西亚旅游服务进口额从83.2亿美元增长到123.8亿美元，年均增长速度为7.3%，发展较为平稳。2020年，马来西亚旅游服务出口连续两年大幅下降，并出现较大幅度逆差。至2021年，马来西亚旅游服务贸易出口仅为0.78亿美元，占其服务贸易出口的比重从2014年的最高值53.7%下降到0.37%。2022年，随着疫情管控措施的结束，马来西亚旅游服务贸易出口有所复苏（如图6-10所示）。

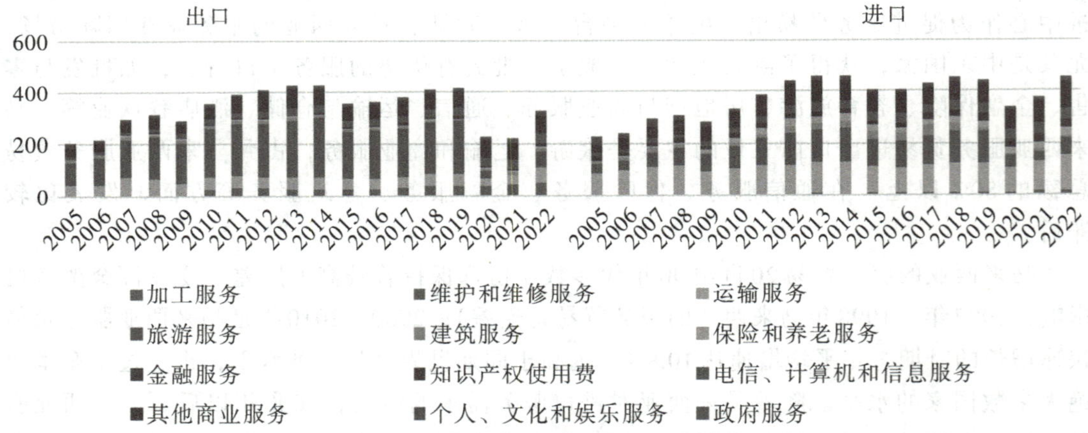

图6-10 2005—2022年马来西亚服务贸易各部门发展情况（单位：亿美元）

数据来源：根据联合国贸易和发展会议数据库（http：//unctadstat.unctad.org）数据整理。

（三）菲律宾、印度尼西亚、越南服务贸易发展

菲律宾、印度尼西亚、越南三国属于东南亚服务贸易发展第三层次，贸易规模与新加坡、泰国、马来西亚有着较大差距。2010—2019年，三国服务贸易实现了高速增长，其中印度尼西亚的年均增长速度达到了7.3%，菲律宾与越南两国的年均增长速度均高于东南亚8.9%的平均增长水平，分别为11.8%和10.1%。2020年，三国服务贸易总额分别下降28%、44%和30%。2022年，根据世界贸易组织数据，菲律宾服务贸易出口超过泰国和马来西亚，排名世界服务贸易出口的第19位；印度尼西亚排名第27位。同时，印度尼西亚与越南服务贸易进口也进入了世界服务贸易进口的前三十强，分列第22位与第27位（见表6-5）。

菲律宾是东南亚国家中唯一持续保持服务贸易顺差且持续增长的国家，贸易顺差从2005

年的2.2亿美元增加到2022年的15.6亿美元。印度尼西亚一直是东南亚国家中服务贸易逆差最为严重的国家之一，从2005年到2020年，进出口逆差常年维持在10亿美元左右，2022年扩大到20.3亿美元。2019年以前，越南一直维持着比较低水平的逆差；2020年以后，货物贸易出口的扩大使得越南对运输服务进口需求激增，由此导致越南服务贸易逆差扩大了近5倍，2021年越南服务贸易逆差更是达到了15.7亿美元，2022年回落到12.7亿美元。

菲律宾服务贸易出口前三位依次为商业服务，旅游服务，通信、计算机和信息服务；进口前三位分别是旅游、运输与商业服务。电子商务、在线游戏、视频会议等需要特殊技术和网络支持的互联网和信息技术产业等近年来在菲律宾发展活跃，并带动了通信、计算机和信息服务出口的增长，是菲律宾服务贸易顺差的重要来源之一。运输、旅游服务是菲律宾服务贸易逆差的两大重要来源。

旅游、运输和商业服务三大项目占印度尼西亚服务贸易近80%的份额。其中，旅游和运输服务分别占印度尼西亚出口与进口的第1位。通信、计算机和信息服务，知识产权使用费，金融，建筑等部门对印度尼西亚服务贸易的贡献率也逐年增长。但从服务贸易整体来说，除了旅游服务和通信、计算机和信息服务外，印度尼西亚其他服务贸易基本处于逆差状态。

越南服务贸易两大最重要的部门是旅游和运输服务，二者占越南服务贸易出口的85%以上；商业服务虽然位列第3位，但在越南服务贸易出口中的份额只有3%左右；运输服务位列越南服务贸易进口的第1位，与第2位的旅游服务共占越南服务贸易进口总额的70%左右；保险和养老服务位列第3，占越南服务贸易进口的份额不到5%（如图6-11所示）。

（四）文莱、缅甸、柬埔寨、老挝、东帝汶

文莱、缅甸、柬埔寨、老挝、东帝汶等国服务贸易规模小，在东南亚服务贸易总额中的比重均未达到1%，服务贸易发展具有与其他东南亚国家极不相同的特点。

文莱在经济上属于高收入国家。20世纪80年代以后，由于石油、天然气的生产和公共事业的发展，文莱对现代服务业的需求变得极为迫切。但由于产业结构单一，文莱非石油天然气产业均不发达，现代服务业远未建立，文莱服务贸易一直以来以进口为主。2000年以后，文莱政府鼓励经济多元化，现代化服务业发展增速加大。2005年以后，由于本国经济发展放缓以及国际金融危机等多方面的因素，文莱服务贸易增幅开始放缓。2011—2019年，文莱服务贸易进口年平均增长率7.2%，出口年均增长速度仅为3.8%，远低于同期东南亚8.5%的平均增长水平。2022年文莱服务贸易有所恢复，但仍未达到历史最高水平。

缅甸是近年来东南亚国家中服务贸易出口增长最快的国家。从2005年开始，缅甸服务贸易出口以年均30%的速度高速增长；进口年均增速为16.3%，其中2010年缅甸服务进口增速达到近50%。

柬埔寨服务贸易出口在2005—2019年期间年均增速13%，进口年均增速13.8%，均高于东南亚同期进出口增长水平；2019年是这一时期柬埔寨服务贸易出口额最高的一年，出口贸易额达61亿美元。2022年柬埔寨服务贸易出口增长了252.6%，但是由于前两年的连续衰退，服务贸易额仍然没有恢复到2019年一半的水平。

东帝汶服务业发展起步晚，规模小，主要集中在首都帝力，在本国国内生产总值中占比位列所有东南亚国家中的最低水平。2000年以后，随着国外援助的相继进入，国际援助机构对建筑、餐饮、旅店等的需求催生了东帝汶服务业的产生和发展。因此，东帝汶服

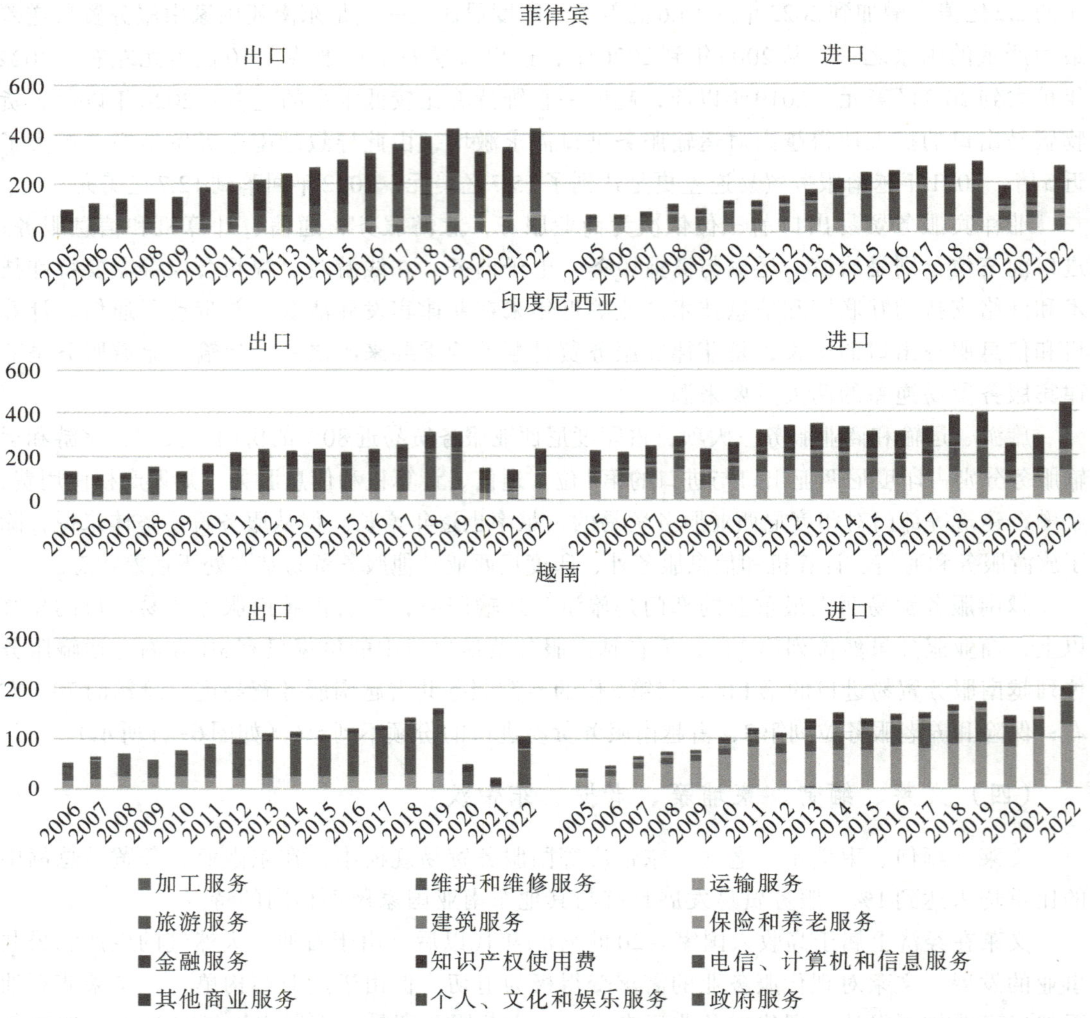

图6-11 2005—2022年菲律宾、印度尼西亚、越南服务贸易各部门发展情况（单位：亿美元）①

数据来源：根据联合国贸易和发展会议数据库（http：//unctadstat.unctad.org）数据整理。

务贸易随国际援助变化而波动。2005年东帝汶才开始有服务贸易的统计数据，由于规模小，2006年东帝汶实现了83.37%的服务出口增长。2008年受国际金融危机影响，服务贸易出口下降29.5%；2011—2019年，东帝汶服务贸易出口年均增长8.7%；2020年东帝汶服务贸易出口下降5.9%。

老挝国内服务业欠发达，对服务的进口需求较大，在一些特殊年份增长率非常高，如2008年达到146%，2012年为123%。2005—2019年，年均增长率为14.2%。

旅游服务出口在文莱、缅甸、柬埔寨、老挝、东帝汶等国中具有重要地位，但都面临旅游基础设施不足、熟练劳动力缺乏、与邻国的竞争激烈、旅游特色趋同、国外游客消费成本高、旅游吸引力不足等问题，直接或间接阻碍了旅游业的进一步发展，与其他旅游服务发达的东南亚国家有一定差距。

在贸易差额方面，文莱、缅甸、柬埔寨、老挝、东帝汶五国服务贸易规模较小，无论是顺差还是逆差，水平都很低，对国内经济的影响甚微。

① 越南服务贸易出口数据从2006年开始。

1980—2022年东南亚国别服务贸易基本概况见表6-7。

表6-7 1980—2022年东南亚国别服务贸易基本概况

金额单位：亿美元

国家/地区	项目 \ 年份	1980	1985	1990	1995	2000	2005	2010	2015	2016	2017	2018	2019	2020	2021	2022
文莱	出口额	—	—	—	—	1.98	6.16	4.62	6.48	5.30	5.51	5.70	6.18	3.51	2.00	2.82
	出口年增长率（%）	—	—	—	—	-37.4	13.2	-49.5	16.3	-18.1	4.0	3.4	8.3	-43.2	-42.9	40.5
	进口额	—	—	—	—	7.68	11.10	12.69	16.54	16.44	12.49	15.76	18.06	12.06	8.97	11.30
	进口年增长率（%）	—	—	—	—	-6.1	3.2	-11.5	-24.4	-0.6	-24.0	26.2	14.6	-33.2	-25.6	26.0
	进出口额	—	—	—	—	9.66	17.26	17.31	23.02	21.75	18.00	21.46	24.24	15.57	10.97	14.11
	进出口额年增长率（%）	—	—	—	—	—	78.7	-26.3	-16.1	-5.5	-17.2	19.2	13.0	-35.8	-29.5	28.6
	进出口额差额	—	—	—	—	-5.71	-4.94	-8.07	-10.06	-11.14	-6.98	-10.05	-11.89	-8.55	-6.96	-8.48
柬埔寨	出口额	—	—	—	1.14	4.28	11.18	20.28	39.55	40.33	46.08	54.51	60.86	17.67	6.57	23.18
	出口年增长率（%）	—	—	—	109.2	45.8	38.9	12.0	3.8	2.0	14.3	18.3	11.6	-71.0	-62.8	252.6
	进口额	—	—	—	1.88	3.28	6.42	10.18	22.42	24.30	27.45	30.56	32.74	20.25	20.90	27.54
	进口年增长率（%）	—	—	—	34.6	12.3	24.9	20.9	7.6	8.4	12.9	11.3	7.1	-38.2	3.2	31.8
	进出口额	—	—	—	3.02	7.56	17.61	30.47	61.97	64.63	73.53	85.07	93.60	37.92	27.47	50.72
	进出口额年增长率（%）	—	—	—	—	150.4	132.9	14.8	5.1	4.3	13.8	15.7	10.0	-59.5	-27.6	84.6
	进出口额差额	—	—	—	-0.74	1.01	4.76	10.10	17.12	16.02	18.63	23.95	28.12	-2.57	-14.32	-4.36
印尼	出口额	—	8.44	24.88	54.69	52.14	129.27	168.87	222.21	233.24	253.28	312.07	316.42	150.16	139.51	230.86
	出口年增长率（%）	—	48.1	32.7	14.0	13.4	7.3	27.7	-5.6	5.0	8.6	23.2	1.4	-52.5	-7.1	65.5
	进口额	—	51.35	60.56	135.40	156.37	220.49	264.61	309.18	304.07	327.07	376.92	392.82	247.71	285.50	433.92

续表

国家/地区	项目＼年份	1980	1985	1990	1995	2000	2005	2010	2015	2016	2017	2018	2019	2020	2021	2022
印尼	进口年增长率（%）	—	21.1	11.3	18.6	26.3	5.7	14.3	−7.8	−1.7	7.6	15.2	4.2	−36.9	15.3	52.0
	进出口额	—	59.79	85.44	190.09	208.51	349.75	433.48	531.38	537.31	580.34	688.99	709.24	397.87	425.01	664.78
	进出口额年增长率（%）	—	—	42.9	122.5	9.7	67.7	19.2	−6.9	1.1	8.0	18.7	2.9	−43.9	6.8	56.4
	进出口额差额	—	−42.91	−35.68	−80.71	−104.23	−91.22	−95.74	−86.97	−70.84	−73.79	−64.85	−76.41	−97.55	−145.99	−203.07
老挝	出口额	—	0.21	0.24	0.97	1.76	2.04	5.11	8.44	8.35	7.81	9.85	11.79	3.46	1.25	4.06
	出口年增长率（%）	—	41.1	5.3	11.3	35.1	14.2	28.6	10.4	−1.1	−6.5	26.2	19.7	−70.6	−63.8	224.0
	进口额	—	0.43	0.26	1.22	0.43	0.39	2.63	10.78	10.22	11.16	12.49	12.46	4.45	2.52	5.28
	进口年增长率（%）	—	−25.4	2.3	−20.1	−54.2	24.2	94.0	−6.2	−5.2	9.2	11.9	−0.3	−64.3	−43.4	109.6
	进出口额	—	0.64	0.50	2.18	2.19	2.43	7.74	19.23	18.57	18.97	22.35	24.25	7.92	3.77	9.34
	进出口额年增长率（%）	—	—	−22.0	335.9	0.1	11.2	45.3	0.4	−3.4	2.1	17.8	8.5	−67.4	−52.3	147.6
	进出口额差额	—	−0.22	−0.03	−0.25	1.33	1.65	2.48	−2.34	−1.88	−3.36	−2.64	−0.67	−0.99	−1.27	−1.22
马来西亚	出口额	11.35	19.34	38.59	116.02	139.41	195.76	346.76	349.37	356.01	371.16	402.31	410.89	221.55	212.46	316.83
	出口年增长率（%）	—	0.1	34.4	24.5	17.0	14.4	22.6	−16.9	1.9	4.3	8.4	2.1	−46.1	−4.1	49.1
	进口额	29.57	39.27	54.85	149.81	167.47	219.56	326.45	401.69	401.45	424.43	446.02	437.11	333.81	370.80	445.90
	进口年增长率（%）	—	−7.7	14.5	24.3	13.7	13.9	18.8	−11.4	−0.1	5.7	5.1	−2.0	−23.6	11.1	20.3
	进出口额	40.92	58.61	93.44	265.82	306.88	415.31	673.21	751.07	757.45	795.59	848.32	847.99	555.36	583.26	762.73
	进出口额年增长率（%）	—	43.2	59.4	184.5	15.4	35.3	20.7	−14.0	0.9	5.0	6.6	0.0	−34.5	5.0	30.8
	进出口额差额	−18.21	−19.92	−16.26	−33.79	−28.07	−23.80	20.32	−52.32	−45.44	−53.28	−43.71	−26.22	−112.25	−158.34	−129.07

续表

国家/地区	项目＼年份	1980	1985	1990	1995	2000	2005	2010	2015	2016	2017	2018	2019	2020	2021	2022
缅甸	出口额	0.53	0.67	0.93	3.61	4.71	2.57	3.69	37.49	37.82	38.18	46.52	70.18	42.30	16.72	15.63
	出口年增长率（%）	—	7.5	65.2	33.3	−7.1	1.8	5.7	20.4	0.9	1.0	21.8	50.9	−39.7	−60.5	−6.5
	进口额	0.74	0.82	0.72	2.44	3.24	4.97	7.89	23.92	25.11	28.81	34.57	36.65	32.65	20.06	17.05
	进口年增长率（%）	—	14.7	63.5	89.1	12.3	9.3	27.8	8.9	5.0	14.7	20.0	6.0	−10.9	−38.6	−15.0
	进出口额	1.27	1.49	1.66	6.05	7.95	7.54	11.58	61.41	62.93	66.99	81.09	106.83	74.95	36.78	32.68
	进出口额年增长率（%）	—	17.2	11.6	264.7	31.5	−5.2	19.8	15.6	2.5	6.5	21.0	31.7	−29.8	−50.9	−11.2
	进出口额差额	−0.21	−0.15	0.21	1.17	1.48	−2.41	−4.20	13.57	12.71	9.37	11.96	33.53	9.64	−3.34	−1.43
菲律宾	出口额	14.47	22.35	32.44	—	33.77	45.25	177.82	290.65	312.04	348.32	383.97	412.64	318.22	335.70	410.70
	出口年增长率（%）	—	36.1	0.6	—	−2.6	11.9	26.3	14.0	7.4	11.6	10.2	7.5	−22.9	5.5	22.3
	进口额	14.39	8.67	17.61	—	52.47	58.65	120.17	236.10	241.60	261.39	267.89	282.25	179.56	195.31	254.39
	进口年增长率（%）	—	−27.4	12.6	—	3.1	0.8	30.8	12.9	2.3	8.2	2.5	5.4	−36.4	8.8	30.2
	进出口额	28.86	31.02	50.05	—	86.24	103.90	297.99	526.75	553.64	609.70	651.86	694.89	497.78	531.01	665.09
	进出口额年增长率（%）	—	7.5	61.3	—	—	20.5	28.1	13.5	5.1	10.1	6.9	6.6	−28.4	6.7	25.2
	进出口额差额	0.08	13.68	14.83	—	−18.70	−13.40	57.65	54.55	70.43	86.93	116.08	130.39	138.66	140.39	156.31
新加坡	出口额	48.56	46.88	128.11	273.29	285.47	557.02	1 003.82	1 532.00	1 521.64	1 718.00	2 074.94	2 197.92	2 140.93	2 665.32	2 912.56
	出口年增长率（%）	—	−23.8	32.6	18.6	8.8	15.0	23.9	−0.4	−0.7	12.9	20.8	5.9	−2.6	24.5	9.3
	进口额	29.12	35.54	86.42	212.05	301.12	552.59	1 005.18	1 616.93	1 584.36	1 812.41	2 007.41	2 065.08	2 117.98	2 428.26	2 586.15
	进口年增长率（%）	—	−11.7	26.2	52.6	18.7	10.8	20.7	−3.0	−2.0	14.4	10.8	2.9	2.6	14.6	6.5

续表

国家/地区	项目 \ 年份	1980	1985	1990	1995	2000	2005	2010	2015	2016	2017	2018	2019	2020	2021	2022
新加坡	进出口额	77.68	82.42	214.52	485.34	586.59	1109.61	2009.01	3148.93	3106.00	3530.42	4082.35	4262.99	4258.91	5093.58	5498.70
	进出口额年增长率（%）	—	6.1	160.3	126.2	20.9	89.2	22.3	−1.7	−1.4	13.7	15.6	4.4	−0.1	19.6	8.0
	进出口额差额	19.44	11.34	41.69	61.24	−15.65	4.43	−1.36	−84.93	−62.73	−94.41	67.52	132.84	22.95	237.05	326.41
泰国	出口额	14.90	20.41	64.19	148.45	138.68	198.92	343.40	580.82	637.86	709.64	774.74	811.78	309.97	254.38	405.78
	出口年增长率（%）	—	3.9	17.6	27.5	−5.2	4.5	13.7	11.8	9.8	11.3	9.2	4.8	−61.8	−17.9	59.5
	进口额	16.44	18.15	63.09	188.32	154.60	267.62	413.33	425.18	435.11	466.68	549.39	568.55	454.66	578.71	627.10
	进口年增长率（%）	—	−5.0	40.1	22.3	13.8	16.0	20.1	−6.0	2.3	7.3	17.7	3.5	−20.0	27.3	8.4
	进出口额	31.34	38.56	127.28	336.77	293.29	466.54	756.73	1006.00	1072.98	1176.33	1324.13	1380.32	764.63	833.09	1032.88
	进出口额年增长率（%）	—	23.0	230.1	164.6	−12.9	59.1	17.1	3.5	6.7	9.6	12.6	4.2	−44.6	9.0	24.0
	进出口额差额	−1.55	2.27	1.10	−39.87	−15.92	−68.70	−69.93	155.64	202.75	242.96	225.35	243.23	−144.69	−324.33	−221.32
东帝汶	出口额	—	—	—	—	—	—	0.68	0.73	0.77	0.93	0.97	0.92	0.40	0.28	0.56
	出口年增长率（%）	—	—	—	—	—	—	31.5	−1.6	5.2	21.5	4.4	−5.9	−56.6	−29.3	101.4
	进口额	—	—	—	—	—	—	10.35	6.67	6.07	4.42	4.47	4.47	3.15	7.23	6.17
	进口年增长率（%）	—	—	—	—	—	—	25.5	47.6	−9.0	−27.2	1.1	0.1	−29.5	129.4	−14.7
	进出口额	—	—	—	—	—	—	11.03	7.40	6.84	5.35	5.44	5.39	3.55	7.51	6.73
	进出口额年增长率（%）	—	—	—	—	—	—	25.9	40.6	−7.6	−21.8	1.7	−1.0	−34.1	111.6	−10.3
	进出口额差额	—	—	—	—	—	—	−9.68	−5.94	−5.30	−3.48	−3.49	−3.55	−2.75	−6.95	−5.60

续表

国家/地区	项目 \ 年份	1980	1985	1990	1995	2000	2005	2010	2015	2016	2017	2018	2019	2020	2021	2022
越南	出口额	—	—	1.82	21.47	27.02	42.65	74.60	112.41	124.91	130.60	147.80	166.52	62.90	36.73	129.05
	出口年增长率（%）	—	—	—	67.3	8.4	10.3	29.4	1.7	11.1	4.6	13.2	12.7	−62.2	−41.6	251.4
	进口额	—	—	1.26	19.82	32.52	44.50	99.02	157.14	164.44	167.70	184.99	190.28	183.25	194.07	255.67
	进口年增长率（%）	—	—	—	56.8	7.0	−6.1	20.9	4.8	4.6	2.0	10.3	2.9	−3.7	5.9	31.7
	进出口额	—	—	3.08	41.29	59.54	87.15	173.62	269.55	289.35	298.30	332.79	356.80	246.15	230.80	384.72
	进出口额年增长率（%）	—	—	—	1 240.6	44.2	46.4	24.4	3.5	7.3	3.1	11.6	7.2	−31.0	−6.2	66.7
	进出口额差额	—	—	0.56	1.65	−5.50	−1.85	−24.42	−44.74	−39.54	−37.10	−37.19	−23.76	−120.35	−157.34	−126.61
东南亚	出口额	96.90	121.20	295.00	644.30	689.20	1 190.80	2 149.66	3 180.14	3 278.25	3 629.52	4 213.38	4 466.08	3 271.08	3 670.93	4 452.03
	出口年增长率（%）	—	−4.0	24.6	22.4	6.7	12.0	22.1	0.6	3.1	10.7	16.1	6.0	−26.8	12.2	21.3
	进口额	141.00	156.10	288.10	753.40	879.20	1 386.30	2 272.51	3 226.56	3 213.20	3 544.02	3 930.47	4 040.46	3 589.54	4 112.33	4 670.46
	进口年增长率（%）	—	−2.0	22.0	30.9	16.2	10.3	19.9	−3.6	−0.4	10.3	10.9	2.8	−11.2	14.6	13.6
	进出口额	237.90	277.30	583.10	1397.70	1 568.40	2 577.10	4 422.17	6 406.70	6 491.45	7 173.53	8 143.85	8 506.55	6 860.62	7 783.25	9 122.49
	进出口额年增长率（%）	—	16.6	110.3	139.7	12.2	64.3	20.9	−1.6	1.3	10.5	13.5	4.5	−19.3	13.4	17.2
	进出口额差额	−44.10	−34.90	6.90	−109.10	−190.00	−195.50	−122.86	−46.43	65.06	85.50	282.92	425.62	−318.46	−441.40	−218.43

数据来源：根据联合国贸易和发展会议数据库（http：//unctadstat.unctad.org）数据整理。

二、东南亚国别服务贸易竞争力指标分析

国际上用于考察国别间服务贸易发展情况的综合指标指数通常有四个，即服务贸易国际市场占有率指数、服务贸易竞争优势指数、显示性比较优势指数和服务贸易依存度指数。

（一）服务贸易国际市场占有率指数

服务贸易国际市场占有率（Market Occupancy Ratio，MOR）指数是指一个国家或地区服务贸易当年出口总额占世界服务贸易出口总额的比率，直接反映该国家或地区服务贸易国际竞争力或国际竞争地位的变化。服务贸易国际市场占有率指数越高，表明该产业的国际竞争力越强。

服务贸易国际市场占有率指数的公式为：

$$MOR_{ij}=X_{ij}\div W_{xj}\times 100\%$$

式中：MOR_{ij}表示i国服务贸易国际市场占有率指数；X_{ij}表示i国服务贸易出口额；W_{xj}表示世界服务贸易出口总额。

（二）服务贸易竞争优势指数

服务贸易竞争优势指数（Trade Competitive Power Index，TC指数）又称服务贸易可比净出口指数（Index of Normalized Trade Balance，NTB指数），是一国或地区服务进出口贸易的差额占其服务贸易进出口总额的比重。

该指标的公式为：

$$TC_{ij}=(X_{ij}-M_{ij})/(X_{ij}+M_{ij})$$

式中：TC_{ij}表示i国服务贸易竞争优势指数；X_{ij}表示i国服务贸易出口额；M_{ij}表示i国服务贸易进口额。

TC指数在（-1，1）之间，越接近于0，表示竞争力越接近于世界平均水平；取值为（0，0.3）时有微弱竞争优势，取值为（0.3，0.6）时有较强竞争优势，取值为（0.6，1）时有极强竞争优势。指数越接近于1，说明竞争力越强，等于1时说明该（国家或地区）产业只出口不进口；指数越接近于-1，说明竞争力越弱，取值为（-1，-0.6）时有极大的竞争劣势，取值为（-0.6，-0.3）时有较大竞争劣势，取值为（-0.3，0）时有微弱竞争劣势，等于-1时说明该（国家或地区）产业只进口不出口。

服务贸易竞争优势指数剔除了通货膨胀等宏观方面波动的影响，只考察一国服务贸易进出口差额与贸易总额的相对值，即无论进出口的绝对量是多少，它均介于-1和+1之间，克服了不同时期、不同国家及各部门之间绝对量差异过大而难以进行灵活客观比较的问题。

在实际测算中，TC指数也存在明显不足，即只考虑了出口额和进口额的差额与总额之比，不考虑进口额和出口额本身大小。东南亚各国服务贸易规模相差较大，有时会出现不科学的结果。

（三）服务显示性比较优势指数

服务贸易显示性比较优势指数（Revealed Comparative Advantage，RCA）是指一个国家某种服务商品出口值占该国贸易出口总值的份额与世界服务贸易出口总值中该类服务商品出口值与世界贸易出口总值之比。通过描述一个国家服务贸易各个部门相对出口的表现，可以衡量一国服务出口产品在国际市场上的竞争力，从而揭示一国服务业在国际贸易中的比较优势。

服务显示性比较优势指数用公式表示为：

$$RCA_{ij} = (X_{ij} / X_{tj}) \div (X_{iW} / X_{tW})$$

式中，X_{ij}表示国家j出口产品i的出口值；X_{tj}表示国家j的出口总值；X_{iW}表示世界出口产品i的出口值；X_{tW}表示世界出口总值。

一般而言，RCA值接近1表示中性的比较优势，无所谓比较优势或劣势；RCA值大于1，表示该产品在该国或地区中的出口比重大于在世界的出口比重，则该国或地区的此产品在国际市场上具有比较优势，具有一定的国际竞争力；RCA值小于1，则表示在国际市场上不具有比较优势，国际竞争力相对较弱。

显示性比较优势指数还可以反映一个国家或地区服务在世界服务中的竞争地位。如果$RCA>2.5$，则表明该国或地区服务具有极强的竞争力；如果$1.25\leq RCA\leq 2.5$，则表明该国或地区服务具有较强的国际竞争力；如果$0.8\leq RCA\leq 1.25$，则表明该国或地区服务具有中度的国际竞争力；如果$RCA<0.8$，则表明该国或地区服务竞争力弱。

（四）服务贸易依存度指数

服务贸易依存度（Foreign Trade Dependence Degree，FTD）指数是指一国服务贸易的进出口总额与该国的国内生产总值之比。服务贸易依存度指数的变化意味着服务贸易在国民经济中所处地位的变化，表明一国经济对服务贸易的依赖程度的变化，在一定程度上反映一国的经济发展水平以及参与国际经济的程度变动，是开放度的评估与衡量指标。

服务贸易依存度指数的公式为：

$$FTD_{ij} = (X_{ij}+M_{ij}) / GDP\times 100\%$$

式中：FTD_{ij}表示i国服务贸易依存度指数；X_{ij}表示i国服务贸易出口额；M_{ij}表示i国服务贸易进口额；GDP表示国内生产总值。

三、东南亚国别服务贸易发展比较

（一）东南亚各国服务贸易国际市场占有率比较

东南亚各国的服务贸易出口规模尽管呈现不断扩大的趋势，甚至高于世界服务贸易出口额的平均增长速度，但除了新加坡以外，其他东南亚国家服务贸易国际市场占有率仍没有得到显著提高。

新加坡服务贸易国际市场占有率2003年突破2%，2015年达到3.06%，2020年之后均超过4%。

2010—2019年，由于旅游业的飞速发展，泰国服务贸易国际市场占有率保持在1%～1.3%，2020年，受旅游出口暴跌的影响，泰国服务贸易国际市场占有率迅速下降到0.5%左右；马来西亚、菲律宾和印度尼西亚基本维持在0.5%～0.8%的水平，越南国际市场占有率在0.25%左右，而缅甸、柬埔寨、老挝、文莱都不足0.01%。东帝汶服务贸易在国际市场上所占的份额更小，甚至可以忽略不计（如图6-12所示）。

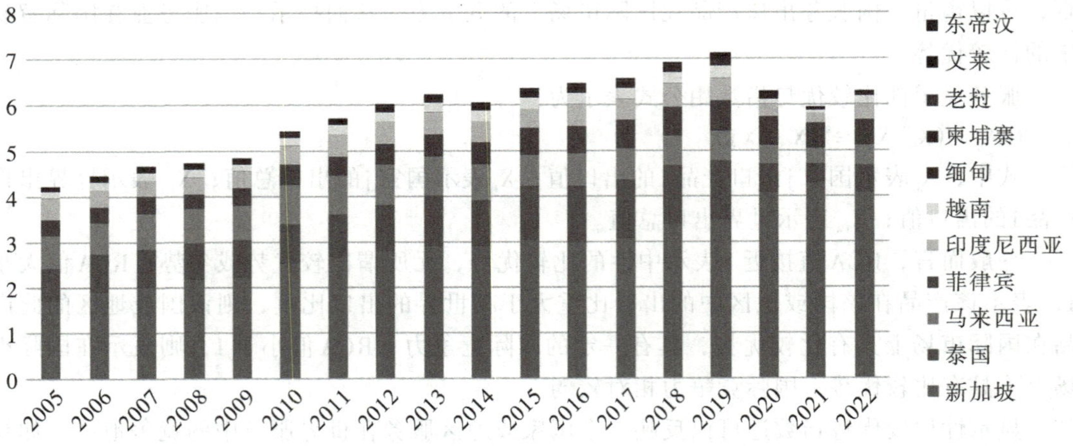

图6-12　东南亚各国服务贸易国际市场占有率（%）

数据来源：根据联合国贸易和发展会议数据库（http：//unctadstat.unctad.org）数据整理。

（二）东南亚国别服务贸易竞争优势比较

新加坡的服务贸易TC指数基本在0附近徘徊，表明其服务贸易竞争优势与国际平均水平相当，在东南亚国家中属于竞争优势较强的服务贸易大国。

泰国的服务贸易TC指数在（0.1，0.2）区间，表明泰国服务贸易在国际上具有一定优势。受疫情影响，2020年和2021年泰国的服务贸易TC指数分别降至-0.2和-0.4，说明在疫情期间泰国服务贸易的发展受到了严重影响。

马来西亚在2014年之前TC指数区间为（0，0.1），但之后转到（0，-0.1）区间，表明马来西亚服务贸易在2014年以后开始有微弱劣势，主要原因是2014年后马来西亚服务贸易进口增长超过其出口增长。

菲律宾服务贸易TC指数在2005年以后逆转为正数，并一直保持在（0.1，-0.2）区间，甚至在疫情后提高到0.3。菲律宾服务贸易竞争优势得益于低成本且高素质的劳动力资源，海外劳工和服务外包是菲律宾商业服务贸易出口中的两大特色及重点发展行业，二者是菲律宾服务贸易顺差的主要来源。即使是在疫情期间，菲律宾海外劳工的外汇额度依然为菲律宾贡献了9.2%的国内生产总值。

从2005年开始，印度尼西亚服务贸易TC指数从-0.3缓慢爬升至-0.1，说明印度尼西亚虽然有微弱竞争劣势，但这种劣势在缓慢减弱。而越南服务贸易TC指数与印度尼西亚变化趋势相近，从-0.2~-0.1，竞争劣势变小，但越南的服务贸易规模远低于印度尼西亚。

缅甸服务贸易竞争力一直是东南亚各国中较弱的，但2012年以后，缅甸服务贸易TC指数转为正数，并从0.1上升到2019年的0.3。疫情发生后，仍然保持0.2的水平。柬埔寨近年的服务贸易TC指数大多数年份一直维持在0.3。老挝服务贸易TC指数绝大多数年份在（-0.2，0.1）区间，文莱在（0.4，-0.5）区间，东帝汶在（-0.8，-0.9）区间。这说明缅甸与柬埔寨在东南亚第四层次国家中具有相对较强的国际竞争优势，但不能得出两国服务贸易竞争力高于新加坡、泰国、马来西亚等东南亚地区服务贸易较发达国家的结论，甚至与菲律宾、印度尼西亚、越南等第三层次国家的服务贸易相比也有较大差距。造成这种结论误差的主要原因是缅甸和柬埔寨两国服务贸易市场开放度低，服务市场（需求）还很弱小，服务贸易进出口规模都比较小，而TC指数只考虑了进口和出口额之和以及之差，不考虑进口额和出口额本身的大小（见表6-8）。

表6-8 **东南亚国别服务贸易竞争优势指数**

国家＼年份	1990	2000	2005	2006	2010	2015	2016	2017	2018	2019	2020	2021	2022
文莱	—	-0.6	-0.3	-0.2	-0.5	-0.4	-0.5	-0.4	-0.5	-0.5	-0.5	-0.6	-0.6
柬埔寨	—	0.1	0.3	0.2	0.3	0.3	0.2	0.3	0.3	0.3	-0.1	-0.5	-0.1
印度尼西亚	-0.4	-0.5	-0.3	-0.3	-0.2	-0.2	-0.1	-0.1	-0.1	-0.1	-0.2	-0.3	-0.3
老挝	-0.1	0.6	0.7	0.7	0.3	-0.1	-0.1	-0.2	-0.1	0	-0.1	-0.3	-0.1
马来西亚	-0.2	-0.1	-0.1	-0.1	0	-0.1	-0.1	-0.1	-0.1	0	-0.2	-0.3	-0.2
缅甸	0.1	0.2	-0.3	-0.3	-0.4	0.2	0.2	0.1	0.1	0.3	0.1	-0.1	0
菲律宾	0.3	-0.2	-0.1	0.3	0.2	0.1	0.1	0.1	0.2	0.2	0.3	0.3	0.2
新加坡	0.2	0	0	-0.1	0	0	0	0	0	0	0	0.1	0.1
泰国	0	-0.1	-0.1	-0.1	-0.1	0.2	0.2	0.2	0.2	0.2	-0.2	-0.4	-0.2
东帝汶	—	—	—	-0.7	-0.9	-0.8	-0.8	-0.7	-0.6	-0.7	-0.8	-1.7	-0.8
越南	0.2	-0.1	0	0	-0.1	-0.2	-0.1	-0.1	-0.1	-0.1	-0.5	-0.7	-0.3

数据来源：根据联合国贸易和发展会议数据库（http：//unctadstat.unctad.org）数据整理。

（三）东南亚国别显示性比较优势比较

从显示性比较优势指数来看，自2005年至2019年，整个东南亚地区服务贸易RCA指数从0.75持续上升到0.95，2010年以后，东南亚RCA指数已经超过0.8，说明东南亚地区服务贸易的比较优势逐步显现，而且开始具备一定的国际竞争力。

新加坡和菲律宾两国近年来RCA指数持续保持在1.25以上，在经历疫情之后，仍然保持上升的势头，说明两国服务贸易不仅具有比较优势，而且在国际上具备了很强的国际竞争力。

泰国呈现逐年上升趋势，截至2019年，泰国服务贸易RCA指数达到1.01，说明已经具备基本的国际竞争力，但疫情对泰国服务贸易竞争力打击巨大，尽管2022年泰国服务贸易RCA指数有所恢复，但仍然只有2019年大约一半的水平。

马来西亚RCA指数在2013年以后呈小幅波动中带下滑的趋势，表明其服务贸易竞争力呈现小幅下降趋势，马来西亚服务贸易依存度及在世界服务贸易中的比重不断下降也说明了这一趋势。

印度尼西亚RCA指数总体较小，且低于0.8，其服务贸易竞争力较弱，直到近年才有上升趋势。

柬埔寨服务贸易RCA指数高，主要是由于旅游服务贸易在其出口贸易中占极大比例，一旦旅游服务贸易受挫，其服务贸易竞争力基本不具备任何国际竞争力。东帝汶与柬埔寨情况类似，从数据上看，东帝汶的RCA指数奇高，但不代表东帝汶服务贸易在国际上的竞争优势，而是东帝汶货物贸易出口占比极低这一特殊的经济结构所导致。2000—2021年，柬埔寨RCA指数从0.37骤降至0.15，东帝汶RCA指数从2.98骤降至0.05，就证明了这一点。缅甸RCA指数2013年后持续上升，说明服务贸易正在迅速成长为缅甸新的优势产业。越南、文莱、老挝近年来RCA指数没有超过0.8，服务贸易发展滞后，服务贸易竞争力弱（见表6-9）。

表6-9　　东南亚国别显示性比较优势指数

年份＼国家或地区	文莱	柬埔寨	印度尼西亚	老挝	马来西亚	缅甸	菲律宾	新加坡	泰国	东帝汶	越南	东南亚
2005	0.43	1.33	0.66	1.29	0.59	0.35	1.22	0.76	0.74	—	0.56	0.71
2006	0.43	1.29	0.51	0.99	0.57	0.34	1.3	0.84	0.79	3.83	0.55	0.74
2007	0.45	1.46	0.48	1.1	0.67	0.28	1.4	0.91	0.8	4.3	0.56	0.79
2008	0.36	1.47	0.51	1.38	0.65	0.28	1.34	0.97	0.78	3.67	0.49	0.8
2009	0.49	1.58	0.45	1.27	0.66	0.24	1.42	0.95	0.74	3.38	0.4	0.78
2010	0.24	1.62	0.48	1.14	0.74	0.23	1.55	1	0.74	3.38	0.44	0.82
2011	0.19	1.76	0.51	1.2	0.77	0.45	1.67	1.05	0.81	3.59	0.41	0.85
2012	0.18	1.78	0.55	1.23	0.81	0.64	1.52	1.1	0.86	3.34	0.38	0.89
2013	0.19	1.59	0.54	1.3	0.83	1.08	1.66	1.14	0.94	3.83	0.36	0.92
2014	0.22	1.45	0.54	0.89	0.77	1.08	1.54	1.16	0.86	3.76	0.31	0.89
2015	0.4	1.26	0.55	0.82	0.71	1.16	1.71	1.18	0.92	3.39	0.27	0.91
2016	0.41	1.15	0.57	0.69	0.72	1.19	1.74	1.18	0.96	3.24	0.27	0.91
2017	0.38	1.2	0.54	0.59	0.69	1.16	1.69	1.21	0.98	3.51	0.24	0.9
2018	0.33	1.22	0.61	0.65	0.68	1.22	1.78	1.28	0.98	3.29	0.24	0.94
2019	0.31	1.14	0.62	0.68	0.68	1.55	1.75	1.31	1.01	3.06	0.23	0.95
2020	0.22	0.37	0.36	0.25	0.46	1.29	1.73	1.45	0.54	2.98	0.09	0.83
2021	0.08	0.15	0.25	0.08	0.37	0.66	1.74	1.56	0.39	0.05	0.05	0.81
2022	0.07	0.4	0.32	0.22	0.47	0.56	1.85	1.47	0.56	0.13	0.15	0.83

数据来源：根据联合国贸易和发展会议数据库（http：//unctadstat.unctad.org）数据整理。

（四）东南亚各国服务贸易依存度比较

2005—2022年东南亚各国服务贸易依存度如图6-13所示。

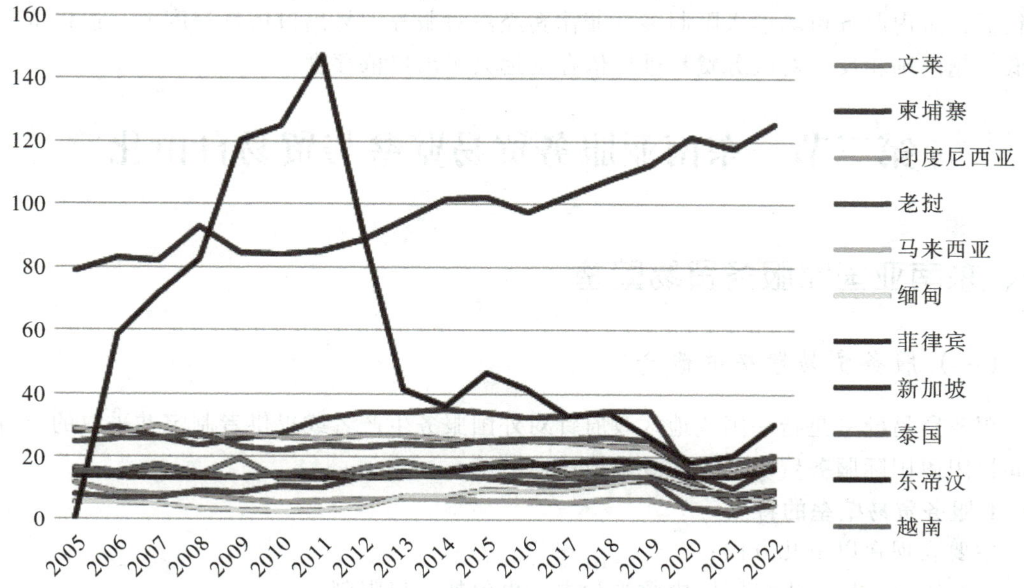

图6-13　2005—2022年东南亚各国服务贸易依存度（%）

数据来源：根据联合国贸易和发展会议数据库（http：//unctadstat.unctad.org）数据整理。

在服务贸易自由化的进程中，由于各国的经济发展阶段与产业结构不同，东南亚各国服务贸易依存度差距明显，服务贸易的开放程度各有不同。

新加坡作为东南亚地区乃至全球的金融中心、航运中心和国际贸易中心，商品及服务贸易的进口与出口双向流动规模不仅大而且数值接近，致使新加坡服务贸易总额庞大，而出口净值小，甚至某些年份为负数。同时，新加坡人口少，国内市场内需小，服务贸易依存度持续高位，近年来已经超过100%，2020年达到121%的历史最高点。这一方面表明新加坡经济对服务贸易的高度依赖；另一方面说明新加坡服务贸易市场开放度高，与国际市场的联系也越来越紧密。

东帝汶经济发展主要依靠外国援助和国际机构拉动当地消费，货物贸易与服务贸易进口远大于出口，服务贸易额扩大而GDP中的出口净收入减少，导致服务贸易在国内生产总值中比重畸高，甚至在某些年份超过100%。但随着国际援助的减少，东帝汶服务贸易依存度大幅度下降，2019年下降至18.7%，2022年恢复到30.5%。

柬埔寨国内经济发展严重依赖于服务贸易，尤其是旅游服务贸易。早期服务贸易依存度指数偏高的原因还有一部分来自国际援助。加入东盟自由贸易区之后，柬埔寨加速了国内服务业的开放，银行、餐饮、交通运输、旅行社、商贸零售和批发等服务行业逐步得到恢复和发展，因此其服务贸易依存度指数在东南亚地区处于较高水平。

泰国与马来西亚是东南亚地区服务贸易市场开放度较高的国家。服务贸易依存度基本都维持在25%左右，2021年两国服务贸易依存度分别下降至17.8%和15.3%，2022年后有所恢复。

菲律宾、越南、文莱服务贸易依存度在10%~20%之间，老挝和缅甸服务贸易依存度在10%以下，但是总趋势不断提高。印度尼西亚的服务贸易依存度不断走低。

造成这些国家服务贸易依存度低的原因各不相同，如缅甸、老挝服务贸易总体规模偏小；印度尼西亚一方面是由于经济总量大，另一方面服务贸易壁垒较为严重，服务业开放度较低，国内服务市场准入限制多；菲律宾经济对服务贸易出口依赖程度大，进口依存度偏低；越南则相反，对服务贸易进口依存度远大于出口依存度。

第三节　东南亚服务贸易壁垒与贸易自由化

一、东南亚国家服务贸易壁垒

（一）服务贸易壁垒的概念

服务贸易壁垒是指一国或地区政府针对外国服务生产者或提供者制定并采取的、直接或间接阻碍国际服务贸易进行的政策或法律措施。

1.服务贸易壁垒的特点

主要表现在以下几方面：

（1）以服务贸易进口国国内政策为主，也包括出口限制；

（2）较多对“人”（自然人、法人及其他经济组织）的资格与活动的限制；

（3）由国内各个不同部门掌握制定，缺乏统一、协调，难以测度；

（4）灵活、隐蔽、复杂，选择性强，保护力度大；

（5）除了商业贸易的利益外，还强调将东道国国家安全与主权利益等作为政策目标。

2.服务贸易壁垒的判断依据

与货物贸易壁垒存在关税与非关税壁垒不同，服务贸易壁垒的判断依据是一国在服务贸易各部门的承诺以及承诺的方式。根据世界贸易组织《服务贸易总协定》的规定，承诺分为水平承诺和部门承诺两大类。90%以上的具体承诺必须将减让表中的“水平承诺”和“部门承诺”结合起来，才能确定是否存在贸易壁垒。

部门承诺（Sector-specific Commitment）是指按照服务贸易的四种方式，针对具体部门和分部门的市场准入和国民待遇的限制。

水平承诺（Horizontal Commitments）是相对于“部门承诺”而言的，是指在减让表中列明市场准入和国民待遇的承诺内容适用于服务贸易的四种方式及承诺表中所列的所有部门和分部门。

世界贸易组织《服务贸易总协定》服务贸易减让表中的列明的承诺方式有三种，分别是没有限制、做出一定承诺（有限制）和不作承诺三个级别：

（1）没有限制，表示承诺方在该服务贸易领域没有市场准入和国民待遇方面的限制；

（2）做出一定承诺，即有限制。承诺方明确列出该服务领域市场准入或国民待遇限制的具体内容和性质；

（3）不作承诺，表示承诺方在该服务贸易领域对其他国家不承担任何义务，保留充分的政策自由权。

其中没有限制表示在该服务贸易部门不存在服务贸易壁垒；不作承诺是服务贸易壁垒的最高级别，即该服务贸易领域外国服务提供者禁止进入，不作承诺的比例越高，该国服务贸易壁垒越高；做出一定承诺则表示该服务贸易领域有限制，存在一定程度的贸易壁垒。

（二）东南亚服务贸易壁垒的分类

根据世界贸易组织的基本原则、一国服务市场国民待遇和市场准入的两个方向以及GATS定义的四种服务贸易模式，东南亚服务贸易壁垒分为以下三种类型：

1.市场准入壁垒和国民待遇壁垒

根据《服务贸易总协定》的规定，所谓市场准入（Market Access），是指各缔约方通过实施相关法律法规，给予其他缔约方服务和服务提供者进入本国服务部门时的待遇，反映一国服务贸易市场的开放程度。

服务贸易市场准入壁垒是经济组织或其他合作组织内部一成员方通过一系列法律和制度安排，提高本国服务市场进入期限、限制和条件，为限制其他成员方的服务提供者在本国境内设立机构并扩展商业性介入而进行的管理和干预措施。

数量限制是服务贸易市场准入壁垒的主要措施。《服务贸易总协定》确认的市场准入壁垒限制措施有：

（1）采用数量配额、垄断和专营服务提供者方式，或以要求测定经济需求的方式，限制服务提供者的数量；

（2）采用数量配额或要求测定经济需求的方式，限制服务交易或资产的总金额；

（3）采用配额或要求测定经济需求的方式，限制服务交易的总数或以数量单位表示的服务提供的总产出量（但限制服务的投入量的措施是允许的）；

（4）采用数量配额或要求测定经济需求方式，限制某一服务部门或服务提供者为提供某一具体服务而需要雇用的自然人的总数；

（5）要求服务提供者通过特定的法人实体或合营企业，才可提供服务的限制措施；

（6）对参加的外国资本限定其最高股权比例或对个人的或累计的外国资本投资额予以限制。

绝大多数东盟国家在加入世界贸易组织《服务贸易总协定》时，对市场准入相关条款做出了说明。在市场准入承诺的服务部门或分部门中，不能维持或采用以上列明的6项措施。

在《东盟服务贸易框架协议》内，东盟成员国之间存在限制市场准入的“外资股权限制”，如新加坡允许其他成员国在本地建立独资公司，但对在本地保险公司持股在20%以上的外资企业，则必须经新加坡金融管理局同意，客观上就是对外国服务提供者的市场准入壁垒。

国民待遇是经济组织或其他合作组织内部一成员方对于列入其减让表的服务部门，通常包括运输、商标注册、专利权、国内税、转口过境、船舶在港口的待遇、船舶遇难施救、申请发明权、著作权、民事诉讼权等，在遵守其中所列任何条件和资格的前提下，每一成员方在影响服务提供的所有措施方面给予其他成员方的服务和/或服务提供者的待遇，不得低于本国同类服务和服务提供者的待遇。不符合这一规定的可以视作服务贸易国民待遇壁垒。

服务贸易国民待遇是为了在对方市场上获得与该国自然人、法人同等的条件和地位，以便于与该国公民公平竞争，扩大贸易。它通过各成员本国国内立法、多边或双边服务贸易协议加以规定，被各成员方普遍认可和接受。国民待遇从理论上讲可以防止对外国人实行不公平的歧视性待遇。

服务贸易国民待遇壁垒具体限制措施有：

（1）要求对外国服务提供者由于有关服务或服务提供者的外国特性而产生的任何竞争劣势做出补偿。

（2）不管待遇形式是否相同或不同，只要这种待遇改变了国外服务或服务提供者与国内同类服务或服务提供者的公平竞争条件，此类待遇应被视为国民待遇壁垒。

东盟国家对具有竞争优势的服务行业进入本国市场一直保持审慎态度，服务贸易市场准入壁垒要高于国民待遇壁垒。

2.歧视壁垒和非歧视壁垒

根据世界贸易组织《服务贸易总协定》的解释，非歧视原则又称为无差别待遇原则，是指一成员方在实施某种限制或禁止措施时，不得对其他成员方实施歧视待遇，包含最惠国待遇原则和国民待遇原则。如果一成员方对另一成员方采用对任何其他国家所不适用的限制或禁止，或者一成员方以公约或条约规定的某种理由（如例外情况）针对另一成员方实施某种限制或禁止，而这种限制或禁止不适用于其他所有国家时，则称为歧视壁垒。

东盟及其成员在服务贸易领域通过双边及多边协议，在对待成员与非成员之间以及不同双边协议缔约方之间，体现出服务贸易市场准入和国民待遇等方面的较大差异。

例如，新加坡对待中国与欧盟在市场准入方面存在着较大的差异。通过《中国-东盟服务贸易协定》，新加坡对中国服务贸易承诺开放的部门有6个，包括商业服务、环境服务、金融服务、健康和社会服务、旅游服务、娱乐文化体育（视听除外）服务等。但在《新加坡-欧盟自由贸易协定》中，新加坡对欧盟开放的服务部门达12个，超过160个子部门，涵盖了金融服务、专业服务、计算机及相关服务、研发服务、商业服务、电信服务、环境服务、旅游和旅游相关服务等，甚至包括了保护力度较大的邮政服务。

东盟国家对中国服务贸易开放承诺在《中国-东盟服务贸易协定》与世界贸易组织《服务贸易总协定》之间存在一定的差异（见表6-10）。

表6-10　**东盟国家对中国服务贸易开放承诺与WTO出价比较**

成员	对中国承诺开放部门	与WTO出价比较
新加坡	6个：商业、环境、金融、健康和社会、旅游、娱乐文化体育（视听除外）	1.水平承诺高于WTO出价，提高公司内部调动人员入境居留期限至8年 2.在银行、保险、工程、广告、非武装保安服务、药品和医疗用品佣金代理和零售、航空和公路运输服务等部门做出了超出WTO出价的承诺，如在外资银行准入方面，取消了对国内银行的外资参股比在40%以内的限制

续表

成员	对中国承诺开放部门	与WTO出价比较
印度尼西亚	5个：商业、建筑、环境、娱乐文化体育、运输	1.水平承诺高于WTO出价，如董事、经理和技术专家/顾问允许居留2年，期满后可延长2次，每次2年。WTO出价仅允许延长1年 2.在建筑及工程、旅游和能源方面做出了高于WTO出价的承诺，特别是在民用工程、煤的液化和气化等中国关注领域做出了进一步开放的承诺
泰国	4个：商业、教育、旅游、运输	1.水平承诺高于WTO出价，对商务访问者和公司内部调动人员给予了更长的停留时间 2.在建筑工程、中文教育、医疗、旅游餐饮和海运货物装卸等领域做出了超出WTO出价的承诺
马来西亚	8个：商业、通信、建筑、教育、金融、健康和社会、旅游、运输	1.水平承诺同WTO出价基本一致 2.新增了会展、主题公园、海运、空运等部门的开放承诺 3.在金融、建筑及工程等领域有深化承诺，如在保险领域放宽了对外籍管理人员的市场准入限制
菲律宾	6个：商业、通信、建筑、环境、旅游、其他	1.水平承诺同WTO出价基本一致 2.新增采矿、石油、煤炭、能源、电力、建筑等部门开放承诺 3.在能源、商务服务、建筑及工程、旅游等部门承诺高于WTO出价水平
文莱	2个：旅游、运输	1.水平承诺同WTO出价基本一致 2.增加旅馆住宿服务、海洋客运和货运服务、航空器的维护和修理服务等领域的市场开放承诺
缅甸	6个：商业、通信、建筑、环境、旅游、其他	1.无水平承诺，同WTO出价 2.新增商业、通信、建筑、环境和其他服务等领域的开放承诺
柬埔寨	6个：商业、电信、建筑、金融、旅游、运输	与其WTO出价一致
越南	11个：商业、通信、建筑、分销、教育、环境、金融、健康和社会、旅游、娱乐文化体育、运输	与其WTO出价一致
老挝	1个：金融（包含银行保险等部门）	

资料来源：中华人民共和国商务部《对外投资合作国别（地区）指南——东盟》2022年版。

3.跨境交付壁垒、境外消费壁垒、商业存在壁垒和自然人移动壁垒

对应于跨境交付、境外消费、商业存在和自然人移动等四种服务贸易模式，世界贸易组织《服务贸易总协定》中将服务贸易壁垒相应分为跨境交付壁垒、境外消费壁垒、商业存在壁垒和自然人移动壁垒等四种类型。

（1）跨境交付壁垒

跨境交付壁垒主要涉及服务产品市场准入的限制，或成员对允许进入本国的外国服务供给规定最高限度，如果外国服务者提供的服务超过限度，就会阻止外国服务产品进入国内市场，只使用本国服务产品。

东南亚各国对跨境交付的限制较少，只有个别国家针对某些领域做出了限制。例如：

新加坡对保险及保险相关服务的跨境交付在市场准入和国民待遇方面不作承诺。

马来西亚仅限在马来西亚有执照的职业建筑师提供建筑设计服务，仅限在马来西亚注册的职业工程师提供工程服务。

缅甸限定航空运输服务提供商必须在缅甸国家电信管理机关监管下，根据已制定的规定和法规使用公共电信网络。

菲律宾对电信服务的跨境交付市场准入不作承诺。

越南对视听服务的跨境交付市场准入不作承诺。对建筑及相关工程服务，娱乐、文化和体育服务在市场准入和国民待遇方面不作承诺。

（2）境外消费壁垒

除了马来西亚、老挝、缅甸等个别国家在教育、保险与航空运输领域对境外消费有所限制之外，东盟其他国家没有境外消费壁垒。

马来西亚对高等教育服务的境外消费，除依照特许和合作协定出国的学生可以境外消费外，其他不作承诺。对高等教育服务境外消费的国民待遇，则不作承诺。

在保险与航空运输领域，老挝规定，对于居住或生活在老挝的个人，或在老挝的货物/资产的风险保险合同，只能与在老挝境内的指定的保险公司签署。

缅甸对航空运输的境外消费只能通过与被许可的运营商签订商业协议的形式提供服务。

（3）商业存在壁垒

商业存在壁垒指成员方对外国服务提供企业在本国设立商业机构并开展业务进行的限制措施。东盟国家对服务贸易各部门商业存在的限制较高，主要通过市场准入和国民待遇两方面实现。

马来西亚对非马来西亚境内成立的外国建筑公司，在市场准入方面不作承诺。外资在马来西亚建立私人医院，必须经过经济需求测试；必须与马来西亚公民或/和马来西亚控股公司成立本地合资企业，且外资总股份不能超过40%。合资运营的医院必须具备100张以上的床位。在国民待遇方面，禁止外资建立提供出诊服务的诊所。

菲律宾邮政服务市场准入的条件包括：①外资比例最高为40%；②私营特快专递和/或信件服务须经菲律宾政府授权。在国民待遇方面，外资企业要满足以下条件和要求：①某一实体的董事会中的非菲籍公民的人数应与该实体外资股权份额成比例；②所有的经理和管理人员必须是菲籍公民。

越南对专业服务的市场准入限制包括：①外国律师组织只能以外国律师组织的分支机构、外国律师组织的附属机构、外国律师事务所、外国律师组织和越南律所建立的合伙组织等形式在越南建立商业存在；②外国律师组织通过商业存在模式提供越南法律咨询的律师已从越南法律大学毕业并已达到对类似越南法律从业人员的要求。

新加坡对外资银行享受国民待遇方面有限制：①除了内部信用卡之外，符合新加坡金融管理局指导原则并获得许可的银行卡发行者才可以发行信用卡和签账卡。②金融机构向非本地信贷机构发放每笔超过500万新加坡元的信用贷款，或者为非本地居民安排新加坡元股票和债券事宜时，若这些新加坡元信贷在新加坡以外使用，应该确保在提取款项时或汇出新加坡之前就已被兑换为外币。如果有理由证明新加坡元贷款收入可能被某些非本地金融机构用来从事新加坡元的投机，金融部门将不能为这些非本地金融机构提供新加坡元信贷；③允许设立所从事业务无须新加坡金融管理局批准的信用公司。

（4）自然人移动壁垒

世界贸易组织《服务贸易总协定》定义的自然人移动主要有公司内部调任人员、商务访问者、个人服务提供者三大类型。自然人移动壁垒主要通过有关移民限制的法律，对自然人的跨国移动设置条件。自然人移动壁垒包括劳动力市场需求测试、自然人流动类型限制、歧视性国民待遇、停留期限限制、工作许可证和签证限制等六种形式。

东盟各国对服务领域内的自然人流动设置壁垒极为严苛，绝大多数东盟国家在各种服务贸易承诺减让表中对服务贸易部门及分部门的自然人流动的承诺条款，不论是市场准入还是国民待遇，均为“除水平承诺外，不作承诺”。

二、东南亚国家服务贸易自由化

世界贸易组织《服务贸易总协定》对服务贸易自由化的解释是“通过多个回合的谈判，达成具体的承诺表，以减少或取消对服务贸易各项措施在有限进入市场方面的不利影响”，采用“逐步自由化”的方式。

（一）东南亚国家服务贸易自由化进程

20世纪80年代末至90年代初，东南亚国家服务业开放程度低，存在着较为严重的服务贸易壁垒。例如，对外国个人与组织在本国经营某种服务业的资格进行限制；在航空、邮政、铁路、广播等公共性很强的服务业，大多数东南亚国家的国有企业占压倒性多数，存在不同程度的国家垄断，从而阻止了外国服务业的进入。东南亚服务贸易自由化是从新加坡、泰国、马来西亚、印度尼西亚、菲律宾等东盟五个老成员国开始的。

1.起步阶段（20世纪80年代末至1994年）

随着经济的增长，东盟老五国成员对各种服务的需求，尤其是为生产者提供服务的需求急剧扩大，而其本身服务供给能力严重不足，急需从外部补充服务供给。具体表现为，除新加坡、菲律宾以外，其他三国在跨境服务贸易收支情况的“其他民间服务”项目上逆差不断扩大。另外，五国国内基础设施已逐渐老化，但不论是公共资金，还是民间资本，对基础设施建设的投入十分有限，靠自身能力难以解决基础设施建设资金有限的问题。此外，运输、通信、金融等作为经济活动支援部门的服务行业，过高的成本严重影响了整个国家的经济效率。因此，五国逐步放松对服务业的管制，吸引外资企业进入其国内服务市场，逐步开始了服务贸易自由化的进程。

2.发展阶段（1995—2010年）

（1）在世界贸易组织推动下的服务贸易自由化

东南亚地区服务贸易自由化的发展首先来自世界贸易组织服务贸易自由化的推动。1994年4月，世界贸易组织“乌拉圭回合”谈判结束，各成员达成了《服务贸易总协定》，并于1995年1月1日正式实施。《服务贸易总协定》规定，所有缔约方应在协定生效后若干年内就进一步扩大服务贸易自由化问题定期举行实质性谈判。新加坡、马来西亚、泰国、菲律宾、印度尼西亚五国在《服务贸易总协定》中都做出了相应的承诺，其中包括消除服务贸易壁垒和实行服务贸易自由化的例外措施等内容。

（2）在东盟范围内积极推进东南亚区域内服务贸易自由化

1995年12月在泰国召开的第五届东盟首脑会议上，东盟各成员国达成了推进服务贸易自由化的纲领性文件——《东盟服务贸易的框架协定》（ASEAN Framework Agreement on Services，AFAS），对在东盟内部推进服务贸易自由化方面做出了明确规定。与世界贸易组织《服务贸易总协定》相比，《东盟服务贸易的框架协定》强调在东盟内部建立服务贸易自由化框架规则，更大幅度地消除东盟成员国之间的服务贸易限制。

《东盟服务贸易的框架协定》的宗旨：加强成员国之间的服务合作，提高效率、竞争力、多种多样的产品供应能力，以及本区域的服务提供者在东盟内外的竞争能力；在成员国之间消除服务贸易的实质性限制；进一步扩大和加深成员国服务贸易自由化的程度。

《东盟服务贸易的框架协定》的目的：拆除服务业市场的壁垒，加强成员国在服务业方面的合作；通过扩大《服务贸易总协定》的深度和广度，提高东盟各成员国之间的服务贸易自由化水平，提高服务业的效率和竞争力。

《东盟服务贸易的框架协定》的具体措施：

① 合作领域的安排。原则上所有成员国根据《东盟服务贸易的框架协定》参加合作安排，努力加强现有的合作，并且发展还未被现有合作安排包括在内的服务贸易合作。允许东盟新成员国在准备好履行这些合作安排后，再进入服务贸易领域；成员国应确认合作部门并拟制行动计划、计划进程节目单以及谅解书，从而为合作的扩展提供细节。

② 服务贸易自由化的措施。服务贸易自由化的措施包括在成员国之间真正消除所有现存的歧视性措施和市场准入限制；禁止新的和更多的歧视性措施和市场准入限制。

③ 东盟所有成员国都应该以已给出的承诺为指导进行谈判，每个成员国都应在承诺表中列明其具体承诺事项。

④ 互相承认。东盟所有成员国之间根据有关协议或安排，自动承认在另一成员国获得的教育或经验、能力以及所颁发的许可证和证明。

⑤ 利益的拒给。《东盟服务贸易的框架协定》的利益拒绝给予非成员国的属于自然人的服务提供者或者属于受制于非成员国居民的法人，但是在成员国领土上运作的大型企业除外。

⑥ 争端解决。东盟所有成员国之间任何有关该协定或任何现今以后的安排中出现的分歧都可通过《东盟争端解决机制议定书》（The Protocol on Dispute Settlement Mechanism for ASEAN）解决。

为有效推进《东盟服务贸易的框架协定》的实施，从1997年至2023年，东盟相继推出了10个关于执行《东盟服务贸易的框架协定》的一揽子协议，专门制定了柬埔寨关于执行《东盟服务贸易框架协定》承诺议定书。通过成员国水平承诺、部门承诺一览表和最惠国豁免清单的形式明确成员国在服务贸易自由化实施过程中的义务和进程，推进东盟成员国之间的服务贸易自由化有序进行。

3.深化阶段（2010年后）

（1）加强服务贸易领域的国际合作

这一时期东盟服务贸易自由化的主要特点是通过签订“10+1”“10+3”“10+N”等区域性自由贸易区的方式推动服务贸易的国际合作，先后达成中国-东盟自贸区（ACFTA）、东盟-印度自贸区（AIFTA）、东盟-日本全面经济伙伴关系协定（AJCEP）、东盟-澳大利亚-新西兰自贸协定（AANZFTA）、东盟-韩国自贸协定（AKFTA）、东盟-中国香港自贸区（AHKFTA）和RCEP等服务贸易合作协定。

（2）《区域全面经济伙伴关系协定》（RCEP）

RCEP由东盟于2012年发起，2022年1月1日正式生效实施。RCEP是全球规模最大的自由贸易区，现有15个正式成员，包括中国、日本、韩国、澳大利亚、新西兰5国以及东盟10国，总人口超过22亿。

在涉及金融、电信、交通、旅游、建筑、医疗、房地产、研发等100多个部门的服务贸易领域，RCEP各成员开放承诺高于原东盟“10+1”自由贸易协定的水平。

RCEP在提升区域内服务贸易便利化水平方面的措施主要有：

① 市场准入。日本、韩国、澳大利亚、印度尼西亚、马来西亚、新加坡和文莱等7国采用负面清单方式承诺开放国内服务市场；中国等其余8个成员服务市场在RCEP的开放现在以正面清单方式进行，承诺在协议生效之后6年内把正面清单转化为负面清单；老挝、柬埔寨、缅甸在15年内转为负面清单。明确的市场准入时间表使RCEP成员内部服务市场的开放得到更稳定的预期。

② 自然人移动。RCEP承诺适用范围扩展至服务提供者以外的投资者、随行配偶及家属等协定下所有可能跨境流动的自然人类别，总体水平超过各成员在现有自贸协定缔约实践中的承诺水平。RCEP各成员承诺对于来自成员的投资者、公司内部流动人员、合同服务提供者、随行配偶及家属等各类商业人员，在符合条件的情况下，可获得一定居留期限，享受签证便利，开展各种贸易投资活动。

③ 金融服务。RCEP首次引入了新金融服务、自律组织、金融信息转移和处理等规则，就金融监管透明度做出了高水平承诺，在预留监管空间维护金融体系稳定、防范金融风险的前提下，为各方金融服务提供者创造了更加公平、开放、稳定和透明的竞争环境。

④ 电信服务。在现有的“10+1”协定电信附件基础上，RCEP加入了电信监管方法、国际海底电缆系统、网络元素非捆绑、电杆、管线和管网的接入、国际移动漫游、技术选择的灵活性等规则。

⑤ 专业服务。RCEP成员就专业资质问题开展交流做出了一系列安排，主要包括加强有关承认专业资格机构之间的对话，鼓励各方就共同关心的专业服务的资质、许可或注册进行磋商，鼓励各方在教育、考试、经验、行为和道德规范、专业发展及再认证、执业范围、消费者保护等领域制定互相接受的专业标准和准则。

至2023年6月2日，RCEP最后一个成员国菲律宾完成RCEP生效程序，RCEP全面展开，东南亚地区服务贸易自由化进入到新阶段。

（3）夯实东盟内部服务贸易自由化法律基础

2019年，东盟签署了《东盟服务贸易协议》（ASEAN Trade in Services Agreement，ATISA）取代《东盟服务贸易框架协议》。

《东盟服务贸易协议》以《东盟服务贸易框架协议》为基础，进一步加强了东盟成员国之间与服务贸易有关的安排。该协议包括专业服务、电信服务、金融服务、电脑与相关服务，以及分销和物流服务等多个方面的内容，以深化承诺和加强监管合作的方式详细规定了各成员国特定部门的义务，减少成员国之间的差别待遇和监管壁垒。

《东盟服务贸易协议》还包括各成员国不相容措施清单的附件一和附件二，由各成员国自行确定并根据各国实际，在《东盟服务贸易协议》生效后5年、7年、13年内提交至东盟秘书处。

《东盟服务贸易协议》是目前东南亚地区涉及部门最广泛、正常准入最优惠的服务贸易协议，甚至超越包括RCEP在内的东盟现有协议。《东盟服务贸易协议》为东南亚地区服务贸易自由化提供了更加透明、稳定和可预测的环境，东南亚地区服务贸易自由化拥有了具备法律约束力的保证。

（二）东盟服务贸易领域互认安排

东盟已签署9个互认安排，实现了相关领域专业资格的互认，促进东盟内专业人员的流动，扩大服务贸易，并在东盟推广相关标准和职业资格的最佳实践（见表6-11）。

表6-11 东盟服务贸易领域互认安排

名称	签署时间
《东盟工程服务互认安排》	2005年
《东盟护理服务互认安排》	2006年
《东盟建筑服务互认安排》	2007年
《东盟测量师资格互认框架安排》	2007年
《东盟牙医互认安排》	2009年
《东盟医师互认安排》	2009年
《东盟旅游专业人员互认安排》	2012年
《东盟会计服务互认安排》	2014年
《东盟机组人员执照互认安排》	2017年

资料来源：中华人民共和国商务部《对外投资合作国别（地区）指南——东盟》2021年版。

三、中国与东盟国家在服务贸易领域的合作

东南亚国家是中国服务贸易重要的伙伴，加强中国-东盟服务贸易的发展符合中国和

东盟国家的共同利益，对促进东南亚地区的经济合作甚至世界经济发展产生重大影响。2007年，中国与东盟签署了《中华人民共和国政府与东南亚国家联盟成员国政府全面经济合作框架协议服务贸易协议》(以下简称《服务贸易协议》)，该协议成为中国与东盟在自由贸易区框架下的服务贸易合作基础。该协议参照世界贸易组织《服务贸易总协定》的模式，采取“正面列表”(Positive List)的方式，规范了双边服务贸易市场的开放和处理等相关问题。《服务贸易协议》包括定义和范围、义务和纪律、具体承诺和其他条款四个部分，共33个条款和1个附件，其中附件中列出了中国与东盟10国的具体承诺减让表。其中，中国在建筑、环保、运输、体育和商务等5个服务部门的26个分部门对东盟10国做出了超过世界贸易组织水平的开放承诺，东盟10国对中国开放金融、电信、教育、旅游、建筑、医疗等服务市场。

2011年，中国与东盟达成《服务贸易协议》第二阶段承诺协议书，在运输、建筑和体育等服务部门开放的基础上新增了对通信、分销、教育和金融等部门减让壁垒限制承诺。“完全限制”承诺大幅缩减，中国-东盟服务贸易壁垒削减力度加强。

1.中国-东盟自由贸易区“10+1”框架下的服务贸易合作

2010年1月1日，中国-东盟自由贸易区全面建成，实现了中国与东盟国家间在服务贸易领域的全面合作。

2012年1月1日，《关于实施中国-东盟自贸区〈服务贸易协议〉第二批具体承诺的议定书》重点从市场准入和国民待遇两方面划分承诺内容。

(1) 市场准入

《服务贸易协议》规定，在确定的“服务贸易”范围内的市场准入，每一缔约方对任何其他方的服务和服务提供者给予的待遇，在条款、限制和条件方面不得低于其在具体承诺减让表中所同意和列明的内容。同时，在做出市场准入承诺的部门中，除非在减让表中另有列明，否则一缔约方不得在其一地区或在其全部领土内维持或采取按如下定义的措施：

① 无论是以数量配额、垄断、专营服务提供者的形式，还是以经济需求测试要求的形式，限制服务提供者的数量；

② 以数量配额或经济需求测试要求的形式，限制服务交易或资产总值；

③ 以配额或经济需求测试要求的形式，限制服务业务总数或以指定数量单位表示的服务产出总量；

④ 以数量配额或经济需求测试要求的形式，限制特定服务部门或服务提供者可雇用的、提供具体服务所必需且直接有关的自然人总数；

⑤ 限制或要求服务提供者通过特定类型的法律实体或合营企业提供服务的措施；

⑥ 以限制外国股权最高百分比或限制单个或总体外国投资总额的方式，限制外国资本的参与。

(2) 国民待遇

《服务贸易协议》规定，对于列入减让表的部门，在遵守其中所列任何条件和资格的前提下，每一缔约方在影响服务提供的所有措施方面给予任何其他方的服务和服务提供者的待遇，不得低于其给予本国同类服务和服务提供者的待遇，但具体承诺不得解释为，要求任何成员对由于有关服务或服务提供者的外国特性而产生的任何固有竞争劣势做出补偿。同时，给予的待遇可以在形式上相同或者不同，但如果这种形式上相同或不同的待遇改变了竞争条件，与任何其他缔约方的同类服务或服务提供者相比，有利于该缔约方的服务或服务提供者，则此类待遇应被视为较为不利的待遇。

2.中国与东盟国家在RCEP框架下的服务贸易合作

中国在RCEP项下对服务贸易的开放承诺达到已有自贸协定的最高水平，承诺开放的服务部门数量在《服务贸易协议》基础上，新增研发、管理咨询、制造业相关服务、空运等22个部门，并提高金融、法律、建筑、海运等37个部门的承诺水平。例如，中国在与计算机硬件安装有关的咨询服务、数据处理和制表服务、分时服务、广告服务、特许经营服务、无固定地点的批发或零售贸易服务、部分体育和娱乐服务、海运代理服务、公路卡车或汽车货物运输服务、专业设计服务和理发及其他美容服务方面做出整体开放承诺，给予外国投资者全面国民待遇。

对于医疗服务、咨询服务、电信服务、法律服务、教育服务等领域，在满足一定限制性条件或要求的情况下，中国也允许外商进入。例如，对于专业服务，允许外国律师事务所以代表处的形式提供有限的法律服务；对于医疗和牙医服务，要求采取合资的方式；对于市场调研服务、与管理咨询相关的服务、人员安置服务、印刷服务，要求采取合资的方式，并符合经济需求测试要求；对于电信服务，外资持股的比例可达50%；对于教育服务，允许中外合作办学。

中国还采用正面清单模式对商业、运输等部门的部分领域做出全面开放承诺，在金融、电信等敏感领域也做出了比以往更高的开放承诺，极大拓宽了东盟各国服务企业开拓中国市场的渠道。

RCEP是加快实施中国与东盟自由贸易区新一轮服务贸易合作的重要内容，为深化中国与其他成员方在服务贸易领域的合作拓展了新的空间，同时也为中国及东盟各国与更多来自其他区域的贸易伙伴商签自贸协定，扩大面向全球的高标准自由贸易区提供了高标准的模板。

2021年11月，中国领导人提出启动中国-东盟自贸区3.0版建设，目标是打造一个更加包容、现代、全面和互利的自贸区。目前，中国-东盟自贸区3.0版各领域谈判已经全面启动，将进一步促进中国与东盟双边服务贸易在现有中国-东盟自由贸易区协定以及RCEP基础上，更加自由化和便利化。

案例剖析

2023年1月9日，载有中国游客的厦门航空MF833航班落地泰国。时任泰国副总理兼卫生部长阿努廷、泰国交通部长奇乔布，以及旅游和体育部部长皮帕在曼谷素万那普国际机场迎接中国游客。这条新闻有4.9亿人次点击，成为当时的热搜新闻。泰国《国民报》的报道称，这是2023年1月8日后中国调整疫情防控政策后首批前往泰国的中国游客，泰国官方给予中国游客“英雄般的欢迎”。

经历了3年的疫情，全球经济发展停滞，泰国等将旅游业作为重点支柱产业的东南亚国家受此影响最为严重。随着疫情逐渐得到控制，一些国家开始逐步放松旅游限制，复苏旅游业。在此过程中，东南亚地区成为中国游客热门的旅游目的地之一，尤其是泰国、新加坡和马来西亚等国家，成为许多游客出境游的首选。

资料来源：新华社. 中国旅客来了，这国副总理到机场欢迎！[EB/OL]. [2023-01-11]. https：//m.gmw.cn/baijia/2023-01/11/1303251547.html.

问题：旅游服务贸易对泰国经济的意义表现在哪几个方面？泰国及东南亚地区迫切重启旅游业的动因是什么？

提示：通过计算历年来泰国服务贸易国际市场占有率指数、服务贸易竞争优势指数、显性比较优势指数和服务贸易依存度指数，揭示旅游服务贸易对泰国经济的重要意义。

本章小结

1.根据《服务贸易总协定》的定义，服务贸易即“服务提供者从一国境内向他国境内，通过商业或自然人的商业现场向消费者提供服务并取得外汇报酬的一种交易行为”。服务贸易分为跨境交付、境外消费、商业存在、自然人流动四种具体形式。

2.第三产业即服务业。服务业是服务贸易发展的产业基础，同时也是一国或地区服务贸易竞争优势形成的决定性因素。

3.东南亚服务贸易发展的特点包括：服务贸易规模增长速度高于同期世界平均水平；服务贸易逆差阶段性波动；传统服务贸易仍居主要地位；数字服务贸易成为东南亚服务贸易提质增效的强大动能；服务贸易依存度提高；在世界服务贸易中的地位稳中有升；服务业在外国直接投资中的地位总体趋于上升；东南亚内部服务贸易有所减弱。

4.根据服务贸易规模及其在东南亚地区服务贸易总额中所占比重，东南亚各国服务贸易发展分为四个层次：第一层次为服务贸易规模最大的新加坡；第二层次为泰国、马来西亚；第三层次为印度尼西亚、菲律宾和越南；第四层次为文莱、缅甸、柬埔寨、老挝、东帝汶。

5.国际上用于考察国别间服务贸易及服务贸易各部门发展情况的综合指标指数通常有四个，即服务贸易国际市场占有率指数、服务贸易竞争优势指数、服务贸易显性比较优势指数和服务贸易依存度指数。

6.除了新加坡以外，其他东南亚国家服务贸易国际市场占有率指数偏低。新加坡的服务贸易TC指数基本在0附近徘徊，表明其服务贸易竞争优势与国际平均水平相当，在东南亚国家中属于竞争优势较强的服务贸易大国。泰国与马来西亚的服务贸易在国际上具有微弱优势。其他国家服务贸易优势不明显。由于各国的经济发展阶段与产业结构不同，东南亚服务贸易依存度差距明显，服务贸易的开放程度各有不同。

7.服务贸易壁垒是指一国或地区政府针对外国服务生产者或提供者制定并采取的、直接或间接阻碍国际服务贸易进行的政策或法律措施。与货物贸易壁垒存在关税与非关税壁垒不同，服务贸易壁垒的判断依据是一国在服务贸易各部门的承诺以及承诺的方式。

8.东南亚服务贸易壁垒分为以下三种类型：（1）市场准入壁垒和国民待遇壁垒；（2）歧视壁垒和非歧视壁垒；（3）跨境交付壁垒、境外消费壁垒、商业存在壁垒和自然人移动壁垒。

9.《东盟服务贸易协议》是目前东南亚地区涉及部门最广泛、正常准入最优惠的服务贸易协议，甚至超越包括RCEP在内的东盟现有协议，为东南亚地区服务贸易自由化提供了具有法律约束力的保证。

10.东盟区域外服务贸易自由化的主要特点是通过签订“10+1”“10+3”“10+N”等区域性自由贸易区的方式推动服务贸易的国际合作。

11.RCEP由东盟于2012年发起，2022年1月1日正式生效实施。RCEP是全球规模最大的自由贸易区，现有15个正式成员，包括中国、日本、韩国、澳大利亚、新西兰5国以及东盟10国，总人口超过22亿。在涉及金融、电信、交通、旅游、建筑、医疗、房地产、研发等100多个部门的服务贸易领域，RCEP各成员开放承诺高于原东盟“10＋1”自由贸易协定的水平。

12.东南亚国家是中国服务贸易重要的伙伴，加强中国-东盟服务贸易的发展符合中国和东盟国家的共同利益，对促进东南亚地区的经济合作甚至世界经济发展产生重大影响。

思考与练习

一、名词解释

服务贸易　TC　RCA　跨境交付服务贸易壁垒　商业存在服务贸易壁垒　自然人移动服务贸易壁垒

二、简答题

1.什么是服务贸易？服务贸易包括哪几种方式？

2.东南亚国家服务贸易的主要特点是什么？

3.服务贸易国际竞争力的评价指标和方法有哪些？

4.服务贸易壁垒可大致分为哪些类型？举例说明东南亚各类型服务贸易壁垒的具体表现形式。

5.试述东南亚服务贸易自由化对其国际竞争力的影响。

第七章　东南亚国际投资

本章要点

国际投资包括国际间接投资和国际直接投资。同国内投资相比，国际投资的一个典型特征是投资环境跨国境、跨文化、跨语言，因而往往涉及包括政治、经济、文化和技术等要素在内的国际投资环境分析。东南亚11国中有9国都已经建立起自己的资本市场；投资流量的巨大波动性和不稳定性成为东南亚国家在吸引外资方面的共同特征。投资便利化是继投资保护、投资自由化、投资促进之后国际投资合作发展的新趋势。东南亚地区的投资便利化进程主要从东盟内部投资便利化建设、东盟整体与外部国家或地区的投资便利化进程两个维度展开。其中，东盟投资区建设成为东盟内部投资便利化进程的关键内容；以东盟为中心的RCEP合作框架以及打造中国-东盟自贸区升级版是推动和左右东盟与外部国家或地区投资便利化进程的主要力量。

❖ **案例引导**

东南亚已成中国快递企业“走出去”合作的热门地区

国家邮政局发展研究中心此前发布的《中国快递行业发展研究报告（2019—2020年）》显示，东南亚已成为中国快递企业“走出去”合作的热门地区，中国企业的高效、便捷服务受到东南亚民众的欢迎，其成熟的运营模式也带动了当地快递物流业发展。

第一，专业高效 快递服务赢得口碑

东南亚地区人口约为6.5亿，移动互联网渗透度高，但物流基建不足等影响了快递行业的发展。随着百世、京东、闪电达等中国快递企业到东南亚国家开展业务，东南亚民众日益感受到中国快递的速度与便捷。

第二，拓展业务 创造大量就业岗位

2020年7月，百世集团在马来西亚、柬埔寨和新加坡的快递业务正式投入运营；在缅甸，中通集团已建成木姐、曼德勒和仰光三大缅甸国内转运中心，并不断完善运输主干线及各地网点运输分支线；圆通国际于2019年正式开通越南国际快递包裹业务；顺丰投资了缅甸物流企业KOSPA，并在印度尼西亚成立合资公司主营电商和快递业务等。

第三，互联互通 电商助力经贸发展

国际市场调研公司尼尔森日前发布的一项报告显示，疫情防控期间，东南亚民众网上购物消费增长明显。随着数字技术的广泛应用，跨境网购和电子商务日益繁荣。

在2019年9月举办的中国国际服务贸易交易会上，百世发布了东南亚“自邮寄”服务产品，主要提供中国与泰国、越南、马来西亚、柬埔寨、新加坡五国间的跨境物流服务。

泰中“一带一路”合作研究中心副主任唐隆功·吴森提兰谷表示，近年来，东南亚电商进入了高速发展期，和电商相辅相成的现代快递物流产业也迎来重要发展机遇。泰国等东南亚国家的经济受疫情影响较大，完善基础设施、发展快递产业是对抗经济下行风险的方式之一。“泰国欢迎中国快递企业带来新模式、新技术，在共建‘一带一路’框架下推动互联互通，助力东南亚本土快递网络建设，进一步振兴地区经济发展。”

资料来源：佚名．东南亚已成中国快递企业“走出去”合作热门地区［N］．人民日报，2020-10-22.有删减。

第一节　东南亚国际投资发展概述

投资指的是经济主体为获得经济效益而垫付货币或其他资源用于某项事业的经济活动。

国际投资是指一国或地区的投资者对他国或地区的经营活动进行跨国界投资，以求获得较国内更高的投资收益的经济行为。国际投资是与国内投资相对应的，是国际货币资本及国际产业资本跨国运动的一种形式，是将资本从一个国家或地区投向他国或境外某地区的经济活动。

在国际投资中，资本输出的一方称为投资国、投资者、输出国等，吸收资本的一方称为东道国、引进方、输入国等。国际投资与国内投资相比，最基本的特征是其“跨国性”。

按照投资资本性质，国际投资可分为国际直接投资和国际间接投资，两者的根本区别在于投资者是否获得被投资企业的有效控制权。

一、国际间接投资

国际间接投资（Foreign Indirect Investment，FII），指投资主体以获取资本增值或实施对外援助与开发，而不以控制经营权为目的的投资行为，包括国际信贷投资和国际证券投资。国际信贷投资是由一国政府、银行或国际金融组织向第三国政府、银行及其他自然人或法人提供信贷资金，后者按约定时间还本付息的一种资金运用形式或投资形式。国际证券投资是指在国际证券市场上通过购买外国企业发行的股票和外国企业或政府发行的债券等有价证券，来获取利息或红利的投资行为。

（一）国际信贷投资

国际信贷是指国际资金的借贷活动，是一国的银行、其他金融机构、政府、公司企业以及国际金融机构在国际金融市场上向另一国的银行、其他金融机构、政府、公司企业以及国际金融机构提供的贷款。

国际信贷投资的划分方法很多，下面介绍几种最常见的分类方法。

1.按国际信贷的资金来源与性质划分

国际信贷投资最常见的分类方法是按其资金来源与性质，分为政府贷款、国际金融组织贷款、国际银行贷款以及联合贷款、混合贷款等。其中，联合贷款是指商业银行与世界性、区域性国际金融组织，以及各国设立的发展基金、对外经济援助机构联合起来，共同向某一国家提供资金的一种形式；混合贷款通常是把出口信贷和政府援助、捐赠、贷款结合起来的一种贷款，使用这种贷款的目的是在增进双方经济合作的同时，推动本国商品或劳务的出口。

2.按国际信贷资金的特定用途划分

按国际信贷资金的特定用途，国际信贷投资通常可以分为项目贷款、出口信贷、福费廷和承购应收账款等。其中，出口信贷是指一国政府为鼓励本国商品的出口，增强国际竞争力，以对本国出口给予利息补贴并提供信贷担保的方法，鼓励本国的银行对本国出口商或外国进口商提供利率较低的贷款，以解决本国出口商资金周转的困难，或满足国外进口商对本国出口商支付货款需要的一种融资方式。福费廷又称“票据买断”，是指一个票据持有者将其未来应收债权转让给第三方以换取现金，在转让完成后，若此票据期满不能兑现，第三方无权向出口商追索。承购应收账款又称国际保理，指在以商业信用出口货物时（如以 D/A 为付款方式），出口商交货后把应收账款的发票和装运单据转让给保理商，即可取得应收取的大部分货款，日后一旦发生进口商不付或逾期付款情况，则由保理商承担付款责任。在保理业务中，保理商承担第一付款责任。

3.按国际信贷的期限划分

国际信贷投资按期限通常可以分为短期、中期和长期三种。短期贷款的期限一般不超过1年，主要用于原料、半成品、消费品、农产品的国际贸易；中期贷款的期限1年以上，多为2～5年；长期贷款多为10～20年，有时甚至达40～50年。中期贷款、长期贷款一般适用于重型设备、建筑工程等的国际贸易。

（二）国际股票投资

国际股票（International Stock）是指股票的发行和交易过程，不是只发生在一国国内，通常是跨国进行的，即股票的发行者和交易者、发行地和交易地、发行币种和发行者所属本币等，至少有一种和其他要素不属于同一国度。

国际股票投资的本质特征在于其整个融资过程的跨国性。国际股票的类型主要有：

1.直接海外上市的国际股票

（1）在境外发行的直接以当地货币为面值并在当地上市交易的股票，如我国在新加坡发行的S股。

（2）以外国货币为面值发行，但却在国内上市流通的，以供境内外国投资者以外币交易的股票。我国上市公司发行的B股就是这类股票。

2.存托凭证

存托凭证（Depository Receipts，DR）是指在一国证券市场流通的代表外国公司有价证券的可转让凭证。例如：为了推进东盟证券市场合作，为投资者提供高效进入本地区证券市场的独特渠道，2021年，新加坡证券交易所（新交所）与泰国证券交易所（SET）推出了泰国-新加坡存托凭证互联机制。在此机制下，代表新交所上市证券股份的存托凭证将在泰国证券交易所发行并交易，反之亦然。泰国和新加坡投资者能够轻松地在本国经纪商的安排下以本币通过存托凭证买卖证券。存托凭证将根据双方国内市场的监管规则进行交易[①]。

3.欧洲股票

欧洲股票（European Stock）是指在股票面值货币所在国以外的国家发行上市交易的股票。

欧洲股权与直接海外上市的股票有着明显的区别：前者是在多个国家股票市场上同时采用国际市场竞价发行的方式发行，后者必须先在本国国内股票市场上市。

（三）国际债券投资

债券是发行人直接向社会借债筹措资金时，向投资者发行，并且承诺按规定利率支付利息和按约定条件偿还本金的债权、债务凭证。发行人可以是政府、金融机构、工商企业等。

债券作为一种重要的融资手段和金融工具，具有偿还性、安全性、收益性等特征。

国际债券是由一国政府、金融机构、企业或国际组织为筹措资金而在外国证券市场上发行、以某种货币为面值的债券。

东南亚国际债券主要分为两大类：一类是外国债券，另一类是欧洲债券。

1.外国债券

外国债券是借款国在外国证券市场上发行的、以市场所在国货币为面值的债券。如美国在新加坡证券市场发行的以新加坡元为面值的英镑债券等都属于外国债券。外国债券的发行一般均由市场所在国的金融机构承保。中国曾在日本、美国、欧洲等地的证券市场上发行过外国债券。外国债券实际上是一种传统的国际债券。

2.欧洲债券

欧洲债券是发行人在另一国证券市场上发行，以第三国货币为面值的债券。如1993年4月，由新加坡大华银行牵头为亚洲开发银行发行了一笔300亿日元的龙债券，就属于欧洲债券。欧洲债券实际上是一种无国籍债券，其发行者、面值货币和发行地点分属于不同国家，无须发行市场所在国证券监管机构的审批，不受发行市场所在国金融法规的限制。面值为美元的欧洲债券通常称为欧洲美元债券，面值为日元的欧洲债券通常称为欧洲日元债券。

（四）国际证券市场

国际证券市场是由国际证券发行市场和国际证券流通市场组成的，一般有两层含义：一是指已经国际化的各国证券市场；二是指不受某一具体国家管辖的境外证券市场。

国际证券的发行市场又称一级市场或初级市场，是指进行证券募集以筹集资金的市场，实际上是指从证券的发行人策划到由投资银行等中介机构承销，直至全部由投资人认购完毕的全过程。

---

① 新加坡证券交易所（https：//www.sgx.com/）。

国际证券的发行市场涉及的当事人有：发行人、证券监管机构、公证机构、承销机构、投资人。

国际证券的流通市场又称二级市场，是指将证券在证券交易所登记注册，并有权在交易所挂牌买卖，即买卖、转让已发行证券的市场，由证券交易所、经纪人、证券商和证券管理机构等组成，通常分为场内交易市场（证券交易所）、场外交易市场（柜台交易）、第三市场和第四市场。

二、国际直接投资

（一）国际直接投资的概念

国际直接投资（Foreign Direct Investment，FDI）是指一国的自然人、法人或其他经济组织单独或共同出资，在其他国家的境内创立新企业，或增加资本扩展原有企业，或收购现有企业，并且拥有有效控制权的投资行为。

国际直接投资有时又称为对外直接投资、境外直接投资或外国直接投资。

国际直接投资的突出特征是投资者对所投资的企业拥有有效控制权。这种有效控制权是指投资者实际参与企业经营决策的能力和在企业经营决策与管理中的实际地位。只要投资者拥有一定数量的股份，能行使表决权，并在企业的经营决策和管理中享有发言权，就可以认为拥有了有效控制权。具体到每个企业，取得有效控制权所需的股权比例有所不同。

与一般投资所涉及的投资主体、投资领域、投资范围和投资目的不同，国际直接投资具有实体性、控制性、渗透性、跨国性等突出特征。

（二）国际直接投资的基本形式

国际直接投资从形式上看有三种：国际独资企业、国际合资企业、国际合作企业。

国际独资企业是指某一外国投资者依据东道国的法律，在东道国境内设立的全部资本为外国投资者所有的企业。独资企业的投资者独享企业利润，并独自承担经营风险。独资企业的形式主要包括：国外分公司、国外子公司和国外避税地公司。

国际合资企业是指外国投资者与东道国投资者为共同经营一项事业联合出资，依据东道国的法律在其境内设立的独立企业。合资企业由投资人共同经营、共同管理，并按照投资的股权比例共担风险、共负盈亏。合资企业是一种股权式的合营企业，是国际直接投资中最常用的形式。

国际合作企业是指外国投资者和东道国融资者在签订合同的基础上，依据东道国的法律共同设立的企业。它的最大特点是合作各方的权利、义务均由各方通过磋商在合作合同中注明。合作经营是以合同为基础的一种契约式合资经营，合同是合作各方共事的依据和保证。

（三）国际投资环境

国际投资环境是指一国的投资者进行国际直接投资所面对的各种外部条件和因素。

国际投资和国内投资的根本不同就在于，外国投资者需要在一个陌生的环境中生存和发展。各国政治、经济、社会、文化等方面的差异使外国投资者面临着许多不确定因素，这些不确定因素可能会对投资安全和生产经营活动产生不利的影响，亦即一般所称的投资风险。国外企业对投资环境的认识和分析首先是从一般的政治风险开始的，之后扩展为能够影响投资和经营活动的广泛意义上的各种外在条件，也就是投资环境。

狭义的投资环境是指国际投资的经济环境，即一国或地区的经济发展水平、经济发展战略、经济体制、金融市场的完善程度、产业结构、外汇管制和货币稳定状况等。

广义的投资环境不仅包括经济环境，还包括自然、政治、法律、社会文化等对投资产生影响的所有外部因素。

（四）国际直接投资环境的主要内容

在国际直接投资环境分析中，一般采用宏观经济分析的通用模型——PEST模型，即通过分析东道国的政治（Political）、经济（Economic）、社会（Social）和技术（Technological）四个方面的因素，从总体上把握该国的投资环境。

1.政治法律环境

政治法律环境是指东道国的政治状况与法制环境，包括政治制度、政治稳定性、当政者、政策的优惠性和连续性、政府状况、行政效率、治安和国际关系，还包括东道国法律体系的完备性、法律仲裁的公正性和法律的稳定性，以及东道国有关投资尤其是外国投资的法律和法规。

2.经济环境

经济环境是指东道国的经济发展状况，主要包括经济发展阶段、收入水平、基础结构、经济政策、贸易状况、国际收支状况、经济制度以及市场状况等。在影响国际投资活动的众多因素中，经济环境因素是最直接、最基本的因素。

3.社会文化环境

社会文化环境是指对投资有重要影响的社会和文化等方面的关系，包括东道国当地的宗教信仰、社会风俗、意识形态、语言文字及教育、文化水平等。

4.技术环境

技术环境是指与企业运营活动直接相关的技术手段等，主要包括人力资本、生产方式、电力供应、通信设施等。

此外，在国际直接投资环境分析中，东道国的基础设施状况也是一项重要的分析内容，包括东道国工业基础设施的结构和状况、城市生活和服务设施的结构和状况两个基本方面。其具体包括水利、电力、热力等的供应状况，邮政、广播、电视、电话、电传等通信设施的供应状况，住房、娱乐、饮食等城市生活设施状况，文教、卫生设施状况，以及金融和信息服务状况等。

三、东南亚国际投资的发展阶段

从东南亚外国投资的发展阶段看，大致经历了从20世纪50年代开始的外国官方开发援助、外国商业银行贷款、外国直接投资、国际证券股权投资热的交替发展到21世纪开始的调整、波动、重挫、反弹等多个不同发展阶段。流入东南亚的外国投资主要有官方开发援助、官方优惠性贷款、外国直接投资、商业银行贷款、证券投资等。

（一）外国官方开发援助时期（20世纪50年代至60年代末）

20世纪50年代至60年代末，东南亚很多国家刚刚取得政治独立，国内政局尚不稳定，经济处于从农业经济向工业化转型的起步阶段，通货膨胀和失业问题严重，国内的资金极为匮乏，许多新独立国家为追求进口替代工业化而设立高关税壁垒。这一阶段东南亚国家的资金来源主要依靠外国的官方开发援助，包括赠款、优惠和非优惠的贷款。如20世纪60年代中期，印度尼西亚的经济恢复得到了“援助印度尼西亚国际财团”的巨额资金援助，使印度尼西亚经济在较短时间内得以稳定，并很快开始实施工业化计划。

60年代中期以后，随着西方国家经济援助的减少，一些东南亚国家转向从国外借入贷款。新加坡、印度尼西亚、菲律宾、马来西亚抓住第一次产业结构转移的机遇，承接了从发达国家转移出来的劳动密集型工业。1967年，新加坡、马来西亚等国制定并颁布了鼓励外商投资的法案与政策（泰国则是在1972年），引进外国直接资本投资，以缓解外汇和外债的压力和负担。

截至1967年东盟成立，东南亚的国际直接投资规模尚小，占国际直接投资流量总额的2%～4%[①]，且主要分布在种植业、矿业等第一产业部门，部分分布在转口贸易以及与转口贸易有关的通信服务业，在汽车、电子、服装和纺织等制造业等行业有少量旨在规避高关税壁垒的市场导向型直接投资。截至60年代末，东南亚国际直接投资存量的80%来源于法国、荷兰和英国三国。

（二）外国商业银行贷款规模扩大时期（20世纪70年代初期至80年代中期）

从20世纪70年代开始，新加坡、马来西亚、泰国等国采取了积极引进外资投资发展面向出口工业、设立出口加工区的政策，并在外资投资政策中强调了外资投资发展面向出口工业的政策优惠，“出口工业基地型”外资投资有了较迅速的发展。进入东南亚的外国直接投资不断增加，除新加坡、马来西亚、泰国等国之外，文莱与菲律宾也有少量外国直接投资进入。这一时期的外资投资领域仍然以第一产业和与转口贸易有关的服务业为主，制造业直接投资仍以市场导向型为主。

至20世纪70年代中期，由于东南亚各国在实施工业化的过程中大量吸收外国商业银行贷款，各国的外债总额规模迅速扩大。根据世界银行的统计数据，1970—1986年，东南亚国家的外债总额从55.76亿美元增至911.31亿美元，增长了15.3倍。

外债总额规模的急剧扩大，导致这一时期东南亚各国的外债偿债率大幅提高。例如：印度尼西亚的外债余额与GNP的比值大大超过国际公认的8%的警戒线；偿债率（到期外债还本付息/货物和劳务出口额）也超过国际公认的20%的警戒线。这一时期，东南亚国

① 本章所涉及数据，如无特殊说明，均来自联合国贸易和发展会议数据库（http://unctadstat.unctad.org）。联合国贸易与发展会议数据库每次公布的投资数字均有变动。

家吸收外国商业银行贷款的规模迅速扩大，这与当时整个发展中国家大量举借外债的状况是相一致的。一方面，两次石油危机发生以后，大量的“石油美元”流入国际金融市场，资金充裕，利率较低；另一方面，石油危机引致油价大幅上涨，工业品的价格随之上涨，初级产品的价格急剧下降，非产油发展中国家的贸易条件日益恶化，国际收支出现巨额逆差，这就迫使东南亚国家中的非产油国，如菲律宾、泰国等，大量向外国商业银行借款来填补这一逆差。

20世纪80年代爆发的发展中国家债务危机，在东南亚地区，除了菲律宾以外，其他国家受其影响较小。例如：尽管印度尼西亚、马来西亚和泰国等国的债务规模庞大，但基本没有陷入全球性债务危机的困境中。其主要原因是：

（1）印度尼西亚、马来西亚和泰国在国际金融市场上的资信地位未受到动摇。

（2）当时东南亚国家仍保持较高的经济增长和出口增长，这些国家仍能从国际金融市场得到新的贷款，这使得它们在遇到偿债问题时能取得喘息的时机，能实施宏观经济政策的调整，并有足够的资金及时偿还外债。

（3）印度尼西亚、马来西亚和泰国等国的外债期限结构仍较为合理，短期债务的比例较小，因而没有出现像菲律宾那样集中还债的困境。

20世纪80年代初期，东南亚各国采取一系列紧缩的宏观经济政策，这些应急性措施对减缓外债压力起到了积极的作用。

（三）国际投资快速发展时期（20世纪80年代中期至21世纪初）

这一时期，东南亚逐步成为国际投资热门目的地，呈现出以下特点：

1.外国直接投资大量涌入

从1987年开始，外国直接投资大量涌入东南亚国家，年均增长率达21%以上。截至1997年，东南亚11国吸引的外国直接投资流量达359.4亿美元[①]，占当年世界投资总流量的7.5%；存量高达1 879.9亿美元，占世界直接投资存量总额的4%。

这一时期，外国直接投资大量涌入的主要原因是：

（1）国际主要货币相对价值变化，引发国际直接投资转向东南亚

1985—1988年，日元大幅升值，而美元出现贬值的态势，国际资本在亚太地区的直接投资迅速增长。1988年，发达国家对发展中国家和地区的直接投资的59%流向亚太地区，其中40%集中在东南亚国家和韩国、中国香港特别行政区及中国台湾。日本在亚太地区的直接投资增长最快，1985—1989年，其直接投资额就高达265.13亿美元，远远超过之前34年间日本在该地区的累计投资额。

（2）东南亚地区投资环境改善

20世纪80年代中期以后，随着东南亚各国的发展战略从进口替代转向出口替代，大多数东南亚国家放宽了对外投资部门和股权限制，对外资采取了优惠的税收政策，加上这一时期东南亚各国政局相对稳定，经济快速增长，为外国直接投资营造了一个良好的区域投资环境，刺激了更多的外国投资资本流向东南亚。1970—2022年东南亚外国直接投资发展趋势如图7-1所示。

---

① 本章所涉及金额，如无特殊说明，均以当年美元计。

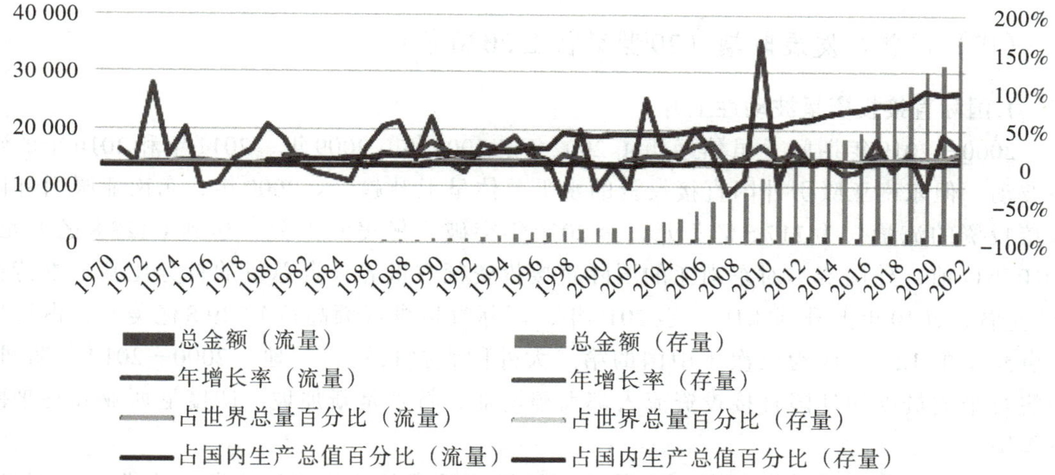

图 7-1　1970—2022 年东南亚外国直接投资发展趋势（单位：亿美元）

数据来源：根据联合国贸易和发展会议数据库（http：//unctadstat.unctad.org）数据整理。

2. 国际证券股权投资大量涌入

20 世纪 90 年代初期，全球投资领域出现了国际证券股权投资大量涌入发展中国家新兴市场的新现象。

马来西亚、泰国成为东南亚地区国际证券股权投资流入的主要国家，流入印度尼西亚的国际证券股权投资额也迅速增加。1993 年，流入马来西亚的国际证券股权投资额达到 89.39 亿美元，超过了当年国际直接投资的流量；1993 年和 1994 年，流入马来西亚的国际证券股权投资额还超过了当地证券市场的新股发行额。1993 年和 1995 年，流入泰国的国际证券股权投资额均超过了当年国际直接投资的流量。

国际证券股权投资大量涌入马来西亚、泰国等新兴市场国家的主要原因是：东南亚新兴市场国家的金融自由化与国际化步伐在 20 世纪 80 年代中期以后加快，各国纷纷推出一系列金融自由化的改革措施，证券市场的开放程度大大提高。1988 年，国际金融公司将马来西亚等国界定为外国投资者可以自由投资的新兴证券市场，将泰国、印度尼西亚等国界定为相对自由的新兴证券市场。

3. 国际投资发展遭遇多次打击

首先，是来自亚洲金融危机的打击。1997 年 7 月，金融危机首先在泰国爆发，并很快席卷马来西亚、印度尼西亚和菲律宾，波及整个东南亚。之后国际股权投资的大量撤出进一步加剧了危机的破坏程度，投资环境日益恶化，流入东南亚地区的外国直接投资趋于减少，印度尼西亚还出现了严重的外资撤资现象，东南亚国家的经济急剧衰退。东南亚国家的经济增长速度原本长期居世界领先水平，金融危机爆发后，从 1996 年的 7.4% 降至 1997 年的 5% 左右；外国直接投资存量出现了 2.5% 的负增长；1998 年，外国资本对东南亚地区的投资下降了 41.8%。东南亚国际投资发展被动地进入了痛苦的调整期。

其次，2001 年，“9·11”事件爆发，东南亚地区的外资主要来源国，如美国、日本、欧洲等国的经济迅速下滑，对东南亚地区的国际投资骤然减少。直到 2003 年，外国资本在东南亚国家的直接投资才有所回升。

（四）调整与发展时期（20世纪初至2020年）

1.国际直接投资呈波动性上升

2000—2019年期间，虽然经历了2002年、2008年、2009年、2011年和2016年的经济波动，但东南亚吸引外国直接投资的水平总体呈上升趋势。2000年，东南亚吸引外国直接投资的流量仅为217.5亿美元，至2010年突破千亿美元大关，达到1 128.8亿美元。2010年以前，外国资本对东南亚的国际直接投资额占世界投资总量的百分比基本维持在4%左右，2010年上升到8.1%，至2019年，国际直接投资额高达1 749.8亿美元，占世界投资总量的12%，成为仅次于中国的第二大外国直接投资目的地。2000—2019年期间，东盟每个成员国的外国直接投资流入都大幅增加，特别是新加坡、印度尼西亚和马来西亚等国。

2020年，新冠疫情期间各国采取的封控措施导致行业供应链中断、企业盈利下降、经济不确定性加剧以及跨国企业投资延期，给东南亚地区的国际直接投资带来了前所未有的影响，外国直接投资下降了30%，几乎倒退至2016年的水平（如图7-1所示）。其中，绿地投资下降了17%，国际项目融资下降了21%，跨境并购从2019年的98亿美元急剧下降至47亿美元。

即便如此，2020年，东南亚地区国际直接投资占全球的百分比仍上升到13.7%，说明东南亚地区仍然是国际直接投资的热点地区。

2.东南亚内部投资效益开始显现

东南亚对外直接投资的扩张有着明显的东盟自由贸易区投资转移效应的特点，东盟自由贸易区的建设是东南亚内部直接投资发展的驱动力。从东南亚地区对外直接投资的发展来看，2009年以前，东南亚内部投资一直处于较低水平，直至2010年显著增加，当年东南亚内部投资达到155.2亿美元，比2009年翻了一番。该年度东盟内部直接投资主要来源于新加坡和印度尼西亚，两国在东盟内部直接投资中所占的份额合计超过80%。2010年以后，东南亚内部直接投资虽有波动，但总体轨迹是上升的，每年保持在150亿美元以上的水平，占东盟外国直接投资总额的15%～20%，2016年达到268.6亿美元的峰值（见表7-1）。

表7-1　2010—2021年东盟内部直接投资（按来源地划分）　（单位：亿美元）

来源地/年份	东盟	文莱	柬埔寨	印度尼西亚	老挝	马来西亚	缅甸	菲律宾	新加坡	泰国	越南	东帝汶	不明确来源
2010	155.2	−0.4	0.2	13.0	0.3	34.2	0.7	−1.1	89.3	14.5	4.1	0.0	0.3
2011	158.4	1.6	0.3	18.9	0.0	33.7	1.2	−5.6	127.2	22.1	2.9	0.0	0.2
2012	239.0	8.5	0.0	63.1	0.0	38.9	1.0	8.7	98.1	14.8	4.4	0.0	1.5
2013	184.6	2.3	0.0	23.1	0.0	13.9	1.0	−3.2	132.7	10.2	3.4	0.0	1.4
2014	221.8	−5.9	0.2	11.7	0.0	16.5	1.0	3.3	157.2	36.0	3.0	0.0	−1.3
2015	208.2	0.5	0.5	8.4	0.0	37.4	0.3	9.1	137.0	10.8	4.0	0.0	0.2
2016	264.5	2.2	−0.1	21.7	0.2	48.0	0.9	3.6	154.7	31.4	1.5	0.0	0.4

续表

年份＼来源地	东盟	文莱	柬埔寨	印度尼西亚	老挝	马来西亚	缅甸	菲律宾	新加坡	泰国	越南	东帝汶	不明确来源
2017	268.6	0.4	0.2	18.4	0.1	45.5	0.3	2.9	174.9	21.6	4.1	0.0	0.3
2018	228.4	−0.3	0.4	6.5	0.3	24.7	−0.6	15.8	159.2	17.6	4.1	0.0	0.5
2019	217.3	0.6	0.5	2.6	0.1	11.6	−0.4	1.6	157.3	37.9	4.8	0.0	0.7
2020	226.5	−0.8	0.5	−0.4	0.0	24.8	−0.6	5.7	129.1	59.2	8.2	0.0	0.8
2021	235.3	−0.1	0.3	12.3	0.1	27.7	0.1	4.6	158.5	26.5	3.6	0.0	1.6

数据来源：东盟秘书处数据库。

3.东盟作为RCEP的核心作用得以加强

RCEP建立之后，东盟内部以及东盟与RCEP非东盟成员国之间在投资、生产和企业内部交易等方面的互联互通得到了加强。至2020年，东盟国家约40%的国际直接投资来自RCEP成员，其中24%来自RCEP中的非东盟成员国。

东盟秘书处发布的《2022年东盟统计年鉴》数据显示，2019年，东盟十大外资来源国或地区依次为美国、日本、东盟、欧盟、中国香港特别行政区、中国、韩国、加拿大、瑞士以及中国台湾。这10个国家或地区占东盟外国直接投资的80.2%。

（五）外国直接投资强势反弹，但发展不确定性因素增加（2021年至今）

在经历了2020年的急剧下降之后，2021年，东南亚外国直接投资流入量强劲反弹，流入额增长了43%，达到1 753亿美元，超过了疫情前2019年的最高纪录（图7-1），占全球外国直接投资流入总额的12%，是当年国际直接投资的第二大目的地（仅次于中国）。外国直接投资在东南亚的存量达到3 137.6亿美元，比2015年增长了72%。

与2020年相比，2021年东南亚外资流入增长的国家从2个增加到7个，包括新加坡、马来西亚、印度尼西亚、老挝、缅甸、菲律宾和东帝汶。其中，马来西亚外资流入增加了267.8%，菲律宾和新加坡分别增长了54.2%和31.4%；越南与柬埔寨外资流入微弱下降。泰国仍然没有走出疫情的影响，外资流入下降了335.6%，文莱也下降了64.5%。

《2022年东盟统计年鉴》数据显示，2021年，东南亚十大外资来源国或地区依次是美国、欧盟、东盟、中国、日本、瑞士、中国香港特别行政区、韩国、中国台湾、加拿大，10国对东南亚的直接投资占东南亚外国直接投资总额的83.1%。

随着全球疫情的负面影响逐渐消退，2022年，东南亚外资流入量增加了5%，达到2 230亿美元，是有记录以来的最高水平，东南亚成为全球外资流入最活跃的地区之一。其中，新加坡外资流入增长了8%，达到1 410亿美元，占东南亚地区外资流入的近2/3；马来西亚的外资流入增长了39%，创下该国引进外资的最高纪录；越南和印度尼西亚的外资流入金额分别为180亿美元和220亿美元，分别实现了14%和4%的增长。然而，由于俄乌冲突、持续走高的粮食和能源价格、全球经济的衰退风险、一些发达国家的金融动荡以及众多发展中国家的债务压力等多种因素的负面影响，全球外国直接投资呈持续下降趋势，在这一背景下，东南亚外国直接投资未来发展趋势的不确定性增强。

第二节　东南亚国际投资国别比较

一、东南亚国家主要证券市场比较

东南亚11国中有9国都已经建立起自己的资本市场。其中，新加坡、马来西亚、泰国证券交易市场对整个东南亚证券交易市场具有主导作用。

（一）新加坡证券交易所

新加坡证券交易所（Singapore Exchange Limited，SGX），简称新交所，前身为新加坡证券交易所，成立于1973年5月24日，前身可追溯至1930年的新加坡证券业协会。1999年12月与新加坡国际金融交易所合并，成立了现在的新加坡证券交易所。新加坡证券交易所是亚太地区首家集证券、金融衍生产品交易于一体的企业股份制交易所，是亚洲仅次于东京、香港、首尔和上海的第五大交易所，是亚洲最具国际化的多元资产交易所。新交所提供包括股票与股票期权、凭单与备兑凭证、债券与抵押债券、托收票据、挂牌基金、挂牌房地产信托基金及长、短期利率期货与期权等在内的一站式整合服务。

在新交所上市的约40%的公司和80%以上的债券均来自新加坡以外的国家或地区。根据新交所集团2023年1月的市场统计数据，新加坡证券交易所股票市场总值8 543.89亿美元，上市公司总数647家[①]。

新加坡债券市场是亚洲最发达的债券市场之一，其代表性债券有新加坡政府债券（SGS）、准政府债券、公司债券和结构性证券。新加坡债券市场以固定票息票据为主，由于债券市场价格低廉、利率稳定而颇受欢迎。

新加坡政府债券以新加坡储蓄债券（SSB）、SGS债券和国库券为代表，由新加坡金融管理局（MAS）代表政府发行。新加坡储蓄债券是仅适用于散户投资者的非市场债券，期限10年，可以在到期前由投资者赎回（部分或全部）。SGS债券有三类：SGS（市场开发）、SGS（基础设施）和绿色SGS（基础设施）。国库券是新加坡的短期政府债券，自发行之日起至到期日为一年或以下。SGS债券在二级市场交易，可以在星展集团控股、华侨银行（OCBC）或大华银行（UOB）的分行或通过证券经纪在新加坡证券交易所（SGX）进行交易。

新加坡公司证券市场主要有四大类别：一般公司债、混合债券、中期票据和资产证券化产品。公司债券市场的主要借款人是政府机构。

新加坡拥有活跃的本币和美元公司债券市场。新加坡本币债券市场对全球所有发行人和投资者都是完全开放的，没有资本管制、套期保值限制或税收预扣。美元公司债市场发行人80%以上为金融机构。

---

① 佚名. 2023年证券行业海外经纪商市场探析之澳洲及东南亚篇 新兴经纪商力量已涌现，传统格局受到挑战［EB/OL］.［2023-04-03］. https：//www.vzkoo.com/read/20230403b8018818401beadecf22a0cd.html.

（二）泰国证券交易所

泰国证券交易所（Stock Exchange of Thailand，SET），是泰国唯一的证券交易市场，于1975年4月正式开始运行，负责二级市场交易及负责处理公司申请上市，包括确保申请人的资格、提交准确信息和文件。

泰国证券交易所还负责披露上市公司必要信息和监督上市公司的全部交易活动。

泰国证券交易所拥有广泛的权益和债务证券，上市证券包括普通股、优先股、债券、权证、衍生权证和单位信托。其交易活动由泰国财政部下属的证券交易委员会（SEC）负责监管，主要负责有关证券监督、促进、开发及运作方面的法律、法规的制定，以确保资本和金融市场的公平发展，提高运行效率，以及增强泰国资本市场的国际竞争力等。

泰国证券市场主要有两个板块：

1.SET市场

SET市场为泰国证券交易所主板市场，是一般规模较大、成立时间较长且具备一定营利能力的公司筹集资金的市场。截至2022年5月，SET共有上市公司599家。

2015年，SET颁布条例，允许外国投资者进行IPO上市融资；2022年2月，SET调整境外企业上市规则，包括缩短静默期等，以吸引外国公司在泰上市。

2.MAI市场

MAI市场为泰国证券交易所二板市场，亦称中小企业板市场，类似于我国的创业板市场。MAI市场为不符合主板上市条件的中小型或高成长公司进入资本市场获取较低成本资金、分散风险而成立。截至2022年5月，MAI共有上市公司186家。

泰国的监管框架将上市公司股票中外国投资者的所有权比例限制为最高49%，银行和金融部门为25%。在泰国股市的投资者结构中，从月均交易额来看，外国投资者占交易量的47%，国内个人投资者占37%，国内机构投资者占7%，其他则是经纪商。

（三）马来西亚交易所

马来西亚交易所（Bursa Malaysia）的前身是吉隆坡证券交易所，1976年成立，2005年在当地上市。马来西亚交易所是东南亚地区参与公司数量最多、市值最高的证券交易平台之一。

马来西亚交易所拥有证券市场、衍生品市场和伊斯兰金融产品市场三个市场，提供包括股票、衍生工具、期货和期权、离岸资产和伊斯兰资产在内的各类金融产品。此外，马来西亚交易所的产品还包括交易型开放式指数基金（ETF）、房地产投资信托基金（REIT）、交易所交易债券和伊斯兰债券。马来西亚交易所还拥有一个离岸交易所——纳闽境外金融交易所（LFX），为全球投资者提供投资场所。截至2023年2月，马来西亚交易所股票总值721.42亿美元，上市公司总数976家①。

（四）印度尼西亚证券交易所

印度尼西亚证券交易所（印度尼西亚语：Bursa Efek Indonesia，IDX），位于印度尼西

---

① 佚名．2023年证券行业海外经纪商市场探析之澳洲及东南亚篇 新兴经纪商力量已涌现，传统格局受到挑战[EB/OL]．[2023-04-03]．https：//www.vzkoo.com/read/20230403b8018818401beadecf22a0cd.html.

亚首都雅加达，是印度尼西亚唯一的证券期货交易所。

印度尼西亚证券交易所是印度尼西亚唯一一家支持股票、固定收益产品和衍生品交易的交易所。交易所有股票、债券、基金和衍生品4个市场，产品主要包括股票、认股权证、交易型开放式指数基金（ETF）、政府债券、公司债券、共同基金、股指期货和政府债券期货等。当前，印度尼西亚股票市场主要分为主板、开发板和加速板，2021年市场改革后又新推出新经济板。截至2023年2月，印度尼西亚证券交易所拥有850家上市公司[①]。

（五）菲律宾证券交易所

菲律宾证券交易所（Philippine Stock Exchange，PSE）是菲律宾唯一的证交所，上市板块分为主板和中小企业（SME）板块。除了一般性股票上市和交易外，PSE专门筛选出符合伊斯兰教法（Shariah）的股票供穆斯林投资者交易，并提供菲律宾存托凭证（PDRs）、交易型开放式指数基金（ETF）、债券、权证、房地产投资信托基金（REIT）、美元计价证券（DDS）及融资融券（SBL）和卖空等产品和服务。PSE全资拥有菲律宾证券结算公司（SCCP）和资本市场诚信公司（CMIC），分别作为证券结算机构以及对证券经纪人交易的独立审计、监督部门。

根据菲律宾证券交易所的数据，截至2022年6月，共284只股票在PSE挂牌，其中主板和中小企业板分别为278只和6只；在PSE上市的所有股票总市值约17万亿比索，日均交易78亿比索。

（六）越南证券交易所

越南国家证券委员会于1996年11月28日成立，这是越南证券市场形成的重要标志。越南证券交易所总部位于河内，2021年12月11日成立，注册资本为3万亿越南盾（约合1.3亿美元），为越南国家独资有限公司。河内证券交易所和胡志明市证券交易所是其子公司，具有独立法人地位，进行独立运营。根据越南国家证券委员会对两个证券交易所功能的定位，胡志明市证券交易所是越南股票交易所，河内证券交易所的产品有股票、政府债券、非上市公众公司证券和衍生品等。其中非上市公众公司市场是其一大特色。

胡志明市证券交易所（Ho Chi Minh City Stock Exchange，HOSE）成立于2000年7月28日，前身为胡志明市证券交易中心，2007年更名为胡志明市证券交易所，是越南最大的证券交易所，在此挂牌的股票主要为大型蓝筹股，可交易品种有普通股、优先股、ETF、公司债、市政债、权证等。截至2023年1月，胡志明市证券交易所共有406家上市公司，市值1 878.3亿美元。

根据越南证券市场到2030年面向2045年发展战略，到2025年，越南股票市场总市值将达GDP的85%，到2030年达GDP的110%；到2025年，债券市场总市值将达GDP的47%，到2030年达GDP的58%；衍生证券预计年均增长20%~30%，到2025年投资者人数

① 佚名．2023年证券行业海外经纪商市场探析之澳洲及东南亚篇 新兴经纪商力量已涌现，传统格局受到挑战［EB/OL］．［2023-04-03］．https：//www.vzkoo.com/read/20230403b8018818401beadecf22a0cd.html.

占全国人口的5%，到2030年占全国人口的8%。[①]

（七）其他东南亚国家证券交易市场

1.柬埔寨证券交易所

柬埔寨证券交易所（Cambodia Securities Exchange，CSX）于2010年2月23日注册成立，2012年4月18日正式开业。它由柬埔寨经济和财政部、韩国证券期货交易所共同出资设立，其中柬方持股55%，韩方持股45%。柬埔寨证券交易委员会（SECC）协助政府对柬埔寨证券市场进行监管。柬埔寨证券交易所有证券和债券两个市场，股票市场分为主板（Main Board）和成长板（Growth Board）。柬埔寨证券交易所设立了灵活的转板机制，任何上市公司向柬埔寨证券交易委员会提交申请并达到主板要求后，均可从成长板转向主板。截至2022年年底，共15家公司在柬埔寨上市。

2.老挝证券交易所

老挝证券交易所（Lao Securities Exchange，LSX）于2010年10月10日成立，2011年1月11日正式开盘，是目前世界上规模最小的资本市场之一，受隶属于老挝央行的老挝证监会监管。截至2022年2月，老挝证券交易所共有11家上市公司股票[②]，总市值超过约8万亿基普，共计近15 000个账户，其中外国投资者占20%。

3.仰光证券交易所

缅甸是东南亚11国中第九个建立证券市场的国家。

仰光证券交易所（Yangon Stock Exchange，YSX）成立于2015年，2016年3月25日正式开盘交易。仰光证券交易所由缅甸财政部下属的缅甸经济银行、大和证券集团和日本交易所集团共同斥资2 400万美元联合创建。其中，缅甸经济银行占51%，日方占49%（大和证券集团控股30.25%，日本交易所集团控股18.75%）。直至2020年3月20日，缅甸证券交易委员会（SECM）才允许外国人投资当地股票市场。2022—2023财年仰光证券交易所共7家上市公司，股票交易金额约合75亿缅币，市场投资额达6 434.7亿缅币[③]。

文莱和东帝汶目前还没有建立证券交易市场。

二、东南亚吸引外国直接投资国别比较

东南亚大部分国家在引进外国直接投资的过程中，几乎都经历了1997年亚洲金融危机、2001年世界性经济衰退、2009年全球金融危机以及2020年疫情后的全球经济萎缩四个时间转折节点，投资流量的巨大波动性和不稳定性成为每个东南亚国家在吸引外资方面的共同特征。

2022年，超过81%的外资流入新加坡、印度尼西亚、越南三国，其次是马来西亚、泰国、菲律宾、柬埔寨，而缅甸、老挝、文莱的外资流入均不超过东南亚外资总流入量的1%（如图7-2所示）。

---

① 中华人民共和国商务部《对外投资合作国别（地区）指南——越南（2022年版）》http：//www.mofcom.gov.cn/dl/gbdqzn/upload/yuenan.pdf

② 湄澜传媒．老挝11家上市公司一览表［EB/OL］．［2022-02-28］．https：//baijiahao.baidu.com/s? id=1725987045206435217&wfr=spider&for=pc.

③ 数据来自中华人民共和国驻缅甸联邦共和国大使馆经济商务处。

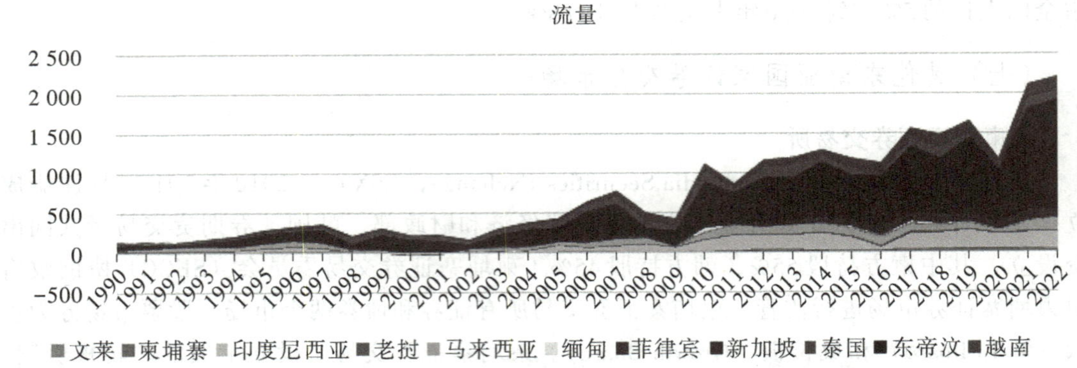

图7-2　1990—2022年东南亚各国吸引外国直接投资比较——流量（单位：亿美元）

数据来源：根据联合国贸易和发展会议数据库（http：//unctadstat.unctad.org）数据整理。

从投资存量来看，截至2022年，东南亚吸引外国直接投资存量最多的三个国家分别为新加坡、泰国、印度尼西亚，占东南亚吸引外国直接投资的82.4%；接下来依次是越南、马来西亚、菲律宾、柬埔寨、缅甸、老挝、文莱；东帝汶不论是外资流量还是存量，在东南亚外资占比中都只占0.01%的微小比例（如图7-3所示）。

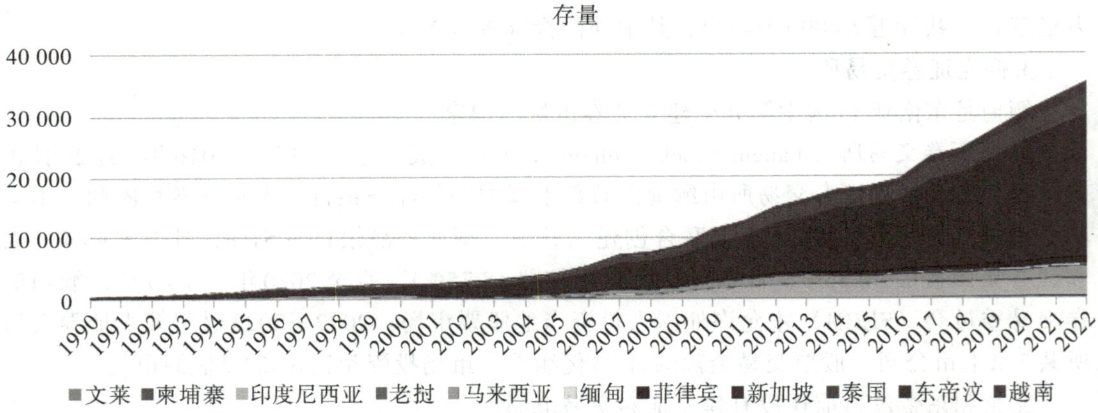

图7-3　1990—2022年东南亚各国吸引外国直接投资比较——存量（单位：亿美元）

数据来源：根据联合国贸易和发展会议数据库（http：//unctadstat.unctad.org）数据整理。

东南亚各国国情不同，在政治法律、自然条件、经济发展、技术条件等投资环境方面相差甚远，在吸引外资的进程中均有各自不同特点。

（一）新加坡吸收外国直接投资概况

对外资的成功消化与吸收是新加坡经济得以迅速发展的原因之一，利用外资加速本国经济发展是新加坡长期奉行的重要国策。

1.新加坡吸引外资的发展历程

新加坡独立后，为规避国内市场狭小所产生的风险和改变经济上高度依赖转口贸易的单一畸形经济结构，政府全力以赴推动经济的外向型发展。在投资领域，利用西方工业化国家经济结构调整的时机，新加坡推出了对国内外资的各项优惠措施，改善新加坡投资的软环境，这些措施包括：

（1）设立投资咨询服务机构，简化申请和审批手续，给外资提供各种方便。

（2）颁布“经济发展奖励法令”，采取优惠税制，鼓励外资在新加坡投资设厂。

（3）提高工资水平，引导外资投向资本密集型产业。

从20世纪70年代初开始，新加坡进入了外国直接投资流入的大发展时期。1970—1980年，新加坡外国直接投资年均增长40%。1980年新加坡外资流量达12.4亿美元，是1970年的13倍多；外资投资占新加坡固定资本投资总额的26%，对新加坡劳动密集型工业体系的形成起到了重大推动作用。

20世纪80年代以后，受两次“石油危机”的影响，世界经济呈现出明显衰退的态势。同时，周边国家以较低的商业成本成为新加坡在引进外资方面的有力竞争对手，导致进入新加坡的外国直接投资减少。新加坡开始对外资投资方向进行引导，首先是连续三年提高工资水平，以降低劳动密集型产业的成本优势，对资本、技术密集型等高附加值产业提供投资和税务减免等各种优惠，吸引外资的重点从劳动密集型产业转向技术、知识密集型制造业和服务业等高附加值领域；同时，通过减免公司所得税等优惠措施，鼓励跨国公司在新加坡设立区域性营业总部。这一时期新加坡外资流入量从1981年的16.6亿美元急剧上升到1997年的157亿美元，增长近8.5倍，存量达到747.7亿美元，超出东南亚地区排名第二的马来西亚76%，外资投资占新加坡固定资本投资总额的41%。在外资投资的推动下，新加坡形成了电子、化工、生物医药、资信与传媒、物流、金融、交通、商业、酒店餐饮等多个产业群，成为全球重要的集成电路、芯片和磁盘驱动器的生产基地及世界第三大炼油中心，东南亚地区的金融中心、运输中心和国际贸易中心，落户新加坡的国际跨国公司数量超过5 000家，许多具有地区总部职能。

1997年亚洲金融危机后，新加坡外资流入量呈现出波动中增长的特点，虽然期间受到了2008年全球经济危机的冲击，但新加坡吸引外资量仍明显多于东南亚其他国家，在世界范围内也处于领先地位。从这一点来说，新加坡的外资政策取得了很大的成功。

截至2022年，新加坡吸收外资存量2.4万亿美元，当年吸收外资流量1 412.1亿美元，分别占当年东南亚地区存量与流量的66.5%和63.4%；55.5%的外资流向金融保险业，其次是批发零售业（占14.8%）、制造业（占12.0%）。新加坡外资主要来源前三位依次是美国、日本、英国。

2.外国直接投资对新加坡经济发展的作用

外国直接投资在新加坡国民经济中占有重要地位，对新加坡的经济发展起到了极大的促进作用。

外国直接投资（FDI）流入量占固定资本形成总额的比重、外国直接投资存量占本国GDP的比重是衡量一国或地区外国直接投资在国民经济中的地位的重要指标。新加坡外国直接投资流入量占固定资本形成总额的比重呈持续快速提高的趋势，且显著高于世界和东南亚平均水平（见表7-2）。截至2022年，新加坡外国直接投资流入量占固定资本形成总额的比重达到153.5%，是1970年的10倍。从新加坡外国直接投资存量在GDP中的百分比来看，1998年就超过100%，且具有持续增长的势头，到2022年达到541.7%。新加坡外国直接投资存量在GDP中的百分比是当年世界整体数据的12.3倍、东南亚11国的5.5倍，充分反映了新加坡利用外资加速本国经济发展这一基本国策的显著成效。

表7-2　东南亚各国FDI流入量占固定资本形成总额比和FDI存量占GDP的百分比（%）

项目	国家或地区＼年份	1990—1994	1995—1999	2000—2004	2005—2009	2010—2014	2015—2019	2020	2021	2022
流入量占固定资本形成总额的百分比	文莱	0.4	26.8	69.8	14.0	13.2	5.5	11.9	4.7	-6.7
	柬埔寨	20.4	48.2	17.3	42.7	71.8	55.5	58.3	53.3	54.8
	印度尼西亚	4.3	3.4	-4.0	6.6	6.6	5.2	5.5	5.8	6.0
	老挝	9.3	28.6	5.8	13.5	17.0	21.0	13.4	15.0	7.4
	马来西亚	20.3	16.6	11.9	13.6	14.5	11.5	4.5	16.9	23.6
	缅甸	18.3	48.0	42.2	10.0	14.4	14.8	9.2	13.3	7.9
	菲律宾	6.9	8.0	6.4	8.4	5.8	10.0	8.9	13.6	10.5
	新加坡	29.3	38.9	55.8	64.1	75.4	90.2	100.4	142.5	153.5
	泰国	4.6	13.4	14.2	12.9	10.5	7.4	-4.3	12.3	8.4
	东帝汶	—	—	4.2	11.8	7.4	-0.8	-259.9	-110.4	38.4
	越南	33.5	28.7	12.6	17.3	14.6	16.3	15.1	13.5	15.4
	东南亚	10.6	16.3	16.1	17.6	17.1	17.4	14.5	24.0	25.1
	世界	3.3	7.9	9.5	10.2	8.2	8.7	4.4	5.9	5.1
存量占GDP的百分比	文莱	1.0	38.4	51.3	22.0	31.4	50.6	63.2	52.1	41.0
	柬埔寨	3.8	28.9	42.2	40.1	100.5	122.8	145.9	153.8	154.1
	印度尼西亚	7.2	15.5	7.3	15.4	22.9	23.6	22.7	21.9	20.0
	老挝	3.4	25.9	30.6	24.9	28.1	46.3	58.3	64.0	80.5
	马来西亚	27.8	46.9	40.4	34.8	40.6	42.9	50.6	50.2	49.1
	缅甸	8.2	30.7	43.4	34.9	26.6	38.8	44.8	63.5	68.1
	菲律宾	6.9	11.3	14.0	13.1	15.1	22.5	28.6	28.3	27.9
	新加坡	73.9	92.5	164.1	225.7	282.1	398.9	575.2	546.5	541.7
	泰国	10.4	15.4	29.1	35.5	44.8	50.9	60.8	58.6	61.4
	东帝汶	—	—	3.9	10.7	20.1	24.2	30.5	64.2	67.7
	越南	12.5	38.1	47.0	37.3	38.1	45.8	51.0	52.6	52.0
	东南亚	17.9	31.3	42.3	50.0	60.6	78.6	99.6	99.2	99.3
	世界	10.0	15.9	22.5	26.8	30.3	38.0	49.0	48.7	44.2

数据来源：根据联合国贸易和发展会议数据库（http：//unctadstat.unctad.org）数据整理。

（二）泰国、马来西亚、印度尼西亚、菲律宾吸收外国直接投资概况

1.泰国

20世纪80年代中期以后，泰国迎来了前所未有的外商投资热潮，1998年外商在泰国的投资达75亿美元，年增长率达93%，占东南亚地区外资引进总额的35%，占其固定资本形成总额的30%。1999年，泰国外资流入从迅猛增长转向停滞和下降，直到2003年泰国外来投资高潮重现，但这一外来投资高潮只持续了3年多的时间，便因世界性经济衰退及国际金融危机的影响，在2008年之后再次趋于下降，或停滞、徘徊、波动。截至2022年，泰国吸收外商直接投资存量达3 062亿美元，引进外资流量占固定资本形成总额的比重以及引进外资存量占GDP的比重持续上升，外国直接投资流量占国内生产总值的比重从1970年的0.6%上升到2022年的2.9%，外资存量占国内生产总值的比重达到61.4%。这说明泰国的外国直接投资为泰国的经济增长和工业转型做出了一定的贡献。

外资投资的方向主要集中在泰国投资促进委员会鼓励投资的部门，包括农产品加工业，服装纺织业，汽车、家用电器、电子产品等制造业以及信息、通信技术等高附加值服务业。目前，汽车制造业已是泰国第一大支柱产业，泰国也成为全亚洲仅次于中国、日本和韩国的第四大汽车出口国。在电子设备制造领域，日本和韩国的主要电器公司，如索尼、松下、东芝、日立、三星纷纷落户泰国。

此外，众多知名跨国公司在泰国设有分支机构或东南亚总部，负责泰国及东南亚业务发展。泰国主要投资来源国有日本、中国、欧盟、东盟、美国、印度和韩国等。

2.马来西亚

马来西亚独立后经济发展过程中的一大特点是通过吸引外国直接投资来推动本国经济发展。1968年马来西亚颁布的《新兴工业法》为外资引入和工业化水平提高奠定了重要的制度基础。此后，马来西亚基本上每隔10年就会对外资优惠政策做出调整，为外资适应马来西亚新的发展计划和产业结构升级提供制度保障。

20世纪90年代中期之后，面对经济全球化的浪潮，马来西亚的外资政策导向凸显出两个鲜明的特点：

（1）明确关注由跨国公司国际活动而引致的生产国际化。政府不再扶植当地由国家控股的综合性企业或幼稚行业，而是将本国经济置于跨国公司分散的国际劳动分工链条中具有优势的位置上，并为从事大量进出口业务的企业提供基础设施和政策上的支持；同时，在对投资政策进行修改时，重点鼓励从事采购、管理、研究与开发（R&D）、设计等业务的跨国公司在马来西亚投资。

（2）提高衡量投资业绩的标准。除了传统的资本形成、就业创造和外汇收入三项指标外，将市场准入、技术转移和人力发展等影响本国工业结构变化的指标作为外资投资项目的业绩衡量指标。目前，外资投资已成为推动马来西亚经济发展的重要因素。

截至2022年年末，马来西亚吸收外资存量1 992.1亿美元，当年吸收外资流量169.4亿美元，分别占其国内生产总值的49.1%和4.2%。马来西亚重点鼓励外资在制造业，如电子电器、基本金属产品、化工制品、橡胶制品和食品加工等领域的投资。从投资来源国别看，荷兰、新加坡和奥地利是马来西亚制造业领域的三大外资来源地，中国排在第四位。

3.印度尼西亚

印度尼西亚在吸引外资方面最大的特点是外资政策的松紧随着国内经济的好坏而不断变化。印度尼西亚对外资的限制也相对较强，早期对外资的政策多有反复。1966年，印度尼西亚颁布了《外国投资法案》，外资政策逐渐宽松，较多外资开始涌入印度尼西亚投资。1973年后，石油出口利润高涨带动印度尼西亚经济强势增长，国内民族主义情绪兴起，又逐步收紧对外资的限制。到20世纪80年代中期，由于石油价格回落、经常账户恶化和财政赤字增加，印度尼西亚又重新放松了对外资的限制。尤其是在亚洲金融危机冲击之后，印度尼西亚意识到了外资的重要性，进行了一系列改革，并于2007年出台新《投资法》，第一次统一了外国投资和国内投资的法律、法规，提高了印度尼西亚投资政策框架的透明度。2021年，印度尼西亚又将以负面清单管理为主的外商投资准入制度改为以正面投资清单为主的模式，较大幅度地放开了对外资的投资限制，但相比东南亚其他国家，印度尼西亚对FDI的限制仍较为严格，仅次于菲律宾。

早期流入印度尼西亚的外资主要投向石油、矿产等资源密集型产业。20世纪60年代中期以后，约2/3的外资流入了印度尼西亚的制造业，特别是金属、化学、服装等劳动密集型产业。1997年亚洲金融危机之后，在国际货币基金组织贷款条件的约束下，印度尼西亚政府进一步放开了金融市场，在金融和房地产等服务业领域的外资投资也不断增加，且从2007年开始超过了对第二产业的投资。同时，印度尼西亚农业部门吸收的FDI越来越少。由此可见，外资在一定程度上促使印度尼西亚的产业结构从严重依赖石油、天然气转变为非石油、天然气产业占主导。截至2022年年末，印度尼西亚吸收外资存量1 992.06亿美元，当年吸收外资流量169.40亿美元，分别占国内生产总值的20%和1.7%；从投资来源国别或地区看，新加坡、中国香港特别行政区、中国内地是印度尼西亚最主要的外资来源地。

4.菲律宾

20世纪60年代之前，菲律宾是东南亚地区最先进的国家之一。但从20世纪70年代后期开始，菲律宾的经济逐步被马来西亚、泰国、印度尼西亚所超越。到1996年亚洲金融危机爆发前期，菲律宾外资存量仅为4 181万美元，当年流量为15.2亿美元，占国内生产总值的比重分别为8.7%和1.6%，远低于同期其他东盟成员国的水平。菲律宾经济增长呈现“内向型”发展特点，主要是由本国国内市场需求所带动的。1997年东南亚金融危机之后，菲律宾政府在经济领域采取了一系列更为自由和开放的措施，放宽了对外资的限制，推行以外资带动的工业化（FDI led industrialization）发展战略，使得菲律宾吸引外资的优惠条件不亚于甚至超过其邻国。截至2022年年末，菲律宾吸收外资存量1 129.7亿美元，当年吸收外资流量92亿美元。从投资来源国别看，新加坡、日本和美国是菲律宾最主要的外资来源地。

（三）文莱、越南、缅甸、柬埔寨、老挝和东帝汶吸引外国直接投资概况

1.文莱

文莱独立后，由于高福利政策的存在，能够用于扩大再生产或者进行产业结构调整、升级的国内投资十分有限，吸引外资就成了文莱促进产业发展的最佳选择。由于国内资

源、资本、市场和人力等诸多方面的限制，文莱国内投资项目对国际市场依赖程度很高，外资投资流量在文莱呈现出很大的波动性。2013年以后，文莱外资流入量呈下降趋势，尤其是2017年，文莱外资投资流入量负增长达到407.5%。2022年，文莱外资流出进一步增加，外资存量减少为68亿美元，文莱仍然主要依赖其国内油气工业带来的石油美元收入累积国家发展资本。文莱投资项目主要集中在石油勘探和开采、天然气液化工程及发电站方面。

2.越南

2006年7月1日，越南政府出台了《投资法》与《企业法》，并于2020年进行了修订；2007年1月11日，越南正式成为WTO成员，越南的对外开放格局由渐进式、局部性转变为大推进式、全方位的开放，极大地增强了外商对越南的投资信心。

自越南开放革新以来，其吸引外国直接投资总量呈现出剧烈波动的态势，主要的4个时间节点，分别是1997年亚洲金融危机、2007年越南加入WTO、2009年世界金融危机以及2020年疫情后的全球经济衰退。1987年12月29日，越南政府颁布了《外国在越南投资法》，但是因对越南国内市场环境不熟悉，外资多持观望态度，对越南的投资相对较少；1991—1997年，越南外国直接投资进入快速增长阶段，直到受1997年亚洲金融危机和区域经济不振的影响，越南外国直接投资进入到为期10年的徘徊增长阶段。2007年1月，越南加入世界贸易组织，当年外国直接投资实现了近3倍的增长；2009—2010年，受全球性金融危机的影响，进入越南的FDI总额大幅减少，2009年相比2008年减少了20.7%。2011—2019年，越南外国直接投资年均增长率为10%，成为最具吸引力的世界投资热点地区之一。2020年，越南外国直接投资受疫情的影响远小于东南亚其他国家，流量增速略有下降，但是存量继续增加。截至2022年年底，越南吸收外资存量为2 104.7亿美元，同比增长8.5%，当年吸引外资流量179亿美元，同比增长13.5%。

3.缅甸

因为政治上的长期不稳定，1988年之前，缅甸外国直接投资总额不足410万美元。1988年，《缅甸联邦共和国外国投资法》颁布以后，外国直接投资在缅甸得到了一定的发展，投资主要集中在石油和天然气领域。2011年，缅甸新政府在国内政治、经济领域实施了一系列改革，并颁布了新的外国投资法，公布了外国投资法实施细则，加上缅甸在自然条件、森林、矿产、能源及劳动力等方面的优势，吸引了众多外国投资者，外国直接投资逐步成为缅甸资本形成方式的主体。2012—2017年，缅甸外资投资流量年均增长率达到50%，投资存量增长了1.8倍。2017年以后，外国直接投资流量持续出现负增长，但是存量在不断提高。2022年，缅甸外国直接投资存量达384.3亿美元，是2012年的2.4倍。

4.柬埔寨

1989年，柬埔寨制定了《柬埔寨外商投资法》，并制定了一系列吸引外资的政策，柬埔寨的外资流入有了明显效果。1995年，柬埔寨外国直接投资流量为1.5亿美元，同比增长了2倍多；投资存量为3.6亿美元，是1994年的1.8倍。1995—2001年，柬埔寨国际直接投资平均增速为25%，此后出现连续负增长。直到2003年柬埔寨正式加入世界贸易组织，大量外资涌入柬埔寨，柬埔寨外国直接投资流入连续10年以45%的平均增速高速发展，到2013年外资存量达172.0亿美元，当年流量20.7亿美元，都达到了前所未有的新高度。2013年以后，柬埔寨吸引外资速度有所放缓，但直到2019年，增速仍然保持在10%以上。2020年以后，外资流量出现微弱的负增长，但投资存量仍以高出8%的速度增长。截至2022年，柬埔寨吸引外资投资存量达445.4亿美元，当年吸收外资流量为35.8亿美元。柬埔寨前五大外资来源国分别为中国、韩国、新加坡、越南、日本。

柬埔寨和缅甸一样，国内投资环境存在的问题比较多：国民收入低，购买力低下；通货膨胀不断走高，民众的贫困程度和企业的成本加剧；政治不稳定带来的投资风险加剧；本地资本短缺，融资渠道缺乏；基础设施落后，跟不上投资发展的需要等，都制约外国直接投资在当地的发展。

5.老挝

老挝独立后，早期经济发展基本上是在缺乏国际交流的条件下进行的，只有断断续续的小规模外资引进。截至1987年年末，老挝外资存量仅为0.55万美元。1987年，老挝开始推行革新政策，实行扩大对外开放的方针与政策，外国直接投资开始缓慢进入老挝。1987—2005年，除了极个别年份之外，老挝每年外资流量均未超过50万美元，主要投资于来料加工领域。2006年，老挝人民革命党第八次代表大会以后，老挝外资引进有了飞速发展。2006—2021年，老挝外资引进年平均增长速度为54%。2021年是老挝外资流入最高的一年，当年流量为10.72亿美元，存量达122.1亿美元，分别是2006年的5.7倍和14倍。此外，老挝外国直接投资流入量占其固定资本形成总额的比重从1988年的2%上升到19%。同期FDI存量在GDP中的占比从0.4%上升至63.4%，充分反映了外资注入对老挝等发展中国家经济加速发展的主要作用。中国是对老挝外国直接投资最多的国家，然后依次是泰国、越南、韩国、法国等。

6.东帝汶

东帝汶国内市场非常有限，经济基础也很薄弱，对外资的吸引力较小，外资来源以国家发展援助为主。截至2022年，东帝汶吸引外资存量达15亿美元，当年流量0.85亿美元，占其固定资本形成总额的比重从2005年的1.3%上升到2021年的38.4%。目前，东帝汶主要投资领域在基础设施、咖啡种植和旅游等行业，主要外资来源国为新加坡、泰国、葡萄牙、澳大利亚、新西兰、英国、韩国和美国等。

三、东南亚主要国家对外直接投资比较

东南亚对外直接投资起步晚，规模小。1980年，东南亚对外直接投资存量12亿美元，占世界对外直接投资总额的0.2%。截至2003年，东南亚对外投资存量总额仅1 600亿美元。除极个别年份外，东南亚对外直接投资存量总额均不足10亿美元，且多次出现负增长的局面。2004年，东南亚对外直接投资流量达19.3亿美元，同比增长131%，此后持续保持了3年的增长势头。2008年，源自美国的次贷危机恶化了全球的投资环境，致使东南亚各国的对外投资流量大幅下降，东南亚地区的对外直接投资流量出现了短暂的负增长。2015年以后，东南亚对外直接投资呈现出波动性增长的局面。至2022年，东南亚地区对外直接投资存量达21 001亿美元，占世界投资总额存量的5.3%，当年投资流量为859亿美元，占世界投资总额流量的5.8%（如图7-4所示）。

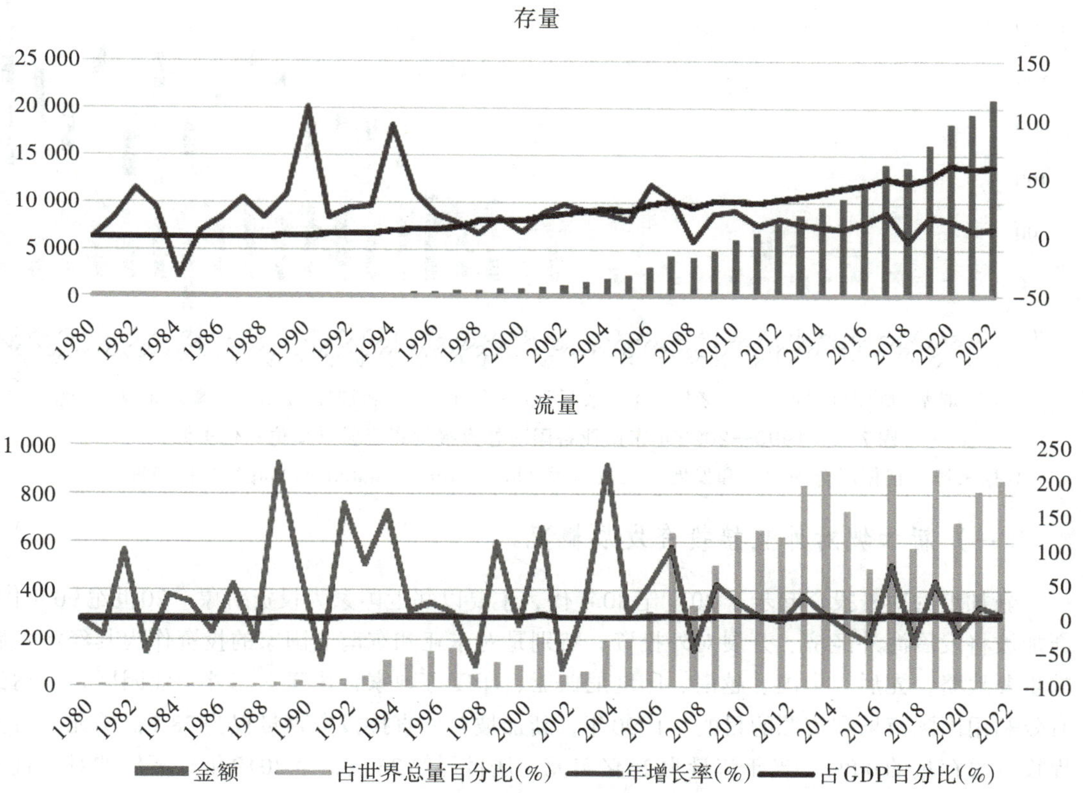

图7-4 1980—2022年东南亚地区对外直接投资（单位：亿美元）

数据来源：根据联合国贸易和发展会议数据库（http：//unctadstat.unctad.org）数据整理。

东南亚地区主要对外投资国家为新加坡、马来西亚、泰国等。除新加坡外，东南亚其他国家对外直接投资规模仍然相对较小。截至2022年，东南亚地区对外直接投资存量为2.1万亿美元，占世界对外直接总投资额的5.3%。其中，新加坡对外投资存量就达到1.6万亿美元，占整个东南亚地区对外直接投资总额的76%；泰国与马来西亚尽管排在第二、第三位，但两国对外直接投资存量在东南亚地区均没有超过10%，东南亚其他国家对外直接投资规模则更小（如图7-5、图7-6所示）。

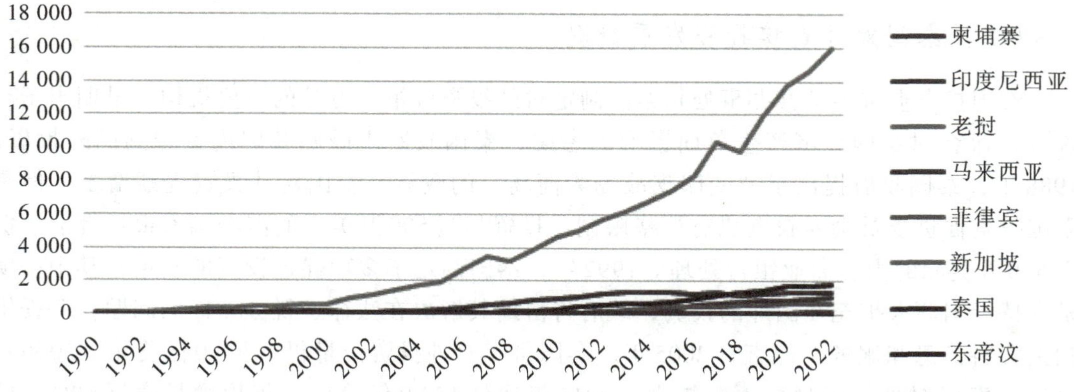

图7-5 1990—2022年东南亚各国对外直接投资（存量）规模比较（单位：亿美元）

数据来源：根据联合国贸易和发展会议数据库（http：//unctadstat.unctad.org）数据整理。

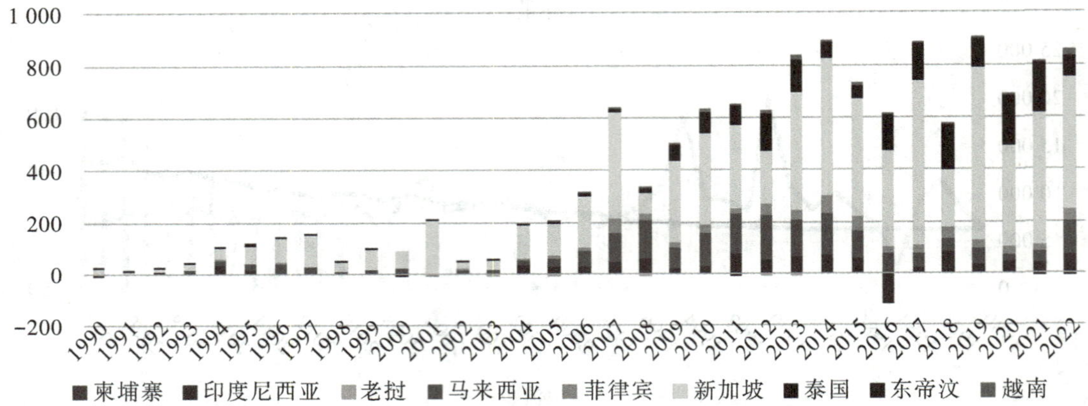

图7-6 1990—2022年东南亚各国对外直接投资流量（单位：亿美元）

数据来源：根据联合国贸易和发展会议数据库（http：//unctadstat.unctad.org）数据整理。

（一）新加坡对外直接投资发展概况

新加坡的对外投资起步于20世纪80年代，主要以邻近国家为投资对象。20世纪90年代，新加坡将发展海外经济、开展对外投资，特别是对东亚和东南亚国家的投资作为其经济发展的重要战略，先后与中国、越南、印度尼西亚、印度等国家合作建立海外工业园区，以达到有效利用国际市场和资源的目的。1990年，新加坡对外直接投资存量仅为78.1亿美元，占世界投资总存量的0.8%；当年流量为20亿美元，居世界第23位；至2019年，新加坡对外直接投资存量达到1.2万亿美元，实现了跨越式增长；当年对外直接投资流量达661亿美元，比1990年扩张了33倍多，年均增长率超过50%，占世界对外直接投资总额的4.7%，世界排名从第18位上升至第6位。至2022年，新加坡已经成为世界第10大对外投资国，对外投资存量近1.6万亿美元，占世界投资存量总额的4%，当年对外投资流量规模达507.8亿美元。

新加坡对外投资的目的地主要有中国内地、荷兰、印度、英国、印度尼西亚、中国香港特别行政区、澳大利亚、马来西亚。对外直接投资的行业主要是金融保险业、制造业，二者占新加坡对外直接投资的70%，其后依次是批发零售业、房地产业、信息通信业、专业科技服务和商业服务业。

（二）泰国对外直接投资发展概况

泰国投资促进委员会办事处是泰国制定对外投资政策、方针的主要机构。早期出于对资金外流会对泰国经济产生负面影响的考虑，泰国政府不鼓励其国内资金到国外投资。1988年，泰国政府提出了“变印支战场为商场”的政策，泰国对外投资逐渐增多，但是泰国投资促进委员会对投资仍有严格限制：投资超过500万美元的需经国家银行批准，低于500万美元的由各商业银行处理。1992年，泰国制定了多项促进投资的政策，其中一项是支持泰国商人扩充在国外的投资，政府将协助其解决在法律、税务方面的问题，并提供相关资料信息和服务。但直到2005年，泰国每年对外投资流量仍不足10亿美元。2006年以后，泰国对外投资规模不断扩大，2016年达到133.9亿美元，年均增长率近50%。此后，泰国对外投资规模呈波动状态，2021年泰国对外投资总额为191.5亿美元，创下了其对外投资的最高纪录。2022年，泰国对外投资额有所回缩，但投资存量仍达到1 798.3亿美元，占世界投资总额的1.1%。这表明泰国企业正加大在海外的投资力度，一方面是增加在境外的生产基地，另一方面也是开拓新的海外市场。可以说，泰国企业对外投资正成为推动国家经济增长的一股重要力量。

东盟国家是泰国最主要的对外投资目的地，2022年，对东盟地区的投资占泰国对外投资流量的43.5%，其中92%流向新加坡，位列第二与第三位的是开曼群岛、英属维尔京群岛。美国、中国香港特别行政区、澳大利亚、日本也是泰国重要的对外投资目的国或地区。中国在泰国对外投资流量中所占比例从2019年的0.54%上升到2022年的4.3%，升至第11位。泰国投资存量主要集中在中国香港特别行政区、新加坡和欧盟，分别占其投资存量的32.4%、13.9%和13.2%[①]。

（三）马来西亚对外直接投资发展概况

马来西亚的对外投资管理机构主要是马来西亚国家银行（马来语：Bank Negara Malaysia）。东南亚金融危机爆发以前，马来西亚对海外投资的监管相对较为宽松，根据马来西亚国家银行统计，每年马来西亚的对外投资额为130亿～150亿马来西亚林吉特[②]。金融危机爆发后，马来西亚政府对海外投资实行了非常严格的管制，规定所有居民，无论是否在国内借贷，凡付给外国人以用作投资用途的款项，每次不可超过10 000林吉特（约合2 632美元）或等值的外币，否则需经过国家银行批准。一些重大的海外投资工程项目，除须国家银行批准外，还须得到马来西亚贸工部的批准。2000年以后，随着马来西亚国内经济形势的逐渐好转，上述外汇管制措施已日益放宽。

2000—2014年的15年间，马来西亚对外直接投资年均增长速度达60.4%。马航事件以后，马来西亚政府对其海外投资的干预和监管逐渐加强；同时，受马来西亚国内投资内需拉动的影响，2015—2018年，马来西亚对外直接投资呈现出连续4年的大幅度下降趋势，2019年才有所恢复。至2022年，马来西亚对外投资存量1 376.5亿美元，占世界投资总存量的0.35%，当年实现对外投资流量133.2亿美元，增长率为184.9%，占当年世界投资总额的0.9%。

马来西亚对外投资的主要国家和地区为：欧盟、印度尼西亚、荷兰、新加坡、英国、美国和泰国等。马来西亚对外投资的形式主要是在东道国建立合资公司（包括成立新公司和购买当地公司），对外直接投资主要流入金融服务子部门以及制造业和采矿业[③]。

第三节 东南亚国际投资壁垒与投资便利化

一、国际投资壁垒的含义

（一）国际投资壁垒的定义

目前，国际或国内对投资壁垒没有统一的定义，各国判断国际投资壁垒的重要标准是

① 参见东盟数据门户（ASEAN Stats Data Portal）和东盟秘书处（https：//data.aseanstats.org/）的相关资料。
② 网群国际．马来西亚在华投资现状及促进投资建议［EB/OL］．［2023-01-25］．http：//www.cnzsyz.com/yazhou/info/363176.html.有删减．
③ Economic，Monetary and Financial Developments in 2021，https：//www.bnm.gov.my/documents/20124/6458996/emr2021_en_ch1.pdf.

《与贸易有关的投资措施协议》(TRIMs)、《服务贸易总协定》(GATS)、《技术性贸易壁垒协议》(TBT)等世界贸易组织协议对“投资措施”的解释，从而得出投资壁垒这一概念的基本含义。其中，TRIMs与国际投资壁垒的联系最为密切。

参照WTO规则和有关多边、双边协定对投资壁垒的界定，投资东道国（或地区）政府实施或支持实施具有下列情形之一者，视为设置投资壁垒：

(1) 违反该国（或地区）参与的与投资有关的多边条约或双边投资保护协定，或未履行参与的多边或双边投资协定规定的义务。

(2) 对来自外国的投资进入或退出该国（或地区）造成或可能造成不合理的阻碍或限制。

(3) 对外国在该国投资所设经营实体的经营活动造成或可能造成不合理的阻碍。

（二）国际投资壁垒的表现形式

与国际投资活动的三个环节相对应，投资东道国设置的投资壁垒主要有三种形式：投资准入壁垒、投资经营壁垒和投资退出壁垒，即外国投资在进入、退出东道国或在东道国经营过程中遇到的不合理的禁止、限制措施或造成的不合理的损害。

1.投资准入壁垒

根据TRIMs的规定，WTO成员未按照其承诺向外国投资开放某些特定领域，如不合理地限制外国投资的进入，或禁止、限制外国投资的领域过于宽泛，从而缩小外国投资者的投资范围，都属于国际投资准入壁垒。

但是如果投资东道国或地区采取产业政策导向、外资股权比例限制等做法，禁止外资进入关系到国家安全、国计民生或涉及公共利益的关键部门、行业，或限制外资进入东道国或地区需要重点保护的行业，只要不违反相关的国际条约，就不属于设置投资壁垒。

投资准入壁垒的具体表现包括：

(1) 对外资的审查缺乏明确的、稳定的客观标准，行政权力干预过多，审批程序烦琐，效率低下；

(2) 当地合作要求；

(3) 出口指标要求；

(4) 其他要求。

2.投资经营壁垒

投资经营壁垒指东道国或地区从产、供、销、人、财、物等多个方面，对外资企业的经营活动设置不合理的限制性投资措施，如工作签证难、当地成分要求、进出口产品要求、外汇管制平衡要求、出口销售限制、政府部门办事程序不透明或手续冗杂等，使外国投资者在东道国的正常经营受到阻碍。

投资经营壁垒的具体表现包括：

(1) 投资待遇标准。这指外资在东道国开展正常经营活动时适用的公平待遇、最惠国待遇和国民待遇等方面的标准。

(2) 履行要求。与外国投资者进入东道国时必须满足的条件不同，外资经营阶段的履行要求是指外资进入后在经营过程中必须满足东道国提出的条件，如当地成分要求、出口业绩要求，从而使外资经营环境发生改变。

（3）征收及赔偿。这指外资在东道国经营过程中财产被没收却毫无赔偿或得不到充分赔偿。

3.投资退出壁垒

东道国或地区为了限制外国投资退出或限制外资企业经营利润离境，或在外国投资退出时谋求不合理的本国利益，在投资退出环节设置限制性措施，使外国投资者的投资利益难以充分实现。

投资退出壁垒主要表现在两个方面：

（1）对外国投资的退出和外资企业经营利润的转移进行严格的限制，使外国投资不能自由退出，外资企业经营利润不能及时、有效地转移到投资者本国或第三国，或在退出及转移时蒙受不合理的损失。

（2）要求外资企业退出时必须逐步本地化，外资企业必须将其资本或技术部分或完全转让给本国企业。

此外，依据WTO《服务贸易总协定》第1.2条，“商业存在”是服务贸易方式之一。“商业存在”是指以投资设立经济实体形式完成服务提供，有关国家或地区针对“商业存在”在资本、人员和货物移动等方面设置的投资限制措施，既可归类于服务贸易壁垒，亦可视为投资壁垒。本教材将有关“商业存在”的投资限制措施归类于服务贸易壁垒。

二、东南亚国际投资壁垒

（一）东南亚国际投资准入壁垒

《东盟投资区框架协议》第7条和第8条分别对外资准入的国民待遇和最惠国待遇做出了规定，但又通过例外的方式，对外资设置了准入壁垒。这些例外分为三类：

（1）暂时排除表（Temporary Exclusion List）

列表中包含的产业和投资措施暂时对投资关闭并且不会给予国民待遇，但是会根据具体的时间表来缩减其中的部门。

（2）敏感部门表（Sensitive List）

列表中包含的产业和投资措施不会逐步缩减，但是东盟投资理事会在2003年以后会间隔性地对其进行审查，以决定是否开放投资。

（3）一般例外表（General Exception List）

列表中包含的产业和投资措施基于国家安全、公共道德和公共健康或者环境保护将不会开放给投资或给予国民待遇。

此外，由于东盟各国经济发展水平存在一定的差异，东盟投资协定赋予各成员国在投资准入方面较多的对外资开放产业或市场的自主权。因此，在投资的限制及股权规定方面，受各国国内投资相关法令约束较多，投资准入壁垒在东盟各国普遍存在：

新加坡对外资无一般性要求或义务，绝大多数产业领域对外资的股权比例等无限制性措施。但外资对银行和金融服务、保险、电信、广播、报纸、印刷、房地产、游戏等行业的投资需取得政府批准。在这些行业中，特定法律也可能对其设置外国股权限制、特殊许可或做出其他规定。

文莱对外商投资的限制较少。其允许外国企业注册公司、分支机构或代表处并拥有100%股权，外国投资者无须寻找当地合作伙伴即可进入市场，但所有企业都必须在财政和经济部登记处注册。

马来西亚对在金融、保险、法律服务、电信、直销及分销等行业投资的外资在股权方面实行严格限制，外资持股比例一般不能超过50%或30%。

泰国限制外资投资的行业有3类：①因特殊理由禁止外国人投资的行业；②须经商业部长批准的行业；③本国人对外国人未具竞争能力的投资业务，须经商业部商业注册厅长根据外籍人经商营业委员会决定批准后可以从事的行业。

印度尼西亚《投资法》规定，基于健康、道德、文化、环境、国家安全和其他国家利益的标准，政府可依据总统令对国内与外国投资者规定禁止行业。相关禁止行业或有条件开放行业的标准及必要条件，均由总统令确定。

菲律宾通过不定期地更新外国投资负面清单（FINL）设置外资准入门槛。

越南对投资项目实行负面清单制度。2021年1月1日生效的新版《投资法》明确规定了25个禁止外商投资的行业、59个有市场准入限制条件的行业。

柬埔寨对外资基本给予国民待遇，除土地所有权由于宪法规定仅允许柬籍公民和法人合法取得外，其他方面实行内外资一致。除了确立农业食品、自动驾驶、电子学、纺织服装、自行车及零件、家具和胶合板等投资优先部门之外，对外资准入没有限制。

缅甸在其《缅甸联邦共和国外国投资法》及其实施细则中规定了12个禁止外商投资的行业，外商只能与本地企业合资经营的行业共22个。

东帝汶规定外国投资者可投资除邮政服务、公共通信、受保护的自然保护区、武器生产与销售等由国家控制的领域以及法律禁止的其他活动（如犯罪活动和不道德的活动）以外的任何领域。

（二）东南亚国际投资经营壁垒

1.国民待遇

《东盟投资区框架协议》第7条“国民待遇条款”规定：东盟各缔约国给予另一方投资者及其投资在管理、经营、运营、维护、使用、销售、清算或此类投资其他形式的处置方面，不低于在同等条件下给予其本国投资者及其投资的待遇。根据协议，能够享受国民待遇的投资主体为所有缔约国和东盟国家的投资者。投资涉及的范围，总体上是在东道国投入的各种资产，即仅给予投资者准入后国民待遇，而不涉及外资准入的国民待遇。

2.最惠国待遇条款

《东盟投资区框架协议》第8条对最惠国待遇条款的规定如下：每个成员国应立即无条件地向其他成员国的投资者和其投资给予不低于给予任何其他成员国投资者和投资的优惠待遇；最惠国待遇涉及所有影响投资的措施，包括但不只限于准入、公司建立、采购、扩张、管理、运行和投资的部署。对于该协议中未涉及的投资，在任何现有或未来的协议或安排中给予一个成员国的优惠待遇，应以最惠国待遇为基础扩展到所有其他成员国。

3.征收

在1987年签订的《东盟促进和保护投资协定》中对征收做了明确规定。该协定要求，任何缔约方公民或公司的投资均不应被征收和国有化，除非该征收或国有化行为系出于公共目的、用途和利益，按正当法律程序进行并给予足够的补偿。在补偿方面，该协议规定，补偿必须是充分的；应相当于征收措施为公众知晓前一刻被征收投资的市场价值；补偿的支付允许以可自由使用的货币自由转移出东道国；补偿的清算和支付不得无理迟延。

（三）东南亚国际投资退出壁垒

《东盟促进和保护投资协定》对资本转移做出了以下规定：各成员国应依据其法律，允许与投资有关的所有形式的支付不受拖延地、以任何可自由兑换的货币自由转移；转移汇率以支付汇出之日可适用的通行汇率为准。

对资本汇回问题的规定体现在《东盟投资区框架协议》第15条：如果某成员国遇到严重的国际收支失衡和外部金融困难或相应的威胁，则该成员国可以采取或保持投资限制，且该成员国已经就此做出特别承诺，其中包括与承诺相关的转移支付。也就是说，东盟成员国可以为了保证收支平衡而限制投资，成员国也可以采取限制货币汇兑的措施控制资本流出。由此，在实践中，东盟内部各国的做法就有较大差异。新加坡对外汇无管制，不限制所获利润的汇回和兑换。而泰国虽然原则上允许利润和资本的汇出，但需向中央银行申请批准。

以世界银行2021年营商环境报告中的“办理破产”指标[①]来衡量的东南亚各国外国直接投资退出成本比较见表7-3。

表7-3　**东南亚各国外国直接投资退出成本比较**

指标 / 国家	耗时（年）	成本（资产价值的%）	清偿率（百分比）	破产制度框架健全指数
文莱	3	3.5	47.2	10.5
柬埔寨	6	18	14.6	13
印度尼西亚	1	21.6	65.5	10.5
马来西亚	1	10	81	7.5
缅甸	5	18	14.7	4
菲律宾	3	32	21.1	14
新加坡	1	4	88.7	9.5
泰国	2	18	70.1	12.5
越南	5	14.5	21.3	8.5

注：老挝、东帝汶暂无数据。

数据来源：https：//archive.doingbusiness.org/en/rankings.

① “办理破产”指标估算了破产程序的时间和成本，归纳了破产法规中存在的程序障碍。

三、东南亚证券市场一体化

由于所处发展阶段和发展水平存在较大差异，东南亚各国的证券市场在发展和监督管理方面体现出了各自的特殊性；同时，东南亚主要国家证券交易市场之间存在着较强的相互依赖性。相较于单纯的国内因素，国际因素更能影响东南亚各国证券交易市场的长期走势，因此，在东南亚区域内也呈现出证券市场一体化乃至资本一体化的趋势。

2007年11月，在第十三届东盟首脑会议上，东盟通过了《东盟经济共同体蓝图》(ASEAN Economic Community Blueprint)，该蓝图确定了东盟经济共同体资本市场一体化的发展目标：资本可以自由流动；公司可以在区域内任何一个资本市场发行证券筹资；投资者可以自由选择区域内的任何资本市场进行投资。

根据该目标，2011年4月，东南亚10国开启了东盟国家交易所（ASEAN Exchanges）连接计划。印度尼西亚、马来西亚、菲律宾、新加坡、泰国和越南6个东盟国家建立区域股票市场，即把马来西亚证券交易所、河内证券交易所、胡志明市证券交易所、印度尼西亚证券交易所、菲律宾证券交易所、新加坡证券交易所和泰国证券交易所7个主要交易所连接起来，成立东盟国家交易所。2012年9月18日，6国正式启动东盟证券交易平台对接项目，计划实现该地区资本市场的一体化。

东盟证券市场一体化的作用是：

（1）东盟证券市场一体化有利于深化东盟国家间的金融合作，扩大企业直接融资规模，促进区域内的资源自由流动和资本有效配置。

（2）实现整合后的东盟国家交易所按市值计算将成为全球第八大交易所。通过并购整合形成合力，有利于提高东盟各成员国在国际资本市场上的竞争力，避免被边缘化，确保区域内资本市场的流动性，更好地抵御境外热钱的冲击。

（3）区域资本市场的合作也能够倒逼东盟各国完善其国内市场环境和政策法规，消除成员国之间的金融监管壁垒，进一步推动东盟区域经济一体化进程。

（4）东盟证券市场一体化进程也吸引发达经济体参与其中。如韩国证券期货交易所参股援建老挝证券交易所和柬埔寨证券交易所，东京证券交易所援建仰光证券交易所，澳大利亚加强了对东盟证券市场的发展援助和合作。

四、东南亚国际投资便利化

（一）投资便利化的概念

投资便利化是继投资保护、投资自由化、投资促进之后国际投资合作发展的新趋势。2008年，亚太经济合作组织（APEC）在《投资便利化行动计划》中首次提到了“投资便利化”一词，将其定义为“东道国政府为吸引外国投资，在投资周期的全部阶段所采取的一系列使其管理效率和制度有效性达到最大化的措施（actions）”。同时，该计划也提出了实施投资便利化行动计划的三个优先事项：提升透明度、减少投资者的风险、简化投资管理[①]。

2016年，联合国贸易和发展会议在其发布的《投资便利化的全球行动方案》中指出，投资便利化的目的在于解决投资障碍，提高国家相关政策措施的透明度，改善投资者对相关信息的获得，提供有效的行政管理程序，增强投资政策的可预见性，提高政府官员的负责性和效率，减少投资争端[②]。

投资便利化与投资自由化的内涵存在显著差异：投资便利化是指东道国软硬件基础设施、制度和规则层面的环境条件是否有助于投资活动的顺利完成，更趋向于强调客观环境与条件因素；投资自由化则是一个市场准入和人为限制问题，更趋向于强调东道国的主观政策选择和取向。

投资便利化与投资促进也有着明显的区别。投资促进涉及投资目的地的确定，以吸引、维持投资为目标，税收减免和财政支持是各国投资促进的主要措施；同时，与提高透明度的便利化举措相配合，促使投资者开创、经营并扩大在东道国的业务。由于差异性和竞争性，各国的投资促进措施会给东道国造成财政负担[③]。

与投资促进不同，投资便利化措施不会给东道国造成较大的财政负担，而是将投资促进的作用范围进一步延伸，是使投资者更容易扩大现有投资规模的重要举措。其重点从市场准入、关税等边境议题向监管一致性等边境后议题调整，涉及综合市场准入、商贸环境、政府效率、宏观经济状况、基础设施水平、法律制度环境、金融服务和劳动力市场等指标。

综上所述，"国际投资便利化"是指通过简化或协调国际投资周期全部阶段涉及的各种手续和程序，为企业投资创造更加开放、透明、便捷和可预见的投资环境，使投资资金能够高效流动，降低交易成本并获得最大利益。

（二）投资便利化的内容

国际投资便利化的内容不仅包括简化和协调国际投资活动中的各种程序、手续的法律条文，还包括投资周期全部阶段实现效率最大化的一系列措施，涵盖政府在人力资本培育、金融服务咨询和基础设施建设等方面的努力。

投资便利化通常包含六个方面的内容：资金结算、投资准入、投资保护、投资待遇、争端解决和国际合作。

资金结算主要是指将在东道国获得的利润顺利汇回母国。

投资准入主要是指投资领域的开放和在东道国设立企业及管理企业程序的简便化。

投资保护主要是指东道国在投资企业面临征收风险、政治风险等非商业风险时，对投资企业提供的保护措施和保护力度以及母国是否具备完善的海外投资保险制度。

投资待遇主要是指东道国是否给予投资企业非歧视待遇、最惠国待遇和国民待遇等。

争端解决主要是指发生法律纠纷时管辖权的归属。

国际合作主要是指通过建立自由贸易区等经济合作形式促进两国投资便利化。[④]

---

① 王海英，刘爽，衣淑玲．贸易投资便利化规则研究［M］．长春：吉林人民出版社，2020.
② 王海英，刘爽，衣淑玲．贸易投资便利化规则研究［M］．长春：吉林人民出版社，2020.
③ 参见联合国贸易和发展会议（UNCTAD）发布的《投资便利化的全球行动方案》。
④ 唐海涛．"一带一路"倡议下保障我国海外投资便利化的国内法律制度研究［M］．成都：电子科技大学出版社，2019.

东南亚地区的投资便利化进程主要从东盟内部投资便利化进程和东盟整体与外部国家或地区的投资便利化进程两个维度展开。

（三）东盟内部投资便利化

东盟内部的投资便利化进程大致经过东盟投资区、东盟自由贸易区、东盟经济共同体和东盟共同体四个阶段。其中，东盟投资区直接以资本自由流动和投资便利化为建设内容；东盟自由贸易区围绕成员国间的贸易零关税和投资自由化不断推进；东盟经济共同体除了致力于零关税和投资自由化外，还致力于形成一个生产要素能够自由流动的统一大市场，实现全面的经济一体化；东盟共同体构筑于安全共同体、经济共同体和社会文化共同体的基础之上，旨在谋求建设更为全面和统一的东盟。

1987年，印度尼西亚、泰国、新加坡、菲律宾、马来西亚、文莱等东盟成员国签署了《促进和保护投资协定》，亦称《东盟投资担保协议》，旨在促使跨国公司在东盟成员国间能够获得公平待遇。其开启了构建统一东盟投资目的地的基本理念。

1995年12月，东盟各国领导人在曼谷首脑会议上同意建立更为便捷、更富自由、更加透明的东盟投资区（AIA），以吸引更多的资金到东盟地区投资。

1996年9月，东盟修订了《促进和保护投资协定》，内容包括简化投资手续和审批程序，提高投资法规的透明度，以及及时提供有关信息等投资便利化措施。

1997年12月，第2届东盟首脑非正式会议批准了《2020年远景目标》，提出在2010年建成东盟投资区。

1998年10月，东盟第30届经贸部长会议正式签署《东盟投资区框架协议》（Framework Agreement on ASEAN Investment Area），东盟投资区建设取得了实质性进展。该协议的主要内容是：

（1）通过建设东盟投资区，撤除影响资本自由流动的各种壁垒，简化投资手续和提高政策法规的透明度，整合东盟各国市场，形成一个能够创造规模经济、进行协同生产、降低交易成本的大市场，并最终成为一个较为统一的、自由的、透明的“单一投资区”，以提高东盟对外国直接投资的吸引力和竞争力。

（2）自2010年起，对区域内所有成员国的投资者适用国民待遇，对成员国投资者开放所有产业；自2020年起，适用于世界各国（区域）的投资者。

（3）东盟各国都列出仅允许东盟成员投资的部门清单，对区外不开放部门的引资限制，东盟6个老成员国和缅甸在2003年撤销，越南和老挝将“努力尽早”撤销以参加东盟投资区，最迟不超过2010年撤销对投资的限制。目前，东盟多数国家已经对投资者提供最惠国待遇和国民待遇。

AIA适用范围为所有外国直接投资，不仅能够推动东盟区域内的资本自由流动，提升东盟的整体经济运营效率，也能提升东盟作为区域经济整体的投资吸引力，增强东盟整体在吸引全球范围内的国际直接投资方面的竞争力。

2001年11月，第7次东盟首脑会议通过了《河内宣言》、《河内行动计划》和《大胆措施声明》三个文件，决定加快东盟投资区建设的进程，并将投资区建设纳入东盟自由贸易区、东盟经济共同体以及东盟共同体整体框架的建设中。

2009年2月26日，东盟各国共同签署了《东盟全面投资协议》（ASEAN Comprehensive Investment Agreement，ACIA)，并于2012年3月29日正式生效。《东盟全面投资协议》是对1987年《东盟促进和保护投资协定》以及1998年《东盟投资区框架协议》的发展与完善。截至2022年年底，东盟各国已签署ACIA4个修正议定书，是东盟投资区最为关键的法律文本载体。

ACIA协议由49个条款、2个附录和1个例外表组成，包括投资自由化、投资保护、投资便利化和投资促进4项内容。其不仅适用于东盟以外国家或地区在东盟各成员国的对外直接投资，也适用于东盟各成员国之间的相互直接投资。

ACIA旨在将东盟建设成一个自由、开放、不存在歧视的统一大市场与生产基地，并最终实现东盟的经济一体化目标。在投资区内，投资者不会遭遇投资歧视，个别例外领域除外，但这些领域将逐渐被消除；与投资相关的法律、法规公开透明；投资者及其投资将得到保护。

为了实现这些目标，ACIA对各成员国做出规定：①逐步推进投资自由化；②加大保护投资者及其投资的力度；③增强投资制度、规则和程序的透明度和可预见性；④作为一个区域整体合力推进投资促进工作；⑤通力协作，为成员国之间的相互投资创设优惠条件[①]。

ACIA规定的四项基本原则是：①各成员国提供投资自由化、投资保护、投资促进和投资便利化；②各成员国使投资者及其投资能够获得良好的财务收益；③维持和协调各成员国之间的投资优惠政策；④全面履行《东盟投资区框架协议》与《东盟促进和保护投资协定》的承诺。对以上四项基本原则的恪守，使东盟成为自由、便利、透明、富有竞争力的全球投资目的地。

ACIA建立了一套更加透明、可持续和具有可预见性的投资体制、规则和政策协调手段，提供了一个更加透明的投资环境；进一步简化和畅通投资申请和批准程序，加强各国政府在投资政策上的协调，提供各种投资政策信息，加强与私人企业的磋商以便利其投资。ACIA实施之后，东盟成员国的投资者享有的各项权利，东盟之外的投资者也将同样享有。

2021年9月，第53届东盟经贸部长会议通过了《东盟投资便利化框架》(ASEAN Investment Facilitation Framework，AIFF)，提出在东盟范围内努力打造一个不具有法律约束力的东盟投资便利化框架。

《东盟投资便利化框架》的提出旨在提高投资措施的可及性与透明度，简化和加快行政程序，为投资创造有利条件，同时确保民众等利益攸关方充分受益。

2021年5月，东盟秘书处在其发布的《〈东盟经济共同体蓝图2025〉中期评估报告》中提出建议，东盟各成员国要实施加强投资便利化的区域方案；努力落实不具有法律约束力的东盟投资便利化框架的要求，以便提高普遍适用措施和有利于增加投资的有关信息的可及性和透明度；简化投资进入、保留和扩大的行政程序和要求；为投资和经商创造有利条件。

总体来看，东盟内部投资便利化的载体——东盟投资区的建设从属于东盟自由贸易区、东盟经济共同体及东盟共同体的建设。由于东盟各成员国的发展水平、政治制度、社

① 根据《东盟全面投资协议》整理而得。

会形态和法律体系均不相同，这决定了东盟共同体是一个有限的共同市场。东盟共同体主要依据具体的区情和国情，制定和规划其共同市场的发展蓝图，采取推动共同市场发展的步骤和措施。从目前东盟共同体实行的共同市场相关规划和实际运作来看，一些成员国的关税减让中仍存在例外清单产品，敏感产品取消关税滞后，非关税壁垒削减受阻，东盟对外统一关税尚未形成；东盟各国的服务贸易部门仍有选择和有限地开放，服务提供方式方面自由化仍保留限制措施，市场准入和国民待遇方面自由化也有局限。尽管东盟各国放宽了对外国投资部门的限制，但一些国家敏感部门仍有诸多约束，金融服务业开放相对较慢，东盟区域内统一的资本市场尚未完善；东盟区域内劳动力的自由流动仅限于专业人员和技能工人，专业人才资质的互相认证进展缓慢。东盟内部投资便利化仍是一个不断深化的渐进性发展过程。

（四）东盟与外部国家或地区的投资便利化进程

从全球经贸规则重构的模式与路径来看，以WTO为框架的全球多边谈判进程受阻，取而代之的是诸边谈判。东盟与外部国家或地区的投资便利化发展特征表现为以“东盟”为一个统一的整体，依据“10+N”的自贸区建设与谈判逻辑，逐渐形成了“10+1”、“10+3”和“10+6”等区域经济一体化合作机制，加强与区域外经济体的合作，并在多维合作的谈判逻辑和博弈框架中使东盟自身处于关键、核心或领导地位。目前，以东盟为中心的RCEP合作框架以及打造中国-东盟自贸区升级版，是推动和左右东盟与外部国家或地区投资便利化进程的主要力量。

1.RCEP框架下的投资便利化

2011年11月，东盟提出制定RCEP倡议，即在东盟10国的基础上，制定一个以东盟为核心、囊括更大范围的区域自贸协定。2022年1月1日，《区域全面经济伙伴关系协定》（RCEP）正式生效并开始实施。

（1）RCEP投资规则的主要内容

RCEP投资规则是在原有5个“东盟10+1自由贸易协定”投资规则基础上的全面整合和升级，是RCEP的重要组成部分，分为文本规则和负面清单两部分。

文本规则包含投资章节18个条款和两个附件，对投资保护和市场准入的实体义务等做出了较为全面的规定：

① 给予成员方投资者及其投资包括准入前阶段的国民待遇和最惠国待遇；

② 规定了投资待遇（公平公正待遇）、征收、外汇转移、损失补偿等投资保护的具体纪律；

③ 纳入了高级管理人员和董事会，超过WTO水平的禁止业绩要求等条款；

④ 细化了投资促进和投资便利化措施，重视外商投资纠纷的协调解决；

⑤ 设置了负面清单（保留和不符措施）、安全例外等机制，保留政府管理外资的合理政策空间。

（2）RCEP投资负面清单

除文本规则外，RCEP附件三（服务和投资保留及不符措施承诺表）列出了各成员方关于投资领域的负面清单。

一般来说，成员方在RCEP对其生效后，应给予其他成员方投资者非歧视的待遇，特别是在市场准入方面，除非该成员方在投资负面清单中做出保留。

引入“准入前国民待遇+负面清单”制度是RCEP投资规则达成的最重要成果之一。保留和不符措施条款（第十章第八条）规定了负面清单的基本纪律，服务和投资保留及不符措施承诺表（协定附件三）列出了各成员方关于投资领域的不符措施清单。

这里需要注意以下三点：①RCEP投资负面清单仅涉及非服务业（包括制造业、农业、林业、渔业、畜牧业及采矿业等）。有关服务业的保留，列在服务具体承诺表（协定附件二）内。部分成员（澳大利亚、文莱、日本、韩国、马来西亚和新加坡）采用了服务和投资合一的负面清单模式。②成员方只允许通过负面清单列出本国采取的与投资章节四个义务（国民待遇、最惠国待遇、禁止业绩要求、高级管理人员和董事会）不符的措施，投资章节的其他义务不能通过负面清单进行保留。③RCEP投资负面清单属于国际协定，并不简单等同于一国的外资准入政策。

准入前国民待遇+负面清单、间接征收、禁止业绩要求等内容实现了在成员方之间既有投资协定基础上的增值，体现了高水平国际投资协定的发展趋势；同时，RCEP投资规则通过审慎设置过渡期、国别保留等多种方式兼顾成员方经济发展水平差异和个别成员的特定关切，体现了规则的灵活性和包容性。

（3）RCEP投资规则关于投资便利化的规定

RCEP投资章节第十六条和第十七条在投资促进和投资便利化方面有较为具体的规定。投资便利化的主要内容包括：

① 简化其投资申请及批准程序；

② 设立或维持联络点、一站式投资中心、联络中心或其他实体，向投资者提供帮助和咨询服务，包括提供经营执照和许可方面的便利；

③ 接受并适当考虑外商提出的与政府行为有关的投诉，以及在可能的范围内帮助解决外商和外资企业的困难。

（4）禁止业绩要求条款的规定

RCEP第十章第六条专门设置了禁止业绩要求条款，规定了成员国不得采取禁止业绩要求的8种具体情形，包括出口实绩、当地含量、购买国货、外汇平衡、限制国内销售、强制技术转让、特定地区销售和规定特许费金额或比例；不能作为给予外国投资者优惠的要求有4种情形，包括当地含量、购买国货、外汇平衡、限制国内销售。

RCEP投资规则涵盖投资保护、投资自由化、投资促进和投资便利化4个方面，既继承了传统投资协定的主要内容，也体现了国际投资缔约实践的新发展。

目前，东盟约40%的投资来自RCEP成员，其中24%来自非东盟RCEP成员。RCEP投资规则的顺利实施为东盟内部、东盟与非东盟RCEP成员之间的投资、生产和企业内部交易创造了一个更加稳定、开放、透明和便利的投资环境。

2.中国与东盟投资便利化

中国与东盟互为重要的投资来源地和目的地。截至2023年7月，中国与东盟国家双向投资额累计超过3 800亿美元，在东盟设立直接投资企业超过6 500家[①]。中国与东盟之间的投资便利化持续推进，为双边投资的相互融入提供了有力保障。

---

① 李婕．中国-东盟经贸合作提质升级［EB/OL］．［2023-08-26］．https：//www.gov.cn/yaowen/liebiao/202308/content_6900182.htm.

2009年8月，中国与东盟签署《中国-东盟自贸区投资协议》（以下简称《投资协议》），于2010年2月生效。《投资协议》由27项条款组成，涵盖投资原则、投资保护、投资待遇、机制建设和争端解决机制等主要内容，并从四个方面明确提出了具体的便利化措施：

（1）为各类投资创造必要环境。

（2）简化投资适用和批准的手续。

（3）促进包括与投资规则、法规、政策和程序相关的投资信息的发布。

（4）在各东道国建立一站式投资中心，为商界提供包括便利营业执照和许可发放的支持与咨询服务。

这些措施有助于改善成员国的营商环境，促进双边投资，并提升中国-东盟自贸区作为一个整体在全球投资版图中对FDI的吸引力，即为形成中国-东盟投资区奠定基础。

2015年11月22日，《中华人民共和国与东南亚国家联盟关于修订〈中国-东盟全面经济合作框架协议〉及项下部分协议的议定书》（以下简称为《议定书》）正式签署，双方承诺在服务贸易和投资等领域向高水平自由贸易区迈进。

该升级版《议定书》已于2016年7月1日正式生效。升级版《议定书》承诺推进投资便利化，不仅通过组织相关投资研讨会来促进双方投资，而且还简化投资批准手续，提高与投资相关的法律、法规的透明度和更新发布速度，并为商界提供投资方面的咨询服务和其他支持方式；双方政府亦同意为许多合作项目提供资金支持。

2019年，中国-东盟自贸区升级至2.0版，双方进一步互相开放市场。

2022年11月，中国与东盟启动中国-东盟自贸区3.0版升级谈判，并于2023年2月、4月相继开展了两轮磋商，谈判涵盖货物贸易、投资、数字经济和绿色经济等领域。

总体来看，中国与东盟的投资便利化进程将遵循渐进性发展的基本原则，双边市场的开放程度将随着双方社会经济的不断发展而渐进性提升，更多的双边投资责任与义务将主要聚焦于进一步加强投资促进和投资便利化合作，为投资者及其投资创造稳定、便利和透明的商业环境，为双方进一步加强投资合作注入强劲的动力。

案例剖析

世界银行发布的《2020年营商环境报告》通过开办企业便利性、办理施工许可证、电力可获得性、登记财产、信贷可获得性、保护中小投资者、纳税、跨境贸易、执行合同、办理破产10项营商便利度指标，对全世界190个国家和地区进行测算并排名，营商便利度排名越高，说明该国或地区投资环境更有利于企业的启动和运营。表7-4是东南亚11国的营商便利度各项指标排名。

表7-4 东南亚11国营商便利度各项指标排名

国家	营商便利度排名	开办企业便利性	办理施工许可证	电力可获得性	登记财产	信贷可获得性	保护中小投资者	纳税	跨境贸易	执行合同	办理破产
新加坡	2	4	5	19	21	37	3	7	47	1	27

续表

国家	营商便利度排名	开办企业便利性	办理施工许可证	电力可获得性	登记财产	信贷可获得性	保护中小投资者	纳税	跨境贸易	执行合同	办理破产
马来西亚	12	126	2	4	33	37	2	80	49	35	40
泰国	21	47	34	6	67	48	3	68	62	37	24
文莱	66	16	54	31	144	1	128	90	149	66	59
越南	70	115	25	27	64	25	97	109	104	68	122
印度尼西亚	73	140	110	33	106	48	37	81	116	139	38
菲律宾	95	171	85	32	120	132	72	95	113	152	65
柬埔寨	144	187	178	146	129	25	128	138	118	182	82
老挝	154	181	99	144	88	80	179	157	78	161	168
缅甸	165	70	46	148	125	181	176	129	168	187	164
东帝汶	181	68	159	126	187	173	157	136	107	190	168

数据来源：https：//archive.doingbusiness.org/en/rankings.

问题：阅读以上材料，讨论在当前形势下东南亚各国之间应如何加强合作，以便为国际投资活动的顺利开展创造良好的环境。

提示：近年来，东南亚国家有关或专门针对“投资便利化”的制度文件在国际、区域及国内各层面不断出台，但在投资便利化的具体实施过程中还存在不少困难和问题，需要各国在组织机构、法规政策、信息技术等方面加强协调，进一步放宽市场准入，营造法治化、国际化、便利化的营商环境。

本章小结

1.国际投资分为国际间接投资和国际直接投资。国际间接投资也可称为国际证券投资，是指在国际证券市场上通过购买外国企业发行的股票和外国企业或政府发行的债券等有价证券，以获取利息或红利的投资行为。国际直接投资是指一国的自然人、法人或其他经济组织单独或共同出资，在其他国家的境内创立新企业，或增加资本扩展原有企业，或收购现有企业，并且拥有有效控制权的投资行为。

2.国际直接投资环境是指一国的投资者开展国际直接投资活动所面对的各种外部条件和因素。各国政治、经济、社会、文化等方面的差异使外国投资者面临着许多不确定因素，这些不确定因素可能会给投资安全和生产经营活动带来不利影响。投资环境既包括政治、法律、经济方面的内容，也包括社会、文化、自然、地理等方面的内容。它们都会不同程度地对外国投资者产生影响。常见的国际直接投资环境评估方法有投资障碍分析法、抽样评估法、投资环境等级评分法、加权等级评分法等。

3.东南亚11国中有9国都已经建立起自己的资本市场。其中，新加坡、马来西亚、泰国证券交易市场对整个东南亚证券交易市场具有主导作用。

4. 东南亚大部分国家在引进外国直接投资的发展过程中，几乎都经历了1997年亚洲金融危机、2001年世界性经济衰退、2009年全球金融危机以及2020年疫情后的全球经济萎缩四个时间节点，投资流量的巨大波动性和不稳定性成为每个东南亚国家在吸引外资方面的共同特征。

5. 东南亚各国对外直接投资起步晚、规模小。新加坡是东南亚地区最大的对外投资国。

6. 东南亚国际投资壁垒主要有三种形式：投资准入壁垒、投资经营壁垒和投资退出壁垒，即外国投资在进入、退出东道国或在东道国经营过程中遇到的不合理的禁止、限制措施或造成不合理的损害。

7. 东南亚各国的证券市场在发展和监督管理方面体现出了各国的特殊性；同时，也呈现出区域内证券市场一体化乃至资本一体化的趋势。

8. 投资便利化是继投资保护、投资自由化、投资促进之后国际投资合作发展的新趋势。投资便利化通常包含六个方面的内容：资金结算、投资准入、投资保护、投资待遇、争端解决和国际合作。

9. 东南亚地区的投资便利化进程主要从东盟内部投资便利化进程和东盟整体与外部国家或地区的投资便利化进程两个维度展开。其中，东盟投资区建设成为东盟内部投资便利化进程的关键内容，其根本宗旨是提升东盟作为一个整体的商业运营环境、投资便利化程度、市场开放程度、法律和相关制度的透明度，最终提升东盟在全球FDI版图中的竞争力和吸引力。

10. 东盟与外部国家或地区的投资便利化发展特征表现为将东盟作为一个统一的整体，依据“10+N”的自贸区建设与谈判逻辑，逐渐形成了“10+1”、“10+3”和“10+6”等区域经济一体化合作机制。目前，以东盟为中心的RCEP合作框架以及打造中国-东盟自贸区升级版，是推动和左右东盟与外部国家或地区投资便利化进程的主要力量。

思考与练习

简答题

1. 国际直接投资有哪些方式?
2. 国际投资环境分析的主要内容是什么?
3. 国际投资环境分析与评估的主要方法有哪些?
4. 国际债券有哪几种类型?
5. 简述东南亚国际投资壁垒的主要形式。
6. 简述东南亚投资便利化进程。

第八章　东南亚国家对外贸易政策

本章要点

本章介绍东南亚11个国家的对外贸易政策，包括对外贸易主管部门、对外贸易法律法规、进出口管理方面的规定、进出口商品检验检疫和海关管理规章制度，比较了东南亚各国对外贸易政策的联系和区别。

❖ **案例引导**

RCEP为区域经济发展注入新动能

2023年年初，《区域全面经济伙伴关系协定》（RCEP）对印度尼西亚正式生效。RCEP自2022年1月1日生效实施以来，成员国间货物贸易成本明显降低，有力促进了区域产业链供应链价值链深度融合，提升了成员国的经济复苏信心，为区域乃至全球贸易投资增长注入了新的动能。

RCEP涵盖贸易投资自由化便利化的方方面面，其生效实施能有效推进成员国间的经贸合作和区域经济一体化，为亚太区域经贸金融合作发展带来新机遇。

位于泰国“东部经济走廊”的豪迈（泰国）有限公司生产车间内，工人们正加紧生产销往全球的汽车轮胎模具。该公司的供应商主要来自中国、日本和韩国。一年多来，采购原材料的通关效率显著提升，该公司国际市场销售利润不断增长。同样受益于RCEP的还有长城汽车泰国罗勇工厂，RCEP生效实施后，汽车零配件进口到泰国更加便捷，使得该公司产能和效益不断提升。

据泰国海关统计，RCEP生效实施后，有3.9万种泰国产品获得关税优惠，其中2.9万种实现零关税。一些生鲜产品的通关时间从之前的48小时缩短至6小时。泰国商业部贸易谈判司司长奥拉蒙表示，泰国与RCEP成员国的进出口总值超过泰国对外贸易总额的50%，RCEP生效实施对泰国与其他成员国之间的贸易提振效果明显。在投资领域，RCEP涵盖的市场和消费者群体非常庞大，巨大的市场将为RCEP成员国吸引更多域外投资。

柬埔寨公布的数据显示，2022年上半年，该国对RCEP成员国出口额达32.8亿美元，比上年同期增长近10%。RCEP和柬中自贸协定是促进柬埔寨出口增长的重要因素。受益于RCEP，柬埔寨的更多产品进入其他成员国。从长远来看，这两个协定将持续为柬埔寨的经济增长提供助力。

越南水产品出口势头也因RCEP而大幅上扬。目前，越南向世界160多个市场出口水产品，其中，对RCEP成员国的出口量占其出口总量的63%以上。2022年前10个月，越南水产品出口额达95亿美元，同比增长34%。越南工贸部部长表示，RCEP相关规则及其他优惠措施的实施，将促进越南企业原材料供应的多元化和最优化，有利于企业提高生产率、产品质量和竞争力，拓展新的供应链，促进国际贸易和经济增长。

新加坡国立大学副教授顾清扬表示，RCEP成员国之间具有很强的产业互补特征，RCEP确定的原产地累积规则使得相关产业布局可以更加灵活地遵从效率原则，这将有力促进成员国之间的产业链和供应链整合。RCEP成员国之间直接投资的增长反映出区域内产业链整合的势头不断加强，同时对区域外经济体具有强大的吸引力，正在吸引越来越多的外部投资。

2022年3月18日，RCEP对马来西亚正式生效。当日，北京福田国际贸易有限公司成为北京市首个享受RCEP框架下马来西亚税收优惠的企业，出口马来西亚的24台卡车，关税税率由30%降为5%，平均每辆卡车减税约4万元人民币，出口竞争力大幅提升。

作为区域经济合作重要参与方，中国高质量实施RCEP。中国商务部联合多部门印发《关于高质量实施〈区域全面经济伙伴关系协定〉（RCEP）的指导意见》，组织RCEP系列专题培训；各地海关不断优化原产地证书签证模式及监管流程；国家市场监管总局与RCEP多个成员国建立固定标准化信息交换渠道……中国与各方携手推进区域经济一体化，不断塑造合作和竞争新优势。据中国海关总署统计，2022年中国与RCEP贸易伙伴的进出口总额达到12.95万亿元，同比增长7.5%，占中国外贸总额的30.8%。

联合国贸发会议秘书长格林斯潘表示，在全球开放程度不断下降、贸易成本不断上升、供应链出现瓶颈的情况下，RCEP为世界经济发展作出了积极贡献。在促进全球开放合作与维护多边贸易体制方面，中国发挥着越来越重要的作用。

中国商务部表示，将以RCEP为新起点，与更多的贸易伙伴商签自贸协定，扩大面向全球的高标准自由贸易区网络；进一步提高货物贸易、服务贸易和投资市场开放水平，积极参与数字经济、环境保护等新规则议题谈判，稳步扩大规则、规制、管理、标准等制度型开放，更好服务贯彻新发展理念、构建新发展格局、推动高质量发展。

2022年，中国对RCEP其他成员国进出口增速超过两位数的达8个，其中对印度尼西亚、新加坡、缅甸、柬埔寨、老挝进出口增速均超过20%。RCEP实现了区域内经贸规则协同，加速地区产业链供应链融合，为中国与东盟进一步深化经贸关系提供了助力，也为区域经济发展提供了强大动力。

马来西亚太平洋研究中心首席顾问胡逸山表示，对于东南亚国家来说，RCEP在进一步消除区域内贸易壁垒方面发挥了重要作用。

越南媒体分析认为，RCEP的生效实施为东盟地区在贸易、投资、知识产权、电子商务领域建立起具有约束力的法律框架，营造了更加公平的竞争环境。

柬埔寨商业大臣潘索萨表示，在全球不确定性上升的背景下，保护主义抬头等对全球经济产生了不利影响。RCEP不仅推动地区经贸恢复增长，也为相关参与者之间加强政策协作提供了空间。

印度尼西亚中华总商会总主席张锦雄认为，RCEP整合资金、资源、专业技术和服务，形成一个完整的区域经济合作循环。当前全球经济增长动能不足，RCEP的实施为推动经贸发展提供了稳定性和有序性，将推动地区经济持续发展。

泰国前副总理、泰中友好协会会长功·塔帕朗西在接受采访时表示，RCEP生效有利于推动投资便利化，带动区域内各国相关产业发展，更多企业尤其是中小企业因此获益，这有力促进了泰国及其他东盟国家的经济发展。

RCEP各项规则的进一步落实，将产生更加明显的积极效应，助力亚太经济一体化进程向前发展。

资料来源：章念生，孙广勇．RCEP为区域经济发展注入新动能［N］．人民日报，2023-02-05（3）．

第一节　新加坡、文莱对外贸易政策

一、新加坡对外贸易政策

新加坡位于马来半岛的最南端，北面与马来西亚接壤，南面与印度尼西亚隔海相望，毗邻马六甲海峡南口，连接太平洋和印度洋。新加坡拥有闻名于世的天然良港，是著名的国际大洋航线枢纽，是东南亚的航运中心，起着沟通欧洲、亚洲、非洲和大洋洲海上交通的作用。新加坡政府积极发展对外贸易，一方面受其历史因素影响，新加坡自建埠以来一直作为一个自由港进行经贸活动；另一方面由其基本国情决定，由于新加坡国土面积小、自然资源贫乏、人口稠密、四面环海、地处两大洋的交通要塞，积极发展对外贸易成为新加坡生存和发展的最佳选择。

（一）对外贸易主管部门

新加坡主管对外贸易的政府部门是新加坡贸易与工业部（Ministry of Trade and Industry，MTI），简称贸工部，负责新加坡贸易和工业政策的制定与实施。它的主要职责是促进经济增长，创造良好的就业机会，使新加坡人能够改善生活，确保新加坡经济继续保持竞争力，吸引投资，培育新加坡企业的全球竞争力。

新加坡贸易与工业部共有九个法定机构和一个政府部门。法定机构分别是：科技研究局（A*STAR）、经济发展局（EDB）、新加坡企业发展局（ES）、裕廊集团（JTC）、新加坡旅游局（STB）、新加坡竞争和消费者委员会（CCCS），能源市场管理局（EMA）、酒店许可局（HLB）和圣淘沙发展集团（SDC）。法定机构的工作范围包括推动研究和创新，打造先进的能源格局，促进当地企业和发展新加坡旅游业等。政府部门是新加坡统计局（DOS），监督事务司提供统计和统计服务，增强社会经济决策能力。

（二）对外贸易法律法规

新加坡管理对外贸易的法律法规主要包括《进出口管理法》《海关法》《自由贸易区法》《反倾销和反补贴税法》《货物买卖法》《商务争端法》《竞争法》《商船运输法》《禁止化学武器法》《战略物资管制法》等。

（三）对外贸易管理的相关规定

1.进口管理

新加坡早在1984年就成为WTO前身关税与贸易总协定《进口许可程序协议》的缔约国，它承诺将进口许可证数目保持在最低限度，并且不把数量限制作为进口许可证的一部分，因此，新加坡对大多数进口商品没有配额限制，也无需进口许可证。只有当出于公众健康、公共安全以及环境卫生方面的考虑时，才会对少数商品实行进口许可，其他的大多数商品均可自由输入。

货物进口到新加坡前，进口商需通过贸易交换网向新加坡关税局提交准证申请。如符合有关规定，新加坡关税局将签发新加坡进口证书和交货确认书给进口商，以保证货物真正进口到新加坡，没有被转移或出口到被禁止的目的地。一般情况下，所有进口货物都要缴纳消费税。如果进口货物是受管制的货物，必须向相关主管部门提交准证申请并获得批准。

2.出口管理

新加坡非受管制货物通过海运或空运出口，必须在出口后3天内，通过贸易交换网提交准证申请。受管制货物，或非受管制货物通过公路和铁路出口的，需要在出口之前通过贸易交换网提交准证申请。出口受管制货物必须事先取得相关主管机构的批准或认可。

新加坡严格限制出口的商品数目极少。依据新加坡《进出口管理法》规定，只有当出于安全或者卫生方面的考虑时，才会对部分商品实行出口许可。此外，对于某些关系进口国合作的农产品，新加坡也会采取严格的出口限制和管理，以期达到共同防治病虫害的目的。

3.货物转运

所有从一个自由贸易区转运至另一个自由贸易区的货物，或在同一自由贸易区内转运受主管部门管制的货物，必须事先通过贸易交换网取得有效的转运准证才能将货物装载到运输工具上。

（四）进出口商品检验检疫

新加坡对进口商品检验检疫的标准和程序十分严格。2019年前负责进口食品、动植物检验检疫的部门是农粮兽医局（Agri-Food and Veterinary Authority，AVA）。自2019年4月1日起，新加坡食品局（SFA）和国家公园管理局（NParks）下设的动物和兽医服务局（AVS）负责进口食品和动植物的检验检疫。负责进口药品、化妆品等商品检验的部门是卫生科学局（Health Science Authority，HSA）。

1.食品检验

食品相关检验服务由新加坡食品局（SFA）提供。新加坡食品局作为公众对食品相关问题反馈的单一联络点，职责是加强食源性疾病暴发的管理，保护公众健康。只有通过食品局注册程序才能向新加坡出口食品。

新加坡进口水果蔬菜安全监管技术法规包括《植物控制法》以及附属《植物管制（新鲜水果和蔬菜的进口和转运）条例》《植物检疫（植物检疫认证）条例》等8个条例、《食品销售法》及附属的《食品条例》和《环境公共卫生法》等。《植物管制（新鲜水果和蔬菜的进口和转运）条例》规定：新加坡进口的新鲜水果和蔬菜不得含有任何违禁农药，农药残留或有毒化学残留水平不得超过《食品条例》附表9规定的水平或国际食品法典委员会（CAC）、联合国粮农组织（FAO）建议的限量水平。《食品条例》规定了新加坡允许的食品添加剂清单，必须确保食品中存在的所有添加剂和成分都经过新加坡食品局的批准。

出口到新加坡的水果蔬菜须提前从新加坡食品局获得进口许可证。对于进口水果蔬菜，新加坡食品局官员须根据《植物控制法》第三十九条对货物进行取样分析，根据《食品条例》中对农药残留的明确规定进行检验，要求较为严格。新加坡进口水果蔬菜检疫允许卸货后在指定地点进行，检疫通过后运到水果蔬菜批发市场，水果蔬菜批发市场还有流动检疫人员对各种商品进行抽检。若发现携带有毒物质、有害昆虫，则采取退回、除害处理、销毁或再出口。

2.动物检疫

只有获得AVS执照的进口商才能在新加坡从事商业用途的动物进口，每次进口动物须向AVS申请许可，并提前获得海关清关许可。所有进口动物需符合AVS的兽医标准。

3.植物检疫

进口植物及植物产品，新加坡规定需要提供植物检疫证书，没有规定具体的病虫种类。进口商在进口审查时，检疫部门将视不同国家的不同情况，让进口商在销售合约上订明检疫要求。

4.药品、化妆品检验

根据新加坡《药品法》《有毒物质法》《滥用药物法令》，新加坡所有从事药品进口、批发、零售以及出口的经营者需向卫生科学局取得相关许可方可开展业务。进口药物和化妆品前，需向HSA如实申报其成分、疗效等相关信息，获得批准后方可进口。HSA对进口相关产品进行抽检，一旦发现与申报不符，即取消其经营相关产品的资格。

（五）海关管理规章制度

新加坡《海关法》规定，进口商品分为应税货物和非应税货物，应税货物包括石油、酒类、烟类和机动车辆4大类商品，非应税货物为上述4大类商品之外的所有商品。应税货物和非应税货物进口到新加坡都要征收消费税，应税货物除征收消费税外，还需征收国内货物税和关税。

二、文莱对外贸易政策

文莱奉行自由贸易政策，并把自由贸易协定视为外贸政策的重要部分。文莱是东南亚国家联盟（东盟）、亚太经济合作组织（APEC）、世界贸易组织（WTO）、东盟东部增长区以及国际航空运输自由化多边协定（MALIAT）的成员，也是区域全面经济伙伴关系协定（RCEP）的成员国。

（一）对外贸易主管部门

文莱外交与贸易部是文莱对外贸易归口管理部门，牵头参与对外贸易谈判、商签自由贸易区协定、负责对外贸易促进等工作。

（二）对外贸易法律法规

文莱管理对外贸易的主要法律法规包括《海关法》《消费法》《投资促进法》《证券法》《银行法》《竞争法》《破产法》《公司法修正案》《进口商品估价规定》《东盟通用特别关税条例》，以及《公共卫生（食品）法》《清真肉类法》等一系列涉及食品安全和清真要求的法律法规。

（三）对外贸易管理的相关规定

文莱除少数商品受许可证、配额限制外，其余商品均放开经营。

1.进口管理

出于环境、健康、安全和宗教方面的考虑，文莱海关对少数商品实行进口许可管理。植物、农作物、活牲畜、蔬菜、水果由农业局签发进口许可证（植物不能带土）；军火、爆炸物、鞭炮、废金属由皇家警察局发证；出版物、印刷品、电影、宗教书籍等由皇家警察局、伊斯兰宣教中心和内安局发证；木材及木制品由林业局发证；米、糖、盐由信息技术和国家储备局发证；二手车及非机动车由皇家海关、陆路交通局发证；广播设备由首相府发证；药品、草本及保健食品由卫生部发证；清真食品、新鲜、冷藏、冷冻的肉类由清真进口许可证理事会、卫生部、农业局、皇家海关发证。除以上有关部门发放进口许可证外，机动车、农产品、药品及与药品相关的产品进口还须提供相关的原产地证书和检验证明。

没有商业价值的样品可免税进口；对有商业价值的样品进口，需交抵押金，如果样品在3个月内出境，可退还抵押金。禁止进口的商品包括鸦片、海洛因、吗啡、淫秽品、印有钞票式样的印刷品等；酒精饮料进口受到严格限制。

2.出口管理

文莱政府除对石油、天然气出口控制外，对动物、植物、木材、大米、食糖、食盐、文物、军火等少数物品实行出口许可证管理，对其他商品出口管制较少。

（四）进出口商品检验检疫

文莱《公共卫生（食品）条例》规定，所有食品无论是进口产品还是本地产品，都要安全可靠，具有良好品质，符合伊斯兰教清真食品的要求，尤其对肉类的进口实行严格的清真检验。

某些动植物产品，如牛肉、家禽，需要提交卫生检疫证书。进口食用油不能有异味、不含任何矿物油，动物脂肪须来自屠宰时身体健康的牲畜并适合人类食用。动物脂肪和食用油须是单一形式，不能将两种或多种脂肪和食用油混合。动物脂肪和食用油的包装标签上不得有“多不饱和”的字眼或相似字眼。非食用的动物脂肪须出具消毒证明。进口活动物必须有兽医证明。

大豆奶应是从优质大豆中提取的液体食品，可包含糖、无害的植物物质，除了允许的稳定剂、氧化剂和化学防腐剂外，不得含有其他物质，并且其蛋白质含量不得少于2%等。

此外，《公共卫生（食品）条例》对食品添加剂、包装以及肉类产品、鱼类产品、调味品、动物脂肪和油、奶产品、冰淇淋、糖与干果、水果、茶、咖啡、无酒饮料、香料、粮食等规定了相应的技术标准。对食品的生产日期、保质期、食品容器及农药最大残留量、稳定剂、氧化剂、防腐剂等都有明确规定。

（五）海关管理规章制度

1.管理制度

2006年新《海关条例》对特别关税、关税返还、处罚方式等作出了规定。2017年3月16日，文莱财政部正式发布《2012年海关进口税和消费税法令》修正法案，2017年4月1日正式实施。该法案旨在通过对部分日常消费品的进口关税和消费税的调整，改变民众的消费习惯，提高民众的安全、健康和幸福指数。其中包括大幅降低汽车零配件、新轮胎进口关税，以减轻民众养车成本并提高汽车安全性；对含高量糖分、味精的食品饮料新征收消费税，同时调高塑料商品的消费税，引导民众选择更加健康的生活方式。

2.关税税率

文莱总体关税税率很低。对于不是来东盟成员国的进出口货物，文莱遵循协调关税制度（HTS）；对于东盟成员国之间的进出口货物，遵循东盟协调关税（AHTN）。进口到文莱的绝大多数商品不征收关税。石油和沥青、清洁用品、电影设备、灯具和木头等商品征收5%的关税；毛毯、窗帘和乐器等征收10%的关税。2010年1月，中国-东盟自由贸易区正式建成，文莱作为东盟老成员国之一，2012年1月1日所有正常产品降税到零，2015年所有高度敏感产品降税到50%，2018年完成所有一般敏感产品降税到5%。

第二节 马来西亚、泰国、菲律宾、印度尼西亚对外贸易政策

一、马来西亚对外贸易政策

马来西亚是世界贸易组织（WTO）的创始成员，东南亚国家联盟的创始成员国，区域全面经济伙伴关系协定（RCEP）的成员国。目前与马来西亚签署双边自贸协定的国家有日本、巴基斯坦、新西兰、印度、智利、澳大利亚、土耳其；它作为东盟成员与中国、韩国、日本、印度、澳大利亚、新西兰等签署了自贸协定；与澳大利亚、文莱、加拿大、智利、日本、墨西哥、新西兰、秘鲁、新加坡及越南共同签署《全面与进步跨太平洋伙伴关系协定》（CPTPP）。马来西亚大力开展经济外交，积极推动南南合作，反对西方国家贸易保护主义。

（一）对外贸易主管部门

马来西亚主管对外贸易的政府部门是国际贸易和工业部，它的主要职责是负责制定投资、工业发展及外贸等有关政策；拟定工业发展战略；促进多双边贸易合作；规划和协调中小企业发展；促进并提升私人企业界和土著的管理及经营能力。

（二）对外贸易法律法规

马来西亚管理对外贸易的主要法律法规包括《海关法》《海关进口管制条例》《海关出口管制条例》《海关估价规定》《植物检疫法》《保护植物新品种法》《反补贴和反倾销法》《反补贴和反倾销实施条例》《2006年保障措施法》《外汇管理法令》等。

（三）对外贸易管理的相关规定

马来西亚实行自由开放的对外贸易政策，部分商品的进出口会受到许可证或其他限制。马来西亚皇家海关署（Royal Malaysian Customs，KDRM）管理商品的进出口、过境货物清关、边境控制以及贸易便利化。

1.进口管理

1998年，马来西亚海关禁止进口令规定了四类不同级别的进口限制。第一类是14种禁止进口品，包括含有冰片、附子成分的中成药，45种植物药以及13种动物及矿物质药。第二类是需要许可证的进口产品，主要涉及卫生、检验检疫、安全、环境保护等领域，包括禽类和牛肉（必须符合清真认证）、蛋、大米、糖、水泥熟料、烟花、录音录像带、爆炸物、木材、安全头盔、钻石、碾米机、彩色复印机、一些电信设备、武器、军火以及糖精。第三类是临时进口限制品，包括牛奶、咖啡、谷类粉、部分电线电缆以及部分钢铁产品。第四类是符合一定特别条件后方可进口的产品，包括动物及动物产品、植物及植物产品、香烟、土壤、动物肥料、防弹背心、电子设备、安全带以及仿制武器等。

为了保护敏感产业和战略产业，马来西亚对部分商品实施非自动进口许可管理，主要涉及建筑设备、农业、矿业和机动车辆部门。所有重型建筑设备进口须经国际贸易和工业部批准，在马来西亚当地企业无法生产的情况下方可进口。马来西亚皇家海关署负责发放进口许可证，国际贸易和工业部及其他部门负责进口许可证的日常管理工作。

2.出口管理

马来西亚规定，大部分商品可以自由出口至其他国家或地区（以色列除外）。但是，部分商品需获得政府部门的出口许可，其中包括短缺物品、敏感或战略性或危险性产品，受国家公约控制或禁止进出口的野生保护物种。此外，马来西亚《1988年海关令（禁止出口）》规定了对三类商品的出口管理措施：第一类为绝对禁止出口，包括禁止出口海龟蛋和藤条，禁止向海地出口石油、石油产品和武器及相关产品；第二类为需要出口许可证方可出口；第三类为需要视情况出口。大多数第二和第三类商品为初级产品，如牲畜及其产品、谷类、矿物或有害废弃物；第三类包括武器、军火及古董等。国际贸易和工业部及国内贸易与消费者事务部负责商品出口许可证的管理。

（四）进出口商品检验检疫

马来西亚检验检疫局成立于2011年，隶属于农业和农产品产业部，作为其下属的一个司负责所有入境口岸（包括海港、机场、陆地口岸以及邮件和快递收发中心）、检疫站等的检验检疫工作以及颁发有关植物、动物、冷冻肉制品、鱼类、农产品、土壤和微生物等产品的进出口许可证。

为防止动物传染病、寄生虫病和植物危险性病、虫、杂草以及其他有害生物传入，马来西亚政府对进口动植物实施检验检疫。如携带动植物入境，需事先向马来西亚相关主管部门申请进口许可证并在入境时遵守各项检验检疫程序。

马来西亚要求所有肉类、加工肉制品、禽肉、蛋和蛋制品必须来自经农业部兽医服务局检验和批准的工厂，所有进口产品必须获得兽医服务局颁发的进口许可证。

所有向穆斯林供应的肉类、加工肉制品、禽肉、蛋和蛋制品必须通过清真认证，牛、羊、家禽的屠宰场以及肉蛋加工设备必须获得伊斯兰发展署（JAKIM）的检验和批准。

（五）海关管理规章制度

1.管理制度

马来西亚关税有两大归类系统。一类用于东盟内部贸易，税则号为6位数字；另一类用于与其他国家贸易。国际贸易和工业部下属关税特别顾问委员会负责关税评审，每年在政府预算中公布。马来西亚海关规定自2018年10月1日起，所有从马来西亚进出口及中转的货物，客户必须提供样单中货物描述部分正确的6位货物HS编码。缺失HS编码或信息有误，将会影响货物在马来西亚清关放行，并可能造成海关罚款或其他责任后果。

2.关税税率

马来西亚的关税通常以增值为基础征收，关税税率在0到50%之间，平均税率约为6%。马来西亚关税99.3%是从价税，0.7%是从量税、混合税和选择关税。高关税主要是面向酒精、葡萄酒、家禽和猪肉征收。进口到马来西亚的货物需征收消费税。出口税方面，由于马来西亚是区域全面经济伙伴关系协定（RCEP）的成员国，如向东盟国家出口的产品属于RCEP免征关税的产品，则该当地企业可免于缴纳出口税。

二、泰国对外贸易政策

泰国是世界贸易组织的正式成员，东南亚国家联盟创始成员国，区域全面经济伙伴关系协定的成员国。泰国对外商签订的多边、双边自由贸易协定，包括东盟自由贸易协定，与澳大利亚、新西兰、日本、印度、秘鲁、智利签订的双边自贸协定，以及作为东盟成员国与中国、韩国、日本、印度、澳大利亚、新西兰、中国香港特别行政区等国家或地区签订的自贸协定。泰国出口商品享受美国、瑞士、挪威、俄罗斯的普惠制待遇。

（一）对外贸易主管部门

泰国主管对外贸易的政府部门是商业部（Ministry of Commerce），其主要职责分为两部分，对内负责促进企业发展、推动国内商品贸易和服务贸易发展、监管商品价格、维护消费者权益和保护知识产权等，对外负责参与WTO和各类多、双边贸易谈判，推动促进国际贸易良性发展等。泰国商业部主管对外业务的部门有贸易谈判厅、国际贸易促进厅和对外贸易厅等，主管国内业务的部门有商业发展厅、国内贸易厅、知识产权厅等。

（二）对外贸易法律法规

泰国管理对外贸易的法律法规主要包括《出口和进口商品法》《反倾销法和反补贴法》《进口激增保障措施法》《货物进出口控制法》《关税法》《出口商品标准法》《植物扣留法》《外商经营企业法》《投资促进法》《涉外经济法》《对销贸易法》《直销贸易法》《电子交易法》《商业协会法》《外汇管理法》《商业竞争法》等。

（三）贸易管理制度

1.进口管理

泰国对多数商品实行自由进口政策，持有信用证的进口商均可从事进口业务。泰国仅对部分产品实施禁止进口、关税配额和进口许可证等管理措施。

禁止进口的产品主要是涉及公共健康、国家安全等方面的产品；关税配额产品包括桂圆等23种农产品，但关税配额措施不适用于从东盟成员国的进口；进口许可分为一般产品许可和特殊产品许可，进口许可的产品必须在得到泰国商业部批准后才能到港。

2.出口管理

泰国是出口导向型经济，除通过出口登记、许可证、配额、出口税、出口禁令或其他限制措施加以控制的产品外，大部分产品可以自由出口。出口受控制的产品有45种，其中需要征收出口税的包括大米、皮毛皮革、柚木与其他木材、橡胶、钢渣或铁渣、动物皮革等。

3.政府采购

泰国未加入WTO《政府采购协定》，政府采购活动主要依据2017年《公共采购和供货监督法》，财政部总审计厅（CGD）负责监督法律实施。泰国政府采购是分散体制，各部门均依职权进行采购。外国供应商不能直接参与政府采购，必须向CGD申请注册。注册企业必须是泰国法人，在泰国设有办公室，半数董事必须是泰国籍。政府采购必须给予政府扶持领域的泰国供应商优惠待遇，如农业生产、农民合作社、中小企业、弱势群体、教育机构等。优惠待遇通常通过特定采购方式实现。泰国2017年取消了价格优惠规定。

（四）进出口商品检验检疫

泰国动植物及食品检验检疫相关法律包括《食品法》（1979）、《农业标准法》（2018）、《动物疫病法》（2015）、《动物饲料质量控制法》（2015）、《植物检疫法》（2008）、《植物法》（2007）、《植物进口检疫规章》和《野生动物养护和保护法》（1992）。食品按风险程度分为四类，需要满足各自不同的注册、标签和标准要求。相关监管机构包括国家农产品和食品标准局（ACFS）、农业厅、畜牧厅、渔业厅和卫生部下属的食药监局。泰国对10个领域的产品实行强制性标准，包括民用建筑材料、消费品、电子工程、液压工程、食品、热交换工程、医学、涂料油漆挥发物、机械工程和车辆以及化学品。

（五）海关管理规章制度

1.管理制度

《海关法》是泰国实施海关管理的根本法律制度。有些物品的进出口是被禁止的，例如麻醉剂、淫秽商品和出版物、国家保护动物等。有些货物的进出口受法律的限制，需要得到政府部门的许可。

2.关税税率

在泰国进口商品通常需要缴纳关税和增值税。关税的计税方法一般为按价计税，也有部分商品按照特定单位税率的方式征税。一般情况下，进口商品关税额计算公式为商品到岸价（CIF）乘以该项商品的进口税率，绝大部分商品的进口关税税率在0~80%之间；增值税的计算公式为进口商品缴纳关税和消费税（部分商品需缴纳）后的总价值乘以7%。除普通税率外，大部分进口产品可根据自贸协定、特定产业等不同情况享受不同的优惠税率。

3.外汇管理

泰国实行自由外汇制度，泰铢或外币的交易大部分不受限制，仅少数交易须得到泰国银行的批准。

4.投资管理制度

泰国法律规定，任何不具有泰国国籍的自然人或法人在泰国经商时均享有与泰国公民和公司同等的权利，除非法律另有规定。根据1999年泰国颁布的《外商经营企业法》，泰国的外资准入领域分为三大类。第一类为因特殊理由禁止外商投资的领域，包括种植业、牧业、林业、报业等；第二类为涉及国家安全或可能对艺术文化、风俗习惯和民间手工艺造成不良影响，或可能对自然资源或生态环境造成损害的领域，包括武器及其配件的生产、销售和修理业，国内运输和航空业等，外商经营此类领域必须得到泰国政府核发的经营许可证；第三类为涉及泰国处于竞争劣势的领域，包括碾米业、米粉和其他植物粉加工业、水产养殖业、石灰生产业、会计服务业、法律服务业、餐饮业等，外商经营此类领域必须事先取得外国人企业经营委员会的批准和泰国商业注册厅厅长签发的经营许可证。鼓励投资的领域有五类，即农业与农产品、对技术与人力资源的直接开发、公用基础设施、环境保护及其他指定的行业。

三、菲律宾对外贸易政策

菲律宾是市场经济国家，对国内工商业和对外贸易、国内投资和外国投资均实行统一管理，实行统一的法律法规。自1979年加入关贸总协定，1995年成为WTO的创始成员国后，WTO的有关规定和原则成为菲律宾在国际贸易竞争中保护本国利益和解决贸易争端的法律依据。

（一）对外贸易主管部门

贸易与工业部（DTI），简称贸工部，是菲律宾对外贸易的政策制定和管理部门。贸工部的主要职责是制定综合的工业发展战略和进出口政策，创造有利于产业发展和投资的环境，促进竞争和公平贸易，负责双边和多边贸易投资合作协定的谈判，支持中小企业发展，保护消费者权益。贸工部的下属机构产品标准化局负责产品技术标准和法规的管理和实施，进口服务署主要负责特定产品进口法规的实施，发起和指导反倾销、反补贴及保障措施的初步调查。

（二）对外贸易法律法规

菲律宾管理对外贸易的法律法规主要包括《菲律宾海关现代化和关税法》《海关法》《出口发展法》《反倾销法》《反补贴法》《保障措施法》《公平贸易法规》等。

1.公平贸易法律法规

该类法律法规的主要目的是维护国内市场的公平竞争和保护本国消费者的合法权益，主要包括有关在菲律宾市场上销售的商品标识的规定、有关从事零售业的规定、有关保护消费者权益的规定、有关稳定生活必需品价格的规定、有关推动外国投资商业的规定，以及违反上述规定的处罚办法。另外，菲律宾政府颁布了放宽外国企业在菲投资零售业的规定和广泛提高对产品环保要求的法规。

2.根据WTO原则和规则制定的贸易保护法规

该类法规制定的主要目的在于依据WTO有关原则，最大限度地保护本国工业和市场免受外国商品的冲击，主要包括《反倾销法》《反补贴法》《保障措施法》。

3.投资类法规

为创造良好的投资环境，使菲律宾成为外商投资的理想地区，菲律宾政府陆续颁布了一系列吸引外国投资的法律法规，主要包括放开外商投资限制的《外国投资法》和吸引外商投资于经济区的《特别经济区法案》，以及《投资租赁法》和《出口发展法》等。

（三）贸易管理制度

1.进口管理

《菲律宾海关现代化和关税法》将进口商品分为四类：自由进口商品、管制进口商品、限制进口商品和禁止进口商品。

自由进口商品是指除禁止进口商品、限制进口商品、管制进口商品以外的商品，除非法律法规另有规定，否则可自由进出菲律宾。管制进口商品必须获得相应主管部门的许可证或授权才可进口，受管制的进口商品清单可以在菲律宾国家贸易资料库中查看。限制进口的商品包括：枪支弹药、爆炸物等武器；赌博用具；彩票和奖券；菲律宾总统宣布禁止的毒品、成瘾性药物及其衍生物；有毒有害危险品；其他受到限制的商品。禁止进口的商品包括：含有颠覆国家政权内容或违反菲律宾法律的印刷制品；用于非法堕胎的商品、工具、药物、广告印刷品等；含有不道德内容的印刷品或媒体制品；金、银等贵金属且未标明质量纯度的商品；违反本地法规的食品、药品；侵犯知识产权的商品；其他主管部门发布的法律法规禁止进口的商品。

2.出口管理

按照《菲律宾海关现代化和关税法》，菲律宾政府一般对出口贸易采取鼓励政策，主要包括简化出口手续并免征出口附加税，进口商品再出口可享受增值税退税、外汇资助和使用出口加工区的低成本设施等。

除因国家利益和法律限制的某些商品外，绝大多数商品不受限制，可自由出口。出口商品主要分为三类：自由出口商品、限制出口商品（此类商品须经政府主管部门批准或许可）、禁止出口商品（法律规定禁止出口的商品）。

（四）进出口商品检验检疫

1.食品、药品和化妆品

菲律宾政府对于食品、药品和化妆品检验检疫的相关规定包括《食品和药品监管法》（第9711号共和国法案）和《食品、药品和化妆品法》（第3720号共和国法案）等。

所有进口食品都必须符合菲律宾的食品卫生要求。任何直接或间接威胁公民健康和环境安全的食品不能进口。进入菲律宾的所有食品和农产品都必须通过检疫，确保这些商品没有被任何害虫污染并且符合安全标准，遵守食品法典委员会制定的指南以及菲律宾食品药品监督管理局（FDA）制定的法规。进口商必须确保任何进入该国关税区的产品完全符合菲律宾的卫生和植物检疫法规，在不符合规定的情况下，货物可能被拒绝并下令在菲律宾境外销毁或处置。食品添加剂、包装以及商标也必须符合菲律宾的质量要求。目前，菲律宾尚未制定有关食品的微生物国家标准。药品和化妆品在生产时必须取得生产许可证，并提供国际认证机构的临床试验报告。

2.动植物产品

肉类和肉制品进口需要检疫许可，进口肉类、鱼类或农产品都要求注册进口商是货物的接收者。

进口活体动物的进口商必须在进口前从菲律宾政府部门获得兽医检疫通关（VQC）证书、所在国出口动物检验证书和原产地健康证明。

新鲜/冷藏/冷冻鱼和渔业/水产品只有在获得相关部门认证的情况下才允许进口。只有进口用于罐头和加工目的的新鲜/冷藏/冷冻鱼和渔业/水产品且由机构买家进口的才可以免除此类认证。用于分销和进一步加工的鱼和渔业/水产品必须附有菲律宾认可的主管监管机构颁发的国际卫生证书。

为应对国内蔬菜生产商限制进口的压力，菲律宾进一步收紧了有关产品进口许可证申请程序。相关规定包括《家肉类检验法》（第9296号共和国法案）和《农业和渔业现代化法》（第8435号共和国法案）等。

3.危险品

危险品的进口，必须依照菲律宾卫生部标准张贴标签、销售。相关危险品包括刺激物和腐蚀性、易燃和放射性物质。

4.涉及民生、健康、安全和财产的商品

医用氧气、消费品、电器和防火设备、建筑材料等产品要出具产品标准许可和产品标准局的证明。

5.其他普通商品

有28种产品要在当地进行产品标准检验，包括照明用品、电线电缆、洁具、家用电器、轮胎和水泥等。

（五）海关管理规章制度

1.管理制度

菲律宾管理进出口关税的主要法律是《菲律宾海关现代化和关税法》和《海关法》，进口关税税率由菲律宾关税委员会确定公布，出口关税的税率由海关总署确定，并由海关通过有授权的菲律宾中央银行征收。

2.关税税率

进口到菲律宾的商品一般都要缴纳关税，根据海关代码中商品的分类确定申请进口关税税率。特殊商品（如进入海关免税仓库的商品）进口可以免税。进口商及其代理应从商品进口之日起，保留进口商品记录3年。在此期间海关管理局有权对进口商或代理商的记录进行事后审核，以确认是否符合海关条例及评估是否少付关税。根据东盟内部协议规定，菲律宾对东盟成员国全部产品进口实行零关税。菲律宾对其他地区的进口关税税率一般为0~30%。菲律宾对大米等部分农产品实行关税配额管理措施，对配额内的产品征收正常关税，对配额外的商品征收高关税。

根据菲律宾出口发展计划，在菲律宾贸工部投资署（BOI）或经济区管理署（PEZA）注册且符合规定的出口企业可享受相应的税收优惠，包括企业所得税减免、进口关税及费用减免等。菲律宾对原木出口征收20%的出口关税。

四、印度尼西亚对外贸易政策

对外贸易在印度尼西亚国民经济中占据重要地位，发展对外贸易，不仅使得国内的资源得到充分利用，还促进了社会再生产的顺利进行，增强了国家经济实力，因此印度尼西亚政府格外重视对外贸易往来。为解决出口贸易动力不足问题，印度尼西亚政府采取了包括简化出口的手续、大力贯彻税收优惠政策、加大招商引资力度等一系列措施。

（一）对外贸易主管部门

印度尼西亚主管对外贸易的政府部门是贸易部，其职能包括制定外贸政策、参与外贸法规的制定、划分进出口商品管理类别、进口许可证的申请管理、指定进口商和分派配额等。贸易部为公众提供最新的贸易政策、贸易数据、贸易相关活动等信息。

（二）对外贸易法律法规

印度尼西亚管理对外贸易的主要法律包括《贸易法》《海关法》《建立世界贸易组织法》《产业法》等，与贸易相关的其他法律还涉及《国库法》《禁止垄断行为和不正当贸易竞争法》等。

（三）贸易管理制度

除少数商品受许可证、配额等限制外，大部分商品均放开经营。2007年后印度尼西亚贸易部宣布了进出口单一窗口制度，极大地简化了进出口管理程序。

1.进口管理

印度尼西亚政府在实施进口管理时，主要采用配额和许可证两种形式。适用配额管理的主要是酒精饮料及包含酒精的直接原材料，其进口配额只发放给经批准的国内企业。适用许可证管理的产品包括工业用盐、乙烯和丙烯、爆炸物、机动车、废物废品、危险物品，获得上述产品进口许可的企业只能将其用于自己的生产。

2010年印度尼西亚开始实施新的进口许可制度，将现有的许可证分为两种，即一般进口许可证和制造商进口许可证。一般进口许可证主要是针对为第三方进口的进口商；制造商进口许可证主要是针对进口供自己使用或者在生产过程中使用的进口商。

2.出口管理

从印度尼西亚出口的货物必须持有商业企业注册号/商业企业准字或由技术部根据有关法律签发的商业许可，以及企业注册证。出口货物分为四类：受管制的出口货物、受监视的出口货物、严禁出口的货物和免检出口货物。

受管制的出口货物包括咖啡、藤、林业产品、钻石和棒状铅。受监视的出口货物包括奶牛与水牛、鳄鱼皮（蓝湿皮）、野生动植物、拿破仑幼鱼、拿破仑鱼、棕榈仁、石油与天然气、纯金/银、钢/铁废料（特指源自巴淡岛的）、不锈钢、铜、黄铜和铝废料。严禁出口的货物包括幼鱼与金龙鱼等，未加工藤以及原料来自天然森林未加工藤的半成品，原木，列车铁轨或木轨以及锯木，天然砂、海砂，水泥土、上层土（包括表面土），白铅矿石及其化合物、粉，含有砷、金属或其化合物以及主要含有白铅的残留物，宝石（除钻石），未加工符合质量标准的橡胶、原皮，受国家保护的野生动植物，铁制品废料（源自巴淡岛的除外）和古董。除了以上受管制、受监视和严禁出口的货物外，其余均属免检出口货物。

（四）进出口商品检验检疫

1.卫生与植物卫生措施

印度尼西亚所有进口食品必须注册，进口商必须向食品药品管理局申请注册号，并由其进行检测。

植物产品进口检验检疫要求重点对以球茎形式进口的新鲜蔬菜的检验检疫和技术两方面提出要求。在检验检疫方面，除了必须具备原产国权威机构签发的证书外，经转运的产品还必须提供转运国授权的证书。在技术要求方面，该规定加强了原产国无虫害地区的调查及对植物性检疫虫害进行风险分析。

2.国家标准

2009年以来，印度尼西亚政府开始在食品、饮料、渔业等诸多行业强制推行国家标准。贸易部出台新规定，要求包括进口产品在内的所有产品必须附有印度尼西亚文字说明。海洋渔业部规定要求81种渔业产品必须符合印度尼西亚国家标准。工业部等政府部门在2011年对电线、电子、汽车零部件、家电、五金建材、玩具等几十种产品强制推行国家标准。

（五）海关管理规章制度

1.管理制度

印度尼西亚关税制度的实施基础是1973年颁布的《海关法》。现行的进口关税税率是由财政部1988年制定的。自1988年起，财政部每年以部长令的方式发布一揽子“放松工业和经济管制”计划，其中包括对进口关税税率的调整。

2.关税税率

根据《中国-东盟全面经济合作框架协议货物贸易协议》，中国和印度尼西亚逐步削减货物贸易关税水平。中国-东盟自由贸易区在2010年年初建成后，中国和印度尼西亚两国90%以上的进出口产品实现零关税。

第三节　其他东南亚国家对外贸易政策

一、越南对外贸易政策

越南积极参与多双边和区域贸易机制。越南是东南亚国家联盟、亚太经济合作组织、区域全面经济伙伴关系协定的成员，是亚欧会议的创始成员。2007年越南加入世界贸易组织，标志着越南全面融入全球经济。越南通过签署自由贸易协定与大多数重要合作伙伴建立起自由贸易关系，对进一步促进双边贸易和投资以及经济全球化发挥着重要作用。在经贸协定的框架下，越南逐渐融入全球产业链和价值链。

（一）对外贸易主管部门

越南主管对外贸易的部门是工贸部，设有36个司局和研究院，负责全国工业生产（包括机械、冶金、电力、能源、油气、矿产及食品、日用消费品等行业生产）、国内贸易、对外贸易、WTO事务、自由贸易区谈判等工作。各省和直辖市设有工贸厅，主管辖区内的工业和贸易工作。

（二）对外贸易法律法规

越南管理对外贸易的法律法规主要有2005年制定的《贸易法》和2017年制定的《外贸管理法》。此外，相关法规还有《海关法》（2014年）、《民法》（2005年）、《投资法》（2014年）、《电子交易法》（2005年）、《进出口税法》、《知识产权法》（2005年）、《反倾销法》（2004年）、《反补贴法》（2005年）、《企业法》（2005年）等。

（三）对外贸易管理的相关规定

1.进口管理

根据加入WTO的承诺，越南逐步取消进口配额限制，基本按照市场原则管理。禁止进口的商品主要包括武器、弹药、除工业用以外的易燃易爆物、毒品、有毒化学品、军事技术设备、麻醉剂、部分儿童玩具、规定禁止发行和散布的文化品、各类爆竹（交通运输部批准用于安全航海用途的除外）、烟草制品、二手消费品（纺织品、鞋类、衣物、电子产品、制冷设备、家用电器、医疗设备、室内装饰）、二手通信设备、右舵驾驶机动车、二手物资、低于30马力的二手内燃机、含有石棉的产品和材料、各类专用密码及各种密码软件等。

2.出口管理

关于出口，越南主要采取出口禁令、出口关税、数量限制等措施进行管理。禁止出口的商品主要包括武器、弹药、爆炸物和军事装备器材、毒品、有毒化学品、古玩、伐自国内天然林的原木、锯材、来源为国内天然林的木材、木炭、野生动物和珍稀动物、用于保护国家秘密的专用密码和密码软件等。

（四）进出口商品检验检疫

1.一般货物

越南对于一般货物进出口主要根据越南《海关法》的相关规定进行清关和监管。货主或其委托代理人需进行申报、呈缴海关登记书；根据法律规定上缴或出示许可证和其他必要的证件；把海关查验对象送到规定查验地点；履行缴纳出口税、进口税的义务，以及法律规定的其他义务和缴纳海关手续费。在办完海关手续以后，海关人员要在海关登记书中标明该批货物已完成海关手续。完成海关的手续的货物可以得到出口许可证或进口许可证。在办理海关手续时，进出境的运输工具驾驶人、进出口的货物、行李、外汇、越币、包裹、邮件要接受海关查验。已入境但未办理完海关手续或已办完海关手续但未出境的货物、行李、外汇、越币、包裹、邮件、运输工具都要接受海关监管。接受海关查验、监管的时限为从海关开始查验、监管到完成出口时结束；海关查验时应与被查验对象的所有者或合法代表在口岸或得到海关认可的区域当面进行。在涉及安全、卫生问题等必要情况下，海关有权在还未找到货主时查验货物、行李。在查验、监管时，如有根据认定进出口货物、外汇、越币、物品涉嫌违法，由出入境人员携带或藏匿在出入境货物、行李、包裹、邮件、交通运输工具中，则口岸海关关长有权决定限制嫌疑人或要求配合开展搜查。当发现进出口货物、外汇、越币、物品违法时，口岸海关关长以上有权暂时扣留以便处理。搜查、暂时扣留要按法律的规定进行。做出决定的海关人员要对做出的决定承担法律责任。进出口货物、行李在接受海关查验、监管的过程中，如需进行仓储，仓储区域要施加海关关封。越南海关按国家进出口的规定查验进出口货物，查验进出口许可证，查验法律规定的其他必要证件，并与海关申报单对照查验实际货物。

2.食品类货物

越南对于进出口食品类货物的监管主要依据《食品安全法》开展。该法第六章“进口和出口食品”第一节“进口食品安全保障条件”中的第三十八条规定了进口食品安全保障条件，第三十九条规定了对于进口食品的食品安全国家检查，第四十条规定了对于进口食品的食品安全检查程序、手续及方式。第二节“出口食品安全保障条件”中的第四十一条规定了出口食品安全保障条件，第四十二条规定了出口食品认证部门。第七章“食品标签、广告”中的第四十四条规定了进口食品需根据越南法律的要求在标签上标明。第八章“食品安全中的食品检验、风险评估，预防、阻止、防止食品安全事故”中第四节“对于不能确保安全的食品溯源、召回、处置”中第五十五条第e款规定进口食品如被出口国、第三国或国际组织通报包含危害人类生命和健康的成分或污染物时，必须进行召回和处置。第十章“食品安全国家管理”第一节“食品安全国家管理责任”中的第六十二条第1-e款规定了在必要时卫生部将对违反其他部委管理的进口食品开展突击检查、稽查。

3.药品类货物

越南对于进出口药品类货物的监管主要依据《药品法》开展。该法第一章“一般定义”第六条第5-c款规定了禁止进口、生产属于负面清单中的药品和制药原料。第二章“国家药品和药业发展政策”第七条第4-a款规定了不得对卫生部颁布的在国内已具备符合治疗、价格和供应能力的药品目录中同类进口药品进行招标，第5款规定了对于稀有药品的审批应优先办理。第十条第6-a款规定了财政部应履行牵头并配合工贸部、国防部、卫生部、具有口岸和边境的各省人民委员会，对尚未获批流通的药品及制药原料进行管控，对尚未获批流通但属于稀有、特效药品进行管控并予以进口。

第三章“药品行业”第十七条规定了从事药品进口专业负责人的条件。第三十三条第1-b款规定了药品进口单位需要具备经营场所、药品储藏仓库、储藏用相关设备、运输工具、品控系统、专业技术资料和人力资源以更好地履行对药品及制药原料的储藏并定期向相关职能部门报告进出口情况或根据相关职能部门的要求报告情况。第六十条规定了药品和制药原料进出口的具体要求，其中第1款要求药品和药用成分必须是在越南已获得流通销售证书，或根据取得越南药品注册证书的药品注册材料中注明的用于药品生产的制药原料。以上所涉必须申请进口许可证，但本条第4款规定的情况除外。第2款要求未取得越南药品流通登记证书的药品，可凭进口许可证进口的一些情况：(a) 含有的活性成分未取得药品注册证书或虽取得药品注册证书但不符合治疗需要的；(b) 含有在越南首次入药或已在越南入药但尚未达到治疗需要的草药成分；(c) 用于满足国防安全、疫情防控、应对自然灾害和灾后重建、紧急特殊救治需要；(d) 稀有药物；该药物与原品牌药具有相同的商品名、有效成分、含量或浓度以及剂型，并拥有在越南流通销售的证书，由原品牌药的制造商制造或授权制造商制造，价格低于在越南流通的原品牌药；(e) 为国家的健康计划服务；(f) 援助、人道主义援助；(g) 临床药物试验、生物等效性试验、生物利用度评价、登记表、试验样品、科学研究、参加展览和交易会；(h) 其他非商业用途的情况。同时规定了药用成分是尚未在越南获得流通证书的但允许进口的一些情况，包括：(a) 制作登记、检测用样品、药物研究、参加展览或交易会；(b) 生产用于出口的药品、用于国防和安全需要、疾病预防和控制以及抗灾用的药品。

（五）海关管理规章制度

1.管理制度

越南海关管理制度主要由越南海关总署负责，负责监管和管理进出口货物的海关手续，收取关税和其他税费，并打击走私活动。越南海关管理制度在近年来不断进行改革和现代化，以提高海关的效率和透明度。该制度包括一系列法规、政策和程序，以确保货物的合规进出口，同时加强对违规行为的监管和制裁。越南海关管理制度涉及许多法规、政策和程序，主要包括以下几个方面：一是海关手续和程序，主要涉及货物进出口的申报、报关、放行等程序，以及相关的文件和单证要求；二是关税和税费，包括关税税则、税则说明、税收政策等，规定了进口货物应缴纳的关税和其他税费；三是海关监管和制裁，规定了对违规行为的处罚措施，以及对走私活动的打击和处置。四是海关信息交流和合作，包括与其他国家和国际组织的信息交流、执法合作、海关数据共享等内容。五是海关现代化和改革，涉及海关业务流程再造、自动化设备应用、流程简化等改革举措，旨在提高海关效率和透明度。与此同时，越南海关管理制度也与其他国际组织和国家的海关进行合作，以加强海关信息交流和执法合作。

2.关税税率

越南财政部每年年底更新商品的出口税税率和进口税税率。除免税商品外，绝大部分进口越南的商品均需缴纳进口税。进口商品税率分为普通税率、优惠税率和特惠税率。优惠税率适用于原产于在贸易关系中给予越南最惠国待遇的国家或地区的进口货物。越南对从WTO成员进口的商品给予符合越南对WTO承诺的优惠税率。特惠税率适用于从与越南签订自贸协定的国家或地区进口的商品。享受特惠税率的商品需提供原产地证书（C/O），否则适用普通税率，即优惠税率的150%。

二、老挝对外贸易政策

老挝1997年7月正式加入东盟，成为东盟新四国之一；2013年老挝正式加入世界贸易组织。老挝是全面经济伙伴关系协定（RCEP）的成员国。老挝作为联合国认定的最不发达国家之一，享受联合国给予的优惠市场准入和商品贸易优惠等特许权。

（一）对外贸易主管部门

老挝工业与贸易部（下设省市工业与贸易厅、县工业与贸易办公室）是老挝对外贸易的主管部门，主要职责是制定、实施有关法律法规，发展与各国、地区及世界的经济贸易联系与合作，管理进出口、边贸及过境贸易，管理市场、商品及价格，对商会或经济咨询机构进行指导以及企业与产品原产地证明管理等。

（二）对外贸易法律法规

老挝与对外贸易相关的法律主要有《投资促进管理法》《关税法》《企业法》《进出口管理令》和《进口关税统一与税率制度商品目录条例》等。

（三）对外贸易管理的相关规定

老挝所有经济实体享有经营对外经济贸易的同等权利，除少数商品受禁止和许可证限制外，其余商品均可进出口。

1.进口管理

老挝禁止进口的商品包括：枪支、弹药、战争用武器及车辆；鸦片、大麻；危险性杀虫剂；不良性游戏；淫秽刊物5类商品。

涉及进口许可证管理的商品有：活动物、鱼、水生物；食用肉及其制品；奶制品；稻谷、大米；食用粮食、蔬菜及其制品；饮料、酒、醋；养殖饲料；水泥及其制品；燃油；天然气；损害臭氧层化学物品及其制品；生物化学制品；药品及医疗器械；化肥；部分化妆品；杀虫剂、毒鼠药、细菌；锯材；原木及树苗；书籍、课本；未加工宝石；银块、金条；钢材；车辆及其配件（自行车及手扶犁田机除外）；游戏机；爆炸物等25类商品。

2.出口管理

老挝禁止出口的商品包括：枪支、弹药、战争用武器及车辆；鸦片、大麻；法律禁止出口的动物及其制品；原木、锯材、自然林出产的沉香木；自然采摘的石斛花和龙血树；藤条；硝石；古董、佛像、古代圣物等8类商品。

涉及出口许可证管理的商品包括：活动物（含鱼及水生物）；稻谷、大米；虫胶、树脂、林产品；矿产品；木材及其制品；未加工宝石；金条、银块等7类商品。

（四）进出口商品检验检疫

老挝对各类动植物产品的进口有检疫要求，要求对进口产品的特征及进口商的相关信息进行检查。

1.动物检疫

根据老挝动物检疫规定，活动物、鲜冻肉及肉罐头等进口商须向农林部动物检疫司申请动物检疫许可证。商品入境时由驻口岸的动物检疫员查验产地国签发的动物检疫证和老挝农林部签发的检疫许可证。

2.植物检疫

老挝农林部负责植物检疫工作。进口植物及其产品须在老挝的边境口岸接受驻口岸检查员检查，并出示产品原产国有关机构签发的植物检疫证。

（五）海关管理规章制度

1.管理制度

老挝政府于1994年12月颁布实施《统一制度和进口关税商品目录条令》，2005年5月颁布实施《关税法》，2001年10月颁布实施《商品进出口管理法令》等法律法规，对海关管理作出了系列规定。其中《关税法》对进出口商品限制、禁止种类、报关、纳税、仓储、提货、出关、关税文件管理及报关复核等作出了相关规定。

2.关税税率

根据《统一制度和进口关税商品目录条令》及有关关税调整通知等文件，老挝关税分自主关税、协定关税、优惠关税、减让关税和零关税5种不同的税率。

三、缅甸对外贸易政策

缅甸作为东盟成员国，已加入东盟自由贸易区、中国-东盟自由贸易区、韩国-东盟自由贸易区、日本-东盟自由贸易区、印度-东盟自由贸易区等。缅甸是全面经济伙伴关系协定的成员国。

（一）对外贸易主管部门

缅甸贸易主管部门为商务部，负责办理批准颁发进出口营业执照、签发进出口许可证，管理举办国内外展览会、办理边境贸易许可、研究缅甸对外经济贸易问题、制定和颁布各种法令法规等。下设部长办、贸易司、消费者事务司和缅甸贸易促进组织。缅甸私营企业从事对外贸易须向进出口贸易注册办公室申领进出口许可证，在国家政策许可范围内自由从事对外贸易活动。

（二）对外贸易法律法规

缅甸现行的与对外贸易相关的法律和规定有《缅甸联邦进出口贸易法》（2012年）、《缅甸联邦贸易部关于进出口商必须遵守和了解的有关规定》（1989年）、《缅甸联邦关于边境贸易的规定》（1991年）、《缅甸联邦进出口贸易实施细则》（1992年）、《缅甸联邦进出口贸易修正法》（1992年）、《重要商品服务法》（2012年）、《竞争法》（2015年）、《竞争法》实施细则（2017年）、《消费者保护法》（2019年）、《进口保护法》《破产法》（2020）等。

（三）对外贸易管理的相关规定

2020年4月1日，缅甸商务部宣布即日起进出口商可通过网站申请进出口许可证。91种进口商品和73种出口商品在网上办理申请手续。允许网上办理进口手续的商品包括：药品、医用设备、食品、化肥、食用棕榈油和油料作物、奶和奶制品、电子产品、能源产品、成品油、摩托车、自行车等。允许网上办理出口手续的商品包括：农产品、铅矿、白糖、天然气等。另外在抗击新冠肺炎疫情期间，减免所有药品的进口许可证费用，并减少其他一些进口商品的进口许可证费用。同时，放宽对2 000多种出口商品的限制。

1.进口管理

2020年4月1日，缅甸计划、财政与工业部宣布从国外进口的酒类进口税增加10%。税务局称，根据1992年税务法第3（d）条对2017年缅甸税务清单中的18种酒类40%的进口税调高至50%。酒精含量在80%以下的18种酒类包括红酒、威士忌、伏特加酒等。

2.出口管理

2020年3月16日，为减轻新冠肺炎疫情对经济的影响、保持就业率和维持工厂正常运营，缅甸政府宣布免除本年度2%的出口预提税、减免其他税收和降低银行贷款利率。

（四）进出口商品检验检疫

缅甸进出口检验检疫工作由农业、畜牧与灌溉部主管。《缅甸植物检疫法》（1993年）规定禁止有害生物通过各种方法进入缅甸；切实有效抵制有害生物；对准备运往国外的植物、植物产品，必要时给予消毒、灭菌处理，并发给植物检疫证书。无论是从国外进口的货物，还是旅客自己携带的物品入境时，都必须接受缅甸农业服务公司的检查、检疫。

《缅甸植物细菌防疫法》（1993年）规定，任何人未取得进口许可证，不准从国外进口植物、植物产品、细菌、有益生物和土壤。必要时对即将运往国外的植物或植物产品进行杀虫和灭菌工作，发给无菌证书。根据接收国的需要，规定进行检验的方法。

《缅甸联邦对从事进出口贸易的最新规定》对进出口需要申报进行植物检疫的商品作出了详细规定。

（五）海关管理规章制度

1.管理制度

《缅甸海关进出口程序》（1991年）对禁止进出口的物品作出了详细规定，《缅甸海关计征制度及通关程序》对进出口关税、通关程序作出了详细规定。与海关管理相关的法规还包括：《海洋关税法》（1978年）、《陆地海关法》（1924年）、《关税法》（1953年）、《国家治安建设委员会1989年第4号令》《商业税法》（1990年）、《进出口管制暂行条例》（1947年）和《外汇管制法》（1974年）。

2.关税税率

2017年缅甸根据世界海关组织HS2017及2017年东盟统一关税命名法（AHTN）编制新版关税表。世界海关组织所有成员国关税代码都是6位数字，东盟所有成员国关税代码都是8位数字。2017年缅甸海关税则为10位数字，在AHTN8位数字的基础上增加2位数字进行统计。

四、柬埔寨对外贸易政策

近十年来，在众多发达国家给予普惠制（GSP）和配额优惠的条件下，柬埔寨积极吸引外商投资，努力扩大对外贸易。1999年，柬埔寨加入东南亚国家联盟。2003年，柬埔寨正式成为世界贸易组织（WTO）成员。2020年11月15日，柬埔寨成为《区域全面经济伙伴关系协定》的成员国。

（一）对外贸易主管部门

柬埔寨商业部（Ministry of Commerce）为柬埔寨对外贸易的主管部门。

（二）对外贸易法律法规

柬埔寨管理对外贸易的主要法律法规包括《进出口商品关税管理法》《关于颁发服装原产地证明，商业发票和出口许可证的法令》《关于实施货物装运前验货检查工作的管理条例》《加入世界贸易组织法》《关于风险管理的次法令》《关于成立海关与税收署风险管理办公室的规定》《有关商业公司从事贸易活动的法令》等。

（三）对外贸易管理的相关规定

柬埔寨商业部负责出口审批手续。在多数情况下，进口货物无须许可证。但部分产品需要获得相关政府部门特别出口授权或许可后方可出口。

1.进口管理

根据投资法修正案，由柬埔寨投资委员会批准的出口型合格投资项目可免税进口生产设备、建筑材料、原材料和生产投入附件。为取得生产用原材料免税进口批件，进口公司应每年向柬埔寨投资委员会申报拟进口材料的数量和价值。

2.出口管理

在出口商品当地含量及原产地原则方面，柬埔寨目前无当地含量要求，即不限制使用进口原材料、零部件（对健康、环境或社会有害的原材料、零部件除外）。在柬埔寨，出口商应重视普惠制的原产地规则要求。普惠制下出口至美国的产品，原产地规则对当地含量的最低要求为35%（符合条件的东盟成员国，即柬埔寨、泰国、印度尼西亚和菲律宾，在原产地规则要求中视为同一国家）。在“除武器外全部免税”下，原产地规则要求出口产品至少有40%的含量出自出口国。

在出口优惠方面，根据投资法修正案，由柬埔寨投资委员会批准的出口型合格投资项目可享受免税期或特别折扣，其出口产品增值税享受退税或贷记出口产品的原材料。

在出口限制方面，禁止或严格限制出口的产品包括文物、麻醉品和有毒物质、原木、贵重金属和宝石、武器等。2013年年初，柬埔寨政府明令禁止红木的贸易与流通。半成品或成品木材制品、橡胶、生皮或熟皮、鱼类（生鲜、冷冻或切片）及动物活体出口需缴纳10%的出口税。服装出口需向商业部缴纳管理费。普惠制下服装出口至美国或欧盟的，需获得出口许可证。

柬埔寨为加强对矿产品出口的有效监管，明确了矿产品出口法律程序及手续。矿产品出口公司须完成2项出口审批：一是拥有矿产执照的出口公司，须向矿产能源部提交既定时间内（最多1年）的出口计划，以获得原则性批准的出口配额（EQAP）；二是拥有配额后，每次装运还需获得矿产能源部的出口许可及财经部下属海关总署的批准。出口公司须在装货前7天通知矿产能源部进行检查，装运离境10天内向矿产能源部提交海关支持文件报告。对于违反规定的出口公司，矿产能源部将拒绝签发新的出口许可、暂停出口配额3个月，并面临一段时间内被政府列入黑名单的处罚。

（四）进出口商品检验检疫

柬埔寨财经部海关与关税署、商业部进出口检验与反欺诈局联合负责进出口商品检验，检验地点为工厂或进出口港口。目前，柬埔寨全部进出口货物均接受检验，政府正计划逐年降低检验比率。价值5 000美元及以上的进口货物，在出口国进行装运前检验。检验报告和其他装船前检验文件一起提交柬埔寨海关，货物抵达柬埔寨后，货主凭检验单据到海关交纳税款并提出货物。

（五）海关管理规章制度

1.管理制度

柬埔寨政府近年来不断改进海关管理制度，致力于实现简洁、高效、透明和可预测的海关管理。为简化海关程序，政府决定推行使用“海关一站式服务系统”，并计划在西哈努克港安装自动海关数据系统终端。

2.关税税率

除天然橡胶、宝石、半成品或成品木材、海产品、砂石5类产品外，一般出口货物不需缴纳关税。

所有货物在进入柬埔寨时均应缴纳进口税（投资法或其他特殊法规规定享受免税待遇的除外）。进口关税主要由四种汇率组成：7%、15%、35%和50%。

在东盟自由贸易协定的共同有效关税体制下，从东盟其他成员国进口、满足原产地规则规定的产品可享受较低的关税税率。

五、东帝汶对外贸易政策

东帝汶虽有着相对丰富的自然资源，但它是全球最不发达国家之一，主要财政来源为石油、天然气收入，经济结构单一，发展水平落后，严重依赖国际市场。东帝汶基础设施落后，没有工业体系和制造业基础，国内只有公路，没有铁路，大量的生活物资需要进口，东帝汶政府鼓励对外贸易的发展。

（一）对外贸易主管部门

东帝汶的对外贸易主管部门为财政部、经济事务协调部和旅游贸易与工业部，其中，财政部是政府负责起草、执行、协调和评估部长理事会批准政策的中心机构。旅游贸易与工业部商务司主要负责对本国国内外贸易发展进行监测和分析。

（二）对外贸易法律法规

目前，东帝汶法规体系建设还不完善，有2006年的《商业注册法》，2008年的《税收和关税法》，2009年的《餐饮业管理条例》，2011年的《商业活动执照法》，2011年的《食品产业化条例》，2011年的《进口汽车管理条例》等。2017年3月27日，东帝汶国家议会通过了新《商业公司法》。

（三）对外贸易管理的相关规定

1.进口管理

东帝汶进口关税率平均为2.5%，只对少数产品实行关税限制。比如，对进口军火征收200%的关税，对豪华游艇或私人飞机进口征收20%的关税，对单价超过7万美元的小轿车征收35%的关税。

2.出口管理

东帝汶政府鼓励出口贸易，对出口商品不征收关税。

（四）进出口商品检验检疫

东帝汶检验检疫的相关法律法规分别为2003年12月颁布的《进出口货物检验检疫卫生法》和2006年9月颁布的《检验检疫管理条例》。东帝汶检验检疫法律参照外国相关法律制定，内容较完备，包括对活的动植物及相关产品的规定。东帝汶要求进口动植物需要出口国检验检疫部门出具检验检疫安全的证明。由于检测设施和能力有限，东帝汶本国目前检验检疫条件还有很大的提升空间。

（五）海关管理规章制度

1.管理制度

东帝汶海关管理方面的法律法规包括2003年颁布的《受海关管控的旅客携带入境物品的法律和税收适用规定》和2006年颁布的《关税条例》等。东帝汶政府鼓励进出口贸易，只要持有合法证明文件，办理海关清关等手续都比较方便。

2.关税税率

如前所述，当前东帝汶进口关税率平均为2.5%。以下情况进口商品免税：每人最多可携带200根香烟和2.5升消费类饮料，价值300美元的非销售目的个人用品等；根据相关国际公约，外交物资、联合国物资、特殊代表机构的物资可以免税；东帝汶出口产品在不增加价值的情况下复进口免税。

案例剖析

新加坡裕廊工业区的建立

裕廊工业区是新加坡自贸港建设过程中具有代表性的实例。1961年，新加坡成立了经济发展局，在经济发展局的主导下，同年建立了新加坡第一个工业园区——裕廊工业区。裕廊工业区，位于新加坡西南部的海滨地带，在建设前为荒芜之地，大部分地貌是沼泽和丘陵。

具体而言，裕廊工业区的建设与发展具有下列特点：

其一，港口、产业和城市相结合的发展道路。裕廊工业区依托于裕廊港，该港口位于新加坡岛西部、裕廊工业区南岸，是亚洲最大的散装货运港。港口直接带动了园区产业的发展，同时裕廊工业区内各产业的兴建也直接带动裕廊港发展壮大。此外，园区内沿裕廊河两岸规划了住宅区和各类生活设施，园区内的港口、产业同步发展，使裕廊工业区成为生产与生活的综合体。

其二，政府主导的运营模式。1968年新加坡政府专门成立了裕廊工业管理局统一负责裕廊工业区的规划、建设和管理工作。裕廊工业管理局有权直接批准项目、城市规划和园区规划，还能发放居民暂住证、商业许可证等。裕廊工业管理局后更名为裕廊集团（JTC Corporation，简称JTC），JTC是企业与政府结合、自负盈亏的“政联公司”，也是政府投资和规划的法定机构，其本质是房地产开发商，但同时负责园区内各项公共服务，承担着政府职能。JTC在新加坡开发了45个不同主题的工业园区，并在全球116个城市扩展了750个项目，总面积近12万平方千米，相当于再造了171个新加坡，被誉为亚洲“工业园区孵化器”，即著名的“裕廊模式”。

其三，在全球范围内集中招商引资。经济发展局统一负责裕廊港的招商引资工作，为此打造了一支招商精英团队，在世界各地设立为招商服务的分支机构，并根据本国经济发展的实际需求选择客户。自20世纪60年代起，陆续引进跨国公司建厂，如壳牌、美孚等跨国公司。目前，新加坡已成为世界第三大炼油中心、东南亚最大修造船中心以及拥有世界第二大海上石油平台生产圈，均可见裕廊工业区招商引资策略的成功。这些跨国公司之所以愿意在裕廊工业区建厂，甚至将总部迁至新加坡，很大程度上取决于裕廊工业区在各个时期推行的优惠政策，包括为这些企业提供的税费减免、差异化的设施和厂房、科研基础设施建设等。

资料来源：卫平，周凤军．新加坡工业园裕廊模式及其对中国的启示［J］．亚太经济，2017（1）：97-102；176.

问题：请结合裕廊工业区的建设与发展特点，探讨新加坡自贸港建设对新加坡对外贸易发展的促进作用。

本章小结

1. 一个国家对外贸易政策的制定和实施与该国经济发展阶段相适应。

2. 受历史因素和基本国情的影响，积极发展对外贸易是新加坡生存和发展的最优选择。

3.文莱实行自由贸易政策。

4.马来西亚实行自由开放的对外贸易政策，部分商品的进出口受到许可证等限制。

5.泰国实行自由进口政策。

6.菲律宾是一个市场经济国家，国内工商业和对外贸易、国内投资和外国投资均实行统一的管理。

7.印度尼西亚除少数商品受许可证、配额等限制外，大部分商品放开经营。

8.越南、老挝、柬埔寨、缅甸和东帝汶五国主要采取出口禁令、出口关税、数量限制等措施对贸易进行管理。

思考与练习

简答题

1.新加坡对外贸易政策对该国经济发展有何影响?

2.文莱对外贸易政策对该国经济发展有何影响?

3.马来西亚对外贸易政策对该国经济发展有何影响?

4.东南亚国家的对外贸易政策对中国与东盟国家开展对外贸易有何影响?

第九章　东南亚区域经济一体化

本章要点

自由贸易协定的签署能推动成员间经济合作关系在贸易自由化基础上进一步发展，对协定成员国构建经济利益共同体起到强化作用。东南亚国家签署过多项双边和多边自由贸易协定，以《中华人民共和国与东南亚国家联盟全面经济合作框架协议》《印度与东盟全面经济合作框架协议》《区域全面经济伙伴关系协定》《全面与进步跨太平洋伙伴关系协定》等为代表，这些协定对促进东南亚国家经贸发展起到积极作用。东南亚国家联盟自建立以来，各成员国之间经济、政治、文化等领域的合作，不仅促进了东盟国家的经济发展，也改变了世界经济格局。东南亚国家在开展多边、双边经贸合作的同时积极参与次区域经贸合作，大湄公河次区域经济合作等促进了部分东南亚国家的经贸发展，加强了次区域经济合作国家间的设施联通，同时对合作国家的政治安全起到保障作用。

❖ **案例引导**

中老铁路助力中老经济走廊建设

中老铁路开通以来，截至2023年2月22日，累计发送货物1 560万吨。其中，国内段发送货物1 220万吨，国外段发送货物340万吨，跨境货物运输298万吨。

位于中老边境的中老铁路磨憨站，是我国通往老挝唯一的国家级铁路口岸。“货物品类越来越丰富，每天中老铁路将出口的电子产品、蔬菜、鲜花等运往老挝，同时拉来进口香蕉、榴莲、龙眼等南亚、东南亚国家的水果和优质产品。”中国铁路昆明局集团磨憨站副站长王俊峰说。

中老铁路自2021年12月3日开通运营以来，运输安全保持稳定，货物运输持续兴旺。铁路部门加强与海关沟通协调，积极推行快速通关和转关模式，将口岸查验转移至目的地海关或始发地海关办理，磨憨铁路口岸通关时间由原来的40多个小时缩减至5个小时以内，跨境货物通关时间大幅压缩，有效缓解了口岸拥堵压力。

中老铁路跨境货物列车由开通初期的日均2列增加到目前的日均12列，货物品类由开通初期的化肥、百货等10多种扩展至电子、光伏、冷链水果等1 200多种，为畅通国内国际双循环、促进中老经济走廊建设发挥了积极作用。

资料来源：李茂颖．中老铁路累计发送货物超1 500万吨［N］．人民日报，2023-02-24（7）．

第一节 东南亚国家双边和多边自由贸易协定

一、自由贸易协定

自由贸易协定（Free Trade Agreement，FTA）是两国或地区、多国或地区间具有法律约束力的契约，目的在于促进经济一体化，其目标之一是消除贸易壁垒，允许产品与服务在国家间自由流动。这里所指的贸易壁垒可能是关税，也可能是繁杂的规则。依据自由贸易协定，来自协议伙伴国的货物可以获得进口关税的减免优惠。自由贸易协定有助于简化海关手续，促进公平贸易。

（一）东南亚国家签署的双边自由贸易协定

双边自由贸易协定，是指一国或地区同另一国或地区或多国集团就取消或降低各种贸易和投资限制而洽签的协定。双边自由贸易协定使双方之间的贸易尽可能自由化，自由化程度可以直接度量为关税的下降，非关税措施和其他贸易限制的减少。

1.中国与东南亚国家联盟全面经济合作框架协议

2002年11月4日，中国和东盟领导人在柬埔寨首都金边签署了《中华人民共和国与东南亚国家联盟全面经济合作框架协议》（以下简称《框架协议》），标志着中国与东盟的经贸合作进入一个新的历史阶段，标志着中国与东盟建立自由贸易区的进程正式启动。《框架协议》是中国-东盟自贸区的法律基础，构筑了双方在21世纪更紧密的经济联系。《框架协议》于2003年7月1日生效，根据该协议，中国-东盟自贸区“早期收获”计划于2004年1月1日开始实施，各国部分农产品关税取消。

《框架协议》的宗旨在于最大限度地降低壁垒，加深各缔约方之间的经济联系；降低成本；增加区域内贸易与投资；提高经济效率；为各缔约方的工商业创造更大规模的市场，该市场将为商业活动提供更多机会和更大规模的经济容量；增强各缔约方对资本和人才的吸引力。

《框架协议》的目标是加强和增进各缔约方之间的经济、贸易和投资合作；促进货物和服务贸易，逐步实现货物和服务贸易自由化，并创造透明、自由和便利的投资机制；为各缔约方之间更紧密的经济合作开辟新领域，制定适当的措施；以及为东盟新成员国（越南、老挝、柬埔寨和缅甸）更有效地参与经济一体化提供便利，缩小各缔约方发展水平的差距。

《框架协议》包括三大部分十六个条款和四个附件，涵盖货物贸易、服务贸易、投资、最惠国待遇等内容。第一条目标；第二条全面经济合作措施；第三条货物贸易；第四条服务贸易；第五条投资；第六条早期收获；第七条其他经济合作领域；第八条时间框架；第九条最惠国待遇；第十条一般例外；第十一条争端解决机制；第十二条谈判的机构安排；第十三条杂项条款；第十四条修正；第十五条交存方；第十六条生效。

货物贸易是《框架协议》的核心内容，除《框架协议》第六条所列的“早期收获”计划以外，为了加速货物贸易的扩展，各缔约方同意进行谈判，对各缔约方之间实质上所有货物贸易取消关税和其他限制性贸易法规（如必要，按照WTO关税与贸易总协定，以下简称为GATT，第二十四条（8）（b）允许的关税和限制性贸易法规除外）。除了涉及国家安全、人类健康、公共道德、文化艺术保护等WTO允许例外的产品以及少数敏感产品，其他全部产品的关税和贸易限制措施都应逐步取消。

服务贸易条款提出，为了加速服务贸易的发展，各缔约方同意进行谈判，逐步实现涵盖众多部门的服务贸易自由化。此种谈判应致力于在各缔约方之间的服务贸易领域，逐步取消彼此或各缔约方间存在的实质所有歧视，和/或禁止采取新的或增加歧视性措施，但WTO《服务贸易总协定》（以下简称为GATS）第五条第1款（b）所允许的措施除外；在中国与东盟各成员国根据GATS所做承诺的基础上，继续扩展服务贸易自由化的深度与广度；以及增进各缔约方在服务领域的合作以提高效率和竞争力，实现各缔约方各自服务供应商的服务供给与分配的多样化。

投资条款提出，为了促进投资并建立一个自由、便利、透明并具有竞争力的投资体制，各缔约方同意谈判以逐步实现投资机制的自由化；加强投资领域的合作，便利投资并提高投资规章和法规的透明度；以及提供投资保护。

“早期收获”计划中适用的产品范围包括下面各章（01活动物；02肉及食用杂碎；03鱼；04乳品；05其他动物产品；06活树；07食用蔬菜；08食用水果及坚果）中HS8或9位税号的所有产品，除非一缔约方在《框架协议》附件一的例外清单中将其排除，此种情况下该缔约方的这些产品可以得到豁免。“早期收获”计划中涵盖的所有产品都应按照规定划分为三类进行关税削减和取消，并按照《框架协议》附件三中所列的时间框架执行。早期收获条款不应阻止任何缔约方自愿加速其关税削减或取消。所有实施的最惠国关税税率为零的产品，应继续保持零税率。实施税率降低到零的产品，税率应继续保持为零。一缔约方应享受所有其他缔约方就《框架协议》第三款（a）（i）所列的某一产品所作的关税减让，只要该缔约方的同一产品保持在第三款（a）（i）所列的“早期收获”计划中。

其他经济合作领域条款中规定，各缔约方同意在五个优先领域加强合作，包括农业、信息及通信技术、人力资源开发、投资以及湄公河盆地的开发。该条款规定合作应扩展到其他领域，包括但不限于银行、金融、旅游、工业合作、交通、电信、知识产权、中小企业、环境、生物技术、渔业、林业及林业产品、矿业、能源及次区域开发等。加强合作的措施包括但不仅限于推动和便利货物贸易、服务贸易及投资，如标准及一致化评定、技术性贸易壁垒和非关税措施以及海关合作；提高中小企业竞争力；促进电子商务；能力建设以及技术转让。各缔约方同意实施能力建设计划以及实行技术援助，特别是针对东盟新成员国，以调整它们的经济结构，扩大它们与中国的贸易与投资。

为了将适用于《框架协议》早期收获计划中所涵盖产品的原产地规则纳入《框架协议》；修改《框架协议》现有的附件一和附件二的内容，以纳入中国与一些东盟成员国之间达成的早期收获协议，并增补相关的HS税号和产品描述；对《框架协议》中早期收获计划的各项条款的实施予以澄清说明；通过双边或诸边协议或安排来对加速实施《框架协议》早期收获计划中所涵盖产品降低和/或取消关税的方式和条件做出规定，并规定将此类协议或安排有效地附于《框架协议》，2003年10月7日，各缔约方经济部长在印尼巴厘签署了关于修订《中华人民共和国和东南亚国家联盟全面经济合作框架协议》的议定书，该议定书包括八条。第一条是对《框架协议》第六条第3款（a）（iv）的修订；第二条是对《框架协议》第六条第3款（b）（i）的修订；第三条是对《框架协议》第六条第3款（b）的修订；第四条是在《框架协议》中加入新的第12A条；第五条是《框架协议》附件一的删除与替换；第六条是《框架协议》附件二的删除与替换；第七条早期收获减让表的纳入；第八条实施。该议定书中，新的第12A条提出，本协议不妨碍或禁止任何一个东盟成员国，同中国和/或其他东盟成员国缔结超出本协议范围的关于货物贸易、服务贸易、投资和/或其他经济合作的双边或诸边协议。本协议的条款不适用于任何此类双边或诸边协议。

《框架协议》中各缔约方做出承诺，即对于中国和东盟六国（文莱、印度尼西亚、马来西亚、菲律宾、新加坡和泰国），于2010年建成涵盖货物贸易的中国-东盟自贸区，对于东盟新成员国（柬埔寨、老挝、缅甸和越南），在2015年建成自贸区；重申各缔约方在规定的时间框架内建立中国-东盟自贸区的承诺，同时允许各缔约方按照《框架协议》的规定，享有解决敏感领域问题的灵活性。2004年11月29日中华人民共和国和东南亚国家联盟国家/政府领导人在老挝万象签署了《中华人民共和国政府与东南亚国家联盟成员国政府全面经济合作框架协议货物贸易协议》（以下简称《中国-东盟全面经济合作框架协议货物贸易协议》）。2005年7月，《中国-东盟全面经济合作框架协议货物贸易协议》生效，涵盖技术性贸易壁垒和动植物卫生检疫等内容，此后通过修订不断丰富与完善。

《中国-东盟全面经济合作框架协议货物贸易协议》包括二十三条和两个附录，包括国内税和国内法规的国民待遇、关税削减和取消、原产地规则、数量限制和非关税壁垒、承认中国市场经济地位等内容。第一条定义；第二条国内税和国内法规的国民待遇；第三条关税削减和取消；第四条透明度；第五条原产地规则；第六条减让的修改；第七条WTO规则；第八条数量限制和非关税壁垒；第九条保障措施；第十条承诺的加速实施；第十一条保障国际收支的措施；第十二条一般例外；第十三条安全例外；第十四条承认中国市场经济地位；第十五条国家、地区和地方政府；第十六条机构安排；第十七条审议；第十八条附件和将来的文件；第十九条修正；第二十条杂项条款；第二十一条争端解决；第二十二条交存；第二十三条生效。

《中国-东盟全面经济合作框架协议货物贸易协议》关税削减和取消条款提出，各缔约方的关税削减或取消计划应要求逐步削减被列明税目的实施最惠国税率，并在适当时依照本条予以取消；依照本协议纳入关税削减或取消计划的税目应包括所有未被《框架协议》第六条所列的早期收获计划涵盖的税目，这些税目应按如下规定进行关税削减和取消。（正常类：一缔约方自愿纳入正常类的税目应依照本协议附件一中列明的模式逐步削减和取消各自的实施最惠国税率，并应实现模式中的降税门槛所规定的目标。敏感类：一缔约方自愿纳入敏感类的税目应依照本协议附件二中的模式削减或取消各自的实施最惠国税率。）

《中国-东盟全面经济合作框架协议货物贸易协议》数量限制和非关税壁垒条款提出，除非WTO规则允许，各缔约方不应在任何时候保留任何数量限制措施。非WTO成员的缔约方应自本协议生效之日起3年后（越南4年）或根据其加入WTO的承诺逐步取消其数量限制，以时间较早者为准；各缔约方应在本协议生效后尽快列明非关税壁垒（数量限制除外）以逐步取消。取消这些非关税壁垒的时间框架应由各缔约方共同商定；各缔约方在实施本协议时应公布其数量限制的有关信息并使这些信息易于取得。

《中国-东盟全面经济合作框架协议货物贸易协议》承认中国市场经济地位条款里提到，东盟十国中每一个成员国同意承认中国是一个完全市场经济体，自本协议签署之日起，将对中国与东盟十国中任何一个成员国之间的贸易，不适用《中华人民共和国加入世界贸易组织议定书》第十五条和第十六条以及《中国加入世界贸易组织工作组报告书》第242段。

为加强中国和东盟国家之间的服务合作，以提高效率和竞争力，使各缔约方服务提供者的服务供给和销售多元化；按照《框架协议》各缔约方相互达成的时间表进行实施，并照顾到各成员的敏感部门；和对柬埔寨、老挝、缅甸和越南实行特殊和差别待遇及展现灵活性，2007年1月14日中华人民共和国和东南亚国家联盟国家/政府领导人在菲律宾宿务签署了《中华人民共和国政府与东南亚国家联盟成员国政府全面经济合作框架协议服务贸易协议》（以下简称《中国-东盟全面经济合作框架协议服务贸易协议》），2007年7月，该协议正式生效。《关于实施中国东盟自贸区〈服务贸易协议〉第二批具体承诺的议定书》于2011年签署，2012年1月正式生效。《中国-东盟全面经济合作框架协议服务贸易协议》共有四大部分三十三个条款。第一部分定义和范围。第一条定义；第二条范围。第二部分义务和纪律。第三条透明度；第四条机密信息的披露；第五条国内规制；第六条承认；第七条垄断和专营服务提供者；第八条商业惯例；第九条保障措施；第十条支付和转移；第十一条保障国际收支的限制；第十二条一般例外；第十三条安全例外；第十四条补贴；第十五条WTO规制；第十六条合作；第十七条加强柬埔寨、老挝、缅甸和越南的参与。第三部分具体承诺。第十八条市场准入；第十九条国民待遇；第二十条附加承诺；第二十一条具体承诺减让表；第二十二条承诺的适用与扩大；第二十三条逐步自由化；第二十四条具体承诺减让表的修改。第四部分其他条款。第二十五条国家、地区与地方政府；第二十六条联络点；第二十七条审议；第二十八条杂项条款；第二十九条修正；第三十条争端解决；第三十一条利益的拒绝给予；第三十二条生效；第三十三条交存。

《中国-东盟全面经济合作框架协议服务贸易协议》市场准入条款中提到，对于通过第一条第二十项第一至第四目确认的服务提供方式实现的市场准入，每一缔约方对任何其他方的服务和服务提供者给予的待遇，在条款、限制和条件方面，不得低于其在具体承诺减让表中所同意和列明的内容。如一缔约方就通过第一条第二十项第一目所指的方式提供服务做出市场准入承诺，且如果资本的跨境流动是该服务本身必需的部分，则该方由此已承诺允许此种资本跨境流动。如一缔约方就通过第一条第二项第四目所指的方式提供服务做出市场准入承诺，则该方由此已承诺允许有关的资本转移进入其领土内。在做出市场准入承诺的部门，除非在其减让表中另有列明，否则一缔约方不得在其一地区或在其全部领土内维持或采取按如下定义的六种措施：无论以数量配额、垄断、专营服务提供者的形式，还是以经济需求测试要求的形式，限制服务提供者的数量；以数量配额或经济需求测试要求的形式限制服务交易或资产总值；以配额或经济需求测试要求的形式，限制服务业务总数或以指定数量单位表示的服务产出总量；第二款第三项不涵盖一缔约方限制服务提供投入的措施；以数量配额或经济需求测试要求的形式，限制特定服务部门或服务提供者可雇用的、提供具体服务所必需且直接有关的自然人总数；限制或要求服务提供者通过特定类型法律实体或合营企业提供服务的措施；以及以限制外国股权最高百分比或限制单个或总体外国投资总额的方式限制外国资本的参与。

在《中国-东盟全面经济合作框架协议服务贸易协议》国民待遇条款中提到，对于列入减让表的部门，在遵守其中所列任何条件和资格的前提下，每一缔约方在影响服务提供的所有措施方面给予任何其他方的服务和服务提供者的待遇，不得低于其给予本国同类服务和服务提供者的待遇。根据本条承担的具体承诺不得解释为要求任何成员对由于有关服务或服务提供者的外国特性而产生的任何固有的竞争劣势做出补偿；一缔约方可通过对任何其他方的服务或服务提供者给予与其本国同类服务或服务提供者的待遇形式上相同或不同的待遇，满足第一款的要求；如形式上相同或不同的待遇改变竞争条件，与任何其他缔约方的同类服务或服务提供者相比，有利于该缔约方的服务或服务提供者，则此类待遇应被视为较为不利的待遇。

根据《框架协议》第五条及第八条，为建立中国-东盟自由贸易区和促进投资，建立一个自由、便利、透明及竞争的投资体制，各缔约方同意尽快谈判并达成投资协议，以逐步实现投资体制自由化，加强投资领域的合作，促进投资便利化和提高投资相关法律法规的透明度，并为投资提供保护；注意到《框架协议》所认识到的缔约方之间不同的发展阶段和速度，和对柬埔寨、老挝、缅甸和越南等东盟新成员实行特殊和差别待遇及灵活性的必要性，2009年8月15日中华人民共和国和东南亚国家联盟国家/政府领导人在泰国曼谷签订了《中华人民共和国政府与东南亚国家联盟成员国政府全面经济合作框架协议投资协议》（以下简称《中国-东盟全面经济合作框架协议投资协议》），2010年，该协议正式生效。该协议共二十七条。第一条定义；第二条目标；第三条适用范围；第四条国民待遇；第五条最惠国待遇；第六条不符措施；第七条投资待遇；第八条征收；第九条损失补偿；第十条转移和利润汇回；第十一条国际收支平衡保障措施；第十二条代位；第十三条缔约方间争端解决；第十四条缔约方与投资者间争端解决；第十五条利益的拒绝；第十六条一般例外；第十七条安全例外；第十八条其他义务；第十九条透明度；第二十条投资促进；第二十一条投资便利化；第二十二条机制安排；第二十三条与其他协议的关系；第二十四条一般审议；第二十五条修订；第二十六条交存；第二十七条生效。

《中国-东盟全面经济合作框架协议投资协议》透明度条款中提到，第一，为实现本协议的目标，各方应发布在其境内关于或影响投资的所有相关法律、法规、政策和普遍使用的行政指南；第二，及时并至少每年向其他方通报显著影响其境内投资或本协议下承诺的任何新的法律或现有法律、法规、政策或行政指南的任何变化；第三，建立或指定一个咨询点，其他方的任何自然人、法人或任何人可要求并及时获取第一和第二情况下要求公布的与措施相关的所有信息；第四，至少每年一次通过东盟秘书处向其他方通报该方作为缔约方的任何未来的给予任何优惠待遇的投资相关协议或安排。该条款还提到，本协议的任何规定不得要求一方提供或允许接触机密信息，披露此类信息会阻碍法律实施、违背公共利益或损害特定法人、公众或私人的合法商业利益。根据第一款的所有通报和通信应使用英文。

《中国-东盟全面经济合作框架协议投资协议》投资促进条款中提到，在其他方面，缔约方应合作采取以下措施加强中国-东盟投资地区意识：增加中国-东盟地区投资；组织投资促进活动；促进商贸配对活动；组织并支持机构举行形式多样的关于投资机遇和投资法律、法规和政策的发布会和研讨会；就与投资促进和便利化相关的互相关心的其他问题开展信息交流。

《中国-东盟全面经济合作框架协议投资协议》投资便利化条款中提到，在其他方面，缔约方应按照其法律法规，在中国和东盟间开展以下投资便利化合作：为各类投资创造必要环境；简化投资适用和批准的手续；促进包括投资规则、法规、政策和程序的投资信息的发布；在各个东道方建立一站式投资中心，为商界提供包括便利营业执照和许可发放的支持与咨询服务。

为进一步提高本地区贸易投资自由化和便利化水平，2013年10月，时任总理李克强在中国-东盟领导人会议上倡议启动中国-东盟自贸区升级谈判。2014年8月，中国-东盟经贸部长会议正式宣布启动升级谈判。经过四轮谈判，为通过重申各自承诺，进一步提高中国-东盟自贸区的水平，更好地应对全球经济格局的不断发展，通过不断提高货物贸易和服务贸易自由化水平，形成更便利贸易的原产地规则，改进海关程序和贸易便利化措施，提高投资自由化、保护、促进和便利化水平，以及加强经济技术合作，深化中国和东盟间的经济联系；并相信中国-东盟自贸区的升级将扩展各方合作的深度和广度，促进各方之间的贸易、服务和投资，中华人民共和国和东南亚国家联盟国家/政府领导人2015年11月22日在马来西亚吉隆坡正式签署《中华人民共和国与东南亚国家联盟关于修订〈中国-东盟全面经济合作框架协议〉及项下部分协议的议定书》（以下简称升级《议定书》）。升级《议定书》2016年7月1日率先对中国和越南生效。此后东盟其他成员陆续完成国内核准程序，升级《议定书》生效范围不断扩大。2019年8月22日，所有东盟国家均完成了国内核准程序，10月22日，升级《议定书》对所有协定成员全面生效。升级《议定书》是我国在现有自贸区基础上完成的第一个升级协议，涵盖货物贸易、服务贸易、投资、经济技术合作等领域，是对原有协定的丰富、完善、补充和提升，体现了双方深化和拓展经贸合作关系的共同愿望和现实需求。升级《议定书》对原产地章节进行修改，在《货物贸易协议》中增加海关程序与贸易便利化章节，在《服务贸易协议》中增加第三批具体承诺，在《投资协议》中增加投资促进和投资便利化相关条款，在《框架协议》经济技术合作章节对基本原则和合作领域进行扩充。升级《议定书》还针对货物贸易的进一步自由化、完善产品特定原产地规则以及投资自由化和保护等未完成事项制定未来工作计划。升级《议定书》的达成和签署，将为双方经济发展提供新的助力，加快建设更为紧密的中国-东盟命运共同体。升级《议定书》的全面生效，将进一步释放自贸区实施的红利，让自贸协定的优惠政策真正惠及自贸区所有协定成员国的企业和人民，也必将有力地推动双方经贸合作再上新台阶，为双方经济发展提供新的助力，为实现《中国-东盟战略伙伴关系2030年愿景》做出积极贡献。

升级《议定书》包括六章内容。第一章对《货物贸易协议》的修订，包括原产地规则、海关程序与贸易便利化。第二章对《服务贸易协议》的修订。第三章对《投资协议》的修订。第四章对《框架协议》经济技术合作相关条款的修订。第五章未来工作计划。第六章最终条款。在货物贸易方面，缔约双方对原产地规则进行了优化和完善，进一步简化海关通关程序；在服务贸易方面，缔约双方完成了第三批服务贸易具体减让谈判，累计在建筑、旅游、金融、通信等近70个分部门做出更高水平的开放承诺；在投资方面，缔约双方同意加强投资促进和便利化合作，简化投资审批程序，建立一站式投资中心，创造稳定透明便捷的投资环境；在经济技术合作方面，双方商定在农业、信息、交通等10多个领域深化合作，并把跨境电子商务作为新议题纳入合作范畴，进一步拓宽了自贸协定升级的领域。

2021年11月，中国提议尽早启动中国-东盟自贸区3.0版建设，得到东盟领导人的积极响应。2021年，东盟与中国同意将双边关系提升为全面战略伙伴关系。2023年4月东盟-中国自由贸易协定（ACFTA）执行委员会第4次特别会议召开，这次会议旨在修订现有中国-东盟自由贸易协定的条款，以跟上不断变化的贸易形势和模式，目标在2024年底前完成50%的协议并起草中国-东盟自贸区升级协议。中国-东盟自贸协议升级版将聚焦于数字经济、绿色经济、非关税措施、消费者保护及微中小企业等有利于双方利益的领域，同时亦将调整自贸协议之章节结构。修订中国-东盟自由贸易协定，将有助于扩大成员国之间的贸易，加强经济、贸易和投资合作。

2.东盟-日本全面经济伙伴协定

《东盟-日本全面经济伙伴协定》（AJCEP）是日本与区域性经济组织达成的第一个自由贸易协定。东盟带动的区域经济一体化以各种FTA的签署在东亚地区掀起一股浪潮。为促进本国经济全面发展，日本改变以往区域经济合作的消极态度，及时调整其对外贸易政策，积极开展双边自由贸易。2002年10月，日本外务省制定了“日本的FTA战略”，决定以韩国和东盟为中心，在东亚和世界范围内开展双边自由贸易，推动建立东亚自由贸易区。

2002年1月日本首相访问东盟五国（菲律宾、马来西亚、泰国、印度尼西亚及新加坡）时，就提议以日新经济伙伴关系协定（EPA）为样板，与东盟建立全面合作的经济伙伴关系。2002年10月，日本和东盟在共同研究的基础上，提出了《关于日本-东盟全面经济伙伴关系报告书》。该报告书认为，日本与东盟在全球化进程中面临着共同的问题，有着不可分离的相互依存关系，应本着相互尊重的原则建立新的伙伴关系。2003年10月8日，日本与东盟国领导人举行首脑会议，就AJCEP的目的、意义、原则、内容、途径、目标以及签署经济伙伴关系协定的准备行动等方面进行了讨论，达成了广泛的共识，确定了AJCEP的基本框架。2003年12月，双方领导人在东京召开了特别会议，以经济伙伴关系为中心，就双方共同关心的经济和其他领域的全面合作进行了协商，顺利签署了《日本-东盟东京宣言》和《日本-东盟行动计划》等一系列文件，对发展和加强日本与东盟以及东盟各国的经济关系产生了深远影响。2005年4月，AJCEP谈判正式开始。但是，这次谈判未能涉及实质性内容。2005年8月27日进行的第二次谈判也未涉及实质性内容，双方对于实施关税谈判的谈判方法严重对立，争论不休，未能达成一致。日本方面主张削减关税在两国间谈判，而不是与东盟全体谈判，引起了东盟各国的不满。这样AJCEP谈判在一开始就遇到了挫折。2006年2月11日，在双方的非正式协商中日本让步，提出双方规定统一废除关税的时间表，东盟表示欢迎，双方谈判重回正常。2007年8月25日，日本与东盟在马尼拉达成东盟-日本全面经济伙伴协定。根据这项协定，日本将对从东盟进口的按价值计算90%的产品实行零关税。2007年11月，日本和东盟确定了该项自由贸易协定的主要条文。根据协定，在10年内，日本和东盟之间90%的贸易将免除关税。

2008年4月14日，日本和东盟正式签署东盟-日本全面经济伙伴协定。日本和东盟十国发表声明指出，双方希望这项协定早日落实，这将对“本区域的贸易与投资带来强劲动力”。该协定生效后，日本从东盟进口的按价值计算90%的产品将立即实行零关税，并在10年内逐步取消另外3%的产品的关税，同时降低另外6%的产品的关税。同时，东盟6

个成员国（文莱、印度尼西亚、马来西亚、菲律宾、新加坡和泰国），将在协议生效后10年内逐步取消按价值和种类计算90%的从日本进口产品的关税，越南将在15年内逐步取消90%的从日本进口产品的关税，其余成员国将在18年内逐步取消85%的从日本进口产品的关税。东盟大多数国家从日本进口的电器产品、汽车配件和钢材等也在协定的减税范围之内。随着AJCEP协定的生效，东盟和日本将有效利用此协定及“日本东盟10年战略经济合作路线图”，增强并促进双方关心领域的商品贸易、服务贸易以及投资的合作，通过促进可持续经济发展和创新，强化东盟内部协同合作，并支持商业活动形成的协同效应，同时继续合作以解决地区发展不平衡问题。

AJCEP由序言和十章正文及五个附件构成，包括物资贸易及服务贸易、投资和经济合作等领域的全面的形式。第一章总则；第二章物品的贸易；第三章原产地规则；第四章卫生植物检疫措施；第五章任意规格、强制规格及适合性评估手续；第六章服务贸易；第七章投资；第八章经济合作；第九章纠纷解决；第十章最终规定。AJCEP的意义在于将日本与东盟各国间的双边经济伙伴关系协定这条线发展为日本与东盟10国整个面。

在签订AJCEP的谈判中，关于物资贸易，采取了首先决定各国的撤销关税的框架，各国据此提出自由化提案的方式。根据该框架，日本在从东盟各国的进口（以金额算）中，90%在协议生效时即刻撤销关税，93%在协议生效后10年以内撤销关税。此外东盟各国方面决定，东盟6国（文莱、印尼、马来西亚、菲律宾、新加坡、泰国）在从日本的进口中无论是金额还是品种（HS6位数），90%要在协议公布后10年以内撤销关税，而越南在品种方面90%在15年以内撤销关税，CLM（柬埔寨、老挝、缅甸）85%在18年以内撤销关税。AJCEP最大的好处之一是“区域原产地规则”得到了承认。根据该机制，以往以日本与东盟各国间无法解决的东盟区域内的关税减免通过AJCEP可以得到实现。在AJ-CEP中认定原产品原则上要达到下列任何一个条件：（1）达到完全产品的标准（第二十四条及第二十五条）；（2）根据附加值标准，区域产值含量（RVC）在40%以上，最终工序在作为出口国的缔约国完成的物品；（3）按照税则分类变更标准（CTC），HS编码的4位码的改变在作为出口国的缔约国进行的物品（位码转变：CTH）（以上为第二十四条及第二十六条之一）。关于各品种规则（附件二）所规定的产品亦遵照这些要求。各品种规则已经成为11国共同的规则。在各品种规则中，许多品种例如钢铁、钢铁制品（HS72类、73类）只有RVC40%得到承认，但部分品种采用RVC40%或CTC2位码（分类改变：CC）的选择制。在一般机械（HS84类）中，大部分品种可适用规则，但发动机和部分汽车零件只有RVC40%。电气电子机器的大部分品种均可适用规则，只有彩电（HS852812）仅采用RVC40%。运输机械（HS87类）的大部分品种仅采用RVC40%，只有部分品种适用规则。

AJCEP采取了包括投资和服务贸易等在内的全面协定的形式，但现阶段仍停留于形式。AJCEP中设有关于服务贸易和投资的章节。但关于这两章，仅规定协定生效后1年以内分别设置小委员会，在该委员会上“继续讨论及谈判”（第五十条之二、第五十一条之二），协定生效时关于服务贸易及投资还没有具体的规定。

关于卫生植物检疫措施（第四章）、任意规格、强制规格及适合性评估手续（第五章），基本上是重新确认WTO协定中的权利和义务的规定（第三十九条、第四十五条），但有关各章规定的实施及运用等，为了实行调整和协议，规定要设置小委员会。

AJCEP中经济合作这一要素显得尤为重要。协定中提出了以下13个合作领域：（1）有关贸易的手续；（2）商务环境；（3）知识产权；（4）能源；（5）信息通信技术；（6）人才培养；（7）中小企业；（8）旅游及接待；（9）运输及物流管理；（10）农业、渔业及林业；（11）环境；（12）竞争政策；（13）所有缔约国互相同意的其他领域。在这些领域中，（3）知识产权和（10）农业、渔业及林业中附有“为经济合作的事业计划”（附件五）。

在第九章“纠纷解决”中有着与WTO协定中的“纠纷解决”同样的规定。但在AJCEP中则规定，关于卫生植物检疫措施（第四章）、任意规格、强制规格及合适性评估手续（第五章）、经济合作（第八章），均不适用纠纷解决规定（第四十二条、第四十九条、第五十八条）。关于服务贸易及投资，在协定生效时没有设定实质上的规定，因此该纠纷解决规定事实上仅适用于物品的贸易。在缔约国的措施违反WTO协定及AJCEP双方的规定时，其他缔约国也可以向WTO或AJCEP的纠纷解决程序提出申述。但实际上规定，关于同一事例，要求在WTO设置纠纷解决委员会或要求在AJCEP设置仲裁法院时，不得利用另一方的纠纷解决程序。

对日本而言，在东亚地区贸易和投资关系最深的是东盟。从迄今为止长达多年的投资积累、双方对资产的有效利用、与产业竞争力强化相连等观点出发，AJCEP是尤为重要的。AJCEP是日本与东盟各国的双边经济伙伴协议，不存在法律上的优先关系，完全是独立的协定，该协定对日本与东盟各国的双边经济伙伴协议中对应不充分的、日本东盟范围内进行的经济活动，加以完善和展开。

3.韩国-东盟全面经济合作框架协定

作为以出口为导向的外向型经济发展国家，1997年亚洲金融危机严重阻碍了韩国经济的发展。在接受美国和国际货币基金组织（IMF）援助的同时，韩国也不得不接受对其提出的诸多附带苛刻条件。韩国意识到必须加强区域经济合作，才能维护和拓展自己的生存发展空间。在此背景下，韩国时任金大中政府倡导“东亚一体化”思想，一方面积极参与亚太经济合作组织的创建，一方面借助东盟地区论坛等平台投身东亚合作，积极推动东亚区域经济合作。随着东盟在东盟地区论坛、东亚峰会、“10+3”、“10+1”合作机制中发挥着越来越大的牵头作用，韩国开始考虑与东盟缔结双边自由贸易协定。从东盟的角度看，与韩国缔结自由贸易协定，有利于拓展出口市场，促进经济发展，是其大国平衡战略的一部分。

东盟各成员国政治体制不同，经济发展水平存在明显差异，韩国与东盟采取了灵活的谈判方式，先达成框架协定，随后依次在货物贸易、服务贸易和投资领域进行谈判、协商。

启动阶段：1989年，韩国与东盟双方正式建立对话合作关系。随后，致力于促进政府间合作的韩国-东盟联合部门合作委员会（JSCC）成立，推动了韩国与东盟在贸易、投资、旅游领域的合作。1991年，韩国与东盟进入全面对话阶段。此后，韩国积极参与东盟事务，包括与东盟国家建立部长会议机制，参与东盟区域论坛等。亚洲金融危机后，韩国更加积极地谋求与东盟的合作。时任金大中总统于1999年提出中日韩与东盟建立“东北亚经济合作体”的设想，而1998年金大中提议成立的“东亚展望小组”于2001年又提出建立“东亚共同体”的合作目标。2002年9月，韩国与东盟探讨建立自由贸易区的可能性。

谈判阶段：韩国时任总统卢武铉执政期间，韩国与东盟的合作力度增大。2003年10月，韩国提出建立韩国-东盟自由贸易区的构想。2004年3月，韩国与东盟就该事宜举行首次专家会谈，4月进行第二轮会谈，初步讨论了缔结自由贸易协定的领域、程序等。在进行多次会谈并提交了相关研究报告后，2004年11月，韩国与东盟在共同发表的建立伙伴关系的声明中确定，双方将于2005年就自由贸易协定问题展开政府间协商。经过多次协商会议后，韩国、东盟达成诸多协定，为自由贸易协定的顺利签署奠定了基础。

正式签署阶段：韩国-东盟自由贸易协定并没有采取一揽子达成的方式（货物贸易、服务贸易、投资等多个领域一步到位），而是分步签署，即先签署《韩国-东盟全面经济合作框架协定中的货物贸易协定》（以下简称《货物贸易协定》），随后才陆续签署《韩国-东盟全面经济合作框架协定中的服务贸易协定》（以下简称《服务贸易协定》）、《韩国-东盟全面经济合作框架协定中的投资协定》（以下简称《投资协定》）等。

2005年12月，在第九届韩国与东盟首脑会议上，韩国与东盟达成了《韩国-东盟全面经济合作框架协定》（以下简称《框架协定》）。《框架协定》涵盖了对货物贸易、服务贸易、投资、争端解决机制和经济合作等领域的安排，标志着韩国-东盟区域经济一体化进程的开端。《韩国-东盟全面经济合作框架协定中的争端解决机制协定》（以下简称《争端解决机制协定》）也同时签署。前述协定均于2006年7月生效。

2006年8月，在菲律宾马尼拉部长级会议上，《货物贸易协定》签署（于2007年6月生效）；2007年11月，双方达成《服务贸易协定》（于2009年5月生效）。东盟国家泰国此次未与韩国签署《货物贸易协定》和《服务贸易协定》。直到2009年6月，泰国才单独与韩国签订了《关于泰国加入货物贸易协定的议定书》和《关于泰国加入服务贸易协定的议定书》。2009年6月3日，韩国与东盟完成了《投资协定》的签署，该协定于2009年9月正式生效。

《货物贸易协定》较为细致地规定了货物贸易领域的基本规则，是韩国与东盟成员国处理该领域相关问题的法律依据，在促进韩国与东盟货物贸易自由化方面发挥着重要作用。《货物贸易协定》是韩国-东盟自由贸易协定的核心部分，主要围绕货物贸易自由化问题展开，包括二十一个条款及三个附件。该协定旨在通过削减关税与非关税贸易壁垒，明确时间表，为双方的经贸发展创造更加便利的环境。

根据《货物贸易协定》，产品被分为正常产品和敏感产品两大类，其中敏感产品是各国出于保护国内产业需要而提出的。正常产品可分为一轨和二轨两类，最终都将取消关税，其中二轨产品可在更长的时间内将关税降为零；敏感产品是各国要保护的对象，包含一般敏感产品和高度敏感产品，最终不取消关税。其中一般敏感产品在一段时间后要把税率降至5%及以下，高度敏感产品最终可保留相对较高的税率。具体来说，高度敏感产品又被分为A、B、C、D、E五组，A、B、C组产品降税程度略有不同，D组实行关税配额，E组则被排除在关税减让对象之外，不参加关税减让。韩国-东盟自由贸易区的敏感产品是以“负面列表”方式提出的。缔约方按照国内产业的具体情况，分别提出了各自的敏感产品。韩国对东盟提出的敏感产品主要集中在农产品领域（占敏感产品的65.4%，在高度敏感产品中的税目占比则为95.5%），主要为鱼、肉、蛋、蔬菜、水果、面粉、油等；东盟国家（新加坡除外）提出的敏感产品主要集中在机电产品、钢铁及其制品、车辆及零附件产品领域，也有部分农产品。

《货物贸易协定》分别规定了正常产品与敏感产品的关税减让模式，其中，对东盟新成员的特殊和差别待遇是协定体现的一项重要原则。正常产品最终将取消关税，《货物贸易协定》对东盟新、老成员国做了区别对待。对于韩国和新加坡、文莱、马来西亚、印度尼西亚、菲律宾、泰国等六个东盟老成员国，一轨正常产品自2006年1月1日起开始降税，之后每年1月1日各进行一次关税削减，2010年1月1日将关税最终削减为零；泰国单独提出的二轨正常产品自2008年1月1日起开始降税，2017年1月1日将关税降为零。对于越南、柬埔寨、老挝、缅甸等四个东盟新成员国，降税缓冲期限更长，其中越南于2015年1月1日将关税降为零，柬埔寨、老挝和缅甸于2018年1月1日实现零关税。针对一般敏感产品和高度敏感产品，《货物贸易协定》规定了不同的降税模式，高度敏感产品的最终税率要高于一般敏感产品，但数量受到一定约束。对于一般敏感产品，各国的税率最终将削减至0~5%；对于高度敏感产品，除了D组产品实施关税配额、E组产品不参加关税减让外，A、B、C组产品的税率削减程度各不相同。协定还给予东盟新成员国更充分的时间来实施降税安排。

《货物贸易协定》关于原产地规则的规定主要反映在附件当中。在原产地标准上，协定确定了12类产品（主要是农产品）适用完全获得标准，而对于其他产品，企业可选择采取适用增值标准或者税目改变标准。增值标准，要求产品的韩国-东盟自贸区的区域价值成分（Regional Value Content，RVC）不少于离岸价（FOB）的40%；税目改变标准，只要满足至少4位HS编码改变即可适用。在直接运输规则上，即使产品运输途中经过了韩国-东盟自贸区成员国之外的国家或地区，只要满足一定条件，也可视为直接运输；在证明文件上，企业享受原产地证书的前提是，提交由出口成员方指定并已按规定通知其他成员方的政府机构签发的原产地证书。

关税配额仍然存在于《货物贸易协定》之中，韩国、马来西亚、泰国和越南四国便设置了D组产品实施关税配额。这是韩国-东盟自贸区实现高水平贸易自由化的重要障碍。

反倾销、反补贴与保障措施作为传统的贸易救济措施，是推进贸易自由化进程的重要保障。《货物贸易协定》并未对反补贴、反倾销做出具体规定，允许过渡性保障措施的使用。启动保障措施的条件为来自自贸区内部的进口激增，导致“某一产品的国内生产部门受到实质损害或实质损害威胁”；实施保障措施的方式是“对来自自贸区内的产品暂停降税或者提高关税税率”，但如果来自一缔约方的所涉产品不超过从其余各方进口总量的3%，则不得实施保障措施。为了防止保障措施的滥用，协定还规定了具体的限制条件。保障措施有利于抑制不公平竞争行为，在维护自贸区贸易秩序方面发挥着重要作用。

《服务贸易协定》在参照WTO《服务贸易协定》的基础上，对缔约方在韩国-东盟自贸区框架下开展服务贸易的权利与义务做了规定，旨在通过减少歧视性措施，为加强和深化缔约方之间的服务合作奠定基础。《服务贸易协定》包括四个部分（三十二个条款）和一个附件，围绕服务贸易自由化问题，对服务贸易市场开放等相关内容做了具体安排。其中，第一部分为“定义与范围”条款，包含了与服务贸易相关的定义以及适用范围；第二部分“义务与纪律”涵盖了透明度、国内规制、相互承认、保障措施、一般例外、安全例外和补贴等条款，是各缔约方权利与义务的基础，也是开展服务贸易的行为准则；第三部分“具体承诺”是协定的核心内容，规定了各缔约方的特定义务，主要包括市场准入、国民待遇、渐进自由化和具体承诺减让表等内容；第四部分“最后条款”规定了实施协定的程序以及未尽事项，包括审议、修订、杂项条款、争端解决与生效等；附件为韩国与东盟成员国的具体承诺减让表，是各缔约方进一步开放相关服务部门的承诺。

服务贸易市场准入体现了各缔约方开放国内服务市场的范围与程度，是《服务贸易协定》的关键内容。在服务贸易领域，市场准入是一种特定义务，是指各缔约方通过在具体承诺减让表中列举服务部门及准入条件和限制，向他国开放国内服务市场。通过缔约方承诺，增强各国参与服务贸易的透明度，促使各国逐步加深国内服务市场的开放程度，最终推动实现服务贸易自由化。《服务贸易协定》规定，在确定的“服务贸易”范围内，“每一缔约方对任何其他方的服务和服务提供者给予的待遇，在条款、限制和条件方面，不得低于其在具体承诺减让表中所同意和列明的内容。”同时，当缔约方根据这一规定承担市场准入义务时，协定也对市场准入做出了具体的限制，以保证服务市场的健康发展。

韩国–东盟自贸区将服务贸易分为12个部门、155个分部门进行市场开放承诺。各缔约方在WTO承诺的基础上，以正面列表方式提出减让表进行承诺，并列出了其在服务部门的具体开放承诺。其中，考虑到东盟新、老成员国的不同经济发展水平，韩国–东盟自贸区对其区别对待，允许东盟新成员国结合自身发展现状，选择开放较少的服务部门和服务提供模式。韩国对东盟成员国开放了10个部门，包括商务、通信、建筑、分销、教育、环境、金融、旅游、休闲文化与体育以及运输服务。东盟成员国也根据自身发展的具体情况，分别对韩国做出了不同程度的开放承诺。其中，新加坡、柬埔寨承诺开放程度最高，均开放了12个部门，马来西亚和越南紧随其后，开放了11个部门。老挝和文莱承诺开放程度最低，分别只开放了6个和5个服务部门。

《投资协定》明确规定了韩国与东盟相互给予的投资待遇，以保护、促进、开放投资，为双边投资及投资者创造稳定、透明及公平的投资环境。《投资协定》包括三十一个条款，投资待遇、投资保护以及投资争端解决是其重要组成部分。

《投资协定》在投资待遇的给予方面则体现出了较高的自由化水平。《投资协定》中，韩国与东盟承诺给予各方投资及投资者的国民待遇，既包括准入后阶段，也包括了准入前阶段。韩国–东盟自贸区中各缔约方承诺给予的最惠国待遇包含准入前与准入后两个阶段。从进入东道国市场直至退出，外国投资及投资者均享有最惠国待遇。公平与公正待遇是投资待遇的重要组成部分。《投资协定》较为模糊地规定了应给予投资者公平公正待遇与全面的保护和安全，但此待遇的获得仅限于准入后。《投资协定》给予的国民待遇与最惠国待遇均适用于准入前阶段，在很大程度上减小了外国投资及投资者进入东道国的阻力，为韩国–东盟自贸区创造了良好的投资环境。

关于征收、补偿、资金转移的规定直接显示出投资保护的力度。在征收方面，《投资协定》规定了以下四种可以征收的情形：公共目的；符合可适用的国内法包括法律程序；以非歧视的方式实施；按照《投资协定》规定给予补偿。在补偿标准方面，协定为投资者提供了明确的法律预期，规定以征收公布时或征收发生时被征收投资的公平市场价值计算，先者为准。在资金转移方面，《投资协定》允许投资转移，同时较为细致地规定了东道国阻止或延迟转移的条件，前提是公平、非歧视和善意实施与特定内容相关的法律法规，包括依据司法判断或行政决定、税收等多种情况。此外，协定还规定了补偿战乱损失等对投资进行更加全面的保护。

作为国际经贸合作中的重要争议，投资争议能否得到迅速有效的解决直接关系着自贸区机制能否高效运行。《投资协定》第十八条就对投资争端的解决进行了详细规定。根据协定安排，只有“一缔约方与另一缔约方的投资者之间产生的”，涉及因前一缔约方违反该协定关于国民待遇、最惠国待遇、一般投资待遇、高级管理人员和董事会、转移、征收和补偿的规定，“通过对某一投资的管理、经营、运营、销售或其他处置等行为给投资者造成损失或损害”的投资争端才适用于第十八条规定的争端解决机制。而缔约方之间的争端解决，则适用于2005年12月签订的《争端解决机制协定》。《投资协定》着重强调应通过磋商友好解决争端，提交法院或行政法庭、进行仲裁应为次要之选。值得注意的是，《投资协定》允许将投资争端进行国际仲裁。

《争端解决机制协定》由二十一个条款和一个附件组成，其中附件是有关仲裁庭程序规则的规定，具体包含适用范围，磋商，斡旋、调解与调停，仲裁庭的设立、组成、职能，中间报告、最终报告、生效等条款。

4.印度与东盟全面经济合作框架协议

20世纪90年代初，印度面临着严重的国内经济困难，财政危机加剧，逼迫印度政府不得不对原有的经济发展体制进行改革，推行对外开放政策。苏联解体，冷战结束，扫除了印度和东盟冷战时期分属不同政治阵营的意识形态障碍。纳拉辛哈·拉奥1991年6月担任总理后，任用曼莫汉·辛格为财政部部长，把以自由化、市场化、全球化为方向的经济改革作为政府的重要任务，要求外交政策服务于这个主旋律，为实现经济改革和崛起创造最有利的外部环境。印度出台“东向”政策，积极推动发展东盟国家的关系，经济考量成为对东盟政策的主要驱动力。这一阶段，印度与东盟的经贸交流主要有以下几个显著特征：一是借助与东盟的经贸合作融入世界经济体系。拉奥执政后，对加强与东盟国家的经贸合作关系极为重视，认为东盟国家是印度跨进亚太经济圈和世界市场的重要跳板。1992年成为东盟对话伙伴后，印度和东盟开始在旅游、商业、投资、科学技术和人力资源等方面进行合作。二是利用东盟地区相对发达的市场经济体制，倒逼印度国内的经济改革进程。拉奥改革的目标之一就是使印度由内向型经济逐步转变为外向型经济，以响应全球化的要求和主流自由市场经济趋势的要求。印度将东盟作为自己经济自由化的基准。三是通过发展与东盟的经贸往来，获取实际的经济利益。因为地理位置接近、运输时间短、费用低、印裔人口众多，东盟市场对印度出口商具有很强的吸引力。印度寻求与东盟进行接触，尽可能吸引来自这些国家的投资与合作。四是以双边经贸交往为主，同时追求多边贸易安排。印度重启与东盟的经贸往来后，在20世纪90年代主要采用双边形式推进合作，双边经贸合作的固有不足与同时期世界其他地区经济一体化进程取得的丰硕成果形成鲜明对比，推动印度寻求加强与东盟的多边经贸合作机制建设。1995年获得东盟的全面对话伙伴关系地位，进一步激励了印度加快与东盟经贸合作制度化安排的步伐。

进入21世纪后，印度“东向”政策进入新阶段，与此同时，东盟出于自身利益考量开始“向西看”。双方在经贸合作等领域取得了较快发展。2002年，印度和东盟举行首次领导人会议，建立印度-东盟“10+1”对话机制，标志着双方关系进入一个新阶段，在贸易、投资、能源开发、科技等众多领域中，印度和东盟各国展开了更加深入和更为密切的交流与合作。2003年10月，在印度尼西亚巴厘岛召开的印度和东盟第二次领导人会议上签署了《印度与东盟全面经济合作框架协议》，决定在未来10年内建成印度-东盟自由贸易区，此协定成为印度-东盟自由贸易区的基础性法律文件。

2004年起印度开始与东盟积极接洽，将签订印度与东盟全面经济合作框架下货物贸易协议的希望提上日程。但随后双方因为印度不愿在棕榈油等敏感产品的关税减免上产生分歧，谈判几度陷入僵局。2005年12月双方成立“东盟-印度自由贸易区”促进会，使得协议具体化。2007年1月，第5次印度与东盟峰会在菲律宾宿务召开，双方货物贸易协议谈判进程有明显进展，但仍在执行时间表及和敏感产品清单方面存在分歧。2007年11月，双方又因为棕榈油等敏感产品降税问题使得谈判再次搁浅。印度还拒绝了东盟提出的多达100多项的高度敏感产品清单。印度与东盟的谈判一直持续到2008年8月。在文莱召开的东盟-印度经济高官会议上，印度和印度尼西亚首先解决了下调棕榈油关税问题，同时印度与泰国双方就下调关税的程序达成共识。但之后由于印度尼西亚和马来西亚的部分议员对印度棕榈油等商品的关税削减幅度表示不满，双方货物贸易协议的谈判面临新的障碍。2008年12月泰国东盟峰会取消以及在2009年2月印度提出要重新商定减税进程，使得印度与东盟货物贸易协议的签署遭到拖延。2009年8月13日下午印度与东盟在泰国曼谷召开的经济部长会议上，签署了《印度与东盟全面经济合作框架下货物贸易协议》，让自由贸易区的货物贸易能够有章可循。同时，双方还签订了《印度与东盟全面经济合作框架下争端解决机制协议》，以使自由贸易区内的争端能够得到合理解决。经过6年多的艰苦谈判，印度与东盟全面经济合作框架中的货物贸易安排于2010年开始施行。2014年，印度莫迪政府将“东向政策”强化为更加以行动为导向的“东向行动政策”，印度和东盟双方签订了服务贸易和跨境投资协议，决定开放电信、金融和保险服务等部门，同时规范自然人的流动。

《印度与东盟全面经济合作框架协议》（以下简称《框架协议》）总共包含十六个条款及三个附件，主要内容有货物贸易、服务贸易、投资、其他经济合作领域、最惠国待遇、争端解决机制、时间框架及谈判的机构安排等。三个附件分别为之前准备实施的“早期收获”计划中的对普通商品实行关税减让的清单、印度单方面承诺对东盟新成员国进行关税减让的商品，以及有可能开展经济合作的领域。

关税减让模式，主要为封闭式的区域内部的关税优惠措施，并且同时不对区外国家增加贸易壁垒。印度-东盟自贸区的《框架协议》将拟降税产品具体分为3大类：（1）早期收获类产品，其中这又包括两类，一是印度与东盟通过谈判的方式确定的进行关税减让的普通商品（共计105项），二是印度单方面承诺对东盟的新成员国实行关税减让的产品（共计111项）；（2）正常类产品，除了实行早期收获的产品和敏感产品以外的产品全部为正常类产品，并且配额之外的农产品进行单独谈判；（3）敏感类产品，对于敏感产品的清单全体成员国在综合考虑自身的情况后均有权提出，在全面建成自贸区以前，敏感产品的税率实行最惠国税率。

原产地规则是《框架协议》的重要内容，当地成分标准则是原产地规则的重要因素。《框架协议》的修改议定书将关于争端解决机制和程序的建立的谈判结束时间确定在2009年或各缔约方共同同意的其他时间。但是，在争端解决机制和相关程序建立之前发生的任何关于《框架协议》的争端，都应以磋商或仲裁的方式友好解决。

《印度与东盟全面经济合作框架下货物贸易协议》（以下简称《货物贸易协议》）共包括二十四个条款和两个附件，包括关税的减让和取消、非关税措施、原产地规则、保障措施等。在《货物贸易协议》中，80%的商品将通过正常轨道、敏感轨道、高度敏感清单、特殊产品和免除清单等途径实行关税减免。对于关税的逐步减让，印度-东盟自由贸易区采取把产品分类进行，并依据该分类制定各类关税减让表。在关税减让中，《货物贸易协定》还规定，所有产品适用的税率不应当超过关税减让表规定的税率，如果适用的最惠国税率比减让表中的税率低，则该税率适用于所有的缔约方。同时，该货物贸易协定不阻止任何缔约方单方面地加速关税的减让，或者把高度敏感清单或特殊产品中的任何产品或税目转移至敏感轨道或正常轨道，或把敏感轨道中的税目转移到正常轨道。即不阻止各缔约方为其他缔约方提供更优越的关税条件。

《货物贸易协议》中的原产地标准主要有两个：一个是产品完全从出口方获得或者全部由出口方生产即完全原产产品标准；另一个产品不完全来自出口方或全部由出口方生产即部分原产产品标准。对于完全原产产品标准，主要列举了10种情况。协议中的部分原产品标准主要采取的是从价百分比标准和税目改变标准。具体来说，来自印度-东盟自由贸易区的部分原产产品需要满足原产于任一区内成员的成分（以离岸价格FOB计算）不能低于35%；非原产地的材料至少要变更6位码的税号，并且以最后的制造过程必须在出口方完成为前提。关于35%的具体计算方法分为直接计算法和间接计算法两种：A.直接计算方法：（本自贸区成本+直接劳动力成本+直接成本+其他成本+利润）/FOB价格×100%≥35%；B.间接计算方法：（来自非本自贸区的原材料或者半成品+来源地不明的原材料或者半成品）/FOB价格×100%≤65%。其中非来自于本自由贸易区的非原产材料价值的确定以材料进口时的到岸价格（CIF）为准，或最早确定的在进行制造或加工的成员方境内，为不明原产地的材料支付的价格。此外，《货物贸易协议》的原产地规则还规定，符合原产地标准（包括完全原产产品标准和部分原产产品标准）的产品，在某缔约方境内作为享受自贸区优惠待遇的制成品的材料时，该项产品应该被认为是原产于加工或制造该制成品的缔约方境内。

《货物贸易协议》规定，除了依据缔约方的WTO权利和义务，或者该协定中的其他规定，各缔约方不得设立或保留任何对从他国进口的货物或者对出口到他国领土的货物的非关税措施。要保障依据WTO的权利和义务及协议中的其他规定而得以保留的非关税措施的透明度，并保证充分履行WTO的义务，以最大限度地减少可能发生的对贸易的扭曲。同时，印度-东盟自由贸易协定还规定，各缔约方保证其依据WTO协议附件1A中的《技术性贸易壁垒协议》（简称TBT协议）和《实施卫生与植物卫生措施协议》（简称SPS协议）享有的权利和义务，包括准备采取这些规则时的告知程序，以减少其对贸易带来的负面影响以及保护人类、动物和植物的生命和健康。

《货物贸易协议》肯定了保障措施的地位，如果一缔约方因履行该货物贸易协议的义务而导致其从其他缔约国进口的产品增加，并且对国内的相似的产业或者与其直接竞争的产业造成实质性损害或严重损害威胁的，那么，该缔约国可采取印度-东盟自贸区的保障措施。但是，实施该保障措施的最长时间不得超过三年，必要的时候可以最多延长一年。不管对某一产品的印度-东盟自贸区的保障措施的实施期限是怎么规定的，该保障措施都必须于该产品过渡期届满之日前终止，即保障措施只能在该产品的过渡期内实施。过渡期是指从协议生效之日起到完成关税减免后的5年内。协议中还规定，实施印度-东盟自由贸易区保障措施，应中止对该产品关税的进一步减免；同时对该产品的税率，提高至不超过当时其最惠国关税税率和该协议生效前一天该产品适用的最惠国关税税率，两者中的最低者的税率。在保障措施的程序方面，《货物贸易协定》规定，WTO的《保障措施协定》第五条和第七条的数量限制措施不适用于印度-东盟自由贸易区保障措施，并且第九条关于发展中国家的规定，第十三条监督条款以及第十四条争端解决条款不适用于该自贸区的保障措施。当在寻求印度-东盟自贸区关于保障措施的补偿时，有关当事方应该请求联合委员会进行相应的斡旋与调解，以便在中止任何相等的减让义务之前确定好实质相等的减让水平，一切与此斡旋相关的程序都应该在印度-东盟自由贸易区保障措施实施之日起90天内结束。如果，在此期间内没有达成补偿的协议，则当事方可以自行中止关税减让，但是该中止减让必须与对该货物采取的保障措施在相等的水平上。该协议还规定了一般例外条款，即把1994年关税与贸易总协定（GATT1994）第二十条做适当修改纳入该货物贸易协议中，作为该货物贸易协议的一个组成部分。并且，GATT1994的安全例外条款也被沿用在了该协议中。

《印度与东盟全面经济合作框架下争端解决机制协议》（以下简称为《争端解决协议》）共有二十二个条款和一个附件，内容涵盖了协议的适用范围、磋商程序、调解程序和仲裁程序等。

（二）东南亚国家签署的多边自由贸易协定

多边自由贸易协定是指两个以上国家或地区协定的自由贸易协定，涵盖更广泛的地理区域。东南亚经济的崛起是时代发展的必然趋势。东南亚人口优势明显，劳动力充足，劳动力成本低廉，这使得东南亚成为全球低端制造业转移的承接之地；东南亚当前经济基础有着巨大的增长空间，各国也在积极推动国家经济的快速发展。近年来，东南亚国家积极开展多边经贸合作，签订了以《区域全面经济伙伴关系协定》《全面与进步跨太平洋伙伴关系协定》为代表的多边自由贸易协定。东南亚国家，特别是东盟，在寻求及推进的一系列促进经济增长措施中，自由贸易协定起到至关重要的作用。

1.区域全面经济伙伴关系协定

《区域全面经济伙伴关系协定》（Regional Comprehensive Economic Partnership，RCEP）2012年由东盟国家发起。2020年11月15日，第四次区域全面经济伙伴关系协定领导人视频会议后，东盟十国和中国、日本、韩国、澳大利亚、新西兰共15个亚太国家正式签署《区域全面经济伙伴关系协定》。该自由贸易协定的签署，标志着当前世界上人口最多、经贸规模最大、最具发展潜力的自由贸易区正式启航。签署RCEP是地区国家以实际行动维护多边贸易体制、建设开放型世界经济的重要一步，对深化区域经济一体化、稳定全球经济具有标志性意义。

RCEP最早源于亚太地区出现的多种区域一体化安排与构想。1997年亚洲金融危机打破了亚洲经济快速发展的局面，许多国家的大型企业倒闭，一些国家的政局甚至产生动荡。这场经济浩劫让东亚国家意识到全球经济一体化过程在带来经济快速增长和国际竞争优势的同时，也蕴含着巨大风险。东亚各国转而寻求区域经济合作来应对风险和挑战。

2001年，由东盟及中、日、韩三国（“10+3”）专家学者组成的“东亚展望小组”（EAVG）提交报告，建议以东盟及中日韩为基础建立东亚自贸区（“10+3”模式，FTA-AP），通过长期合作实现建立“东亚共同体”的目标。

2004年年底“10+3”领导人会议上，中国牵头启动东亚自由贸易区的可行性学术研究。由于担心中国在东亚经济合作中的影响力进一步增加，日本于2006年否定了这一方案，转而提出邀请印度、澳大利亚和新西兰共同加入，建立“东亚紧密经济伙伴关系”（“10+6”模式，CEPEA）。由于当时东盟更关注自身共同体的建设，加之中、日、韩三国之间存在矛盾分歧，东亚区域性合作进程因此受阻。

在东亚区域性合作进程受阻的另一边，2009年奥巴马政府宣布美国正式参与并主导《跨太平洋伙伴关系协定》（TPP）谈判，这引起亚太周边国家的高度关注。TPP作为一个高标准的贸易协定，东盟成员中只有四个国家加入谈判，其余六国皆因不满足条件而被排除在外。东盟十国之间的向心力和东盟在亚洲地区的核心影响力因此面临巨大挑战。与此同时，中日韩三国领导人开始在“10+3”框架外建立三国领导人峰会机制，而中日韩FTA发展前景严重威胁了东盟在东亚经济合作中的主导地位。

2011年2月26日，在缅甸内比都举行的第十八次东盟经济部长会议上，部长们优先讨论了如何与其经济伙伴国共同达成一个综合性的自由贸易协定。该次会议通过了组建RCEP的草案。草案提出有两大动因：一是推进东亚区域经济一体化发展的自身需要。根据其草案，RCEP的目标是在东盟原有的五个“10+1”基础上，构建一个涵盖16国的全面的、高质量的、互惠的区域自贸协定，以加强相互间经济合作，拓宽和深化经济一体化，推动区域经济增长。二是应对TPP的冲击需要。2011年11月17日至19日，在印度尼西亚巴厘岛举行的第十九次东盟领导人会议正式批准组建RCEP的草案。

2012年11月20日，在柬埔寨金边举行的东亚领导人系列会议期间，东盟十国与中国、日本、韩国、印度、澳大利亚、新西兰的领导人，共同发布启动RCEP谈判的联合声明，正式启动这一覆盖十六个国家的自贸区建设进程。2013年5月9日，RCEP第一轮谈判在文莱举行。中国、日本、韩国、澳大利亚、新西兰、印度以及东盟十国均派代表团与会。本轮谈判正式成立了货物贸易、服务贸易和投资三个工作组，并就三个工作组的工作规划、职责范围、未来可能面临的挑战等议题深入交换了意见。2015年8月，RCEP第三次部长级会议期间，货物贸易市场准入谈判取得重大突破，各成员就初始出价模式达成一致意见，实质性市场准入谈判即将开始。2016年8月5日，RCEP第四次部长级会议在老挝万象举行。2016年8月10日至19日，RCEP第十四轮谈判在越南胡志明市举行。2016年10月16日至22日，RCEP第十五轮谈判在中国天津举行。

2017年5月，RCEP十六个成员国举行第三次部长级会间会。此时，经济技术合作和中小企业两个章节已结束谈判，同时还有一些章节也即将结束谈判。2017年11月14日，RCEP首次领导人会议在菲律宾首都马尼拉举行。会后发表的联合声明强调RCEP有助于经济一体化和实现包容性增长，敦促各国代表加紧磋商以早日达成协议。这是RCEP磋商开始五年多来首次领导人会议，不仅为进入攻坚阶段的磋商注入动能、指明方向，更向世界发出强烈信号：本区域国家将进一步加强合作，逆全球化难阻东亚区域一体化进程。2019年8月，RCEP部长级会议在北京举行，本次会议推动谈判取得了重要进展。在市场准入方面，超过三分之二的双边市场准入谈判已经结束。在规则谈判方面，新完成金融服务、电信服务、专业服务三项内容，各方已就80%以上的协定文本达成一致，余下规则谈判也接近尾声。2019年11月4日，RCEP第三次领导人会议在泰国曼谷举行。印度总理宣布印度不会加入该协议。印度方面认为这个协议未能照顾到印度包括农民、商人、工人、消费者以及各行业的利益。此时，历经27轮谈判，RCEP除印度外的十五个成员国已经结束全部二十个章节的文本谈判，以及实质上所有的市场准入问题的谈判。与会领导人发表联合声明，指示各方启动法律文本审核工作，以便在2020年签署协定。2020年10月，RCEP部长级视频会议举行，会议肯定了协定法律文本审核工作取得的实质性进展，决定为争取年内签署协定做好充分准备。2020年11月15日，第四次RCEP领导人会议以视频形式举行，十五国领导人共同出席并见证RCEP签字仪式，RCEP最终顺利达成。

2021年3月22日，中国完成RCEP核准，成为率先批准协定的国家。4月15日，中国向东盟秘书长正式交存RCEP核准书。11月2日，RCEP保管机构东盟秘书处发布通知，宣布文莱、柬埔寨、老挝、新加坡、泰国、越南等六个东盟成员国和中国、日本、新西兰、澳大利亚等四个非东盟成员国已向东盟秘书长正式提交核准书，达到协定生效门槛。

2022年1月1日RCEP正式生效。首批生效的国家包括文莱、柬埔寨、老挝、新加坡、泰国、越南等东盟六国和中国、日本、新西兰、澳大利亚等非东盟四国。2022年2月1日起RCEP对韩国生效。2022年3月18日起，对马来西亚生效。2023年1月2日起，对印度尼西亚生效。

RCEP的成员有发达国家，有发展中国家，更有一些最不发达国家；成员间经济体制、发展水平、规模体量等差异巨大，所以协定最大限度兼顾了各方诉求，设立了比较充分的过渡期。在货物、服务和投资等市场准入和规则领域都实现了利益的平衡，给予最不发达国家差别待遇，专门设置了中小企业和经济技术合作两个章节，来帮助发展中成员国加强能力建设。RCEP旨在通过削减关税及非关税壁垒，建立统一市场。批准生效后，各成员之间关税减让以立即降至零关税、十年内降至零关税的承诺为主，最终实现零关税的产品数量比例达到91%。

RCEP由序言、二十个章节（包括初始条款和一般定义、货物贸易、原产地规则、海关程序和贸易便利化、卫生与植物卫生措施、标准技术法规和合格评定程序、贸易救济、服务贸易、自然人临时移动、投资、知识产权、电子商务、竞争、中小企业、经济技术合作、政府采购、一般条款和例外、机构条款、争端解决、最终条款）以及四个承诺表（关税承诺表、服务具体承诺表、服务和投资保留及不符措施承诺表、自然人临时移动具体承诺表）组成。

RCEP第二章货物贸易包括两节二十一个条款。第六条做出了关于关税差异的规定。在存在关税差异的原产货物的出口缔约方是其RCEP原产国的情况下，该原产货物应当适用附件一（关税承诺表）中进口缔约方对该出口缔约方承诺的优惠关税待遇。原产货物的RCEP原产国应当为该货物根据第三章第二条（原产货物）获得其原产资格时所在的缔约方。对于适用第三章第二条（原产货物）第（二）项的原产货物，其在出口缔约方的生产工序超出第五款所列的微小加工的情况下，其RCEP原产国应当为出口缔约方。尽管有第二款的规定，对于一进口缔约方在附件一（关税承诺表）附录所列的原产货物，在该货物符合附录规定附加要求的情况下，其RCEP原产国应当为出口缔约方。根据第二款和第三款，原产货物的出口缔约方未能被确立为RCEP原产国的情况下，该原产货物的RCEP原产国应当是，为该货物在出口缔约方的生产提供最高价值原产材料的缔约方。在这种情况下，该原产货物应当适用进口缔约方对其RCEP原产国承诺的优惠关税待遇。条款界定了“微小加工”：为确保货物在运输或储存期间保持良好状态而进行的保存操作；为运输或销售而对货物进行的包装或展示；简单加工，包括过滤、筛选、挑选、分类、磨削、切割、纵切、研磨、弯曲、卷取或开卷；在货物或其包装上粘贴或印刷标记、标签、标识或其他类似的用于区别的标志；仅用水或其他物质稀释，不实质改变货物的特性；将产品拆分成零件；屠宰动物；简单的喷漆和抛光操作；简单的去皮、去核或去壳；同种类或不同种类货物的简单混合等。本章临时准入措施条款包括第十条货物的临时准入、第十一条集装箱和托盘的临时准入、第十二条无商业价值样品的免税入境。主要内容包括：成员方对于进入其关税区的其他成员方的货物，在特定条件下免征关税和国内税：（1）为特定目的而运入其关税区；（2）计划在特定期限内复出口；（3）除因其使用所造成的正常折旧和磨损外未发生任何改变。RCEP成员国根据国内法律法规或其加入的国际协定，应允许正在使用或将被用于装运国际运输货物的集装箱和托盘的免税临时准入，不论其原产地。RCEP成员国应当在遵守其法律法规的情况下，允许从其成员国领土进口的无商业价值样品免税入境，不论其原产地。

RCEP原产地规则集中分布在RCEP第三章及两个附件之中。RCEP原产地规则，并非聚焦于规则的独创性与新颖性，而是侧重体现RCEP带来的区域整体经济效益。视为原产货物是享受RCEP优惠待遇的基础，第三章第二条规定了符合原产货物的三个标准：（1）根据第三章第三条（完全获得或者生产的货物）在一缔约方完全获得或者生产；（2）在一缔约方仅使用来自一个或一个以上缔约方的原产材料生产；（3）在一缔约方使用非原产材料生产，并且符合第三章附件一（产品特定原产地规则）所列的适用要求。RCEP第三章第三条对完全获得或者生产的货物进行了规定，主要指在一个（仅一个）缔约方境内通过种植、收获、采摘、饲养、狩猎、耕种、提取等方式完全获得或生产的货物。在（f）（g）两项对于从公海捕获产品和其他海洋生物的范围做了进一步细化表述，将海域范围由缔约方扩大到了非缔约方。无论是在缔约方还是非缔约方领海以外的水域、海床或海床底土或专属经济区，由缔约方注册或悬挂缔约方旗帜的船只，符合国际法的规定而获得的海洋渔获产品和其他海洋生物也属于完全获得。RCEP第三章第四条对于累积原则做出具体的规定，是原产地规则的最大亮点。该条第一款规定，符合第三章第二条规定的原产地要求且在另一缔约方用作生产另一货物或材料的材料，应当视为原产于对制成品或材料进行加工或处理的缔约方。需要注意的是，该条第二款要求具体累积的适用范围将由缔约方进行审议，并考虑将第一款中累积的适用范围扩大到各缔约方内的所有生产和货物增值。预计协定生效后五年内得出最终结论。缔约方使用了非原产材料的货物，如符合产品特定原产地规则，那么也可以视为该缔约方原产地的货物。产品特定原产地规则包括区域价值成分规则（Regional Value Content，RVC）、税则归类改变规则（Change in Tariff Classification，CTC）及化学反应规则（Chemical Reaction Rule，CR）。如果货物符合前述任何一项规则，那么就可以视为原产货物；如果符合多个规则，则允许出口商选择适用具体的规则。RCEP区域价值成分规则设置的标准为RVC40，指根据下述计算方法（任一皆可）计算所得的货物的区域价值成分比例不低于40%时，才能认定该货物是区域内的原产货物，适用协议区域内的优惠税率。税则归类改变规则指的是某一缔约方对非该缔约方的原材料进行加工后，在特定的商品目录上改变了税目。税则归类改变仅适用非原产材料，并且要求所有非原产材料均实现税则归类改变。化学反应规则指的是通过分子键断裂并形成新的分子键，或者通过改变分子中原子的空间排列而形成新结构分子的过程。RCEP第三章第六条提出了微小加工和处理规则，在认定原产货物时，尽管根据协定中其他的规定可能获得原产资格，但如果非原产材料经过了微小加工和处理则不能认定获得原产资格。这些微小加工和处理包括：运输和货物展示、简单拆分和包装等，具体为第六条所列出的11种情形。RCEP第三章第七条提出了微小含量规则，凡是不满足税则归类改变规则要求的，在下列两种情形下仍可被视为原产货物：(1) 对于协调制度编码第一章至第九十七章规定的货物，用于货物生产且未发生税则归类改变的非原产材料的价值不超过该货物FOB价值的百分之十。上述非原产材料的价值应当根据第三章第五条（区域价值成分计算）第三款进行计算。(2) 对于协调制度编码第五十章至第六十三章规定的货物，用于货物生产且未发生税则归类改变的非原产材料的重量不超过该货物总重量的百分之十。RCEP原产地规则将有力推动区域内生产成本最小化和贸易效率最优化，有利于加强区域内产业链供应链合作。

RCEP第八章服务贸易包括二十五个条款和金融服务、电信服务、专业服务三个附件，以及各成员在服务贸易领域的开放承诺。通过纳入国民待遇、最惠国待遇、市场准入、本地存在、国内法规条款等，消减限制性、歧视性措施，为扩大成员国相互间的服务贸易创造了条件。服务贸易开放模式分为正面清单和负面清单。中国、新西兰、菲律宾、泰国和越南在协定生效后六年内逐步由正面清单过渡到负面清单开放模式；柬埔寨、老挝、缅甸在协定生效后十五年内逐步由正面清单过渡到负面清单开放模式；日本、韩国、澳大利亚、新加坡、文莱、马来西亚和印尼直接采用负面清单模式。RCEP十五个成员国均做出了高于WTO以及各自原有"10+1"自贸协定水平的开放承诺。除老挝、柬埔寨、缅甸之外，其他东盟成员国在RCEP中承诺的服务部门数量均增加到一百个以上，涵盖金融、电信、交通、旅游、研发等。日本的开放水平最高，在计算机、环境服务、旅游服务、娱乐文化、体育等领域整体上全面开放，给予成员国全面的国民待遇。跨境电商、互联网金融、在线办公、在线教育、在线问诊、网上交易会等新业态新模式将迎来更大的发展机遇，规定了各成员国间服务贸易的市场准入承诺表、国民待遇、最惠国待遇。这一规定减少了影响跨境服务贸易的限制性、歧视性等措施，便于区域内各经济体服务业相互进入彼此市场。RCEP将服务贸易与数字经济相结合，必将成为新的区域经济增长点。

RCEP第十章投资包括十八个条款和两个附件，规定了投资保护、自由化、促进和便利化四个方面，包括承诺最惠国待遇、禁止业绩要求、采用负面清单模式做出非服务业领域市场准入承诺并适用棘轮机制。投资的范围进一步扩大。第十章第一条规定，投资指一个投资者直接或间接，拥有或控制的，具有投资特征的各种资产，此类特征包括承诺资本或其他资源的投入、收益或利润的期待或风险的承担。投资的含义不仅包括直接投资境外企业，还包括其他形式的投资：法人中的股份、股票和其他形式的参股，包括由此派生的权利；法人的债券、无担保债券、贷款及其他债务工具以及由此派生的权利；合同项下的权利，包括交钥匙、建设、管理、生产或收入分享合同；东道国法律和法规所认可的知识产权和商誉；与业务相关且具有财务价值的金钱请求权或任何合同行为的给付请求权；根据东道国法律法规或依合同授予的权利，如特许经营权、许可证、授权和许可，包括勘探和开采自然资源的权利；以及动产、不动产及其他财产权利，如租赁、抵押、留置或质押。投资便利性增强。第十章第三条规定，RCEP缔约国均享有国民待遇，即在投资的设立、取得、扩大、管理、经营、运营、出售或其他处置方面，每一缔约方给予另一缔约方投资者和所涵盖投资的待遇应当不低于在类似情形下其给予本国投资者及其投资的待遇。

第十章第四条规定，RCEP缔约国享有最惠国待遇，即在投资的设立、取得、扩大、管理、经营、运营、出售或其他处置方面，每一缔约方给予另一缔约方投资者的待遇应当不低于其在类似情形下给予任何其他缔约方或非缔约方投资者的待遇；每一缔约方给予涵盖投资的待遇应当不低于其在类似情形下给予任何其他缔约方或非缔约方的投资者在其领土内的投资的待遇。本条不适用于柬埔寨、老挝、缅甸和越南。本条规定的待遇不得给予柬埔寨、老挝、缅甸和越南的投资者以及此类投资者的涵盖投资。在附件中，各成员国实行统一的市场准入负面清单制度，清单之外不得另设门槛和隐性限制，有利于提高政策透明，放宽部分行业的市场准入门槛，扩大投资者的投资范围。

为促进区域内各成员实现均衡发展，RCEP单独设立了第十五章经济技术合作，本章规定了各方将合作实施技术援助和能力建设项目，促进协定更加包容和高效地实施，尤其是照顾最不发达成员的发展需要，促进各方充分利用协定发展本国经济，缩小成员间的发展差距。共包括七个条款，主要为倡议性条款，对成员的义务规定较少。本章与协定中的多个领域有效衔接，包括货物贸易、服务贸易、投资、知识产权、电子商务、竞争和中小企业等。资源是经济技术合作的重要基础，如果缺少资源，成员间的合作也就无从谈起。第十五章第四条规定了资源提供的原则和方式以及获取资源支持的其他途径，包括经技术合作资源的提供应当基于资源原则，并获得相关缔约方的一致同意；互惠基础上，缔约方可以考虑接受有兴趣发展互惠合作和伙伴关系以支持工作计划实施的，非缔约方或者次区域、区域或国际组织或机构的帮助。第六条提到，缔约方应当考虑东盟成员国中最不发达国家缔约方所面临的特定限制。应当向此类缔约方提供，提供此类援助的一缔约方或多个缔约方与寻求此类援助的一缔约方或多个缔约方一致同意的适当的能力建设和技术协助，以帮助其履行义务以及从本协定中获益。

RCEP对推动东亚区域经济增长意义非凡。一方面，RCEP将显著拉动东亚区域经济增长和福利提升。RCEP框架下关税壁垒、非关税壁垒和投资壁垒的大幅削减，大幅降低企业利用自贸协定的制度性成本，进一步提升自贸协定带来的贸易创造效应，进而拉动地区整体经济的增长、带动各国国民整体福利的提升。另一方面，RCEP促进了区域产业链和供应链的深度融合和发展。RCEP框架下，各成员国之间的货物、服务、投资等领域市场准入进一步放宽，原产地规则、海关程序、检验检疫、技术标准等逐步统一，有利于域内经济要素自由流动，有助于跨国公司降低最终产品的生产成本，进而建立更精细更完善的产业链分工体系。

2.全面与进步跨太平洋伙伴关系协定

《全面与进步跨太平洋伙伴关系协定》（Comprehensive and Progressive Agreement for Trans-Pacific Partnership，CPTPP）的前身是《跨太平洋伙伴关系协定》（Agreement for Trans-Pacific Partnership，TPP），CPTPP是TPP的升级改进版。2017年11月11日，由启动TPP谈判的十一个亚太国家（加拿大、智利、墨西哥、秘鲁、澳大利亚、文莱、马来西亚、新西兰、新加坡、越南、日本）共同发布联合声明，宣布“已经就新的协议达成了基础性的重要共识”，并决定协定改名为“跨太平洋伙伴关系全面进展协定”。2018年3月8日，CPTPP在智利首都圣地亚哥举行协定签字仪式，签署CPTPP的为以上十一个国家。2018年12月30日，CPTPP正式落地生效。2021年2月1日，英国政府正式申请加入。2021年9月16日，中国向《全面与进步跨太平洋伙伴关系协定》保存方新西兰提交了中国正式申请加入CPTPP的书面信函。同年12月，韩国政府启动加入《全面与进步跨太平洋伙伴关系协定》的国内程序。

CPTPP与原TPP相比较仍坚持“全面且进步”的标准。确保提高亚太地区劳工待遇和工作环境标准，创造出更多旨在提高人民生活水平的对外贸易和就业机会等重要目标，并涉及知识产权保护，完整地保留了对数字贸易创建的数据提供广泛保护，为成员国的产品、生产要素提供合理配置方式，树立经济增长新模式，把握国际贸易走势，起到对国际贸易的引领作用。CPTPP以发达国家为主导，在劳动和环境规则、竞争政策、国有企业、知识产权监管、互联网规则和数字经济等方面均设定了高标准，这些标准对发展中国家门槛较高。

CPTPP是一个综合性的自由贸易协定，包括序言和三十章内容，涉及货物的国民待遇和市场准入、原产地规则和原产地程序、纺织品和服装、卫生和植物卫生措施、技术性贸易壁垒、投资、跨境服务贸易、金融服务、电子商务、竞争政策、发展等方面的内容。规则的主要内容可分为两大部分：一是与自由化有关，包括关税、市场准入、贸易便利化等方面；二是更高标准的制度型开放，覆盖国有企业、竞争中性、劳工标准、环境保护等“边境后规则”。该协定对促进亚太区域的商品、服务及技术、人才、资金、数据等要素自由流动和经济共同发展具有重要意义。尤为重要的是，CPTPP开放标准高、覆盖范围广、边境后议题多，充分体现了“自由、公平、包容”的开放原则。在贸易投资规则上体现高度自由化、便利化，在国内规制上体现高度市场化、法治化和国际化的公平竞争环境，在开放标准上体现对发展中经济体的包容性，在组织成员发展上体现多边开放原则，是具有世界影响力、能够引领未来国际经贸规则创新变革趋势的高标准自由贸易协定。

CPTPP第二章货物的国民待遇和市场准入规定，CPTPP缔约国的基本义务包括对CPTPP地区符合要求的货物免除关税，并向其他缔约国的货物给予等同于本国国民的待遇（国民待遇）。根据协定，大部分关税应立即减免，但是部分关税可在规定的时间框架内减免。除减免关税的承诺外，该章要求缔约国遵守进出口限制纪律，明确进出口许可程序。该章还致力于制止缔约国通过政府政策扭曲市场，包括出口税费和出口补贴等手段。CPTPP缔约国承诺，遵守并实施相关的WTO协定，并在WTO范围内共同努力，进一步发展与货物贸易相关的纪律。

第九章投资针对投资者设定了高标准，覆盖了投资活动的整个生命周期——从设立或收购，到管理和运营，再到扩张和处置均被包括在内。该章规定了国民待遇、最惠国待遇、征收和补偿、业绩要求和转让等核心义务。尽管协定包括了“投资者-国家争端解决”（Investor-State Dispute Settlement，ISDS）条款，却缩小了投资者能够提出ISDS主张的范围（例如，私营企业不得就其与政府签订的投资合同提出ISDS主张）。

第十章跨境服务贸易对跨境服务贸易进行了界定，它是指服务的生产、分销、营销、销售和交付，以及服务的购买和使用。该章要求缔约国提高对服务提供者的保护、可预测性和透明度，采取“负面清单”方式，即除以“不符合措施”形式明确排除的服务部门外，其他服务部门均被自动视为自由化的服务部门。换言之，除明确规定关闭的部门外，其他服务部门和子部门均应向CPTPP缔约国的企业开放。各缔约国的减让表中，负面清单包括两种“不符合措施”不适用该章中规定的最惠国待遇、国民待遇、市场准入和/或本国商业存在承诺：一种是受“锁定和棘轮”条款限制，未来不得提高限制水平或降低自由化程度；另一种是缔约国全面保留对既有和未来政策的自由裁量权。金融服务部分规定了缔约国在透明度方面的义务和承诺，缔约国应允许另一缔约国的金融机构提供该缔约国允许本国金融机构提供的新型金融服务。此外，协定根据金融服务的特殊性质，专门制定了特殊的争端解决机制。CPTPP实施后，企业跨国提供服务将更加便利。CPTPP还是一个重要的催化剂，有助于推动中小型企业获取云端数字工具、电子商务零售和分销服务等重要工具。

CPTPP有利于构建开放与安全相平衡的产业链、供应链和创新链体系。加入CPTPP，既有利于东南亚成员国与发达经济体之间构建强强互补型合作竞争发展新模式，也有利于其与发展中经济体之间构建共享包容型发展利益共同体新模式。对比CPTPP与RCEP，两者的主要差异体现在以下几点：

第一，CPTPP比RCEP的准入门槛更高。CPTPP追求更高更严格的标准，因此CPTPP参与国家的数量遭到了高门槛限制。RCEP则更加灵活，迎合更多参与者的需求，吸纳和接收了更多的参与者，尤其是更多的发展中国家。

第二，CPTPP在自由贸易的深度与广度上超过RCEP。从关税水平角度看，虽然RCEP协定规定“零关税”的覆盖率达90%以上，但依旧允许保持一定的农业产品配额，远低于CPTPP协定的99%零关税、零补贴和零壁垒的“三零”标准，尤其是非关税壁垒和出口补贴的规定，将改变众多行业的游戏规则；在服务贸易和投资准入方面，RCEP使用的是“正面引导+负面清单”的逐步开放模式，而CPTPP直接采取负面清单模式；从协定覆盖的议题广度来看，RCEP的谈判领域和议题仍以传统自由贸易为主，在新规则的制定方面比较有限。CPTPP协定的谈判领域和议题更加广泛，尤其增加了在劳动和环境保护方面的相关要求。

第三，CPTPP拥有比RCEP更高的约束效力。RCEP对协定成员的约束效力远低于CPTPP，这意味着在解决成员之间的争端时，CPTPP更具效率，RCEP则会受到较多限制。

第二节　东南亚国家联盟的形成与发展

东南亚国家联盟（Association of Southeast Asian Nations，ASEAN），简称东盟，1967年8月8日在泰国曼谷成立，秘书处设在印度尼西亚首都雅加达。截至2022年，东盟有10个成员国：文莱、柬埔寨、印度尼西亚、老挝、马来西亚、菲律宾、新加坡、泰国、缅甸、越南。

一、东盟建设历程

第二次世界大战结束后，饱受殖民统治之苦的东南亚国家逐步实现独立，各国为加快国内经济复苏，着手开展区域内合作。1961年7月31日，马来西亚、菲律宾和泰国在曼谷成立东南亚联盟，这是东盟的前身。1967年8月，印度尼西亚、泰国、新加坡、菲律宾4国外长和马来西亚副总理在曼谷举行会议，发表了《东南亚国家联盟成立宣言》，即《曼谷宣言》，表明东盟的宗旨为“通过共同的努力，促进本地区的经济增长、社会进步和文化发展，促进东南亚的和平与安定”，至此东南亚国家联盟正式宣告成立，标志着东南亚地区建立起以经济合作为基础，计划在政治、经济及安全领域实现一体化合作的组织。

1984年文莱加入东盟。1992年1月东盟第四次首脑会议确立了“从1993年起的15年内建成东盟自由贸易区”的目标，并批准了《共同有效关税计划》，取代1978年开始实施的《特惠贸易安排协定》。随着经济全球化和区域经济一体化步伐的加快，东盟开启扩容进程。1995年越南加入，1997年接纳老挝与缅甸，1999年柬埔寨成为东盟第十个成员国。

2002年1月1日东盟自由贸易区正式启动。2003年10月，第九届东盟首脑会议发表《东盟第二协约宣言》，宣布将于2020年建成以安全共同体、经济共同体和社会文化共同体为三大支柱的东盟共同体。这标志着东盟将由较为松散的以经济合作为主体的地区联盟，转变为关系更加密切的一体化区域组织。

为进一步推进东盟一体化建设，2004年11月，第十届东盟首脑会议通过了《东盟安全共同体行动纲领》和《东盟社会文化共同体行动纲领》，东盟领导人签署《万象行动计划》，正式将制订《东盟宪章》列为东盟的目标，以加强东盟机制建设，为东盟共同体建设寻求法律保障。

2005年，东盟宣布将东盟共同体提前到2015年建成。同年12月，东盟领导人签署《吉隆坡宣言》，并指定一个由10人组成的“名人小组”负责为宪章的制定提出建议。2007年1月，东盟领导人确认了“名人小组”提出的关于制定《东盟宪章》的具体建议，同时签署了关于制定《东盟宪章》的宣言，并指定一个由10人组成的“高级别特别小组”负责起草宪章文本。2007年7月，“高级别特别小组”向东盟外长会议提交宪章草案，同年11月20日，参加第13届东盟首脑会议的东盟领导人签署《东盟宪章》。2008年12月15日《东盟宪章》正式生效。《东盟宪章》是东盟成立以来第一份具有普遍法律意义的文件。它确立了东盟的目标、原则、地位和架构，同时赋予东盟法人地位，《东盟宪章》对东盟各成员国都具有约束力。2009年2月，第14届东盟首脑会议通过《东盟共同体2009—2015年路线图宣言》及相关文件，就2015年建成东盟共同体提出了战略构想、具体目标和行动计划。

2015年11月，在第27届东盟首脑会议上，东盟领导人签署了《关于建立东盟共同体的2015吉隆坡宣言》，宣布2015年底正式建成东盟共同体。会议同时通过了愿景文件《东盟2025：携手前行》，为未来十年的发展指明方向。2015年12月31日，时任东盟轮值主席国马来西亚外长阿尼法发表声明，东盟共同体当天正式成立。声明指出，东盟共同体的成立不意味着东盟共同体建设进程的结束，而只是开始。

2016年7月，在万象召开的第49届东盟外长会议发表联合公报，强调东盟将全面、有效落实东盟愿景2025相关文件，以建设一个法治和以人为本的东盟共同体。

2022年11月11日，在柬埔寨首都金边举行的第40届和第41届东南亚国家联盟峰会上，东盟各国领导人就东帝汶申请加入东盟发表声明，原则上同意接纳东帝汶为成员国，允许东帝汶在本届峰会结束后列席包括首脑会议在内的东盟所有会议。

二、东盟组织机构

根据《东盟宪章》，东南亚国家联盟的组织机构主要包括：

（1）东盟峰会：就东盟发展的重大问题和发展方向做出决策，一般每年举行两次会议。

（2）东盟协调理事会：由东盟各国外长组成，是综合协调机构，每年至少举行两次会议。

（3）东盟共同体理事会：包括东盟政治安全共同体理事会、东盟经济共同体理事会和东盟社会文化共同体理事会，协调其下设各领域工作，由东盟轮值主席国相关部长担任主席，每年至少举行两次会议。

（4）东盟领域部长会议：由成员国相关领域主管部长出席，向所属共同体理事会汇报工作，致力于加强各相关领域合作，支持东盟一体化和共同体建设。

（5）东盟秘书长和东盟秘书处：负责协助落实东盟的协议和决定，并进行监督。

（6）东盟常驻代表委员会：由东盟成员国指派的大使级常驻东盟代表组成，代表各自国家协助东盟秘书处、东盟协调理事会等机构开展工作。

（7）东盟国家秘书处：东盟在各成员国的联络点和信息汇总中心，设在各成员国外交部。

（8）东盟政府间人权委员会：负责促进和保护人权与基本自由的相关事务。

（9）东盟附属机构：包括各种民间和半官方机构。

三、东盟建设宗旨

根据《东南亚国家联盟成立宣言》，东南亚国家联盟确定的宗旨和目标是：

（1）以平等与协作精神，共同努力促进本地区的经济增长、社会进步和文化发展。

（2）遵循正义、国家关系准则和《联合国宪章》，促进本地区的和平与稳定。

（3）促进经济、社会、文化、技术和科学等问题的合作与相互支援。

（4）在教育、职业和技术及行政训练和研究设施方面互相支援。

（5）在充分利用农业和工业、扩大贸易、改善交通运输、提高人民生活水平方面进行更有效的合作。

（6）促进对东南亚问题的研究。

（7）同具有相似宗旨和目标的国际和地区组织保持紧密和互利的合作，探寻与其更紧密的合作途径。

四、东盟建设目标

《东盟宪章》正式确定了东南亚国家联盟的建设目标：

（1）维护和促进地区和平、安全和稳定，进一步强化以和平为导向的价值观。

（2）通过加强政治、安全、经济和社会文化合作，提升地区活力。

（3）维护东南亚的无核武器区地位，杜绝大规模杀伤性武器。

（4）确保东盟人民和成员国与世界和平相处，生活于公正、民主与和谐的环境中。

（5）建立稳定、繁荣、极具竞争力和一体化的共同市场和制造基地，实现货物、服务、投资、人员、资金自由流动。

（6）通过相互帮助与合作减轻贫困，缩小东盟内部发展鸿沟。

（7）在充分考虑东盟成员国权利与义务的同时，加强民主，促进良政与法治，促进和保护人权与基本自由。

（8）根据全面安全的原则，对各种形式的威胁、跨国犯罪和跨境挑战做出有效反应。

（9）促进可持续发展，保护本地区环境、自然资源和文化遗产，确保人民高质量的生活。

（10）通过加强教育、终身学习以及科技合作，开发人力资源，提高人民素质，强化东盟共同体。

（11）为人民提供发展机会、社会福利和公正待遇，提高人民福祉和生活水平。

（12）加强合作，营造安全、无毒品的环境。

（13）建设以人为本的东盟，鼓励社会各界参与东盟一体化和共同体建设进程，并从中获益。

（14）增加对本地区文化和遗产的认识，加强东盟共同体意识。

（15）在开放、透明和包容的地区架构内，维护东盟在同外部伙伴关系中的中心地位和积极主动作用。

五、东南亚国家联盟建设成功的原因

东盟除新加坡、文莱两个国家经济水平相对较高外，大部分成员国经济仍处于发展中状态，缅甸、老挝、柬埔寨三国相对贫穷。但是，以发展中国家为主导的东盟，却在区域经济一体化进程中取得了巨大成功，成为推动东亚和亚太区域经济一体化的重要力量，东盟在世界经济舞台上的影响力也日益增大。其主要原因在于以下几个方面：

（一）坚持用“协商一致”为核心的“东盟方式”处理问题

“协商一致”是东盟处理内部问题和争端的一贯做法，也是“东盟方式”的核心内容。与“西方民主制度”下惯用的“表决”方式不同，东盟在遇到有分歧的重大问题时，坚持使用“协商一致”的“非强制”方式。在东盟部长会议和首脑会议做出决策前，先通过成员国之间的双边和多边协商，求得一致。协商过程中需要各方相互让步和妥协，求得最低限度的一致，这种方法虽然会降低行事效率，但却为东盟的生存和发展提供了保障。在一时难以达成一致意见的情况下，允许各成员分步走，即同意者可以先行动起来，不同意者可以暂缓行动，这也是“10-X”的处理方式。东盟发展的实践证明，以协商一致、非强制性为核心的“东盟方式”对于社会制度和文化多样性突出、发展水平差别巨大、成员众多的东盟是行之有效的。这种方式甚至后来被推广到多样性突出的亚太经合组织，成为一定意义上的“公共产品”。

（二）互不干涉内政，组织具有舒适性、松散性和渐进性

东盟半个世纪保持长盛不衰的另一个重要原因是坚持“互不干涉内政”原则，在合作的过程中充分照顾成员国的“舒适性”，保持该组织的“松散性”和“渐进性”。

“互不干涉内政”是东盟一贯奉行的原则，也是1976年《东南亚友好合作条约》和2007年《东盟宪章》的宗旨之一。东盟在内部各国实施这一原则，同时也不允许任何外

部国家干涉东盟的内政。东盟国家虽有大有小，社会制度、意识形态也存在差异，但所有成员奉行着平等，相互尊重，互不干涉内政的原则。这是东盟成员之间彼此和平相处的重要保障，它体现出东盟各成员之间高度的包容性和足够的耐心。

东盟在进行事件决策时，不采取强制方式，宁可缓办，避免让成员产生强烈的反感和抵触，这是“舒适性”原则。例如在接纳缅甸参与东盟的问题上，东盟其他国家没有强制要求其改变军人统治体制后才可入盟，而是让缅甸渐进式地与东盟体制接轨。

保持东盟组织的“松散性”和一体化进程的“渐进性”，是东盟成功的又一原因。2015年东盟共同体成立，并没有改变东盟作为松散型一体化组织的性质。东盟虽然把欧盟作为比照对象，但它从成立之初便拒绝设置“超国家”机构。这种松散性与“协商一致”的东盟行事方式相辅相成，与东盟国家多样性的特点高度契合。针对成员间经济发展水平的巨大差距，东盟有意保持一体化进程的渐进性，让落后成员慢慢过渡，逐步发展经济，有利于东盟的发展。

（三）实施“平衡外交”战略，保障自身安全

东盟由众多中小国家组成，在长期外交实践中，东盟偏向于与各大国保持“等距离外交”或“平衡外交”。东盟成立之初，东南亚地区面临冷战的复杂形势，当时东盟虽然持有亲西方立场，但并没有与任何西方大国结盟。随着国际形势的变化和大国力量在东南亚地区的调整，东盟外交逐渐趋向中立。1971年，东盟发表《和平、自由和中立区宣言》。同时，有官方文件将“中立”定义为“区域内国家与外部大国之间保持一种不即不离的关系，避免卷入各种冲突”。这种动态的平衡，目的在于保持各大国与东盟国家利益的整体平衡。东盟先后与美、日、澳、加、新西兰、欧共体（现欧盟）、韩、中、印度、俄罗斯等建立了对话伙伴关系，将与其利益相关的所有大国和重要国家都纳入了东盟搭建的合作平台，充分发挥了“平衡外交”的技巧。东盟的“平衡外交”政策不但保障了其自身的安全，也巩固了其在区域事务中的中心地位。

六、东盟建立的作用

第一，东盟的建立促进了东盟成员国经济的共同发展。东盟不同经济发展水平层次的国家都意识到如果不促进和维持经济高速持久地增长，东盟各国将处于落后的状态，目前，原东盟六国的经济增长速度已逐渐降低，急需新的经济动力来促进其经济进一步增长，而东盟的成功经验表明经济发达地区与发展中地区的结构关系不应是一种单一制成品与原材料的单一产业结构关系，而应是一种动态产业结构升级的“雁形模式”。

第二，东盟在社会经济发展、区域合作上表现出来的东南亚特点和自主精神确立了其在国际社会中的地位。在区域合作方式上，东盟以其协商一致的原则，表现出有别于欧盟制度化体系的特色。这意味着该组织只有在各成员国充分讨论、协调利益、达成共识、各得其所的情况下，才就有关问题形成决议。东盟在地区内和地区间努力营造的对话氛围，吸引了非东盟国家的广泛参与，有利于国际局势的稳定。

第三，东盟的成立不仅使得东盟成员国在国际政治舞台上的地位极大提高，而且为东盟成员国的经济发展注入新活力。东盟成为地区和国际舞台上维护和平、促进发展的重要

力量。从东盟内部经济联系来看，东盟内部各国的贸易联系正逐步加强，东盟的商品进出口方向也发生了较大变化。

第四，由于放宽限制，改善投资环境，东盟国家的外资引入不断增加。随着亚太地区投资自由化的发展，东盟引进外资的限制持续放宽，投资环境不断改善。对于经济较不发达的越南、老挝、缅甸、柬埔寨等国家，越来越多发达国家对其投资，国家间的产业转移给这些国家带来了新的经济发展机会。

第三节　东南亚次区域经济与贸易合作

次区域经济与贸易合作是相对于区域经济合作而言的，指若干接壤国家和地区之间跨国界的自然人或法人，基于平等互利的原则，在生产领域内，通过各种生产要素的流动而开展的较长时期经济贸易协作活动。从经济发展的角度看，其实质就是生产要素在"次区域"这个地缘范围内趋向自由化流动，从而带来生产要素的有效配置和生产效率的相应提高，主要表现为贸易在地缘范围内的自由化。

一、大湄公河次区域经济合作

大湄公河次区域处于东南亚、南亚和中国大西南的接合部。次区域涉及澜沧江-湄公河流域内的中国、缅甸、老挝、泰国、柬埔寨、越南，连接中国和东南亚、南亚地区。贯穿大湄公河次区域的澜沧江-湄公河是亚洲重要的国际河流，中国境内段称为澜沧江，中国境外段称为湄公河。澜沧江-湄公河发源于中国青藏高原唐古拉山，自北向南流经中国青海、西藏、云南三省区和缅甸、老挝、泰国、柬埔寨、越南五国，于越南胡志明市附近注入中国南海。大湄公河次区域拥有丰富的生物多样性资源、农业资源、水能资源、矿产资源、土地资源、人力资源、人文资源和旅游资源，区位优势明显，流域内的国家在资源和市场方面具有较强的互补性，贸易和投资发展潜力巨大。

大湄公河次区域经济合作（Great Mekong Subregion Cooperation，GMS）于1992年由亚洲开发银行发起，涉及流域内的六个国家，旨在通过加强各成员国间的经济联系，促进次区域的经济和社会发展。大湄公河次区域经济合作建立在平等、互信、互利的基础上，是发展中国家的互利合作。大湄公河次区域经济合作优先发展基础设施、能源、电信、旅游、贸易、投资、人力资源和环境等领域。

1995年中国、老挝和泰国三国签署了《大湄公河次区域合作倡议书》，正式宣布成立大湄公河次区域经济合作机制。之后缅甸、柬埔寨、越南加入了该机制。1996年缅甸加入，1998年柬埔寨加入，1999年越南加入。2000年大湄公河次区域经济合作机制成员国在中国昆明签署了《湄公河流域合作框架协议》。2001年各成员国在泰国清迈签署了《湄公河流域合作战略框架》。2002年11月3日，大湄公河次区域首次领导人会议在柬埔寨金边举行，会议批准了《次区域发展未来十年（2002—2012年）战略框架》，并决定其后每3年在成员国轮流举行一次大湄公河次区域经济合作领导人会议。大湄公河次区域经济合作开始上升到领导人层级，次区域合作由此进入了一个全面、快速发展的新阶段。2003年成员国在柬埔寨暹粒签署了《湄公河流域合作计划行动计划》。2005年成员国签署了

《湄公河流域发展合作条约》。2008年3月，第三次领导人会议在老挝万象举行，通过了《2008—2012年次区域发展万象行动计划》，签署了电力贸易路线图、经济走廊均衡与可持续发展等合作文件，合作得到进一步拓展和深化。2010年成员国在越南海防市签署了《大湄公河次区域经济合作倡议2010—2015年战略计划》。为发展成为繁荣、融合与和谐的次区域，2011年12月，第四次领导人会议在缅甸内比都举行，会议通过了《内比都宣言》和《大湄公河次区域经济合作新十年（2012—2022年）战略框架》。

多年来，大湄公河次区域经济合作不断深入发展，已形成领导人会议、部长级会议和各领域务实合作的总体合作架构。成员间合作领域进一步拓宽，涵盖交通、能源、信息通信、环境、农业、人力资源开发、旅游、经济走廊等，取得了丰硕成果。2013年12月，第十九次部长级会议上通过大湄公河次区域投资框架。2014年12月，第五次领导人会议在泰国曼谷举行。会上发表领导人宣言，通过2014—2018年区域投资框架执行计划，为次区域进一步加强互联互通描绘蓝图。2018年3月，第六次领导人会议在越南首都河内举行，会议围绕交通运输、能源、环境、农业、旅游、贸易投资、人力资源等重点领域展开务实合作，通过了共同宣言、《2018—2022河内行动计划》和《2022区域投资框架》三项成果文件。

大湄公河次区域经济合作的目标在于实现区域经济的互惠互利和共同繁荣，为次区域国家的发展提供更多机遇和动力。合作的主要内容包括加强基础设施建设，特别是交通运输和能源领域的合作，推动区域联通；促进贸易和投资自由化，减少贸易壁垒，加强金融合作；加强环境、水资源、生态保护等方面的合作；促进人才、文化等领域的交流与合作；开展跨境合作，如跨境旅游、农业合作等。

二、孟中印缅经济走廊

孟中印缅地区位于东亚、南亚、东南亚三大区域的接合部，友好交往源远流长。2013年5月，中国与印度两国政府达成关于建设孟中印缅经济走廊的共识。之后，成立联合工作组，孟加拉国、中国、印度、缅甸四国就如何发展和建设这一经济走廊、推进“一带一路”建设达成共识。孟中印缅经济走廊以昆明、曼德勒、达卡、加尔各答等沿线重要城市为依托，以铁路、公路、航空、水运、电力、通信、油气管道等国际大通道为纽带，以人流、物流、资金流、信息流为基础，通过共同打造优势产业集群、城镇体系、产业园区、口岸体系、边境经济合作区等，形成优势互补、分工协作、联动开发、共同发展的经济带。建设孟中印缅经济走廊的目的是充分发挥各国比较优势，通过加强区域内的交通联系，减少区域运输成本和贸易成本，促进沿线国家的产业分工与合作，推动各种资源和生产要素自由流动，实现优化配置，促进共同发展。建设孟中印缅经济走廊的八个重点任务包括合作机制和法律制度的完善、互联互通基础设施建设、国际金融合作、产业园区建设、贸易投资便利化、开展减少贫困行动、开展科技和人力资源开发、环境保护和可持续发展。

2013年12月、2014年12月、2017年4月，四国联合研究工作组分别在中国昆明、孟加拉国科克斯巴扎尔、印度加尔各答举行了三次会议。在第三次会议上，四国代表就联合研究报告进行了讨论，在互联互通、能源、投融资、货物与服务贸易及投资便利化、可持续发展与人文交流等重点领域的交流与合作达成诸多共识。2017年5月，中缅两国签署《中缅经济走廊建设框架协议》和《中缅产能合作框架协议》，加快了孟中印缅经济走廊的建设进程。2018年4月，中印领导人就中印关系以及两国各领域合作等充分交换意见，达成重要共识，为孟中印缅经济走廊的发展提供了新的契机。2019年1月，中缅两国签署了《中缅战略合作计划》，其中孟中印缅经济走廊建设被列为重点项目之一。2020年7月，中国、孟加拉国、缅甸三国在孟加拉国首都达卡召开孟中印缅经济走廊部长级会议，商讨了经济走廊的建设进展和合作计划。

孟中印缅经济走廊建设的必要性，从经济方面来看，孟中印缅经济走廊所涉及的地区经济比较落后，通过建设孟中印缅经济走廊，可以带动四国沿线地区的经济发展，促进相互间贸易往来，改变该区域长期贫困、落后和封闭的局面，为四国相关地区带来切实的经济利益，进而推动区域经济一体化进程。从安全方面来看，由于边界争端、经济落后、民族构成复杂、毒品泛滥等因素，孟中印缅经济走廊所涉及的区域大部分安全问题比较突出。孟中印缅经济走廊的建设，可以促进当地经济的发展，让当地民众切实享受到经济发展带来的红利，从而构建利益共同体。经济发展与往来的密切可以破解安全难题达到标本兼治的效果，孟中印缅经济走廊的建设对于维护地区安全意义重大。

近年来中缅、中孟等双边合作在诸多领域取得了丰富成果，对促进区域互联互通起到积极作用。2017年11月，中国提出建设北起中国云南，经中缅边境南下至曼德勒，再分别延伸至仰光新城、皎漂经济特区的“人字形”中缅经济走廊，打造三端支撑、三足鼎立的大合作格局。2018年9月，中缅双方签署了共建中缅经济走廊谅解备忘录。2021年8月，中缅印度洋新通道海公铁联运首发，连接环印度洋-缅甸仰光港-中国清水河口岸-临沧火车站-中国各地的贸易物流新通道试运行成功。2022年以来，中缅印度洋新通道海公铁联运/公铁联运“德阳—临沧—缅甸”“重庆—临沧—缅甸”“深圳—临沧—仰光—印度钦奈”等国际班列相继开通。2022年澜湄合作第七次外长会期间，中缅双方一致同意加快推进中缅经济走廊建设，抓好跨境电网协议实施，保障中缅油气管道顺利运营，探讨“中缅经济走廊+”合作，提升双边经贸合作水平。产能合作方面，中缅油气管道、莱比塘铜矿、达贡山镍矿等重大项目建成投产，为中缅互利共赢树立了典范。中缅油气管道包括原油管道和天然气管道，是我国能源进口四大战略通道之一。

案例剖析

从“东盟十国”到“东盟十一国”

2022年11月11日，在柬埔寨首都金边举行的第40届和第41届东南亚国家联盟（东盟）峰会上，东盟各国领导人就东帝汶申请加入东盟发表声明，原则上同意接纳东帝汶为成员国，允许东帝汶在本届峰会结束后列席包括首脑会议在内的东盟所有会议。声明表明，东盟将帮助东帝汶制定成为正式成员国的路线图，所有东盟成员国应对东帝汶成为正式成员国提供必要的支持。这标志着经过十一年的入盟历程，东帝汶终于“一只脚”迈入东盟大家庭。

第二次世界大战结束后，饱受殖民统治之苦的东南亚国家逐步实现独立，各国为加快国内经济复苏进程，着手开展区域内合作。1967年8月，东盟正式成立。之后随着全球化和地区一体化步伐加快，东盟开启扩容进程。1984年文莱加入东盟，1995年越南加入，1997年接纳老挝与缅甸，1999年柬埔寨成为东盟的第十个成员国。随着东盟组织逐渐成熟，其合作机制也逐步完善。

东帝汶是个例外。因为东盟成立时，东帝汶还处于葡萄牙的殖民统治之下。这个面积约1.5万平方千米、人口约100万人的岛国，不仅地理位置十分重要，是连接东盟与南太平洋的重要枢纽，而且油气和海洋资源非常丰富。1975年，葡萄牙政府允许东帝汶实行民族自决，东帝汶三大政治派别独立革命阵线（革阵）、民主联盟（民盟）和人民民主协会（民协）陷入内战。1975年11月28日，革阵单方面宣布东帝汶独立。同年12月，印尼苏哈托政权在美国和澳大利亚的默许下，吞并了东帝汶，东帝汶成为印尼第27个省。此后革阵领导的独立运动一刻也没有停止过。

随着1998年印尼苏哈托政权的垮台，东帝汶独立运动迎来转机。1999年1月，时任印尼总统哈比比在内外压力下同意东帝汶通过全民公决选择自治或脱离印尼；5月5日印尼、葡萄牙和联合国三方就东帝汶举行全民公决签署协议；8月30日东帝汶举行全民公决，75%的民众投票赞成独立，哈比比当日表示接受投票结果；10月印尼人民协商会议通过决议正式批准东帝汶脱离印尼。2002年5月20日，在联合国的主持下，东帝汶民主共和国正式成为独立国家。

2011年，东帝汶总统拉莫斯·奥尔塔正式向东盟提出加入申请。作为世界上最贫困的国家之一，东帝汶人民寄希望于加入东盟帮助其摆脱贫困。事实上，东帝汶在独立后不久便获得东盟观察员地位，并在2005年成为东盟地区论坛（ARF）的成员。2016年，东帝汶已在所有10个东盟国家首都设立了外交使团，并在首都帝力设立了东盟秘书处。

2019年，东帝汶外交部长积极游说东盟十国以争取入盟机会，但没有得到东盟国家一致认可，其主要原因是东盟各国对于东帝汶是否具备“履行成员国义务的能力与义务”存在争议。《东盟宪章》中“成员国条件”明确入盟的四项要求，即地缘上位于公认的东南亚地区、需得到东盟所有成员国的承认、同意遵守《东盟宪章》并接受其约束，以及具备履行成员国义务的能力与意愿，前三项没有争议，但东帝汶现仍被联合国认定为“最不发达的国家”，难以实现到2030年成为中等收入国家的目标，因而其申请难获通过。

即便如此，东盟也没有放弃东帝汶。在东帝汶提交入盟申请的第二年，东盟领导人指导成立了东盟协调委员会工作小组，小组成员包括政治安全、经济、文化与社会三大支柱领域的高级官员。该小组就东帝汶的发展能力及其加入东盟的准备程度进行评价。在递交各国批准之前，东盟协调委员会工作小组将把考察结果递交东盟协调委员会审议。每一次审议都会促进东帝汶发展能力的提升。

2023年印尼是东盟主席国，作为东盟最大的经济体，又与东帝汶具有特殊关系的印尼，积极推动东帝汶加入东盟。东帝汶总统则把2023年完全加入东盟作为外交主要工作。东帝汶能否完全成为东盟第十一个成员，还有待东帝汶和东盟的共同努力。无论如何，东盟一体化进程正在奔向从“东盟十国”到“东盟十一国”的征程中。

资料来源：根据2023年2月8日《环球》杂志第3期的文章《从“东盟十国”到“东盟十一国”》整理得到。

问题：东盟扩容给东盟经贸发展带来哪些机遇和挑战？

本章小结

1.本章介绍了东南亚国家签署的具有代表性的双边及多边自由贸易协定，重点介绍了这些自由贸易协定签署的背景、谈判历程及协定的主要章节内容。

2.对东南亚国家联盟的形成与发展进行了梳理，阐述了东南亚国家联盟成功建立的原因和它在发展过程中产生的影响。

3.本章介绍了东南亚国家参与的次区域经济合作以及东南亚国家在次区域经济合作中产生的成果。

思考与练习

简答题

1.《中华人民共和国与东南亚国家联盟全面经济合作框架协议》的签署对东盟国家开展对外贸易产生哪些积极影响?

2.中国–东盟自由贸易区3.0版如何助力双方经济发展?

3.简述RCEP的原产地规则。

4.简述RCEP和CPTPP两个协定的主要差别。

5.简述东南亚国家联盟的建立对世界经济格局产生的影响。

第十章　中国与东南亚国家经贸关系

本章要点

当前中国与东南亚国家双边贸易迅速发展、相互投资不断增加，中国对东南亚的投资结构不断改善、合作关系日益深化，区域经济合作制度化机制已然形成。中国与东南亚国家在出口产品、吸引外资、对发达国家市场的争夺方面存在较激烈的竞争；而在资源禀赋、商品结构、产业内贸易和服务业方面则有较大的相互合作空间。结合当前国家提出的“一带一路”倡议，我们应从政策沟通、设施联通、贸易畅通、资金融通、民心相通等五个方面与东南亚国家实现互联互通，积极发展与东南亚国家的经贸关系。

❖ 案例引导

企业利用中国-东盟自贸区原产地累计规则降低贸易成本

浙江温州某乳胶制品公司主要生产乳胶枕头、乳胶床垫等，产品出口东盟国家。企业此前一直申请一般原产地证书。海关工作人员在审核该公司一票出口至马来西亚的一般原产地证书时发现，该批货物如申请中国-东盟自贸区原产地证书，可享受20%的进口关税优惠，而申请一般原产地证书，则不享受关税减免。企业表示，由于其出口的乳胶床垫原料基本都是进口的，无法满足原产要求，所以未申请东盟优惠原产地证书。经分析，该批货物利用原产于泰国的天然乳胶生产，而泰国也是中国-东盟自贸区成员，因此泰国成分可以计入RVC，在中国加工后RVC达到了40%的标准，符合自贸区原产地规则，因此可以申请签发中国—东盟自贸区原产地证书。在签证人员的指导下，该企业申请办理了自贸区原产地证书，节约了货值20%的关税成本。

资料来源：中国商务部国别报告

第一节　中国与东南亚国家经贸关系发展概况

一、中国与东南亚国家经贸关系发展现状

（一）双边贸易迅速发展

中国-东盟自贸区的建立，有力推动了中国与东南亚双边贸易和投资发展。2020年，中

国已经连续第12年成为东盟的第一大贸易伙伴，且东盟首次成为中国第一大贸易伙伴，形成中国和东盟互为第一大贸易伙伴的良好局面，这意味着中国与东盟存在很大的贸易空间。中方企业在东盟的累计投资额也已突破了1 000亿美元，经贸合作区达到了25个。

2021年，中国与东盟货物贸易额达8 782亿美元，同比增长28.1%。其中，中国对东盟出口4 836.9亿美元，同比增长26.1%；自东盟进口3 945.1亿美元，同比增长30.8%。东盟连续第二年成为中国第一大贸易伙伴。越南、马来西亚、泰国为中国在东盟的前三大贸易伙伴。2022年是中国东盟全面战略伙伴关系开局之年，双方经贸往来更加密切，东盟继续保持我国第一大贸易伙伴地位。双边贸易总值达6.52万亿元，增长15%，占我国外贸比重达到15.5%。其中，对东盟出口3.79万亿元，自东盟进口2.73万亿元，分别增长21.7%和6.8%。

中国海关总署统计数据显示，2023年2月，中国与东盟双边贸易总额达1 381.21亿美元，同比增长1.3%。其中，中国自东盟进口554.46亿美元，同比下降8.3%；中国对东盟出口826.76亿美元，同比增长9%。

从商品结构来看，2022年，中国对东盟出口前五位产品是：电子、核反应堆、塑料及其制品、钢铁及钢铁制品，累计进口额为2 408.27亿美元，占中国自东盟进口总额的57.53%。其中，电子产品是中国自东盟进口量最大的产品，进口额为1 263.91亿美元，占进口总额的30.19%；其次是核反应堆等，进口额为619.89亿美元；排名第三的是颜料及其制品，进口额为203.76亿美元；钢铁位居第四，进口额为163.52亿美元；位居第五的是钢铁制品，进口额为157.19亿美元。

（二）相互投资不断增加

1.双边投资不断扩大

中国与东盟早在1997年就举行了第一次领导人非正式会议，确立中国与东盟睦邻互信的伙伴关系。在经历经贸合作的“黄金十年”后，双边人员往来日益密切，政治互信日益增强。为加速中国与东盟的投资，中国成立中国-东盟投资合作基金，向东盟国家提供较为优惠的信贷。2014年是“中国-东盟友好交流年”，首届东盟经贸文化交流节的召开，极大地促进了中国与东盟的相互投资。

近年来，中国对东盟的投资发展非常迅速，2010年之后对东盟新增的投资占中国对外投资总量的60%以上。对东盟直接投资流量和存量一直保持增长趋势，投资流量从2013年的72.66亿美元增加到2021年的197.32亿美元；投资存量从2013年的890.14亿美元增加到2021年的1 402.8亿美元。截至2021年年底，中国和东盟累计双向投资额超过了1 300亿美元，其中东盟国家对华投资超过900亿美元。中国正在加快同东盟国家建设经贸合作区的步伐，希望通过集群式的投资来提高双方互利合作水平。同时中国还改善了对东盟的投资结构，对制造业投资有所增加，显示出中国与东盟国家在深化经贸合作上具有强劲动能和巨大潜力（见表10-1和表10-2）。

2021年，东盟在华投资新设企业2 144家，同比增长14.5%，占我国新设外商投资企业数的4.5%；实际投资金额为105.8亿美元，同比增长33%，占我国实际使用外资金额的5.8%（见表10-3和图10-1）。

表10-1 2013—2021各年中国对东盟直接投资流量情况 单位：亿美元

年份 国别	2013	2014	2015	2016	2017	2018	2019	2020	2021
菲律宾	0.54	2.25	−0.28	0.32	1.09	0.59	−0.04	1.30	1.53
柬埔寨	4.99	4.38	4.20	6.26	7.44	7.78	7.46	9.56	4.67
老挝	7.81	10.27	5.17	3.28	12.20	12.42	11.49	14.54	12.82
马来西亚	6.16	5.21	4.89	18.30	17.22	16.63	11.10	13.74	13.36
缅甸	4.75	3.43	3.32	2.88	4.28	−1.97	−0.42	2.51	0.18
泰国	7.55	8.39	4.07	11.22	10.58	7.37	13.72	18.83	14.86
文莱	0.09	−0.03	0.04	1.42	0.71	−0.15	−0.04	0.17	0.04
新加坡	20.33	28.14	104.52	31.72	63.20	64.11	48.26	59.23	84.05
印度尼西亚	15.63	12.72	14.51	14.61	16.82	18.65	22.23	21.98	43.73
越南	4.81	3.33	5.60	12.79	7.64	11.51	16.49	18.76	22.08
合计	72.66	78.09	146.04	102.80	141.18	136.94	130.25	160.62	197.32

资料来源：根据2021中国对外投资统计公报整理。

表10-2 2021年中国对东盟直接投资的主要行业 单位：亿美元

行业	流量金额	比重（%）	存量金额	比重（%）
制造业	86.20	43.7	417.65	29.8
租赁和商务服务业	21.45	10.9	224.41	16
批发零售业	31.73	16.1	205.61	14.6
电力/热力/燃气及水的生产和供应业	14.53	7.4	141.78	10.1
建筑业	5.85	3.0	100.76	7.2
金融业	6.50	3.3	76.30	5.4
交通运输/仓储和邮政业	10.27	5.2	64.45	4.6
农/林/牧/渔业	2.99	1.5	52.79	3.8
采矿业	5.41	2.7	40.68	2.9
信息传输/软件和信息技术服务业	4.02	2.0	24.97	1.8
房地产业	−1.00	−0.5	15.78	1.1
居民服务/修理和其他服务业	6.03	3.1	13.43	0.9
科学研究和技术服务业	2.27	1.1	13.11	0.9
住宿和餐饮业	0.94	0.5	3.77	0.3
水利/环境和公共设施管理业	1.05	0.5	3.69	0.3
其他行业	−0.92	−0.5	3.62	0.3
合计	197.32	100.0	1 402.8	100.0

表10-3　**1987—2021年东盟在华投资情况一览表**　金额单位：亿美元

年度	新设企业数			实际投资金额		
	东盟	所有国家或地区	比重（%）	东盟	所有国家或地区	比重（%）
1987	82	2 233	3.7	0.4	23.1	1.7
1988	171	5 945	2.9	0.4	31.9	1.3
1989	133	5 779	2.3	1.0	33.9	3.0
1990	128	7 273	1.8	0.6	34.9	1.7
1991	163	12 978	1.3	0.9	43.7	2.1
1992	763	48 764	1.6	2.8	110.1	2.6
1993	1 726	83 437	2.1	10.2	275.1	3.7
1994	1 464	47 549	3.1	18.9	337.7	5.6
1995	1 582	37 011	4.3	26.5	375.2	7.1
1996	1 167	24 556	4.8	31.9	417.3	7.7
1997	1 040	21 001	5.0	34.3	452.6	7.6
1998	1 002	19 799	5.1	42.2	454.6	9.3
1999	894	16 918	5.3	28.4	403.2	7.1
2000	1 130	22 347	5.1	28.4	407.1	7.0
2001	1 214	26 140	4.7	29.8	468.8	6.4
2002	1 486	34 171	4.4	32.6	527.4	6.2
2003	2 074	41 081	5.1	29.3	535.0	5.5
2004	2 423	43 664	5.6	30.4	606.3	5.0
2005	2 846	44 019	6.5	31.1	724.1	4.3
2006	2 619	41 496	6.3	36.4	727.2	5.0
2007	2 487	37 892	6.6	43.9	835.2	5.3
2008	1 929	27 537	7.0	54.6	1 083.1	5.1
2009	1 510	23 442	6.5	46.8	940.6	5.0
2010	1 598	27 420	5.8	63.2	1 147.3	5.5
2011	1 665	27 717	6.0	10.0	1 239.9	0.8
2012	1 605	24 934	6.4	70.7	1 210.7	5.8
2013	1 446	22 819	6.3	83.5	1 239.1	6.7
2014	1 499	23 794	6.3	63.0	1 285.0	4.9
2015	1 704	26 584	6.4	76.6	1 355.8	5.7

续表

年度	新设企业数			实际投资金额		
	东盟	所有国家或地区	比重（%）	东盟	所有国家或地区	比重（%）
2016	1 680	27 908	6.0	65.3	1 337.1	4.9
2017	1 817	35 662	5.1	50.8	1 363.2	3.7
2018	2 425	60 560	4.0	57.2	1 383.1	4.1
2019	2 804	40 910	6.9	78.8	1 412.2	5.6
2020	1 695	38 578	4.4	79.5	1 493.4	5.3
2021	2 078	47 647	4.4	105.8	1 809.6	5.9

数据来源：商务部外资统计。

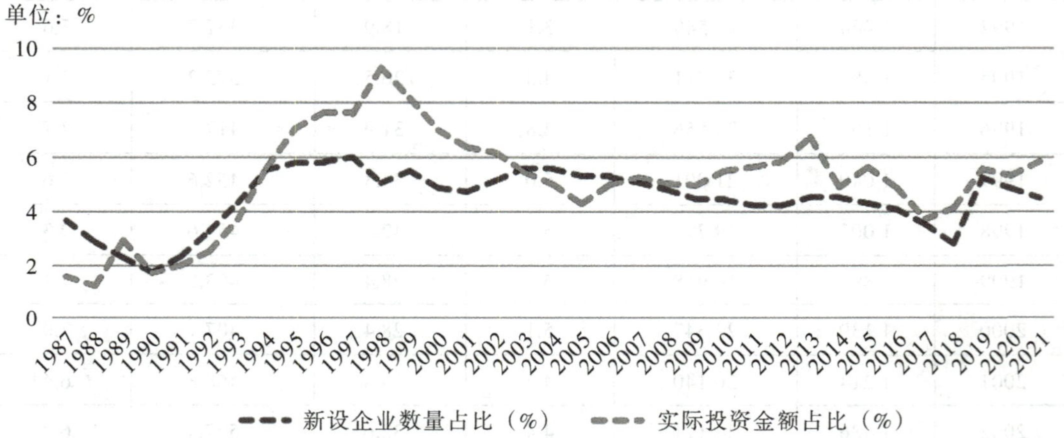

图10-1　1987—2021年东盟对华投资

数据来源：商务部外资统计。

2.中国对东南亚投资结构不断改善

2021年，东盟对华投资金额前5位行业分别是批发和零售业，制造业，房地产业，租赁和商务服务业，信息传输、软件和信息技术服务业；5个行业新设企业数占比为68.1%，实际投资金额占比为79.7%（见表10-4）。

表10-4　**2021年东盟对华投资金额前5位行业**

行业	新设企业数（家）	比重（%）	实际投资金额（亿美元）	比重（%）
总计	2 144	100.0	105.8	100.0
批发和零售业	556	25.9	23.3	22.1
制造业	186	8.7	20.8	19.7
房地产业	36	1.7	16.0	15.1
租赁和商务服务业	482	22.5	15.7	14.9
信息传输、软件和信息技术服务业	199	9.3	8.5	8.0

数据来源：商务部外资统计。

从投资流向行业来看，双方主要的投资领域已经由传统的建筑业、对外包工程逐步向制造业和服务业领域扩展：东盟国家对华投资主要以小型项目为主，并且集中在制造业，尤其是一些劳动密集型加工业，生产的产品多用于出口。投资行业投资领域则主要包括批发和零售业、制造业、房地产业、租赁和商业服务业以及信息传输、软件和信息技术服务业等行业。中国对东盟国家的投资也多以中小型加工装配项目为主，投资领域则主要包括制造业、租赁和商务服务业、批发零售业、电力/热力/燃气及水的生产和供应业、建筑业、金融业等行业。

3.中国持续加大与东盟开展数字经济投资合作

中国和东盟互为第一大贸易伙伴和重要投资合作伙伴，为双方开展数字经济合作创造有利条件，也为双方数字经济企业带来大量商机。2018年，第21次中国-东盟领导人会议通过《中国-东盟战略伙伴关系2030年愿景》，对数字经济发展与合作给予高度关注。随着疫情催生出数字经济新产业和新业态，中国和东盟加速探索数字化转型发展。2020年是“中国-东盟数字经济合作年”。合作年以“集智聚力共战疫 互利共赢同发展”为主题，双方在智慧城市、大数据、人工智能等领域举办一系列活动，分享在数字化防疫抗疫、数字基础设施建设和数字化转型等方面的经验，持续完善沟通机制，丰富交流平台，挖掘合作潜力，共享数字经济发展红利。2020年11月12日，中国与东盟发布《中国-东盟关于建立数字经济合作伙伴关系的倡议》，致力于抓住数字机遇，打造互信、互利、包容、创新、共赢的数字经济合作伙伴关系。倡议包括深化数字技术在疫情防控中的应用；加强数字基础设施合作；支持数字素养、创业创新和产业数字化转型；推动智慧城市创新发展；深化网络空间合作；推进网络安全务实合作等方面。

近年来，随着“一带一路”倡议稳步推进，越来越多的中国企业持续加大在东南亚的投资，数字经济是其重点领域。中国企业在电子商务、智慧城市、大数据、5G等领域深入开展创新合作，促进联合研发、技术交流和人力资源建设。2021年4月，腾讯云在印度尼西亚的首个数据中心正式开始提供服务，助力地区企业和组织快速实现数字化转型。之后的一年中腾讯云还在印度尼西亚开发了第二个数据中心。5月，老挝万象赛色塔综合开发区与中国移动签署战略合作协议，共建智慧城市和数字基础设施；中兴宣布在泰国打造5G智能示范工厂。6月，阿里云宣布在印度尼西亚和菲律宾新增两大数据中心，并计划在3年内投入超过10亿美元用于基础设施建设和数字化人才培养。

4.加强中国与东盟绿色经济投资合作

中国与东盟在自然资源、生产能力和产业结构上各有所长，互补性强，是天然的绿色经济合作伙伴。中国政府坚定不移贯彻新发展理念，积极发展生态环保、可持续能源等产业，构建绿色低碳循环发展经济体系，这为中国与东盟开展绿色经济投资合作奠定坚实基础。近年来，双方持续发挥优势，挖掘合作潜力，打造绿色“一带一路”合作平台，大力推进在循环经济、节能环保、绿色能源、可持续金融、应对气候变化等领域的政策对话与交流合作，不断取得丰硕合作成果。2021年是中国-东盟可持续发展合作年。2021年5月28日，中国-东盟可持续发展合作年在北京启动。双方将共同实施好新一期中国-东盟环境合作战略和行动框架，通过政策对话、能力建设及试点示范，推动在生物多样性保护、应对气候变化、可持续城市与海洋减塑等议题的务实合作。中方将继续实施“中国-东盟绿色使者计划”，与东盟各国分享建设生态文明、促进绿色发展的政策、模式和措施，共同提升区域生态环境治理能力与公众环保意识，进一步推动区域经济可持续复苏和包容增长。

（三）合作关系日益深化，区域经济合作制度化机制已形成

中国-东盟自贸区建成后，双方不仅在贸易、投资方面合作越来越密切，随着合作领域的逐渐拓展，双方的合作关系逐步走向了机制化。中国-东盟区域经济合作的制度化机制可以概括为一个最高合作机制和五个工作合作机制。领导人会议是双方最高合作机制，自1997年起，中国和东盟领导人每年举行领导人会议（也称“10+1”会议）。五个工作机制：一是“中国-东盟高官磋商”，即在副部级层次上就共同关心的政治与安全问题举行年度磋商；二是“中国-东盟联合合作委员会”，该委员会的成立旨在促进中国和东盟之间各领域合作的协调发展，并着力推动双方在人力资源开发、人员和文化交流等方面的合作；三是“中国-东盟经济、贸易合作联合委员会”，其主要任务是就国际和地区经济问题交换意见，并讨论如何推动中国与东盟的贸易和投资合作；四是“中国-东盟科学技术合作联合委员会”，重点协调双方在食品、海洋技术和热带生物资源开发等技术领域的合作；五是“东盟北京委员会”，由东盟各国驻华大使组成，旨在促进东盟驻华机构与中国政府部门的交流与合作。

2001年，中国和东盟新成立半官方的多边与双边商务合作机制“中国-东盟商务理事会”，旨在进一步加强中国和东南亚地区的经贸合作，促进双方企业界的商业和信息交流。所有这些机制相互协调，共同推动着中国-东盟区域经济合作的不断深入发展。

在产业合作方面，双方在自贸区框架内进行产业结构调整，有利于促进本地区的产业升级。投资自由化措施有利于促进自贸区内国家选择更具有生产和市场区位优势、产业配套和产业互补优势的场所作为生产基地，合理规避贸易壁垒。

目前东南亚国家投资优势日益突出，主要体现在劳动力、汇率、出口优惠关税等方面。同时，东盟国家形成了独特的产业结构：新加坡的资本与知识技术密集型产业发达；马来西亚的石化、电子电器等产业发展迅速；菲律宾金属矿产的开采和冶炼等劳动密集型产业有一定的优势；印度尼西亚拥有丰富的木材、石油、天然气资源。我国可以利用这些优势资源与东盟国家大力开展产业合作。我国的机电、纺织、化工等商品大量出口到东盟对口国家，而中国国内的劳动力和其他成本的上升将迫使制造商寻找新的制造基地，在未来若干年将较为迅速地转往成本较低的东南亚地区，以保持产品价格的低廉，这些国家有望成为低端制造业新的世界工厂。目前中国国内已经有不少纺织、服装、鞋帽制造商希望或正在慎重考虑将企业转移到国外，越南、印度尼西亚和马来西亚等东盟国家正成为中国企业外移的首选。

此外，目前中国与东南亚国家正通过建设跨国园区探索产业合作的新模式，合作建立的产业园正将双边经贸合作推向更新的领域。

二、中国与东南亚国家经贸关系的竞争性和互补性

（一）中国与东南亚国家经贸关系的竞争性

1.出口产品竞争性分析

除新加坡以外，中国与大部分东南亚国家均处于工业化的发展进程中，在国际分工上

处于同一水平。国际贸易的比较优势主要是劳动密集型产品，双方都注重推动外向型经济，出口产品多为劳动密集型的制成品，如电子产品、家用电器、纺织品、成衣、鞋类和加工食品等；或是初级产品，如资源、原料和农产品等。这些出口产品的种类及档次都比较接近，这就必然会加剧双方的产品竞争。特别是纺织、服装产品，是中国、印度尼西亚、马来西亚、菲律宾、泰国主要出口产品。中国与东南亚国家在工业品上的竞争性包括：办公设备、办公和电信、机械及运输、服装等方面。服装类产品，除新加坡外，中国、印度尼西亚、马来西亚、菲律宾、泰国，贸易竞争指数均在0.8以上，接近1，在国际市场上具有明显的竞争优势。

2.吸引外资的竞争

中国与大部分东南亚国家都是发展中国家，在发展经济的过程中与东南亚国家一样，中国也需要外资的大量投入。为了获得更多的外资，中国与东南亚各国纷纷采取更多的优惠政策并提供更宽松的投资环境，以此来吸引和争夺外国投资资金。在后金融危机时代这样的外资竞争则会愈加激烈。

3.出口产品对发达国家市场的争夺

东盟出口市场，50%以上是在美国、日本和欧盟各国。中国的出口市场与东盟类似，对欧盟、美国和日本的出口，也占50%左右。中国与东盟外贸对象的相似性，使双方在出口市场方面也存在着激烈的竞争。即使是新兴的电子和信息技术产品，也因双方没有掌握核心技术，整体上均处于产业链的下游，共同投入相同的国际市场，势必相互竞争。

（二）中国与东南亚国家经贸关系的互补性

1.资源禀赋

中国与东盟各国在资源禀赋上存在很大的差异。中国是一个资源相对贫乏的国家，而东盟各国地处热带，热带森林资源、海洋资源、农业资源和矿藏非常丰富，这种资源禀赋方面的差异性赋予了中国-东盟之间贸易关系的互补性。另一方面，中国与东盟各国在生产力发展水平和产业结构上的差别也促使双方的贸易互补性进一步增强。中国从东盟进口各种原料、燃料和初级产品，而向东盟出口各种机床、机械制品、电子产品及其他工业制成品，则正是这种资源禀赋差异所形成的贸易互补性的具体表现。

2.商品结构

东盟中相对较落后的国家，如越南、缅甸、老挝、柬埔寨等主要向中国出口自然资源，但新加坡等相对发达国家与中国之间的工业品贸易则比较多。橡胶、木材、棕榈、动物饲料、大豆、棉花和煤炭等在内的初级产品占了中国从东盟进口商品的大部分。中国在制造业领域，尤其是在电子、机械制造等领域具有比较优势，随着外资的增加和技术创新，在资本密集型和技术密集型制造部门，中国的竞争力也在提升。而在资源密集型初级产品和劳动密集型制造部门，东盟仍然拥有较大的比较优势。东盟生产的一些技术密集型产品也很有竞争力。例如，新加坡的化工、机械和交通设备，通信、办公设备，计算机，科学仪器等；马来西亚的机电产品；菲律宾的电力机械、器具及其电器零件类产品等；印度尼西亚的煤炭和石油；文莱的石油等产品，对中国都有很强的吸引力。而中国的家用电器、运输设备、农业机械、电子产品和机械产品等具有性价比高的竞争优势，占中国出口东盟的较大比例。

3.产业内贸易

在机械设备、电子产品、纺织服装、化工等各产业领域，中国与东盟的产业内贸易都达到较高水平，发展潜力巨大。双方即使在相同的产业部门，各自的产品也有不同的侧重点。以彼此竞争性较强的纺织业和服装业为例，中国的出口以纤维原料、纱线、坯布和织物为主，而泰国、菲律宾和印度尼西亚则以服装为主。而在服装方面，双方在原料、档次、款式等方面也存在着差异。对电子产品而言，由于种类繁多，各国取长补短的余地就更大，不难形成水平分工。因此，就总的趋势来看，中国对东盟的出口由资源型产品和初级加工工业品向资本密集型和技术密集型产品转变，贸易结构正在逐步升级。尽管我国与东盟都生产出口劳动密集型产品，但产品结构并不完全相同，这种建立在产品质量和差异化基础上的贸易格局将使得中国与东盟国家相互之间进口产品的互补性增加。同时产业内贸易将强化中国与东盟产品结构的互补性，以增强整个地区的经济实力。

4.服务业

由于双方服务业发展水平不同、优势各异，在发展速度和发展阶段方面存在较大的差异性，从而使得双方的服务贸易形成了较强的互补性，这为促进双方服务贸易的发展提供了基础。近年来，中国和东盟之间的服务贸易呈直线上升趋势。中国和东盟国家在服务业方面各有所长，中国在建筑服务、海运服务、旅游服务、计算机信息服务、商务服务等方面竞争力较强，东盟已成为中国重要的服务贸易出口市场。而新加坡、马来西亚、泰国等国则在航空运输服务、金融服务、酒店和旅游等方面优势明显。近年来，每年赴新加坡、马来西亚、泰国、印度尼西亚和菲律宾等东南亚国家旅游的中国游客达数百万人次。

第二节　中国-东盟自由贸易区发展历程与经济效应

一、中国-东盟自由贸易区发展历程

（一）建立背景

东盟国家与中国地理位置邻近、文化相通，同属发展中国家，发展经贸合作具有得天独厚的地缘优势。20世纪80年代后期以来形成的睦邻友好的政治关系，也为发展经贸合作奠定了坚实的基础。双方在资源构成、产业结构和工农业产品等方面各具特色，互补性很强，开展经贸合作的潜力巨大。

1997年亚洲金融危机的爆发，严重冲击了东南亚各国的经济，减缓了东南亚国家的经济增长，使东南亚各国的生产成本不断提高，削减了东南亚国家的竞争力。然而，一些国家利用多边或双边贸易的优势开始开放市场和推出低成本的策略，直接影响了东南亚经济的发展。另外，作为主要依靠外部经济的东南亚各国，一些恐怖活动使世界经济的增长放缓，更使东南亚国家经济雪上加霜。面对严峻的国际经济形势和国内的经济困难，东南亚各国寄希望参与一个新的区域性经济合作组织，希望能够通过转移经济合作对象来应对挑战。而当时的中国经济正处于快速增长的时期，国内生产总值年平均增长10%左右，中国一度成为世界上经济增长最快的国家。中国的快速发展为中国和东南亚国家的合作提

供了广阔的市场，有助于东南亚国家减少对外部市场的依赖。东盟各国为了促进经济的快速发展，搭乘中国这班经济快车成为其必然选择。

（二）中国-东盟自由贸易区建立进程

1.建立构想的提出

2000年11月，在第四次中国-东盟领导人会议上，时任中国国务院总理朱镕基首次提出建立中国-东盟自由贸易区的宏伟设想。领导人会晤期间，东盟方面提出中国加入WTO对东盟影响的关注，中国方面提出就中国-东盟之间建立自由贸易区的可行性进行研究。根据领导人的指示，随即成立了中国-东盟经济合作专家组，经过从多方面、多角度进行研究和探讨，专家组向领导人提出了建立中国-东盟紧密经济伙伴关系的建议，其中包括建立中国-东盟自由贸易区。

2.中国-东盟自由贸易区建立的各阶段进程

中国-东盟自由贸易区建立进程大体可以分为三个阶段：

第一阶段，2002—2010年，双方签订相关协议，关税开始大幅度下调阶段。2000年在新加坡召开的中国-东盟领导人会议上，中国政府提出了建立中国-东盟自由贸易区的构想，得到了东盟各国领导人的积极响应。在随后的几年里，中国和东盟签署了一系列协议。2002年，中国与东盟十国签署了《中国与东盟全面经济合作框架协议》，正式启动了自贸区的建设进程。2004年初，实施“早期收获”计划，开始下调农产品关税，2004年底签署《中国—东盟全面经济合作框架协议争端解决机制协议》（简称《争端解决机制协议》）。2005年，中国-东盟自由贸易区降税计划全面实施。另外还签订了诸如《货物贸易协议》《服务贸易协议》《投资协议》等经济协议和《东南亚友好合作条约》《中国-东盟纪念峰会联合声明》等政治协议。2010年1月1日，中国对东盟93%产品的贸易关税降为零。至此，一个涵盖11个国家、19亿人口、6万亿美元国内生产总值、4.5万亿美元贸易额的中国-东盟自贸区正式建成。中国-东盟自贸区是中国对外商谈的第一个自贸区，也是东盟作为整体对外商谈的第一个自贸区，建成后的自贸区覆盖1 300万平方千米，惠及逾20亿人口，囊括GDP总额已从2010年自贸区建成时的近6万亿美元增长至2020年的约17.72万亿美元。

第二阶段，2011—2015年，自贸区全面建设阶段。在此阶段，中国和东盟新四国越南、老挝、菲律宾和缅甸，于2015年达到90%的产品零关税的目标，并且双方开放服务和投资市场。2015年11月，中国与东盟十国签署中国-东盟自贸区升级谈判成果文件——《中华人民共和国与东南亚国家联盟关于修订〈中国-东盟全面经济合作框架协议〉及项下部分协议的议定书》（简称《议定书》）。此《议定书》是我国在原有自贸区基础上完成的第一个升级协议，涵盖货物贸易、服务贸易、投资、经济技术合作等领域，是对原有协定的丰富、完善、补充和提升，体现了双方深化和拓展经贸合作关系的共同愿望和现实需求。

第三阶段，2016年至今，自贸区的巩固和完善阶段。2016年7月，中国和越南率先完成议定书国内生效程序，升级《议定书》[①]正式生效。2019年10月，《议定书》对中国和东盟10国全面生效。《议定书》包括序言及货物贸易、服务贸易、投资、经济技术合作、未来工作计划和最后条款等章节，还包括原产地规则、原产地规则操作程序、第三批服务

① 《议定书》正文和附件可登录中国自由贸易区服务网（fta.mofcom.gov.cn）查询。

贸易具体承诺减让表等附件。

2022年11月宣布启动中国-东盟自贸区3.0版谈判，2023年2月7日，中国-东盟自贸区3.0版谈判启动首轮磋商。双方致力于提升经贸领域开放水平，拓展新兴领域互利合作，不断丰富中国-东盟全面战略伙伴关系内涵，促进区域共同繁荣发展。2023年4月10日至12日，在泰国曼谷举行第二轮谈判，中国、东盟十国主管部门和东盟秘书处官员出席会议。双方全面开启3.0版各领域谈判，就数字经济、绿色经济、货物贸易、投资、竞争和消费者保护、卫生与植物卫生、标准、技术法规与合格评定程序、中小微企业等领域探讨进一步开放与合作。

（三）中国-东盟自由贸易区发展的各阶段成果

1.实施“早期收获”计划

“早期收获”计划是在中国-东盟自由贸易区框架下最先实施的降税计划，启动时间为2004年1月1日。此项计划是根据2002年11月签署的《中国与东盟全面经济合作框架协议》而实施的。尽管当时我国与东盟还没有就全部货物的降税安排达成协议，但为了使双方尽早享受到自贸区的好处，树立建立中国-东盟自由贸易区的信心，双方决定选择一些共同感兴趣、互补性强的产品，用较快的速度和较大的幅度提前进行降税，先行开放市场。

2.签署《货物贸易协议》

“早期收获”计划付诸实施后，双方接着就有关正常产品和敏感产品的降税模式进行谈判，2004年6月基本达成一致。经过努力在2004年9月初就货物贸易的主要内容达成原则协议。

11月，中国-东盟签署了《货物贸易协议》，规定自2005年7月起，除2004年已实施降税的早期收获产品和少量敏感产品外，双方将对其他约7 000个税目的产品实施降税。除已有降税安排的早期收获产品外，《货物贸易协议》将其余产品分为正常产品和敏感产品两大类。其中，正常产品分为一轨正常产品和二轨正常产品两类，二轨正常产品可在更长的时间内取消关税；敏感产品最终税率不为零，并分为一般敏感产品和高度敏感产品两类。被列入敏感产品清单的商品最多只有500种，各国最终于2020年1月1日将其关税税率减至5%或以下。被列入高度敏感产品清单的产品不超过150种（中国和东盟6个老成员国不超过100种），全部国家最终于2018年1月1日将其关税税率减至50%或以下。中国列入敏感产品清单的有钢铁产品，东盟国家则列入糖和植物油等；中方列入高度敏感产品清单的有大米、汽车和一些石化产品。

3.签署《服务贸易协议》

由于中国-东盟自由贸易区各成员国服务贸易发展水平不一，服务贸易谈判历经数次全体成员国讨论磋商，终于一致同意服务贸易领域的市场准入应当比WTO规定得更深一步。2007年1月14日，中国与东盟在菲律宾宿务签署了《服务贸易协议》，双方在60多个服务部门做出了高于世界贸易组织水平的市场开放承诺。《服务贸易协议》于2007年生效，是规范中国与东盟服务贸易市场开放和处理服务贸易相关问题的法律文件。《服务贸易协议》采取“正面清单”方式，参照WTO《服务贸易总协定》（GATS）的模式，包括定义和范围、义务和纪律、具体承诺和其他条款四个部分，共33个条款和1个附件，附件列出了中国与东盟10国的具体承诺减让表。

中国-东盟自由贸易区部分关税削减时间表见表10-5。

表10-5 中国-东盟自由贸易区部分关税削减时间表

年度	关税税率	覆盖关税条目	参与的国家
2000	东盟区域内部平均关税3.87%	全部	东盟所有成员
2000	对所有东盟成员0～5%	85%以上	新加坡、印度尼西亚、马来西亚、菲律宾、文莱、泰国
2001	平均关税14%	全部	中国
2001	对所有东盟成员0～5%	90%	东盟老成员
2002	对所有东盟成员0～5%	全部	东盟老成员
2005	对所有WTO成员平均关税11%左右	全部	中国
2006	对所有东盟成员0～5%	82%以上	越南
2008	对所有东盟成员0～5%	82%以上	老挝、缅甸
2010	对所有东盟成员0～5%	82%以上	柬埔寨
2011	5%以下		中国-东盟（所有成员）
2015	对所有东盟成员零关税	全部	东盟老成员
2018	对所有东盟成员零关税	全部	东盟所有成员
2020	零关税		中国-东盟（所有成员）

资料来源：《中国-东盟年鉴》（2006年）。

具体承诺：各国在其各自WTO《服务贸易总协定》承诺的基础上，做出更高水平的开放承诺。中国的承诺包括建筑、环保、运输、体育和商务服务等5个服务部门的26个分部门。

中国对东盟的承诺：中国的承诺主要涵盖建筑、环保、运输、体育和商务服务（包括计算机、管理咨询、市场调研等）5个服务部门的33个分部门，其中大多数部门（21个分部门）都有超出WTO多哈回合谈判出价（WTO-plus）的承诺，既包含部门的扩展（即新增开放的服务部门），又包含承诺的深化（即放宽市场准入或国民待遇限制等内容），如允许东盟在软件实施服务、房地产服务、包装装潢印刷、笔译和口译服务、环境服务、体育和其他娱乐服务等领域设立独资企业，在计算机订座系统（CRS）服务领域设立合资公司等（见表10-6）。

表10-6 中国对东盟的服务贸易开放承诺

承诺开放部门	同WTO出价比较
5个：商业、建筑、环境、娱乐文化体育、运输	1.水平承诺：基本同WTO出价一致，但新增对“自然人移动”中合同服务提供者的市场准入限制 2.新增开放部门：市场调研服务、除建筑外的项目管理服务、人员安置和提供服务、在费用或合同基础上的印刷与装订服务、建筑物清洁服务、包装装潢印刷、体育和其他娱乐服务、机动车的保养和修理服务、城市间定期旅客运输等 3.承诺深化：允许在软件实施服务、数据处理服务、涉及自有或租赁资产以及涉及收费或合同为基础的房地产服务、管理咨询服务、笔译和口译服务、环境服务（排污服务、固体废物处理服务、废气清理服务、降低噪声服务、自然和风景保护服务、其他环境保护服务和卫生服务）、道路交通等领域设立独资企业，允许在计算机订座系统（CRS）服务领域设立中方控股的合资公司；取消航空器的维修服务所需的经济压力测试要求

资料来源：根据中国-东盟《服务贸易协议》及中国对WTO最新出价整理。

东盟各成员国对中国的承诺：东盟各国根据自身的发展阶段向中国承诺开放不同的服务业市场。承诺开放部门见表10-7，具体承诺见“中国与东盟10国第一批/第二批服务贸易具体承诺表”。

表10-7 东盟对中国服务贸易开放承诺

成员国	承诺开放部门	同WTO出价比较
新加坡	6个：商业、环境、金融、健康和社会、旅游、娱乐文化体育（视听除外）	1. 水平承诺高于WTO，提高公司内部调动人员入境居留期限至8年 2. 在银行、保险、工程、广告、非武装保安服务、药品和医疗用品佣金代理和零售、航空和公路运输服务等部门做出了超出WTO出价承诺，如在外资银行准入方面，取消对国内银行外资参股比例在40%以内的限制
印度尼西亚	5个：商业、建筑、环境、娱乐文化体育、运输	1. 水平承诺高于WTO出价，如董事、经理和技术专家/顾问允许居留2年，期满可延长2年，每次2年。WTO出价仅1年 2. 在建筑及工程、旅游和能源方面做出了高于WTO承诺，特别在民用工程、煤的液化和气化等中国关注领域做出了进一步开放承诺
泰国	4个：商业、教育、旅游、运输	1. 水平承诺高于WTO出价，对商务访问者和公司内部调动人员给予更长停留时间 2. 在建筑工程、中文教育、医疗、旅游餐饮和海运货物装卸等领域做出了超出WTO出价承诺
马来西亚	8个：商业、通信、建筑、教育、金融、健康和社会、旅游、运输	1. 水平承诺同WTO基本一致 2. 新增会展、主题公园、海运、空运等部门开放承诺 3. 在金融、建筑及工程等领域有深化承诺，如在保险领域放宽对外籍管理人员的市场准入限制
菲律宾	6个：商业、通信、建筑、环境、旅游、其他	1. 水平承诺同WTO基本一致 2. 新增采矿、石油、煤炭、能源、电力、建筑等部门开放承诺 3. 在能源、商务服务、建筑及工程、旅游等部门承诺高于WTO出价水平
文莱	2个：旅游、运输	1. 水平承诺同WTO基本一致 2. 增加旅馆住宿服务、海洋客运和货运服务、航空器的维护和修理服务等领域的市场开放承诺
缅甸	6个：商业、通信、建筑、环境、旅游、其他	1. 无水平承诺，同WTO出价 2. 新增商业、通信、建筑、环境和其他服务等领域的开放承诺
柬埔寨	6个：商业、电信、建筑、金融、旅游、运输	与其WTO出价一致
越南	11个：商业、通信、建筑、分销、教育、环境、金融、健康和社会、旅游、娱乐文化体育、运输	与其WTO出价一致
老挝	1个：金融（包含银行保险等部门）	

资料来源：根据中国-东盟《服务贸易协议》及东盟各国对WTO最新出价整理。

4.签署《投资协议》

2009年8月15日，第八次中国–东盟经贸部长会议在泰国举行，中国与东盟10国签署了中国–东盟自由贸易区《投资协议》，标志着双方成功地完成了中国–东盟自由贸易区协议的主要谈判。《投资协议》包含27个条款，通过双方相互给予投资者国民待遇、最惠国待遇和投资公平公正待遇，提高投资相关法律法规的透明度，为双方投资者创造一个自由、便利、透明及公平的投资环境，从而进一步促进双方投资便利化和逐步自由化。

5.签署其他协议

2004年11月，中国与东盟签署《争端解决机制协议》，正式确定了双方争端解决的法律程序和机制。《争端解决机制协议》的签署和实施，使中国与东盟在经济合作领域发生的争端解决有法可依，为区内企业提供了良好的法律保障环境。《争端解决机制协议》包括18个条款及有关仲裁规则与程序的附件，是规范中国与东盟双方在自贸区框架下处理有关贸易争端的法律文件，它对争端适用的范围，磋商程序，调解或调停，仲裁庭的设立、职能、组成和程序，仲裁的执行，补偿和终止减让等问题做了一系列规定。

2009年10月，在第四届东亚峰会上，中国与东盟签署了《中国–东盟知识产权领域合作谅解备忘录》和《中国–东盟关于技术法规、标准和合格评定程序谅解备忘录》，以进一步推动自贸区建设取得实质性进展。

6.中国–东盟自贸区升级版

2015年11月，中国与东盟10国政府正式签署《议定书》。《议定书》是中国在原有自贸区基础上完成的第一个升级协议，涵盖货物贸易、服务贸易、投资、经济技术合作等领域，是对原有协定的丰富、完善、补充和提升，体现了双方深化和拓展经贸合作关系的共同愿望和现实需求。《议定书》除进一步削减非关税壁垒、优化原产地规则外，还落实新一批服务贸易承诺，从准入条件、人员往来等方面推动投资领域的实质性开放，进而进一步将双边货物贸易关系转变为以商品、服务和投资为基础的综合合作关系。2016年7月，中国和越南率先完成《议定书》国内生效程序，《议定书》正式生效。2019年10月，《议定书》对中国和东盟10国全面生效。

（四）《区域全面经济伙伴关系协定》（RCEP）

《区域全面经济伙伴关系协定》（Regional Comprehensive Economic Partnership，简称RCEP）由东盟10个成员国与其5个自贸伙伴（中国、日本、韩国、澳大利亚、新西兰）组成，是目前全球涵盖人口最多、经贸规模最大、最具发展潜力的自贸协定。2012年11月，东盟10国与中国、日本、韩国、澳大利亚、新西兰、印度领导人宣布启动RCEP谈判。其目标是消除内部贸易壁垒、创造和完善自由的投资环境、扩大服务贸易，并涉及知识产权保护、竞争政策等多领域，自由化程度将高于东盟分别已与几个自贸伙伴国达成的10+1自贸协定。作为一个囊括不同发展阶段、文化背景和人口规模国家的自贸协定，RCEP将有助于建设一个和平、安全、发展的亚太地区，并对地区和世界产生重大积极影响。

2019年11月，RCEP第三次领导人会议宣布15个RCEP成员国已结束全部20个章节的文本谈判以及实质上所有市场准入问题的谈判。印度退出谈判。

2020年11月，RCEP第四次领导人会议期间，15国贸易主管部长签署RCEP协定。这是东亚经济一体化建设近20年来最重要的成果。

RCEP是一个现代、全面、高质量、互惠的大型区域自贸协定。RCEP是目前全球体量最大的自贸区，15个成员国总人口达22.8亿。2021年GDP总和从2019年的26万亿美元增长至29.6万亿美元，占世界GDP总额的比重从2019年的29.4%上升至30.8%。RCEP自贸区的建成意味着全球约1/4的经济体量形成一体化大市场，将为区域和全球经济增长注入强劲动力。

RCEP是区域内经贸规则的“整合器”。RCEP整合了东盟与中国、日本、韩国、澳大利亚、新西兰多个“10+1”自贸协定以及中、日、韩、澳、新西兰5国之间已有的多对自贸伙伴关系，还在 中日和日韩间建立了新的自贸伙伴关系。RCEP通过采用区域累积的原产地规则，深化了域内产业链价值链；利用新技术推动海关便利化，促进了新型跨境物流发展；采用负面清单推进投资自由化，提升了投资政策的透明度。这将促进区域内经贸规则的优化和整合。

RCEP实现了高质量和包容性的统一。货物贸易最终零关税产品种数整体上将超过90%，服务贸易和投资总体开放水平显著高于原有“10+1”自贸协定，还纳入了高水平的知识产权、电子商务、竞争政策、政府采购等现代化议题。同时，RCEP还照顾到不同国家国情，给予最不发达国家特殊与差别待遇，通过规定加强经济技术合作，满足了发展中国家和最不发达国家的实际需求。RCEP最大限度兼顾各方诉求，将促进本地区的包容均衡发展，使各方都能充分共享RCEP成果。

二、中国-东盟自由贸易区的经济效应

（一）正面效应

1.关税降低的经济效应

CAFTA建成后，将采取封闭式的区域内优惠关税措施，实行类似东盟自由贸易区的共同有效优惠关税（CEPT）的逐年降税模式。关税的降低将产生贸易创造效应和贸易转移效应。自由贸易区是获得利益还是带来损失，取决于贸易创造和贸易转移影响的大小。中国-东盟经济合作专家组用GTAP模型对CAFTA进行了可行性分析，CAFTA的建立能产生贸易创造效应，拉动中国和东盟的出口总量分别增长2.73%和0.95%，社会福利分别增长17.87亿美元和29.86亿美元。

（1）贸易创造效应

贸易创造效应是指在自由贸易区建立后，随着各成员国关税水平的削减和取消，区内进口成本高的产品被区内进口成本低的产品所替代，较低的进口价格增加了贸易量，使原先不可能发生的贸易被创造出来，从而提高了进口国的经济福利。

中国与东盟的主要成员国（新加坡、泰国、印度尼西亚、马来西亚、菲律宾）在经济发展水平、需求偏好、产业结构和工业竞争力水平等方面相近，双边贸易的商品结构也有水平型分工特征，这种水平型的分工与贸易格局，更加有利于获得贸易创造效应。这是因

为，中国与东盟双方出于保护国内市场的目的，把相关产业内部贸易的壁垒设得比较高。CAFTA建立后撤除壁垒而带来贸易扩张的可能性也就比较大，获得的贸易创造效应也就比较明显。另外，中国与东盟国家在水平型分工背后其实还有很大的互补性。我国工业制成品，如电子、机械、服装及纺织品具有比较优势，对相对落后的成员国如缅甸、老挝、越南、柬埔寨等在出口上具有很大的潜力。东盟各成员国丰富的石油、天然气、矿产品和木料制品具有比较优势，在我国也有很大的市场需求。CAFTA建成后，随着贸易壁垒的减少和撤除，这种优势互补会带来更多的贸易机会，将会大大地刺激贸易量增加，促进贸易结构改善和区域内贸易的发展。

（2）贸易转移效应

贸易转移效应是指区内成员国之间关税的降低及更紧密的关系导致区内成员国把原来从区外非成员国的低成本产品进口转换为从区内成员国高成本产品的进口。由于自由贸易区的建立，阻止外部低成本进口，而用高成本的供给来源代替低成本的供给来源，使消费者由原来购买外部的低价格产品转向购买成员国的较高价产品，增加了开支，从而减少了福利。

中国和东盟各成员国同属于发展中国家，产业结构和竞争力水平相似，因此，在贸易国别或地区分布上和贸易商品结构上具有很大的相似性。其中，在贸易国家或地区分布上，中国的主要贸易伙伴是东盟、欧盟、美国、日本和韩国，东盟的主要贸易伙伴是中国、美国、欧盟、日本、韩国。在出口商品结构上，中国与东盟均以向欧美日韩等发达国家和地区出口初级产品和低附加值的劳动密集型制成品为主，特别集中在如服装、鞋类、组装类电子产品以及日用品等品种上，在进口商品结构上均以从欧美日等发达国家和地区进口资本技术密集型的制成品为主。贸易的国别结构和商品结构决定了中国和东盟间双方的贸易都很难替代各自与区外发达国家间的贸易往来，因此，建立CAFTA后虽然会扩大区内的贸易往来，但是可能产生的贸易转移效应不是很大。

2.非关税壁垒减少的经济效应

非关税壁垒的减少能使国际经济交易活动变得方便，从而减少交易成本，增加福利。建设CAFTA过程中会大幅采取贸易便利化措施，如提高透明度、扩大国有贸易企业的权利、简化海关程序、相互承认标准即肯定性评估程序、提供签证便利、建立区域内电子数据交换系统、协调海关、银行、运输部门的管理和经营等，这些措施可以降低出口成本，提高贸易效率，促进出口增长。因此，CAFTA建立以后，如果通关程序协调化且在贸易区内实现标准和认证统一，将使中国与东盟从双边贸易中获取更多的经济收益。以2001年的数据计算，根据原国家计委的研究，CAFTA建立后，通关程序的协调简化就可以使我国至少增加7.2亿美元的经济收益；与标准和认证相关的技术条例的统一可以使我国对东盟的出口增加6.86亿美元。因此，降低非关税壁垒后我国至少可获得14亿美元的收益。

3.服务贸易效应

目前，在东盟自由贸易区框架内，服务业贸易自由化已涉及金融服务、电信、旅游、海运、航空和建筑等领域。CAFTA建成后，双方在承包工程和劳务、旅游业、文化交流、人力资源开发和培训等方面的合作都将得到加强。对东盟而言，东盟的企业将有更多的机会参与CAFTA的服务业合作。对中国而言，服务部门作为中国较薄弱的领域，在全球服务贸易中的份额大大低于东盟国家，在向WTO承诺服务领域开放的基础上，进一步扩大东盟国家进入中国服务领域的机会，通过竞争可更好地促进中国服务业的发展。

4.产业内分工和产业结构调整效应

就产业内分工效应而言，CAFTA的建立将使区域内国际分工进一步发展，产业内分工将逐渐成为国际分工的重要组成部分。CAFTA的建立可以通过各国的政策协调，促进区域内贸易朝着更高层次的产业内贸易发展，推动CAFTA产业分工新格局的建立。就产业结构调整效应而言，CAFTA建成后，贸易和投资壁垒的消除将使得竞争更加公平，竞争的结果将使资源更加迅速地在国际上找到最佳配置。为了在更激烈的竞争中占有一席之地，企业不得不努力引进新技术和先进的管理经验，引进优秀人才，实现技术创新和升级，努力降低成本。因此，企业在不断提高自身素质的同时，也带来了整个产业结构的升级。对东盟来说，可以以制造业内部的分工和贸易为导向，推动在东南亚沿海地区经济发达城市形成产业带，发挥集聚效应，实现区域贸易合作的动态收益。对中国而言，中国经济已经从卖方市场转向买方市场，国内家电、纺织、重化工和轻工等行业已普遍出现了生产能力过剩、产品积压、技术设备闲置等问题。因此，通过对外直接投资，一方面可以把传统的“夕阳”产业和一些“朝阳”产业中的“夕阳”环节转移到其他国家；另一方面通过利用国外的科技资源来实现国内的产业结构升级。

5.刺激投资效应

CAFTA建立以后，将刺激投资的增长。这种效应可以分为刺激区域内投资效应和吸引区域外投资效应两种。

区域内投资效应是：（1）CAFTA内商品的自由流通使同行业竞争加剧。为了提高竞争能力，厂商一方面必须扩大生产规模，增加产量，降低成本；另一方面必须增加投资，更新设备，提高装备能力，改进产品质量，并研制新产品，以提高自己的竞争地位。（2）由于本国有关企业的产品成本比某成员国高，企业为寻求较低的生产成本就把工厂转移到某成员国，从而产生区域内投资增长效益。（3）CAFTA的建立将消除投资障碍，相互提供的优惠政策将促进双方投资量的增加和投资结构的改善，使双方获得投资增长效益。根据东盟秘书处的估计，CAFTA的建立将使东盟对中国投资增加48%。而且，中国对东盟的投资会呈现明显加快的势头，发展速度将高于东盟对中国的投资。

区域外投资效应是：（1）CAFTA建成后，中国与东盟将形成一个拥有19亿人口的大市场，从而增强本地区对外资的吸引力。（2）《中国与东盟全面经济合作框架协议》对于各参加方有法律上的约束力，为区域内外的投资者提供了一个稳定的政策保证，从而吸引外部资金流入。（3）CAFTA建成后必然使用原产地规则，区域外的企业无法享受到原产地规则，从而也无法获得优惠的关税待遇，因此，区域外企业只能以直接投资的方式进入该区，从而吸引更多的外资进入。（4）CAFTA建立后，可以有效地避免区内各国及企业为争取投资而进行的无序竞争。市场范围的扩大及市场的协调将使区内投资环境改善，条件更优惠，有助于吸引更多的区域外资金，也能有效避免区域内资金的外流。根据莱伯津斯基（Rybczynski）的理论，直接投资的增加将扩大产出水平，提高生产力，推动经济向更大规模、更高质量发展。研究表明，如果增加30亿美元的外商直接投资，制造业领域和重化工业的全要素生产力将提高0.853%和0.983%。CAFTA建立之后，东盟对中国的出口将增加48%，中国对东盟的出口会增加55.1%，以此拉动东盟和中国的国内生产总值分别增长0.9%和0.3%；总量分别增长54亿美元和22亿美元。

6.规模经济效应

第一，CAFTA建成后将形成一个近2万亿美元国内生产总值、1.2万亿美元贸易总额的经济区，若以人口计算，它是全球最大的贸易区。中国和东盟各国的企业可以通过自由贸易区这个稳定的大市场销售自己的产品，以此取得规模经济产量。第二，CAFTA建成后，区域内关税税率的下降以及非关税壁垒的逐渐减少会使区域内各成员国的生产要素和产品的自由流动性加强，有利于促进该地区经济一体化和专门化，实现成员国之间新的国际分工和生产经营的专业化。第三，来自大市场的激烈的竞争压力也会促使企业加速科技创新，在更高层次上开发新技术，改善经营管理，降低成本，提高劳动生产效率，从而有利于促进区内各国产业结构的升级。第四，中国与东盟国家经济发展水平相差不大，但产业结构上还是存在明显的互补性，它们的互补关系主要体现在资本技术密集型行业，对于中国与东盟而言，这些互补性商品市场的扩大，可以带动其国内企业的资金投入，从而取得规模经济效益。

7.刺激竞争效应

CAFTA建立后，自由贸易和生产要素自由转移将使各成员国面临的竞争加剧。CAFTA市场一体化会带来激烈竞争，驱使价格下降，并迫使企业扩大生产规模。同时，生产扩大也会使消费者实际收入水平提高，购买力增强，过去只有少数富人拥有的商品转变为多数人的消费对象，出现“大市场→竞争激烈→大量生产→大量消费”的良性循环，从而提高中国与东盟各国的经济福利水平。同时，国际市场竞争也将有利于保持经济运行效率，增强比较价格作为相对稀缺性指标的可靠性，从而导致市场效率和透明度的提高以及资源配置效率的改善。

（二）负面效应

1.经济发展差距导致合作进程不一致和效率降低

在CAFTA成员国中，经济发展水平存在巨大差异。新加坡、马来西亚、泰国等属于新兴工业化国家；越南、缅甸、老挝、柬埔寨是世界上最不发达的国家。2014年新加坡的人均国内生产总值达到5.63万美元，是世界上最富裕的国家之一；而越、老、缅、柬4国的人均国内生产总值还不到2 000美元。成员国中人均国内生产总值的差距约为280倍，远远高于欧盟内部和北美自由贸易区内部的差距水平。在中国-东盟经贸合作专家组提交的建议中，内容多属经贸合作与经济援助问题，贸易投资自由化的内容相当有限。CAFTA成员国经济发展水平和所处的经济发展阶段大不相同，在贸易投资自由化和经济技术合作上的目标以及承受能力也不尽一致。如果经济发展水平高的国家使CAFTA建设步伐太快，其他经济比较落后的成员国就会滞后，CAFTA的合作将难以深入开展。因此，在CAFTA中，最终时间表安排上的妥协将是CAFTA合作过程中的一个复杂的问题。

2.经济结构的相似性和竞争性导致福利水平下降

国际经济一体化相关理论认为，区域经济集团的福利效应的大小在很大程度上取决于成员国之间的经贸关系是以竞争性为主还是以互补性为主。互补性越大，福利水平越高；竞争越激烈，经济福利水平越低。中国和东盟各国由于同属于发展中国家，其经济结构有很大程度的相似性，经贸关系有明显的竞争性，福利水平当然会降低。有一家综合研究所对东亚地区各国制成品的专业指数与专业化指数之比［即（出口–进口）/（出口+进口）］进行了估算：泰国、菲律宾、马来西亚和印度尼西亚与中国的相关系数都分别在0.8与1.0之间（越接近1.0表示贸易结构越趋同），其中泰国与中国的相关系数高达0.98。东盟国家中只有新加坡与中国的相关系数为负数。从东盟和中国近年来出口商品的领域来看，双方在国际市场上的产品都集中在纺织品、服装、劳动密集型制成品领域。相似的出口商品结构不仅会影响双边贸易，也会对双方在第三方市场的竞争产生影响。就相互贸易而言，中国在东盟市场上具有潜在优势的产品包括机电产品、光学仪器和钟表、运输工具、金属制品、化工产品。它们的份额约占东盟从中国进口总额的70%。这些产品进入东盟市场无疑会对当地生产商造成冲击。就第三方市场而言，美国、日本和欧盟是中国和东盟对外贸易的三大主要市场。在这三大市场上，中国与东盟的出口产品有明显的重合。中国和东盟面向美国市场都是以纺织品、服装和机电产品出口为主；对日本则都以出口机电产品为主。这些产品的出口市场都集中在美国、日本和欧盟，这就不可避免地造成了双方在国际市场上的竞争。这种格局并不意味着双方不会发生贸易，但进一步的分工在客观上会受到制约。所以，中国与东盟在经济发展水平和产业结构方面的相似性制约了双方贸易的发展空间。另外，中国和东盟各国都面临着产业结构调整升级的问题。而二者又都是劳动资源丰富（甚至是劳动力剩余）的国家。因此，如何对从农业及其他劳动密集型行业转移出的剩余资源进行再配置，是对CAFTA的一个挑战性问题。

3.CAFTA运行机制的不确定性导致合作效率损失

CAFTA是建设成为开放型的自由贸易区，还是建成内向型（紧密型）的自由贸易区，直接决定着中国与东盟双方的收益。1989年APEC在成立时，定位于松散、协商、非制度化的经济论坛。APEC奉行开放的地区主义，即贸易和投资自由化，采取“自主参与，集体协商，共同承诺”的方式，区域内贸易和投资自由化成果无条件适用于其他国家，即实行不排他的非歧视的经济合作，实行市场一体化优先而非机构一体化优先。APEC通行的单边主义和松散的非制度性状态无法有效保证集体行动计划目标的如期实现，容易造成“议而不决”、合作效率低下，从而使各成员国所获得的实惠比紧密型的自由贸易区要少得多。东盟（ASEAN）像NAFTA和EU一样，奉行的是内向型地区主义，即对内关税减让，对外保持歧视性关税。由于东盟的6个老成员国（新加坡、印度尼西亚、马来西亚、菲律宾、越南、泰国）和中国同是APEC和CAFTA的成员，因此，CAFTA必定是向内向型（紧密型）的机制方向发展。这必然带来“搭便车的问题”。APEC奉行开放型地区主义，在市场准入方面坚持无条件转让最惠国待遇。而CAFTA作为内向型的次区域地区，不可能轻易地把自由化成果无条件地延伸至区域外。如果内部的优惠向外部“溢出”，而外部又不承担相应的义务，那就会使CAFTA内部的自由化无法持续下去。而目前CAFTA各国的发展水平不一，实施过程中必将遇到不同社会制度、不同经济发展水平等方面的阻力，甚至可能形成新的贸易壁垒。

第三节　“一带一路”倡议与中国-东盟互联互通

一、“一带一路”倡议

（一）“一带一路”倡议的提出背景

1.“一带一路”的由来

2 100多年前，张骞两次出使西域开辟了一条横贯东西、连接欧亚的陆上“丝绸之路”。同样，从2 000多年前的秦汉时代起，连接我国与欧亚国家的海上丝绸之路也逐步兴起。陆上和海上丝绸之路共同构成了我国古代与欧亚国家交通、贸易和文化交往的大通道，促进了东西方文明交流和人民友好交往。在新的历史时期，沿着陆上和海上“古丝绸之路”构建经济大走廊，将给中国以及沿线国家和地区带来共同的发展机会，开拓更加广阔的发展空间。

2.“一带一路”倡议的提出

在当前全球经济缓慢复苏的大背景下，加强区域合作是推动世界经济发展的重要动力，并且已经成为一种趋势。2013年9月和10月，中国国家主席习近平在出访中亚和东南亚国家期间，先后提出共建“丝绸之路经济带”和“21世纪海上丝绸之路”，得到国际社会高度关注和有关国家积极响应。国务院总理李克强参加2013年中国-东盟博览会时强调，铺就面向东盟的海上丝绸之路，打造带动腹地发展的战略支点。共建“一带一路”是中国政府根据国际和地区形势的深刻变化，以及中国发展面临的新形势、新任务，致力于维护全球自由贸易体系和开放型经济体系，促进沿线各国加强合作、共克时艰、共谋发展提出的战略构想，具有深刻的时代背景。

3.“一带一路”建设中将遵循的基本原则

一是坚持开放合作。共建“一带一路”的国家战略基于但不限于古代丝绸之路的范围，各国和国际、地区组织均可参与，让共建成果惠及更广泛的区域。二是坚持和谐包容。倡导文明宽容，尊重各国发展道路和模式的选择，加强不同文明之间的对话，求同存异、兼容并蓄、和平共处、共生共荣。三是坚持市场运作。遵循市场规律和国际通行规则，充分发挥市场在资源配置中的决定性作用和各类企业的主体作用，同时发挥好政府的作用。四是坚持互利共赢。兼顾各方利益和关切，寻求利益契合点和合作最大公约数，体现各方智慧和创意，各施所长，各尽所能，把各方优势和潜力充分发挥出来。

（二）共建“一带一路”的总体思路

共建“一带一路”，将秉持和平合作、开放包容、互学互鉴、互利共赢的理念，以“五通”，即政策沟通、设施联通、贸易畅通、资金融通、民心相通为主要内容，全方位推进务实合作，打造政治互信、经济融合、文化包容的利益共同体、责任共同体和命运共同体。具体包括三个方面：

1.把握好合作方向

“一带一路”贯穿亚欧非大陆，一头是活跃的东亚经济圈，一头是发达的欧洲经济圈，中间是发展潜力巨大的腹地国家。丝绸之路经济带重点合作方向有三个，分别是中国经中亚、俄罗斯至欧洲（波罗的海），中国经中亚、西亚至波斯湾、地中海，中国至东南亚、南亚、印度洋；21世纪海上丝绸之路重点合作方向有两个，分别是从中国沿海港口过南海到印度洋并延伸至欧洲，从中国沿海港口经南海到南太平洋。

2.共建国际经济合作走廊

陆上依托国际大通道，以沿线中心城市为支撑，以重点经贸产业园区为合作平台，共同打造新亚欧大陆桥、中蒙俄、中国–中亚–西亚、中国–中南半岛等国际经济合作走廊。海上以重点港口为节点，共同建设通畅安全高效的运输大通道。中巴、孟中印缅两个经济走廊与“一带一路”建设关联紧密，将进一步推动合作，取得更大进展。

3.推动形成区域经济一体化新格局

“一带一路”建设是沿线各国开放合作的宏大经济愿景，需要各国携手努力，朝着互利互惠、共同安全的目标相向而行，尽早建成安全高效的陆海空通道网络，实现区域互联互通，促进投资贸易便利化达到一个新水平，彼此之间经济联系更加紧密，政治互信更加深入，形成更大范围、更宽领域、更深层次的区域经济一体化新格局。同时，要推动“一带一路”沿线各国人文交流更加广泛深入，使不同文明交流互鉴，各国人民友好相处。

（三）“一带一路”倡议的主要内容

1.加强各国间政策沟通

加强政府间合作，积极构建多层次政府间宏观政策沟通交流机制，深化利益融合，促进政治互信，达成合作新共识。沿线各国可以就经济发展战略和对策进行充分交流对接，共同制定推进区域合作的规划和措施，协商解决合作中的问题，共同为务实合作及大型项目实施提供政策支持。

“一带一路”倡议将加强各国间政策沟通作为主要内容之一，就是要为改善略显疲态的国际政策沟通机制做出贡献和示范。在政治互信的基础上，针对宏观政策、发展战略和区域规划三方面，形成更务实合作、协调有效的政策支持机制。

2.实现国家间设施联通

第一，抓住交通基础设施的关键通道、关键节点和重点工程，优先打通缺失路段，畅通瓶颈路段，配套完善道路安全防护设施和交通管理设施设备，提升道路通达水平。推进建立统一的全程运输协调机制，促进国际通关、换装、多式联运有机衔接，逐步形成兼容规范的运输规则，实现国际运输便利化。推动口岸基础设施建设，畅通陆水联运通道，推进港口合作建设，增加海上航线和班次，加强海上物流信息化合作。拓展建立民航全面合作的平台和机制，加快提升航空基础设施水平。

第二，加强能源基础设施互联互通合作，共同维护输油、输气管道等运输通道安全，推进跨境电力与输电通道建设，积极开展区域电网升级改造合作。

第三，共同推进跨境光缆等通信干线网络建设，提高国际通信互联互通水平，畅通信息丝绸之路。加快推进双边跨境光缆等建设，规划建设洲际海底光缆项目，完善空中（卫星）信息通道，扩大信息交流与合作。

3.实现各国间贸易畅通

第一，努力促成沿线国家信息互换、监管互认、执法互助的海关合作，以及检验检疫、认证认可、标准计量、统计信息等方面的双多边合作，推动世界贸易组织《贸易便利化协定》生效和实施。改善边境口岸通关设施条件，加快边境口岸“单一窗口”建设，降低通关成本，提升通关能力。加强供应链安全与便利化合作，推进跨境监管程序协调，推动检验检疫证书国际互联网核查，开展“经认证的经营者”（AEO）互认。降低非关税壁垒，共同提高技术性贸易措施透明度，提高贸易自由化、便利化水平。

第二，拓宽贸易领域，优化贸易结构，发展跨境电子商务等新的商业业态。建立健全服务贸易促进体系，巩固和扩大传统贸易，大力发展现代服务贸易。把投资和贸易有机结合起来，以投资带动贸易发展。

第三，加快投资便利化进程，消除投资壁垒。加强双边投资保护协定、避免双重征税协定磋商，保护投资者的合法权益。

第四，拓展相互投资领域，开展农林牧渔业、农机及农产品生产加工等领域深度合作，积极推进海水养殖、海洋工程技术、环保产业和海上旅游等领域合作。加大煤炭、油气、金属矿产等传统能源资源勘探开发合作，积极推动水电、核电、风电、太阳能等清洁、可再生能源合作，推进能源资源就地就近加工转化合作，形成能源资源合作上下游一体化产业链。加强能源资源深加工技术、装备与工程服务合作。

第五，推动新兴产业合作，按照优势互补、互利共赢的原则，促进沿线国家加强在新一代信息技术、生物、新能源、新材料等新兴产业领域的合作，推动建立创业投资合作机制。

第六，优化产业链分工布局，推动上下游产业链和关联产业协同发展，鼓励建立研发、生产和营销体系，提升区域产业配套能力和综合竞争力。扩大服务业相互开放，推动区域服务业加快发展。

4.积极探索资金融通

扩大沿线国家双边本币互换、结算的范围和规模。推动亚洲债券市场的开放和发展。共同推进亚洲基础设施投资银行、金砖国家新开发银行筹建，有关各方就建立上海合作组织融资机构开展磋商。加快丝路基金组建运营。深化中国-东盟银行联合体、上合组织银行联合体务实合作，以银团贷款、银行授信等方式开展多边金融合作。支持沿线国家政府和信用等级较高的企业以及金融机构在中国境内发行人民币债券。符合条件的中国境内金融机构和企业可以在境外发行人民币债券和外币债券，鼓励在沿线国家使用所筹资金。

同时，各国间加强金融监管合作，推动签署双边监管合作谅解备忘录，逐步在区域内建立高效监管协调机制。完善风险应对和危机处置制度安排，构建区域性金融风险预警系统，形成应对跨境风险和危机处置的交流合作机制。加强征信管理部门、征信机构和评级机构之间的跨境交流与合作。充分发挥丝路基金以及各国主权基金作用，引导商业性股权投资基金和社会资金共同参与“一带一路”重点项目建设。

5.促进各国间民心相通

第一，扩大相互间留学生规模，开展合作办学，中国每年向沿线国家提供1万个政府奖学金名额。沿线国家间互办文化年、艺术节、电影节、电视周和图书展等活动，合作开展广播影视剧精品创作及翻译，联合申请世界文化遗产，共同开展世界遗产的联合保护工作。深化沿线国家间人才交流合作。

第二，加强旅游合作，扩大旅游规模，互办旅游推广周、宣传月等活动，联合打造具有丝绸之路特色的国际精品旅游线路和旅游产品，提高沿线各国游客签证便利化水平。推动21世纪海上丝绸之路邮轮旅游合作。积极开展体育交流活动，支持沿线国家申办重大国际体育赛事。

第三，强化与周边国家在传染病疫情信息沟通、防治技术交流、专业人才培养等方面的合作，提高合作处理突发公共卫生事件的能力。加强科技合作，共建联合实验室（研究中心）、国际技术转移中心、海上合作中心，促进科技人员交流，合作开展重大科技攻关，共同提升科技创新能力。

第四，充分发挥政党、议会交往的桥梁作用，加强沿线国家之间立法机构、主要党派和政治组织的友好往来。加强沿线国家民间组织的交流合作，重点面向基层民众，广泛开展教育医疗、减贫开发、生物多样性和生态环保等各类公益慈善活动，促进沿线贫困地区生产生活条件改善。加强文化传媒的国际交流合作，积极利用网络平台，运用新媒体工具，塑造和谐友好的文化生态和舆论环境。

二、中国-东盟互联互通

（一）政策沟通

政策沟通是互联互通的前提。“一带一路”与中国-东盟互联互通是中国政府与东盟国家政府间合作的大型项目，项目合作首先需要各国政府间加强沟通交流，提供政策支持。中国与东盟各国政府间协商解决影响互联互通的制度和标准问题，切实降低人员、商品、资金跨境流动的成本与时间。

2007年，双方签署《中国-东盟海运协定》，2008年建立年度海运磋商会议机制。2008年3月，中方与越南分别签署《中越关于在河口—老街实施便运协定的谅解备忘录》和《中越关于在友谊关—友谊出入境站点及昆明—百色—南宁—友谊关—友谊—谅山—河内路线列入协定议定书的谅解备忘录》。2009年9月，与老挝签署《中老关于在磨憨—磨丁实施便运协定的谅解备忘录》，开通了13条国际道路运输线路。

2010年，中国-东盟自由贸易区如期建成，中国与东盟双方合作的重点开始从经贸拓展到互联互通领域。同年的第十七届东盟领导人会议，通过《东盟互联互通总体规划》，确定了以物理、制度和人员等互联互通为主体的建设蓝图。2010年8月，双方举办了首届“中国-东盟教育部部长圆桌会议”。会议通过《中国-东盟教育部部长圆桌会议贵阳声明》，一致同意将继续创新中国-东盟人文交流合作机制，建立高层磋商机制，积极落实2020年东盟来华留学生和中国到东盟留学生均达到10万人的“双十万计划”。2012年1月1日，《关于实施中国-东盟自贸区〈服务贸易协议〉第二批具体承诺的议定书》正式生效。该议定书的生效提升了中国-东盟自由贸易区自由化水平，进一步促进了中国与东盟各国经济的融合，推动双方服务贸易的新发展。2018年，第21次中国-东盟领导人会议通过《中国-东盟战略伙伴关系2030年愿景》，对数字经济发展与合作给予高度关注。2020年11月12日，中国与东盟发布《中国-东盟关于建立数字经济合作伙伴关系的倡议》，致力于抓住数字机遇，打造互信、互利、包容、创新、共赢的数字经济合作伙伴关系。2021年是中国-东盟可持续发展合作年。2021年5月28日，中国-东盟可持续发展合作年在北京启动。双方将共同实施好新一期中国-东盟环境合作战略和行动框架，通过政策对话、能力建设及试点示范，推动生物多样性保护、应对气候变化、可持续城市与海洋减塑等议题的务实合作。

2016年9月7日，中国和东盟国家领导人在老挝万象发表《中国-东盟产能合作联合声明》。近年来，随着“一带一路”倡议在东南亚地区的深入推进，中国与东盟加强“一带一路”与《东盟互联互通总体规划2025》、东盟国家“工业4.0”等东盟发展战略对接，深入开展区域互联互通和产能合作。双方依据区域和国家实际需求，务实有效地推进区域产能合作，既扩大在钢铁、电力、工程机械、水泥、建材等传统产业的产能合作，也加大在现代化通信、智能制造、新能源、新材料、生物医药等新兴产能合作领域的对接，增强产能合作实效，持续打造区域产能合作的示范效应。随着中国-东盟区域经济一体化进程的推进，区域内各国间的产能合作规模和领域将逐步扩大，未来区域产能合作前景广阔。

（二）设施联通

我国与东盟国家的基础设施互联互通主要是构建与东南亚各邻国的陆路、水上、航空、能源和通信互联互通网络。

在陆路方面，会晒大桥于2013年12月通车，打通了昆曼公路最后的瓶颈。2014年4月，连接广西东兴和越南芒街的中越北仑河公路二桥已正式开工建设。经云南出境的中老铁路于2021年12月3日正式开通运营，并同泰国铁路网实现联通，雅万高铁建设取得重要进展。中缅铁路、中越铁路已被纳入泛亚铁路和我国国家中长期铁路发展规划。2014年12月，继广西南宁经凭祥连接越南之后的第二条中越铁路云南昆明至河口全线投入运营。2014年8月，泰国军政府批准了可连接中老铁路的铁路项目。12月，中泰签署了《关于在泰国2015至2022年交通基础设施发展战略框架下开展铁路基础设施发展合作的谅解备忘录》，我国将参建连接中老铁路的泰国廊开府—罗勇府铁路段。2015年3月10日召开了中泰铁路合作发展计划委员会第三次会议，双方签署合作和技术知识培训备忘录。中泰两国同意以工程总承包模式进行铁路建设合作，由中方负责项目的设计、采购、施工和试运行，机车、铁路信号系统、电力系统等均采用中方技术。采用中国标准将有利于该路段未来与中老铁路的对接。此外，中国还将为该铁路建设提供部分贷款。

在水路方面，澜沧江—湄公河航运继2011年12月恢复货运后，又于2014年1月恢复客运。随着交通运输部批准云南云投版纳石化有限公司正式在澜沧江—湄公河开展成品油运输业务，澜沧江—湄公河运输货种进一步丰富。同时，云南还积极推动中缅陆水联运通道（瑞丽—缅甸八莫（公路、码头）—伊洛瓦底江水路—仰光港）建设和红河航运复航，通过缅甸和越南寻找新的出海口。在中国-东盟自贸区和泛北部湾框架下，我国充分发挥北部湾地缘优势和沿海港口优势，积极与越南、马来西亚、新加坡、印度尼西亚、文莱、菲律宾等国家建设泛北部湾港口联盟。2009年12月，经交通部批准，广西的北海港、钦州港、防城港整合成北部湾港，目前已开通15条外贸集装箱直达至新加坡、越南、泰国、印度尼西亚等东盟国家的集装箱航线。2022年，为加强与东盟互联互通，我国投资727亿元人民币建设平陆运河，全长超过134千米，对现有的公路和铁路货物运输起到有益的补充作用。预计2026年完工。运河建成后，无须绕道广州，内陆河入海航程将缩短560千米，每年节省运费高达52亿元。打通靠近东南亚的门户，从而助力广西和中国西部相对欠发达的其他地区的产业发展。

在航空方面，广东、广西、海南、河南、湖北、湖南6省区内各机场构成了中南机场群。其中，广州白云机场已成为开通东南亚航线最多的机场。重庆、四川、云南、贵州、西藏的机场形成了西南机场群。2014年10月开始对51国公民实行72小时过境免签的长水机场，2018年保障飞机运输起降35.95万架次，旅客吞吐量4 708.81万人次，货邮吞吐量42.83万吨，分别比上年同期增长3.0%、5.3%、2.3%。长水机场国际地区旅客吞吐量占比达10.34%，同比增长17.36%，国际地区货邮占比达15.92%，国内国际全货机航线达到10条。长水机场已通航东盟10国，航线仅次于白云机场，南亚航线居全国机场之首，已初步建成我国面向东南亚、南亚的国际枢纽机场。自中国-东盟博览会落户广西南宁，吴圩机场相继开通了除到文莱外其他东盟9国的航线，其中部分航线根据客流量不定期开通。截至2023年1月，南宁机场已开通至金边、曼谷、新加坡、吉隆坡、马尼拉等5个东盟国家城市的国际客运航线，每周计划航班量达到12班。南宁机场在加密现飞国际客运航线航班的基础上，计划陆续恢复至河内、胡志明市、仰光等东盟国家首都及重点经济城市航线，进一步加快推动恢复南宁国际客运航线。

在能源通信网管方面，2013年7月，中缅天然气管道顺利实现通气，年底中缅原油管道全线贯通。电网联网方面，云南已建成了4条对越送电线路，并通过勐腊—那磨115千伏线路向老挝北部4省供电。在对外送电的同时，我国还从缅甸瑞丽江一级水电站和太平江一级水电站回购电力。2014年11月，中缅国际陆地光缆工程全线贯通，进一步完善了我国与周边国家的通信联通格局。

（三）贸易畅通

中国倡议与东盟各国实现互联互通，是希望通过加强与东盟各国之间的经贸合作，共同促进经济的发展。

2003—2015年是中国与东盟各国双方积极推进区域经济一体化的时期，并取得了显著成果。2003年10月双方在印度尼西亚巴厘岛签署了《中国-东盟面向和平与繁荣的战略伙伴关系联合宣言》，确定建立战略伙伴关系。2004年，双方又签署了《中国-东盟全面经济合作框架协议货物贸易协议》（简称《货物贸易协议》）和《中国-东盟全面经济合作框架协议争端解决机制协议》（简称《争端解决机制协议》），标志着中国-东盟自由贸易区建设进入了实质性全面启动的阶段。2005年7月，《货物贸易协议》开始实施，7 000多种商品开始削减关税，中国-东盟自贸区进入实质性运作阶段。2007年，双方签署了中国-东盟自由贸易区《服务贸易协议》，2009年签署中国-东盟自由贸易区《投资协议》，中国-东盟自由贸易区正式成为中国与东盟间全面的双边经贸合作基础。为了进一步提高中国-东盟双边经贸合作水平，2014年双方启动了中国-东盟自由贸易区升级谈判，2015年11月21日正式签署了升级协议，双边经贸关系有望得到进一步稳固和提高。2016年7月，中国和越南率先完成《议定书》国内生效程序，《议定书》正式生效。2019年8月，印度尼西亚完成《议定书》国内生效程序。2019年10月，《议定书》对中国和东盟10国全面生效。

2020年我国与东盟互为最大贸易伙伴。这一时期，除2009年受全球金融危机影响双边贸易额有所下降外，各年份双边贸易额均高速增长，尤其是2003年和2010年，增速分别达到了42.85%和37.49%。据统计，2019年中国同东盟的贸易总额达到6 414.6亿美元，而2002年时这个数据仅为547.81亿美元。2020年，尽管受到新冠肺炎疫情的负面冲击，中国-东盟货物贸易仍实现逆势较快增长，双边贸易达6 846亿美元，增长6.7%，占我国外贸总额比重14.7%。东盟超过欧盟历史性地成为中国第一大货物贸易伙伴，这是东盟继2019年超过美国成为我国第二大贸易伙伴后实现的又一突破。中国也连续12年保持东盟第一大贸易伙伴地位。其中，中国对东盟出口3 837.2亿美元，自东盟进口3 008.8亿美元。2022年东盟继续保持中国第一大贸易伙伴地位，双边贸易总值达6.52万亿元人民币，增长15%，占中国外贸比重的15.5%。

境外经贸合作区是中国-东盟经贸务实合作和创新发展的重要载体。随着中国-东盟自贸区的建成，中国加快推动在东南亚国家建立经贸合作区，加强双方的贸易投资往来，推动区域经济一体化。截至2019年年底，中国已在马来西亚、柬埔寨、泰国、越南和印度尼西亚等东盟国家建立25个境外经贸合作区，吸引600余家企业入驻。经贸合作区成为地方与东盟经贸合作的重要抓手。地方政府和民营企业在推动中国在东盟建设境外经贸合作区的过程中发挥了重要作用。广东、广西、福建等地推动中越（深圳—海防）经贸合作区、中马和中印尼“两国双园”等园区建设，来自江苏和浙江的民营企业在印度尼西亚青山园区、柬埔寨西港经济特区、泰国罗勇工业园、越南龙江工业园、文莱大摩拉石油炼化工业园区等境外经贸园区建设中发挥了突出作用。

（四）资金融通

为解决“一带一路”与东盟互联互通资金缺口问题，我国相继提倡或主导设立了中国-东盟投资合作基金、亚投行，为与东盟国家的互联互通建设提供了新的融资渠道。根据中国商务部统计，截至2021年年底，中国与东盟累计双向投资总额约3 000亿美元。其中，中国在东盟国家累计投资总额为1 402.8亿美元，占中国对外直接投资存量的9.9%。东盟已成为中国最主要的对外投资目的地之一和外商直接投资来源地之一。双方在制造业、农业、基础设施、高新技术、数字经济、绿色经济等领域的投资合作稳步拓展。在中国对外直接投资流量居前20位的目的国或地区中，东盟占7个。2021年，中国对东盟投资流量为197.32亿美元，增长22.8%；中国吸收东盟实际外资105.77亿美元，同比增长33%；截至2021年年底，东盟在华累计投资总额为1 431.4亿美元，占中国吸收投资存量的5.7%。新加坡成为中国第一大外资来源地。

东盟10国已经迅速成为中国企业投资的热点地区。而“一带一路”与东盟互联互通战略的核心，是以跨境金融支撑的基础设施建设为起点，通过深化中国与东盟沿线各国的金融合作和投资，形成更便捷自由的资金融通新秩序。

目前以商业银行、贸易融资为主体的间接融资模式，已经不能满足中国与东盟之间产能深化合作的实体经济需求，中国与东盟国家的“人民币投融资循环圈”建设需要更加多样化的金融创新模式：在融资方面，可以积极探索引入更加广泛的国内外资金，降低“一带一路”的综合开发成本。例如，引入低成本的海湾石油美元，投资于中国和东盟基础设施建设。

在投资方面，还可以构建面向东盟的基础设施与产业投资基金公司，通过混合所有制的组织形式吸引境内外股东，构建现代金融企业的公司治理结构，力求采取市场化、国际化的金融企业运作模式。

（五）民心相通

随着中国的崛起，中华文化对世界的影响力日益增强。中国的文化产品，尤其是电影、电视剧、书籍和艺术的国际影响日益增强。这些都是文化产业的输出，但这些仅仅是开始，还远远不够。“一带一路”作为长期的对外活动，是中国文化产业源源不断输出的通道，中国文化软实力的影响也将不断扩大。同样，沿线东盟国家的优秀文化也在中国得到传播。这将有利于中国和东盟沿线各国的文化交流互鉴，促进彼此相互了解，大大减少相互之间的文化歧见。

随着“一带一路”交通上的互联互通，将为开拓外国人入境旅游市场创造新的平台、新的条件、新的渠道、新的机遇。要善于从“一带一路”建设中寻找新的旅游市场。东南亚是我国传统的入境旅游市场，双方服务贸易保持高速增长。在新冠疫情发生前，双方旅游规模不断扩大，中国已成为东盟第一大境外游客来源地。2015—2020年，中国赴东盟各国旅行人数占东盟接待旅客总数的15%~22.5%不等。2019年，双方人员往来接近6 000万人次，互派留学生19万人次，平均每周有4 500余架次航班穿行于中国与东盟国家之间，比上年增长67%。2020年，中国赴东盟旅游人员下降至1 859.6万人次，但仍占总游客总数的17%以上。此外，中国-东盟博览会及商务与投资峰会自2004年起每年在广西南宁举行，至今已举办19届，已成为双方多领域、多层次的经贸交流盛会。中国-东盟博览会以“促进中国-东盟自由贸易区建设、共享合作与发展机遇”为宗旨，涵盖商品贸易、投资合作和服务贸易三大内容，以展览为中心，同时开展多领域、多层次的交流活动。

此外，中国与东盟国家还在双方教育和培训方面存在很大的发展空间，双方应多交流、多合作，互通有无、互学互鉴，不断扩大教育交流规模，努力培育教育合作新亮点。目前，中国不少著名大学在东南亚国家开办了分校，东盟各国兴起学习汉语的风潮，孔子学院遍及东盟各国。中国高校已开齐东盟国家所有语种，截至2019年6月，中国在柬埔寨、缅甸、印度尼西亚、老挝、菲律宾、马来西亚、新加坡、泰国、越南等9个东盟国家共设立孔子学院36所、孔子课堂17个，为加强中国和东盟国家教育文化交流合作，深化互信了解作出重大贡献。

中国和东盟建立对话关系近30年来，双方建立了中国-东盟文化部长会议、中国-东盟教育周等机制，开展了“中国-东盟青少年交流”“中国-东盟人文交流”等系列活动，人文交流不断深化。在双方的共同推动下确定2016年为中国-东盟教育交流年。中方希望以共同开展教育交流年系列活动为契机，向世界展示中国和东盟教育交流的丰硕成果，展示双方教育发展的成就，推动双方教育交流迈上新台阶。建议做大做强中国-东盟教育交流周。中方提议适时召开第二次中国-东盟教育部部长圆桌会议，规划新的历史起点上双方教育交流的蓝图。同时，加大投人，调动和整合政府、高校、企业、科研院所、智库等各方力量和资源，把交流周打造成双方人文交流的重要平台和特色品牌。

截至2019年7月，“中国-东盟教育交流周”活动已成功举办12届，教育交流合作取得丰硕成果，成为双方教育领域最重要的机制化合作平台。根据《中国-东盟战略伙伴关系2030年愿景》，各方今后将继续在语言、文化、艺术和遗产等领域密切交流。中国将开展中国-东盟青年领导人千人研修计划，设立中国-东盟菁英奖学金，邀请东盟国家优秀青年来华培训，积极开展中国-东盟媒体交流年等人文交流活动，增强区域各国人民对双方合作的认识和参与，为双方交流合作搭建平台。

案例剖析

“一带一路”倡议引领中国与东盟互联互通新局面

第27届东盟峰会召开在即，与会各国领导人也将在会后发表宣告东盟经济共同体建成的《吉隆坡宣言》，而在东盟经济共同体即将建成的同时，中国提出的共建21世纪海上丝绸之路的战略构想也更加具有现实意义。如何通过“一带一路”构想与东盟实现更加自由和便利的互联互通是包括中国和东盟各国在内都极为关注的问题。

中国国家主席习近平于2013年提出共建“丝绸之路经济带”和“21世纪海上丝绸之路”（简称为“一带一路”）的重大倡议。此倡议一经提出即受到国际社会的高度重视，得到沿途各国的广泛支持。两年来，中国与相关国家和地区组织以创新的合作模式，就共建“丝路”做出巨大努力。而目前正值东盟经济共同体即将宣布建成之际，也是中国与东盟自由贸易区建成五年之际，通过“一带一路”构想来进一步联通中国与东盟地区的前景十分广阔。

马来西亚-中国友好协会会长拿督马吉德对“一带一路”倡议将使中国与东盟实现更高程度上的互联互通表示非常乐观。他认为，在不久的将来，中国与东盟的贸易局势将完全改变，“对接下来的五年，中国与东盟之间的互联互通我感到很乐观，局势会跟现在完全不同，比如通信、航空、陆路和海路运输方面的互联互通，中国帮助我们发展港口，能够进一步带动贸易发展，将来这也会形成新的中国-东盟旅游业贸易的运输方式，会改变东盟与中国的贸易局势”。

马来西亚-中国总商会会长拿督黄汉良表示，“一带一路”是中国国家主席习近平提出的一个非常具有划时代意义的倡议，是一种既传统又现代的思维，通过这一倡议可以真正看到中国与东盟共建一个共享共荣的区域组织的未来。而“一带一路”倡议如何带动和引领中国与东盟之间互联互通的新局面要靠政策、设施、货物以及资金等各方面的联通，“首先是资金融通，每个国家更加开放更加要吸引更加要照顾人民的利益，这也是‘一带一路’所带来的好处。第二是政策能够沟通，政府跟政府之间有很多协议，政策上可以互相配合互相沟通。第三是设施的联通，很重要。第四是货物相通，大家彼此之间可以享受更多选择，这也是非常重要的。中国与东盟之间的互联互通，根据中国的原则和理念，是共建共赢，合作共赢，在这样的基础上，对大家都有利”。

泰国正大管理学院中国东盟研究中心主任汤之敏则认为，“一带一路”倡议对东盟无疑有着很重要的作用，但关键问题在于如何细化这一政策的真正落实措施，如何将“一带一路”与东盟共同体建设这一整个计划配合起来，除了政府层面的规划，还需要企业间的积极参与，“‘一带一路’倡议对东盟经济发展是很重要的，但怎么做、怎么落实要细化。比如我们在泰国想搞先走一步，早期丰收，以某些国家为突破口，早些做出成绩来对‘一带一路’真正落地有帮助。我们研究的是要从模糊的设想变成一个具体的措施，也在考虑哪些部门可以做，整个地区可以做，政府机制怎么样，接下来怎么把中国‘一带一路’计划和东盟这个计划配合起来，在资金上组织上能够落实”。

北京大学国际关系问题专家、泰国法政大学比里·帕侬荣国际学院教授杨保筠表示，中国“一带一路”倡议无论是基础设施建设，还是发展理念，对东盟来说都是很有积极意义的。他同时认为，与其说“一带一路”与东盟一体化进程是双引擎，不如说两者之间是相辅相成、互利共赢的，“中国提出‘一带一路’倡议，正是迎合了很多发展中国家，包括东盟这样的发展中国家集团，区域合作组织的需求。我更赞成这两个是相辅相成的，正确的理解是我们的‘一带一路’要跟东盟的一体化的进程相衔接，中国的‘一带一路’倡议要和东南亚国家以及东盟各个发展规划相衔接，共同发展，互利共赢，来推动地区经济发展和维护区域安全稳定”。

资料来源：根据环球网相关资料整理。

问题：请结合本章学习内容谈谈“一带一路”倡议如何能成功引领中国与东盟互联互通新局面，我们应从哪几方面入手？

提示：

问题1：分析“一带一路”的内涵、意义，东盟基础设施现状，“一带一路”在促进中国–东盟互联互通、经贸往来发挥的重要作用等。

问题2：构建与东南亚邻国的陆路、水路、航空、能源和通信互联互通网络。

本章小结

1. 中国与东南亚国家双边贸易迅速发展、相互投资不断增加，中国对东南亚投资结构不断改善、合作关系日益深化，区域经济合作制度化机制业已形成。

2. 中国与东南亚国家经贸关系存在竞争性和互补性。中国与东南亚国家在出口产品、吸引外资、对发达国家市场的争夺方面存在较激烈的竞争；而在资源禀赋、商品结构、产业内贸易和服务业则有较大的合作空间。

3. 中国–东盟自由贸易区的正面经济效应：关税降低的经济效应、非关税壁垒减少的经济效应、服务贸易效应和产业内分工和产业结构调整效应、刺激投资效应、规模经济效应、刺激竞争效应。

4. 中国–东盟自由贸易区的负面经济效应：经济发展差距导致合作进程不一致和效率降低、经济结构的相似性和竞争性导致福利水平下降、CAFTA运行机制的不确定性导致合作效率损失。

5. 共建“一带一路”是中国政府根据国际和地区形势的深刻变化，以及中国发展面临的新形势、新任务，致力于维护全球自由贸易体系和开放型经济体系。在发展与东南亚国家经贸关系时我们应该深刻理解并把握：“一带一路”国家重大战略的实质精神，从政策沟通、设施联通、贸易畅通、资金融通、民心相通等五个方面积极发展与东南亚国家的经贸关系。

思考与练习

简答题

1. 谈谈中国与东南亚国家经贸关系的互补性。
2. 谈谈中国与东南亚国家经贸关系的竞争性。
3. 试分析中国-东盟自由贸易区的经济效应。
4. 我国“一带一路”倡议构想提出的背景。
5. “一带一路”与东盟互联互通战略规划有哪些具体内容？

第十一章 东南亚与区域外主要国家或地区经贸关系

本章要点

东南亚与美国、日本、欧盟和俄罗斯的关系都很密切，双方近年来都加强了经贸合作关系。

❖ 案例引导

心理满足与价值提升

《跨太平洋伙伴关系协定》(TPP)于2016年2月4日在新西兰奥克兰签署。中国商务部国际司负责人在回答记者提问时表示，中方注意到，新西兰当日主持了由TPP12个成员国代表参加的签字仪式，协议已正式签署，完成了自谈判结束，文本公布后、生效前的又一项工作。该负责人表示，TPP内容广泛，中方正在研究，评估工作也在进行中。10月8日，商务部部长高虎城在接受采访时表达了中国政府对TPP的总体看法。中国将继续按照中国共产党十八届三中全会确定的“形成面向全球的高标准自由贸易区网络”要求，积极参与和推动本地区高度透明、开放和包容的自由贸易安排，我们希望亚太地区的各项自由贸易安排能够相互促进，共同为亚太地区的贸易投资和经济发展作出贡献。

第一节 东南亚国家与美国的经济关系

一、双方经济关系发展的历史回顾

有人说，东南亚曾两次引起美国的关注，一次是在第二次世界大战期间，另一次是中华人民共和国成立后。东南亚国家与美国的经济关系大致可以分为三个阶段。

第一阶段：第二次世界大战后的经济外交。

第二次世界大战后，在经济方面，美国大肆向东南亚扩张，一方面提供经济援助，另一方面扩大投资。1951年，东南亚接受来自美国参加“科伦坡计划”提供的30亿美元，由此美国成为计划的最大经援国。利用经援和投资，东南亚国家的经济、政治受美国控制、影响。美国政府最终并没有在东南亚地区开展大规模经济援助计划，其对东南亚区域经济合作的贡献仅限于有限的资本援助和技术援助。

20世纪60年代后美国对东南亚国家官方援助的构成也发生了变化，即越来越重视把贷款而不是把赠予作为经济援助的手段。

随着东南亚在世界经济中的地位日益增强，20世纪80年代以来，它已成为美国对外直接投资的主要场所。1979—1987年，美国对外直接投资总额从1 567.60亿美元增至3 057.93亿美元，增长幅度为62.3%，同期，美国在东南亚的直接投资额却从74.40亿美元升至189.91亿美元，增幅高达155.1%。这期间，东南亚吸收的美国直接投资占美国海外直接投资总额的比例从1979年的4.0%，提高到1987年的6.2%。作为对外直接投资的主要参与者，美国跨国公司在东南亚的资产额也相应扩大，1982—1986年，从379.34亿美元上升到480.33亿美元，增长了25%。在经济层面，冷战后，“美国治下的和平”不再是遏制和军事实力的平衡，而是“贸易维持下的和平”。这种转变在东南亚地区体现为促进东南亚的贸易自由，促进市场开放，发展东南亚新兴市场，所采取的主要措施是增加美国在该地区的贸易与投资，并通过价值观的传播和经济制裁等方式，促进封闭国家向开放市场国家的转变。

第二阶段：冷战后双方经济关系。

克林顿时代，东南亚和美国的经济关系首先表现在双方进出口贸易和其对东南亚投资的大幅度增长，他离任时，东盟向美国的进口增加了62%，出口增加了95%。在东盟美国的直接投资也从1993年的207亿美元增加到了2000年的506亿美元，增幅为41%。美国除了保持和发展与传统贸易伙伴的贸易关系之外，与东南亚新兴市场国家的贸易也有了快速的增长。

如果说克林顿实现了美国对东南亚政策的转向，那么布什则形成了美国对东南亚的政策的明确部署。在布什任期内，美国意识到在东南亚必须两条腿走路：一方面巩固传统的区域盟国关系并发展新的双边安全伙伴关系，另一方面积极参与和影响东南亚日益推进的区域主义进程。东南亚和美国的贸易以及在东南亚美国的直接投资保持了继续增长。伴随着东南亚国家与美国双边自由贸易协定的谈判和签署，东南亚和美国的贸易联系越来越紧密。东南亚地区已经成为美国第五大贸易伙伴，每年的双边贸易超过1500亿美元，并较克林顿时期有了大幅度的增加。2001年越南和美国签署了双边贸易协定（BTA）。2006年建立了与美国的永久正常贸易伙伴关系（PNTR）。2007年越南加入世贸组织后，美国商务部部长带领22个大企业的代表到越南拓展业务，同时美国国际开发署也在越南实施了一些合作项目。

第三阶段：“重返亚太”战略下的经济外交。

2009年7月，美国国务卿希拉里·克林顿在东盟地区论坛上高调表示“We are back”，吹响了美国重返亚太的号角。作为重返亚太的实际步骤，美国从经济上在亚太展开了一系列行动。第一，从亚太层面，《跨太平洋伙伴关系协定》（TPP）是美国重返亚太、建设亚太地区自由贸易区的重要一环。第二，除了参加并动员亚太国家参加《跨太平洋伙伴关系协定》外，在地区层面还表现在，2010年美国已启动与柬埔寨、老挝、泰国和越南的“湄公河下游行动计划”。第三，美国在经济上“重返亚太”，就汇率、贸易、新能源等问题一再向中国施压。其目的是扭转与中国在经济竞争中的颓势，打的是

"通过人民币的大幅升值，实现其出口倍增计划，减少贸易赤字和改善经济状况"的如意算盘。

第四阶段："印太经济框架"下的经济外交。

美国总统拜登在2022年四国联盟会议阶段，公开启动了所谓的"印太经济框架"。2022年9月8日至9日，由美国主导，共14国加入的新经济圈构想"印太经济框架"（IPEF）在美国西部城市洛杉矶召开部长级会议。这是该框架5月宣布启动以来，首次面对面的正式部长级会议。经过长达一年的谈判，14个作为"印太经济框架"创始国的成员国在2023年5月27日初步达成了协议，该协议是关于供应链问题的框架。2023年6月1日，美国主导的"印太经济框架"基本完成了"提高供应链韧性与安全"的协议谈判。根据白宫发表的声明，IPEF共有13个初始成员国，分别是美国、澳大利亚、文莱、印度、印度尼西亚、日本、韩国、马来西亚、新西兰、菲律宾、新加坡、泰国和越南，13个成员国的GDP占全球的40%。声明重点阐述了IPEF侧重的四个关键支柱：互联互通的经济（贸易）、有韧性的经济（供应链）、清洁的经济（清洁能源）和公平的经济（反腐败）。对于推动所谓的"印太经济框架"，美国贸易代表戴琪早在启动"印太经济框架"之前就已经公开表示，这是矛头直指中国的战略。

二、东南亚国家和美国双边贸易情况

东南亚国家与美国的进出口贸易情况见表11-1。

表11-1　**东南亚国家与美国的进出口贸易情况**　单位：亿美元

年份	东南亚国家与美国贸易总额	东南亚国家向美国出口总额	东南亚国家从美国进口总额	贸易差额
1985	—	110	—	—
1992	373.5	386.1	-12.6	398.7
1993	420.0	337.1	82.9	254.2
1994	493.7	392.0	101.7	290.3
1995	549.9	464.4	85.5	378.9
1996	595.2	530.1	65.1	465.0
1997	700.3	617.0	83.3	533.7
1998	646.2	509.4	136.8	372.6
1999	700.8	459.9	240.9	219.0
2000	715.4	494.9	220.5	274.4
2001	652.1	459.5	192.6	266.9
2002	615.6	434.0	181.6	252.4

续表

年份	东南亚国家与美国贸易总额	东南亚国家向美国出口总额	东南亚国家从美国进口总额	贸易差额
2003	424.8	323.7	101.1	222.6
2004	1 358.6	801.6	557.0	244.6
2005	1 539.4	929.4	610.0	319.4
2006	1 612.7	969.5	643.2	326.3
2007	1 781.9	1 059.0	722.9	336.1
2008	1 852.9	1 026.8	826.1	200.7
2009	1 487.8	820.8	667.0	153.8
2010	1 865.4	1 004.0	861.4	142.6
2011	1 987.7	1 062.8	924.9	137.9
2012	2 000.2	1 080.3	919.9	160.4
2013	2 068.6	1 145.1	923.5	221.6
2014	2 115.0	1 212.1	902.9	309.2
2015	2 105.8	1 254.4	851.4	403.0
2016	2 118.1	1 310.8	807.3	503.5
2017	2 338.3	1 424.8	913.5	511.3
2018	2 621.2	1 602.6	1 018.6	584.0
2019	2 947.9	1 837.9	1 110.0	727.9
2020	3 090.9	2 115.9	975.0	1 140.9
2021	3 644.6	2 551.6	1 093.0	1 458.6

数据来源：东盟官方网站（http：//www.aseansec.org）（东南亚国家数据只包含东盟各国）。

（1）就东盟各国与美国贸易情况来看，新加坡、马来西亚、泰国、印度尼西亚和越南位居前列。2009—2013年，新加坡、马来西亚、泰国、印度尼西亚以及越南与美国的贸易额分别占东盟十国与美国贸易总额的25.65%、22.07%、18.21%、12.88%和10.72%。东盟从美国进口方面来看，居于前五位的依次是新加坡、马来西亚、泰国、菲律宾和印度尼西亚；从东盟出口到美国方面来看，居于前五位的依次是泰国、马来西亚、新加坡、越南和印度尼西亚。

21世纪以来，随着亚太地区其他新兴国家经济的发展，东盟与美国的国际贸易越来越受到影响，再加上地理等方面的优势，后发国家如中国开始成为东盟各国的主要贸易伙伴。一直以来，东盟的第一大贸易对象都一直是美国，直到2007年，东盟的第一大贸易对象依然是美国，双方贸易额达到1 790.68亿美元，日本居于第二位，中国第三位。2008年受金融危机影响，东盟与美国贸易额降到第三位。经历了2009年金融危机，中国与东盟的贸易额迅速上升，拉开了与美国的距离。2021年，东盟最大的贸易伙伴是中国，欧盟排名第二，美国第三。

（2）从美国与东盟贸易商品类别看，双方的贸易体现出各自的资源禀赋优势以及美国的技术优势。2021年美国与东盟贸易前十位商品见表11-2。东盟国家出口的商品主要有：

① 电器、机械设备、核反应堆、锅炉、机械器具、光学医学仪器等；

② 针织类、非针织类服装和鞋类；

③ 橡胶、塑料及其制品；

④ 家具；

⑤ 各种可食用制剂。

美国出口的主要商品有：

① 电器、机械设备、核反应堆、锅炉、飞机航空设备、光学医学仪器；

② 塑料制品、有机化学品、杂项化学制品、矿物燃料；

③ 药品、饮料等。

表11-2 2021年美国与东盟贸易前十位商品 金额单位：亿美元

出口商品名称	出口额	比例（%）	进口商品名称	进口额	比例（%）
电机、电气、音像设备及附件	734.08	26.29	电机、电气、音像设备及附件	224.13	20.51
核反应堆、锅炉、机械器具及零件	380.69	16.03	核反应堆、锅炉、机械器具及零件	203.47	18.62
针织或钩编的服装、针织或钩编的男式大衣及类似品	159.15	4.37	矿物燃料、矿物油及其蒸馏产品	86.70	7.93
家具、寝具、灯具、活动房	158.38	4.39	光学、照相、医疗等设备及附件	60.82	5.56
橡胶及其制品	147.26	4.26	塑料及其制品	47.11	4.31
鞋靴、护腿和类似品及其零件	103.53	2.91	航空器、航天器及其零件	46.17	4.22
非针织或非钩编的服装	97.85	2.69	食品工业残渣及废料、配制的饮料	33.00	3.02
光学、照相、医疗等设备及附件	96.39	4.31	杂项化学产品	29.40	2.69
塑料及其制品	48.18	2.61	药品	29.21	2.67
各种可食用制剂	42.49	1.51	含油子仁及果实、杂项子仁及果实、工业用或药用植物、饮料	27.81	2.54

数据来源：东盟官方网站（http：//www.aseansec.org）。

美国存在比较优势的主要是具有一定技术要求的产品或高档奢侈品，如电器和机械设备、航空航天设备、光学医学仪器。东盟位于热带地区，国家大都是岛屿和半岛，热带经济作物和海洋资源丰富。近年来，东盟同美国等国家加强国际贸易，低廉的劳动力也凸显出优势。东盟对外贸易的比较优势也主要集中在这些方面，如服装、鞋类属于劳动密集型产品，家具、塑料、橡胶及其制品等属于对自然资源要求比较高的产品。

三、美国对东南亚国家的投资

美国直接投资流入东盟成员国情况见表11-3。

表11-3　　美国直接投资流入东盟成员国情况　　单位：亿美元

东道国或地区	2006	2007	2008	2009	2010	2011	2012	2013	合计
文莱	0.32	0.2	0.01	0.05	0.33	0.27	0.32	-0.07	1.43
柬埔寨	0.51	0.13	0.41	0.06	0.15	0.17	0.16	0.34	1.93
印度尼西亚	-5.49	10.93	10.39	1.59	5.72	-4.38	8.3	10.64	37.7
老挝	0.01	0.01	0.002	0.0004	0.01	0.0005	0	0	0.0329
马来西亚	14.26	8.08	12.97	-22.78	24.92	11.72	-6.71	2.27	44.73
缅甸	0	0	0	0	0	1.03	0	0	1.03
菲律宾	2.18	6.55	2.16	7.2	12.94	5.78	8.71	-6.53	38.99
新加坡	21.15	61.68	2.67	37.87	59.1	70.9	87.84	14.52	355.73
泰国	4.68	11.84	0.19	-4.91	10.39	4.51	11.35	15.89	53.94
越南	3.06	8.63	2.36	33.07	9.27	1.3	0.82	0.52	59.03
东盟	40.67	108.03	31.19	52.15	122.85	91.3	110.8	37.58	594.57

数据来源：东盟官方网站（http：//www.aseansec.org）（东南亚国家数据只包含东盟各国）。

1.投资规模

随着东南亚在世界经济中的地位日益增强，20世纪80年代以来，它已成为美国对外直接投资的主要场所。1979—1987年，美国对外直接投资总额从1 867.60亿美元增至3 087.93亿美元，增长幅度为62.3%，同期，美国在东南亚的直接投资额却从74.40亿美元，升至189.91亿美元，增幅高达155.1%。这期间，东南亚吸收的美国直接投资占美国海外直接投资总额的比例从1979年的4.0%，提高到1987年的6.2%。作为对外直接投资的主要参与者，美国跨国公司在东南亚的资产额也相应扩大，1982—1986年，从379.34亿美元上升到480.33亿美元，增长了25%。2006—2013年，美国对东南亚国家投资总额高达594.56亿美元，较之20世纪80年代又有大幅度增长。2016—2020年，除2018年投资出现负增长外，美国对东盟投资额由2016年的136.26亿美元增长到2020年的347.50亿美元，呈现快速增长趋势。

2.投资结构

就投资行业来说，过去美国在东盟各国的投资主要以石油业为主。美国跨国公司在东南亚的投资结构则呈现出明显的变化。

从全球经营和产业结构调整的战略出发，增加对资本和技术密集的制造业的投资是美国对东南亚直接投资在行业分配中的一大特点，反映了高增加值工业已是直接投资者的主要目标。随着世界经济中生产的专业化和社会化程度日益提高，直接投资者不仅通过建立海外分支、利用当地的廉价劳动力，就地生产、销售产品，开拓海外市场，还可将母公司的剩余生产能力或尚可扩大的规模经济转移到分支机构，尤其是一些周期短、成本高的新技术、新产品在分支机构广泛投产将保证母公司取得新技术垄断时期的高额利润和规模效益。20世纪80年代，东南亚日益成为美国跨国公司向外转移其剩余生产能力，作为目标市场，推行生产中心战略的基地之一。投资的行业不再局限于劳动密集型的制造业，或完成加工、装配之类的工作，而是把电子、汽车等美国占有技术优势的行业的零部件生产转移到了东南亚，增加了在东南亚地区提供国内所需的中间产品的比例，使设在东南亚的分支机构成为美国跨国公司国际分工的重要一环。

增加对金融、保险、贸易等工商服务业的投资是美国在东南亚直接投资活动中的另一变化。以2020年为例，美国投资者主要投向金融和保险业、制造业和专业服务业；随着制造业跨国公司在东南亚的投资日趋活跃，为制造业跨国公司的国外业务提供金融、保险、销售等服务的有关行业的对外投资也随之获得大幅度的增长。同时，随着生产向多样化、综合化发展，大公司的发展趋势是集金融业、制造业及贸易于一体，自然地加强了对东南亚金融、销售等服务业的资本输出。

四、美国对东南亚国家的经济援助

美国历任政府都强调对外援助政策中的实用性，这是因为对外援助政策随着国家战略的不断调整可以因时因势而变。也就是说，虽然美国各个时代的对外援助政策是保持灵活性的，但是一定与相关的对外政策和当下的美国国际战略相契合。

第二次世界大战后，美国成为世界上最重要的援助国。1945—1975年，在国际援助向东南亚地区的流动总额中，美国的经济援助占有绝对优势的比重。美国是东南亚地区双边援助最主要的施援国之一，也是诸如世界银行、国际开发署（IDA）等国际金融机构最大的资金提供国，以及亚洲发展银行的重要资金提供国。1945—1960年，美国官方对外赠款和贷款总额达到了850亿美元，在美国这些对外援助中，约有1/4，即235亿美元是提供给了东南亚等远东那些美元严重短缺的国家。

总体上看，第二次世界大战后来自美国的官方赠款和长期资本为东南亚国家的经济发展提供了大量的资金，这在弥补当地资本匮乏、技术和人力资源不足以及改善当地人民的生活条件等方面发挥了较大的作用。但是这些援助也给东南亚国家的经济增长带来一些不利的影响。另外，美国的经济援助并不都是无偿赠予，常常有苛刻的附加条件，如要求受援国放宽进口限制、允许美国以优惠条件购买受援国的矿产等原料、贷款必须用于在美国购买商品、运输要用美国船只等等，也不利于发挥援助效用的最大化，因此未能更好地促进东南受援国经济的增长。再者，美国的经济援助常常与自身的经济利益结合在一起。在国际收支中，美国政府的转移支付包括捐赠给欠发达国家的货币和资本品，对外国政府的军事援助等。在某些情况下，美国政府的对外援助项目提供的资金被外国政府用来发展与美国之间的贸易。美国的很多转移支付项目（对外援助）都附加了购买美国出口货物（如军事装备）的条款，因而此类援助成为对美国出口商的一种补贴。东盟作为区域性多边组织，其发展得到美国的资金支持。此外，世界银行、亚洲开发银行等国际组织和金融机构亦为东盟及其成员国发展提供支持。

此后，美国历届政府都不够重视东盟，美国也没有针对东盟制定“全面战略”，这导致美国在东南亚的影响力不断下降。随着东盟战略地位的不断提升，奥巴马政府意识到东盟的重要性，整体上更加重视东盟，提出了全方位的东盟政策，以重振美国的影响力。同时，美国援助领域也日趋多元化，从单纯的反恐扩展至社会发展领域，重视经济发展、民主转型等问题。

在全方位增加对东盟各国援助的同时，美国有针对性地选择了重点援助对象。菲律宾是美国的盟国，因而成为美国重返东南亚的重要支点。印度尼西亚作为东盟内部具有影响力的大国，获得了最多的援助。此外，奥巴马政府对越南和缅甸的援助成为新亮点。

特朗普刚上任时并没有突出东南亚地区在战略中的重要性，但随着“印太战略”的目的逐渐明确，特朗普政府逐渐在各种官方文件中突显东南亚地区的地位。2018年12月31日签署《2018年亚洲再保障倡议法案》（Asia Reassurance Initiative Act of 2018），美国承诺会向东南亚国家进行更大规模的资金投入。2019年11月，美国国务院发布《自由和开放的印太：推动共同愿景》，其中东南亚地区排在日本、韩国之后，太平洋各国之前；东盟和“湄公河下游倡议”被提升至印太地区多边机制中最为优先的位置。在东南亚地区对抗中国的“搭档”上，特朗普政府也做出了一定调整。特朗普政府在“美国优先”战略的指导下，对外援助也突显出“在商言商”的实用主义特点，在全球对外援助资金规模上较前一任政府有了较大幅度的下滑。但随着美国“自由开放的印太”（Free and Open Indo-Pacific，FOIP）战略的不断清晰，包括越南在内的东南亚各国的战略地位逐渐提升，对上述地区的援助金额也保持增长。

美国为了打压中国的发展，一方面采取拉拢西方盟国的政策，另一方面也不忘争取东南亚国家的支持，不断加强对东南亚国家的援助。拜登试图通过召开东盟论坛的方式强化影响力。2022年5月，拜登在美国—东盟特别峰会上宣布，将向东盟10国投入1.5亿美元。拜登出席第17届东亚峰会，展现其对东盟的重视程度，并与东盟升级为全面战略伙伴关系，美国许诺8亿美元的援助计划。为了显示出对东盟的重视，拜登表示今后将实实在在地为东盟投资。此外，拜登计划在东南亚发展电动车生态系统，帮助该地区完成节能减排目标。

美国采取的系列援助取得了一定效果：强化美国的军事存在，换取了地区国家对美国的信任，传播美式民主和价值观。但是，美国的援助也存在一些问题。美国援助的政治性过强，企图借援助干涉受援国的经济和政治事务，引起受援国的不满，影响了援助的效果。

五、双方经济关系前景

由于各种因素的影响，东南亚各国与美国的经济关系的发展并非一帆风顺。这些因素主要是以下几个：

（1）就东盟方面而言，一方面，东盟在主权、人权、发展观等根本性问题上与美国存在巨大差异，这不是奥巴马政府的一些象征性行动所能彻底解决的问题，它将长久困扰美国—东盟关系。另一方面，尽管美国是双边关系中的主导一方，但随着东盟的强大，东盟有较宽裕的战略选择空间。东盟不仅需要美国，也需要中国、日本、俄罗斯等国家。东盟长期以来坚持与大国平衡相处的战略不会改变，因此对美国力量的进入会设定一个上限，以利于保持各大国在该地区形成良性而非恶性竞争。从根本上说，包括新加坡在内的所有东南亚国家，都希望美国和中国保持合作，对选边站不感兴趣。东盟需要美国维持其影响力以有效遏制其他地区大国，但地区大国同样也能有效地帮助东盟防止美国对地区事务（包括人权、国内政治等问题）的过度干预。东盟不可能容忍由于东盟-美国关系的发展而使美国拥有压倒性的优势。

（2）就美国方面而言，拜登政府对美国-东南亚关系的重视程度，已经超过了对中美关系的重视程度。世界已从低通胀期进入高通胀期，世界经济运行中的各种短期和长期问题交织叠加，带有不确定性的短期问题不断涌现，一些深层次矛盾和结构性问题也日益突显，全球经济增长面临的不利因素相对以往增多。在此背景下，美国经济持续性萎缩高企。2023年以来发生的银行破产倒闭风波让美国经济再度面临冲击。未来美国经济是否将在银行业风险下受到更大冲击，从而导致“硬着陆”以及衰退风险再度增加。同时美贸易逆差巨大，美国需要借助东南亚地区的经济发展和广阔市场来复苏其国内经济。在安全领域，加强同东南亚国家的合作，遏制中国的发展以期延缓霸权国和崛起国之间的权力转移进程。

2021年下半年，美国对东南亚展开了密集外交攻势。为了获取信任，美国更是做出前所未有的承诺：不会强迫任何东南亚国家与美国结盟，美国不会做有损东南亚国家利益的事。美国政府对东盟的拉拢主要从四个方面入手：一是在安全领域，美国将东盟国家视作第一岛链上的重要节点，通过联合军演、安全对话、军援军售等形式，企图将东盟国家纳入其印太地区盟友、伙伴关系；二是在经济领域，为配合所谓“印太战略”，美国提出“印太经济框架”，一方面补齐“印太战略”经济上的短板，另一方面谋求东盟国家与中国市场“脱钩”，实现美国所谓“全球供应链重组”的目的；三是在国际舆论方面，美国在“美国-东盟领导人峰会”以及多个国际场合炒作“中国威胁论”，并进一步延伸出“中国海洋威胁论”“中国科技威胁论”等抹黑论调；四是在涉及非法裁决的话题方面，美国屡次重提所谓“南海仲裁案”，企图利用南海问题挑拨地区国家间关系，为自身介入地区事务制造借口。

当前世界各国面临的主要挑战不是美国所谓的大国竞争，而是百年未有之大变局和后疫情时代相互交织产生的不确定性和不可预测性。实现经济复苏和民生改善才是东盟国家的主要目标和发展主线。2023年7月召开的第56届东盟外长会议联合公报表示，推动“东盟印太展望”以促进地区安全、稳定和繁荣，是东盟2023年的首要任务之一；东盟愿扩大与各合作伙伴的关系，致力于使东盟成为一个“具有包容性、参与性和协作性的共同体”。因此，美国抛出的所谓地区治理方案显然不符合东盟国家的发展目标，只会遭到东盟国家的拒绝。

第二节 东南亚国家与日本的经济关系

一、双方经济关系发展的历史回顾

东南亚与日本的经济关系大致可以分为四个阶段。

第一阶段 20世纪50—60年代。

战后初期，日本对东南亚政策的基调是“经济外交”。战后，在“美主日从”框架的束缚下，日本把恢复和发展经济作为最优先战略，即扩大海外商品市场、拓宽海外能源与资源进口渠道成为其迫切需求。1945年日本战败投降后，长期与新中国处于无邦交状态。同时，朝鲜半岛的分裂局面和旧殖民地纷纷独立，也断绝了日本资源、能源的来源渠道。争取东南亚地区丰富的自然资源和潜在市场成为日本的优先选择。

1954年10月，加入“科伦坡计划”后凭借资本与技术的实力，日本巩固并增强了在东南亚的经济影响力。东南亚对日本的产品进口以及资源、能源的出口迅速增加。至20世纪70年代初，东南亚各国和日本围绕战后赔偿的谈判基本完成并建立或恢复了外交关系。

第二阶段 20世纪70—80年代。

二战后至20世纪70年代中期，强化经济关系构成东南亚各国与日本外交关系的基本内容。日本前首相岸信介首访东南亚显示了日本对东南亚的重视。但东南亚国家试图通过联合实现自强却并非日本乐观其成的选项，1967年8月由印度尼西亚、新加坡、泰国、菲律宾及马来西亚五国发起成立地区组织——东南亚国家联盟。日本最初对该地区组织的成立持消极态度。

1975年年初，时任日本首相的田中角荣访问东南亚各国，期间作为重要合作方的泰国、马来西亚和印度尼西亚，出现了大规模的反日集会和游行，有些地方甚至发展为发泄针对本国政府对日妥协不满情绪的暴动，即所谓的“东南亚冲击”。1977年8月，借东盟成立10周年之机，田中角荣的继任者福田赳夫在菲律宾首都马尼拉发表题为“我国的东南亚政策”的演说中提出了改善日本与东南亚关系的新政策宣言：①日本不做军事大国；②建立“心心相印”的互信关系；③以平等合作的立场，为东南亚各国的和平以及繁荣做出贡献。东盟各国在这一时期开始积极评价日本的作用。其中，新加坡的“向日本学习”和马来西亚的“向东看政策”具有一定的代表性。可以说20世纪80年代东盟和日本发展为“互补型”关系，这也是双方认知变化的结果。1985年之后，日本对东南亚投资进入高峰期。有学者认为，这一时期，日本在东南亚确立了霸权。

第三阶段 20世纪90年代。

1989年冷战结束后，各国开始增强地区意识，1991年5月，时任日本首相在访问东盟期间，于新加坡发表演讲，认为21世纪初期将出现由东北亚、越南、老挝、柬埔寨以及东盟各国（印度尼西亚、马来西亚、新加坡、菲律宾、泰国、文莱）结成的“繁荣的三角形”；希望新加坡和日本能成为两个重要支点，推动东南亚地区的繁荣；同时表示日本希望为当时的东盟各国与越南、老挝、柬埔寨三国结成合作与伙伴关系提供支持，并且对推动包括东盟及越南、老挝、柬埔寨、缅甸在内的“整个东南亚地区的合作与共同繁荣”表现出了极大的兴趣。同期，时任日本前首相的桥本龙太郎倡议成立“印度支那产业合作组织”，并由泰国举办了由东盟六国（印度尼西亚、马来西亚、新加坡、菲律宾、泰国、文莱）、越南、老挝、柬埔寨、缅甸以及日本参加的国际会议。

第四阶段 中日韩与东盟建立“10+3”合作。

经过20世纪70年代和20世纪80年代的高速发展，日本成为世界第二大经济体，在国际经济格局中尤其是东亚地区完成了由协调者到组织者再到领导者的角色转换。这期间，东南亚始终是日本的原料供应基地以及工业产品的销售市场，日本的工业产品及相关技术在东南亚保持着垄断地位。但1997年始于泰国的金融危机，使东南亚各国经济受到严重的打击并波及整个东亚。危机发生后，日本向东南亚有关国家提供了巨额信贷支援，使东南亚对作为经济大国的日本重新充满期待。日本也一度改变了之前在东亚区域经济合作中“言必称亚太，合作不离美国”的态度，积极参与以东盟为平台的东亚区域经济合作。

1997年11月，东盟国家首脑会议在马来西亚吉隆坡召开。作为会议的东道主，马来西亚政府积极促成东盟和中日韩三国的首脑会议。亚洲金融危机最终导致东亚国家之间经济合作机制的诞生。1997年12月15日，首次“10+3”（当时是“9+3”，1999年柬埔寨加入东盟后成为“10+3”）会议在马来西亚首都吉隆坡举行。会议的主要议题是：21世纪东亚的发展前景、亚欧合作、亚洲金融危机、深化地区经济联系，以及在国际经济问题上进行协调与合作。会议就这些议题达成了许多功能共识。开启了东亚区域经济合作的大门。

2009年9月，日本民主党上台后，对东南亚地区的外交，尤其以援助为主要内容的经济外交力度有增无减。2009年11月，时任日本首相的鸠山由纪夫主持首届日本与湄公河流域五国首脑会谈，并发表《东京宣言》与《行动计划》。其后每年一度的首脑会谈、三年一轮的“援助周期”成为日本对东盟外交的新机制。2013年年初，日本副首相麻生太郎、首相安倍晋三相继出访东南亚，兑现对缅甸“减债”承诺，重申日本重视东盟的一贯立场。从民主党鸠山内阁的《东京宣言》、野田内阁的《东京战略2012》，再到自民党安倍政权《新东京战略2015》陆续发布，援助金额由5 000亿日元至6 300亿日元再至7 500亿日元逐次递增，东盟在日本外交中的重要程度由此可见一斑。日本通过东盟-日本融入基金会（JAIF）为东盟所提供的有效合作和帮助，截至2019年12月31日援助资金近8 500万美元。此外，2019年5月份签署的《东盟-日本技术合作协定》也得到了开展。日本政府决定，在2020年向JAIF额外拨款10.45亿日元（约合950万美元），并为东亚青少年大交流计划（JENESYS）拨款5.62亿日元（约合511万美元），在2020年和2021年的两年中从公私部门筹集30亿美元，其中通过日本国际协力机构（JICA）为东盟提供12亿美元的贷款。

2012—2021年日本-东盟间区域合作与ODA

日本以政府开发援助（ODA）为手段向东南亚国家示好，增进日本与东南亚国家间、政府间关系并增加这些国家对日本的依赖。对外援助对日本经济的复兴和发展起到了尤为重要的作用。日本的ODA模式并非发展战略，而是采取公私合作的形式，满足东南亚经济需求的同时，开拓了该地区的出口市场。特别是菲律宾、马来西亚、越南三国，日本还将政府开发援助用于这些国家海上安全力量的建设。此外，日本还借助投资、经贸往来等渠道扩大日本与菲律宾、越南、马来西亚等国的经济合作关系，试图以此加强日本对地区国家经济发展的影响力。

为加强同东盟国家的合作，虽然日本与湄公河完全没有关系，但日本对湄公河地区长期保持密切关注，对该地区的基础设施发展已有全盘考虑。日本政府早在1993年就已提出了一整套参与湄公河开发的计划，日本内阁还专门成立“大湄公河开发委员会”。2009年，日本政府在东京首次举行湄公河-日本峰会，确立了日本-湄公河合作机制，并形成了每年举行峰会的惯例，旨在不断扩大在该地区的影响力。在《东京战略2018》草案出台前，日本政府也曾制定《东京战略2012》《新东京战略2015》等，都把高质量基础设施建设作为推进重点，2012年至2015年，日本给湄公河流域援助74亿美元，日本首相安倍晋三在2015年曾宣布3年内再向湄公河区域提供约合60亿美元的政府开发援助，借此大力向该地区推销日本高速公路、铁路以及电力设施。2015年在东京举行的第7届湄公河-日本峰会上，日本进一步提出要在该地区发展“高质量”的基础设施，重视项目的全球性标准和高透明度，并将湄公河互联互通建设倡议作为“东西走廊”和“南部走廊”的重要组成部分。2018年8月在新加坡举行的第11届湄公河-日本外长会议上，又提出要实现《东盟互联互通总体规划2025》与日本-湄公河互联互通倡议相对接。

二、东南亚国家和日本双边贸易情况

20世纪50年代，日本企业将东南亚国家作为主要目标，以经济援助与出口贸易相结合的方式进行产品推销。20世纪60年代末期开始，日本成为东盟的最大贸易伙伴。20世纪80年代后，东盟对美国市场的依赖程度有所上升，对日本的依赖程度有所下降，然而其始终是东盟的第一大出口市场。

进入21世纪以后，日本逐渐走出亚洲金融危机的阴影，对外贸易开始好转。2000年，日本与东盟贸易额达到1 161.9亿美元，与1999年相比增长30.3%。其中，东盟向日本的出口额为505.6亿美元，增长34.1%，从东盟的进口额为656.3亿美元，增长27.5%。但是好景不长，受日本经济萧条影响，2001—2003年，日本与东盟的贸易额并未出现连续高增长。从2004年开始一直到2008年，日本与东盟的贸易活动再次出现了比较良好的态势，2005年、2006年、2007年、2008年的贸易额分别为1 538.4亿美元、1 618亿美元、1 730.6亿美元和2 143.9亿美元，分别增长了12.9%、5.1%、7%和23.9%。

2006年春季，美国次贷危机逐步显现，2008年迅速蔓延至世界主要金融市场，随后更引发了全球性的金融危机。受其影响，日本进口、出口贸易额在2009年均出现大幅度下降，日本与东盟的贸易额也受此拖累，从2008年的2 143.9亿美元下降到了2009年的1 609.1亿美元，下降幅度达到24.95%。其中，进口额由1 058.8亿美元下降至780.8亿美元，下降了26.26%；出口额由1 085.1亿美元下降至828.3亿美元，下降幅度达到23.66%（见表11-4）。但从贸易总额来看，东盟成为仅次于中国的日本第二大贸易对象。

表11-4 **东南亚国家和日本进出口贸易统计** 单位：亿美元

年份	东南亚国家与日本贸易总额	东南亚国家向日本出口总额	东南亚国家向日本进口总额	贸易差额
1993	866.5	309.5	557.0	-247.5
1994	1 016.0	343.0	673.0	-330.0
1995	1 212.1	426.8	785.3	-358.5
1996	1 164.6	431.5	733.1	-301.6
1997	1 132.7	420.1	712.6	-292.5
1998	814.0	347.1	466.9	-119.8
1999	891.6	376.9	514.7	-137.8
2000	1 161.9	505.6	656.3	-150.7
2001	1 133.0	533.3	599.7	-66.4
2002	975.8	445.0	530.8	-85.8
2003	1 084.3	503.5	580.8	-77.3
2004	1 362.6	637.6	725.0	-87.4
2005	1 538.4	727.6	810.8	-83.2
2006	1 618.0	812.9	805.1	7.8
2007	1 730.6	851.4	879.2	-27.8
2008	2 143.9	1 058.8	1 085.1	-26.3
2009	1 609.1	780.8	828.3	-47.5
2010	2 065.3	1 028.5	1 036.8	-8.3
2011	2 738.6	1 456.9	1 281.7	175.2
2012	2 628.7	1 265.0	1 363.7	-98.7
2013	2 407.6	1 228.6	1 179.0	49.6
2014	2 291.0	1 201.6	1 089.4	112.2
2015	2 028.0	1 019.4	1 008.6	10.8
2016	2 024.2	965.6	1 058.6	-93.1
2017	2 188.1	1 059.5	1 128.6	-69.1
2018	2 301.1	1 147.7	1 153.5	-5.8
2019	2 260.3	1 099.1	1 161.2	-62.1
2020	2 049.8	1 027.4	1 022.4	5.0
2021	2 403.9	1 138.7	1 265.2	-126.5

数据来源：东盟官方网站（http://www.aseansec.org）（东南亚国家数据只包含东盟各国）。

三、东南亚国家和日本的投资关系

日本对东南亚的直接投资早在上20世纪50年代就已经开始了。20世纪90年代以后，东盟也一直是日本在亚洲直接投资较多的地区之一。1995年，日本在东盟的直接投资为39.88亿美元，占日本对亚洲直接投资总额的47.2%，在此后三年间对东盟的直接投资中日本的投资总额仍连续递增。但是，由于亚洲金融危机的爆发，1999年和2000年这两年间，直接投资额骤减，2000年达到最低点，仅有2.02亿美元，比1995年减少了94.9%。2001年和2002年，日本对东盟的直接投资虽有所恢复，但2003年又出现大幅下滑的局面。直到2005年以后，伴随着日本经济的复苏和东盟经营环境的改善，其在东盟的直接投资才又掀起新一轮高潮。2008年受金融危机影响，在东盟的直接投资额虽有所下降，但上升趋势仍然保持不变（见表11-5）。日本在东盟的投资步伐正在逐渐加快。2015年日本在东盟十国的直接投资额为20.1万亿日元（约1809亿美元），是2010年的3倍，且日本在东盟的直接投资额已连续三年超过中国（包括中国香港特别行政区）。

表11-5 **日本直接投资流入东盟成员国情况** 单位：亿美元

东道国或地区	2006	2007	2008	2009	2010	2011	2012	2013	合计
文莱	0.35	0.77	1.21	0.64	0.48	1.26	0.56	0.2	5.47
柬埔寨	0.05	0.31	0.38	0.07	0.06	0.22	0.14	0.39	1.62
印度尼西亚	10.57	11.25	11.45	8.96	37.29	61.75	79.62	55.57	276.46
老挝	0.004	0.18	0.1	0.13	0.08	0.12	0	0	0.61
马来西亚	28.56	8.73	5.42	1.63	9.09	31.54	18.87	26.36	130.2
缅甸	0.0003	0.0002	0.001	0.002	0.002	0.02	0.31	0.36	0.7
菲律宾	0.54	9.24	0.73	5.91	0.18	2.56	0.53	4.38	24.07
新加坡	38.59	16.5	-12.57	6.41	20.46	-3.38	58.43	49.24	173.68
泰国	19.56	32.32	24.58	13.62	33.55	-9.48	50.7	68.9	233.75
越南	3.34	8.71	11.55	1.81	10.52	12.48	28.63	23.65	100.69
东盟	101.56	88.01	42.86	39.19	111.71	97.09	237.77	229.04	947.23

数据来源：东盟官方网站（http：//www.aseansec.org）（东南亚国家数据只包含东盟各国）。

从投资内容看，制造业一直是日本在东盟直接投资的重中之重。几十年来，制造业投资占其对东盟直接投资总额的比重虽然偶尔出现波动，但投资的龙头地位从未改变。2003—2007年，日本对东盟直接投资额合计为284.33亿美元，其中制造业就占了72.4%。2007年以后，制造业投资比重虽有所下降，但也占到了60%以上。从金额方面看，2007年日本对东盟的制造业投资额虽然是2003年的2.5倍，但从比重方面看，制造业投资所占的比重却下降了。这意味着21世纪以来，日本已经加大了对东盟非制造业的投资力度，其中对金融保险业、服务业、房地产业等的投资增加较快。从投资动机看，日本对越南等新加入东盟的成员国的投资目的主要是为了降低生产成本，因为在那里日本可以获得廉价的劳动力和自然资源，而对泰国等老东盟成员国，日本更注重其几十年来培植起来的日益提高的产品集中度和日益成熟的生产体系。因此，在经济发展水平较高、生产条件较好的东盟老成员国，日本企业的直接投资类型正在逐渐改变，从原来的初级产品生产转向了现在的更高级产品生产。

此外，日本对东南亚基础设施的投资日益增加，且呈现出突出高质量叙事、更注重公私伙伴关系，以及更强调对日本所主导的多边开发银行的利用等三大新特征。

四、日本对东南亚国家的经济援助

从20世纪50年代开始，日本就将东盟作为经济援助的重点地区。20世纪70年代后，为了改善与东南亚国家的关系，日本加大了援助幅度。在10年间，援助金额增加了5倍，占日本对外援助总额的1/3。20世纪80年代，日本对印度尼西亚、菲律宾、泰国和马来西亚的每年援助额达到10亿美元。1996—1997年，东南亚各国达到了繁荣的高峰，其后便陷入了经济衰退期，日本以各种各样的方式对东南亚各国进行了援助。2001年，日本对外援助总额为75亿美元，其中援助东盟的数额为21亿美元，占对外援助总额的28.3%。东盟共接受外来援助35亿美元，其中60.1%来自日本。2002年以来，日本对越南的援助不断增加，尤其是在2007年越南加入WTO以后，在更加开放的投资环境下，越南的受援助额急速增长，并在2011年超越此前日本在东南亚的最大援助对象——印度尼西亚。2010年，日本对东南亚援助总额为3179.25亿日元，其中印度尼西亚、越南、菲律宾三国是近年来接受日本援助额最多的东南亚国家，分别占日本对东南亚援助比例的41.7%、31.5%和9.5%。

最近在对外援助政策方面，日本政府更是动作频繁，先是建立新军事援助制度，向“志同道合的国家”提供防卫装备，之后又修改传统的对外援助政策指导方针，表示不等其他国家要求，东京就会主动提供援助。2023年7月11日，日本外务省在其综合外交政策局下设专门机构，负责新设立的“政府安全保障能力强化支援”（OSA）制度的运行。2023年4月，日本政府宣布将设立这一无偿资金合作框架，向拥有共同价值观的国家军队提供防卫装备，支持这些国家提高军事能力，以帮助“改善日本外围的安全保障环境”。为推进该制度，2023财年，日本政府安排约20亿日元（约合人民币1.04亿元）预算，以向菲律宾、马来西亚、孟加拉国和斐济提供海岸监视雷达和通信设备。由此可以看出，日本设立OSA制度的目的是直接支援一些东南亚国家和南太岛国，以提升这些国家的遏制力。

五、东南亚国家和日本双方经济关系前景

第一，日本构筑与东盟的长期紧密的关系。

东盟与中国、印度、澳大利亚也以经济为中心发展了彼此的关系。为了保持东盟地区

的和平与安定，日本必须努力与周边国家建立良好的关系，以大框架稳固中国、日本和东盟的外交关系。但必须注意的是，日本对东盟仅发展了经济外交，不足以长期维持与东盟的良好关系。

第二，日本和东盟进一步合作的领域。

由于美国重返亚洲，要求日本对东南亚承担更多的责任。但日本受和平宪法的约束，只能在禽流感、恐怖主义、毒品与海盗等所谓非传统安全问题上与东盟积极合作。

第三，加强与东盟国家的互信合作。

不论是出于东盟对历史的惨痛回忆以及多年来东盟在日本与东盟的贸易中所处的不平等地位，还是出于日本一直以来的经济及政治外交目的，都不可否认，东盟在自由化问题上对日本没有足够的信任。所以，日本政府在与东盟和东盟各国交往中，越来越认识到了与东盟国家加强政治互信、开展互利合作的重要性。这样，不仅能够推动各个谈判顺利进行，对不断改善和加强日东关系也非常重要。几十年来，东盟国家对日本的认知已经有很大的转变，从战后初期的大规模反日，到后来的“福田主义”，给日本和东盟双方营造了比较积极的政治氛围，使东盟国家开始接纳日本，再到冷战后互动的新型双边关系，东盟对日本的认知一直在好转。所以，日本要进一步加强与东盟的合作，就必须进一步与东盟国家加强政治互信、开展互利合作，只有这样，才能使东盟国家进一步提高对日本的认知度。当然，这必须是以平等、互信、互惠、开放为基础的，只有让东盟国家认识到自己有说话的权利，自己被真诚地对待，日本才能赢得信任，任何只贪图本国利益的合作都会有损双方关系，并阻碍双方未来的经济合作。

第三节　东南亚国家与欧盟、俄罗斯的经济关系

一、东南亚国家与欧盟的经济关系

（一）东南亚国家与欧盟的经济关系发展的历史回顾

1972年，经由东盟特别协调委员会推动，欧洲经济共同体成为与东盟建立非正式关系的第一个对话伙伴。1980年，双方签署《欧共体-东盟合作协议》，该协议是双方经济合作的一个里程碑，有力地推动了今后双边经济合作的发展进程，标志着东盟与欧共体经济合作的机制化。在这一协议下，双方确定了商业、经济和技术合作目标，建立了联合合作委员会（JCC）。东盟与欧盟的关系在1994年得到强化。1996年3月，第一届“亚欧会议”（Asia-Europe Meeting，ASEM）在泰国曼谷举行，此后每两年轮流在亚洲和欧盟国家举行。亚欧会议的成功召开为东南亚国家与欧盟发展全面关系提供了新的平台。2003年7月，欧盟发表了战略报告，再次强调双边伙伴关系的重要性，寻求与东盟在维护区域稳定、打击恐怖主义、保障人权、民主和法制与善治、贸易和投资、消除贫困等诸多领域加强对话与合作。在当年举行的第十四次东盟与欧盟外长会议上，双方一致同意加深对话，并将其作为亚欧战略伙伴关系的基石。在同年举行的第三轮东盟经济部长和欧盟贸易专员磋商中，欧盟提出了跨地区欧盟—东盟贸易启动（Trans-Regional EU-ASEAN Trade Initiative，TREATI）计划，旨在扩大贸易和投资流动，最终达成东盟—欧盟优惠贸易协定。欧盟认为，根据一项关于国际贸易长期发展的重要研究预言，在2050年前后，东盟将成为世界最大的出口方。因此欧盟在过去几年来，不断提升与东盟和东南亚国家的合作，提出了促进经济发展的各种措施，并将东盟定位为“极其重要的伙伴”。为推动双边关系的进一步发展，2005—2006年度欧盟用于东盟区域合作项目的资金预算达1 500万～2 000万欧元，以反映欧盟与东盟的“新伙伴关系”。这些项目已于2005年2月26日在印度尼西亚获得欧盟—东盟共同合作委员会的通过。2007年是欧盟与东盟经济关系取得实质性进展的一年。2007年3月14—15日，第十六届东盟—欧盟部长级会议在德国纽伦堡举行，双方回顾了东盟与欧盟正式建立关系30年来的成果，会议通过了旨在加强双方伙伴关系的《纽伦堡宣言》，并发表联合主席声明，呼吁加强合作，把双方关系提升到更高水平，共同应对各种挑战，使双方的合作进一步得到深化与发展。同年4月，欧盟各成员国正式授权欧盟委员会与印度、韩国和东盟进行自由贸易。欧盟与东盟首轮自由贸易区谈判于2007年7月19日至20日在越南岘港市举行。当年11月22日，双方在欧盟与东盟建立对话关系30周年纪念峰会上发表联合宣言。宣言提出要强化跨地区欧盟—东盟贸易启动计划和欧盟—东盟对话机制（Regional EU-ASEAN Dialogue Instrument，READI），以推进双方在更广阔的领域进行交流与合作。

（二）东南亚国家与欧盟的双边贸易情况

东南亚国家与欧盟（27国）进出口贸易情况见表11-6。

表11-6　**东南亚国家与欧盟（27国）进出口贸易情况**　单位：亿美元

年份	东南亚国家与欧盟贸易总额	东南亚国家向欧盟出口总额	东南亚国家从欧盟进口总额	贸易差额
2011	2 099.95	1 132.88	967.07	165.81
2012	2 100.84	1 067.45	1 033.39	34.06
2013	2 147.03	1 084.37	1 062.66	21.71
2014	2 182.59	1 158.46	1 024.13	134.33
2015	2 015.04	1 104.72	910.32	194.40
2016	2 053.71	1 134.82	918.89	215.93
2017	2 303.69	1 384.85	918.84	466.01
2018	2 521.90	1 411.90	1 110.00	301.90
2019	2 450.74	1 345.12	1 105.62	239.50
2020	2 267.83	1 302.98	964.85	338.13
2021	2 688.19	1 522.54	1 165.65	356.89

数据来源：东盟官方网站（http：//www.aseansec.org）（东南亚国家数据只包含东盟各国）。

东南亚国家与欧盟的合作仍然是以经济合作为重点的。东盟把欧盟视为主要的商品出口市场、技术和投资来源地，欧盟也把东盟看作是拥有巨大潜力的市场。在双方的共同努力之下，双边经贸合作取得了长足的进展。特别是20世纪80年代中期以后，随着东南亚国家经济的迅速发展，东南亚与欧盟的贸易开始出现增长势头。东南亚国家向欧盟市场进出口的大幅度增长说明，随着工业化的发展，东南亚国家进一步开放国内市场，对欧盟国家产品的需求不断增大，而欧盟对东南亚出口的快速增长，也使其看到了东南亚市场的巨大潜力，增强了其发展与东南亚的关系的信心。随着东南亚国家工业化的发展，对欧盟贸易的商品结构也大幅度优化，迅速从原材料产品向制成品方向转变。在经济长期低迷的欧盟看来，为了摆脱经济困境，欧盟必须向美、日、欧之外的国家和地区寻求新的经济伙伴。东南亚国家的经济潜力使其作为一个地区整体受到欧盟的重视。此外，欧盟也把东南亚国家作为通向其他亚洲国家的大门。由于欧盟的经济伙伴和竞争者中的大多数都已经同东南亚一些国家建立了伙伴关系，为了维系和提高其在这一市场中的经济利益，欧盟必须加强同东南亚国家的友好合作关系。

随着东南亚国家对欧盟出口的不断提高，东盟已经由过去的长期逆差转为连续多年的顺差。如果这一局面长期存在，甚至如果欧盟的贸易逆差迅速扩大的话，欧盟势必会做出反应。

（三）东南亚国家与欧盟的投资关系

欧洲在东南亚的投资加速，其投资增速还曾一度超越美国和日本。20世纪80年代末，为了系统地促进欧洲在东南亚地区的投资，欧盟与东盟建立了共同投资委员会（Joint Investment Committee，JIC）。1994年，欧盟制定了《走向亚洲的新战略》，拟加强对亚洲的贸易和投资，扩大双边合作。

1994年，欧洲委员会号召建立一种真正和全面的欧亚关系，同时采取各种措施鼓励欧洲投资者到亚洲进行投资。欧盟国家对东盟的投资额和投资领域开始稳步扩大。英、荷、法、德四国在欧盟对东盟的直接投资中成为最大的投资者。欧盟除了向东盟投资外，欧盟的新成员国也希望能够从东盟的对外投资中获利，特别是吸收来自新加坡、马来西亚的投资。

（四）东南亚国家与欧盟的援助关系

在2014年1月24日召开的第21届东盟-欧盟联委会上，双方将2014—2020年欧盟对东盟的援助重点确定为以下三个方面：一是互联互通和可持续发展领域，包括区域经济一体化和贸易合作；二是气候变化和灾害管理领域；三是综合对话机制。欧盟同时还为东盟经济监控与统计（2013—2017年）能力建设提供援助，对高等教育（2014—2019年）发展提供支持。东盟统计能力培训项目（2009—2012年）、东盟知识产权保护项目（2009—2018年）、东盟航空一体化项目（2010—2016年），以及欧盟—东盟自贸区谈判能力建设（2011—2013年）等项目都接受了欧盟的资金支持。

（五）东南亚国家与欧盟经贸关系中的问题及发展前景

通过30年的合作，东盟和欧盟都已认识到双方合作的重要性，也从这一合作中获得了切切实实的利益，因此，今后双方的合作势必会得到进一步的增强和发展。

在今后的合作中，经贸合作仍将是双方合作的重要基础。双方已经确定今后的经贸合作重点是进一步扩大贸易、增加相互投资，以及为对方提供更便利的市场准入机制等。

根据研究，如果能够签署一项内容广泛的自由贸易协议，东南亚国家和欧盟之间的双向贸易和投资可以增长20%。尽管各国的情况不尽相同，但最大的受益者将是其中的最不发达国家。此外，在经济全球化不断发展的背景下，欧盟与东南亚国家也都希望进一步加强在目前进行的世界贸易组织多边贸易谈判中的合作，以促使其能够尽快地取得实质性进展，从而也更加有利于双边经贸合作。

与此同时，东南亚国家与欧盟的政治对话也将进一步加强，合作领域还将进一步扩大。双方将会在双边、次区域、区域和多边等各个层面上加强合作，共同促进亚欧会议等多边合作机制的发展。支持启动欧盟和东南亚有关自由贸易区的谈判，并强调多哈发展议程的重要性。我们有理由认为，尽管东南亚国家与欧盟这东西方两大区域合作组织之间还存在着许多差异和分歧，但共同的战略利益仍将继续推动双方的合作进程。

但是，欧盟在与东盟的经贸合作中仍然存在障碍。欧盟坚持其在民主政治、人权、劳工待遇标准、可持续发展等方面的主张，而东盟则认为这些属于国家内政范畴，这导致双方政府间的制度性合作滞后于实际市场的经贸发展。在近年欧盟与东盟自由贸易区的谈判中，欧盟在这些方面作出了一些让步，但仍试图将劳工待遇标准、可持续发展等纳入谈判范畴，以保持欧盟跨国公司的竞争地位。当前，双方打算以东盟整体作为FTA的谈判对象来克服上述问题。此外，非关税壁垒逐渐成为目前双方在贸易与投资方面的主要障碍。欧盟的非关税壁垒主要表现在包括卫生、检疫、环境、劳工和社会标准等各种技术标准方面。东盟的非关税壁垒主要表现在手续的透明性、制度的可预见性和透明性、海关手续和标准等方面。除此之外，还包括一些配额、非自动进口许可证等“传统”的非关税壁垒。

二、东南亚国家与俄罗斯的经济关系

（一）东南亚国家与俄罗斯的经济关系发展回顾

1996年东盟和俄罗斯建立对话伙伴关系之后，双方的经贸指数在较长时间里一直维持在较低水平。直到2000年，普京上台后把亚太方面提升为俄罗斯对外政策的优先方向之一，这种情况才逐步得到改善。双方在经贸与投资领域的合作主要体现在从政府层面为双方商界制订合作方案，搭建合作平台，在这一过程中东盟-俄罗斯合作联合委员会起到了重要作用。

2012年双方启动了俄罗斯—东盟商业论坛，这是双方重要的商业对话平台，旨在解决双方在经贸和商业往来中存在的问题。2014年3月，俄罗斯经济发展部副部长李哈切夫率领俄罗斯工商界代表团访问了东盟秘书处，双方确认将巩固在经贸和投资领域的合作。

当前，东盟-俄罗斯领导人会议、东盟-俄罗斯高级官员会议、东盟-俄罗斯联合合作委员会等对话伙伴机制加强了东盟与俄罗斯的合作，并于2023年4月29日在柬埔寨暹粒市举行的第19届东盟-俄罗斯高级官员会议上承诺加强外交关系。为增加东盟与俄罗斯之间的贸易和投资机会，东盟经济部长与俄罗斯经济发展部长定期会晤。

（二）东南亚国家与俄罗斯的经贸合作

在贸易方面，俄罗斯和东盟之间的双边贸易不平衡——东盟对俄罗斯的进口远远大于出口。从表11-7中可以看到，东盟对俄罗斯的进口逐年增加，而出口水平虽有提高但相对缓慢。

表11-7　　东盟和俄罗斯进出口贸易统计　　单位：亿美元

年份	进出口总额	出口总额	进口总额
2003	30.49	10.64	19.84
2004	34.33	11.57	22.77
2005	47.04	14.69	32.35
2006	44.24	15.83	28.41
2007	53.97	20.76	33.21
2008	97.84	27.34	70.50
2009	67.56	16.59	50.97
2010	126.93	34.18	92.76
2011	168.51	47.06	121.45
2012	181.42	48.78	132.64
2013	199.84	52.48	147.36
2014	225.71	54.14	171.57
2015	139.69	42.69	97.00
2016	119.57	47.82	71.75
2017	167.48	58.66	108.82
2018	199.22	59.59	139.63
2019	181.98	61.03	120.95
2020	140.97	59.88	81.08
2021	181.68	73.47	108.20
2022	154.57	43.49	111.08

数据来源：东盟官方网站（http：//www.aseansec.org）（东南亚国家数据只包含东盟各国）。

在投资方面，2012年年底，俄罗斯对东盟国家的投资总额为22亿美元，占其对外投资总额的1.5%，而东盟对俄罗斯的投资额也仅有14亿美元，仅为俄罗斯对外投资额的0.1%。

（三）东南亚国家与俄罗斯经贸关系中的问题及发展前景

近年来，俄罗斯与东南亚国家在经贸、能源等领域迅速发展，双方领导人也多次表示出了强烈的合作愿望，双边合作的前景和发展空间巨大。但是俄罗斯与东南亚国家关系发展仍然面临以下不利因素：

（1）俄罗斯与东南亚国家贸易额总量偏低，经济相互依存度不够高。与中国、美国、日本、印度相比，俄罗斯占东南亚国家贸易总量的份额极低，直接投资额就更少了。这种较低的经济相互依存度严重制约了双边关系的进一步发展。

（2）美国因素。美国作为“超级大国”，对俄罗斯重返东南亚的举措密切关注。面对俄罗斯的实力逐步恢复，美对俄的“遏制”政策一直没有在根本上改变。遏制任何一个潜在挑战美国全球霸权地位的国家是美国的一贯政策。自20世纪90年代中期以来，无论是在政治、经济上，还是在军事上，美国都不断加快重返东南亚的步伐，以加快其“两洋战略”的推进，从而实现其全球战略目标。尤其是“9·11”事件后，美国对亚太区域的军事部署进行了大幅度的调整，不断加强与东南亚国家的军事合作和在该区域的军事活动。近几年来美国与泰国、菲律宾、新加坡等亚太盟友频繁举行军事演习，对亚太地区“潜在对手”进行威慑，以确保美国在全球尤其是在亚太地区的霸权地位。因此，俄罗斯重返东南亚在很大程度上要受限于美国，同时东南亚国家在进一步与俄罗斯进行军事、安全、经济合作时，也不得不考虑美国这一限制因素。

第四节　东南亚国家与澳大利亚的经济关系

一、双方经济关系发展的历史回顾

澳大利亚地域辽阔，自然资源丰富，初级产品（农牧产品和矿产品）的生产和输出长期是其经济命脉。

长期以来，澳大利亚的对外经济关系主要面向英国和英联邦国家。第二次世界大战前，澳大利亚出口总值的70%输往英国等欧洲国家，英国在澳的投资约占在澳外资总额的70%以上。澳英传统经济关系削弱后，澳大利亚要发展和繁荣就必须与世界各地建立广泛的经济联系，尤其是与亚太国家建立密切的经济往来关系。

澳大利亚是目前世界上最重要的工业原料产地之一，同时又是世界上屈指可数的农牧产品输出国。东亚国家和地区除了东盟四国外，都是工业原料纯进口国或地区，其中大多数国家和地区至今不能实现粮食自给。因此澳大利亚转向亚太地区，对该地区的发展具有重要意义。

从第二次世界大战开始，澳大利亚认识到亚洲的重要性并与之建立联系。这种变化是在它逐步摆脱了英国对其外交的控制之后发生的。澳大利亚推行亚太经济政策，是由国内和国际形势决定的。就国内而言，长期以农、矿业为经济支柱，使其严重依赖于国际市场。从国际上看，欧洲经济一体化，英国加入欧盟，迫使澳大利亚不得不就近寻找贸易伙伴。而亚洲太平洋地区在20世纪60年代以后，经济快速发展，成为世界的焦点。因此，澳大利亚转向亚太地区的根本原因是自身经济发展的需要及亚洲国家和地区经济迅速发展所产生的巨大吸引力。

亚太地区的经济崛起对澳大利亚具有巨大的吸引力，高速发展的亚洲经济已成为带动澳大利亚经济复苏的火车头。澳大利亚之所以于1991年陷入经济衰退后，在短短两年内就走出了战后最长的经济低谷期，经济增长率上升到4%，在经合组织的25个成员国中名列前茅，其关键在于亚洲国家为其提供了广阔的市场。同时，面对北美自由贸易区的建立和欧洲联盟的扩大，澳大利亚深感与传统的西方贸易伙伴关系正在“疏远”，如果还被排除在亚洲经济圈外，前景实在堪忧。总之，亚太国家经济的迅速发展引起了澳大利亚的关注和重视，在其政界、工商界、学术界都产生了深刻的反响，尤其就经济发展而言，亚太经济为澳大利亚提供了它急需的市场和机会。亚太的发展和繁荣成为澳大利亚发展和繁荣的重要因素，也是澳大利亚未来希望之所在。

二、东南亚国家和澳大利亚的双边贸易关系

东盟七国（文莱、印度尼西亚、马来西亚、菲律宾、新加坡、泰国、越南）对澳大利亚的出口在1997年金融危机之前呈不断上升趋势。1992年东盟七国对澳出口总额为378.4亿美元，1996年升至826亿美元，1997年略降至815.7亿美元。从1992年至1997年，年均增长18.3%。但是对澳大利亚的出口占东盟七国总出口的比重一直保持在2%左右。澳大利亚从东盟的进口占澳大利亚总进口的约10%。东盟七国从澳大利亚的进口1992年为50.7亿美元，1996年上升至91.6亿美元，1997年略降至88.9亿美元。从比例来看，东盟国家从澳大利亚的进口额占其进口总额的比重一直保持在2.4%左右。澳大利亚对东盟的出口额占澳大利亚出口总额的大约15%。

东盟国家与澳大利亚的贸易关系是不平衡的。20世纪90年代在澳大利亚对东盟国家的进出口中，新加坡和印度尼西亚始终列第一和第二位。由于澳大利亚与新加坡的贸易有相当大一部分属转口贸易，下面着重看澳大利亚与印度尼西亚的贸易关系。20世纪80年代中期以前，从发展趋势看，双边贸易额不断增长，从1992年至1997年，印度尼西亚对澳大利亚的出口额翻了一番，从7.46亿美元增至15.59亿美元，但是其在印度尼西亚的总出口中的比重一直在3%以内。同期，印度尼西亚从澳大利亚的进口也不断上升，从14.13亿美元升至25.35亿美元，但是所占比重也一直未超过6%。从澳大利亚方面看，印度尼西亚在其进出口中的比重也很小。

2003—2022年，东盟与澳大利亚的进出口情况见表11-8。

尽管东盟与澳大利亚的双边贸易基本上呈持续增加的态势，但是在各自对外贸易中的比重一直较少，这除了由于受到政治关系的制约以外，还有以下几方面的原因：首先，东盟大多数国家与澳大利亚之间缺乏经济互补性。澳大利亚尽管是发达国家，但是主要出口

表11-8　　东盟和澳大利亚进出口贸易统计　　单位：亿美元

年份	进出口总额	出口总额	进口总额
2003	10.38	4.41	5.97
2004	13.28	4.86	8.42
2005	14.10	4.98	9.12
2006	15.98	4.96	11.02
2007	23.84	7.93	15.91
2008	24.40	5.00	19.40
2009	23.88	5.35	18.52
2010	28.08	6.97	21.11
2011	39.09	11.41	27.68
2012	40.61	16.57	24.04
2013	52.83	26.33	26.50
2014	57.96	28.65	29.31
2015	56.89	28.33	28.56
2016	58.59	31.99	26.60
2017	68.06	44.71	23.35
2018	75.70	48.98	26.72
2019	67.12	40.62	26.50
2020	59.37	35.72	23.65
2021	67.69	39.01	28.68
2022	63.89	35.25	28.64

数据来源：东盟官方网站（http：//www.aseansec.org）（东南亚国家数据只包含东盟各国）。

农矿初级产品，而东盟需要进口的则大多为中间产品和机械设备，比起美、日等国，澳大利亚的这类产品并不占优势。这样，东盟与澳大利亚的贸易关系就难以快速持续发展，双边贸易在各自对外贸易中的比重也就较小。其次，它们都以日本、美国和欧洲为主要贸易伙伴。澳大利亚的主要贸易对象是日本、欧盟国家、美国、新西兰和中国台湾地区，而东盟国家的进出口仍主要依靠美国和日本。根据印度尼西亚1989年的统计数据，日本占印度尼西亚出口总额的42%，占进口总额的23%；美国占印度尼西亚出口总额的16%和进口总额的13%，均超过澳大利亚所占的比重。最后，关税保护和一系列的非关税壁垒措施也严重制约双边贸易的发展。比如，印度尼西亚对汽车进口的高保护严重影响着澳大利亚对其的汽车出口。很长一段时间里，澳大利亚对一些进口商品的贸易保护程度也比较高。这也构成了进一步发展贸易关系的重要障碍。

三、东南亚国家和澳大利亚的投资关系

对东盟来说，澳大利亚不仅作为贸易伙伴的地位正在下降，而且作为投资和官方开发援助重要来源的作用也在减弱。从20世纪70年代后期开始，东盟在澳大利亚的对外直接投资中的比重不断下降。1980年，东盟在澳大利亚的对外直接投资中所占的比重为28.3%（11.9亿澳元），1991年为4.5%（16.3亿澳元）。20世纪90年代（除了1995—1996年以外）澳大利亚对东盟的投资继续呈下降趋势，大部分年份直接投资仅为3亿多澳元。1996—1997年降为2亿澳元。澳大利亚商人主要投资于他们比较熟悉的英国和美国市场，在东南亚的投资很少，投资地主要是新加坡，其次为马来西亚，东南亚其他国家所占的比重很小。

从东盟国家方面看，澳大利亚在东盟的外资中所占的比重微乎其微。比如1970—1988年的大部分年份中，澳大利亚仅占印度尼西亚外资总额的1%～2%。澳大利亚不仅排在美、日、韩以及中国香港特别行政区之后，还落后于比利时、加拿大、德国、英国等国，其原因是澳大利亚尽管为发达国家，但是它本身也是大量资本的输入国，此外，澳大利亚经济外向性不强。在澳大利亚的企业家看来，尽管印度尼西亚等东南亚国家的劳工成本低廉，但是其他因素（如官僚作风和效率低下等问题）使得在这些国家投资设厂和生产的成本仍很高。

四、澳大利亚对东南亚国家的援助

随着时间的推移，澳大利亚作为对东盟官方开发援助的来源地的作用也在下降。20世纪70年代，澳大利亚在东盟的双边开发援助数额的排名中处于第二至第四位。20世纪90年代初期，澳大利亚成了东盟的第五大双边援助国（排在日本、美国、法国、德国之后）。长期以来，对东盟国家的援助占澳大利亚对外援助总额的20%左右，其中主要是对印度尼西亚的援助。印度尼西亚是除巴布亚新几内亚以外接受澳大利亚援助最多的国家，大约占其对外开发援助总额的9%。可是，从印度尼西亚方面看，澳大利亚的援助比重并不大，仅占3%～5%。印度尼西亚总统苏哈托上台后几年，澳大利亚对印度尼西亚的援助曾经有较快的增加，尤其是用于紧急援助的金额。1967—1968年度援助金额为520万美元，1969—1970年增至1 500万美元。1988—1989年度澳大利亚对印度尼西亚的援助金额为4 630万美元，但是以后援助金额呈下降趋势。

五、东南亚国家和澳大利亚的经济关系及前景

东盟与澳大利亚的关系在过去的30年里经历了很大的变化。对于东盟来说，澳大利

亚不论作为出口商品市场还是外资来源地，其重要性均在下降，今后其经济关系将呈现如下趋势。

首先，东盟与澳大利亚的双边经济关系将继续受到政治因素的影响。从东盟与澳大利亚经济关系的发展历程可以看出，双边关系受到澳大利亚不同政党执政及其采取不同的政策的严重影响，因为澳大利亚常因政府更迭而使政策缺乏连续性和协调性。尽管澳大利亚已把对外经济联系以及安全和战略重点转向亚太地区，东盟在其对外关系方面也显得十分重要，但是它们的双边关系仍将继续受到一系列政治和意识形态的制约。过去澳大利亚的官员和媒体不断批评印度尼西亚的“东帝汶问题”“西伊里安问题”“侵犯人权”等，这些严重影响了澳大利亚与印度尼西亚经贸关系的发展。当前在人权问题上，澳大利亚与东盟也仍有不同的观点。澳大利亚反对把经济权置于政治权之前，同时认为两者是相互分开的。东盟国家则认为，人权问题应考虑到不同国家和社会的差异以及政治和经济发展水平的不同。在新闻自由方面，双方也有很大分歧。这些固有的分歧和澳大利亚不同政党的政府对东盟的态度的变化都会制约双边经济关系的发展。

其次，双边经济关系可望继续发展，但是不会有很大的变化。近年来，东盟国家和澳大利亚都在不断开放市场，减少贸易保护。东盟国家尽管从1997年年中开始受到严重的金融危机的冲击，但是并没有改变开放的发展战略，比如在投资、贸易等领域仍不断放松限制，这有利于澳大利亚商人到东盟国家投资和开展贸易活动。此外，它们都面临世界上几个主要的贸易集团的威胁，如欧盟和北美自由贸易区，因此都主张促进贸易自由化，并促进澳大利亚与东盟国家双边经贸关系的发展。但是，东盟和澳大利亚在对外经济关系方面仍将主要发展与美、日和欧洲的关系，因此，它们之间的双边经贸联系不会有很大的变化。

澳大利亚在经济上融入亚太已取得了巨大的进展，但仍面临一些问题和挑战。首先，澳大利亚与亚洲国家文化价值观的差异阻碍了双方在经济领域进一步的合作。澳大利亚在文化上深受西方的影响，目前其国民仍主要由欧洲移民的后裔组成，澳大利亚与亚太各国在文化传统、意识形态、社会制度等方面存在显著的差异。这些差异突出地表现为澳在人权问题上与亚洲各国的分歧与矛盾。澳大利亚经常抨击印度尼西亚、马来西亚等国家“违反人权”的行为，这极大地伤害了亚太各国的感情。其次，澳大利亚虽属发达国家，但其综合国力在西方不算最强，在亚太地区也不占主导地位，澳大利亚经济结构尚未根本变革，出口产品中制造业产品所占比例仍不及初级产品。澳大利亚国内工资成本高，人均实际产值不到韩国的一半。澳大利亚为适应国际经贸新形势，调整其经济政策，实行了自由、开放、多元的经济体制，澳大利亚是外向型经济，国内市场狭小，因此其极力推行开放自由的贸易政策，反对贸易壁垒，意在发挥其农矿、科技、银行、保险、教育、旅游等优势，在亚洲占据更多的市场。总之，在世界经济一体化的趋势下，亚太地区美、日、俄和东盟等大国和国家集团出于各自的经济利益考虑，不断调整相互关系，从而促进了地区的安全稳定和经济发展。澳大利亚推行亚太经济战略，与亚洲国家发展新型关系，遵循互惠互利原则，加强技术合作，谋求共同发展。只要澳大利亚能根据自身的特点，把握机遇，坚持既定的政策，就一定能够在发展与亚洲国家关系的同时发展自已，从而在亚太地区发挥重要的作用。

案例剖析

美国总统奥巴马2011年11月在夏威夷抓住主办亚太经合组织峰会的机遇高调亮出“转向亚洲”战略。美国政府开始从阿富汗和伊拉克两场战争中撤出，同时寻求外交政策新亮点。奥巴马团队执政以来，美国政府在“巧实力”的概念下调整了战略选择，决定把战略重心转移到亚太地区。

在2012年6月3日闭幕的香格里拉对话会上，美国国防部长帕内塔提出了美国“亚太再平衡战略”，指出美国将在2020年前向亚太地区转移一批海军战舰，届时将60%的美国战舰部署在太平洋。

2014年4月2—3日，“美国–东盟防务论坛”在夏威夷召开，美国首度以东道主的身份主办美国与东盟之间的部长级非正式会议。会后，时任美国国防部长查克·哈格尔启程访问日本、中国、蒙古国，总统奥巴马也于4月下旬出访亚洲。美领导人出发前在家门口“挽”住东盟“秀”姿态，实质是重申其战略重心不变。

哈格尔在此次论坛中反复强调，希望向与会的各位东盟防长及代表重申美国对亚太地区的“承诺”，美方期待将这一论坛活动“常规化”，释放出“亚太再平衡”将会延续的信号。

奥巴马就任美国总统以后，开始调整美国的全球战略部署，将战略重心东移。2013年1月，奥巴马第二个任期开始，提出了用“亚太再平衡”战略取代具有争议的“重返亚太”战略，但政策的实质并未发生改变，美国越来越认识到亚太地区对于维护美国国家利益的重要作用，逐渐把更多的物资和精力转移到亚太地区。2011年11月，美国前国务卿希拉里·克林顿在夏威夷发表题为“美国的太平洋世纪”的演讲中宣称，“随着美国逐步从阿富汗战场撤军以后……在下一个十年，美国将在外交、经济、军事等其他方面持续不断地增加亚太地区的投入，并把这一地区看作美国外交的重点”。

问题：美国为何要提出“亚太再平衡战略”?

提示：美国的“再平衡”战略是一个全面而完整的战略，美国希望通过在经济、外交和军事等多个方面加大对亚太地区的物资和精力投入，以此来维护美国的全球霸权，推动美国经济的复苏，牵制中国在亚太地区不断扩大的影响。

本章小结

1. 东南亚与美国、日本、欧盟和俄罗斯经济关系十分密切。

2. 东南亚与美国近年来贸易额增大，美国存在比较优势的主要是具有一定技术要求的产品或高档奢侈品，东盟对外贸易的比较优势主要集中在劳动密集型产品，家具、鱼类、橡胶及其制品和矿物燃料等产品属于对自然资源要求比较高的产品。

3. 东南亚与日本从贸易总额来看，2009年日东贸易额已经超过了日美贸易额，东盟成为仅次于中国的日本第二大贸易对象。日本对东南亚的直接投资2005年以后掀起了新一轮高潮。从投资内容看，制造业一直是日本对东盟直接投资的重中之重。从投资动机看，日本对越南等新加入东盟的落后成员国的投资目的主要是为了降低生产成本。

思考与练习

简答题

1. 如何看待美国主导的TPP协定的签订？
2. 日本在东南亚的经贸情况如何？存在什么问题？
3. 东南亚与欧盟在投资结构上有什么特点？
4. 如何看待美国和俄罗斯在东南亚的经贸政策？
5. 东南亚与澳大利亚的经贸关系及未来前景如何？

参考文献

[1] 沙奈. 资本全球化 [M]. 齐建华，译. 北京：中央编译出版社，2001.

[2] 波特. 竞争论 [M]. 高登第，李明轩，译. 北京：中信出版社，2003.

[3] 国际货币基金组织. 世界经济展望：全球化和对外失衡 [M]. 国际货币基金组织语言服务部，译. 北京：中国金融出版社，2005.

[4] 樊莹. 国际区域一体化的经济效应 [M]. 北京：中国经济出版社，2005.

[5] 斯密. 国民财富的性质和原因的研究 [M]. 郭大力，王亚南，译. 北京：商务印书馆，1974.

[6] 杨琴. 东南亚经济一体化研究 [D]. 厦门：厦门大学，2008.

[7] 华民，孙烽. 经济全球化的成因、特征、效应和中国的应对 [J]. 复旦学报（社会科学版），2000（5）：1-5；14.

[8] 杨汝岱，姚洋. 有限赶超和大国经济发展 [J]. 国际经济评论，2006（4）：16-19.

[9] 沈红芳. 经济全球化下东南亚国家的经济制度变迁初探 [J]. 南洋问题研究，2008（2）：1-8；14.

[10] 徐萌. 中国与东南亚区域经济一体化发展的意义探析 [J]. 现代营销（学苑版），2014（5）：5.

[11] 王嫱. 经济全球化与中国经济发展分析 [J]. 科技创新与应用，2015（1）：169.

[12] 赵蓓文. 经济全球化新形势下中国企业对外直接投资的区位选择 [J]. 世界经济研究，2015（6）：119-126.

[13] 尤季娜. 欧亚经济联盟与丝绸之路经济带的对接——从全球化、区域化和经济哲学的视角解读 [J]. 赵欣然，译. 西伯利亚研究，2016（1）：7-11.

[14] 李施. 中国与东南亚区域经济一体化发展的意义探析 [J]. 中国管理信息化，2016（2）：138.

[15] 崔晓林. 周文重. 详解“博鳌” [J]. 中国经济周刊，2016（10）：68-69.

[16] 邹忠全，周影，等. 东南亚经济与贸易 [M]. 北京：中国财政经济出版社，2006.

[17] 王勤. 当代东南亚经济的发展进程与格局变化 [J]. 厦门大学学报（哲学社会科学版），2013（1）：72-79.

[18] 吕敦益. 基于东亚经济一体化的新加坡发展战略研究 [D]. 上海：上海交通大学，2008.

［19］仇朝兵．“中国、美国与东南亚：竞争与合作”研讨会综述［J］．美国研究，2014（4）：125-128.

［20］姚昱．20世纪50年代美国东南亚区域经济合作政策的演变［J］．东南亚研究，2013（4）：50-55，67.

［21］王梦平．美国政府的东南亚政策［J］．国际资料信息，2010（1）：1-6；11.

［22］马燕冰．奥巴马政府的东南亚政策［J］．和平与发展，2010（1）：37-43.

［23］唐笑虹．奥巴马政府的东南亚政策与美国-东盟关系的发展［J］．和平与发展，2010（3）：40-44.

［24］芦凯凯．奥巴马政府时期美国与东盟关系新发展研究［D］．武汉：华中师范大学，2014.

［25］李晨阳．“9·11”事件以来美国与东南亚国家关系的变化［J］．当代亚太，2004（8）：26-32.

［26］白雪峰．冷战后美国东南亚政策的调适［J］．厦门大学学报（哲学社会科学版），2011（4）：86-93.

［27］徐建华．美国与20世纪60年代日本对东南亚的经济援助［J］．武汉大学学报（人文科学版），2014（4）：49-54.

［28］喻常森．冷战时期美国对东南亚区域合作的政策选择——从东约（SEATO）到东盟（ASEAN）［J］．东南亚研究，2014（5）：51-58.

［29］张慧玉．美国“重返亚太”战略的发展及其影响［J］．太平洋学报，2012（2）：31-45.

［30］贺书丹．美国的东南亚援助政策与科伦坡计划［J］．湖北经济学院学报（人文社会科学版），2008（4）：62-63.

［31］李一平，刘稚．东南亚地区研究学术研讨会论文集［C］．厦门：厦门大学出版社，2011.

［32］周士新．美国与东盟的经贸关系与前景［J］．世界经济与政治论坛，2013（6）：13-27.

［33］金芳．美国在东南亚直接投资的现状与前景［J］．世界经济研究，1989（7）：8-11.

［34］吴群．评1950—1960年的美国对东南亚政策［J］．云南师范大学学报（哲学社会科学版），1999（5）：39-43.

［35］刘力．“10+3”：东盟与中、日、韩寻求东亚区域经济合作新亮点［J］．瞭望，2001（45）：52-53.

［36］吉野文雄．日本对东南亚的经济政策［J］．刘晓民，译．南洋资料译丛，2001（3）：1-10.

［37］胡德坤，徐建华．美国东亚遏制战略与日本对东南亚经济外交［J］．世界历史，2002（5）：35-42.

［38］游博．南海问题中的日本因素［J］．江汉论坛，2015（12）：71-74.

［39］方晓志．日本介入南海问题：发展动向与战略目标［J］．当代世界，2016（2）：38-41.

[40] 葛红亮. 日本的南海政策及其与东盟在南海问题上的互动关系分析 [J]. 南海学刊, 2016 (1): 90-98.

[41] 赖竞超. 南海争端进入"抱团"时代? [N]. 南方日报, 2011-09-20.

[42] 曹卫平. 评日本七八十年代对东南亚的经济政策 [J]. 湘潭师范学院学报 (社会科学版), 1996 (2): 73-77.

[43] 刘昌黎. 日本与东盟经济合作新进展及其问题——评日本-东盟领导人特别会议 [J]. 日本学刊, 2004 (2): 36-49.

[44] 王勤, 刘静. 日本-东盟自由贸易区的进程与前景 [J]. 东南亚研究, 2004 (6): 13-15, 24.

[45] 葛建廷. 日本对东南亚的经济外交: 历史与现实 [J]. 欧洲研究, 2014 (4): 100-111.

[46] 杨光海. 日本南海政策的历史演变及其启示 [J]. 亚非纵横, 2015 (6): 17-36.

[47] 白如纯. 战后70年日本的东南亚外交——经济外交的开启与发展 [J]. 现代日本经济, 2015 (6): 13-20.

[48] 张光. 日本对东南亚的经济援助政策 [J]. 南洋问题研究, 1994 (3): 7-16.

[49] 刘方影. 日本与东盟经济贸易关系 [D]. 大连: 东北财经大学, 2010.

[50] 臧扬勤. 日本与东南亚区域合作构想 [J]. 南方论丛, 2013 (1): 51-56.

[51] 陈锐. 战后日本东南亚外交——经济、政治与安全 [D]. 北京: 外交学院, 2000.

[52] 谢俊才. 中国-东盟-日本三角关系发展趋势展望 [J]. 世纪桥, 2009 (19): 55-57.

[53] 王蕊. 中国与日本在东盟国家的经济竞争分析 [J]. 国际经济合作, 2014 (4): 62-65.

[54] Commission of the European Communities.Economic evaluation of the internal market [J]. European Economy, 1996 (4).

[55] EIJFFINQER S C W, DE HAAN J.European monetary and fiscal policy [M]. Orford: Oxford University Press, 2000.

[56] 王勤. 东盟跨入共同体时代: 现状与前景 [J]. 厦门大学学报 (哲学社会科学版), 2016 (5): 80-89.

[57] 王勤. 东南亚国家产业结构的演进及其特征 [J]. 南洋问题研究, 2014 (3): 1-9.

[58] 王勤. 当代东南亚经济的发展进程与格局变化 [J]. 厦门大学学报 (哲学社会科学版), 2013 (1): 72-79.

[59] 安邦咨询. 从东盟竞争力看东盟经济发展前景 [J]. 时代金融, 2014 (16): 42-45.

[60] 聂文娟. 中美竞争格局下东南亚国家的战略选择以及菲美盟友关系的新挑战 [J]. 南洋问题研究, 2022 (3): 130-142.

[61] 王勇辉. 东盟"中心性"与中美竞争: 东南亚地区秩序转型 [J]. 云梦学刊,

2022，43（5）：10-18.

［62］范斯聪．美国“印太战略”的东南亚化及对东盟的影响［J］．亚太安全与海洋研究，2020（5）：105-124；6.

［63］柴嘉月．中美对东盟出口贸易格局演变研究［J］．合作经济与科技，2022（22）：69-71.

［64］杨保筠．东盟对外关系政策的形成历史、发展目标与面临形势［J］．东南亚纵横，2022（3）：3-18.

［65］张伟玉，王丽．国际信誉、国家实力与东南亚战略选择［J］．国际政治科学，2021，6（1）：56-92.

［66］张伟玉．东南亚国家对冲战略的变化趋势［J］．国际政治科学，2020，5（2）：184-192.

［67］王红茹．越南为何实施“中国+1”外资政策？以外资驱动扩大出口实现经济增长［J］．中国经济周刊，2022（10）：32-35.

［68］THI S H P，NGOC A N，ANDREW J.Economic policies and technological development of Vietnam's electronics industry［J］．Journal of the Asia Pacific Economy，2022，27（2）.

［69］NGUYEN C，任锦华．制造业为何推动越南经济增长？［J］．进出口经理人，2022（3）：29-31.

［70］杨晓强．印度尼西亚：2021年回顾与2022年展望［J］．东南亚纵横，2022（1）：74-80.

［71］覃丽芳．“融入国际经济”战略：越南经济发展的回顾、现状与前景［J］．东南亚纵横，2021（6）：22-33.

［72］黄肖林，黄韶恩．浅析东盟技术性贸易措施管理体系及特点［J］．中国标准化，2018（13）：127-132.

［73］王守贞．东盟非关税壁垒：现实及其影响［J］．东南亚纵横，2016（5）：24-28.

［74］林春贵，刘建华，黄帅，等．特别贸易关注视角下东盟技术性贸易壁垒研究［J］．轻工标准与质量，2016（5）：23-27.

［75］李海明．全球价值链理论发展历程［J］．大经贸，2017（12）.

［76］张腾飞．日本对东南亚经济外交的政策工具与双重逻辑［J］．太平洋学报，2023，31（4）：75-88.